索·恩·人物档案馆

007

当一个男人不可避免地失败、衰老，
如何才能败而有荣？

CLOUDS OF GLORY
The Life and Legend of
Robert E. Lee

叛逆爱国者

MICHAEL KORDA

〔英〕迈克尔·科达 著　　迩東晨 译

社会科学文献出版社
SOCIAL SCIENCES ACADEMIC PRESS (CHINA)

谨献给玛格丽特

过去从未消逝，它甚至尚未过去。

——威廉·福克纳，《修女的安魂曲》

我们的出生，不过是一次沉睡与遗忘，
与我们共升的魂灵，我们的生命之星，
彼时还在别处闪亮，
此刻已从远方降临：
往昔不曾全然消散，
今时亦非了无眷恋，
我们飘离了温暖的家——上帝的胸怀，
驾着荣耀之云而来。

——威廉·华兹华斯，《不朽颂》

目 录

地图目录

序　言

先　兆

1859 年 10 月，罗伯特·E.李休假回家，处理已故岳父棘手的遗产问题。他目前是名誉晋级（Brevet）*陆军上校，在得克萨斯州（Texas）指挥美国第二骑兵团，看上去享有金光闪闪的戎马生涯——许多人认为他是美国军队中能力超群的军官——但他内心却有着无尽的失意。李比谁都更清楚在这支小小的军队里晋升的速度有多慢，或者说没有人能比他更了解自己的处境，在至关重要的论资排辈中有多少军官在他之上，并同样急切地想要得到看似高不可攀的永久上校军衔。考虑到自己 52 岁的年龄，他不再奢望有机会晋级陆军一星准将，更不会预料到未来等待着他的名望和军事荣誉。尽管他不是那种爱抱怨的人，但他经常对人说自己后悔选择了军人这个职业。他本来是个很能干的工程师，被公认为是驯服了狂暴的密西西比河（Mississippi）使之适航的大功臣。此举带来的益处自不待言，至少使原本死气沉沉的圣路易斯（Saint Louis）陡然惊醒，一跃成为熙来攘往、一派繁荣的内河港口。假如李当初辞去军职，转而从事土木工程师的工作，说不定他早就富甲一方了。然而，如今的他却在得克萨斯州边境上一个尘土飞扬的小地方，指挥着一个骑兵团追捕寻衅滋事的印第安人，而且就连这事他做得也并不十分成功。现在，他回到了家，在如今已归于妻子名下、隔着波托马克河（Potomac）与华盛顿相望的公馆里，有条不紊地厘清岳父欠下的债以及遗留的财产明细，其中存在的问题恐怕要让他家虽地多但入不敷出的窘况雪上加

---

* "名誉晋级"军衔是一种荣誉，升级不升薪。当时李的实际军衔是中校。本书脚注分两种，*为原书页下注，①等圈码为译者注。除特殊情况外，不再说明。

霜。事实上，阿灵顿（Arlington）公馆破败不堪的样子令人担忧，他和妻子继承下来的黑奴个个心怀不满，而他岳父的种植园长年无人打理，几近荒废，种种状况似乎都指望着李解甲归田，作为一名潦倒的乡绅度过余生，同时为了妻儿能过上体面的日子而要设法重整家园。

李万万没有想到，就在离他家不到70英里之外发生的一件事会让他名声大噪，并且导致了他最不愿看到的后果：围绕奴隶制和州权问题争执不休的矛盾双方终至翻脸，国家由此一分为二。

哈珀斯费里，1859 年 10 月 16 日，星期日

晚上刚过 8 点，老人就已收拾停当。他祷告完毕，拉低头上的宽边帽，几乎遮住了双眼，这就更突显出他像摩西那样浓密坚硬的络腮胡子。随后，他带领包括两个儿子在内的18 名追随者出发了。他们走过一条狭窄、泥泞，有着两条车辙的乡间小路，前往弗吉尼亚州（Virginia）的哈珀斯费里镇（Harpers Ferry）。一行人两人一排，默不作声地紧跟在他驾着的马车后面，车上装满了东西，由一匹马拉着。

他的"军队"成员于当年夏秋之际聚到一起，设法避开爱管闲事的左邻右舍的注意，暗地里学习使用手中的武器。这位名叫约翰·布朗（John Brown）的老人，在自家农场里囤积了一大批令人生畏的武器：198 支夏普斯步枪（Sharps rifle）①、200 支梅纳德（Maynard）转轮手枪、3.1 万个火帽、充足的火药和 950 支长矛。两年前，布朗从康涅狄格州（Connecticut）的一个铁匠那里订购了长矛——按照他自己设计的样式打造，每支 1 美元。这种长矛的造型更像是一把粗大的短剑或宽大的

---

① 最初由克里斯蒂安·夏普斯（Christian Sharps）在 1848 年设计的单发后膛装填来复枪，经多次改良后，被美利坚合众国军队采用。

匕首，头部双刃长约 10 英寸，本意是用来装配到 6 英尺长的白 xvii
蜡树杆上。布朗认为被解放的奴隶拿着这种武器或许会比枪支
更有效、更可怕，因为他们不太可能熟悉怎么用枪。

约翰·布朗以其"基甸的刀（sword of Gideon）的使
徒"① 之名广为人知 1，且不论其中暗含的是非曲直，这个名
声真实地反映出他在"血腥堪萨斯（Kansas）"烽烟四起的
游击战以及乱局中所起的作用。那时的堪萨斯，来自密苏里
州（Missouri）、赞同奴隶制的法外之徒与"自由土地② 党人"
（Free Soilers）——极力反对引进奴隶制的本地定居者——不
断发生血腥冲突。南方人同样决意要阻止密苏里州的近邻成
为自由州，因为在他们看来，那会诱使"这一种财产"——当
时指代"奴隶"的委婉说法——变得不安定。暴力活动处处可
见，且形式多样，从暗杀、纵火、私刑、小规模冲突以及"丛
林伏击"到配备大炮的小型战斗等，无所不有。

在堪萨斯州反奴隶制的劳伦斯镇（Lawrence）惨遭洗
劫之后，布朗寻机复仇，他带领几名追随者，其中包括他的
两个儿子，杀害了 5 名定居在波特沃托米溪（Pottawatomie
Creek）的奴隶制支持者，他本人很可能给了其中一名受害者
致命一击。

从 1855 年到 1858 年的 3 年间，一群自由土地党人在"上
尉"布朗［或"奥萨沃托米·布朗"（Osawatomie Brown）③］
的指挥下与"边境恶棍"（奴隶制的反对者对拥护者的称呼）
展开了激烈的争夺战，他的儿子弗雷德里克（Frederick）死

---

① "基甸的刀"，见《圣经·士师记》7：9-20。耶和华借基甸的手打败了威胁以色
列人的米甸人。

② 自由土地，美国内战之前禁止蓄奴的地域，始见于 1827 年。

③ 1856 年 8 月 30 日，布朗率领 24 名追随者在无奴隶制度的奥萨沃托米镇打败了来
犯的 400 人，由此获得"奥萨沃托米·布朗"的绰号。

于其中的一次战斗。布朗在堪萨斯的游击壮举令他声名远播，而他在一次大胆突袭中的神勇表现更是无人能及。在那次袭击中，他从密苏里州的奴隶主手中解救了 11 名奴隶，并且冒着被悬赏捉拿的风险，摆脱了四面八方的围捕，在仲冬时节护送他们穿越加拿大边境，进入自由之地。这使他在北方废奴主义者中的声望如日中天，受到了几近盲目的崇拜。

约翰·布朗具有非凡的勇气和毅力，不仅胸怀宏大的愿景，还具备卓越的组织才能。他曾在丧偶后再婚，两任妻子共生了 20 个孩子；他有着强大的气场，威风凛凛，常令他的敌人胆寒；他能在新英格兰（New England）和纽约市那些支持他的、富裕的废奴主义者家中典雅的客厅里谈笑风生，也能全副武装，纵马扬鞭，驰骋在堪萨斯的大平原上。一方面他与新英格兰首批移民完全一样，信奉原汁原味的加尔文教义（Calvinism）和清教教义（Puritanism）；另一方面他又在观念上远远领先于同时代的人——不管废奴主义者多么反感奴隶制，他们中的大多数人仍然回避与黑人社会平等的话题，但是布朗已经在纽约州靠近普莱西德湖（Lake Placid）的新埃尔巴（New Elba）建起自己的家，生活在自由黑人中间，与他们同桌吃饭，并且一丝不苟地以"先生"或"夫人"相称。出于对追随者利益的考虑，他还改写了《独立宣言》（Declaration of Independence）和宪法[2]，不仅在其中加入了种族平等的条款——这在当时堪称革命性的主张，而且包括了我们现在所说的性别平等，给予妇女充分的权利和投票权，承诺"确保所有人享有平等权利、特权和公正待遇，不分性别或族群"。他坚毅勇敢、不惧流血，并在必要时愿意为自己的事业献身，这些品质使得布朗成为点燃美国内战导火索的完美人选，而他也正打算这么做。

他突袭的目标是位于哈珀斯费里的美国兵工厂，那里每年生产 1 万支军用步枪，库存数量超过了 10 万支。占领这个兵工厂的举动定会震惊全国，并在南方引起恐慌；尽管布朗一贯计划缜密且做事有条不紊，但他对夺取军火库之后该怎么做却语焉不详。想必在他的心目中，这个行动本身就足以激发奴隶们的斗志，促使他们加入自己的事业，而他只需要等着他们蜂拥而至时分发这里的步枪。有一点是肯定的，他要率领这些得到武器装备的黑奴潜入蓝岭山脉（Blue Ridge Mountains），利用那里的有利地形，不时出山发动袭击，解放更多的奴隶并壮大自己的队伍：择机在密苏里州重演一次规模更大的突袭行动。当布朗发动袭击时，他写道："蜜蜂将要云集。"[3]

尽管布朗做了精心准备，但可能因为等了太久才动手，结果，在最紧要的关头，他平常表现出的行动力和果敢精神一下子消失了。无论多么令人难以置信，他或许真的相信了只要"置身于大决战的战场，并为上帝而战"（We stand at Armageddon, and we battle for the Lord）①，众人便会揭竿而起。果真如此的话，他的确低估了这次突袭会在哈珀斯费里及其附近 2500 多名居民中激发的怒火，也低估了袭击会在与此直线距离不到 70 英里的华盛顿特区引起的恐慌。

考虑到他带来的人并不多，而兵工厂规模庞大，他采取的第一步行动是相当明智的。他派两个手下切断了电报线，让其他人占领波托马克河和谢南多厄河（Shenandoah）上的桥梁。哈珀斯费里位于狭长的半岛上，两条交汇的河流将它变成了一个孤立的小岛。布朗在厂内砖砌的消防车房里抓获了独自值班

xix

---

① 摘自美国第 26 任总统西奥多·罗斯福（Theodore Roosevelt）于 1912 年 8 月 6 日在芝加哥举行的进步党大会上的讲话；大决战（Armageddon），《圣经》中指世界末日善恶大决战。

的守夜人，把这座坚固的建筑当作他的指挥所，然后派他的几个手下借着夜色的掩护，去附近的农场解救那里的奴隶，并把农场主抓来作人质。弗吉尼亚西部并没有多少种植园，干农活的奴隶数量相应的也较少，但布朗是有备而来的，他事先做过详细考察——他的一个手下为了摸清当地情况已经在哈珀斯费里镇住了一年多，甚至爱上了一个当地女孩，两人还生了一个儿子。

布朗一心想要抓到住在当地的陆军上校路易斯·W.华盛顿（Colonel Lewis W.Washington）。虽说他只是乡绅农场主和小奴隶主，但出身不一般：他是华盛顿总统的曾侄孙，收藏着腓特烈大帝（Frederick the Great）当年赠给华盛顿总统的礼仪剑，而布朗就想把这把剑作为实现种族平等的象征交到他的一名黑人追随者手中。华盛顿上校（只是名誉军衔）住在距离哈珀斯费里镇大约5英里的地方，住处名为"比尔-艾尔"（Beall-Air），看上去相当简陋。午夜时分，他被拖出家门，押送到布朗的指挥所。用于押送他的马车还是他家的，车里同时装着拉法耶特（Lafayette，1757~1834）送给乔治·华盛顿（George Washington）的两支手枪、腓特烈大帝送的佩剑以及3名有点困惑的奴隶。

不久后，更多的奴隶被带了进来，他们被分派的任务是手拿长矛，看守被关在消防车房里的前主人——他们中的大多数要么不情愿地接过长矛，要么干脆拒绝。至此，布朗已经抓了35名人质并占领了兵工厂，但他期待的奴隶大起义并没有发生，更糟糕的是，那天夜里，接连出现的变故使得局势趋向恶化。

第一个变故是守夜人的接班者引起的，当他走到波托马克桥上时发现几个拿着枪的陌生人守在那里。他顿时大惊失色，挥拳猛击了一下布朗的儿子奥利弗·布朗（Oliver Brown），随后扭头就跑，奥利弗的同伴见状举枪射击，打飞了他的帽子，擦伤了他的头皮。头顶流血不止的守夜人一头扎进"高尔特之屋"（Galt House）——酒店和火车站对面的一家酒馆，拉响了警报。其实在与世隔绝、宁静平和的哈珀斯费里，深夜的一声枪响本身就足以激发人们的好奇心。然后，凌晨1点25分，在巴尔的摩（Baltimore）—俄亥俄（Ohio）线路上，从惠灵（Wheeling）向东开往巴尔的摩的火车来到了被武装分子封锁的大桥。

布朗应该不会对火车的到来感到意外，因为他只需事先查看一下巴尔的摩和俄亥俄之间的列车运行时刻表即可得知，但这应该是一个预警，他应该趁着事情还没闹大之前，尽快把人质及其奴隶和尽可能多的步枪装上马车，带着他的追随者一起出城并进入山区。考虑到他在接下来数小时的种种举动，不难得出这样的结论：他一定在设想假如他背水一战并最终殉难，那将在北方公众舆论中产生多大的影响。

与此同时，火车司机和行李员走上前去查看桥上出了什么状况，但遭到了对方开枪警告。他们很知趣地返回火车，并把火车开到了射程之外。枪声引起了哈珀斯费里车站行李管理员海沃德·谢泼德（Hayward Shepherd）的注意，他是自由黑人，镇子里的每个人都喜欢和尊重他。海沃德走向桥想看看发生了什么事，对面喊话让他停下，当他转身要往回走时，有人朝他开了枪，他背部中弹，伤势严重。具有讽刺意味的是，这次突袭的第一个受害者竟是一名获得自由的黑人，而且拥有一份正经工作，这个意外一定会让约翰·布朗感到痛苦，然而，他离桥太远，对此毫不知情。

枪声以及谢泼德痛苦的喊叫声惊醒了住在附近的约翰·D. 斯塔里（John D.Starry）医生。他跑到谢泼德躺着的地方，想要救助那个受伤的人，但他在经过简单检查后很快就意识到，谢泼德伤情太重，他已无力回天。斯塔里医生胆识过人，毫无畏惧地守候在谢泼德身边，尽其所能安慰谢泼德。随后，他仔细观察了一阵小镇里发生的事，回到家给马套上马鞍，就像保罗·里维尔（Paul Revere，1735 年 1 月 1 日至 1818 年 5 月 10 日）^①一样骑着马在镇子里穿行，提醒人们兵工厂遭到袭击。他处乱不惊，有条不紊地派出一名信使赶往 8 英里外的县政府所在地查尔斯镇（Charles Town）求援，那里驻扎着离这里最近的一支民兵——杰斐逊卫队（the Jefferson Guard）；他找人敲响了教堂的钟；他还告诫聚在一起、困惑的哈珀斯费里居民最好武装起来。正如约翰·布朗所预见的，蜜蜂开始云集，但不是他所期望的那种蜜蜂。

就在众人陷入一团忙乱的同时，开往巴尔的摩的火车一直停在原地，因为把守大桥的那些人拒绝火车通行，只允许乘客们走下火车，就地活动一下手脚。凌晨 3 点，布朗终于派人过来传话说火车可以开了。列车长费尔普斯（Phelps）出于安全的考虑，认为天亮后再往前开比较好，于是，在火车向东驶离哈珀斯费里后的第一个车站，即 21 英里外的莫诺卡西（Monocary），他让火车停下并拍电报给这条线路的主管、住在巴尔的摩的 W.P. 史密斯（W.P.Smith），报告了这里发生的事。费尔普斯报告称他的列车遭枪击，一名铁路员工被打中，至少有 150 名"赶来解放奴隶"的"叛乱分子"占领了哈珀斯费里的两座大桥，而且警告他说，若是再有火车试图过桥，他们就会开枪。

不难想象，收到电报的史密斯多么惊愕，又多么不安。他

---

① 银器匠和实业家，他最出名的事迹是在列克星敦和康科德战役爆发前的 1775 年 4 月 18 日夜间骑马狂奔，通知殖民地民兵及当地居民英军即将到来。

给费尔普斯回电说："你情急之下发出的急件显然有所夸大。废奴主义者为何要截停我们的火车？"费尔普斯对此回应火冒三丈，他在火车抵达下一站埃利科特米尔斯（Elicott's Mills）时回电称，他并没有夸大其词，恰恰相反，"实际情况糟很多"。不过这个时候，两人之间的往来电文已经被送到了巴尔的摩和俄亥俄铁路公司主席约翰·W.加勒特（John W.Garrett）的办公桌上，与史密斯不同的是，他高度重视这件事。加勒特当即电告美国总统以及弗吉尼亚州州长和马里兰（Maryland）志愿军指挥官，告诉他们"一场叛乱正在进行[4]……参与者有自由的黑人和白人"。

在 19 世纪中期，总统们绝不像今天这样与普通公民的交流是隔绝的，不少总统仍然亲自处理收到的信件和电报。与此同时，大铁路公司的主席也是非同小可的人物，因此，加勒特xxii发给詹姆斯·布坎南（James Buchanan）总统的信在 10 月 17 日清晨毫不迟延地送到他那里，他立即采取了行动，也就不足为奇了。

布坎南能有"老公务员"的绰号并非没有来由：他是个典型的不倒翁。作为宾夕法尼亚州（Pennsylvania）的民主党人，在 1856 年当选总统之前，他曾担任国会议员、参议员、美国派驻俄国的公使、美国派驻联合王国的公使以及国务卿。他远赴海外就任外交官期间，正值国内各方围绕奴隶制展开充满敌意的激烈争吵，他因此避开了政坛上相互攻讦的枪林弹雨，但他无论如何都是个"油炸面团"（对同情蓄奴州要求的北方人的蔑称），并决心在南方奴隶主和北方废奴主义者之间寻求妥协。当然，在这个问题上，这种和事佬作风导致他两头都不讨好。布坎南是迄今为止唯一的单身汉总统，在他入主白宫之前与来自亚拉巴马州（Alabama）的参议员威廉·鲁弗斯·金（William Rufus King，1786 年 4 月 7 日至 1853 年 4 月 18 日）^① 一起住了 15 年。⁵ 人们因此猜测，布坎南与金的深厚友谊可能影响了他对奴隶制所持的看法——他在向国会发表的第三次年度讲话中说，奴隶们"得到了仁慈和人道的待遇……主人的慈善心肠和自身利益结合在一起，产生了这种人道的结果"。这种对蓄奴制度的乐观看法，在亚拉巴马州很流行，但在布坎南的家乡宾夕法尼亚州却不常见。

　　然而，总想着和稀泥的布坎南头脑还算清醒，他意识到危机当头，并毫不犹豫地开始调动尽可能多的部队：来自弗吉尼亚州门罗堡（Fort Monroe）的正规军步兵和炮兵分遣队，以及华盛顿特区唯一可用的部队——由伊斯雷尔·格林中尉（Lieutenant Israel Green）指挥的美国海军陆战队的一个连，奉命立即开拔，乘火车前往巴尔的摩，并从那里再向哈珀斯费里进发；同时，弗吉尼亚州和马里兰州的民兵组织（哈姆川克卫队、谢泼兹敦连队、杰斐逊卫队）早已陆续进入哈珀斯费里，开始与人数明显处于劣势的约翰·布朗的追随者交火，与他们并肩战斗的还有为数众多、群情激愤的武装公民以及一些"志愿者"或"自发组织起来的社区联防成员"。

xxiii　　布坎南内阁的战争部（War Department）^② 部长约翰·B.弗洛伊德（John B.Floyd）工作效率并不高，而且后来证明他也并不可靠——哈珀斯费里事件结束后，他涉嫌将大批武器弹药从联邦设在北方的军火库转移到了位于南方的军火库，

---

① 美国政治家，曾任美国众议员、参议员和美国驻法大使（1844~1846）。1853 年 3 月 4 日成为福兰克林·皮尔斯政府的美国副总统，他是美国唯一的单身汉副总统。1853 年 3 月 24 日，他在哈瓦那附近宣誓就职，是唯一在美国境外就职的美国副总统。

② 于 1789 年成立。1947 年，战争部被陆军部和空军部取代；自 1949 年起，陆军部、空军部以及海军部一同成为美国国防部下属的军事部门。

以防备将来南北方分裂的局面；1862年，在格兰特包围并最终占领多纳尔森堡（Fort Donelson）之前不久，弗洛伊德作为联盟军的将军，临阵脱逃，因为他担心自己一旦被俘，可能会因叛国罪受审——但他十分及时地想到了重要的一点，即必须有人统一领导正在哈珀斯费里会集的各路人马，而最能胜任这一职责的人选非一人莫属，这个人目前恰好就在隔波托马克河与华盛顿相望的阿灵顿的家中。

　　1857年，罗伯特·E.李夫妇从其父亲乔治·华盛顿·帕克·卡斯蒂斯（George Washington Parke Custis，乔治·华盛顿的继孙及养子）①那里继承了有着雄伟的白色立柱、如今是阿灵顿公墓中核心建筑的宅邸。仅阿灵顿一处产业就占地1100公顷，有63个奴隶，再加上位于弗吉尼亚的另外两处种植园，卡斯蒂斯拥有的奴隶接近200人。⁶卡斯蒂斯从来没把经营种植园当成第一要务，一位富有同情心的南方人甚至形容他是"一个疏忽大意的农民和平易近人的主人"。不仅如此，随着年龄的增长以及健康状况日益恶化，他对种植园的事越发不上心了。在一定意义上，同时充当乔治·华盛顿私人物品（其中包括他去世时睡的那张床）博物馆的阿灵顿公馆到处都在漏水，急需耗资不菲的大修；各个种植园的产出严重不足；而原以为卡斯蒂斯死后就能获得自由的奴隶们，此时发现那个承诺并不容易得到履行，它需要满足卡斯蒂斯在遗嘱中设定的众多前提条件，更糟糕的是，那些条件的措辞含糊不清，这事看起来会在法庭上拖上好多年，他们获得自由的日子也就遥遥无期了。

---

　①　玛莎初婚的孙子，在其生父去世后，其被华盛顿夫妇收养，因而被同时视为华盛顿的继孙和养子。

种植园劳工因此感到不快并消极怠工的状况只是令李焦头烂额、疲于应付的众多问题之一。无论心里多么不乐意，为了让他岳父的产业早日步入正轨，他不得不频繁请假，离开最新在得克萨斯州库珀营组建的美国第二骑兵团指挥官的岗位，从驻地〔位于布拉索斯河（Brazos River）支流克利尔福克河（Clear Fork）上，自然条件恶劣的边境哨所〕赶回阿灵顿专心处理各种家务事。李或许特别想回到得克萨斯，率领他的骑兵队伍在边境地区追捕成群结队的科曼切族印第安人匪帮，但他对家人怀有的责任心和义务感使他无法离开阿灵顿。[7]"努力完成一些小工作并修补一些东西，"他写信给其中一个儿子时补充说，"我做得很失败。"

假如真是这样，它算是罗伯特·E.李一生中所经受的失败中几个比较典型的事件之一吧。他是少有的、以无任何不良记录的杰出表现，从美国陆军军官学校（U.S. Military Academy），也就是人所共知的西点军校毕业的学员之一；他加入了当时以接收最优秀、最聪明学员而著称的美国陆军工程兵团，并成功实施了那个时代一些规模庞大、难度极高的公共项目，其中包括在密西西比河上开辟一条安全的深水航道，这为圣路易斯打开了航运的大门，并使该市市长禁不住盛赞他是"驯服了'众水之父'"的人。他在美墨战争期间不仅表现勇猛，也起着不可或缺的作用；他的"英勇"得到了广泛赞誉，并赢得了温菲尔德·斯科特将军（General Winfield Scott）的信赖和友谊，斯科特将军特意提请国会给予李特别褒奖。

李后来被任命为西点军校的校长；他在任职期间展现的领导能力赢得了军校全体学员和美国战争部的信赖与赞誉，就李个人而言，这使他有机会充分利用军校的图书馆，详细研究拿破仑指挥的战役。他的这一学术爱好竟在7年后以极其出人意料的方式带来了回报，那时他将成为美国军事史上最伟大的战术家，并被称颂为"无仇恨的敌人、不背叛的朋友、不残忍的战士、没有压迫的战胜者……无野心的恺撒、不行暴政的腓特烈、不存私心的拿破仑，以及不曾得奖的华盛顿"。[8]

李乐得离开工兵团，成为名副其实的现役士兵，而战争部长杰斐逊·戴维斯（Jefferson Davis，后来的美利坚联盟国总统）急于让他担任新成立的第二骑兵团的副指挥，为此戴维斯长期以来敦促国会加强美国部署在边境地区的军事力量。在接下来的 6 年里，李度过了最难熬的服役期，他所在的那些地方，除"引来印第安人……或引诱他们驻留"的孤独空间以外，几乎一无所有。1856 年 7 月 4 日，李就在那种地方写了一封信给他的妻子，字里行间洋溢着真挚的爱国情怀："太阳是炽热的。空气就像从热风炉里吹出来的热浪，水是咸的；尽管如此，我对国家所怀感情之热烈，对她未来所抱信心之坚定，对她进步所存希望之高涨，一如既往，并未因身处困苦环境而有丝毫消减。"[9]李最终接替了陆军上校阿尔伯特·西德尼·约翰斯顿［Colonel Albert Sidney Johnston，这位未来的联盟军将军在夏洛（Shiloh）战役中负伤而死］，成为第二骑兵团的指挥官。正是在任职该团指挥官期间，李三番五次地请假回家处理岳父的财产问题。

xxv

战争部长弗洛伊德从白宫回到办公室，立即着手动员他和布坎南总统决定派往哈珀斯费里的各部队，并命令李上校立刻赶到战争部。[10]他潦草地写了一张便条给陆军部的书记官长、陆军上校德林卡德（Colonel Drinkard），要他给李发一道命令，字条内容是："罗伯特·E.李中校，名誉晋级上校，第二骑兵团，依据他的军衔被指派执行任务并将前往哈珀斯费里，指挥被派往该地的各部队。他将指挥所有来自门罗堡的部队继续赶赴那里——哈珀斯费里。【签名】战争部长 J.B. 弗洛伊德。"弗洛伊德发现 J.E.B.（"杰布"）斯图亚特中尉［Lieutenant J.E.B.（"Jeb"）Stuart］正好在他的等候室，心想既然他正在李家的阿灵顿公馆借宿，不如顺便把封好的信交给他，由他亲自转交到李手里。李担任西点军校校长期间，斯图亚特是军校学员，与李的一个儿子卡斯蒂斯同班，两人关系密切。来自弗吉尼亚的斯图亚特，如今已是一名前途无量的年轻军官。他天生就是个骑手，在广袤的大西部与印第安人的无数次交战为他赢得了英勇无畏、敢打敢冲的美名；在堪萨斯州支持与反对奴隶制的两派冲突中，他曾与约翰·布朗短暂交过手，并促成被布朗俘虏的密苏里支持奴隶制的一队民兵获释，由此让世人见识了他沉着行事的能力。后来成为联盟国战斗英雄、荣获陆军少将军衔并成为内战期间最优秀的骑兵指挥官的斯图亚特，此时身穿便服在那里出差。他发明了"一种改进的把马刀绑在皮带上的方法"并申请了专利，战争部给他 5000 美元买下使用权，同时约定每购买 1 个皮带钩都会再额外付给他 2 美元，这对一名下级军官来说是一笔相当不错的生意*。他接过信，立即出发前往阿灵顿。斯图亚特一定已经听到了不少传言，了解到哈珀斯费里发生了奴隶暴乱，因此，当他到达阿灵顿公馆并把信转交给李之后，旋即请求作为李的助手一起前往。在李心目中，斯图亚特跟自己的亲生儿子（其中两个儿子在未来的战争中归斯图亚特领导）没什么两样，当即同意了他

xxvi

---

* 这是一项简单实用的发明。从 18 世纪末开始，骑兵在北美的作战方式更多地体现为骑着马的轻步兵取代了以往的集团冲锋，并且到了 19 世纪中期，美国人创造性地给骑兵装备了夏普斯式的快装卡宾枪，甚至配备了弹药和可以连射的亨利卡宾枪。对于下马作战的骑兵来说，马刀非常碍事，不管它在骑马冲锋时多么有效，下地作战时都很容易被它绊倒。斯图亚特的发明使骑兵能在下马时用一只手把马刀取下来，挂在马鞍的鞍桥上，并在重新上马时再把它系在腰带上。

的请求。他俩立刻启程，前往战争部——来信说十万火急，李一刻都没耽搁，甚至没来得及换上军服。

弗洛伊德向两名军官介绍了他所知道的情况——巴尔的摩和俄亥俄铁路公司主席已经在抱怨派去的军队数量太少，而且大大高估了叛乱分子的数量——介绍完情况就带着他们到白宫，面见总统。布坎南总统迅速签发了一份戒严令给李，以备不时之需（至此，已有传言说武装暴动者的数量达到了3000人），两人随后直接前往火车站，匆忙之间斯图亚特设法借来了一件军服外套和一把剑。

奴隶起义的消息令李不禁想起不堪回首的往事，他内心感到一阵惶恐——即便没有北方废奴主义者和获得自由的黑人占领联邦兵工厂并武装奴隶这种事，任何形式的黑奴暴动都不可避免地伴随着白人妇女和儿童遭屠杀的后果，那是每个南方白人都不敢设想的恐怖场景。想当年，也就是1831年8月，李还是一名刚刚结婚的年轻军官，驻扎在弗吉尼亚州的门罗堡，距离纳特·特纳（Nat Turner）发动持续了两天叛乱的地方不足40英里。在特纳带领下，奴隶们用刀、短柄小斧头、各种农具残杀了56个白人，其中包括妇女和儿童，其中一名小女孩是特纳本人用栅栏杆杀死的。那次叛乱之后，56名奴隶被处决，另有至少200人被民兵、白人暴徒以及社区联防成员杀害。与此同时，弗吉尼亚州立法禁止奴隶和获得自由的黑人接受教育，并"要求白人牧师出席黑人教堂举办的礼拜仪式"，因为有谣言声称特纳曾利用教堂福音布道的间隙与他的奴隶同伙谋划暴动。李本人对奴隶制并没有那么大的热情，但他从一些目击者那里了解到了纳特·特纳一伙针对他们的主人以及他们的邻居做出的恶行，因此，他对眼下更大规模的奴隶暴动会有怎样的结果根本不抱任何幻想。

李和斯图亚特乘火车前往铁路中继站，通往华盛顿的支线会在那里连上巴尔的摩以西的主线路，但他们到达后发现海军陆战队早已离开了这里。巴尔的摩和俄亥俄铁路公司主席给他们提供了一个火车头，李便给前方车站发电报，要求陆战队在哈珀斯费里以东约一英里的波托马克河马里兰州一侧的桑迪胡克（Sandy Hook）停车待命。李和斯图亚特站在火车头上，准确地说是火车司机和司炉工之间的防火板上，经过一段烟熏火燎、叮咣乱响的旅程，终于在 10 月 17 日夜间 10 点赶到了桑迪胡克，与陆战队会合。到午夜时，李、斯图亚特、格林中尉 [11]，以及陆战队员们［由陆战队军需官 W.W. 拉塞尔少校（Major W.W.Russell）陪同］到达哈珀斯费里。李已经摸清了情况，局势并不像华盛顿所担心的那么严重。他从民兵那里得知，叛乱分子和他们扣留的人质都在兵工厂的消防车房里。李即刻给巴尔的摩发电报，要求不要再派后续部队和炮兵过来，同时命令海军陆战队进入厂区，防止任何叛乱分子逃跑，并决定"在白天"向消防车房发起攻击。他本想立即展开进攻，但害怕"被扣押在里面的一些人士"可能会在夜袭中受到伤害。

仅从事后李提交的简短总结报告中，人们也能明显感觉到这位职业军人的做事风格，他临危不乱，牢牢掌控了局势。他礼貌有加 [12]，主动把组建"突击队"的光荣任务让给马里兰州志愿者指挥官，但当场遭到后者一口回绝："我的这些人家里有妻子和孩子。我是不会让他们去冒这个险的。你们就是拿钱做这种工作的。"弗吉尼亚州的民兵指挥官（把海军陆战队称为"雇佣兵"）同样拒绝接受这个光荣的任务，一如李早就猜到的那样——如果李需要的话，这也算是一次教训，让他有机会认清各州民兵组织的价值，从而有利于他将来更好地行事——事已至此，李便命令格林中尉"请这些人出去"，或许他一开始就想这么干，因为格林是职业军人，海军陆战队则属于训练有素、值得信赖的正规军。李冷静地扫视着地面 [13]，把民兵驱赶到不碍事的地方，然后坐下来给暴动首领写信。

哈珀斯费里指挥部
1859 年 10 月 18 日

　　本人，美国陆军上校李，奉命指挥美国总统派遣的部队镇压这里的叛乱，要求占领兵工厂大楼的人投降。
　　如果你们愿意投降并归还被掠夺的财产，你们将得到安全保护，等待总统的进一步指示。直言相告，你们不可能逃脱；兵工厂已被军队团团包围；如果本人被迫采取强制行动，将无法保证你们的人身安全。

美军上校 R.E. 李

　　在过去的 24 小时里，几乎从他放行开往巴尔的摩的东行列车的那一刻起，约翰·布朗就经历了一连串的灾难和悲剧，但他的自信、勇气或对周围那些人的控制力并没有因此动摇和削弱。当天夜里，布朗的一名追随者开枪打死了另一名哈珀斯费里的美国公民。当时，布朗正忙着让兵工厂大门前街对面的那家餐馆提前给他的部下和囚犯准备早餐，他显然没有意识到来自查尔斯镇的杰斐逊卫队已经上路了——斯塔里医生发出了警报，即哈珀斯费里发生了北方废奴主义者领导的奴隶暴动，足以让当地民兵连制服都顾不上穿就行动起来，参与行动的另一支队伍则是匆忙集结起来，手拿各式枪支、怒火中烧的当地居民。

xxix

　　上午 10 点，突然枪声大作，响彻全镇，布朗及其追随者被围困在兵工厂里。正午时分，民兵和志愿者已经夺回了两座桥的控制权，从而断绝了布朗一伙的后路，同时开始一个接一个地杀死布朗布置在兵工厂外围的同伙。布朗手下的那些人受尽了非人的折磨和凌辱。有个叫丹杰菲尔德·纽比（Dangerfield Newby）的"白黑混血儿"参加了在波托马克大桥上与民兵的战斗，失败后他的耳朵和生殖器被割掉当作纪念品，伤口被戳进削尖了的木棍，在极度痛苦中死去。他残缺不全的尸体被丢弃在大街上，他的内脏被猪拱了一整天。[14] 布朗一心指望的奴隶大起义没有发生，他的行动反而激起了暴民暴力。

约翰·布朗在军事上是一个现实主义者，尽管投降不是他的本意，但他很快意识到敌众我寡和陷入重围的残酷事实，而且不会有任何奴隶起义来解救他。到了中午，密集的火力已经把他赶回了兵工厂的消防车房，那是一栋坚实的砖房，装有双重橡木门。他曾尝试和谈，提议释放他的囚犯，让他带着追随者跨过波托马克河进入马里兰州，他无疑是打算经马里兰州前往宾夕法尼亚州。他派出的举着白旗的两个手下被俘房——民兵和志愿者们根本没心思把白旗当回事——但他很快又派出了三个人，结局也很惨：尽管他们举着白旗，其中一个人还是中弹受伤了，布朗的儿子沃森（Watson）则被子弹击中腹部受了致命伤，被拖回了消防车房。

布朗让他的人在砖房四处砸出射击孔，把消防车房改造成临时堡垒，并用绳子捆住巨大的中央大门，以便留出几英寸的空隙向外开火。他英勇无畏的精神丝毫不减，对自己使命的信心一如既往的坚定。即使是他的囚犯，包括华盛顿上校，无论多么反感他的行为，也禁不住由衷地钦佩这位老人的勇气。午后 3 点左右，双方都有人相继倒下 [15] ——哈珀斯费里镇镇长中枪死亡；布朗的儿子奥利弗（Oliver）从门缝向外开枪时被击中，身受重伤；布朗的另外两个部下在试图游过河时被枪杀；

布朗派出举着白旗传信的一个人，被暴民从关押他的旅馆拖到波托马克铁路桥，然后处死——他的尸体掉进河里，漂流到一处浅滩，被人们当成"诱人的靶子"消遣了一整天。过了一两天，人们仍然能看到那具尸体"躺在河底，扭曲变形的面孔仍显出那人死前经受的巨大痛苦，看着令人胆战心惊"。

弗吉尼亚州州长亨利·A. 怀斯（Henry A. Wise）曾任命民团的罗伯特·W. 贝勒上校（Colonel Robert W. Baylor）为指挥官，试图在哈珀斯费里重新确立某种秩序，贝勒于傍晚时分决定再给暴动首领一次投降的机会。他派了一个年老的平民 16 走向消防车房，手里举着的伞上绑着一条白手帕，但这位勇气可嘉的公民没能说服布朗同意无条件投降。尽管随后又有过两次尝试，布朗依旧不为所动——他提出的条件是，除非允许他带着幸存的追随者以及死难者的尸体一起离开，否则他决不会投降。布朗肯定知道，贝勒上校不可能接受这些条件。

弗雷德里克民兵的辛恩上尉（Captain Sinn）试图做最后一次努力，说服布朗投降，他朝着消防车房大声呼叫，并得到了布朗的回应。辛恩应邀进入消防车房与布朗会面，只见布朗佩带着腓特烈大帝的剑，手持一把夏普斯卡宾枪，腰带上还系着一把大猎刀，一直抱怨他的人在举着休战旗时"像狗一样被击倒"。辛恩则粗暴地回应道，以武力对抗自己政府的人"肯定会像狗一样被射杀"。对此说法布朗并未生气 17，只是淡淡地回答说，"他早已权衡过身负的责任，不该就此推脱"。他坚称他的追随者"没有杀害手无寸铁的人"，但辛恩指出，镇长被杀时就手无寸铁。布朗说，果真如此的话，他"深感遗憾"。这两人虽然是对手，但显然是相互尊重的。辛恩穿过街道进入旅馆，然后带着一个外科医生回来察看布朗儿子沃森的伤情；外科医生一眼就看出这个年轻人快要死了，而且除了尽可能让他感觉舒服些以外，别无他法。

辛恩上尉和外科医生离开之后，布朗的人和他的囚犯们各自在这个狭小、阴暗、冷冰冰的"堡垒"中尽可能找相对舒适的位置安顿下来，准备过夜。布朗在堪萨斯的边境战火中积累了一些背水一战的经验，他告诫手下把所有的步枪装上子弹，并把它们堆在枪眼旁，这样他们就不需要在进攻到来时再装子弹了；然后，他和华盛顿上校坐下来亲切地交谈，布朗发现华盛顿最关心的是那把剑，就向华盛顿保证，他会完好无损地归还华盛顿总统的剑。奥利弗·布朗不时痛苦地呻吟着，乞求别人帮他摆脱痛苦，对此他的父亲先说了一句"哦，你会好起来的"，紧接着又以强硬的语气说，"如果你一定要死，就要像男子汉一样死去"。[18]

布朗对他垂死的儿子说的这番刺耳的话，让布朗的许多传记作者颇有微词，诚然，当代人肯定会觉得布朗的话听起来过于冷酷无情，但布朗对他儿子的爱以及失子之痛肯定是刻骨铭心的——然而，他的精神更多地体现着《旧约》，而不是《新约》，就像亚伯拉罕（Abraham）那样，他全心全意、毫不怀疑地顺从上帝的意志。如果上帝要求他献出自己的两个儿子，来换取奴隶制的终结，那就遂其所愿。他的孩子和他自己要勇敢地领受上帝的旨意，就像以撒（Isaac）在摩利亚山（Mount Moriah）上所做的那样，因此他厉声告诫奥利弗要"像男子汉一样死去"。

到了 11 点，奥利弗不再出声，布朗说："我觉得他已经死了。"沃森·布朗平静的呼吸表明他还活着，虽然只剩最后一口气。除了占据了大部分空间的两辆消防车及其水管，消防车房里还有两个死去或垂死的男孩；布朗的一名追随者的尸体，他在门缝处朝外射击时被杀；手持夏普斯步枪和手枪的布朗及其 5 名手下；华盛顿上校和另外 10 名人质。大家挤在这个狭

小、局促的空间里，心情本来就不舒畅，而凌晨 1 点左右外面
嘈杂的声响让人的精神更加紧张了，那是李将军的海军陆战队
在替换民兵，阵阵步调一致的军靴踏步声，干脆利落的下达命
令和接受命令的声音清晰地传了进来——正规军的到来只会意
味着攻击迫在眉睫。

李仔仔细细地制订了他的计划。他确信消防车房已被海军
陆战队重重包围，无人能够逃脱。他命令格林中尉挑选 12 人
组成突击队展开进攻，另外找来 3 名大力士用大锤砸门，同样
由 12 名士兵组成的另一支突击队将在大门被攻破后，跟着他
们冲进去，他还特别强调往里冲的官兵携带的步枪不得上子
弹，只能拼刺刀，免得误伤人质。格林出发时甚至没有携带转
轮手枪——因为他接到的命令来自白宫，他还以为是官方需要
他的海军陆战队紧急执行某种礼仪任务。官兵全都身穿军礼
服，而他本人只随身携带了礼仪佩剑，也就是海军陆战队为纪
念突袭的黎波里（Tripoli）之战而打制的大名鼎鼎的"马穆鲁
克"佩剑（Mameluke sword）①，这是把带有简单象牙柄的
纤细弯刀，属于做工精良、装饰性强、中看不中用的武器，专
门用于礼仪活动而不是战斗。如果事先知道是要上战场，他肯
定会把手枪和更重且更实用的剑系在腰带上。作为一名非战斗
人员，军需官拉塞尔少校（Major Russell）只带着一条藤制
的鞭子。这些军官至此已经认清了形势，他们几乎要赤手空拳
攻击眼前这座建筑，但身为海军陆战队的一员，他们并没有因
此丧失斗志或感到沮丧。

---

① 这种佩剑最早得名于公元 9 世纪至 16 世纪期间征战于中东地区的马穆鲁克雇佣兵
使用的弯刀。海军陆战队的历史表明，1805 年 12 月 8 日，在利比亚的第一次巴巴
里战争期间，奥斯曼帝国总督哈梅王子向海军陆战队中尉普雷斯利·奥班农赠送
了一把这种剑，以示对海军陆战队在德尔纳战役中英勇善战的尊重和赞扬。

按照战前部署，天一亮，J.E.B. 斯图亚特就会走到消防车房门前，向叛乱分子的首领——假定他叫艾萨克·史密斯（Isaac Smith）——宣读李的信。李认为，不管这个"史密斯"是谁，不接受信中提出的条件是理所当然的，因此，他希望海军陆战队尽快进入能够"短兵相接"的位置。他相信，一旦对方明确拒绝接受上述条件，只有借助于迅雷不及掩耳的出击速度，以及集中火力猛烈突击的方式，才能最有效地确保人质不受伤害。按照事先约定，在"史密斯"开口拒绝投降的那一刻，斯图亚特就会举起他的帽子，海军陆战队队员们见状将立即冲进去。

xxxiii 　　黎明时分，斯图亚特举着白旗，带着李的信，平静地走向大门。透过门缝，他可以看到一张熟悉的脸，一支夏普斯卡宾枪的枪口正对着他的胸部，距离只有几英寸——约翰·布朗被捕后说，假如他想做的话，当时完全可以像拍死一只蚊子一样干掉斯图亚特。"当史密斯第一次来到门口时，"斯图亚特后来写道，仿佛是老朋友意外相逢，"我认出了老奥萨沃托米布朗，他在堪萨斯州给我们添了不少麻烦。"[19]

　　李的信并没有打动约翰·布朗，他依然坚持原来的观点，继续以斯图亚特所说的"令人钦佩的机智"为己方力争，即对方应该允许他和他的手下过波托马克河，回到自由州。总体来说，斯图亚特和他来自堪萨斯州的老对手的交谈还算融洽，除了在奴隶制合法性的议题上针锋相对，他们其实是同一类型的人——勇敢、积极、大胆、彬彬有礼，同时又有些危险。而被斯图亚特称为"和谈"的这次会面持续了相当长一段时间，几乎可以肯定它耗费的时间比李期望的要长，当时他在 40 英尺之外一块地势稍高的地方驻足观望。最终，布朗斩钉截铁地说："不，我宁愿死在这里。"斯图亚特不无遗憾地摘下帽子，挥动了一下，紧接着侧身走到分隔两扇大门的石柱后面，为海军陆战队让路。

当 3 名手持大锤的海军陆战队队员走上前去，开始重击厚重的橡木门时，消防车房里响起了一连串的枪声。由于布朗用绳子将门固定在微开状态，起初大锤的重击没有产生任何作用，只是把它们往里推了一点，拉紧了绑着的绳子。格林注意到附近有一个粗大的梯子，命令他的人把它用作攻城锤，只撞击了两下，就"在右手边那扇门的下方"撞出了"一个破洞"。[20]当时在里面的华盛顿上校就站在布朗身边，他后来评价约翰·布朗时说，他"是我见过的最冷静、最坚定的人，面对危险和死亡毫不畏惧。他身边有一个儿子已死去[21]，另一个被子弹打穿，他一手摸着奄奄一息的儿子的脉搏，一手拿着步枪，强打起精神指挥手下，激励他们顽强抵抗，要死得有价值"。在接下来的几个星期里，布朗的事迹在南方传播开来，人们交口称赞他作为一个男人表现出来的品格：除他对奴隶制的看法外，他拥有南方人所崇尚的全部美德。

就在大门开裂的当口，华盛顿上校高喊道："别管我们。开火！"[22]李听出那是华盛顿的声音，不禁赞道："老革命本性不改。"

格林中尉率先从他的人在门上凿开的狭窄裂缝中钻了进去。消防车房里面烟雾弥漫——在无烟火药发明之前，每开一枪都会冒出一股浓浓的刺鼻的黑烟——尽管如此，他还是立刻认出了以前就认识的华盛顿上校。华盛顿指着跪在他旁边正在给卡宾枪装子弹的布朗，说道："这位就是奥萨沃托米。"格林毫不犹豫地冲上前，用他的礼仪剑刺向布朗，不料没有穿透，剑尖正好扎在了布朗的皮带扣上，他这一击力度太大，剑身弯曲的程度几乎打了个对折。格林双手握着那把弯曲的武器，用它击打布朗的头部，直到老人倒在地上，鲜血从他的伤口中喷涌而出。拉塞尔少校手拿藤条鞭，带领海军陆战队队员紧跟着格林冲了进来，其中一名队员脸部中弹，另有一人当场死亡。其余队员，用格林的话说，"跨过倒下的战友，如猛虎下山一般扑了进来"[23]，用刺刀刺杀了2名布朗的手下，把其中一人钉在了对面的墙上。剩下的人当场投降，整场战斗仅用了3分钟就结束了。格林后来在评论这场战斗时所说的"突袭行动非同儿戏"一点都不假，但李的确达成了他的目标：没有一名人质在突袭中受到伤害。陆军上校华盛顿以双手很脏，不能让公众看到为由拒绝离开消防车房，直到有人拿来一双手套，他才走了出来。

李"负责确保大家善待被抓获的幸存者"。[24] 的确，在成功突袭并夺取了对消防车房的控制权后，每个人似乎都被约翰·布朗的非凡表现深深地打动了，因而并没有表现出异常狂怒或急于报复。格林中尉刚开始以为他杀死了布朗，但不久之后发现老人受的伤不像想象中那么严重。李让人把布朗抬到军需官的办公室，过了没多长时间，他稍微有了些力气，举行了一场现在被称为"名人记者会"的活动，只是现场的观众都不是普通人。李很友善地提出如果在场的访客使布朗感到"烦恼或痛苦"的话，可以清场，布朗不顾伤痛在身，回答说"他很高兴他自己以及他的动机得到人们的理解"。考虑到在接下来的六个半星期中所发生的一切，他的这个说法不免过于轻描淡写了；在此期间，布朗将被塑造成一位民族英雄和烈士，这在很大程度上要归功于他利用北方公众舆论的高明技巧，以及他与生俱来的尊严和勇气。

布朗所在的这个房间异常窄小。地板上铺着沾满血的旧褥子，布朗和他一个受伤的追随者躺在上面，围在他们四周的有李、斯图亚特、弗吉尼亚州州长怀斯、曾被布朗囚禁但桀骜不驯的华盛顿上校、弗吉尼亚州参议员梅森（Mason，他将在不远的将来成为联盟国派驻联合王国的"专员"）、俄亥俄州众议员瓦兰迪加姆和弗吉尼亚州众议员福克纳等；或许比所有上述人物更重要的是，其中还有两位记者，一位来自《纽约先驱报》（New York Herald），另一位来自《巴尔的摩美国人报》（Baltimore American），他们已经准备好了记事本。出乎意料的是，布朗竟然让自己被询问了3个小时，而且全程从未失控或对他周围的人表现出一丝一毫的不尊重，同时他也"没有虚弱的迹象"，尽管格林中尉在刺到他的皮带扣上之前的那一剑几乎是紧贴着他的肾脏穿过去的。

怀斯州长评价布朗的一番话或许说出了所有人的心声："他是一个头脑清醒、富有勇气、意志坚定和单纯率真的人。他激发了我对他作为一个诚实、正直的人的充分信任。他狂热、自视甚高且善于高谈阔论，但同时他立场又很坚定、为人诚实并足智多谋。"[25] 用这些话来形容这个人实在有些不太寻常，他可是刚刚攻占过一个镇子和联邦兵工厂及军火库，何况他还应对四名镇民和一名海军陆战队队员的死负有道义上的责任。怀斯最后补充说"他是我见过最勇敢的人"，这话似乎引起了在场各位的共鸣。

布朗也很善辩。当参议员梅森问他何以为他的行为辩解时，布朗回答说："朋友，我认为你们犯下了违背上帝和人性的滔天大罪——我这样说并不想冒犯谁——并且只要你们能解放那些被你们任性地、邪恶地束缚着的人，则任何干涉你们的人都是无可指责的。我不是为了羞辱你们而这么说。"梅森问他是否支付酬劳给他的人，布朗回答说"没有"。J.E.B. 斯图亚特随即有些意味深长地点评道："罪的酬劳即死亡。"布朗转向他，责备道："假如你被我抓获并且在我手上受了伤，我也不会对你说同样的话。"

布朗一次又一次地反驳令他的对手哑口无言。当被问及他的行为基于什么原则时，他回答说："基于黄金法则。我怜悯

xxxvi

被奴役、无依无靠的穷人，这就是我在这里的原因；并不是出于任何个人恩怨、报复或复仇。我怜悯那些受欺压和遭受冤屈的人，在神面前他们与你们一样好，一样宝贵。"

李后来写道，布朗制订的愚蠢计划证明了他不是"狂热分子就是疯子"，从军事角度来看，他这种说法是对的：布朗一共带来18人，其中12人（包括他的两个儿子）被杀，2人（包括他自己）负伤。但从另一个角度看，布朗的计划完全达到了他的目的，尽管不是他起初所期望的那样。

李命令格林中尉把布朗押解到查尔斯镇监狱等候审判，但布朗远非现代意义上的政治犯；他从一开始就能不受任何审查，随心所欲地与外界，即倾慕他的人及他的家人通信。北方人最初的反应是，他的暴力行径抹黑了废奴主义者，但这种反应很快就演变成了倾慕——这个人不只口头上要终结奴隶制，而且付诸了行动。尽管他身上的伤使他不得不躺在小床上，身上盖着毯子接受庭审，布朗自始至终的表现使他成为除蓄奴州以外的整个世界为之感动的英雄和烈士。

拉尔夫·伍尔多·爱默生（Ralph Waldo Emerson）预言称布朗"将使绞刑架像十字架一样辉煌"；亨利·戴维·梭罗（Henry David Thoreau）称颂布朗是"被钉在十字架上的英雄"；维克多·雨果（France Victor Hugo）则在法国发表了呼吁赦免布朗的公开信；而在马萨诸塞州（Massachusetts）康科德（Concord），《小妇人》（*Little Women*）的作者露易莎·梅·奥尔科特（Louisa May Alcott）在为布朗将被处以极刑而发表感言时，清楚表达出在奴隶制的问题上南北方之间日益扩大的鸿沟：

> 在这片土地上
>
> 石碑不能铭刻，

雄辩也无法表达

布朗以殉道给予世人的教诲。[26]

　　李很高兴离开哈珀斯费里回到家里，但没过几天，他又奉命返回哈珀斯费里，负责安排兵工厂的安保事宜，因为针对布朗被判刑的抗议声势日益浩大，这使得怀斯州长不由得担心有人会再次攻击它，或者一些全副武装的废奴主义者试图救出布朗——尽管布朗自己曾劝阻人们这样做，深信现在他的殉难是神摧毁奴隶制计划的一部分。李最不喜欢与人发生情绪上的对立，他不得不费尽心思对付闻讯赶到哈珀斯费里的布朗夫人，她希望在丈夫被处死前见他一面。陪同布朗夫人来这里的还有几个废奴主义者朋友，他们想要"最后一次采访她的丈夫"，李后来写信给妻子解释说，"因为这件事我无法控制[27]，我就打发他们去找托利弗将军［威廉·B.托利弗（William B. Toliaferro）是驻哈珀斯费里的弗吉尼亚民团指挥官］"。

　　行刑那天，也就是 12 月 2 日，李不愿与布朗夫人打交道，同样也没心思去看布朗上绞刑架，而是去了联邦军队四个连的驻地小心设防，从门罗堡赶来的这四个连是总统应怀斯州长的请求派来的，专门保卫哈珀斯费里的兵工厂和军械库。在为布朗立传的那部皇皇巨著中，奥斯瓦尔德·加里森·维拉德［Oswald Garrison Villard，威廉·劳埃德·加里森（William Lloyed Garrison）的孙子，著名的废奴主义者和约翰·布朗的支持者］深思："假如约翰·布朗先知般的目光能越过崇山峻岭，回到他曾短暂一战的弗吉尼亚现场，一定能看到俘获他的宽宏大度的罗伯特·E.李已重掌哈珀斯费里的防务，此时他还蒙在鼓里，全然不知不久之后他将肩负十几个联盟州的命运。"[28]

　　但是，世上当然不存在维拉德所想象的那种从绞刑架那里看到很远的"先知般的目光"或"精神的一瞥"。这位老人乘坐两匹马拉的马车来到行刑现场，他坐在自己的棺材上，像以前一样显得高贵而威严。当他到达绞刑架时，他眺望着蓝岭山脉的天际线，那里曾是他心目中被他解放和武装起来的奴隶的庇护所，他还打算以那里为基地伺机发动袭击，以解救更多奴隶，直到通过这种滚雪球的方式实现奴隶制的终结，他不禁感慨道："这真是一个美丽的地方。我以前从未有幸亲眼看到它。"他笔直地站在那里，面容安详、平静。他脖子上挂着绞索，等着弗吉尼亚的民兵们笨拙地试图在绞刑架周围列队并排成方阵，就为这足足等了12分钟，他的双腿丝毫没有颤抖的迹象，脸上也没有任何恐惧的表情；他的目光锐利无比，凡是认识他的人都说他的眼神如鹰一样凶狠，他双眼一眨不眨地凝视着眼前至少上千名目击者，直到被蒙上头罩。

此时站在绞刑架周围队列中的许多人将会在即将到来的战争中死去，其中一些人会声名鹊起，身居高位，至少有一个人会因立场不同而流芳千古或遗臭万年。这个人就是托马斯·J. 杰克逊（Thomas J. Jackson），弗吉尼亚军事学院自然和实验哲学教授及炮兵教官，他当时率领身着灰红色相间制服的炮兵学员分队来到绞刑现场，正无比热诚地为约翰·布朗的灵魂祈祷；他将在19个月后，在北部进行的第一次马纳萨斯战役（或第一次奔牛河战役）中得到"石墙"的绰号，继而成为李最信任的军团指挥官和李的副官。在为防止劫法场而召集的部队队列中还有埃德蒙·拉芬（Edmund Ruffin），他满头白发，属于很有煽动性的分离派，决意要亲眼看着布朗死去；他买了一些约翰·布朗给长矛配的刀片，打算给每个蓄奴州的州长寄一把，以此来提醒他们北方佬对南方怀有多么深的仇恨，同时他也是向萨姆特堡（Fort Sumter）开了第一枪的人。在弗吉尼亚民兵的里士满连，一个戏剧性的人物出现了，他的眼睛紧盯着绞架上的那个人，对自己亲历历史性场景而感到异常兴奋。这位名叫约翰·威尔克斯·布斯（John Wilkes Booth）的演员在 5 年后暗杀了林肯，而且假如不是被联邦士兵射杀的话，他也会像布朗一样站在绞刑架上。

就在费城举行"一个公开祈祷会"期间 [29]，布朗被执行了绞刑，他的身躯悬于"天地之间"。在纽约州奥尔巴尼（Albany），人们慢放 100 响礼炮纪念这位烈士。在俄亥俄州克利夫兰市（Cleveland）的音乐厅"悬垂着葬礼幕布，用于举办有 1400 人参加的追悼会"。[30] 在纽约市以及纽约州的罗切斯特（Rochester）和锡拉丘兹（Syracuse）[①] 市都举行了大型祈祷会；同时，马萨诸塞州的康科德、普利茅斯（Plymouth）和新贝德福德（New Bedford），新罕布什尔州（New Hampshire）的康科德和曼彻斯特（Manchester）等地也举办了类似活动。在布朗被处死的那一刻，北方各地敲响了丧钟，在波士顿（Boston）的各类教堂、大厅和神殿中挤满了悼念人群；"美国反奴隶制协会"在特雷蒙特大厅举行的会议座无虚席，废奴主义者及和平主义者威廉·劳埃德·加里森当众声明："我只想说'祝愿在南方、在每个奴隶国度的每一次奴隶起义都取得成功'。而我根本看不出我的这个声明会有损或抹黑我追求的和平事业……作为不抵抗派，我宁要具有反抗精神的邦克山（Bunker Hill）[②]、列克星敦（Lexington）和康科德，也不要南方奴隶种植园的懦弱和奴性。"

当运送布朗尸体的火车向北刚刚驶过梅森—迪克森分界

---

① 或译雪城，绰号盐城（The Salt City），位于纽约州中部。

② 美国马萨诸塞州波士顿港北方的小山，美国独立战争时期的古战场。当时有 1600 名义勇军同明显占优势的英国正规军激战，英军死伤上千人，这一战绩极大地提振了义勇军的士气。山顶建有 66 米高的邦克山战迹纪念塔。

线（Mason-Dixon Line）① 之后，布朗的尸体就被转移到一个全部使用北方材料和工艺的新棺材里，并在沿途的每个车站都被大量的人群拦住以表达他们的敬意。他最终被安葬在他的家乡——纽约州的新埃尔巴（New Elba）怀特费斯山（Whiteface Mountain）脚下的一块巨石前。

令人惊异的是，在布朗突袭哈珀斯费里、受审和被执行死刑时，天上都出现了流星雨，这令伍尔特·惠特曼（Walt Whitman）在有关布朗的一首诗里不由得自问："我自己不就是追随你的流星之一？"梭罗也以"如彗星般，从我们生活的黑暗中一闪而过"的诗句描述布朗的一生。赫尔曼·梅尔维尔（Herman Melville）则在《征兆》（*The Portent*）中预见性地写下了布朗是"战争的流星"这一诗句。梅尔维尔一语成谶，约翰·布朗被处死 17 个月后，萨姆特堡一声枪响，战火随即熊熊燃起。

无论布朗还做了什么，对他的死的反应实际上把这个国家撕成了两半，它向南方，甚至向那些寻求妥协的温和派表明，北方人对奴隶制的存在已经忍无可忍。在布朗被处死之前，人们争论的焦点一直是奴隶制是否会扩展到"边疆区"，以及逃跑的奴隶能在多大程度上在自由州作为财产被抓获并归还给他们的主人。到了如今，布朗使得奴隶制作为一种制度的存在本身变成了一个问题——其实是焦点问题。

令南方人感到懊恼和愤怒的是，北方各州竟然对一个被判犯有叛国罪、叛乱罪、一级谋杀罪以及"与奴隶密谋并教唆其他人叛乱"的人表现出如此强烈的同情和悲痛 [31]；令北方人

---

① 美国宾夕法尼亚州与马里兰州之间的分界线，于 1763~1767 年由英国测量家查尔斯·梅森（Charles Mason，1728~1786）和英国测量家、天文学家杰里迈亚·迪克森（Jeremiah Dixon，1733~1779）共同勘测后确定。美国内战期间成为自由州（北）与蓄奴州（南）的界线。

怒不可遏的是，考虑到布朗受到如此严重的指控，弗吉尼亚的陪审团竟然只用了 45 分钟就匆匆判定了他的罪名成立，甚至大多数人觉得他应该要么被赦免，要么被判有期徒刑，但万万没想到会被处死。"了不起的老人！"雄辩的废奴主义者温德尔·菲利普斯（Wendell Phillips）在一场华丽的葬礼演说中宣称，它在措辞朴素、饱含激情方面堪与林肯的葛底斯堡演说（Gettysburg Address）媲美，成为美国史上最崇高的宣言之一。"他在弗吉尼亚废除了奴隶制[32]……没错，那里依旧有奴隶。是这样，当暴风雨把你山上的一棵松树连根拔起后，过几个月——甚至一两年，它看起来仍是绿色的。不过，它只是木头，不再是树。约翰·布朗已经动摇了奴隶制的根基；从今往后，它只有呼吸，不再有生命。"

这正是南方人普遍担心的。李被临时指派到得克萨斯州指挥部，并于 1860 年 2 月重返原驻地，继续追击边境上的墨西哥土匪和科曼切族印第安人匪帮。李没有过多回味他与约翰·布朗当面打交道的那段经历，或他本人在美国史上最戏剧性的事件中所起的作用，但在他写给亲友的书信中人们可以感受到，李对联邦加速瓦解的趋势越来越不安，他在哈珀斯费里的亲身经历更加剧了他的忧虑。李对于他口中的"一如他们自诩的'棉花州'"（这一用词流露出一位弗吉尼亚贵族对大型棉花种植园催生的喧嚣、暴戾的暴发户本能的厌恶）贪得无厌的索取心怀不满[33]，也对废奴主义者针对南方毫不掩饰的敌意心怀芥蒂。当他听到南方人谈论"重开奴隶贸易"的可能时无比震惊，他"在各个方面都反对"这种做法，而他应付岳父遗留下来的奴隶的经历进一步强化了他对奴隶制的反感。他认为脱离联邦[34]无异于"革命"，是愚蠢的举动，而且表示"无法想象还有什么比联邦瓦解会带给我们国家更大的灾难"。李在圣安东尼奥（San Antonio）时，情绪低落，深感孤独，无法排遣思乡之情。他深知自己是个52岁的军官，花了30多年才从中尉缓缓晋升至中校；以他当前的年龄，进一步晋升至准将军衔的可能性微乎其微，因为还有22个资历比他老的人与他一同排列在晋级候选人名单上。简单地说，他已经到了这把年纪，虽说已经太晚了，但总是想要追问自己当初是否选错了职业。此时此刻，他对未来等待着自己的荣耀没有丝毫知觉。

李从来没有表现出对政治事务有多大兴趣，或许正是政治导致他父亲陷入泥潭并早逝。就在全国上下紧锣密鼓准备选出新总统之际，各方政治言论中的火药味越来越浓，与此同时，周围有不少人威胁说一旦林肯当选就要退出联邦，种种这些都让李惊恐不已。"我希望，"他写道，"国人的智慧和爱国精神将想出保持联邦完整之策，而宽厚仁慈的主不会放弃对我们的祝福。"[35] 罗伯特·E.李是弗吉尼亚人，除在阿灵顿以及他服役的得克萨斯有过短暂停留以外，一直在北方生活了30多年。他四海为家，无论在纽约还是南方的任何地方，他都感觉如鱼得水；他反对脱离联邦；他并不认为保留奴隶制是值得为之一战的目标，他对国家发自内心的忠诚是强烈而真诚的。

林肯当选总统后，得克萨斯掀起了要求脱离联邦的狂潮，身处旋涡之中的李谨小慎微，闭口不谈自己的立场。但有一次，当有人问他"一个人的效忠对象首先是州还是联邦"时，他忍不住"说出了自己的观点，毫不迟疑地表明了立场。他说自己一直被教导要相信，而且他真心相信，他首先对弗吉尼亚负有责任"。[36] 这种简单、老派的观点将在今后四年一直左右着李，而且就在同一时间段里，他会成为声名显赫的将军，甚至是充当他并不全信的事业的象征性的领袖。他把自己的处境与华盛顿当年的处境相提并论，而后者对他来说并非遥不可及的历史人物，既是他妻子的继曾祖父，也是他父亲的好朋友和赞助人。当脱离联邦的消息如潮水般涌来时，李开始读爱德华·埃弗里特（Edward Everett）所著《华盛顿生平》（*Life of Washington*）一书。尽管他很谦虚，从未将自己与那位伟人相提并论，但他无法忽视一个事实：华盛顿也曾陷入与他所面临的相同困境。"华盛顿，"埃弗里特写道，"生性就高度尊崇秩序与法律，他秉持服从正当权威的社会生活准则，从一开始就坚定地站在美国人一边；直到革命爆发前夕，也没有寻求，甚至没有想过要针对母国展开强力抵抗，但当坚持原则必然导致与母国刀枪相见时，他并没有退缩。"[37]

"分离，"李写道，"无异于革命……混乱无序将会当道，不会是华盛顿、汉密尔顿、杰斐逊、麦迪逊，以及其他革命时代的爱国者所建立的政府……尽管如此，一个由剑与刀维持的联邦，一个冲突和内战取代了兄弟之爱和友善的地方，对我来说不再有任何魅力。"[38] 作为与弗吉尼亚同胞坚守共同原则的必然结果，无论内心多么不情愿，李在"大爆炸"来临之际仍深感义不容辞，毅然决然地拿起了武器。

此时李仍置身于得克萨斯州，尚未到达他平生必须做出最重大道德抉择的那一刻，而他热爱的美利坚合众国仍旧勉为其难地结为一体，只是维系联邦的纽带一天天在绷紧，但他已经不可避免地开始考虑走上与他在哈珀斯费里围攻并抓获的那个人同样的道路。李和布朗在哈珀斯费里兵工厂中军需官办公室里的短暂相会期间，两人或许都没有意识到双方竟然存在那么多共同点。这位弗吉尼亚的绅士和来自新英格兰的贫苦农民兼牛贩子都拥有虔诚的信仰，都勇敢无畏，都是天生的战士，都极其谦恭有礼，都以家庭为重，都受到深刻而坚定的道德信念

xlii

的指引。约翰·布朗也许真的像罗伯特·E.李认为的那样，是个狂热分子和疯子（前者肯定没错，但不会是后者），有趣的是，尽管李坚定地认为"服从合法权威是男子气概的基础"，但他最终也像布朗一样成了造反派，而且可能是最杰出的造反派。

Ne Incautus Futuri（切勿怠慢未来）

——李氏家族座右铭

在我们这个时代，美国人对各自所在州的热爱已然远逊于对整个国家的热爱——诚然，这种此消彼长的趋势自内战结束之际便已存在了。如今的美国人根本不必伤脑筋，想走就走，可以轻松快捷地远赴他乡，在远离他们出生地的随便哪个州安家；甚至在旅途中，他们除看到高速公路上多数车牌有所变化以外，几乎分辨不出自己正置身于哪个州。当然，这个国家一向会给那些在本地一败涂地或胸怀远大志向的人更为诱人的选择：激励着他们拔地而起，一路向西，择地从头再来，大展宏图。但是对自己的"祖居州"保持忠诚一度是美国人生活中的一项重要内容。罗伯特·E.李认为自己首先是弗吉尼亚人，效忠对象首先是弗吉尼亚，其次才是美利坚合众国——这一信念在当今一些人看来似乎有些极端，但在李所处的那个时代却很平常。

在最初的 13 个州中，弗吉尼亚想必是最强烈地要求公民对其保持第一忠诚的州。它是北美面积最大、设立时间最久、最富有，且人口最多的英国殖民地，也是英国阶层、宗教和社会秩序等观念最为根深蒂固之地。它因在美利坚合众国的创建过程中发挥了至关重要的作用，以至于美国首都紧邻弗吉尼亚州设立，美国最初的五任总统中有四任都是弗吉尼亚人。

作为殖民地的弗吉尼亚，英格兰土地贵族治理的理想扎根最深。即使弗吉尼亚发展出了代议制的政府形式，但仍像在英格兰一样，主导它们的依旧是那些拥有财富和土地的人，或者他们的子嗣以及其他亲属。由于早期英格兰移民中存在众多逃离克伦威尔治下"英格兰、苏格兰和爱尔兰联邦"的保王派，所以弗吉尼亚人皆绅士——为国王而战并被击败的"骑士派"，与之相对的则是拒绝接受王权理念的新英格兰清教徒——的说法也就伴随着这个殖民地的发展流传下来，并由此帮助弗吉尼亚获得了精致高贵、温文尔雅的礼仪之邦的美誉，或者至少弗吉尼亚人自视如此。这并非言过其实，因为来自英格兰的访客们不无惊讶地发现，在这片可以比肩英格兰一个郡的辽阔领地上，分布着大量漂亮的庄园宅邸，而且整个社会的精致气派程度恐怕在整个北美地区也是独一无二的。然而，就在这耀眼的浮华背后，还潜藏着另一个弗吉尼亚：在这里，人们趋之若鹜地投身于大规模的土地投机活动，从中深切体验到人生的大起大落，他们中有的人可能一夜暴富，更多的人则是全部身家瞬时付之东流；在这里，时常会上演决斗的场景，而当事人往往要付出生命的代价；在这里，陷入债务泥潭而不能自拔的情形司空见惯；在这里，烟草作为与英国贸易的支柱，是最重要的作物，主要由奴工种植、采摘和加工，而这种"特殊制度"①在道德和实践上都存在诸多困境。到了内战时期，黑奴（和一小部分"自由民"）在该州人口中的比重超过三分之一，而从面积上看，它当时比一些欧洲国家还要大——东西 425 英里，南北最宽处超过 300 英里。

"弗吉尼亚的第一家庭"形成了其自身的贵族体系。他们最初曾尝试与德高望重的印第安酋长们的女儿通婚，其中最为知名的例证是宝嘉康蒂（Pocahontas），她在伊丽莎白时代的英格兰成了家喻户晓的名人。但此后"第一家庭"倾向于仅在他们自己相当狭小的社会阶层中通婚，从而很快就演化成英格兰贵族阶层那样——在他们这个圈子里的几乎任何一个重

---

① 奴隶制的委婉用语。

要人物，都可和其他人追溯到或远或近的亲戚关系。托尔斯泰在《战争与和平》中评论过一个不同的蓄奴贵族社会，他写道："Cousinage—c'est une dangereuse voisinage（堂表亲——这是个危险的亲缘关系）。"可以肯定的是，在弗吉尼亚，堂（表）兄弟姐妹和含义模糊的"亲戚"似乎增殖到了非同寻常的程度，将所有第一家庭联系在一起，形成了一张在外人看来错综复杂的血缘网。李家从未自诩高居这个社会秩序之巅，甚或"在同侪中居于首位"；他们太谦逊了，不可能会有如此表现。但他们家被广泛认为是弗吉尼亚最受尊敬，拥有最强大的人脉关系的家族之一：富有，有教养，致力于公共服务，在各个方面最好地诠释了"贵族"一词。当然，经年累月，任何一个家族都会偶有害群之马或丑闻出现，但在近 200 年的时间里，李家获取了大量的地产和种植园，一代代婚姻完满，以其信誉和荣耀出任公职，并在必要时为其母国和殖民地，后来又为所在州乃至国家而战。

1639 年，在北美第一个永久英国殖民地建立仅 32 年之际，第一位李家人抵达弗吉尼亚的詹姆斯敦（Jameston）。他并非因穷困潦倒被迫来到此地，而是作为一个雄心勃勃、神通广大的移民登陆。陆军上校理查德·李（Richard Lee，绰号"移居者"）拥有佩戴纹章的资格，带着英格兰什罗普郡（County Shropshire）库顿霍尔李家的纹章（该纹章的图案奇特，是一只松鼠站在精致的中世纪头盔上吃着金色榛子），其家族渊源可追溯到 15 世纪中期在赛洛普（Salop）担任高级治安官的理查德·李，而他的家谱可以追溯到更久远的盎格鲁－诺曼谱系，祖先可能是 1066 年与征服者威廉一起抵达英国的休·德·莱加（Hugh de Lionel），以及 1183 年第三次十字军东征期间，陪同命运多舛的狮心王理查德试图占领耶路撒冷（Jerusalem）的莱昂内尔·德·李（Lionel de Lee）。简而言之，理查德·李是一位贵族绅士。

他也很强悍、精明、无所畏惧，并在攀登殖民政治阶梯时如鱼得水，左右逢源。他初来乍到，除了弗吉尼亚首任总督弗朗西斯·怀亚特（Francis Wyatt）爵士给予的"赞助"以外可谓一无所有，但他很快就当上了检察长，随后又相继担任殖民地事务秘书、国王任命的殖民地参事会员、高级治安官和弗吉尼亚民兵的上校。他在不同时期还是毛皮商人、抗击印第安人的战士、奴隶贩子和烟草种植者，并最终成为弗吉尼亚大地主之一，甚至北美巨富，以及一个繁荣的家族王朝的创始人——他的后代中有两人是《独立宣言》的签署者；两人成了将军（罗伯特·E.李及其父亲）；还有一人，扎卡里·泰勒（Zachary Taylor），不仅是将军，还当上了总统。

在贩卖奴隶仍被认为是体面的生意的年代，理查德·李不仅仅是一名奴隶贩子，还拥有大量黑奴，并且是"契约劳工"的重要雇主，这些"契约劳工"大多是来自英国的青年男女，他们签订3~7年的劳动契约，以自己的劳动抵偿来北美的路费支出，契约到期后，他们就有机会过上新生活；与奴隶不同的是，他们不能作为动产买卖。因此，弗吉尼亚从一开始就存在三个阶级：拥有土地的绅士；来自英格兰、爱尔兰、威尔士和苏格兰的穷人，通常作为前者的契约劳工，期望最终成为自耕农或工人；黑人奴隶。在英国或欧洲任何地方，一个穷人几乎不可能实现拥有自己的土地的梦想——土地就像一块磁石，吸引着人们横跨大西洋来到此地，在并不比奴隶的境遇好多少的条件下辛苦工作；它也形成了土地投机活动的基础，这种投机让那些赌徒热血沸腾。从王室赢得"土地特许权"，将大片向西延展的广袤无际的森林和土地——那里的印第安人正缓缓后退或遭驱离，或者罹患疾病成批死去——转变成我们如今所称的成熟的房地产。这比种植烟草的规模更大、更有利可图，理查德·李在这方面的作为与他在其他领域的努力一样，均大获成功。

除了在商业和政治上做得顺风顺水，李在养育共计 10 个子女方面也很幸运；事实上，这个家族的座右铭简直要被伏尔泰所著《老实人》（*Candide*）中家庭教师庞格罗斯的那句名言取代了："Tout est pour le mieux dans le meilleur des mondes possibles（在完美的世界中，一切皆为最好而设）。"他有如此多的土地，以至于在他死后，能够把大块土地留给他的孩子们。他的孩子们在各自继承的土地上建造了令人印象深刻的豪宅，并由此创立了李氏家族的几个分支，所有这些分支在每一代都培养出了出类拔萃、能力超群的男性和嫁入名门望族的女性。到了美国独立战争时期，来自马萨诸塞、绝对不会盲目推崇南方人的约翰·亚当斯（John Adams）都认为，李家拥有的"才俊数量……比任何其他家庭都要多"。[1]

这棵蓬勃成长、势不可挡的家族树的分支之一源自理查德·李所生 7 个儿子中的老三，即理查德·亨利·李二世（Richard Henry Lee Ⅱ），他在这个家族中享有"学者理查德"的声誉，因为他毕业于牛津大学，拥有北美最大的个人图书馆，并能流利地用希腊语、希伯来语和拉丁语写作。与其父亲一样，理查德·亨利·李二世在殖民地政府担任过诸多公职，如"市民议会"议员和参事会员。他养育了 8 个子女，其中之一是上尉亨利·李一世（Henry Lee Ⅰ），即亨利·李二世的父亲。亨利·李二世娶了乔治·华盛顿的远亲，人称"低地美女"的露西·格里姆斯（Lucy Grymes）——事实上，华盛顿非常钦慕她，李家上下普遍认为他深爱着露西，但他最终败给了情敌亨利·李二世。

亨利·李二世在利希尔瓦尼亚（Leesylvania）为自己建造了一栋精致的庄园宅邸，人称李宅，他和露西在此共同养育了 8 个孩子，老大亨利·李三世，也就是广为人知的"轻骑兵"哈里·李，长大后成为美国独立战争期间最著名的骑兵指挥官，同时也是乔治·华盛顿的好朋友、心腹和门徒——在华盛顿的葬礼上致悼词的就是亨利·李三世，他盛赞华盛顿的"战时第一，和时第一，同胞心中第一"这句话尽人皆知，但了解它出自谁口的寥寥无几。

亨利·李三世（尽管有种种不如意，但他最终当上了弗吉尼亚州的州长，以及美国众议院议员）是罗伯特·E.李的父亲，因此，位于利希尔瓦尼亚的李宅也算是罗伯特·E.李的"祖屋"了。值得一提的是，乔治·华盛顿曾多次造访这座老宅子，想必是美丽如初的露西仍然令他心驰神往。尽管这栋房子早在罗伯特·E.李还是青少年时就已易手，但在他的心目中，它一直是一个错综复杂且温文尔雅的完整世界，涵盖其中的是稳定、财富、特权、礼仪以及家庭关系等诸多因素，只不过这种认知更多是一种想象，与现实不符。罗伯特·E.李的大半生是在简陋的出租屋、兵营和军用帐篷里度过的，而让他终生念念不忘的是包括"祖屋"在内的几座豪宅，其中包括：雪莉府第，那是他母亲的家，由当时弗吉尼亚的巨富罗伯特·"国王"·卡特（Robert "King" Carter）建造——它的屋顶上有个镀金的菠萝雕像，象征着热情好客，是弗吉尼亚最宏伟、最典雅的庄园宅邸之一；白屋庄园主宅，那是他岳父名下的一个庄园，它在罗伯特·E.李成年后的生活中起着重要作用；斯特拉特福庄园主屋，由"学者理查德"的另一个儿子托马斯·李（Thomas Lee）建造，它俯瞰着波托马克河，有着无与伦比的风景，所在庄园占地 6600 公顷——这座巨大的砖砌建筑之所以令人过目不忘，或许不在于它很漂亮，而是由于它壮观与和谐的整体构造，除了建筑物本身，与之相辅相成、气势恢宏的台阶逐级而上，通向大门以及在全美备受赞赏的法式花园之一，无疑为它增色不少，罗伯特·E.李就出生在这里；还有就是位于弗吉尼亚亚历山德里亚（Alexandria）的阿灵顿公馆，李通过婚姻继承的这座豪宅有着高大的白色圆柱，与乔治·华盛顿存在千丝万缕的关联，但南北战争刚一开始，它便被联邦军队占领了。

除李氏家族以外，罗伯特·E.李的生活还受到两大影响，它们对他的性格，以及对他作为一名将军所具备的战略战术的形成，都发挥了各自重要的作用。首先是乔治·华盛顿本人，因为虽然华盛顿在罗伯特·E.李出生前10年就去世了，但小罗伯特可以说是在其影子下成长起来的。他少年时代的生活环境，处处都能牵扯到作为远亲的华盛顿〔托马斯·杰斐逊（Thomas Jefferson）也是他的远亲〕；考虑到华盛顿性格有些孤傲、高冷，李挚爱的父亲能与他成为密友，也是相当难得的，而他家族中的长辈们差不多都与华盛顿相熟，不管是作为邻居还是弗吉尼亚州的贵族同侪，无论是在独立战争之前、期间和之后，还是在新生共和国动荡的政治风雨中，对罗伯特·E.李来说，华盛顿从来就不是遥不可及的历史人物，而是几乎就活在他身边：无论作为一个男孩、一个男人，还是一个将军，李都以华盛顿为榜样，严格要求自己。华盛顿的恪尽职守；他令人肃然起敬的尊严；他自我控制的强大能力；他的领导才能；他有能力领导一支衣衫褴褛、装备简陋的军队团结一致，奋战数年，最终战胜人多势众、装备精良、物资供应充足的敌人；他面对失败时展现出的勇气和韧性；他在取得胜利后表现出的宽宏大量。所有这些品质都得到罗伯特·E.李的高度赞赏和继承。

以"国父"为榜样对任何年轻人来说都是一个挑战，而李的情况还有些特殊，他对自己父亲的矛盾感情使得他要面临更加复杂的挑战。他父亲在弗洛伊德所说的"名门幻想"（the

7

family romance）[①]中扮演的角色是极为矛盾的，既是他要刻意学习的榜样，又是千方百计要回避的对象。"轻骑兵"哈里·李就是这样一个人，他总是谆谆教诲孩子们，但从来不会以身作则，属于典型的言行不一的人——他是一个勇敢而有创新精神的士兵，在和平时期，他是一个积习难改并且日益鲁莽的赌徒，热衷于我们现在称为风险投资的各种计划，主要是土地投机，而一再失败的投机活动使得他深陷债务泥潭。他作为革命战争英雄的显赫身份，他英俊潇洒的外貌（随年龄渐长而增加的体重使之有所失色），他独特的魅力以及他是李氏家族成员的事实，都让人们太轻易且过于频繁地原谅他的劣行，这样做的原因既是为他好，也是出于他们自身利益的考量。最终结果就是他逐渐变成了一个虽不无慈爱但经常缺席的父亲，并使得他的大家庭陷入几乎分文不剩的窘境。

亨利·李三世生于 1756 年，作为大地主亨利·李二世和美丽的露西·格里姆斯·李的长子，他显然从小就有一种感觉，似乎自己生来就注定要从事某项无比辉煌的事业。1773年，他毕业于普林斯顿大学（当时被称为"新泽西学院"），要不是因为独立战争爆发，他本可以去英格兰攻读法律。1773~1776 年的几年间[2]，弗吉尼亚和马萨诸塞经历着同样令人兴奋的各种重大变故，这促使约翰逊博士（Dr. Johnson）[②]不禁发问："何以驾驭黑奴者发出要自由的最强音？"由此，青年亨利·李放弃他或曾有过的一定要成为律师的梦想，转而参

---

① 出自弗洛伊德发表于 1909 年的论文《神经症患者的名门幻想》，指吹捧自己祖辈身份地位的倾向。

② 塞缪尔·约翰逊（Samuel Johnson，1709 年 9 月 7 日至 1784 年 12 月 3 日），英国文学史上重要的诗人、散文家、传记家和演讲家，他编纂的《英语大辞典》对英语的发展做出了重大贡献。

了军，成为轻骑兵团里的一名上尉，这个团是由弗吉尼亚第一家庭生活极其富裕的众多"亲戚"之一募集组建的。亨利·李三世从未接受过任何正规的军事训练，或许他根本就不需要训练，他天生就是个战士。他身材高大，体格健壮，是个天生的骑手，且很快就出了名。"轻骑兵哈里"这个昵称被一部分人理解为对他精湛骑术的赞誉，而实际上是对他组织和领导当时被称为"轻骑兵"部队的超凡能力的认可。所谓轻骑兵是指使用体型相对较小、行动灵活的马匹的骑兵部队，不同于传统的龙骑兵或"重装骑兵"——脚蹬过膝长筒重靴，身披抛光钢胸甲，头戴铜盔，骑着高头大马，其主要作战方式就是以密集队形进行集体冲锋。

　　轻骑兵的作用是进行大胆的突袭，在执行侦察任务时能迅速地进行长途机动，或者作为轻步兵下马作战，为此他们配备了应手的短火枪或手枪以及短弯刀。轻骑兵阵形的概念是由一位众所周知的匈牙利移民拜尔切尼·拉斯洛伯爵（Count Laszlo Bercsenyi），于18世纪初期介绍到法国的，他向法国人描述了胡萨尔骑士——传统的匈牙利轻骑兵，他们的典型装束是肩披镶金边的毛皮短斗篷，头戴裘皮帽，穿紧身绣花马裤、短而紧身的软靴，佩带一把土耳其式弯刀，另有一对手枪。拜尔切尼的想法得到了法国军队的热烈响应和积极实施，作为当时在军事领域仍是创新和时尚的排头兵，法国的做法旋即以长矛轻骑兵、胡萨尔轻骑兵、猎骑兵以及"轻龙骑兵"团等各种形式传播到了其他国家，他们打着各种诱人的名号，身着华丽花哨的制服，军官们的装束就更加令人眼花缭乱了。他们毫无疑问是每支军队的精英，但在巴拉克拉瓦战役（Battle of Balaclava）中轻型骑兵旅的表现开始让人们怀疑轻骑兵的概念。轻骑兵非常适合北美，那里很少有机会进行像在欧洲大陆上那样大规模的正规战。它的成本也更低——高头大马会消耗更多饲料，重装骑兵的制服和装备也是出了名的昂贵（英国的皇家近卫骑兵是唯一仍在服役的重装骑兵）。

亨利·李三世高昂的精神和敢于冒险的品质使他成为一名完美的轻骑兵统帅。1778 年，他在"展翼鹰酒馆"（Spread Eagle Tavern）击退了英国人的突袭，一时成为军队谈论的焦点。此战为他赢得了成为华盛顿副官的机会，但他拒绝了这一荣誉，因为他更愿意在战场上真刀真枪地拼杀，而此举不仅使他晋升为陆军少校，还令华盛顿终其一生都对他赞赏不已。一年之后[3]，他率军攻打位于哈德逊河（Hudson River）下游由英军据守的保卢斯胡克堡（Paulus Hook），如今的泽西城（Jersey City）。这一大胆且并不十分成功的行动为他赢得了华盛顿"毫不吝惜的"赞誉，并获得国会金质奖章。华盛顿认可李表现出的过人技能[4]，于是让他负责步兵和轻骑兵的混合编队，"正式名称为李的游击军团"，这在当时算是一种创新，并同时提拔他为陆军中校。他当时年仅 25 岁。然而，亨利·李在具备难得的冲劲和能力的同时，也在一定程度上表现出缺乏判断力的一面，这是他性格中令人深感忧虑并且危险的一面。在他看来，仅仅绞死一个投敌的逃兵还不够，还要把这个人的头砍下来，并连带着脖子上的绞索送到华盛顿的司令部，这令"总司令大为惊恐"。[5]

亨利·李奉命南下任职于纳撒内尔·格林将军（General Nathanael Greene）麾下，他很快就在南北卡罗来纳（Carolinas）的战场上证明了自己具有卓越的军事指挥才能，他发动突袭的技巧和速度令敌人心惊胆战，令他的上司拍案叫绝，他的人马在战争期间进行的长距离迂回机动令人瞠目结舌——他的所作所为堪与一战中的托马斯·爱德华·劳伦斯上校（Colonel T. E. Lawrence），或二战中的奥德·温盖特少将（Major-General Orde Wingate）相提并论，他们全都是"非常规作战"的天才领袖。当然，除了诸多将领品质外，亨利·李与前两者再无其他相像之处。他在格林将军成功解放南北卡罗来纳和佐治亚州（Georgia）的战役中发挥了重要作用，为他赢得了传送格林发给华盛顿的急件的荣誉，并且在康沃利斯勋爵（Lord Cornwallis）① 在约克敦（Yorktown）向华盛顿投降的历史性时刻，他及时赶到了现场。

从某种意义上说，这是亨利·李一生中最辉煌的时刻，或者无论如何都是在他的生活开始变得糟糕之前的那一刻。用道格拉斯·索撒尔·弗里曼（Douglas Southall Freeman）的话来说，他变得"敏感、怨恨，而且专横"[6]，显然觉得自己作为独立战争中公认的英雄之一，且是唯一以将军以下军衔荣获国会金质奖章的军官，他的贡献并没有得到足够的重视，于是他在1782年解甲归田，决心在公共生活中赢得"财富和……显赫的声名"。当时他很有可能指望着被提升为将军，结果并未如愿，因此心生怨恨；无论如何，亨利·李三世的画像确实证实了弗里曼对他的描述，并且他嘴角向下，流露出一定程度的暴躁或不满。尽管容貌英俊，但那副面容让人感觉此人并不好对付。

亨利·李三世起初似乎只是一个富有魅力的无赖，一个永远的乐天派，刚开始未必是成心，但他很快就堕落了，变成了一个诡计多端、满嘴谎言的欺诈者。他对事实本身漠不关心，坚信只要是他一心一意要实施的设想，无论多么草率都具备毋庸置疑的优点；他总是夸大其词，口中承诺远超其能力所及，而且显然他既不懂加减法，也不会从自己灾难性的经历中吸取

10

---

① 查尔斯·康沃利斯（Charles Cornwallis, 1738~1805），1776~1781年率英军镇压美国独立战争，战败后投降。曾于1786~1793年任孟加拉总督。1798年调任爱尔兰总督，镇压爱尔兰革命。1805年再任孟加拉总督，不久后病逝。

教训——简而言之，他就是一个有教养的大骗子。他的家人在吃尽苦头后，最终都学会了在遗嘱或财务安排中加入附件，以确保亨利·李三世不能干涉他们对家产或财产的任何决策，但他们似乎并没有因此而不喜欢他。每个家族都会有个败家子，亨利·李三世就在李家充当了那个角色。

独立战争结束之初，亨利·李的生活似乎也开始步入正轨。他娶了远房堂妹，被称为"神圣的玛蒂尔达"的玛蒂尔达·李（Matilda Lee），并从他的父亲那里继承了斯特拉特福庄园的庞大府第以及 6600 英亩土地。乔治·华盛顿出席了他们在斯特拉特福庄园举办的婚礼，两人看上去似乎是美满的一对。遵循着李家成员担当公职的传统，亨利·李三世成为国会议员，然后成为弗吉尼亚州州长。玛蒂尔达给他生了 3 个孩子，其中老大菲利普在 10 岁时去世。然而，他过于热衷各种商业活动，这使得他早已无暇顾及其他职责，并由此导致李家人心惶惶。当玛蒂尔达于 1790 年去世时[7]，她把斯特拉特福庄园留给了她的孩子，而不是丈夫，由此可见她想必已经意识到他在涉及金钱的问题上判断力很差并且不可靠——亨利的父亲显然和玛蒂尔达一样不放心，只把"一小部分土地"留给了他。亨利·李三世的表现果然不出所料，他先是设法说服玛蒂尔达的受托人允许他卖掉斯特拉特福庄园的大部分土地，随后整个府第因疏于打理，在玛蒂尔达去世后不到一年就开始显露出破败之相，许多家具被卖掉，佃农们能耕种的农田也所剩无几。

一则关于他的故事很好地说明了他当时在邻居中享有什么样的名声。故事的情节很简单，说的是他来到一个朋友家，声称他的马丢了。"这位朋友好心好意借给哈里一匹马并让一名奴隶同去，以便骑马把马牵回来。一晃过了数星期，那个奴隶和两匹马一直没有出现。直到有一天，奴隶忍痛一瘸一拐地回来了，他告诉主人李把那两匹马都卖掉了。当主人满腹狐疑地[11]问他'你为什么不回家'时，奴隶回答说'因为李将军把我也卖了'。"[8]

亨利·李三世设想了一个并不周全的计划[9]，想要在法国革命军中谋求一个将军的职位，直到华盛顿委婉地告诫他，在血雨腥风的法国大革命达到高潮，以及他仍然担任弗吉尼亚州州长之时，这样做极不恰当。但是当华盛顿得知亨利打算再婚时，他迫不及待地要祝贺他喜新厌旧的举动。有一次亨利·李去雪莉府第拜访当时的弗吉尼亚首富查尔斯·卡特（Charles Carter），"他对卡特的女儿安·希尔·卡特（Ann Hill Carter）一见倾心，那时她芳龄20岁，为查尔斯·卡特的第二任妻子所生"。[10] 亨利·李比她年长17岁，而且身体已经开始发福；尽管如此，他还是李氏家族的人、弗吉尼亚州州长、独立战争的英雄，而且仍是一个浑身都散发着魅力的人，他的求婚得到了华盛顿（以及她父亲极不情愿）的祝福，他们在雪莉庄园举行了一场奢华的婚礼，成为当时弗吉尼亚人津津乐道的话题。华盛顿送给安的结婚礼物是一枚胸针，上面有镶着金框的他的微型画像；这是她最珍视的物品之一，她在唯一流传于世、身穿低胸礼服的画像中佩戴着它。在这幅画像中，她右手优雅地捧着一束花，但是她的眼神和嘴形显露出比她丈夫更坚毅、更讲究实际的性格，考虑到她未来的境遇，她也必须如此。她的父亲并不愚蠢，他尽一切努力确保亨利·李无法获得或控制安的钱，尽管如此，这场婚姻似乎纯粹是爱情的结晶，只是对安来说代价不菲，她从此脱离了雪莉的奢华和优雅，以及众多仆人无微不至的照顾，下嫁进了当时里士满（Richmond）局促且不舒适的州长"官邸"以及日渐衰败的斯特拉特福庄园——这里的房间宽敞、通风，渐渐被搬空，所剩田地也很贫瘠。他们后来生养了6个子女，老大夭折，排行第五的就是罗伯特·E.李。

亨利·李可能纯粹是因为极度自大以及完全缺乏商业意识
和诚实而自作自受（他给人的印象是一直不自量力，总在寻找
蛇吞象的机遇），在接下来的几年里，他耗尽了自己在家人、朋
友、弗吉尼亚同胞，甚至华盛顿那里仅存的信用，以及乔治·
华盛顿赋予的所有荣誉，陷入可怜兮兮的境地，也成了一个
人如何失宠的典型实例。1794 年爆发威士忌暴乱（Whiskey
Rebellion），抗议政府针对威士忌征收联邦消费税时，李州长
无疑希望取悦华盛顿总统，他召集弗吉尼亚民兵，并带领他们
进入宾夕法尼亚州，结果他们在那里一事无成。他的这一举动
极其不得人心，弗吉尼亚自酿威士忌的制造商和宾夕法尼亚州
的农民一样反对这项税收，许多地方发生了抗拒加入民兵组织
的暴动。当李身"在外地"时，州长职位被宣布空缺，等他回
来后发现自己已经被替换了。李的名望足以让他在国会赢得一
个席位，也正是在国会，他极其不合时宜地与托马斯·杰斐逊
为敌，甚至给他的赞助人乔治·华盛顿开了一张空头支票，导
致后者一度很生气。像往常一样，他得到了原谅；并且华盛顿
于 1798 年被短暂任命为总司令（预计会与法国开战）时，随
即任命亨利·李为陆军少将。随着华盛顿于 1799 年去世，亨
利·李再也享受不到来自他的宽厚仁慈，这也标志着李从此开
始陷入更深的债务泥潭以及更多问题。

他参与了购买一部分费尔法克斯庄园的计划，这导致他
损失了 4 万美元，还差点使他的老朋友、《独立宣言》的签
署人之一罗伯特·莫里斯（Robert Morris）破产；他在出
售"西部土地"的投机活动中失手；他甚至卷入了阿伦·伯
尔（Aaron Burr）图谋建立一个西部帝国的空想，甚至带有
叛国嫌疑的活动，而这不过是他自己的儿子亨利·李四世所描

12

述的"一个盲目乐观和充满妄想的历程"中又一个愚不可及的行为。他好像铁了心，绝不放弃任何不明智的投资活动，也不停止劝说他人投身其中的努力。他用铁链拴上斯特拉特福庄园的大门，试图阻止他的债权人和治安官闯进来。到1809年，他实际上已走到了穷途末路。同年4月，他因债台高筑而被捕入狱，在他的人生中写下了可耻的一笔。亨利·李三世在债务人监狱里被关了近一年。为了打发时间，他开始写《美国南方战争回忆录》（*Memoirs of the War in the Southern Department of the United States*），幻想这本书能让他重新走上致富之路，但当他最终获释时，即使是他本人都清楚地认识到，自己已不可救药了。

13

斯特拉特福庄园如今归他头婚生的儿子亨利所有，但到那时已经全被搬空了。年轻的亨利很难像养活自己一样养活他父亲庞大而且不断壮大的家庭，而安的信托基金带来的收入也几乎不足以养活他们。安的健康状况急剧恶化——她抱怨说自己是"一个废人"——大多数仆人被解雇了，入冬后甚至没有足够的钱买燃料，无法让这栋大房子里各个房间保持适宜的温度，于是老亨利最终不得不举家搬到弗吉尼亚的亚历山德里亚，辗转于一处处出租屋。一家人最终在"亲戚"威廉·菲茨休（William Fitzhugh）租给他们的小砖房里落脚，这才安顿下来。

在这种简朴的生活环境下，亨利·李继续写书。[11] 与此同时，尽管安的病情越来越严重，身体越来越虚弱，但她又怀孕了，他们要迎接最后一个孩子的出生。正因为自己虚弱多病，她曾在上一次怀孕并生下罗伯特之前给一个怀孕的朋友写信说："我不羡慕你的前景，也不想分享它们。"他们的住处本来就不够大，再添个新生儿就更无处下脚了。在生活于18世纪的人看来，拥挤的房间和全无隐私可言的居住条件无论对贵族还是平民来说，都是司空见惯的现实。即便如此，这家人的生活条件也非常差，但也许正是这种局促的居住环境，使得亨利·李有时间和机会在他当时 3 岁的儿子罗伯特眼中成为一个英雄人物。

我们无法确定他当时是否给予了这个敬慕和崇拜英雄人物的小男孩足够的关注。虽说亨利·李业已穷困潦倒，但在亚历山德里亚，他依然是众人眼中的英雄人物，对此罗伯特很难注意不到。小城里有许多人在他率领的"李氏军团"服过役，而且在他们看来，如今的他俨然就是他们的"李将军"——"轻骑兵"哈里·李终于得到了他本人和众人都认为在约克敦时就该授予他的军衔。当他穿过狭窄的街道时，人们会向他致意，当然，人们表达敬意时不只是冲着他本人，还有个重要因素是他和乔治·华盛顿之间的关系。那时乔治·华盛顿每天都会骑着马穿过亚历山德里亚的街道去邮局或共济会堂，这在当时成了街头一景。李家住的小房子里充斥着各种与战争相关的纪念品，那些都是亨利·李赫赫战功的凭证，同时家里到处都张贴着他写作所需的地图和文字记录。这些无疑都会在一个小男孩的脑海中留下抹不掉的痕迹：无论家里家外，每天在他眼前晃的各种实物证据，无一例外地让他确信自己的父亲是一名战士和一名英雄。

李家年纪较大的成员可能会对亨利·李的智慧有所怀疑，并且可能会将他们目前的境况与他最终陷入丢人现眼的破产之前在斯特拉特福庄园的奢华生活相比较，但罗伯特还太年轻，不可能做出这样的比较，因此他在成长的过程中基本上不知道他父亲究竟堕落到了什么程度，更不会明白亨利·李其实是咎由自取。相反，在罗伯特·E.李成为一名战士，直到声名显赫并远超父亲的成长过程中，享有华盛顿第二的盛名、假想中的亨利·李三世将军一直作为楷模指导并塑造着他。

然而，孩子们对父母的了解（或猜测）往往比当时任何人想象的都多。终其一生，罗伯特·E.李都在金钱方面谨小慎微，下决心永不欠债，并按时支付每一笔账单；他与他父亲的作风完全相反，因而他对亨利·李的失败一无所知令人无法置信。即使是在孩提时代，他也不可能不知道父亲长期缺席或家庭中弥漫的紧张气氛，而且由于他与他母亲的家人卡特一家相处的时间比与李氏家族相处的时间长，他可能在雪莉庄园中感受到了周边的人们对他父亲心存不满。他母亲肯定从未说过亨利·李的坏话，尤其不会当着孩子们的面这么说，但另一方面，她细心教导小罗伯特要注重节俭、谦虚、诚实，凡事精打细算，笃信上帝，珍惜手中的每一分钱——这些恰恰都是她丈夫明显缺乏的美德。

至于亨利·李，他生命中的最后一幕即将上演，情节颇具戏剧性，甚至不无夸张的成分。他和杰斐逊总统大吵大闹过，后来又公开与麦迪逊总统对着干，坚决反对同英国开战。他给麦迪逊写了一封又一封言辞激烈的书信，此举不仅未产生任何他期待的效果，反而使他丧失了担任任何外交职务的资格，那可是他为了摆脱债主们的纠缠而日思夜想的出路。当战争最终于 1812 年 6 月爆发时，亨利·李不惜引火上身，公开为反战者打抱不平。巴尔的摩一名反战旗手，年轻的报人被愤怒的暴徒赶出了城，报社也被砸毁，亨利·李毫不犹豫地接过了他的反战大旗。尽管亨利·李在财务上缺乏判断力，但他从不缺乏勇气。他不仅鼓励年轻的报人重返巴尔的摩，继续发表他的反战文章，而且亲临现场表达自己对他的支持。李可能低估了形势的严峻程度，美国大城市的政治斗争业已白热化，人们的愤怒情绪需要被鲜血平息，于是很不幸，当一群暴民袭击报社的临时办公室时，他正好就在里面。亨利·李一边帮忙在建筑物周边设置路障[12]，一边派人去搬"救兵"。在随后的交火中，

15

一名男子在街上被打死。民兵们及时赶到现场，将双方分开，并将那位报人、李及其朋友们护送到巴尔的摩监狱，以确保他们的安全，但此时全城陷入一片混乱，暴徒们咆哮着闯进了监狱。"死神如此临近[13]，以至于李向他的同伴们提议，他们应该拿起仅有的几件武器互相射击，以免自己被暴徒们活活撕成碎片。"他的同伴们对他的提议无动于衷[14]，他们本该认真考虑那个提议，因为暴徒们最终破门而入，把他们从藏身的牢房拖到外面，扔进"喧嚣的人群"当中，其中一人当场被暴民打死，另外11人遭到毒打，人们以为其中8人已经死了，就把尸体堆放在街上，任由人们"继续戮尸"。亨利·李就是其中之一。

不知道他当时受伤有多重，也很难知道他受到永久伤害的程度，但有一点毋庸置疑，残害他的那些人用刀子刺他，把"热蜡烛油"倒在他的眼睛上，还试图割掉他的鼻子，并恶毒地踢打他的要害。经受了非人折磨的他不仅活了下来，而且在被施暴的过程中一声不吭，未做任何反应，他表现出的惊人力量和勇气震撼了施暴者，于是他们最终罢手离开，任由他自生自灭。用弗里曼的话来说，他"虚弱不堪，一瘸一拐，已不成人样"，而且受到越来越多愤怒的债权人的围追堵截，其中包括被他坑害的亲兄弟，亨利·李把11年前已经卖给别人、位于肯塔基州（Kentucky）的一块地卖给了他。"身心俱疲"的亨利·李被人抬回了家，但为了逃避牢狱之灾，他决心逃离这个国家，不再清偿债务，也不顾及3年前为让他出狱而约定的巨额保释金保函，希望在说英语的加勒比群岛（Caribbean islands）找个地方调养身体。[15]

他当时也许是满心悲伤地背井离乡，也许是如释重负。李的传记作者道格拉斯·索撒尔·弗里曼设想的场景是，罗伯特"同其他人一样与父亲拥抱告别"，但鉴于亨利·李的行为模式，当时更可能的情形或许仅仅是，某天早晨罗伯特醒来时发现父亲不见了——毕竟他是违背保释条例潜逃的，由他的妻子和家人收拾残局。他从一个岛到另一个岛，就这样游荡了5年，直到患了一场重病——可能是胃癌——这促使他决定回家等死。他启程后甚至没能坚持到萨凡纳（Savannah）。[16]因在旅途中陷入"病危"状态，他在佐治亚州坎伯兰岛（Cumberland Island）邓杰内斯（Dungeness）被送上岸，这里住着革命战争期间他的指挥官纳撒内尔·格林的女儿。一名海军外科医生敦促亨利·李接受手术，但遭到他的拒绝，也许他自有拒绝手术的理由，因为在19世纪早期这种手术不仅会带来巨大的痛苦，而且还很危险。"亲爱的阁下，"哈里·李说，"哪怕伟大的华盛顿还活着，就站在我眼前并支持你，我也会拒绝。"[17]很明显，这个老家伙勇气犹存，但是不久之后，他便在极度痛苦中死去，并被葬于邓杰内斯的格林家族墓地里。

1862年，罗伯特·E.李首次拜访他父亲的墓地。据记载，他在那里仅稍作停留便离开了。或许他的孩童记忆中存在很多他成年后不愿承认的往事。

1870年，在罗伯特·E.李的最后时日，查尔斯·C.琼斯（Charles C. Jones）出版了一本有关"轻骑兵"哈里·李的书，其中对他的生与死有相当坦诚的叙述。他妻子记述说，当罗伯特·E.李听人说起这本书时，他不无"痛苦地"深感震惊，第一反应是"否认其中的'指控'，似乎它们纯属不实之词"。[18]想必是李自己健康状况不佳，因而并未替父亲做进一步辩护，但更有可能的是，他早已知道那些指控都是真实的，并采取了明智的做法，也就是不发表任何公开声明否认书中的指控，从而避免重蹈覆辙，再次掀起一场轩然大波。他以前曾试图这么做过。[19]1822年，美国最高法院大法官威廉·约翰逊

17

（Associate Justice William Johnson）著书，指出亨利·李在债务人监狱写的《美国南方战争回忆录》一书存在"错误"和"弄虚作假"，这个指控在当时引起了极大轰动。约翰逊的书激怒了罗伯特·E.李同父异母的哥哥，他一气之下替他们的父亲写了一份长达500页的辩护书，其中还夹杂着针对杰斐逊的恶言恶语。正因如此，围绕"轻骑兵"哈里·李所起的争议不会让他的任何一个孩子感到惊讶。因此，很有可能的情形是，罗伯特·E.李在有意无意中深知他父亲一生的阴暗面，但他理智地选择继续将他父亲当作革命战争时代的英雄和华盛顿的朋友来纪念。*他不想知道的，就刻意隐瞒，就像许多人都隐瞒自己父母的真实面目一样。当他长大成人，离开弗吉尼亚，脱离李氏家族和卡特家族的怀抱——那里有亨利·李不负责任和不诚实行为的许多受害者——之后首先去了西点军校，然后入伍，他所到之处遇到的大多数人不知道"轻骑兵"哈里·李在弗吉尼亚长期以来惹下的麻烦和积累的债务，只是把他看作美国革命时期的著名人物之一。在这种氛围的影响下，他对他父亲的看法比他在更深层的感受要正面得多。

当然这些都不意味着罗伯特·E.李未曾受到他父亲的影响，或者说他未曾继承他父亲的一些优良品质。与亨利·李一样，罗伯特身材高大，体形魁梧，天生就是个好骑手和战士。他作战勇猛，胆识过人，经常冒着枪林弹雨亲临前线，甚至他的部下也经常恳求他退回到敌方射程之外，当然是徒劳的。他继承了他父亲的军事才能，善于从侧翼发动突然袭击，打乱敌人的阵脚，同时还像他父亲一样具备激发部下效忠的能力——

---

* 罗伯特·E.李或许很早就认识到，面对攻击他的媒体，不予以回应或采取报复行动才是明智的，即使那些攻击令他深感痛苦（比如后文《纽约论坛报》刊登有关他虐待奴隶的读者来信一事）。

就罗伯特而言，那已经不是简单的忠诚，而是几近偶像崇拜了。另一方面，也许是因为亨利·李与杰斐逊和麦迪逊的争吵，罗伯特对包括联盟国在内的政治和政治家们存在根深蒂固的不信任。但是影响罗伯特的最重要的性格特征是消极的：他的父亲健谈、鲁莽、喜欢八卦、脾气暴躁，无论是谁，只要一言不合便翻脸。对于亨利·李来说，哪怕是鸡毛蒜皮的小分歧都能迅速升级，要大张旗鼓地吵闹一番。罗伯特的表现则恰恰相反，只是不知他天性如此还是善于克制，反正他不会轻易发火，总是设法避免与人发生任何形式的对抗，也不喜欢与人争论。这往往被人们认为是美德的性格特征，实际上变成了罗伯特·E.李的弱点，算是他令人钦佩的个性中的唯一不足之处，而它对军队指挥官来说是一个危险的缺陷，甚至可以说这个缺陷最终导致了联盟国的失败。在联盟国短暂的历史中，一些大错特错的军事决定可以归咎于李不愿意与下属对抗，面对面澄清分歧并解决问题。

无论从天性还是从后天熏陶的角度看，罗伯特的绅士意识和做派更多来自其母亲的影响，因为他的父亲早就脱离了绅士的行列而与无赖为伍。安·卡特·李丈夫一生中的波谲云诡以及悲惨境遇似乎遮掩了她，但很明显她是一个更坚强的人。她独自一人带大了 5 个孩子，在没有得到丈夫任何经济支持的情况下维持着家庭的运转，还设法把一个儿子送去哈佛读书，一个加入了海军，另一个上了西点军校。她在雪莉庄园的童年生活优裕而富足，身边围绕着数不清的仆人，与她在亚历山德里亚艰难困苦的拮据生活形成了鲜明的对比。[20] 甚至她那脸面尽失的丈夫根本不顾家，多数时间在外面，她甚至在她丈夫还活着的时候就时常自称"寡妇"，并不得不在自己还很年轻的时候就接管了本该丈夫担负的责任——亨利·李逃离这个国家时她才40

岁。她的健康状况一直令人担忧，逐渐恶化为慢性疾病；人们普遍认为她患有肺结核，当然，这在当时是无药可治的绝症。这一诊断或许可从她女儿安妮的遭遇得以证实，安妮被诊断患有骨结核，不得不截肢。安似乎从小就受到各种病痛的折磨。她可能从童年起就患有嗜睡症——有人说，她早年在雪莉庄园生活时需要有人搀扶才能上下楼梯，还有传闻称在婚后不久，她可能因嗜睡症陷入昏迷，由于昏迷持续了很长时间，以至于她被宣布死亡，等她苏醒过来后发现自己躺在棺材里，她用尽仅存的力气拼命呼救，这才避免了被活埋。在18世纪和19世纪初人们普遍害怕被活埋，其中一部分原因是当时的医学诊断手段还很原始，另一部分原因是尸体防腐处理尚未流行＊，因而人们在被医生宣布死亡后醒来的例子并不罕见——即使像乔治·华盛顿那样头脑冷静的人都嘱咐身边的人不要在他死后3天内下葬，以防医生判断错误。

虽说安·卡特·李看上去弱不禁风[21]，但她整天忙里忙外，看上去精力充沛。也许支撑着她的是坚强的意志力、虔诚的宗教信仰、"传教士般的热情"和对孩子们的强烈责任感。尽管身体不好，只要还能买得起马，她就会坐着马车四处走动，在近亲或远亲的大房子里小住，在那里她和她的孩子们总是很受欢迎，比如伴随她长大的雪莉庄园；拥有2.2万英亩土地的雷文斯沃思（Ravensworth）和查塔姆（Chatham）庄园（两者都归她的远房亲戚威廉·菲茨休所有，他和安成了好朋友，并把他在亚历山德里亚的房子让给她住）；阿灵顿公馆，威廉·菲茨休的姐姐玛丽的家，玛丽嫁给了乔治·华盛顿的

＊　美国内战期间会对士兵，尤其是对军官进行防腐处理，并将经过防腐处理的尸体运回家中安葬，这成为美国广泛运用防腐处理手段的开端。铁路公司不会承运未经防腐处理的尸体，当然，未经防腐处理的尸体也不可能被完整地运回家乡，并放在敞开的棺材里供人们"瞻仰"遗容，而这在当时是一种普遍的社会习俗。

养子乔治·华盛顿·帕克·卡斯蒂斯；斯特拉特福庄园，如今由她丈夫头婚生的长子亨利·李四世拥有。这一座座豪宅，以及穿行其间的无数仆人和奴隶，肯定让她和孩子们能时常逃离亚历山德里亚局促的居住环境，在一定程度上缓解了一直困扰她的拮据生活，同时也让她的孩子们有机会体验散漫的乡村生活。

安·卡特·李大概在罗伯特·E.李很小的时候就开始倚重他，把他当作最负责任、最可靠的孩子。她把橱柜和储藏室的钥匙托付给他[22]，让他挎着篮子出去购物，还有最重要的任务就是把找回的零钱一分不差地带回家。她委托他监督家里的卡特家族名下的 4 个奴隶，并负责照看生病的家人，而这是常有的事。小罗伯特也很体贴她。他会陪着她驾马车出行[23]，据说这么做有益于她的健康。在寒冷的日子里，"他有时会掏出他的大折刀，并用它把纸戳进马车上的破洞里，姑且遮挡一下凛冽的寒风"。

她下定决心，不能让罗伯特长大后变成他父亲那样的人，所以她把大量的时间和精力投入他的精神健康方面。事实证明她非常适合这项工作；她仅存的几封信透露出她具有令人赞叹的神学知识，以及精确的是非意识和深刻的精神信仰。"自我否定、自我控制，以及在所有财务事项上锱铢必较是她从小教给［他］的荣誉准则的一部分。"[24] 到了晚年，罗伯特·E.李经常说他的"一切都归功于"他母亲。这并不是说她是宗教狂；她强烈的宗教热情和对上帝意志的绝对信仰在她那个时代纯属正常，尽管她信仰的表现形式有所不同，但也没比亚伯拉罕·林肯或约翰·布朗的做法更出格。安·卡特·李家的宗教信仰根植于 18 世纪晚期在弗吉尼亚占主流的新教，该教派由英格兰圣公会分离而来，秉持温和且正统的教义，但她本人在许多方面都深受 19 世纪初席卷美国的"第二次大觉醒"

（Second Great Awakening）运动①的影响，那场运动催生出许多令人惊诧的新宗教教派，并更加强调个体得到拯救和内心保持虔诚的必要性，而不是简单地参加传统的宗教仪式。她所属的教派就是我们现在所说的福音派，她有足够的意志和决心让她的儿子罗伯特终生铭记这种信念——的确，他那些书信最动人之处，在于贯穿他一生、单纯而牢固的信念以及深厚的信仰，坚信人有必要毫无怨言地接受上帝的意志。"一切尽在上帝掌控之中"是他的口头禅，这体现出的不是宿命论，而是高度自信的精神。李能成为一名令人敬畏的战士，并且不仅在南方，而且在北方也得到众人广泛拥戴的重要原因，就是他具有极其强烈的宗教信念——在大家眼里，他不只是一个英雄，而且是世间的圣徒和殉道者。

然而，这种强烈的宗教信念并没有使罗伯特·E.李有别于任何正常的孩子，他不乏幽默感，朝气蓬勃。当他 7 岁第一次离家[25]去上学时，他"变得有点任性"和专横（也许这是一个兼有李和卡特血统的男孩的自然倾向），而在他母亲查问他的不良行为时，她被告知最好是"先用鞭子抽，接着祈祷，祈祷之后再抽他"。由此可见，他小时候很可能也像别的孩子一样不时会调皮捣蛋，尽管他的传记作者像对待其偶像华盛顿一样，试图把他塑造成一个完人。在一生中，他一直喜欢在亲友间开开玩笑，相互戏弄或调侃，谈笑风生——只有当他作为公众人物时才会展示出一张"大理石脸"，给那些为他而战的人留下了深刻的印象。

---

① 18 世纪 20~40 年代在英国殖民时期的北美洲兴起的宗教奋兴运动，原为欧洲大陆虔敬主义或寂静主义以及英格兰福音派运动的一部分，北美洲的大觉醒运动是新教徒对抗宗教上形式主义和理性主义的福音运动，18 世纪 90 年代在新英格兰和肯塔基兴起的另一个奋兴运动，称为第二次大觉醒运动。

他的大家庭人丁兴旺，非常庞大，尤其是卡特一方。他的外祖父[26]查尔斯·卡特，"头婚生养了8个子女，二婚又生了13个"。查尔斯的祖父，即富甲一方的"国王"卡特，共有至少12个孩子，查尔斯的堂兄罗伯特则有16个孩子。也许是因为安·卡特·李感觉在她自己的家族中比在她丈夫的家族中更放松[27]，她会尽可能多地和卡特家的人待在一起。这样一来，罗伯特·E.李得以在一个令外人感到眼花缭乱，无从区分堂表兄弟姐妹、婶婶姑父等姻亲组成的庞大"亲戚"群体中长大。他们之间的"旅行、书信往来和家信交流"可以年复一年，无休无止，并且给罗伯特·E.李的生活增添了无尽的快乐，唯一能与之媲美的就是他自己的孩子的陪伴。即使在烽火连天的内战时期，李写的家信中总会提及他见过的李和卡特家族中的亲戚，不管关系远近，并且不忘关心不计其数的远近亲戚的健康和生活状况。

小时候，罗伯特·E.李身边簇拥着各类亲戚[28]，其中许多与他年龄相仿。他所在的家族也以"与人和善"和富可敌国而闻名，以至于查尔斯·卡特去世时，一篇讣告这样写道："他的巨大财富如溪流般默默流淌，凡其所触之物，无一不焕发活力，鲜活生动……"正因为如此，他从不缺少玩伴。他在亚历山德里亚的家被许多李氏家族亲戚的家包围着，此处俨然形成了一片李家专有的大院落，但与卡特家相比，那不算什么。当罗伯特到了上学的年龄，他被送到卡特家族专为族内子弟开办的两所"家庭学校"之一，这两所学校中的"一所专门收雪莉庄园的女孩，另一所则专门接收福基尔县（Fauquier County）东维尤（Eastern View）——安的妹妹伊丽莎白家——的男孩"。毫无疑问，第一次经历离家上学对他并没有产生多大冲击，因为学校里的男孩们并非陌生人，都是卡特家族的表兄弟，而且学校的管理人是他的姨妈。

　　罗伯特·E.李离家上学之日，碰巧赶上了一个肯定会让孩子感到异常兴奋的时刻。1814年8月，一支英国海军中队沿波托马克河一路打到弗吉尼亚州亚历山德里亚附近并就地下锚；这支部队的指挥官威胁说，如果亚历山德里亚不交出所有商船和货物，就将摧毁这座城市。亚历山德里亚市长一行打着白旗，划小船前往英军船队停泊处，交出了这座城市。随后英军占领了3天，抢掠烟草、棉花、葡萄酒、烈酒和雪茄，与此同时，人们能看到河对岸燃烧中的首都浓烟滚滚。不能肯定罗伯特·E.李是否目睹了这一事件，但作为一个7岁的男孩，他肯定有所了解，并且会从当时留在亚历山德里亚的人那里听说该城被占领的故事。这件事强化了罗伯特·E.李固有的情感世界，即他在感情上与17世纪保持着更紧密的关系，而不是他实际生活的那个时代，他有一个在华盛顿领导下与英国人作战的父亲，有一个在亚历山德里亚的家中款待拉法耶特的母亲，有来自他父母各自家族签署了《独立宣言》的多位亲戚，以及在他童年时曾遭英国人占领和劫掠的家乡。他小的时候，所到之处都闪现着乔治·华盛顿的影子——出自查尔斯·W.皮尔（Charles W. Peale）之手、悬挂在雪莉庄园府第餐厅中著名的华盛顿全身画像，阿灵顿庄园中收藏的他的制服、剑和大部分家具，还有些年龄足够大仍然记得服侍过他的奴隶。毫不奇怪，李毕生都会心情复杂地回顾以往，在崇敬中掺杂着一些怀旧，他或许也想从中吸取一些经验教训，以帮助他应对一个全新和迥异的美国。

　　他12岁左右入读亚历山大学院（Alexandria Academy），这是一所创建于1785年的走读学校，乔治·华盛顿是第一批受托人之一，这倒并不出乎意料。在这所学校里，罗伯特开始接触拉丁语和古希腊、古罗马时期的经典著作，并在接下来的三四年里对书籍兴趣日浓，最终成为他的终身爱好；他还喜欢上了数学，表现出非凡天资，这一爱好使他未来受益匪浅。

送大儿子查尔斯·卡特·李（Charles Carters Lee）去哈佛读书已经够让安·卡特·李吃紧了，她实在没钱再送查尔斯的弟弟们上大学了。她设法从门罗总统那里争取到了一个海军军官候补生的名额，送老二西德尼·史密斯·李（Sydney Smith Lee）加入了海军——那时还没成立海军学院，想要入这行，就要作为海军军官候补生出海学习。所以，把老三罗伯特送进陆军就成了顺理成章的事；不管怎样，他身体健康，是一名优秀的骑手，勇敢，精力充沛，擅长数学（军事科学不可或缺的基础），并且是一位著名将军的儿子。当时，位于纽约州西点的美国军事学院仅成立了 15 年，尚属新鲜事物。它在那个时代并不受人待见，因为许多美国人（即便不是绝大多数）不愿见到英国和欧陆国家那样的"军官阶级"横空出世；不仅如此，他们还怀有一种根深蒂固、无异于神话的执念，即赢得独立战争胜利的是各州民兵和"一分钟人"之类身强力壮的农民，他们出则为兵，入则为民，只需一声号令，便能迅速取下墙上挂着的步枪和火药筒，一刻都不耽搁地冲上战场与英国军队作战。事实上，华盛顿对独立战争取得胜利所做的最大贡献之一，就是创建了一支训练有素的专业军队，可以与更专业的法国军队并肩作战，因此没有人能比他更清楚地认识到这个国家需要一支训练有素的军官队伍。在安·卡特·李看来，西点军校的最大优势在于，儿子能在此接受免费大学教育，同时也是一个体面的职业的垫脚石。

很难断定当时安·卡特·李做此决定时是否征求过罗伯特本人的意见。在后来的岁月中，他常常后悔自己投身于职业军人生涯，但他可能在 16 岁的时候对此职业很感兴趣，那时他刚刚从亚历山大学院毕业。现在看来，年轻的罗伯特进军校之举，未必是他特别想从军并如愿以偿，而更像是家人经过深思

24

熟虑共同做出的决定。只是在1823年的时候，西点军校规模还很小，很难进去。当时还没有任何由军事学院举办的竞争性入学考试；[29] 军校名额全凭"总统根据战争部长的提名随意决定，而战争部长当时也无须遵守任何关于地域分配的规则"。这意味着家庭声誉和我们现在所说的政治影响力在让一个男孩被举荐为军校学员中起了重要作用。门罗总统是弗吉尼亚人，李这个姓氏对他来说肯定非同寻常；毕竟，他已经让罗伯特的哥哥成了海军军官候补生。但问题的关键是，当时负责提名的战争部长约翰·C.卡尔霍恩（John Caldwell Calhoun，1782年3月18日至1850年3月31日）[①] 要应付美国南部名门望族纷至沓来的请求，他们都想让自家儿子进入美国军事学院。因此，必须找到一个万全之策来确保罗伯特被提名，令人惊讶的是，罗伯特本人，一个16岁的男孩，为此展开了一场精明、周密并取得了成功的提名活动，这表明他已经拥有优秀的组织能力、良好的政治本能，且完全有能力克服自身弱点——所有人都认为他性格腼腆。当事关切身利益时，他早已大胆地去做了，但他在做事的过程中从未显露出野心——也许这是从他父亲灾难性的堕落中吸取的另一个教训，他父亲过于露骨地将自己的野心暴露给世人。

第一步，选择他母亲的恩人和顾问威廉·菲茨休给卡尔霍恩写了封推荐信，这是再自然不过的事了——菲茨休虽然非常富有且神通广大，但他是一个远亲，并非李或卡特家族成员，在推荐年轻的罗伯特时可能比近亲显得更客观一点。事实的确如此，只是菲茨休信中最重要的一点恐怕还是它的信头："雷

---

① 南卡罗来纳州人。他是19世纪前半叶最著名的美国政治家之一。他是州权和奴隶制的坚定维护者，提出了著名的无效论，即任何州如果认为任何联邦法律违反宪法，都可以宣称这个法律无效。

文斯沃思，1824 年 2 月 7 日。"雷文斯沃思是弗吉尼亚最著名的名门望族之一，足以引起战争部长的重视。

为做到万无一失，罗伯特亲自去陆军部拜访卡尔霍恩，并将这封信当面呈交给他。这究竟是菲茨休支的招，还是安·卡特·李或者罗伯特想出的主意，我们无从知晓，但无论如何，这都需要罗伯特具备相当程度的自信和决心，并坚信自己理应拥有。我们知道罗伯特那时大约 5 英尺 9 英寸高，虎背熊腰，体格健壮；数年后，他将被认为是美国陆军中最英俊的人，他的肖像也证明了这一点，所以这个年轻人很可能给卡尔霍恩留下了非常好的印象。菲茨休的信提到了已故的李少将[30]，措辞当然极其讲究，并将安·卡特·李的一生与南方的骑士精神联系起来："他［罗伯特］是亨利·李将军的儿子，你对李将军的历史当然并不陌生；他（无论晚年所为有何不妥）在革命中为国效力之举必已赢得国民的感激之情。他也是弗吉尼亚州有史以来最优秀女性之一的儿子。他的母亲在很大程度上拥有的品质，尤其是南方女性具备的全部美德，她为维持一个大家庭衣食无忧的生活，以及给所有孩子提供良好的教育而做出的卓越和成功的努力，更凸显了她的人格魅力。"

卡尔霍恩对他的印象的确不错，因此他详细地告知罗伯特还要准备哪些推荐信，这条建议是罗伯特急需的，而李在 37 年后要捍卫的无效论和奴隶制则同样来自这个人。他得到了亚历山大学院教师的推荐信，但考虑到这封信写得似乎过于笼统，基本上只涉及他的性格，他便设法说服老师又写了第二封推荐信，强调了他在"算术、代数和欧几里得几何"方面的知识。显然，罗伯特很清楚自己还需要做哪些事。按照卡尔霍恩的建议，他说服了弗吉尼亚州的两位国会议员写推荐信，甚至设法把一封推荐信拿到美国参议院和众议院传阅，并获得 5 名参议员和 3 名众议员签名。与此同时，他还拿到了他同父异母的兄弟亨利·李四世和如今在华盛顿特区当律师的大哥卡特的推荐信。1824年，卡尔霍恩收到了太多来自弗吉尼亚的推荐人选，他不得不拒绝了其中25个候选人。但是毫不奇怪，因非常努力，罗伯特于3月11日收到了西点军校的录取信，只是因为成功入选的申请人太多，他必须延后一年才能入学。罗伯特毕生兢兢业业，从不虚度光阴。入学前的一年，他并没有闲着，而是继续攻读高等数学，并与以往一样学习成绩优异。到了1825年春天，他开始打点行装，准备启程前往西点。当他于6月启程时，他没有料到这次出行不仅要远离家乡，而且要离开很久；他在西点修学整整两年后才获得休假探亲的机会。

"我的生活中怎么能缺了罗伯特呢？"他母亲悲伤地问道，"对我来说，他既是儿子又是女儿。"

27

/ 第二章　一名战士的教育

从弗吉尼亚州亚历山德里亚到纽约州西点的旅程，在很大程度上仍停留在18世纪时的状况，并没有在进入19世纪后有所改善。青年罗伯特·E.李携带着中规中矩的皮箱，就像他父辈时代的人们一样，乘坐驿车取道陆路前往目的地。柯里尔（Currier，即纳撒尼尔·柯里尔，1813~1888）和艾夫斯（Ives，即詹姆士·梅利特·艾夫斯，1824~1895）①的平版画、圣诞贺卡以及19世纪英国小说中的插图都给乘坐驿站马车旅行涂抹了一层欢快的色彩，但你要是一名乘客，挤坐在冬冷夏热的马车车厢里，一路忍受着堆放在地板上的稻草散发的恶臭，在车辙很深或泥泞的道路上颠簸摇晃着前行，你绝不可能体会到舒适和惬意。正因为如此，当火车投入运营后，人们毫不犹豫地放弃了乘坐马车旅行的方式，开心地远离马粪的气味，心甘情愿地置身于燃煤机车喷出的滚滚浓烟之中。值得一提的是，生活在1825年6月的罗伯特还会见证更多新鲜事物的出现，其中包括铁路、电报、室内给排水设施和转轮手枪。

罗伯特离开弗吉尼亚和马里兰并进入宾夕法尼亚时，他一定注意到了一个重要的变化。他有生以来第一次来到这个国家不存在奴隶制的地方。在南方，黑人无处不在，同时他们的存在又几乎可以被忽略。他们在田地、谷仓和马厩里辛勤劳作；他们在城镇里干一些卑微低贱的活；在富人家里，他们是厨房和家里的仆人；他们可以（并已经）像家畜一样被买卖，或者像遗嘱中的任何其他形式的财产一样被留给继承人，或者被用来偿还债务。但是无论以什么形式，他们都是一种持续的、司

---

① 两人于1857~1907年共同经营一家平版印刷公司。该公司印刷美国生活图片和政治卡通海报，用简洁的手法精确描绘当时发生的重大事件。

空见惯的存在。尽管生活捉襟见肘，但罗伯特·E.李的母亲名下也有她父亲留给她的4个奴隶，同时在她拜访的庄园，大宅子里的大多数仆人和在地里干活的都是黑人。在宾夕法尼亚州，黑人相对较少，而且都是自由的——不一定被平等对待，但肯定不是某些人的财产，他们能够合法结婚，能够抚养自己的孩子，不用担心某一天会被卖给南方腹地的种植园还债而再也见不到家人。罗伯特的旅程越往北，他看到的黑人面孔就越少，而且没有一个是受奴役的。

纽约当时是一个拥有20多万人口、令人眼花缭乱、嘈杂喧闹的大都市，汽船定期从纽约出发，沿着哈德逊河逆流而上，驶向波基普西（Poughkeepsie）和奥尔巴尼。它们不会在位于纽约上游不足40英里的西点停泊，只会在那里逗留足够长的时间，以便游客换乘小船上岸。这既反映了军校与世隔绝的状况——它坐落在一个半岛上，周围是农田和几个小村庄，道路状况很差，冬天往往无法通行——也表明它在当时的国家生活中仍无足轻重，定位也模糊不清。虽然亚当斯总统和杰斐逊总统都赞成建立一所联邦级的军事院校，因为在他们看来，如果没有这样一所学校，美国就会像独立战争时期那样，再次依赖外国人充当炮兵专家和军事工程师，但与此同时他们和国会又都不想看到军事精英阶层的形成；杰斐逊总统的乌托邦观点是众所周知的，他心目中的军事学院实际上是科学学科与后来被称为土木工程的学科混为一体的学校。把军校设在西点的初衷，一方面是向此地并不久远的英勇往昔致敬，因那时的西点是扼守哈德逊河的关键所在，是联结新英格兰殖民地及其更南边的姐妹殖民地的重要纽带，另一方面则是一个力图节俭的财政举措。那里本已设立了兵营，驻扎着"炮兵和工兵兵团"的一个连。西点军校的第一任校长之所以接受这一任命，就是因为深信该校一旦成立并开始运作，就会搬到华盛顿哥伦比亚特区，但他想错了，后来会大失所望；国会的拨款吝啬至极，使得这所位于哈德逊河谷下游的军校，只能以巴黎的荣军院为榜样在原地缓慢、断断续续地发展，而不是搬到首都一个宽敞的新校园。军校成立后的最初几年充斥着政治内斗；课程设置混乱；校长与教官之间公开对抗；学员中普遍存在不服管束和酗酒的现象，打架斗殴也不时发生。军校学员的年龄段分布也很宽泛，既有刚满 10 岁的小男孩，也有已养育子女的已婚男人。军校学员、教员和校长经常给战争部长甚至总统写信相互指责和抱怨。这一切乱象都在名誉少校西尔韦纳斯·塞耶（Brevet Major Sylvanus Thayer，不久后将晋升为陆军上校）被任命为校长后大为改观。他最终给这所军校带来了秩序、纪律和著名的西点军校"荣誉系统"以及竞争性入学考试，并逐渐将其改造为一个大受欢迎的教育机构，具备了与如今相近的现代化面貌。身穿灰色外套和硬挺的白色裤子，头戴扎着羽毛并有抛光黄铜鳞片做帽带的黑色漆皮帽子，英俊潇洒的西点军校学员们最终成为举国瞩目的天之骄子。

　　但在 1825 年 6 月，当罗伯特·E. 李坐着小船划向它时，这所军校的规模要比现在小很多，只有大约 200 名学员，年龄从 14 岁到 21 岁不等，如今位于河边到小教堂之间如峭壁般巍然耸立的灰色石头建筑群落尚未修建。然而，此地与邦克山和福吉谷（Valley Forge）一起，构成了这个年轻共和国的伟大历史遗迹之一。华盛顿曾经在这里设立指挥部；柯斯丘什科（Kościuszko）① 曾在俯瞰哈德逊河的小木屋里度过寒冬；一队英国士兵突袭过河两岸的要塞；这里到处散布着纪念碑、纪

---

① 波兰将军，民族独立运动领导者。青年时曾在德意志、意大利、法国军事院校学习工程学和炮兵理论。1776 年参加美国独立战争，任上校工程师，1783 年晋准将。1778 年，华盛顿邀请他设计西点要塞，他一共设计和修建了 14 个军事据点，形成了一个即使今天看来仍极具科学性和前瞻性的防御体系。1784 年返回波兰。

念馆、坟墓和残留的石制防御工事，这些被革命战争和"爱国
者鲜血"浇注过的遗迹触动着所有学员的心灵，除非他是铁石
心肠。那时的军校还只有两座涂有灰泥的四层石砌营房、一栋
两层的教学楼和一个临时的"长条形食堂……这么个荒凉的地
方，被军人食堂承包商用作了旅馆……每晚都在它附带的 10
个房间塞满大多是来访"[1]或探亲的宾客。游客登陆的石砌码
头建有一个岗亭，里面有炮兵站岗，制止学员们接待不适当的
访客或防止上岸人数过多。[2]一位眼光敏锐、专注细节的英国
游客[3]（西点军校已然成为旅游胜地）饶有兴味地注意到，军校
里除了一门中程榴弹炮和两门迫击炮外，还有 10 门规格大小不
一的大炮，而且在大炮中间还立着"两个漂亮的黄铜标牌……
由法国人在革命战争期间带到了美国"。在某种程度上对于一
个共和体制国家而言颇具讽刺意味的是，这些火炮的顶部刻着
"王之终极手段"（Ultima ratio regum）的拉丁语名言，路易
十四曾下令将它铭刻在所有的法国大炮上。这位英国游客还惊
异地发现，学员们所学课程的广度和难度超出常人的想象，并
被"这个地方的自然美景"深深震撼了。然而，除了哈德逊河
上壮观的水景，以及陡峭而树木繁茂的山景之外，美国陆军军
官学校本身看上去一如既往，尚不足以激发起近距离接触它的
人的敬畏之心：它不过是一个相当残旧、破败的陆军哨所。到
了夏季，这种感觉会更加强烈，因为学员们会住进整齐排列在
平地上的帐篷里，宿营地以当时的总统约翰·昆西·亚当斯
（John Quincy Adams）的名字命名，被称为亚当斯营。

　　每个学员要经过塞耶上校简短的面试，过程极其仓促，想
必只会筛掉愚蠢和言行举止十分古怪的人，然后学员们列队离
开，一一进入分配的帐篷里，与兵营里的大部分房间由多名学
员共用一样，这里的每顶帐篷都由 4 名学员共用。按照规定，
帐友们必须合伙购置"他们共用的盥洗用品——一面镜子、一

个脸盆架和脸盆、一个水壶、一个锡桶、一把扫帚和一把硬毛刷"[4]，这些简朴的物品将伴随他们度过酷热的夏季和寒冷的冬天，每个学员都要购买制服。大多数学员都对军校里的食物怨声载道，但李没有贸然发表意见——无论在当时还是后来，他一向不挑食。饭菜的量足够大[5]，但配料的品质差之又差，品种也不多，翻来覆去就那么几样。经营饭店的承包商以最低报价夺得军校食堂的经营权，他的一番话对这种状况描述得再准确不过（不过或许过度乐观了）："让这些年轻人吃足一流的面包、黄油和土豆，他们就用不着吃那么多肉，而且还不会抱怨。"那些手头宽裕的学员会偷偷溜到附近的格里德利酒馆（Gridley's Tavern）打牙祭（并喝酒，尽管军校禁止学员饮酒和接触各种形式的烟草），但鉴于罗伯特·E.李做到了毫无瑕疵地毕业，我们可以肯定他没有与那些学员一样胡作非为。

　　夏天去过哈德逊河谷，并经历了那里酷暑湿热、蚊虫肆虐的人，可能会觉得住在帐篷里简直是令人难以忍受的折磨，但是学员们似乎更喜欢住在这里，而不是军营里，或许这不是没有原因的：军营里的房间狭小拥挤（北营的一间屋里住 4 名学员，南营的住 3 名学员），天热时通风不畅，天冷时只靠煤火取暖，房间里只配备了一张学习桌和 4 把椅子。每个室友都必须摊开床垫，直接铺在地板上，这样一个用帘子隔开的小窝，比狗窝大不了多少。军营内外没有给排水设施，学员们只能把自己的脸盆装满水用来刮胡子和洗澡（按规定必须每周洗一次澡）。那时和现在一样，从学员入校第一天起，就被反复灌输保持个人卫生和制服整洁，以及绝对服从命令的观念。新学员要接受每天四小时的操练[6]，在 7 月 2 日之前，也就是入校后不到一个月，他们的水平已经达到能接受年迈的拉法耶特侯爵的检阅。这是他最后一次来访美国，此前已拜访过住在亚历山德里亚的李家人。拉法耶特侯爵受到鸣放礼炮的礼遇[7]，他看

31

到"学员们排成整齐的方阵，出色的军乐队演奏着国歌，整体呈现出良好的军事风貌"。他在食堂用餐时会见了几名学员，但不知道李是否身在其中。然而，对年轻的李来说，亲历这场阅兵盛事一定令他终生难忘，它联结起英雄的 18 世纪和现在的 19 世纪，而他父亲和拉法耶特曾经是好朋友和战友的事实不可能不让他心有所动。

集中操练之后的理论课学习始于 8 月 27 日，所有学员从帐篷搬进军营，等他们看到课程表的时候，恐怕都会倒吸一口凉气。课程设计由塞耶主导，重点是数学和法语。对军官们来说，高等数学知识当然是必不可少的，尤其是在工兵兵团或炮兵部队中服役的，而法语不仅是美国历史最悠久的——事实上也是唯一的——盟友的语言，更重要的是，学员必须学习的大多数军事教科书是法语的，其中被翻译成英语的少得可怜。塞耶本人就曾被派往法国，在巴黎著名的综合工科学校（École Polytechnique）就读。这所大学是法国顶尖的大学之一，以科学、工程学和军事科学见长，肯定也是当时世界上最杰出和最先进的大学之一。当时的美国根本没有任何可与之媲美的学府，因此，塞耶尽可能以它为榜样奠定西点军校的学术基础；毫不奇怪的是，学员的不及格率很高，本意即如此。罗伯特曾在亚历山大学院恶补了一年，对他来说，数学课程并不难——他一生都具备"精于数字的头脑"，痴迷于精确运算，不幸的是，他父亲恰恰缺乏这些特质。即便如此，西点军校四年级学员的时间表似乎是专为考验学员的头脑、身体和性格的极限而设计的，即使是像罗伯特这种准备充分的学员也有些吃不消。他的一天从 5 点 30 分准时吹响的起床号开始，紧接着是卷起铺盖，洗漱，穿戴齐整，并回答这一天中无数次点名的第一次。随后学员们有半个小时的时间收拾他们的宿舍并接受检查，然后学习一小时，之后他们列队去吃 7 点钟开饭的早餐。

早餐时间只有半个小时，随后他们列队接受检查和下一次点名，接着就排队去上从 8 点到 11 点的数学课。然后，他们被带回军营学习两小时，之后排着队去食堂吃午餐，或者是当时所说的正餐，这是他们一天中主要的一顿饭。午后 2 点时分，他们再次列队行进，去上为时两小时的法语课，上完课就开始训练，直到日落，最后以正式游行和检查结束白天的活动，然后是半个小时的晚餐（面包、黄油和糖蜜）。随后他们列队回到宿舍学习到 9 点 30 分。10 点钟的又一次点名检查给全天活动画上句号。[8]

　　这个精心设计的时间表，目的就是要让学员们没空胡作非为，但年轻人精力过剩，这么紧张的日程安排常常也挡不住他们。学员言行禁令清单[9]冗长且清晰："学员不得喝酒、打牌或吸烟"；学员也不能在宿舍做饭，不能阅读任何形式的小说，或者订阅一份以上的期刊，他们的选择必须得到校长的批准。严禁学员打架、欺负低年级学员、恶作剧和决斗，且不准学员下河洗澡或私自离校。学员们必须定期去教堂，布道时间有时会长达两个小时或更长。即使在这么年轻的时候，罗伯特也显得异常严肃、勤奋和听话。罗伯特绝不会因为擅离校园去酒馆喝酒而受到军事法庭的审判，在这方面，他与三年级学员杰斐逊·戴维斯（Jefferson Davis）、未来的美国参议员、战争部长和美利坚联盟国总统截然不同[10]，戴维斯因此被判有罪，但考虑到他以前的良好记录，最终被"获准留在学校"继续完成学业。学员中其他未来的联盟国将军还包括约瑟夫·E. 约翰斯顿（Joseph E. Johnston），他将成为李将军的终身挚友。在 1862 年初的七松战役（Battle of Seven Pines）第二天，李将军接替了负伤的约翰斯顿，开始行使指挥权；阿尔伯特·西德尼·约翰斯顿，他在夏洛战役（Battle of Shiloh）的第一天快结束时战死；还有利奥尼达斯·波尔克（Leonidas Polk），他后来成为路易斯安那州（Louisiana）的主教和联盟国的陆军中将。未来的合众国将军包括名将小约翰·比福德（John Buford Jr.）同父异母的哥哥拿破仑·B.比福德（Napoleon B.Buford），前者在葛底斯堡战役开战第一天的清晨，大胆决定与下马骑兵一起占领塞米纳里岭（Seminary Ridge），抗击陆军少将亨利·赫思（Henry Heth）师长领导的联盟国部队，此役使他一战成名；西拉斯·凯西（Silas Casey），他在1862年的七松战役中指挥一个旅与李交战。

在西点军校的第一学年结束时，罗伯特的成绩在班上名列第三，没有留下任何处分记录，在学术评定中，他获得了接近满分（300分）的285.25分；[11] 他名列"杰出学员"榜，这个名单被提交给了战争部长，发表在《陆军登记簿》上，并晋级上士，这对军官学校的最下级生或一年级学员来说是一个不同寻常的高军衔。李的学术记录过去和将来都很出色，只是他从未击败过他的对手——精力过人的查尔斯·梅森（Charles Mason）。查尔斯·梅森后来以班级第一名的成绩毕业，但出人意料的是他辞去了军职，转而从事法律工作，最终毫无建树，在艾奥瓦州（Iowa）默然去世，享年77岁。李完美的身材、挺拔的军人身姿，以及他在训练场上优雅的动作让他在学员同伴中间获得了"大理石模型"的外号——有趣的是，在成为将军之后，他又以冷对胜利和失败而得到"大理石人"的称号：自我控制也许是他最珍重并付出最大努力的美德，并且是他最希望在他人身上发现的美德。他的举止给其他学员，甚至是那些比他年长的学员留下了深刻的印象。其中一位后来说："他的相貌英俊，超过了学校中所有的学员……他健步如飞，就好像在地面上轻轻划过一样。"[12] 李的同班同学约瑟夫·E.约翰斯顿补充道："他富有同情心，善良，温和，喜欢谈笑，甚至很风趣，同时他又行为端正，于公于私责任心都很强，他与生俱来的尊贵和风度翩翩的举止，让他拥有一种人人暗自叹服的优越感。"1865 年 4 月，格兰特和其他北方联邦将官们在阿波马托克斯县治（Appomattox Court House）附近的小村子里接受李率领的北弗吉尼亚军团投降的仪式上，他们对李的看法差不多也是这样的——当李骑着马离开时，他们都不由自主地摘下帽子向他致敬，他见状也郑重地回礼。孩童是成人之父。①

上二年级后，罗伯特的学习科目中增添了绘画，理由是一个军官应该能够迅速而熟练地画出一张整洁且有用的地图，这很合理；罗伯特还被任命为"高级学员"并承担起"数学助理教授"的职责，辅导学习困难的同级学员。因此他每月能挣到 10 美元——这对他和他母亲来说是个好消息。他还对拿破仑指挥过的战役表现出浓厚兴趣，并终生钻研。他从图书馆借来蒙托隆将军（General Montholon）的三卷本回忆录，以了解书中描述的拿破仑早期发动的战役，以及塞格（Ségur）将军所著《远征俄国》（*Expédition de Russie*）的第 1 卷，研读拿破仑在 1812 年进军莫斯科的战绩。这两部著作比较新——拿破仑去世才 5 年——这一事实一方面表明了西点军校图书馆的杰出之处，另一方面则足以证明李的法语水平相当高，至少就阅读而言。罗伯特要等 34 年之久，才能有机会在实战中运用拿破仑的战术。在他 19 岁的时候，他不会想到，有一天他会率领一支庞大的军队展开一系列轰轰烈烈的战役，但当时机来临时，李将军带进战场的正是年轻的拿破仑所具备的品质：无穷无尽的活力；除非万不得已绝不单纯防御；连续不断且快速迅猛的攻击；在敌人意识到之前迅速调集所有兵力的能力；以迅

35

———————————

① 出自英国浪漫主义诗人威廉·华兹华斯（William Wordsworth）的诗作《彩虹》。

雷不及掩耳之势，不惜冒险对敌薄弱部位发动出其不意的侧翼攻击。从1861年到1863年仲夏，所有使李成为令人生畏的指挥官的所作所为，不管他是否知道，都是拿破仑式的。他并没有刻意模仿拿破仑，也没有表示过对拿破仑的人品有好感，但也许他在西点军校学到的最重要的东西并不在课程中，而是在他学习之余，纯为满足自己的爱好和兴趣而抽时间读到的内容，就这样，他把拿破仑将军的用兵之策深藏在了脑海里：以速度、胆识以及突进，一支指挥有方的军队可以打败两倍于其兵力的敌人，同时以尽可能短的间隔，连续反复重击敌人会挫伤装备精良、兵力强大军队的士气——归根结底，数量没有多大价值。"在战争中人多没什么用，一个人就是一切……只有指挥官深知某些事情的重要性，只有他能战胜并克服所有困难。没有统帅的军队一文不值"——这些话用来描述李将军对北弗吉尼亚军团的指挥恐怕再恰当不过了。

在罗伯特的法语课指定读物中，有两本值得一提，其中之一是阿兰·列内·勒萨日（Alain Rene Lesage，1668~1747）①的作品《吉尔·布拉斯》（*Gil Blas*），这是一部18世纪早期的长篇流浪汉小说，讲述了一个野心勃勃的贴身男仆的故事。这部作品深受法语教师的欢迎，因为它的突出特征就是把晦涩难懂和了无趣味发挥到了极致，两者结合令学生们读起来苦不堪言。另一本是伏尔泰的《查理十二传》（*Charles XII*）。西点军校居然会选中这本书，真是令人匪夷所思，因为虽然这位瑞典国王查理是杰出的战术家、天生的战士，对痛苦毫无知觉，但他在战场上一次又一次地以少犯多，屡战屡败，而且常常轻率冒进，战线拉得过长导致补给线延伸到极限或被切断。或许，这本书被选中就是为了给学员们泼冷水，让他们

---

① 法国18世纪初期的重要作家。

不要再做不切实际的军功荣誉之梦；用约翰逊博士不无悲观的话来说，就是——

> 他的失败注定是桑田一隅，可无可有，
> 一个小堡垒，一只依稀隐现的手；
> 他身后的名望渐渐从世上隐退，
> 只剩下一条寓意或故事中的点缀。①

作为指挥官，李将军也会愿意冒险拉长他的补给线，他从不为寡不敌众而惊慌失措；毫无疑问，这些都是他与查理十二共有的性格特征。当然，两人还都具备领袖魅力并享有勇猛顽强的盛名，而且那位瑞典的武士国王在去世近 400 年后仍然因此闻名。如果说李年轻时是在阅读两位著名将军的英雄事迹期间受到启发的话，那么具有讽刺意味的是，在他第一次独当一面领兵打仗时已经 54 岁，而历史上大多数伟大的将军到了这个岁数早已解甲归田或战死沙场了。从他在西点军校作为一名普通学员研读拿破仑的战绩或伏尔泰的《查理十二传》（不过在他担任西点军校的校长后，他会重温那些读过的书）到 1862 年，已经过去了整整 36 年，但他能在一夜之间就回忆起他们在战场上的经验和教训，仿佛这些经验和教训已然深深地刻在了他的脑海里，随时准备着，等待着它们登场的那一刻。

事实是，李的脑海中总是萦绕着一些他没有同任何人分享过的东西，并且被他著名的"大理石脸"隐藏了起来，不管这是偶然还是纯粹靠着强大的意志力，他具有一种冷酷而又精于算计的才华；一个无论遇到什么问题，都能迅速酝酿出可供选择的战术解决方案的头脑；对那些思维不如自己敏捷的人，或

---

① 塞缪尔·约翰逊：《人类欲望之虚幻》（*The Vanity of Human Wishes*），1749。

37　者对于不像自己那样当机立断、遇事犹豫不决的那种人缺乏耐心；以及异常凶猛的精神，当在战场拼杀时，他展示出的这种精神令大多数对手震惊不已，惊慌失措。也许只有尤利西斯·S. 格兰特（Ulysses S. Grant）是个例外，因为他自己就是一个把军事奇才和勇猛精神隐藏在不讨人喜欢的外貌下的大师。

　　也许没有一个人能真正达到谦虚或谦卑的最高境界。如果一个人看到过整支军队在他面前列队行进，接受他的检阅，一个又一个团，各色横幅和战旗迎风飘扬，高举闪闪发光的刺刀和军刀敬礼，享受着万众瞩目的荣耀，或者曾听过那些奉他之命慷慨激昂赴死的军人向他发出震耳欲聋的欢呼声，那么这个人的表现也许并不能被认定为谦虚或谦卑。1862 年，在弗雷德里克斯堡的战场上，眼看着倒霉的伯恩赛德（布罗斯·伯恩赛德，Ambrose Burnside，1824~1881）将军的部队向他们逼近，不顾一切地走向死亡，李将军不无感慨地对身边的朗斯特里特将军（General Longstreet）说："战争真的太可怕了，幸亏是这样，不然我们会越来越迷恋它。"这句话与李作为"命定败局"的殉道者，或者不得已而上战场且良心为之不安的固有形象实在不相符。无论李是否希望如此，他都是一个完美的战士：战斗令他精神振奋，并展露出隐藏在精心培养的严肃面具背后的情感和品质。1792 年 9 月 2 日，乔治·丹东（Georges Danton）向法国大革命的将军们提出了著名的建议："我们必须具备勇气，更多的勇气，永远的勇气。"除了罗伯特·李，再无第二个美国将军能把丹东的这个建议明确而有效地付诸行动。尽管李在政治上很保守——他反对分离的理由是这不过是一场变相革命——英勇无畏却始终是构成他战略和战场战术的关键因素；他的专长是当机立断，大胆利用只有他本人能在敌人的部署或位置上所觉察到的瞬间战机。

　　罗伯特在西点军校完成二年级学业时，他的成绩仍然令人羡慕，他有足够的底气申请休假了。他一直在攒钱用来支付探亲旅费，现在看来是足够了。他写信给母亲，让她回信准许他申请休假，至于最终能否得到校方批准还要看他的考试结果。他没有理由担心：他的学习成绩"在班上名列第四，在可能取得的最高分 300 分中得到了 286 分"。[13] 这一点，再加上他良好的品行记录，使他在全班排名第二（像往常一样，查尔斯·梅森名列第一），而且他仍然是上士，并被列入"杰出学员"名单。6 月 30 日，他启程前往弗吉尼亚，这是他两年来第一次回家探亲。

　　"家"很难定义。罗伯特的母亲虽然只有 54 岁，但由于病情日益加重，又要用微薄的收入操持家务，抚养孩子们，身体越来越虚弱。她目前与罗伯特的哥哥卡特住在乔治敦（Georgetown）。卡特从哈佛毕业后，在华盛顿从事律师工作，但他缺乏抱负，不喜欢律师这个职业，优哉游哉的闲散生活已经对他的职业生涯造成不良影响，但他显得毫不在意。他对自己"娱己并悦人"的评价倒是挺准确，他这种精神与罗伯特完全不同，也有别于他弟弟西德尼·史密斯（一位严肃而专注的海军军官）。罗伯特一直是悉心照顾母亲的人，所以毫不奇怪，他一回到家，便设法带着母亲四处拜访卡特家族的远近亲戚，尽管她的身体虚弱多病。他们每到一处都会听到人们称颂卡特"歌唱得好，会讲故事，头脑灵活而且有很强的幽默感"[14]，而罗伯特无论到哪儿都表现得相当腼腆，从来不在众人面前出风头。他全凭自己英俊的外貌、彬彬有礼的举止和身穿制服的潇洒模样得到人们的赞扬。这并不是说他就是后来那个庄严肃穆的公众人物的年轻版本[15]——他有一种略显顽皮的幽默感，舞姿优雅，喜欢调情（但绝不失礼），而且令李家和卡特家族中一些年轻女性着迷，其中包括玛丽·安娜·伦道夫·卡斯蒂斯

（Mary Anna Randolph Custis），这位被罗伯特称为"表妹"的女孩的父亲，就是玛莎·华盛顿的孙子乔治·华盛顿·帕克·卡斯蒂斯，他建造并拥有俯瞰华盛顿特区的阿灵顿公馆。这座建筑气势宏伟，正面立着类似于"雅典神庙"的一排圆柱。阿灵顿会成为罗伯特的第二个家——甚至是第一个，因为他并没有别的家。

罗伯特尽享着休假的快乐——在弗吉尼亚"探亲旺季"如愿与家人团聚，身穿上缀一排排闪闪发光的纽扣的紧身灰色制服，周旋于远近亲戚中，但他的假期生活或会被另一桩逐渐发酵的李家丑闻蒙上阴影，对此他几乎不可能听不到任何风声，尤其是卡特家的亲属们会忍不住就此事窃窃私语。"轻骑兵"哈里·李的大儿子亨利·李四世，斯特拉特福府第（罗伯特的出生地）的主人，似乎决心要比他父亲蒙受更大耻辱，欠下更多债务，如今以"黑马哈里"而闻名。亨利·李比他同父异母的弟弟罗伯特大 20 岁，他胡作非为的程度远超自己的父亲，早早就把自己变成了一个声名狼藉的人，而且他的恶行眼看着会让李家每一个成员蒙羞，无论他们关系有多远或品行上有多么不同。这还不算什么，更糟糕的事情还在后头！

亨利刚出道时势头不错，政治上顺风顺水，并在 1812 年战争期间被任命为陆军少校。也算是机缘巧合吧，当初家里没钱送他去他父亲的母校普林斯顿，或者同父异母的兄弟卡特去的哈佛，而是去了位于弗吉尼亚列克星敦、当时还没什么名气的华盛顿学院，他绝没有想到，这所学校多年后会名扬天下。1865 年，他同父异母的兄弟罗伯特率领北弗吉尼亚军团投降后，接受了担任该院院长的邀请，并在那里作为战败南方备受人们爱戴的英雄和殉道者度过了他一生中的最后 5 年。亨利从他母亲那里继承了斯特拉特福庄园，但没得到维持这栋豪宅格调所需的钱。他娶了安·罗宾逊·麦卡蒂（Ann Robinson

McCarty）——当然是个"远房表亲"和富有的女继承人，她名下的土地与亨利的土地相邻，从而巧妙地解决了他缺钱的问题[16]。安有一头金发，面容姣好，娇生惯养，她带到斯特拉特福庄园的不仅有能让它恢复往日高雅格调的金钱和家具，还有她同样美丽的妹妹伊丽莎白（"贝齐"）·麦卡蒂［Elizabeth（"Betsy"）McCarty］。通过一系列复杂的法律上的运作，亨利设法使自己成为贝齐及其名下相当可观的财产的合法"监护人"。安和亨利仅有一个孩子，据说这个孩子继承了她母亲的美貌，但在 1820 年两岁时，在斯特拉特福庄园门前著名的弧形台阶上失足滚落，不幸去世（她是斯特拉特福庄园短暂的历史上第二个以这种方式死去的李家成员）。

　　这场悲剧对亨利的打击极大，他的生活从此就像他父亲的一样急转直下，变成了令人扼腕叹息的闹剧。女儿意外去世后，安陷入极度自责中而不能自拔，她开始吸食吗啡和鸦片酊（液态鸦片，当时最受欢迎的药物）麻痹自己，亨利则与生活在同一屋檐下的妻妹贝齐展开了一段轰轰烈烈的婚外恋。不知亨利是否故意给安提供麻醉品以转移她的注意力，从而隐瞒他和贝齐的婚外情，但在那个时代，吗啡和鸦片酊都无须处方，可以在任何药店随便买；事实上，在 19 世纪中叶挨家挨户兜售的所有稀奇古怪的万能药和一些成药，其主要成分就是鸦片酊和酒精。

　　对亨利来说糟糕透顶的是，贝齐怀孕了，或者她声称自己怀孕了。她写信给她继父及前监护人，后者很快把她带到了她祖母家。后来有传言说婴儿已经被处理掉了，可能是亨利和贝齐一起干的，但是贝齐流产的可能性更大，或者只不过是癔症性怀孕。然而，在那之前，这事已经沸沸扬扬地传开了，因为只要有人愿意听，亨利和贝齐一张口就只会说他俩的事，另一个原因是贝齐（成功地）向法院申请撤销了亨利的监护权。贝

40

齐在法庭上作证，诉说她姐夫及监护人如何占了她便宜，即使在八卦小报尚未问世的年代，她的故事也像山林野火一样蔓延开来，让李家丢尽了脸面。

焦头烂额的亨利还面临着更多麻烦，首先，在弗吉尼亚，姻亲之间的性交被认为是乱伦；其次，由于铺张浪费，缺乏商业头脑（毕竟有其父必有其子），他不仅挥霍掉了妻子的大部分钱财，还从贝齐那里拿了不少钱。他发起了一场激烈的运动，要把贝齐嫁给一个朋友——实质上，亨利是要把她卖给一个医生出身的作家罗伯特·梅奥，以换取一笔贷款，让他能保有斯特拉特福庄园——但是贝齐祖母的出面干预，使他的如意算盘化为泡影。这原本也算不上什么秘密，一度还成了李家和麦卡蒂家之间没完没了书信往来的主题，但当这一图谋失败后，亨利被迫卖掉了斯特拉特福庄园以偿还债务，并依照法院的判决，归还他从贝齐的遗产中盗用的钱。他和安现在无家可归，开始了颠沛流离的生活，除了把她名下仅剩的几个奴隶出借以外，他们再无其他收入来源。

也许值得称赞的是，亨利从未否认自己有罪[17]，但他似乎并没有意识到通奸和乱伦的指控让他实际上很难再找到工作了。1825 年，即罗伯特入读西点军校的那一年，亨利设法得到了约翰·昆西·亚当斯总统的承诺，要给他在美国邮政局谋个"体面的"职位，但当总统听到亨利引诱贝齐的故事后，他收回了这一承诺。罗伯特休假回到弗吉尼亚的时候，亨利和安正住在纳什维尔（Nashville），当时亨利正在绞尽脑汁为安德鲁·杰克逊（Andrew Jackson）撰写如今人们所说的竞选传记，与此同时，安去了一家新开业的温泉疗养所想戒掉毒瘾，但这是徒劳的。据说这个被发起人称为"健康之泉"的地方可以治愈几乎所有的疾病。

这个故事演绎到高潮处，情节之精彩绝不亚于 19 世纪的言情小说[18]。经过一连串变故之后，贝齐终于结了婚，紧接着她丈夫购置了斯特拉特福庄园宅邸，这里曾见证罗伯特·E.李出世；她在这里被姐夫引诱，或者她引诱了姐夫；她将富足且体面地生活在这里，一住就是 50 年。与此同时，安德鲁·杰克逊竞选总统获胜后，便任命亨利为美国驻阿尔及尔（Algiers）领事，亨利和安总算可以暂时松口气了。他们高高兴兴地乘船前往北非，但两人万万没想到，当有关亨利通奸、乱伦和掠人钱财的种种劣迹在美国参议院被当众宣读后，这一任命当即被撤回。消息传来，李家上下惶恐不安。

遗传不是一门精确的科学。无论如何，没有人能说 X 与 Y 结合就一定产生 Z。罗伯特·E.李的传记作者曾将亨利·李三世头婚生的放荡不羁和不负责任的儿子，与他二婚生的令人尊敬的几个孩子加以对比，但对此没有简单解释。当然，安为他生的几个孩子，除了卡特之外，都没有亲身经历过他们父亲的急剧败落，但另一方面，他们面前有个活生生的同父异母的兄弟亨利·李四世，这个无法摆脱的反面教材，完全可以让他们避免走入歧途，活得中规中矩。当然，罗伯特·E.李毕其一生都在尽力避免任何形式的过度、丑闻或行为不当，他的兄弟姐妹也是如此，只是卡特会不时受到一些商业计划的迷惑，罗伯特自然不赞同，而且几乎每次都会千方百计说服他放弃。然而，野性具有形态各异的表现形式。在罗伯特·E.李身上，它并没有替代他的个人生活或商业判断——他始终是正直的典范 ——但它深刻地影响了他在战场上的判断和举动。他不顾个人安危，甘愿冒着极大风险：即使身为联盟国军队的主将，他也会亲临硝烟弥漫的战场，要目睹正在发生的一切，把自己完全暴露在敌人的炮火之中以及步枪的齐射射程之内，无论他的助手和部下怎样恳求他退下，他都置若罔闻，显然他没有丝毫

42

犹豫，也没有为自己的安全着想。正如朗斯特里特将军在提及葛底斯堡时所抱怨的那样，一旦血脉偾张，李将军会毫不吝惜他的部队，也不会被骇人的惨重伤亡吓倒：无论胜算多小，也不管代价多大，他都会血战到底，拼个鱼死网破。正如拿破仑依靠著名的"furia francese"（法兰西狂暴）使自己脱困一样，李也依靠南方人在战斗中展现的狂暴精神——他所率部队的反叛呐喊、刺刀冲锋，以及纯粹的冲劲。他不像格兰特那样有"屠夫"的称号，但是 1864 年格兰特在弗吉尼亚的冷港战役中对李将军进行的代价高昂的正面进攻（他本人也承认那是他在战争中最后悔的决定），与李将军在葛底斯堡战役的第 3 天决意向北方联邦军队的战线中心点发起突击（即著名的皮克特①冲锋），不分伯仲——两者均以惨败告终，伤亡人数之多甚至令他们最亲密的助手也深感震惊（李损失了将近 7000 人，格兰特损失了超过 1 万人）。

1827 年 8 月底，罗伯特返回西点军校，开始了他在那里的第三学年。这一年的学习负担更重了，新增课程包括"自然哲学"（物理学在当时的名称）和化学，两个都是他喜欢的科目，还有营级战术和火炮入门。他继续如饥似渴地阅读自己喜欢的书，只是他的兴趣不再限于拿破仑，范围扩展了许多：马基雅维利（Machiavelli）的著作，亚历山大·汉密尔顿（Alexander Hamilton）的著作，卢梭（Rousseau）的著作（法语原著），约翰·保罗·琼斯（John Paul Jones）的传记、航海著作、天文学著作和光学著作各一本，都很难读。在李的一生中，他的知识面之广且大多与军事工程或战术学科不沾边，

---

① 乔治·皮克特（George Pickett，1825 年 1 月 28 日至 1875 年 7 月 30 日），是南北战争期间的联盟国将领，为李将军的重要手下之一。

常常让人们惊讶不已。他还在生命的最后几年华丽转身，毫不 43
费力地把自己变成了一位优秀的大学校长。种种这些都不足为
奇。不管他本质上属于什么样的人，他从来都不是一个眼界狭
隘的军人——他一直保持着旺盛的求知欲，而且有很扎实的基
础，但是这些就像他的幽默感一样，被小心翼翼地深藏起来了。

　　尽管课外阅读广泛，李还是圆满完成了他在西点军校的第
三学年，名列"品学兼优榜"第二名；在考试成绩上查尔斯·
梅森似乎总是比李高几分。在最后一年，罗伯特还被任命为军
校副官，这是军校学员能达到的最高级别；这既增加了他的责
任，也提高了他在个人品德、训练和行为举止上保持完美的必
要性。西点军校学员头三年的艰苦学习仅仅是为第四年的艰巨
挑战做铺垫，届时本来就让人喘不过气来的课程安排还会被硬
塞进高级军事训练和工程科目。

　　也许他最用心攻读的是军事科学课程，它涵盖了"野战设
防、永久防御工事、火炮科学、大战术以及民用和军用建筑"
等内容，而且是用 3 本令人敬畏的法语教科书讲授的。[19]罗伯特
对这门课特别感兴趣，学习成绩也很突出。他从 S.F. 盖伊·德
韦尔农（S.F.Gay de Vernon）的两卷本著作《供综合工科学
校及军校使用的军事艺术和设防概论》中获得的"野战设防"
知识使他受益匪浅并将在内战中得以付诸实战。罗伯特·E. 李
会成为结合了两种形式军事天才的罕见将军——他是一位极具
天赋、经验丰富的工程师，具有规划和建造大型防御工事的才
能，同时也是一位机动大师，能够快速调动一支庞大的军队并
在战场上机智取胜。

　　罗伯特荣获军校副官的职位后便开始享有搬出军营、入
住科曾饭店（Cozzen's Hotel）的特权，在那里他可以一直学
习到深夜，远远超过晚上 10 点钟"熄灯"的规定时间。[20]严
格的期末考试终于在 6 月 1 日那天开始了；期末考试持续了整

整两个星期，不难想象，这对学员和考官来说无疑都是一种磨炼。有趣的是，其中一组客串考官中有位名叫皮埃尔·范科特兰（Pierre Van Cortlandt）、来自达奇斯县（Dutchess County）望族的将军——堪称联结18世纪和19世纪的又一条纽带，因为他曾师从亚历山大·汉密尔顿攻读法律，并在担任民团指挥官期间，"曾任命（小说家）詹姆斯·费尼莫尔·库珀（James Fenimore Cooper）为他的助手之一"。[21] 就罗伯特·E. 李而言，这种偶遇时常发生，实在是因为他与革命战争存在太广泛的联系和强烈的切身感受；对于"轻骑兵"哈里·李的儿子来说，它绝不可能仅仅是一段历史，除了他本身就倾心（且身体力行）的昔日的南方及其文雅与习俗、高标准以外，它进一步对他施加影响，令他对北方迅速崛起的、喧闹的新世界产生了些许怀疑。此时的北方是一个正在快速工业化、吸纳大规模移民并开始实践大众民主的世界，与李家经历过、曾为之效力并繁荣的农业寡头主导的上流社会完全相反。

在期末考试中，综合评定的总分合计2000分，罗伯特得了1966分，在火炮和战术方面得了满分，但他一如既往地比查尔斯·梅森少几分，因此只能在班上屈居第二名。尽管如此，这也是一个非凡的记录，为他赢得了选择加入美国陆军工程兵团的特权，该兵团在当时是美国陆军最有声望和对知识水平要求最高的部队，是个非常适合他发挥科学和数学能力的去处。

那时的西点军校并不举办大型、正式的毕业典礼，当然也没有向高空投掷帽子庆祝毕业的活动，因此荣誉晋升少尉军衔的罗伯特·E. 李一毕业就踏上了为期两个月的休假旅程，他先乘轮船南下纽约市，然后乘驿站马车前往弗吉尼亚，但没想到迎接他的将是一场家庭悲剧。

尽管道格拉斯·索撒尔·弗里曼如此断言："他的性格已然定型，他的个性亦得以发展……"[22] 但这个定论不可能适用于刚离开西点军校的李。那时他刚满22岁，是一个英俊、健康的年轻人，身高5英尺10英寸，剪裁得体的军服凸显了他魁梧健壮的身材；但是，在他生命的这个时刻，他的性格绝对没有"定型"，如同他作为一名士兵的教育也刚入门一样。李尚未品尝到爱情的滋味，也没有经受过刻骨铭心的个人损失（不过他很快就会经历后者）；他的生活尚未充斥不如意，如缓慢的晋升历程，而他所倾心的南方生活方式与他的国家之间日益紧张的关系还未真正触及他。作为一名士兵，罗伯特·E.李还没有见识过枪林弹雨，或者下达过任何命令，而那些命令肯定会让他的一些部下付出生命的代价，也没有体味到战胜恐惧（或者至少是克服自我怀疑，因为后来他会发现自己是那些天生不怕死的幸运儿之一）并作为英雄受到众人欢呼时的狂喜。作为一个男人，他还没有经历过婚姻和为人父之后的欢乐与苦楚，而作为一个美国人，他甚至还不能想象未来上演的悲剧会有多么凄惨，更想不到他要在这场悲剧中扮演如此重要的角色。我们心目中的李的形象——疲惫不堪，不苟言笑，在胜利和失败面前一概不失尊严，行动时如猛虎下山，肩负着对军队乃至国家的责任及其事业的荣誉——当然尚待形成。他的形象将在未来的30年里，随着经验和教训的层层积累、沉淀而形成，就像珍珠在贝壳里成长一样。对于带着皮箱日夜兼程赶回弗吉尼亚家中的年轻少尉而言，人们充其量能说他具有成为一名优秀士兵的潜质，具备了一名优秀土木工程师实施大型项目的技术知识，以及支撑他一生的道德品质和荣誉感。这已经是人生中很了不起的基础了。

罗伯特到家时，他母亲已经奄奄一息了。"我的病是绝症"，她在两年前写给他哥哥西德尼·史密斯·李的信里说。

她其实早已做好了思想准备，能够坦然面对不可避免的命运，她的亲戚们也很明智地尽可能让她不再抱有脱离实际的幻想。她目前住在雷文斯沃思[23]，也就是她表兄威廉·菲茨休富丽堂皇的府第，得到了家人无微不至的照顾。罗伯特一露面就立即恢复了作为她的护工兼同伴的角色。"当他离开她的房间时，她的目光会追随着他，然后她一直盯着门，直到他再次进来。"他回来数周后，她去世了，享年 56 岁，安葬在雷文斯沃思。

罗伯特无疑伤心了一段时间，并痛苦地整理了他母亲的微薄财产。他的姐姐安妮嫁给了威廉·马歇尔（William Marshall），此人是巴尔的摩的牧师，并且是首席大法官约翰·马歇尔的堂弟；威廉很快就转了行，成了一名杰出的律师。罗伯特的哥哥西德尼·史密斯·李仍在海上，妹妹米尔德丽德（Mildred）只有 19 岁，所以依照母亲愿望分割遗产的重任就落在了卡特和罗伯特身上。母亲留给安妮的是自己的黑人女仆及其婴儿，还有另外 3 个奴隶，留给米尔德丽德的是年迈的黑人家庭车夫和家仆纳特。奴隶当然是财产，就像马、马车、瓷器茶具、银器和餐巾一样留给继承人。李夫人的信托基金是她为儿子们的教育和女儿们的陪嫁而储蓄的，其收入由她的子女分摊：每个女儿 1 万美元，儿子 3000 美元。

这些数额并不像看上去那么少；除去通货膨胀因素外，按购买力平价计算，当年的 3000 美元相当于今天的 7.5 万~10 万美元。李夫人名下奴隶的价值很难估算，因为除了纳特，我们不知道其余奴隶的年龄或健康状况，但在 19 世纪 30 年代，30 岁左右的"田间壮劳力"售价为 800~1000 美元，相当于今天的 2 万~2.5 万美元，一个训练有素并带着一个幼儿的女仆大致也是这个价，但若属于育龄女仆，则价格会更高些。在描述战前南方的经济生活时，必须考虑到这些因素，在罗伯特·E.李生活的年代，奴隶的数量已经增长到了 400 万人，他们的总价值超过了 40 亿美元。李夫人算不上大奴隶主，但她所拥有的奴隶的价值应计入其财产。[24] 她还把西弗吉尼亚大约 2 万英亩土地传给了儿子们；当时这片土地没多大价值，而且还欠了不少税。

一处理完遗产问题，罗伯特就开始一个接一个地走亲访友，现身于各个豪宅之中，他尤其爱去位于弗吉尼亚州亚历山德里亚、能远眺华盛顿特区的阿灵顿公馆，也就是玛莎·华盛顿的孙子及乔治·华盛顿的养子乔治·华盛顿·帕克·卡斯蒂斯的家。卡斯蒂斯是罗伯特的姻亲——前者娶了玛丽·李·菲茨休——在弗吉尼亚狭小而有乱伦嫌疑的贵族圈子里，卡斯蒂斯夫妇和安·卡特·李及其子女之间有着扯不清的亲戚关系，这足以让罗伯特把卡斯蒂斯视为娇惯他的代理父亲，并把阿灵顿视为第二个家。卡斯蒂斯对李氏兄弟们很好，但他与他们的亲生父亲属于完全不同的两类人。他很乐意以"弗农山庄之子"自居，他的确是在华盛顿家里长大的，因此便自诩为国民之子。[25] 卡斯蒂斯兴趣（或许用"嗜好"一词更恰当）广泛，其中包括在"巨大画布"上绘制展现历史场景的画作、创作史诗、保存和展示乔治·华盛顿的遗物、自任建筑师、培育绵羊种羊，这些都不可避免地耗费了很多时间，因而他无暇打理庄园，而且无论如何，他更感兴趣的是亲自为阿灵顿公馆设计建造气势恢宏的外立面，而不是公馆里的生活，或者维持它的各种花销来自哪里。像托马斯·杰斐逊一样，卡斯蒂斯自我放纵，兴趣广泛，但他缺乏杰斐逊所具备的全能之才，也没有杰斐逊所拥有的至臻品位。在印刷品中，卡斯蒂斯给人的印象是刁钻苛刻、略显华而不实、极其自负，他的一幅肖像呈现出一个艺术家形象，衣领随意敞着，就像歌剧《波希米亚人》中的鲁道夫那样，画面中鲁道夫紧绷着的脸和耷拉着的嘴流露出复杂的表情，其中既有脆弱的傲慢和某种刻意掩饰下的自我怀

47

疑，又有些许病态的恐惧，似乎在担心人们会取笑他。他看起来不像是一个容易相处的人。

事实上，李家的两个大男孩，亨利和卡特，确实取笑过卡斯蒂斯，因为他的性格与他们勇猛的父亲大相径庭，但没有证据显示罗伯特取笑过他。[26] 相反，阿灵顿给他留下了深刻的印象，尤其是它宏伟的外观、广阔的视野，以及摆满了华盛顿遗物的各个房间，他对卡斯蒂斯怀有子女对父亲才有的崇敬和喜爱，而他亲生父亲由于常年不在家，无缘感受到这种亲情。阿灵顿古典式门廊的巨大柱子与其背后那些狭小的房间形成奇怪的反差，比起罗伯特住过的任何地方，它都更像是他的家，或者至少是他想要的家。即使在弥留之际[27]，他仍旧对阿灵顿念念不忘，为失去它而悲伤不已，而且毫无疑问，它激发了他对乔治·华盛顿更深层的崇敬，比"轻骑兵"哈里·李任何一个儿子感受到的还要深。

他早就钟情于卡斯蒂斯夫妇唯一幸存的孩子玛丽·安娜·伦道夫·卡斯蒂斯，确切地说，应该是他在1827年第一次离开西点军校休探亲假的时候，当时他身着灰色学员制服，英姿飒爽地出现在家庭聚会上。按照当时的标准，罗伯特和玛丽之间的感情进展得十分缓慢——没有任何证据表明双方是一见钟情——而且两人的交往是在众目睽睽之下，既无任何私密性，也无独处的可能。即便如此，差不多每个人都注意到了年轻的李中尉休假期间在阿灵顿逗留的时间比其他任何地方都要长，而且玛丽·卡斯蒂斯每次看到他下马时都会羞红脸，抑制不住内心的欢喜。他们两人都喜欢素描，罗伯特还是一个有相当造诣的业余爱好者。当罗伯特假期结束时，他和卡斯蒂斯小姐之间可能已经达成了某种默契：两人并没有偷尝禁果，也没有私订终身——他们两人应该都很清楚，要想进一步发展，必须首先征得卡斯蒂斯先生的认可——但两人情投意合的程度已足以让他们对未来建立更密切的关系充满期待。

表面上看，他们实在是并不般配的奇怪的一对。罗伯特十分英俊，一名学员曾用"美丽"一词形容他的外貌，这纯粹是陈述事实，没有丝毫同性恋意味；玛丽则继承了她父亲又长又窄的鼻子和尖下巴，嘴角还有一些下垂。她年轻时的肖像画可能出自生手，或者没有如实呈现她的模样，而当时流行的发型也没有给她增色，但单从那幅肖像看，她并非一个大美人。他们的个性也相差甚远。罗伯特对守时的要求到了变态的程度，凡事都安排得井井有条，计划严密；玛丽则"漫不经心"，粗心大意，经常迟到，而且尽管有她母亲和众多女仆的悉心照顾，但她经常"蓬头垢面，疏于打扮"。[28] 她早年就非常虔诚，是我们现在称为福音派的信徒，而当时罗伯特对宗教的兴趣远没有那么强烈，表现得中规中矩，似乎定期去教堂只是一个军官和绅士必须履行的义务之一。他精力异常充沛，体格健壮，能够在任何天气连续骑几个小时的马。她不爱出门，年纪轻轻就已经不时感到头晕目眩，需要休息。她看上去"虚弱"且瘦小，他身高将近 6 英尺，壮硕如牛。他手头拮据，习惯于自食其力，而她是富有、被父母溺爱的独生女，习惯于任何时候都我行我素。

和往常一样，当人们恋爱时，他们会觉得彼此是天作之合。

到目前为止，罗伯特军旅生涯中最重要的一封信，是 1829 年 8 月 11 日从华盛顿寄来的，这封信由"C. 格拉蒂奥（C. Gratiot）准将"签署，命令他"在 11 月中旬之前向佐治亚州萨凡纳河科克斯珀岛（Cockspur Island）上的工兵部队指挥官陆军少校塞缪尔·巴布科克（Samuel Babcock）报到"。如果说接到命令的罗伯特感到无比失落的话，他并没有向任何人表露过他的这种感受；但他肯定知道那个地方很荒凉，离埋葬他父亲的岛并不远，是一个涨潮时就会被淹没的海岸岛，工程兵团多年来一直试图在那里建造一座堡垒，以防止敌人溯萨凡纳河而上。入夏后，那里高温潮湿，蚊虫肆虐，恶劣的生活环境会迫使中止施工数月时间。

工程兵团的士兵是美国军队中最辛劳的，总体上他们的军官也是最聪明的——从一开始就是精英。这并不是说他们的工作就一定光鲜无比。战时，他们建造防御工事、筑路架桥、挖坑道，并在必要时就地变身炮兵部队。平时，他们在大规模的项目中充当土木工程师（现在仍然如此）；他们改造并疏浚港口，绘制地图，规划运河路线，使河流通航，修建水坝、防洪堤和船闸——简而言之，这些职能正是托马斯·杰斐逊在规划设立与法国巴黎综合工科学校相当的学府时所预见到的，他从一开始就认识到，美国对我们现在称为基础设施的需求极其庞大，除联邦政府以外再无其他机构能承担这一建设重任。工程兵团的第三个职能是保护美国的口岸和海港免受外国入侵——由于大多数美国人都把英国视为唯一潜在的敌人，这项职能的实现就意味着要沿着东海岸建造一连串堡垒，以保卫这一地带的重要港口。这类堡垒在不久前被证明大有用处——毕竟麦克亨利堡（Fort McHenry）上迎风飘扬的"星条旗"仿佛在骄傲地昭告世人，1814 年，英国海军的一支舰队未能压制麦克亨利堡的炮火，攻占巴尔的摩的图谋归于失败——正因为如此，国会和工程兵团决心全面实施庞大的、雄心勃勃的"海岸防御"建设计划，其中大部分工程选址位于即使建造一个简陋的棚屋都可能困难重重的地方。科克斯珀岛就名列其中。它位于萨凡纳港下游 12 英里处，萨凡纳河的南部河道长约 1 英里，宽约三分之二英里，涨潮时大部分在水下，遇到大暴雨时整个岛屿就会没入水中。历史上最重要的时刻是在 1736 年，卫理公会教派的创始人约翰·卫斯理（John Wesley）登上该岛，并在泥泞的河滩上主持了一次礼拜。今天，它拥有一座独特的灯塔，始建于 19 世纪中叶，建在蚌壳和蛤壳构成的底座上，其地基呈船首形状，这样能更好地抵御河流冲击。

罗伯特·E.李乘坐驿站马车一路向北来到纽约[29]，并于 10 月底再由此乘船驶向萨凡纳，陪同他的是家里年迈的黑人马车夫及家仆纳特。纳特患有"某种致命的慢性病"，人们希望他能在弗里曼所说的佐治亚沿海"温和"的气候中康复，或者至少缓解一下病痛。不过人们都以这件事为例，用以说明罗伯特·E.李对奴隶的关心和照顾。事实也许的确如此，但我们找不到纳特一方的说法——就如同在所有关于主人和奴隶的故事中都存在一些不可信的元素一样。纳特果真愿意离开他生活了一辈子的家，远离自己的亲人吗？他远走他乡时留在家里的是妻子、儿女、孙辈吗？他会丢下他们不管吗？他在这件事上有任何发言权吗？有没有可能李只是需要一个仆人，于是就带走一个老家仆，反正家里的马和马车都被卖掉了，他妹妹米尔德丽德也用不着他了？奴隶制的道德困境，导致看似仁慈的姿态都让人不由得生疑。

无论萨凡纳是否有益于纳特的健康，李觉得这里还不错。这里有一小队炮兵驻军，其中有几位军官是他的朋友，有一位名叫杰克·麦凯（Jack Mackay），来自萨凡纳的一个老家族。甫一到达，李便受到众人的热情欢迎。麦凯家腾出来一个房间给他住，他很快就在萨凡纳这个小社会里找到了自己的位置，并且和众人熟络起来，和漂亮女孩调情打趣的老习惯也派上了用场。麦凯家和李家一样都是大家庭——麦凯夫人是一个富有的寡妇，有 6 个孩子，其中 4 个是女儿——李肯定感觉像是回到了自己的家。他一生最喜欢置身于一个大家庭里面，如果不是自己家，别人家也行。

51

另一方面，李乍看科克斯珀岛[30]，它呈现出"一派单调而荒凉"的景象，细细打量一番之后，它还是那样，没有丝毫改观，似乎是世界上最不可能建造堡垒的地方。李的上司陆军少校巴布科克（Colonel Babcock）[31]早就因这里的气候和为要塞选址的事（"劳心费力"）病倒了，并将在不久后从这个场景中彻底消失。李好像一到任便积极投身工作中，他接替了生病的指挥官，很快着手修建堤坝来阻挡潮水，同时开始挖掘一条排水渠——实际上，他的首要任务就是在相当于潮汐沼泽的地方开辟出一块足够干燥的施工场地。由于这是他作为工程兵团军官的第一份工作，他不辞辛劳，努力工作，甚至亲自下到齐腰深的泥水里日复一日地挖泥。

随着夏天的临近，岛上的工作出于各种现实的考虑都停止了，因为即使是雇用的白人和租赁或租用的黑奴这类吃苦耐劳的强劳力，也不会在长达数月的夏季留在那里凿石挖泥，没人能受得了这个地方的酷热和密集的蚊子。于是，罗伯特·E.李带着纳特回家休长假——也就是说，他回到了弗吉尼亚，借住在阿灵顿公馆附近的朋友家，因为在这个时候，他在这里真的没有家了，而且他的哥哥卡特也已经搬到纽约市去了。无论如何，李的注意力都集中在了玛丽·安娜·卡斯蒂斯身上，而且似乎整个夏天都在小心翼翼地向她示爱。他看得很清楚，卡斯蒂斯夫人很高兴看到他对自己女儿表现出的明显爱意。卡斯蒂斯夫人是李的"亲戚"，这在弗吉尼亚应属于不容忽视的因素，而且她本人酷爱读言情小说，但卡斯蒂斯先生并无同感。他很喜欢李，因为李是少数几个愿意听他没完没了地回忆乔治·华盛顿的年轻人之一，更重要的是他甚至对这些回忆真的感兴趣，这显然表明他对"他的国父"的尊重。但是卡斯蒂斯太了解"轻骑兵"哈里·李的为人了，所以对他的儿子们存有戒心，他对罗伯特同父异母的兄弟亨利的丑闻也有所了解，而且无论如何，他看不出仅靠陆军中尉薪水的罗伯特·李如何能维持玛丽早已习惯了的奢侈生活。从当时的情形看，这种担忧再正常不过了，只是在它的背后，还暗藏着卡斯蒂斯自身的财务状况问题。尽管从外面的圆柱门廊看阿灵顿公馆气势恢宏，尽管他拥有数千英亩土地、几栋大房子和 200 名奴隶，但卡斯蒂斯手里的现金总是不够用。他在处理自己的事务方面既不节俭也不精明，喜欢过以"华盛顿的养子"自居、奢华无度的生活，至少在他看来，自己是国家级的重要人物，但残酷的现实是他没有足够的收入来维持这种生活。或许他在潜意识里怀有某种期待，如果玛丽嫁给一个有钱的年轻人，他就能摆脱自身的财务困境，或许他担心自己无力操办她和其他人都认为她理应得到的盛大婚礼，或者两者兼而有之，但是无论如何，在他看来年轻的李中尉都不配做她的丈夫，他也毫不掩饰这一想法。

当然，这并没有让罗伯特或玛丽灰心丧气，而且当罗伯特在 11 月重返萨凡纳继续工作时，他们俩显然已经心心相印——他们认为自己已经"订婚"了，可能是因为他们指望卡斯蒂斯最终会遂了他女儿的心愿，因为她的意志必定更坚定。

重上科克斯珀岛后，李大为沮丧，他发现暴雨冲毁了他上一季所做的大部分工作。巴布科克少校没有再现身，于是李和留在岛上为数不多的几个工人开始从头再来——前景一片黯淡。纳特比他的主人晚了数周才从纽约出发，直到圣诞节才上了岛，他在惊涛骇浪的海上颠簸了 25 天，噩梦般的旅程使得他的健康状况比以前更差了。佐治亚州的冬天非但没有丝毫"温和"可言，反而异常寒冷，纳特很快就生病去世了。李在萨凡纳的社交生活很丰富——忙得他都开始抱怨了。虽说巴布科克少校一直不见踪影使他有机会承担起每个年轻军官做梦都想得到的职责，或者说独立指挥权，哪怕指挥的不过是

53

少数几个拿着镐和铲的平民，但他不可能享受枯燥乏味的挖掘工作。一晃到了 1 月，终于有了消息 [32]，战争部发来通报，J.K.F. 曼斯菲尔德（J.K.F. Mansfield）中尉将接替失踪的巴布科克——关于巴布科克是辞职还是擅离职守并被逮捕的说法不一，还有传言说巴布科克夫人带着孩子逃走了。曼斯菲尔德到任后不久，便认定科克斯珀岛根本不可能承受工程兵团想要建设的要塞重量，估计其总重将达到 2500 万吨。曼斯菲尔德向华盛顿方面汇报时表达了他的疑虑，一直等到 4 月，工程兵团才派遣了一名更高级别的军官德拉菲尔德上尉（Captain Delafield）到科克斯珀岛勘察现场。这两个人随后在充当绘图员的李的帮助下开始重新规划要塞建设方案。

这段拖延和白白浪费精力的经历是李军队生活中一个很好的教训。首先，这使他做好了工程兵团决策进程会极其缓慢的思想准备，无论事由大小，同时也感受到了军官们以有限的资金在环境恶劣的地方实施大型建筑工程所要承受的巨大压力，更不用说即便存在晋升的机会，也是姗姗来迟——巴布科克少校的悲惨遭遇就是一个很好的例子。其次，它让李充分认识到在做任何事之前先仔细想好该怎么做，而不至于半途而废、推倒重来。最后，这显然是在暗示他，当一个人被迫背水一战时，最佳策略就是尽快摆脱困境，这的确是一个很好的教训。李想方设法利用了他在华盛顿方面享有的好名声，成功获得调令，前往弗吉尼亚州的老波因特（Old Point），在该地建造的门罗堡即将竣工，更重要的是这里距离阿灵顿公馆和玛丽·卡斯蒂斯仅有 80 英里。曼斯菲尔德中尉与李一样，也毕业于西点军校，并于 1822 年以班上第二名的优异成绩毕业。他将在科克斯珀岛上待整整 15 年，建造后来为人所知的普拉斯基堡（Fort Pulaski），直到 1847 年才完工。

　　罗伯特·E.李于 1831 年 5 月 7 日到达老波因特，为了这一天，他设法将惊人的行动速度与天生的战术意识结合起来——它是一次大胆的正面交锋，正是这种战术意识使他不仅调离了科克斯珀岛，从而避免了可能一直待在那里，直至以上尉或少校军衔的身份退休的命运，而且最终也为他赢得了玛丽·安娜·卡斯蒂斯。他从佐治亚州回到弗吉尼亚州后不久，就乘汽船从门罗堡出发沿波托马克河逆流而上，去阿灵顿拜访玛丽，他受到了所有人的欢迎，只有卡斯蒂斯先生例外。卡斯蒂斯先生或许一直指望工程兵团能把李留在科克斯珀岛，直到玛丽对他失去兴趣。李开始全面讨好玛丽的母亲，给她和玛丽朗读司各特爵士最新推出的小说（可能是《盖尔斯坦的安妮》），直到好像事先商定好的一样，卡斯蒂斯夫人对玛丽说客人肯定“又累又饿”了，并建议玛丽带他去餐厅吃点东西，不动声色地给这两人提供了完美的、不受任何干扰的独处机会。[33] 当玛丽在餐具柜为他切水果蛋糕时，李突然向她求婚，她当即同意了。

　　卡斯蒂斯夫人高兴极了（但肯定没有感到惊讶），并当即决定向玛丽的父亲摊牌，打通他这一关。然而，事实证明将卡斯蒂斯想象成独断专行的严父是错误的。就像托尔斯泰在《战争与和平》中描写的罗斯托夫伯爵一样，卡斯蒂斯先生其实完全处于妻子和女儿的掌控之中，他没提出任何反对意见，也许他早就知道这是迟早要发生的事，如今既然已经板上钉钉，他反倒如释重负。确实，托尔斯泰式的迷人气氛弥漫在整个场景中，它的方方面面无一不在提醒读者回忆起 19 世纪上半叶的俄国——庞大无比的庄园；雄伟但维护不善的府第；展现在纯朴的乡村背景中优雅的家具、银器和瓷器；奴隶家仆，既满足于手头做的事又有些战战兢兢；当然，主人及其家人也认为奴隶制对他们来说是一种福气，奴隶们也会以简单的方式分享卡斯蒂斯小姐与主人罗伯特订婚的喜气。与俄国农奴不同，这里的奴隶是黑人，但除此以外，一切都类似于俄国地主贵族的世界：风流倜傥但没有钱的年轻军官作为女儿的追求者上门求婚；她的慈父端着专横的权威人物的架子，但在其严酷外表的背后却藏着无比柔软的心肠，是一个自我放纵的挥霍者；她的母亲虽然读过很多本司各特的言情小说，但对当前形势的看法比她丈夫现实多了；出了公馆的大门，眼前是一望无际、延伸到地平线的辽阔田地，可实情却是，耕种它的是未得到良好的管理、负债累累的奴隶们。

　　既然女眷们已经牵头，卡斯蒂斯先生旋即变身为活力十足的新娘的父亲，他决心要把这桩喜事办得红红火火。婚礼日期定在 6 月 30 日，也就是李抵达弗吉尼亚的 7 周之后——这是他取得的一个辉煌成就——玛丽决心已定，她要去门罗堡和丈夫一起住简陋的营房，不要她父亲的补贴，全靠他的工资生活。玛丽的决定无疑让一个拥有数千英亩土地但手头总是缺现金的男人大大地松了一口气，就在举行婚礼前不久，卡斯蒂斯先生连 65 美元的账单都无力支付，这让他深感尴尬。尽管如此，他还是下决心要为他唯一存活的孩子办一场轰轰烈烈的婚礼，并且按照社会上流行的做法一应俱全地布置婚礼。玛丽要有至少 6 名伴娘；"平常看上去疏于打理"的阿灵顿公馆也被粉刷一新，并在条件允许的情况下进行了修补；弗吉尼亚的名门望族都收到了请柬；罗伯特·E.李的哥哥西德·史密斯·李身着华丽的海军制服担任伴郎；客人实在太多了，公馆里拥挤不堪，人们被迫 3 个人挤在一张床上；家奴们夜以继日地忙碌着，准备一场令人难忘的盛宴，处处张灯结彩。[34]

　　这是罗伯特·E.李一生中最大胆也是最重要的决定。对他来说，除了他的孩子们，没有什么比玛丽·李更重要了[35]；尽管她不守时、粗心大意、不事妆扮、完全缺乏把家里收拾得井井有条的本能，而且无论他军衔高低，她总是随意支使她口中的"李先生"（且一生都未改口），但他毫无保留地爱着她，而且他还尊重她强烈的宗教感情，并最终发展到与她分享这种感情。她根本不是维多利亚时代传说中的温顺妻子：她对政治怀有浓厚的兴趣；她会对李的同人和上级品头论足，有些评价之尖刻远远超出了他所能接受的程度，而她毫无顾忌、直言率真的表达方式有时让他感到羞愧难当；另外，她从小就被娇生惯养，已习惯了随心所欲地行事，很难接受他的建议，同时也会毫不犹豫地表达自己的反对意见。他总是对她呵护有加，念念不忘她主动放弃了在大庄园里被无数仆人簇拥着的富足生活，作为一个下级军官的妻子，来过这种简朴和封闭的生活。他们俩都没有预料到他们会有 7 个孩子；想不到她的健康状况会迅速恶化，最终会过上像他母亲一样的病人的生活；也想不到他们会因为李的职责而要长时间两地分居；更想不到最终她所信服的他的美德，会为他赢得超出任何人想象的名望，并使他享誉南北方，成为南方反叛和英雄气概的象征性人物。

通过与玛丽结婚，他还在阿灵顿获得了一席之地。他的出生地斯特拉特福庄园宅邸在令李家颜面尽失的情况下转手他人；那座大宅子本属于他母亲一边的卡特家族，而不是李家，曾有他大部分童年时光的记忆。在一个极为看重是否拥有土地和豪宅的社会里，罗伯特·E.李两者都没有；他名下仅有位于西弗吉尼亚的几千英亩毫无价值且负债累累的荒地，以及他的制服和剑。但从那以后，阿灵顿庄园将成为他生活的一部分，改变他无地无房的境况。它有着俯瞰华盛顿哥伦比亚特区的视野、令人印象深刻的圆柱门廊，里面还收藏着乔治·华盛顿用过的大量家具、纪念品和个人物品。他借着婚姻获得的似乎并不是财富——那是卡斯蒂斯先生管理的阿灵顿永远无法提供的——而是人生之根，这使他不仅跻身于弗吉尼亚土地所有者的社会阶层，而且获得了俯视众生的制高点，因为无论阿灵顿多么无利可图，除了弗农山庄本身以外，再也没有别的房子能得到更多的尊重。

事实上，玛莎·华盛顿的"黑人女仆卡罗琳·布拉纳姆（Caroline Branham），曾在 12 月的晚上见证了这个国家的创始人伟大精神的逝去，如今又作为阿灵顿的仆人之一现身于玛丽·卡斯蒂斯的婚礼"，在罗伯特·E.李人生重大转折中，也许没有什么比这一事实更具有象征意义的了。[36]

阿灵顿将成为他的家，而且乔治·华盛顿的精神和榜样也仿佛如影随形，与之俱来，并从此开始指导他的生活，在他做出每一个重大决定时发挥作用。

/ 第三章 工兵生涯——1831~1846年

如果说家族史、西点军校的教育、对乔治·华盛顿强烈的个人崇拜以及幸福的婚姻是塑造罗伯特·E.李性格的主要因素，那么水力学则提供了另一个。

水力学当然是西点军校课程的一部分，它是和平时期工程兵团的核心和灵魂，是工兵存在的绝对理由。他们的敌人是水：海上的风暴和潮汐，江河的水流和洪水，湖泊的适航能力，所有这些都是他们的责任。他们加深并维护港口，而这些地方的自然条件往往并不适合用作港口；他们修建运河和船闸；他们排干沼泽地的水；他们移走沙洲并疏浚河道，使大河可以供汽船航行，而此前人们只会偶尔见到印第安人用桦树皮制成的独木舟在河上划过；他们修建防洪堤以防止河流淹没城市和农田，绘制地图，并在紧邻海边、一般人想都不敢想的地方，修建巨大的堡垒以保护美国的海岸线。更重要的是，他们用鹤嘴锄、铲子、大锤和撬棍等简单的工具，建造比金字塔更艰巨的工程，因为金字塔至少有坚实的大地为基础——他们在为一个蛮荒的新大陆创造现代化的基础设施。自1779年以来，无论战时还是平时，他们一直在从事这项工作，没有任何项目让他们望而却步或无力完成；工兵们以他们固有的节奏，努力克服资金不足的困难、收入微薄及晋升缓慢的不如意，稳步推进，挑战自然，改变着美国的面貌。

从1831年到美墨战争爆发的1846年，罗伯特·E.李作为工程兵，不断变换工作地点，且各处相距甚远，南至弗吉尼亚，西至密苏里州圣路易斯市，北至纽约市。尽管品级很低，却肩负重任，必须对他手里掌握的每一分钱的去向做出详尽解释，并向华盛顿的官僚机构汇报工作，这些官僚机构受到繁文缛节及锱铢必较的国会的双重束缚，效率低下。与工程兵团里几乎每一名军官一样，他交战的对象就是水——他不辞辛劳，在弗吉尼亚和纽约港各建了一座堡垒（位于弗吉尼亚的门罗堡以"切萨皮克湾的直布罗陀"著称，它三面环水，一面由一条狭长的通道与大陆相连，外围还有一条宽阔的护城河）；他成功令密西西比河改道，移除了河道中的一些小岛和急流，把圣路易斯市变成了一个繁忙的港口，令这座城市的开拓者们感激不尽。尽管李在西点军校研读了拿破仑的战术，但他实际上成了一名功绩卓著、一身戎装的土木工程师——他不仅不需要展露，也没有在自己身上明显感知到任何军事才能。每一个生活在海洋、河流或大片水域附近的人都深知水体中蕴含的力量。如果说这段经历教会了李什么的话，那就是面对极端困境时保持坚定、耐心、稳如泰山的心态——这种态度总能给他的下属带来惊喜和深刻印象。教给他这一切的是一所不留一丝情面的学校——不管任务有多艰巨，他所在的部队从来都不接受失败或借口。

李将军会在今后整整 3 年里，一心扑在两个工程上：门罗堡纪念碑式的"外围工事"以及在不远处的汉普顿锚地一个岛上的卡尔洪堡［Fort Calhoun，内战爆发时改名为伍尔堡（Fort Wool）］工程。在西点军校钻研法国经典著作中的设防艺术是一回事，监管宏大的建筑工程则完全是另外一回事。与城堡工程相关的挖掘、铺设石头和泥土地基以及最终的平整地面正在有条不紊地进行，为建造沃邦①式复杂的星形、环环相扣的 17 世纪防御工程做准备，这些工程项目有无数构造精巧和名称优美的建筑细节，如棱堡、半月堡、（堡垒前的）斜堤、

① 塞巴斯蒂安·沃邦（Sébastien Le Prestre de Vauban，1633 年 5 月 15 日至 1707 年 3 月 30 日），法国元帅、著名军事工程师。一生共修建 33 座新要塞，改建 300 多座旧要塞，指挥过对 53 座要塞的围攻战，并建立起近代第一支工程兵部队。著有《论要塞的攻击和防御》《筑城论文集》《围城论》。

（防御壕沟的）外崖，所有这些都由光滑且严丝合缝的石块筑成，就像路易十四统治时期一样，整座堡垒都经严谨设计，使攻城炮火偏斜，并让守城驻军能够以少胜多。当然，人们在筑城时根本没想到这里最终见证的是一部分美国人攻击另一部分美国人，而不是从海上来犯的英国人，但即使如此，李的工作做得很好。尽管门罗堡和伍尔堡都位于弗吉尼亚州，但在整个内战期间它们一直掌握在北方联邦军队的手中；事实上，南方战败后，杰斐逊·戴维斯会被关押在门罗堡。

要塞内部政出多门且相互争斗不休的恶劣环境给李的工作带来诸多不便。门罗堡是陆军炮兵学校所在地，它的指挥官和炮手都不欢迎工程兵进驻，所以双方经常发生打斗，堡垒和炮兵学校的指挥官尤斯蒂斯上校与工程兵指挥官安德鲁·塔尔科特上尉（Captain Andrew Talcott）之间也是口角不断，而后者手下庞大且行为不端的白人和黑人平民施工队伍经常让上校感到十分恼火。

罗伯特和玛丽·李在卡斯蒂斯夫人陪同下拜访了许多亲戚，就算是度蜜月了。1831年8月初，夫妇二人搬进了城堡里空荡荡、几乎没有任何家具的住处。一些人硬是从李的书信中读出了涉及他与新娘性生活的委婉或调侃的内容，但这种说法似乎过于牵强，因为人们如此解读的唯一依据，是李在雷文斯沃思度蜜月期间写给塔尔科特上尉信里的一句话，"我会告诉你时间是怎么过去的，可我又担心我因成见太深，不能再多说一句，但是它进展得很快，而且还在继续"，并且为没有早点写信致歉，"在告别此地之前，我其实没时间做别的事，除了……"[1]要说有情色意味，即使以当时的标准来看，这也是相当平淡无奇的内容[2]，但毫无疑问，在任何人想来，李都处于"幸福快乐"之中，只不过凡是见到这对新婚夫妇的人都会被他而不是她的外貌倾倒，有人甚至不由得感慨，说他已经

"看起来比我见过的任何人都更像一位伟人"。

李一本正经的外表——年纪轻轻、新婚宴尔时就具备了一副"伟人"相——与他在私人或社交场合顽皮的举动和嬉皮笑脸之间的对比简直太鲜明了。他喜欢与小孩子和动物（尤其是猫）玩耍，并且对马充满感情。他喜欢和年轻漂亮的女人调情——事实上，戏弄并挑逗年轻女性似乎是李一生的爱好。例如，在度蜜月期间，他曾写信给伊丽莎①·麦凯（麦凯家的一个女孩，李在萨凡纳时曾住在麦凯家里），祝贺她结婚："我真该说'李先生和李太太很荣幸接受麦凯太太的盛情邀请……'但这不可能是伊丽莎小姐（我的心上人），因为信是昨晚才寄到这儿的，从那以后，我一想到要失去你，就一直流泪。唉！……但是伊小姐，你这会儿感觉如何？假设是一天中的12点钟，当你看到阴影开始向东方延伸，明知太阳最终会落山，你做何感想？虽然你可能不会感到畏惧，但我猜想你一定是有些心慌。"[3]

几天后，他继续写这封信："我的孩子，你是怎么自娱自乐的？你过得可好，就像圣诞节早上的彩包爆竹那样灿烂吗？"这种语气在李的私人信件中十分常见，一种混杂在活泼可爱中的轻佻戏弄，被法国人称为温文尔雅的挑逗，它不仅不会让人感到丝毫不适，反而透着一种亲密感，洋溢着轻松愉快的魅力。此时此地，丝毫不见"大理石人"的踪影！一个崇信弗洛伊德理论的人可能会对信中提及的"彩包爆竹"做一番解读，并暗示它可能是指伊丽莎的洞房花烛夜，但事实证明这种解读完全是多余的，因为他把信拿给玛丽看，玛丽又在这封信里加了一句热情洋溢但明显更正式的祝贺语。我们应该把罗伯特·E. 李的这一面牢记在心：他是维多利亚时代之前或早期的

---

① 伊丽莎白（Elizabeth）的昵称。

感伤主义者，热爱家庭生活；钟情于漂亮女孩和漂亮女人，内心持续渴求来自她们的温情、仰慕和怜爱，从长远看，或许他的这种需求远非玛丽所能满足。不管他怎么想，他人生的悲剧不在于他对"军事教育"的选择，而在于他从军后被迫经常与自己心爱的家庭分离，有时要很长一段时间。

位于堡垒一翼的李家"公寓"⁴只有两个房间，在此同住的还有塔尔科特上尉、他的姐姐和姐夫霍勒斯·黑尔（Horace Hale）以及黑尔一家的两个孩子，由此凑成了一个临时大家庭。当然，在室内给排水设施尚不存在的时代，人们还不知道浴室是什么，没有多少隐私可言，但那时的人们对此已经习以为常了。这里也没有像样的厨房。塔尔科特和黑尔一家有奴隶，他们生活在堡垒的其他地方，为他们做好饭后把饭菜带过来。玛丽带来了一名自己名下的奴隶卡西，可能是专门照顾她起居的贴身女仆。他们的社交圈子很小，但社交活动似乎并不少。李在西点军校的朋友约瑟夫·约翰斯顿和他在军校时的其他几个朋友都在堡垒里服役，玛丽目前似乎已经很好地适应了作为军人妻子的生活。对她来说，从阿灵顿来到这里不啻仙女下凡般的转变。她在阿灵顿生活时能得到母亲无微不至的关怀，周围还有一大群仆人随时想办法满足她的每一个突发奇想，但在这里一切都要靠自己。

就在罗伯特·E.李夫妇来到门罗堡安家的同时，法国杰出的诗人兼小说家，也是一名晋升缓慢的职业军官阿尔弗雷德·德维尼（Alfred de Vigny），写下了《军人的荣辱》（*Servitude et grandeur militaires*）一书；而玛丽很快就会认识到，军队生活中劳役远远多于荣耀。尽管这座堡垒很大，且只有一部分住了人，但它仍然是一个石筑的自我封闭的世界，完全致力于炮兵训练或军事工程，对于一个热爱野花和园艺，自出生之日起就在俯瞰华盛顿特区、占地 1100 英亩的庄园里生活的女人来说，在这天壤之别的生活之间过渡必定是很艰难的。

1831 年 8 月 22 日，纳特·特纳在 50 英里外弗吉尼亚州南安普敦县（Southampton County）发动的奴隶暴动，不仅震惊了世人，也给她本已艰难的新生活蒙上了阴影。纳特·特纳是一个不同寻常的奴隶，他受过教育，能读会写，在他主人种植园周围的黑人小教堂里，俨然成了具有非凡魅力的牧师，人气很旺。很显然，他利用周日走访邻近教堂会众的机会策划了这场起义。他不仅研读《圣经》，还自诩为受到天启的先知。他把 1831 年 2 月 11 日发生的一次日食视为自己应该准备起义的信号，而 8 月 13 日发生的另一次日食，或许只是远处的火山爆发引起的现象，却被他解读为发动起义的信号（在这两种情况下，乌云遮住太阳的现象或许都具有重大的象征意义）。特纳深信"他注定要顺服全能神的某种旨意"[5]，并在他头脑中呈现出的狂暴且血腥的幻象中履行神对奴隶主的复仇。于是，8 月 22 日清晨，他和另外 4 名密友开始动手，要尽可能多地杀死此地的奴隶主及其家人。随着杀戮行动的持续，大批奴隶和自由黑人闻讯而来，他们的队伍不断壮大，手中的武器越来越多，最终特纳的追随者总数超过 70 人。在不到两天的时间里，他们杀死了 56 名白人，其中包括妇女、儿童、婴儿和老人，大部分都是被他们用在农场里随处可见的日用品、斧子、镐、铲子和几把旧剑杀死的。特纳亲手杀死的唯一的人，一个视他为好友的年轻女人玛格丽特·怀特黑德（Margaret Whitehead），是被他用栅栏柱打死的。

在如今的人们看来，这一事件根本就是奴隶制的暴虐催生了暴烈反抗，这种看法当然也是正确的，但 1831 年的南方白人当然不会这么想。他们不仅深感震惊，而且异常愤慨和惶恐不安。特纳的许多追随者就像纳特·特纳本人一样，被他们的主人当作"家仆"，甚至是家庭成员看待，不少白人受害者，尤其是儿童，被认识他们、关心他们、照顾他们多年的黑人杀害。这事听上去就好像某一天老纳特突然背叛了李家，并杀了其全家，而这个人曾经是罗伯特·E.李的母亲忠心耿耿的马车夫，还作为仆人被李带到萨凡纳，并且在他病倒生命垂危时得到李的悉心照料。

　　特纳的暴动持续时间很短，却是美国长达两个世纪的奴隶制历史上最血腥的一次。当地民兵迅速反击，毫不留情地予以镇压，逮捕或杀害了特纳的所有追随者；此外，义警们以及愤怒或惊恐的武装公民团体又杀害或用私刑处死了大约200名奴隶，被杀原因可能仅仅是他们在错误的时间出现在了错误的地点，而且没有任何合理的解释，或者表现得粗暴无礼，或者回答问询时没有表现出足够的尊重。在一些地方，被杀死的奴隶的头颅被插在路边的柱子上以儆效尤。

　　纳特·特纳放过了当地贫穷的白人农民，理由是他们不是奴隶主，他们的境遇并不比奴隶好多少——就像28年后约翰·布朗袭击哈珀斯费里一样，他针对的是蓄奴的制度；他希望借助暴力达到动摇或摧毁它的目的，为其他人树立一个榜样，并迅速转变为更广泛的反抗。这是针对一套法律和社会习俗的愤怒情绪的大爆发，这个制度奴役着400万人，并使他们的子女和一代又一代的后人生而为奴，作为"动产"被占有、买卖，整个过程适用的条款与牛和马无异且丝毫不掺杂人与人之间的感情，更有甚者，这种制度还有意要永久保持下去。

　　考虑到美国南部蓄奴的规模和范围，唯一不可思议的是竟然没有发生更多或更大规模的暴动，特别是在像弗吉尼亚这样的"近南"州，当时奴隶的数量已经超过了他们主人的需要，与此同时，"南部腹地"大片新开发的土地急需人手，吸引着人们从南方贩卖更多的黑奴去路易斯安那和密西西比等州的甘蔗田、稻田和棉田劳作，那里的气候、工作条件，以及臭名昭著的残暴监工，都导致"这种特殊财产"的预期寿命大大缩短。"老主人"可能会善待（在他自己看来）家奴、管家、厨子、妻子和女儿的女仆们，并对他们在田里干活时偷懒睁一只眼闭一只眼（李的岳父卡斯蒂斯先生就是一个很好的例子），但是一旦他负债累累，或者当他去世时，他的债权人或继承人则会毫不犹豫地卖掉奴隶，让他们戴着镣铐一路向南，在皮鞭的抽打下采摘棉花，直到他们体力不支而倒下——这确实是哈丽特·比彻·斯托（Harriet Beecher Stowe）的小说《汤姆叔叔的小屋》（*Uncle Tom's Cabin*）的基本主题。

到纳特·特纳暴动时，大规模的强制南下移民已经持续了几十年，由此拆散了许多奴隶"婚姻"（当然这在法律上是无效的），孩子与母亲被迫分离，或者如果有利可图就被一同卖掉，奴隶贩子已经成了当时南方城市中的一景，他们骑着马走街串巷，挨家挨户地寻找可出售的"奴隶财产"。比如老纳特，他从出生之日起就在李家，忠心耿耿地服侍了李家一辈子，假如在新奥尔良奴隶价格飙升时，有人出价几百美元要买像他这样的奴仆，有多少人能说不呢？

因此，到了1831年，原本生来就是奴隶的厄运又增添了新的不幸，整天提心吊胆，怕被送到南方，远离家人、孩子、朋友和熟悉的环境，没有团聚的希望，只有惨遭各种虐待和工作到死的最终命运——这不仅是遭受流放的威胁，而且在大多数奴隶看来是注定的苦役和死亡。能与19世纪30年代南方奴隶制相当的只存在于俄国，那里古老的农奴制习俗产生了更大规模的奴隶制（美国南方最大的奴隶主拥有的奴隶数量刚过1000人而已，但根据托尔斯泰在《战争与和平》一书中的描述，皮埃尔·别祖霍夫的伯爵父亲却拥有"4万个灵魂"），流放到西伯利亚去清理原始森林相当于被判了死刑。

　　在暴动被镇压后的法律诉讼中，50 名奴隶和自由黑人受到审判，其中 19 人被绞死。纳特·特纳本人直到暴动 9 周后才被发现，并于 11 月 11 日当天被审判、定罪和绞死；后来他的尸体被剥皮、斩首和肢解。参与肢解尸体的一个医生让人"用他的皮做了一个钱袋"，另一个医生保留了他的骨骼作纪念品。[6]

　　在门罗堡，尤斯蒂斯上校一听到奴隶叛乱的消息，便立刻派出 3 个炮兵连乘轮船赶往南安普敦县，但当他们到达时，一切都结束了，已经不需要他们在场。上校担心奴隶们后续会发动更多叛乱[7]，因此提出再增派 5 个炮兵连驻守门罗堡的要求，同时要求"执行一系列禁止黑人进入军营的规定"。此举激怒了工程兵们：他们的劳动力大部分是雇佣的奴隶，这些奴隶需要进入要塞取水来制作水泥和砂浆，另外，工程兵们的仆人也是黑奴。在塔尔科特上尉缺席的情况下，李对此做法的激烈反对升级为"军营内战"，这种不同部队之间的敌对情绪会很快毒化在营地或堡垒这种狭小空间中的军队生活——对于李来说，这是一个极佳的经验教训，使他清楚地认识到坚决防止出现这种状况的重要性，因为它一旦开始，就会迅速削弱一支军队的战斗力，而在军队中，步兵、骑兵和工程兵之间的密切合作是必不可少的。增派的 5 个连到达门罗堡之后，堡垒内的军营显得更加拥挤了，而奴隶们遭到排斥也使这里的生活起居变得更不方便，因此，罗伯特·E. 李夫妇回家过圣诞节后，罗伯特独自回到门罗堡继续工作，而玛丽迟迟不归，又额外在阿灵顿多住了几个月也就不奇怪了。

　　至于奴隶叛乱的情况，那些被派往南安普敦县的军官们一定带回了不少消息，李也肯定从他们那里听到一些血腥场

67

面的描述。他宽慰岳母说，叛乱日期的混乱避免了"许多伤害"——这是指纳特·特纳误以为发生了日食，以及他与密友之间的沟通不畅——并补充说："可以肯定的是，他们利用本应用于更好目的的宗教集会，来形成和完善他们的计划。"[8]弗吉尼亚立法机关也想到了这一点，并很快就通过了严格的法规，禁止教奴隶和自由黑人读书写字，并要求任何黑人宗教聚会都必须有白人牧师在场。尽管李表面上在设法排解卡斯蒂斯夫人对女儿安全的忧虑[9]，但据说他自己就像每个南方人那样"深切关注"着时局的变化。无论怎么想，李从来都不是奴隶制的狂热拥护者，尤其是"南方腹地"的"棉花大王们"所实行的那种奴隶制，但他对奴隶制的认知始终是坚定不移的，并且保持着惊人的一致性。

像许多南方人一样，李并不喜欢奴隶制的缘由与其说是它对奴隶们造成的后果，不如说是它给白人带来的影响。大约20年后，他在给玛丽的一封信中非常准确地阐明了自己的观点："在这个开明的时代[10]，我相信很少有人不承认，奴隶制作为一种制度，在任何国度都是一种道德和政治上的罪恶。详述它的缺点是没有用的。然而，我认为它对白人的祸害甚于黑人，而我虽然从感情上强烈支持黑人，却对白人怀有更多的悲悯之情。无论在道德上、社会上还是实际生活上，此地黑人的境遇都远远好过非洲的黑人。他们正经历的痛苦磨炼，对其种族而言是一种必要的训导，我希望这将会开导他们，使他们日益向好。只有全知且仁慈的上帝知道并决定他们究竟需要在此境况中屈居多久。"

在温和的南方人中，如此看待奴隶制的不在少数，而且在南北战争爆发之前，相当多的北方人也持有相同观点。李认为应由上帝选择恰当的时机终结奴隶制，而不是由政治家或白人奴隶主出面加以解决，相形之下，当时广受欢迎且占主流的观点则更乐观些，即通过赎买奴隶的方式终结奴隶制，白人奴隶主得到经济上的补偿，然后将黑人集体驱逐出境，也许去南美洲的某个地方，或者干脆让他们回非洲。实际上，在 1820 年之前，三位乐善好施的弗吉尼亚人（其中两人是罗伯特·E. 李的亲戚）——美国殖民协会的联合创始人亨利·克莱（Henry Clay）、约翰·伦道夫（John Randolph）和理查德·布兰德·李（Richard Bland Lee）——业已制订了雄心勃勃的计划，筹集到了创建利比里亚［Liberia，其首都被命名为蒙罗维亚（Monrovia），以此向另一位弗吉尼亚人詹姆斯·门罗（James Monroe）总统致敬］的资金，并启动了向利比里亚输出获得自由的黑人的进程。事实上，即使那些反对奴隶制的美国人也未必支持自由黑人参与政治进程或享有与其他美国人平等的待遇。林肯本人自始至终都比较认同利比里亚这一想法，在林肯和道格拉斯的辩论中有一句名言："白种人和黑种人之间存在实体差异，我相信它将永久阻止这两个种族在社会和政治平等的基础上生活在一起。"这与李所持观点并无二致。

　　李在 19 世纪 50 年代所持的观点直到他去世，都没有改变。确实如此，在内战结束一年后，即 1866 年，当他应召到国会联合重建委员会作证时，他非但没有放弃或软化自己的立场，反而用更强硬的措辞重复了一遍："我的观点是，他们［黑人］不能明智地投票，给予他们［投票权］将会滋生蛊惑人心的宣传，并导致各种尴尬局面……我认为如果弗吉尼亚能摆脱他们会更好……我想那里的每个人都愿意为此出一份力。"[11]

　　诚然，李对黑人个体怀有的感情不同于他对黑人整体所持有的信念，即作为一个种族，他们作为奴隶会过得更好。就像他善待他母亲的前马车夫老纳特一样，他还在 1868 年总统竞选中的一封信上签下了自己的名字，信中有这样一段话："只要有能力去做，南方人就会敌视黑人并压迫他们，这种想法毫无根据……他们在我们中间长大，我们从小就习惯于友善地看待他们。"[12]

尽管李此时不过是个名誉晋升少尉，但他似乎已经在门罗堡与尤斯蒂斯上校的对抗中占了上风，原因很可能是陆军工程兵团司令官格拉蒂奥将军（General Gratiot）在华盛顿的影响力超过了炮兵指挥官。不管怎样，李重返了工作岗位[13]，他的主要任务是督导施工人员向汉普顿锚地输送并倾倒大量沙石，以扩大和加固面积达 15 英亩、名为里普拉普斯（Rip-Raps，原意为"堆石护坡"，由大小和形状不一、松散的石头堆成的斜坡）的人工岛——这里最终建造了伍尔堡，同时还要负责严格核算工程兵部队在建造两个堡垒的工作中所需的各项费用。该岛位于航道南侧，旨在协防门罗堡，并提供交叉火力，打击进入汉普顿锚地的敌方舰船。这项工作让李承担起了责任，但并没有振奋他的精神，或许他已经开始怀疑自己从军是否入错了行，而且这种精神状态一直持续到美墨战争爆发，他才有了体验上场拼杀和指挥战斗的机会——并加速了他的晋升——但随着战争结束，一切又恢复了常态，直到弗吉尼亚从联邦分离使他意想不到地成了一名将军。奇怪的是，对自身能力的怀疑和不满会让这位具有卓越才能的人在一生中的大部分时间备受困扰。

他很幸运有塔尔科特作他的上司，因为他们成了亲密的战友；此前为防备奴隶暴动而额外派来的几个炮兵连毫无用处，但他们入驻要塞后大大加快了这里的生活节奏，不过鉴于新来者大多是精力和时间过剩的年轻军官，占主流的还是男性消遣活动和无节制的饮酒。李对饮酒者很宽容，但他本人很少喝酒，而且无法理解那些人为何总是要喝到酩酊大醉。喝酒、打牌、向为数不多的几名女性献殷勤，这些就是门罗堡里年轻的炮兵军官们的主要娱乐活动。虽说李与他们同属一个圈子，但他倾向于与他们保持一定的距离，他的好朋友约瑟夫·约翰斯顿同样很节制。值得注意的是，即使在他职业生涯的早期阶段——在军官群体中，也没有比名誉晋升少尉级别更低的了——李已然以其魁梧的体格和天生的高贵气质而鹤立鸡群。他既不挑剔也不古板，非常容易相处，他也会参与各种有趣的活动（前提是不妨碍职责），但他的性格中隐含着他会保有一辈子的某种矜持，这使他从一开始就显得特立独行，而他谦逊的品格又使他并非刻意为之。即使在还是下级军官的时候，他就已经显露出一种优秀指挥官才会具备的孤傲气质；那并非他后天习得的，也不是他硬装出来的；那是他与生俱来的品质，只是他从小就以乔治·华盛顿为榜样的做法或许强化了这一特质。

玛丽·李回阿灵顿过圣诞节后，一直待到1832年6月才返回门罗堡。她回来时带着她的母亲和两个奴隶，另外，卡斯蒂斯太太为了让女儿的新家更舒适，还从阿灵顿带来了不少家具和生活用品，因此那段时间李的住处一定非常拥挤。那时的玛丽·李已经有孕在身，临产前她毫不犹豫地回到阿灵顿，在她母亲和仆人的帮助和照顾下，于9月顺利生下了孩子。这个婴儿是一个健康的男孩，乔治·华盛顿·卡斯蒂斯·李（George Washington Custis Lee，他一直被称为卡斯蒂斯，而不是乔治），以他的祖父——乔治·华盛顿的养子的名字命名；这个名字是李与国父之间存在本能情感联系的另一个标志。

儿子出生后，玛丽便往来于阿灵顿庄园和门罗堡之间，一半时间过着两地分居的生活，这使李不得不时常给"莫莉"（Molly，他常在信中如此称呼她）写信，有时还为玛丽达不到他期望的高标准而责备她。[14]他要求的并不单纯是整洁、有序和无可挑剔的家务管理，李对所有这些都温和而坚定地提出了批评。[15]例如，当塔尔科特的姐夫霍勒斯·黑尔去世时，玛丽正好住在阿灵顿，在门罗堡的朋友和邻居深感悲伤之际，她没能帮上忙，这显然让她丈夫很失望。"我很遗憾，"他在写给她的信中说，"就在黑尔夫人需要你的帮助和安慰时，你碰巧不在她身边。"这听起来像是不留情面的责备，且还是出自深爱着自己妻子的李之口，或许这表明李在潜意识中开始对玛丽长期离开城堡、在有父母陪伴的阿灵顿停留过多时间而感到不满。他们之间似乎没有任何摩擦——他写给她的信饱含深情，只是偶有不满，有时他还不得不代表她向别人道歉："告诉女士们，她们很清楚，李太太在家务事上有时沉溺于懒惰和健忘。但是她们可以肯定她已经尽力了。或者用她母亲的话来说，她是'心有余而力不足'[16]。"这绝对是一个充满爱心和宽容的丈夫的语气，这个丈夫又不可能对配偶的缺点视而不见，便在亲朋好友面前毫不隐讳，直言相告。不过，他的字里行间也透着一股居高临下的意味，这不禁让人怀疑，李或许是个十分善解人意的丈夫，但真正与他日夜厮守时未必容易相处；完美主义者大都如此。

同样清楚的是，玛丽从小就在阿灵顿公馆里享受着众星捧月的待遇，她自然期待被人呵护和照顾，而李也在尽力这样做，无奈他掌握的资源有限，可自由支配的时间也更少——他毕竟是一个军务繁忙、雄心勃勃的年轻工程师，而卡斯蒂斯夫妇一直赋闲在家，随时可以满足她的任何需求和要求，更不用说还有众多无所事事、专门伺候她的仆人。罗伯特和玛丽·李都不可能预见到在未来的岁月中，他们会因为军务需要而长期两地分居——这样倒可能更好，也没有料到他们的关系竟会如此演变，她成了丈夫的红颜知己和咨询顾问，而且还能十分有力地表达出自己的意见。他在信中描述自己的政治观点和职业生涯时，会对她直抒胸臆、毫无隐瞒，她也报以同样的坦诚和充满智慧的建议。他从不向她隐瞒他有结交女性朋友的需要，或者他喜欢美女——他在家庭环境中总是很开心，即使不在自己家也没关系，而且特别喜欢与女性闲聊，听她们讲述自己的生活、感情和孩子们。当然在交谈过程中，他的语气总是很亲切，而不是热情洋溢，就像是一个慈眉善目、心满意足的老人，闲坐在女眷们中间，喝着茶，偶尔也不吝赞美几句，或者是调笑一下，直到令对方羞红了脸为止。他并没有刻意向玛丽隐瞒这些做法，她似乎也不介意。佛罗里达州（Florida）塞米诺尔战争（Seminole War）爆发后，许多炮兵军官奉命别妻离子奔赴南方参战，在此期间，玛丽也正好不在门罗堡 [17]，李因此尽情"向他们表达感同身受的同情心，因为此时此刻，他的太太和孩子远在阿灵顿"。

当她带着"小主子卡斯蒂斯"（李如此戏称自己年幼的儿子）回来时，他们一家在这座要塞中的住宿条件得到了改善。此前塔尔科特上尉与哈丽特·伦道夫·哈克利（Harriet Randolph Hackley）结了婚，后者以"美丽的塔尔科特"的称号而尽人皆知，他寡居的姐姐带着她的孩子们已经搬到了别处。李氏夫妇便顺理成章地搬离狭小局促的两个小房间，住进了楼上更宽敞的房间，也获得了更多的隐私。然而，由于哈丽特·塔尔科特很快就怀孕了，玛丽·李也带着一个小孩，所以工程兵军官们的宿舍区里肯定有了浓浓的家庭生活氛围，就连罗伯特·E.李都感到心满意足。那时，李拥有从他母亲那里继承来的 4 个奴隶 [18]，再加上玛丽从阿灵顿带来的 1 个奴隶，他们平时并不缺帮手。尽管如此，李还是不太满意，他说过他们是用数量代替质量，但也没提出更好的解决办法，只是说玛丽或许应考虑雇用一个训练有素的人。当然，且不说是否道德，单从实用角度看，这也正是奴隶制固有的问题——奴隶们缺乏提高自身技能的动力，而主人则一辈子也离不开他们，除非把他们卖掉或者租给别人。

哈丽特·塔尔科特将在李的生活中扮演着重要的——也许是特别重要的——角色。即使像埃默里·M.托马斯（Emory M. Thomas）这样忠实的传记作者也把他们的关系称为"一段绵长的模拟婚外恋"[19]，不过，哈丽特是否怀有同样的幻想就不得而知了。李当然没有试图掩饰自己对她的青睐——当塔尔科特夫妇外出时，他甚至在写给她丈夫的信中附上一张等同于情书的便条，而在门罗堡日常的军营生活中，玛丽不可能看不出李倾心哈丽特的表现，或者至少他扮出一副为伊消得人憔悴的多情郎的形象。从玛丽·卡斯蒂斯的画像[20]来看，她双唇偏薄，相貌平平。相形之下，哈丽特·塔尔科特的画像则展现出一种摄魂夺魄之美：恣意裸露的肩膀，酷似克拉拉·鲍（Clara Bow，1905年7月29日至1965年9月27日）①特有的饱满、红润并噘起的迷人双唇，修长优美的脖子，一头漂亮的金发。她看起来既机智又聪明。

毫无疑问，所有这一切都是纯真无邪的——没有迹象表明李曾背着玛丽，与哈丽特或别的女人暗通款曲——但在李的天性中的确存在怪异的一面，他需要扮演异想天开的情人角色，而他钟情的对象不只是哈丽特，还有别的女人。哈丽特生下她的第一个孩子——一个女儿后[21]，李给她写了一封热情洋溢的信，硬要给他的儿子"小主卡斯蒂斯·李"和她女儿订下娃娃亲，甚至委婉地暗示他是她女儿的父亲，并提到了他和哈丽特之间有过一次"风流韵事"——这纯属他单方面凭空想象出来的。这些都没有改变他对玛丽的爱，事实上，他还经常给她写信谈论这些幻想，好像她会分享他与其他女人调情的快乐。他写信给正在阿灵顿公馆的玛丽，说到他曾护送"G小姐"回

---

① 美国好莱坞女星、性感偶像。1921年获选美冠军后步入影坛。因电影《它》（*It*）的卖座而被称为"它女郎"（It girl）。

家，并补充道："我昂首阔步地往前走[22]……我难以想象你会为我的幸福而感受到怎样的欣喜。"他给萨凡纳的老朋友麦凯写信说，漂亮的女孩让他的心"向她们敞开，就像朝向太阳开放的花朵"，还说"至于这个国家的夏娃的女儿们[23]——她们纯然是大自然诗意的产物，会让你的嘴唇湿润、手指刺痛。她们开始聚集起来，将柔美的肢体浸没于咸水之中"，此处指当时美国掀起的海水浴强身健体热潮，具体做法是全身穿戴整齐跳进海里。李浪漫、抒情的一面已经完全形成并且十分强大，显然无法从婚姻中获得满足，并且一辈子都不会改变。与其说他就是一个叶公好龙式的放荡者，这种说法或有些许真实的成分——他毕竟有一个生活在 18 世纪充满活力的放荡父亲，还有一个无可救药的深陷性丑闻的同父异母的兄弟——不如说他一生都需要年轻女性的钦佩和少女般的喋喋不休，当他置身于年轻女性之中时，他通常的矜持便烟消云散，像是变了一个人。玛丽的表现值得敬佩，她似乎明白他的所作所为不会给他们的婚姻带来不良影响。他的男性朋友和同时代的人，如麦凯和塔尔科特似乎也理解这一点——毕竟塔尔科特是李的上级和密友，也是哈丽特的丈夫——但李的这一面肯定会让那些在内战中受他指挥作战的人感到不可思议。

74

由于塔尔科特经常要履行"其他职责"而缺席[24]，在门罗堡对抗炮兵、捍卫工程兵立场的重任就落在了罗伯特身上。双方的争斗（没有别的词可以形容）源于尤斯蒂斯上校的信念，即他不需要两名年轻的工程师来告诉他如何建造一座原本就设计成安置炮兵的堡垒。这属于典型的军中"地盘之战"，具体来说，这是一场为大炮选址并构筑工事的"拓荒者"与操控大炮的"炮手"之间的战争，自 15 世纪以来一直未曾停息。

李努力完成门罗堡的壕沟外崖和城墙的细部工程，但他的主要任务仍然是尽量以最低价采购一船又一船的石块，并将其倾倒在汉普顿锚地水域，为建造卡尔洪堡奠定坚实的基础。由于水底松软，每次新抛入的石头只是把已有的石堆推向更深处，从水面上看不出这项工作有任何成效，毫无疑问，这让炮兵们开始质疑计划中的堡垒还能否被建造起来，李也不由得担心说不定自己的余生都会耗费在这个吃力不讨好的任务上。对他来说，唯一的好消息是，1832年7月他摘掉了名义晋升少尉的帽子，被正式提拔到了与正常军官相同的级别——一名得到正式授衔的陆军军官，不再是临时及代理军官。

在1833年和1834年的大部分时间里，李一直孤身奋战，竭尽全力对抗炮兵，以维护工程兵们完成门罗堡和里普拉普斯工程建设的权利。他不仅在现场与他们面对面斗，还会去华盛顿的战争部交涉此事，那里阴谋的层次更深厚，一不留神就可能早早断送他的前程，甚至会连累塔尔科特。从李的角度来看，塔尔科特被调到哈德逊河，以及他本人被迫搬到里普拉普斯的临时住所，意味着他的事业降到了最低点，炮兵占了上风。但是后来这个命令被撤销了；炮兵学校被解散，其军官也都各自回到原单位；李被证明是正确的。他不得不在里普拉普斯过了一段与世隔绝的生活，既享受不到热热闹闹的大家庭生活，也没有机会欣赏门罗堡的女士们，这段时间他肯定很不开心，但是他仍然做着工作，买来石头并抛入水里。他负责构筑的伍尔堡在第二次世界大战结束之前一直在服役，这足以证明他的工作十分出色。二战结束后，伍尔堡退役，并被改造成了旅游景点。李在极端困难的条件下仍旧忠于职守的突出表现受到工程兵团司令官格拉蒂奥将军的高度赞赏，因此，1834年11月，他奉命前往华盛顿担任格拉蒂奥将军的助理。这一调动还有个额外的好处，那就是李可以和玛丽一起住在阿灵顿公馆，每天骑马上下班，这看起来像是彻底的胜利。

　　从专业角度来看，李没有虚度1832~1834年的时光。在此期间，李学到了不少涉及陆军内部运行方式的知识，同时在炮战战术和防御工事方面打下了坚实的基础。拿破仑本人就是一名接受过专门训练的炮手，他相信"上帝会与拥有一流炮兵的那一方并肩战斗"。当他在1796年接手意大利陆军[25]指挥权时，意大利军队仅拥有60门大炮，但16年后在俄国进行的博罗季诺战役（Battle of Borodino）中，法国和俄国陆军拥有的大炮数量超过了1250门，在长达两英里的前线阵地上，每小时发射的炮弹数量超过1.5万枚。

　　在路易十四时代，天才的沃邦（Vauban）一度平息了工程兵与炮兵之间孰重孰轻的争端，结局是前者占了上风。沃邦主持建造的庞大防御系统——成本与凡尔赛宫不相上下，相当于17世纪的马其诺防线——有效保护了法国，但拿破仑天生就热衷于主动进攻，而不是防守，并为他的军队配备了更轻、机动性更强的大炮，以便尽可能快地集中大量炮火攻击敌人的薄弱环节。1814年反法联盟军队入侵法国时，对防御工事的漠视让他付出了高昂的代价，但在他统治整个欧洲的漫长时期，他手下军队的快速反应能力，他本人发现决定性战机的天赋和指挥法国大炮发挥惊人战斗力的娴熟技能，使他几乎打遍欧洲大陆无敌手，直到他犯下致命错误，把具有漫长纵深的俄国列入他的敌国名单。

　　像拿破仑一样，李将军总是寻求快速行动，出其不意地打击敌人，并集中炮火猛攻——李将军在利用炮火实现最大效力方面达到了炉火纯青的地步，堪称前无古人后无来者——但与拿破仑不同，李将军能在必要时构筑令人生畏的防御阵地。门罗堡的经历使他学到了很多关于防御工事的设计和建造的知识，他在 1862 年初充分利用了这些知识，顶住了部下普遍的不满和南方媒体的抨击，执意让他的手下挖掘了构成里士满防御工事的设计精密的堑壕系统；1864 年和 1865 年，他在弗吉尼亚州的彼得斯堡（Petersburg）周围构筑的复杂而巧妙的临时防御线，促使联盟国又延续了将近一年。

人们通常并不认为李将军擅长军中政治，但值得注意的是，他成功地摆脱了加固里普拉普斯人工岛这个费力不讨好的任务，就像当年他从科克斯珀岛完美脱身一样。第一次脱身让他更接近阿灵顿庄园和玛丽，而第二次脱身则使他有可能搬进阿灵顿公馆，并在华盛顿给自己谋了一份工程兵团指挥官助手的职位。即便是军中政治的好手，也未必能做到比这更好！他起初想在华盛顿租一栋房子，但当年的华盛顿街道泥泞、污水横流，公共建筑尚未完工，根本无法与当今的怡人市容相提并论，而且我们可以肯定玛丽·李率先向他表明了住在阿灵顿公馆的诸多好处，这里坐拥 1000 多英亩土地、人丁兴旺——他们共养育了 7 个孩子，全都出生在阿灵顿并在此长大成人，因此，随着时间的推移，这里成了罗伯特·E. 李心目中真正意义上的唯一的家。它的重要性不仅仅体现在它与乔治·华盛顿之间存在的诸多联系，还在于无论军队把他送到哪里，它都稳稳地成了他家庭和生活的中心。对于出生于斯特拉特福庄园壮观的府第，但成长于亚历山德里亚拥挤的小房子里，并从那里直接去了西点军校的李来说，只有阿灵顿庄园给了他家的感觉。每天晚上回到家，眼前庄严的希腊复兴门廊和 6 根闪亮的白色圆柱，一定让背靠李家和卡特家两大家族的李心满意足，因为虽然这两大家族在弗吉尼亚拥有众多名屋大宅，但没有一座能与阿灵顿公馆相媲美——事实上，除了华盛顿自己的弗农山庄

（Mount Vernon）和杰斐逊的蒙蒂塞洛庄园（Monticello），弗吉尼亚再无其他府第能比阿灵顿 * 更壮观或具有更深远的历史意义。阿灵顿公馆早就成了旅游景点——这家人中流传着一则笑话，说是常有四轮马车载着一拨一拨的游客来到此地，他们下车后会看到卡斯蒂斯先生敞着衣领，衣冠不整地站在庄园门口；游客以为他是这里的看门人，给他一美元，权当带他们参观这座公馆的小费。

　　李或许觉得在阿灵顿与白宫附近的战争部之间骑马通勤的时间过长，而且要是赶上恶劣天气的话，人和马都会很累，也很辛苦，但他这些苦不是白吃的，李以前做过的决定从来没让玛丽这么开心过，她终于又可以住在父母家里，身边簇拥着从她出生起就照顾她的仆人。李做事一贯注重细节，他在华盛顿物色到了一个名叫施奈德的铁匠，他的店正好在去陆军部的路上，位于"第 12 街和 G 街交会的拐角处"。他向施奈德详细交代了给马钉什么样的马掌，然后把马留在了那里。他下班回来检查新钉的马掌后，不禁大赞："你是我遇到的第一个能严格按照我的要求钉马掌的人。"从此以后，施奈德先生就包揽了给阿灵顿庄园里所有马匹钉掌的活，并一直持续到南北战争爆发，甚至在李于 1861 年加入联盟国之后，他仍然设法给施奈德先生寄去了他欠的 2 美元。[26]

　　刚开始李在战争部的工作比较轻松，他很快就喜欢上了工程兵团司令官格拉蒂奥将军。此人出生于路易斯安那州，是1812 年战争中的战斗英雄（俄亥俄州、威斯康星州和密歇根州

78

---

*　1861 年 5 月，在李将军接受南方联盟军队的任命后，北方联邦军队占领了阿灵顿，并砍倒了他非常喜欢的树木，这并非巧合。1864 年，阿灵顿庄园被选为新国家公墓的所在地，其中的李公馆至今仍是标志性建筑。联邦士兵的坟墓被挖得尽可能贴近公馆，以此确保李不再住回来，28 名联邦士兵的尸体被埋在玛丽·李深爱的玫瑰园里。

中有不少于 3 个城市以他的名字命名），很关心手下的军官及其负责的各种项目。尽管李很敬佩格拉蒂奥，但他并不喜欢办公室里枯燥乏味的日常工作，并对自我价值和自己在工程兵团的未来充满疑虑。他几乎看不到任何晋升的希望，少尉的工资和津贴又低得可怜，他对从国会争取拨款的艰难程度有切身体会，哪怕是用于必不可少且利在千秋的项目的小额款项，也要费尽九牛二虎之力，这足以让李终生对政治和政治家没有任何好感。由于格拉蒂奥经常去各地视察工兵团承建的项目，李成了将军办公室事实上的主管，协助他工作的那个办事员也很可靠，是他从门罗堡带过来的。即使想从政府拿到最低限度的拨款也要应付大量的信件、文书和繁文缛节，这令他烦不胜烦。当格拉蒂奥派他去协助他的老朋友塔尔科特解决一场边界争端时，他一定感到了一种解脱，此时，也就是 1835 年春天，俄亥俄州和密歇根（领地）之间的边界争端迅速升级，变成了双方民团之间的武装对抗。

这场争端的起因可以追溯到 1787 年，涉及面积接近 500 平方英里、宽度为 5~8 英里的狭长地带。在精确绘制出该地区地图，准确地说是在除了零星捕猎者以外尚无任何白人踏足此地之前，国会就已经确定了穿过密歇根下半岛的原始边界线[27]，因此后来在此展开的精确勘测与当地的情况似乎并无太大关联。以争议地区的重镇闻名的"托莱多战争"只是对空开了几枪就结束了，并未产生多严重的后果（但不管怎么说，放空枪之举升级成了"菲利普斯角之战"），密歇根的一名警长被一个小男孩用小刀刺伤，但 1835 年 5~10 月，塔尔科特和李一直在该地区设法进行精确测量，他们穿行于森林之中、行船于湖泊之上，除了不堪漫天遍野的蚊子袭扰以及见过几条蛇以外，从未受到任何人身威胁。李曾感慨说，不知这片荒野中是否真的有人居住，反正他从来没有遇到过任何人。虽说他一度在安大略省的皮利岛（Pelee Island）上岸——它位于伊利湖的中心，大致上与克利夫兰隔湖相望，但他除了在破旧不堪、废弃的灯塔里见过一条蛇以外，连个人影都没看到。显然，无论是这里的自然风景还是五大湖本身都没有给他留下太多印象。

李对该地区评价不高的原因，一方面可能跟勘察持续的时间有关，原定一个月即可完成，结果一拖再拖，最终耗费了 5 个月，另一方面当时玛丽已怀孕并在 7 月他不在家的时候生下了他们的第二个孩子——一个女儿。孩子很健康，但玛丽分娩的过程并不顺利，她在产后恢复期间病倒了，从此以后，她接二连三染上不同的疾病，导致终身病痛缠身。她显然曾写信给李，要求他回家，李在 8 月下旬发自底特律的回信证实了这一点，他的语气很严厉："可你为何要敦促我立即回家 [28]，并如此决绝地要我仅仅考虑个人感情而不顾其他，设法逃避我的职责？"从这封信的严厉语气 [29] 来看，当时玛丽可能并没有如实说明自己的病有多严重，因为当他 10 月初回到家，看到她的身体状况时显得异常惊骇，他认为这是她生完孩子"过快过量活动"造成的，但他忽略了一点，她如此严重的症状似乎不太可能是单纯由活动过量引起的，恐怕还有"某种盆腔感染"在作祟。在无知无畏的传统医学仍占主流的时代 [30]，医生们切开她的血管实施放血疗法，同时还给她拔火罐，具体做法是在小玻璃杯内点火排出其中的空气，使之吸附于人的体表。这种疗法会给人带来极大的痛苦，但未给她带来任何改善。最终，"她腹股沟上长出的两个［大］脓肿 [31] 都破了"（实际上，第二个脓肿是由实施放血和拔罐疗法的同一个外科医生切开的），这似乎使玛丽的病情有所缓解，但她身体仍很虚弱，继续卧床调养了一段时间。在此期间，孩子们患上了"百日咳"，随后他们的母亲得了流行性腮腺炎。玛丽后来又生了 5 个健康的孩子，但从此以后，她丈夫最关心的就是她的身体健康，只是

80

他也做不了太多，唯一能做的就是不时在弗吉尼亚众多温暖的"矿物泉"中选一个带她过去疗养。19世纪，人们认为温泉有助于人的身体康复，这项活动似乎确实让她受益匪浅，泡温泉改善了她的身体状况，随之而来的社交也丰富了她的精神生活，正因为如此，泡温泉成了李家日常生活的一部分。频繁怀孕在当时来看纯属正常现象（维多利亚女王以身作则，为英语世界设定了生养9个孩子的标准），但她确实也付出了健康的代价，而且她的类风湿性关节炎日渐恶化，导致她行走困难。

在整个1836年，玛丽的病痛和枯燥的工作折腾得李疲惫不堪。这位风流倜傥的西点军校毕业生已经成了一名超负荷工作的军事官僚，以及时刻担心妻儿健康的丈夫和父亲。"我从未见过一个人会有如此大的变化，如此忧心忡忡"[32]，他的一个亲戚感慨说。李曾认真考虑过辞去军职，并当着他朋友塔尔科特的面抱怨自己有"拖延症"且运气不好。他并没有因为从少尉晋升为中尉而喜出望外，对于一个已经在军队服役了将近7年的军官来说，这称不上多大的进步。塔尔科特本人已经从军队辞职，谋取了一份土木工程师的差事，到目前为止干得还不错。但是没人主动找到李试图劝说他进入如今我们所说的私营部门，而他本人似乎也无法迈出第一步——毕竟，从1825年起军队就成了他生命中的重要部分，他从未考虑改行去做别的事。玛丽的健康状况渐渐（但只是暂时）有所好转，再加上阿灵顿庄园秀美的风光，都让李的心情好了一些，他竟然兴致勃勃地向塔尔科特描述他热爱的弗吉尼亚的田园风光，"眼下的乡间景色漂亮极了"，他在1836年5月诗兴大发，"阿灵顿的小山上满是青葱的草木，树上、花园里鲜花怒放，金银花、素馨花处处可见，空气中弥漫着醉人的芬芳"[33]。这种表现就像李轻浮的一面一样，与传说中威严的"大理石人"或后来成长为严厉指挥官的特征截然不同，他那张严肃、阴郁、长胡子的脸装点了数不清的雕像和绘画。他依旧在写给朋友塔尔科特的信中夹带致"塔尔科特，我的美人"的轻佻私语，形容她为"长着蓝眼睛的惊世神作"，并推测她会生育多少个孩子，探讨是否可以指腹为婚，等他们长大成人后就与他的孩子结婚。

　　罗伯特·E.李是一个富有爱心的父亲，他每天晚上都会跑回家看望孩子们；1837年5月，玛丽又生了一个儿子，这让他欣喜若狂。毫无疑问，李的工作单调乏味，既缺乏激情也没有挑战，而丰富多彩的家庭生活给了他极大的慰藉。在阿灵顿的家里跟孩子们在一起时，他总是无比快乐；然而，就在离他的二儿子出生还有两个月的时候，格拉蒂奥将军经不住他的软磨硬泡，终于同意派他去实施一项极具挑战性的重大工程。虽然这意味着他将离开阿灵顿一段时间，不知何时才能回来，也不确定玛丽和孩子们能不能和他一起去，但他还是毫不犹豫地接受了这项任命。

　　李的传记作者把这归因于他忠于职守，当然，对李来说，职责始终是一个需要考虑的因素，但也很有可能仅仅因为他只是按捺不住内心的躁动，要冲出工程兵团总司令办公室的牢笼，投身于广阔天地之中大展宏图，独自承担起比他作为塔尔科特的助手在俄亥俄州—密歇根边界勘测中所担负的更大责任。尽管在李去世144年后，人们早已不动声色地从他的性格中抹掉了野心的成分（以及他身上的其他缺点）——确实，即使在他活着的时候，很多人就已经认为他几乎是毫无私心杂念——但事实是，无论在当时还是后来，对于个人成就的追求始终在激励着他，只不过他总是选择向别人，或许是向自己，表明他只是在尽职尽责，而且还很谦虚地表明虽然他被选择担此重任，但他未必是做这份工作的最佳人选。他一生中会不断对人这么说，无论调任什么样的岗位，他都会说真希望比他更有能力的人入选。这次也不例外，他得到了梦寐以求的工作，但在写信给萨凡纳的老朋友杰克·麦凯时，仍然不忘自我贬低一番："他们想要一个熟练的工程师 [34]……于是就派了我。"

82 　　事实是，到目前为止，他是这项工作的最佳人选，而且他深知这一点，这是一项极具挑战性的工作。这不仅仅是勘测，而且是一项巨大而紧迫的任务：驯服密西西比河。

　　这条被印第安人称为"众水之父"的大河是当时美国最重要的贸易和通信通道，西北地区的谷物和密西西比河上游的棉花都必须借助这条水路运往繁忙的新奥尔良港。不仅如此，无论是在当时还是现在，密西西比河都恣意流淌——它不仅是一条河，还是一股巨大的自然力量，而且并不总是对人类友好。有时洪水泛滥，淹没数百平方英里；一些时候，它的水位下降，有些河段会积起淤泥，使汽船无法航行；还有一些时候，河水会改道，冲出一条全新的河道，导致人们依原有河道而建的定居点陷入困境。对印第安人来说，他们只是在这里打鱼，乘独木舟旅行，上述问题都无关紧要；他们接受了这条河的不可预测性及其蕴含的力量，因此并没有在沿岸建造永久定居点。但是对于 19 世纪上半叶的美国人来说，随着社会繁荣，贸易、商业以及城市和港口的不断发展，似乎有必要对这条河加以整治——为此，工程兵团在过去的 200 年里一直在做不懈的努力，但成效有限，而且对我们如今所说的环境并不总是带来好的影响。工程兵团和密西西比河之间的战斗充其量可以说是打成了平局。航运的便利性肯定是实现了；防洪堤已经构筑完毕；桥梁、水坝和水闸也得以修建起来——但是河水肆虐的大规模破坏力仍不减当年，新奥尔良遭到卡特里娜飓风袭击时的情形就证明了这一点。

　　需要李正视的当务之急是密西西比河正在自行改变流向，新开辟的河道会使密苏里州圣路易斯的"河运商业"遭到灭顶之灾。[35] 并非巧合的是，格拉蒂奥将军本人就来自圣路易斯，他家就在岸边，可以俯瞰这条河。他耳濡目染人们的惶恐和不满，并且深有同感，当面陈情的市民中不仅有他的亲友，还有该市在国会中的议员，他们掌握着工程兵团的预算。自 1764 年以来，正是靠着这条河，圣路易斯市（以及格拉蒂奥家族）才取得了商业和贸易上的繁荣，如今河流改道的风险可能终结这一切，这是令人无法接受的。它是西部的"交通枢纽"（用现代的说法），也是加利福尼亚—俄勒冈小道的起点——在任一时刻都会有多达 150 艘汽船停泊在密西西比河的堤坝上。

李的职责包括拯救圣路易斯的港口和滨水区，这是他的首要任务，此外，他还要设法清除由顺流而下的树干和树枝形成的众多水上障碍，它们严重危及河运安全，甚至还要在密苏里州—艾奥瓦州边界附近的密西西比河急流中"修建一个船舶下水台"，这使他的工作覆盖的河段长度接近 200 英里。[36] 这是一项包含多重工程项目的重任，对任何人的能力都构成严峻的考验，更不用说他还要绞尽脑汁与圣路易斯市的显赫市民们周旋，鼓足勇气抵抗政治上的各种威胁和干扰，并且在工程预算支出上锱铢必较，确保每一分钱的去向都能追根溯源。格拉蒂奥最终选定李中尉而不是级别更高的军官是绝对正确的——李完全具备承担这项重任所需的技能、自信和远见；尽管他的级别不高，但他的尊贵和威严使他天生就具备权威人物的气势，能迅速赢得他人的敬重，哪怕是与他见解截然相反的人。

初到圣路易斯时，李对这个城市并无太多好感，说它是"我到过的物价最高且环境最糟糕的地方"[37]，不过后来他对该市的评价稍微好了一些。在经过费城、纽约和匹兹堡前往圣路易斯的长途跋涉[38] 中，他的助手兼伙伴蒙哥马利·C.梅格斯少尉（Lieutenant Montgomery C. Meigs）一路同行。梅格斯是佐治亚州人，也是西点军校多才多艺的毕业生，他后来在内战中成了联邦军队的军需总管，他还负责建造了华盛顿哥伦比亚特区的美国国会大厦上的圆顶。李和梅格斯乘汽船沿俄亥俄河顺流而下，去查验搬运石头的"机器船"和拖它的小汽艇，途中在路易斯维尔稍作停留。这些是由亨利·什里夫（Henry Shreve）船长替他们搜罗来的。亨利·什里夫船长发明了蒸汽轮船，多年以来一直在密苏里河、红河和密西西比河流域从事清障工作，显然是另一名深陷于看似没完没了、吃力不讨好的工作（路易斯安那州的什里夫波特以他的名字命名，这或可令他聊以自慰）中不能自拔的工程师。完事后他们继续赶往圣路易斯市。*

李和梅格斯不得不在仲夏酷暑中耐着性子等待他们的小船队赶到圣路易斯。"他们简直是我见过的最言而无信的人"，李对船夫们表现出极度不满，从用词可知，他已到了忍耐的极限。无论在当时还是后来，不作为和不守时都是李深恶痛绝的；他一向喜欢动作麻利、行动爽快，这也是他在实战中采取的重要做法。事已至此，李只好找些别的事打发时间，平复一下焦躁的心情：拜访格拉蒂奥将军的家人和朋友，给玛丽写长信，建议她在他不在的时候如何抚养孩子。"你提到孩子们的状况有所改善，"他在写给她的回信中说，"这对我来说是莫大的安慰；而且正如我料想的那样，此时此刻，你们恐怕都已回到了阿灵顿，如此一来你就能把他们置于适当的管束之下……我们亲爱的小男孩［卡斯蒂斯］似乎在他的小朋友们中有着不服管教的名声——这种特性除了表明任性和顽固之外，并无可取之处。"[39] 像天下父母一样，他试图向他的孩子，尤其是男孩子

---

* 尽管他们在内战中各为其主（梅格斯的儿子约翰在内战中阵亡），但梅格斯一直是李的仰慕者，并曾写道："他是战士的榜样，是基督徒的理想化身。"尽管如此，梅格斯后来与他人一道，极力促请联邦政府接管阿灵顿庄园并将其辟为安葬联邦士兵的公墓。

们，灌输他自己不具备的美德。李明显缺乏偏向自私的"任性"气质，但是，无论他对长子"顽冥不化"的秉性如何反感，它无疑是其性格中的一个重要组成部分。依照李的本性，只要他着手做一件事，他就会不顾一切地坚持到底，不管他人如何劝解和警告，也不管它看起来实现的难度有多大。李将军作为战地指挥官的标志性特征，就是他在某些情况下，当几乎所有的人都谨慎行事或选择退出时，他不为所动、一意孤行。1837年，当他的小船队终于到达圣路易斯后，他便开始让强大的密西西比河见识到他同样的固执和意志力。

　　在无可奈何地等待了两个多星期之后，李渴盼的船队终于到了。李当即率领这些因熟知密西西比河的航行问题而被招募的"河工"沿350英里的航段逆流而上。根据实地勘察的结果来看，他的当务之急是解决严重阻碍密西西比河航行的两处河中岩石导致的湍流区：一处是（从南到北的）得梅因急流（Des Moines Rapids），得梅因河就在此处汇入密西西比河，所在位置靠近当今艾奥瓦州的基奥卡克（Keokuk）；另一处则是岩岛急流（Rock Island Rapids），"那里的河道很浅，河床全是岩石"，位置靠近今天伊利诺伊州的莫林（Moline）。[40]这两处急流险滩导致航行险象环生，常常要付出惨重代价。当河水高涨[41]且流速加快时，蒸汽轮船很可能会被冲到两个急流的岩石上；而当河流水位较低时，他们不得不在得梅因停下来，将货物卸入内河平底货船，基本上是吃水较浅的大型驳船，由岸上的马牵引，然后再装上停泊在急流区下方的其他蒸汽船——这一问题虽令得梅因意外受益，但降低了水运速度，提高了运输成本。这些问题的严重性显而易见，因为在当时，美国中西部地区还没有像样的公路或铁路，大宗货物要么通过河流运到别处，要么留在原地不动。

　　没想到，此行令罗伯特·E.李亲身体验到了在密西西比河上航行的危险，当时李乘坐的蒸汽船在得梅因急流处搁浅，并且由于河水水位太低而无法脱离险境。他原本计划先勘察上游急流 [42]，但他一向能随机应变，既来之则安之，把搁浅的船当成指挥部，并组织人手详细勘察下游急流区，然后徒步涉水前往他所说的具有讽刺意味的"得梅因市"，但他们过夜的客栈不过是住着"业主和全体居民"的一个小木屋。李和梅格斯就直接睡在用半成品木料铺成的地板上。接下来他们继续前往岩岛附近的上游急流处，在那里他们住在一艘破旧不堪、废弃已久的蒸汽船甲板上的船舱里，这艘船撞到了岩石上，船体有个破洞，发动机已被取走了——这就是李设法避免的那种船舶失事的一个完美实例。

此前对付急流区的计划是挖掘一条与急流区平行的运河，绕过急流，再配套修建水闸，工程耗费巨大，但李在上游急流勘查之后得出的结论与主流看法相反，他认为安全通航的问题很好解决，只要在两个急流区中间打开一条通道就行了，这个例子很好地说明了他更喜欢运用简单的常识直截了当地解决问题，他后来当上将军依然如此。然后，他和梅格斯顺流而下，回到他们自己的蒸汽船搁浅的地方，发现河水已然涨起，足以脱困，这让他们松了一口气。在得梅因一带活跃着一些奇珀瓦印第安人（Chippewa Indians），划着桦树皮包面的独木舟，住在圆锥帐篷里。李在这里看到过该部族举行的盛大集会，人人"盛装出场……身披猩红色毯子和水牛皮制的袍子，脸上涂着颜色"。[43] 此情此景并没有让当时的李有什么特别的感觉，不像其他去往西部的游客，见到印第安人会大惊小怪，禁不住感叹一番。李对印第安人的态度后来依然如此，多年后，他在写给他的朋友约瑟夫·约翰斯顿的一封信中，以愉快且无丝毫同情的语气说，苏族的一个突击队"袭击"了这些奇珀瓦人，割去了"131张头皮"，他们的首领正在谋划"加倍报复"。

李自然带着时代的局限性，他对地处边疆的印第安部落没有任何感情，只是将其看作风景如画、偶尔危险的麻烦，而不是一种境遇悲惨或感情丰富的族群，注定要被逼近的进步、白人的定居和对他们文化的普遍蔑视所毁灭。在人们心目中，他不过是一位留着灰白胡子的老将军，端坐在马背上，昂首挺胸凝视着远方，这个形象太深入人心了，人们很容易就忘记了李精通那个时代最先进的技术；尽管在许多方面都很守旧，但他是一个坚定的进步主义信徒，绝不允许密西西比河或印第安人恣意妄为。

10月11日，他回到圣路易斯，租下了位于密西西比河堤坝上的一座仓库的二楼，作为他的招工办公室。从他聘用亨利·凯泽（Henry Kayser）之举可以清楚地看出，他具备知人善任、慧眼识珠的天赋。亨利·凯泽是一名26岁的德裔美国人，曾分别在韦茨拉尔（Wetzlar）和达姆施塔特（Darmstadt）大学攻读建筑学和高等数学，是一名天才测量员和绘图师。凯泽和李很快便对彼此心生敬意，随之又发展成相互信任和深厚友谊。在凯泽的帮助下，李根据他的勘察结果很快就绘制出了密西西比河上游和下游急流的地图，这些地图不仅准确无误，而且堪称精美的艺术品。紧接着他还制订了疏通这两个航行危险区的详细计划，并绘制了一幅密西西比河流经圣路易斯市精美的示意图。

凯泽以一介平民的身份，承担了相当于李的副手和参谋长的职责，而当李离开圣路易斯市时，他们之间的通信表现出的李对各项工作细节的把控程度令人叹服，从地桩和石材的价格，到如何建造浮动引擎以移除岩石等极细微处。现代传记作者有时会把李当成无所事事或者（如其中一个人所说的）"无精打采"之人，只有在奉召参加美墨战争和内战时他的精神才为之一振，但这绝对是对李性格的误判——他每时每刻都是处于"运动中的一个人"：专心致志地从事手头的工作，无论是作为土木工程师、大学校长还是跃马扬鞭的将军；尽管慢如蜗牛的晋升速度和低得可怜的陆军薪资常常令他灰心丧气，并使他对自己的职业选择产生疑问，但他会以同等的精力、想象力、注重细节的能力和必胜的决心对待每件事，如同对待战争一样。

对圣路易斯正迅速蜕变为内陆城市这一严峻问题，李提出的解决方案[44]构思巧妙，规模宏大，并取得了空前的成功，以至于一位密苏里人后来写道："李掌控了密西西比河；他让河水重归故道，继续滋养圣路易斯。"此外，他还指出，正如马克·吐温在1870年所做的那样，除了工程规模浩大令人叹为观止以外，李的成功还带来了额外的巨大收益，使这一广袤的处女地具备了发展商业的条件并由此催生了一连串新兴城市："圣路易斯的问题是整个密西西比河流域的问题。圣路易斯港的改善以及航道的畅通绝非单纯的地方之利，因为俄亥俄州、肯塔基州、印第安纳州、伊利诺伊州、田纳西州、密西西比州、路易斯安那州、阿肯色州以及艾奥瓦州和威斯康星州领地都与此结果息息相关，可以说没有它们的发展，西部将仍然是一片广袤的荒野。"

李以他的远见卓识和实现目标的坚定决心改变了美国历史的进程，使曾经只有几个小木屋或一个废弃的印第安人营地的地方开启了大都市的建设进程。1886年，另一位观察家这样写道："由此产生的商业活动满足了数百万人的需求，他们从此把密西西比河上游和北方的红河平原变成了北美的粮仓。像明尼阿波利斯（Minneapolis）和圣保罗（Saint Paul）这样的城市如雨后春笋般涌现，其居民数以十万计。"[45]假如李未曾成为美墨战争的英雄或联盟国军队的主将，他也理应名留青史——更重要的是，得到人们的感谢——正因为他两年时间的努力，密西西比河全程航道终于被打通，数百艘蒸汽船从此得以在整条河上畅通无阻，安全航行。他有着与生俱来的谦逊，并没有因此而居功自傲，或者说试图为自己评功摆好，但他的一些信件明白无误地表明，这使他获得了比在战场上打胜仗更大的成就感。

以往拯救圣路易斯港口的努力无非是雇用大批劳工清理河底，找来牛车把挖出来的河沙淤泥运走，这种方法耗资巨大且徒劳无功——密西西比河携带了太多的泥沙，一旦遇到岩石或树桩阻碍水流，就会迅速沉积并形成浅滩或沙洲，甚至是大岛，然后河水会改变自己的路线来适应它们。在圣路易斯就有两个由此形成的大型岛屿——邓肯岛（Duncan Island）和血腥岛（Bloody Island，后者的名称源于它是一个众所周知的决斗场所），河道由此处转而向东，于是河流的深水区靠近伊利诺伊州一侧的河岸，而密苏里州一侧则变得越来越浅。李研究了这条河的水流，并琢磨出了一个简单的思路，就是利用水流本身的巨大力量冲击淤泥，开辟一条通道，并最终彻底冲走这两座岛屿。

他提议在血腥岛的顶端筑坝，并沿其西侧筑堤，从而将密西西比河的全部冲击力引向西岸，把那里的淤泥带走，并最终冲走这两个岛屿——这是一个简单而非常现代化的解决问题的方法，这比工程兵团的做法高明得多，他们自 19 世纪末至今在与密西西比河的长期较量中，为了控制它的流向，一直在大肆筑堤坝、修水闸并开凿运河。

李详细制订了他想要修建大坝和堤防的具体方案，不仅做到了施工细节无一遗漏，而且准确地计算出了工程成本：整个项目将耗资 158554 美元（相当于今天的 400 万美元左右），一个小小的中尉提出如此巨额款项，足见格拉蒂奥将军和圣路易斯市市长对他的信任程度。令李恼火（但考虑到他对政客们

89

的一贯看法，结果并不令他惊讶）的是，国会从未足额拨付他所要求的款项，但即便如此，有了国会的 5 万美元拨款，再加上圣路易斯市拨付的 1.5 万美元，"他用两年时间实现了河道回归密苏里一侧的目标……冲刷掉沙洲，加深了港口，保证了枯水期河面距河底的沙坝至少有 13.5 英尺深"。截至 1838 年 7 月，"李已经使邓肯岛退至下游相当远的地方"[46]。此外，李还勘测并爆破上下游急流区，开辟出了一条安全航道。所有这些都使李赢得了圣路易斯市市长的盛赞："凭借一流的天赋和丰富的科学知识，李驯服了众水之父。"

李和梅格斯于 1837 年冬天返回了东部：李回到阿灵顿与家人团聚，提交了他的报告，并游说各方拨款；梅格斯则将被调任他处，军队一向如此，一个人刚刚学到足够多的东西并能派上用场的时候就会被调走。在回家的路上，李平生第一次见到了火车——巴尔的摩—俄亥俄州铁路已经通到了马里兰州弗雷德里克市。[47] 于是，李第一次坐上了火车，美中不足的是"火车车厢［仍然］需要用马牵引一段距离"。当然，李对蒸汽机并不陌生，但是在当时的美国，火车还是新鲜事物。

有一件事李已下定决心：等到来年开春重返圣路易斯时，他定要带着玛丽一起去。从她到达那里后写给朋友的信来看，李费尽口舌才说服她离开阿灵顿，来到这个在弗吉尼亚贵族看来野蛮和原始的小镇。即便如此，罗伯特·E. 李夫妇还是把女儿玛丽[48]托付给了她的外祖父母照顾，带着他们的两个儿子卡斯蒂斯和威廉（一直被称为"鲁尼"）出发了，在一个名叫基蒂的奴隶陪同和照顾下，历时近 5 个星期，从华盛顿经巴尔的摩到费城，接着坐火车到了宾夕法尼亚州的哈里斯堡，再乘运河船从哈里斯堡前往匹兹堡；然后沿着俄亥俄河顺流而下，在辛辛那提（Cincinnati）和路易斯维尔（Louisville）稍作停留之后，从开罗（Cairo）登船沿密西西比河逆流而上，最终到达圣路易斯。李夸口说男孩们 49 喜欢这次旅行，这可能是真的，毕竟对小男孩来说，还有什么比乘火车、运河船和轮船旅行更令人兴奋的呢？玛丽大部分时间在打盹儿；但既然他也提到了"人满为患、拥挤和乱作一团"，想必玛丽并不像她的孩子们那么兴奋，打盹可能是她逃离旅途中的喧嚣、回避令人生厌的陌生人的一种方式。在将近 10 年之后，比玛丽的耐受力高出很多的查尔斯·狄更斯（Charles Dickens）第一次访问美国时，就曾抱怨他旅行时遇到的人吃饭时不讲礼数，嚼烟草，吵吵闹闹，随地吐痰，同时还提到在火车和内河轮船上拥挤不堪、缺乏隐私，而且西部的人似乎普遍有个习惯，不管认识不认识，逢人就攀谈起来，表现得就像是久别重逢的老朋友。

在他们婚后的生活中，李像许多其他丈夫一样，一直壮着胆子在信中强调玛丽十分享受他们的旅行，其实明眼人都能看出来，只要有可能的话，她更愿意待在家里，享受阿灵顿庄园里熟悉而舒适的生活。经过一路颠簸，好不容易到了目的地之后，他们发现李本以为已经租给他们的房间没有了，随后又传来装运他们随行家具和家庭用品的汽船爆炸（早期汽船经常发生这种事故，因为美国人对速度和竞争的热情经常让锅炉过热），全部物品被毁坏的消息。可想而知，本来就对圣路易斯毫无好感的玛丽，此时此刻的心情糟糕到了何种程度。他们不得不在条件很差的临时住处凑合了一个月 50，之后，李总算找到了一个可以部分出租的大宅子，它最初是由刘易斯和克拉克探险队中的威廉·克拉克（William Clark）建造的，如今住着陆军军医威廉·博蒙特（William Beaumont）一家人，两家人一起生活，相处得很和睦。

91

用军队的话来说，圣路易斯的工作绝对不像边疆要塞一样，属于艰苦地区的岗位，但即使是对生活条件好坏漠不关心的李，也抱怨这里的酷暑难耐。[51] 更有甚者，夏天刮风时街上尘土飞扬，下雨时路上是齐脚踝深的烂泥，到了冬天又变成冰冻的车辙。玛丽写给父母的信里说自己"要被蚊子活活吃掉了，因为它们每天晚上如同密集的蜂群一样袭击人"。好在她很喜欢有博蒙特一家人做伴，与他们共同生活在这栋大房子里；喜欢和客人们一起欣赏令人惬意的夜景，聆听"医生活泼可爱的 16 岁女儿'塔西'·博蒙特"弹钢琴，看着李在旁边替她翻乐谱；但是在街头出没的毛皮猎人、赌徒和奇装异服的印第安人，无论他们看起来如何具有异国情调和有趣，似乎都无法引起她多大兴趣。尽管圣路易斯也不乏豪宅和上流社会的虚荣做作，但它在当时地处边疆，从各方面看都仍然显得粗糙、潦草。

尽管一家人最终都适应了圣路易斯的生活，但玛丽大部分时间经受着病痛的折磨，或者至少会存在像李所说"突感恶心"或"萎靡不振"的状态。[52] 有人怀疑她这种情况或许与频繁怀孕、思乡之情以及当时医学上普遍的无知和误诊不无关联。人们在读玛丽的书信时，可以从字里行间看出，她似乎已经把密苏里看作被迫离开弗吉尼亚的家乡、短期流放的去处，且当基蒂不在（这种情况极少出现）的时候，她既不情愿也觉得自己没能力照顾孩子们。甚至在阿灵顿的家里，就算有成群结队的仆人，玛丽也常抱怨"身边哭啼打闹的小孩子们"[53] 让她心烦意乱，如今只有一个仆人照看孩子们，想必他们就更难管束了。她甩手不管当时被认为"贤妻良母"理当承担的家务活——至少在仆人们准备饭菜和照顾孩子的时候从旁予以监督和指导，这一直令她丈夫苦恼不已，但他通常会强颜欢笑以掩饰自己的不满。

对李来说，"萎靡不振"是不可能出现的情况，他总是精力旺盛得出人意料。项目资金不足和劳工们工作效率低下，都让他十分不满，但尽管如此，他还是设法爆破穿过得梅因和岩岛急流的河道，并开始修建将河水的主流导向圣路易斯的堤坝。一名观察者评论李的勤奋时说："每天早上日出前后，他都会亲自动手，在烈日下日复一日地工作——经河水反射的阳光形成的热量使周边环境更加酷热难耐。他与劳工们一起干活，领取同样的食物和配给——与他们同桌吃饭……但他从来不会与这些人混得太熟。他在任何情况下都要保持和维护自己的尊贵气质和绅士风度，赢得并确保他手下每个人的尊敬［原文如此］。"[54] 很显然，在这个被晒得黝黑的年轻少尉身上已经显现出那位令人敬畏的将军的影子。

　　1838 年 7 月，即他从西点军校毕业 10 年之际，李终于被提升为上尉——即使按照当时的标准，他等的时间也够漫长的，尤其是考虑到他所承担的重任。或许是为了印证有得必有失的说法，他得到了姗姗来迟的晋升，但又因工作需要不得不在圣路易斯过冬，所以他和玛丽错过了回阿灵顿与家人一起欢度圣诞节的机会；这对玛丽来说实在难以接受，她非常重视这些事情——她以前都是和父母在一起过圣诞节，从无例外。此外，她又怀孕了[55]。隆冬时节，河面结冰导致客船停运，而陆路又异常难行，即使是体格强壮的旅行者都受不了，更不要说"身体脆弱"（当时流行的"怀孕"的委婉用词）的人了。对玛丽来说，不能同女儿和父母一起过圣诞节简直太残忍了，虽说她之后还会再生 4 个孩子*，考虑到她在医生手上遭遇的种种磨

＊　罗伯特和玛丽·李夫妇共有 7 个子女：乔治·华盛顿·卡斯蒂斯·李（又被称为卡斯蒂斯或"博"），出生于 1832 年；玛丽·卡斯蒂斯·李，出生于 1835 年 7 月 12 日；威廉·菲茨休·李（"鲁尼"），出生于 1837 年；安妮·卡特·李（安妮），出生于 1839 年；埃莉诺·阿格尼丝·李，出生于 1841 年；小罗伯特·E.李（昵称"罗布"），出生于 1843 年；米尔德丽德·蔡尔德·李（"掌上明珠"），出生于 1846 年。李的女儿们全部终身未婚，3 个儿子全都在联盟国陆军服役。

难，人们怀疑她是否真的期盼着再生一个，但无论怎样，她是铁了心要离开圣路易斯，回阿灵顿家待产。

尽管弗里曼推测李对"他的家庭扩大速度超过了收入增长"[56]有些忧虑，但事实上李似乎对即将出世的另一个孩子充满期待；无论他如何抱怨军队的薪酬太低，他最想要的还是一个大家庭，而且可以说在关爱自己的孩子，或者喜欢与他们在一起方面，没有几个父亲能比得过李——他深爱自己的孩子，这种强烈程度是他自己的父亲从未对他表现过的，实际上他父亲经常不在家，对孩子们也没表现出有多大兴趣。就好像成年的罗伯特·E.李想通过成为一个完美的父亲的方式弥补他小时候没有从哈里·李那里得到的东西。在这个角色中，他取得了显著的成功，即使在他卷入历史的洪流并在重大事件中发挥重要作用的时期，他依旧不忘挥洒父爱。

事实表明，李一家直到1839年春天才离开圣路易斯，那时玛丽已经怀孕8个月。他们这次回家路上所用时间应该接近那个时代的最高纪录：乘船去弗吉尼亚州的惠灵（Wheeling），搭乘私人马车前往马里兰州的弗雷德里克，然后坐火车去华盛顿——总共花了11天。最后那几天估计实在是太艰辛了，因为就连时常对玛丽·李的各种问题表现出不耐烦的道格拉斯·索撒尔·弗里曼都忍不住用"艰难的旅行"来形容。

李在阿灵顿只住了两个星期，就孤身返回圣路易斯，因此当安妮·卡特·李于6月18日出生时，他并不在场，而且直到7月1日前后才收到消息，那时他已回到了圣路易斯市。他匆忙返回的部分原因是无可回避的事实，即他在密西西比河上的工作只能在夏季水位较低的时候进行，另一部分原因是，他的导师格拉蒂奥将军的账目遭到人们质疑，经过长时间的纠缠，总统做出了对其不利的判定，于1838年12月解除了其对工程兵团的指挥权。这件事用现代术语来解释的话，就是格拉蒂奥在报销费用时，无法解释清楚有些支出是否合理；事后看来，这更像是一场政治斗争，而不是格拉蒂奥在报销费用时造假被人抓到了把柄，但李对此感觉不妙，并担心（他的担心不无道理）格拉蒂奥的继任者不会热衷于拯救圣路易斯这个港口——毕竟圣路易斯是格拉蒂奥的家乡。或许格拉蒂奥的问题仅仅是他缺少李近乎偏执，要把每分钱的去向都弄清楚的习惯。李的这一特点[57]在他写给亨利·凯泽的书信中表现得淋漓尽致，他列出的每一笔账目能精确到小数点后两位："我用 24 号支票，向里基特先生的账户支付了 48.22 美元，用于珀尔河（Pearl）的处理和裂缝填补……根据我的记录，这会让我在上述银行的账户中剩余 841.77 美元，而非你所申明的 840.57 美元。"这个例子完美体现了李毕生致力于严格控制自己账务的做法，不管他的工资待遇有多低，在涉及由他代管的公款时他总是兢兢业业、一丝不苟。他决心不顾一切地替格拉蒂奥辩护[58]。于是，他在华盛顿逗留期间搜集了将军的账目和文件；但即使是像他这么仔细的人，也无法从这些账目和文件里找出真相。最终他得出结论，格拉蒂奥是政治阴谋的受害者，将军被指控的违规行为仅仅是除掉他的借口。无论如何，格拉蒂奥倒台的一个后果是提高了（如果可能的话）李在财务管理上的精确度并增加了他花在平衡账目上的时间。

　　李在血腥岛筑堤[59]初见成效，通往圣路易斯的航道已经开始加深，而且正如他所预测的那样，河流冲刷走了邓肯岛周围的一些泥沙——事实上，从伊利诺伊州民众的过激反应也可看出，李取得了太显著的成效，他们担心李的计划会导致密西西比河伊利诺伊一侧航道变浅，从而使他们与潜在"有利可图"的贸易无缘，情急之下不惜动用大炮向他手下的一些劳工开火；也许这是继俄亥俄州与密歇根领地冲突之后，各州权益之争火药味越来越浓并日趋暴力化的又一例证，各州之间的对立会在接下来的20年中不断加剧。在眼下这件事上，幸亏常识占了上风 [60] 才没有让暴力升级，密西西比河伊利诺伊一侧（那里曾有希望建造一座港口与圣路易斯竞争，甚至超越圣路易斯）的一位地主转向更和平的方式，寻求并获得了伊利诺伊第二巡回法院的支持，法官下令停止血腥岛的工程。李对此禁令深感沮丧——这个案子要到1840年2月才会提交法院例行开庭审理，与此同时，他在圣路易斯什么都不能做。他只好把注意力转向上游的两个急流，在那里，他手下的工人早已着手移走重达1吨多的巨石和石灰石板，开始清理北部和南部急流区的航道——这是土木工程的一个非凡壮举。尽管如此，人们还是在李的信件中发现了他越来越强烈的悲观失望的情绪，仿佛格拉蒂奥将军被解职及施工禁令让他确信，他计划中的密西西比河改造工程将会半途而废，或者至少不会由他本人完成。如果真是这样，他的感觉没错。

有段时间，李带着他设想的俄亥俄河改造之策四处奔波，游说各方 [61] 并沿着密西西比河顺流而下前往圣路易斯汇总仍待清除的障碍，之后他于1839年冬天回到阿灵顿的家，一方面是为了休个长假，另一方面是要在工程兵团新任司令官办公室"临时履职"一段时间。与此同时，国会却在懒散地争论是否要为密西西比河改造工程增加预算，然后就像以前（现在仍然如此）经常发生的那样，在没有取得任何进展的当口就休会了，从而实质上停止了联邦政府对这项工作的任何进一步拨款。1840年夏天，李再次有点不情愿地返回圣路易斯，此行主要是为了结清账目，并公开拍卖他施工用的船只和设备。处理完这些事以后，他于10月回到华盛顿，等着他的第5个孩子埃莉诺·阿格尼丝·李的出生。

此后，工程兵团并没有完全让他从密西西比河改造工程中脱身，但也没打算让他为此耗费太多时间，因此随后很多年，李除做本职工作之外，继续负责向密苏里州当局提供建议，帮助他们继续他已经开始的工作，但他再也不能亲自驯服这条大河了。

1870年，就在李去世前3个月，美国在密西西比河上举办了"蒸汽轮船大赛"（Great Steamboat Race）——这是美国历史上最著名的体育赛事之一，两艘江上巨无霸将从新奥尔良出发，竞相驶向终点圣路易斯市，而正是他从1837年到1840年的工作才使这场盛大赛事成为可能。

"这场竞赛的主角是两艘300多英尺长的蒸汽轮船，它们在密西西比河上全速前进……时速高达23英里……这场比赛是我国史上首次重大新闻盛会，赌注金额巨大，大量民众长途跋涉到达比赛河段，会集在两岸观战，记者们通过新兴的电报向全国民众播报了比赛的进程。"* 这场比赛的获胜者[62]是印第安纳州制造的轮船，它于1866年下水，其造价高达惊人的20多万美元，这在当时来说绝对耗资巨大。它可以运载5000包总重1250吨的棉花，船上配置了61间无比奢华、全部由雕刻精美的抛光紫檀装饰的"特等客舱"，还有一个能容纳240人的餐厅，头顶上是巨大耀眼的吊灯和彩色玻璃天窗。它是即将到来的镀金时代的产物，拥有堪与大型远洋客轮相媲美的所有奢华的设施和美食。它日夜兼程、全速前进——而且现在不再担心会撞到岩石、障碍物、沙洲或浅滩，一对高耸的烟囱喷出火花和浓烟，最终战胜纳齐兹号轮船，于1870年7月4日到达圣路易斯市。它的行程达1154英里，耗时3天18小时14分钟，这一纪录一直保持到1929年。这条船的名称，应该是名副其实的，迄今为止仍以标题、绘画、照片、民间传说、文

96

---

* 引自加里·R.卢西（Gary R.Lucy）画廊的加里·R.卢西。

学和歌曲*等众多形式被人们纪念：罗伯特·E.李号。

　　当然，所有这一切——数百万人聚集在一起观看罗伯特·E.李号和纳齐兹号蒸汽轮船赛事盛况，无论北方人还是南方人提起李时都表现出十足的敬仰和尊重——都与 1840 年他以区区陆军上尉的身份回到华盛顿距离还很遥远。李的老朋友格拉蒂奥将军已然离职，在密苏里州取得的成绩并没有为他赢得重用；他奉命去巡查南北卡罗来纳州的沿海要塞，并为急需的维修制订计划。并不是每个工程师都像李在门罗堡时那样，尽心尽力地做好自己负责的项目——尽管这些堡垒建成的时间大都不足 10 年，但它们无一例外地受到了海水的严重侵蚀，急需大修。这在一定程度上也反映出那个时代的特点，资金短缺导致省工减料以及缺乏长远考虑。道格拉斯·索撒尔·弗里曼所说也许是真的[63]，这次巡查对李的帮助很大，因为 20 年后，他选择在开普菲尔河（Cape Fear River）河口的一个"瓶颈"处修建了费希尔堡（Fort Fisher），以保卫南方最后一个未被封锁的港口；果真如此的话，那么他此次出行的唯一益处就是这种预见性。他每到一处都会提出一些实用、经济的改进建议，同时附上详细的施工图纸。尽管他一直怀疑自己工作的价值以及职业选择，但很明显，李已成为一名值得信赖的工程师。他中途回家过圣诞节，在休了一个长长的假期后，他奉命去负责修复和翻新保卫纽约城的堡垒，这是一项工程规模更

---

　　* 《等候"罗伯特·E.李号"》（Waiting for the *Robert E.Lee*）的歌曲最早出现于"涂黑脸"表演中。这首歌的著名录制版本的主唱分别是艾尔·乔森（1912 年）以及后来的米基·鲁尼和朱迪·嘉兰（1935 年）："Watch them shufflin'along…Hear that music and song! It's simply great, mate, waitin'on the levee, waitin' for the *Robert E.Lee*."（看着它们争相前行……听那乐曲和歌声！这太棒啦，伙计，待在堤坝上，等候"罗伯特·E.李号"）

大、责任更重的任务，同时还得兼顾圣路易斯和南北卡罗来纳
州的工作——毫无疑问，有了李上尉把关，工程兵团的每一分
工程费都花得很值。

当然，今天的人们很难理解纽约港要塞的重要性，这
些要塞大多已经不存在了，只剩下了地名，但在当年人人认
为威胁美国的唯一潜在敌人仍然是英国的时候，纽约湾海峡
（Narrows）的汉密尔顿（Hamilton）和拉法耶特要塞以及斯
塔滕岛（Staten Island）上的两个炮兵阵地就显得极其重要
了，它们构成了纽约市及其港口抵御皇家海军突袭或登陆的主
要防御设施。毕竟那时仍然有一些人记得最近一次，也就是
1776年，一支英国舰队曾停泊在纽约港，联合王国国旗一直
在这座城市的上空飘扬到1783年。当然，事后我们知道，到
1841年，在纽约港修筑防范英国人入侵的要塞简直是浪费时间
和金钱，但李被选中监督当时被认为事关国家安全的重要项目
一事，充分证明李已经声名远播了。

他只是简单了解了一下情况，便认识到这项工作将会持续
很长时间，因此，他决定把家人接到自己身边，但他绝没有预
料到自己一直干了将近5年。拉家带口的军官住处就设在汉密
尔顿堡外边，坐落在当时人烟稀少、绿树如荫的布鲁克林区，
但是此后那里的居住环境与日益凋零的要塞一样不断恶化。显
然，汉密尔顿堡的其他人都认为玛丽·李会迅速北上与李团聚
并一刻不停地安顿好家里的事；但李太了解妻子了，知道这事
不能急，就用他以往写给玛丽的大量信件中常采用的诙谐但讽
刺的语言风格应对。他要意味深长地夸赞一番要塞周边的田园
风光，以及令人心旷神怡的"习习海风"。[64]考虑到这里寒冷
的冬季，他说海风"十分凉爽"不免报喜不报忧了，但他紧接
着将话题一转，提到他们的住处，"一位贤惠的洋基妻子很快
就会把它收拾好"。很明显，他根本就没指望他的弗吉尼亚妻

98

子粉刷墙壁或擦地板，尽管他的同事们对他竟然要找仆人做一些事而不解，他们认为那些事本该是由妻子们做的。"人们都在劝我别用仆人，而且大家［在这里］都自己动手做家务"[65]，他在信里写道，意思是军属们都自己做饭和操持家务。"他们似乎对我寻求帮助感到惊讶／况且我也有妻子／他们似乎担心你是否有缺陷。"有趣的是，玛丽从阿灵顿出发时没有带一个仆人和她一起北上；也许这是出于现实的考虑，一旦奴隶进入北方不蓄奴的州就很容易逃走了。无论如何，李亲自采购了他们生活所需的大部分家具和用品，在此过程中，他发现纽约物价实在太高了，这让他心里有些紧张。此外，他还设法为玛丽物色了一个厨师和一个女仆。

关于玛丽，我们需要说句公道话。她健康状况不佳，还患有严重的关节炎，从小到大都被父母娇生惯养，一直得到奴仆们无微不至的关怀和照顾，尽管如此，她在 1832~1841 年硬是生了 5 个孩子（并且还会再生 2 个），这很了不起。玛丽比人们认为的要坚强和精明得多，她在内战期间和之后的表现充分证明了这一点，但是李一定十分清楚她并不擅长做饭和做家务。他装作不在乎她在这方面的不足，并觉得挺有趣，但他心里难免有些怨气，不时会忍不住发牢骚或者发脾气，对此玛丽不可能没注意到。

无论如何，他们克服了重重困难，总算在布鲁克林定居下来了，这一带当时还是一片连绵起伏的田野和农场。李着手完成修复纽约市防御工事的任务。李一向喜欢孩子们在身边，而他的工作虽然旷日持久，但很快就成了例行公事——用现代术语来说，他是几个庞大且相当分散的建筑工地的经理。就像后来著名的西点毕业生德怀特·D. 艾森豪威尔（Dwight D. Eisenhower）一样，李那时最崇高的志向可能就是以陆军上校的身份退役，但即使是如此朴实的目标，在 1841 年夏天时也似乎遥不可及。"他似乎被要塞的石头压得喘不过气来"[66]，弗里曼说。他对汉密尔顿堡的第一轮修复完成后，里面又能驻军了，但李一点儿都高兴不起来，因为这意味着他不得不放弃费尽心思才布置好的堡外住处。他在征得工程兵团指挥官同意之后，以每年 300 美元的租金为他的家人租了一栋房子（在布鲁克林同一地段，与李描述的大小相似的房子的月租金是 2800 美元）。与以往一样，李不得不精简汉密尔顿和拉法耶特堡的整修计划，因为国会未能足额拨款，但到 1842 年秋天，他已经完成了两座要塞最基本的整修工程。接下来要修整纽约湾海峡处的海堤，但鉴于入冬后无法施工，他便带着家人一起回了阿灵顿庄园。来年春天，玛丽和孩子们[67]又陪着他回到了纽约，但她因为怀上了他们的第 6 个孩子小罗伯特·爱德华·李，不久后便返回了阿灵顿，而李继续履行他的监工职责，他肯定会觉得这份工作越来越像是例行公事：修补石墙缝，粉刷墙壁，铺设新的排水管。即使是最仰慕李的弗里曼也称之为"对实干家来说死气沉沉的劳作"，尽管事实上李还没有机会展现实干家的特点。从某些方面来看，这是李职业生涯中的低谷期，无独有偶，另一位西点毕业生和上尉在数年后的 1854年同样陷入低谷，当时他也情绪低落，感觉自己在陆军的前途一片灰暗，他就是尤利西斯·S.格兰特。当然，与格兰特不同，李不喝酒，也不会乱花钱，更没绝望到像格兰特那样辞去官职。但人们从他俩的境遇中体味到了相同的感受：人到中年一无所长，事业前景无望。李毕竟已经 35 岁了，要抚养 6 个孩子，从 1825 年（算上他在西点军校学习的 4 年时间）就开始在军队服役，至今也没有取得什么值得炫耀的成就，而且到目前为止还看不出未来能有多大高升的可能。

也许在李职业生涯的前途中仅有的亮点，是他在 1844 年被任命为西点军校主考委员会委员，并在为期两周的学员期末考试中，与美国陆军总司令温菲尔德·斯科特（Winfield Scott）少将有过很多交流，他对李上尉的评价很高。

1844年，斯科特年满58岁，是个身材魁梧的大人物；他的外表看着吓人，已经胖得快骑不上马了；他是1812年战争（第二次独立战争）中的战斗英雄；作为职业军人，他效力于从杰斐逊到林肯的每一位总统，在国家的军事领域中发挥了重要作用。斯科特威严自负，身穿满是金边和刺绣的精致制服，头戴插着白羽毛的帽子，自吹自擂，对思路跟不上自己的人不耐烦，虚荣心强，对自己作为这个国家存活时间最长、在职最久的军事领导人扬扬自得，种种这些让他得到了"吹毛求疵的老家伙"这个绰号，名副其实。但在种种表象之下仍隐现着他敏锐的头脑、战略上的远见卓识、不顾一切的野心和政治上的精明，尤其在涉及军队和他自己的利益时，此外他还知人善任。斯科特是弗吉尼亚人，热衷于各种社交活动，但他本人则显得呆板无趣，缺乏人格魅力。他与年轻的李上尉毫无共同之处，但他一眼就看出眼前这个年轻人具有远超常人的能力。李很明智，没有选择恭维老将军。斯科特并不排斥他人的奉承，反而会像海绵一样全部吸收，但他痛恨拍马屁的人。相反，李给斯科特留下深刻印象的是他的智慧、他对人的正确判断、他的外表和军人气质——眼前这个人从头到脚看着都像个典型的战士——以及他身上体现出的弗吉尼亚人特有的低调谨慎的魅力。斯科特是一个自命不凡、眼光朝上的人，这一点再清楚不过了，但他下垂的嘴角、前突的下巴、紧皱的眉头和锐利的眼神，在这个李家和卡特家两大家族的成员面前，一下子就消融并舒展开了；此人的父亲享有在华盛顿麾下服役的荣耀，其岳父则是阿灵顿庄园的主人和华盛顿的养子。李可能没有意识到，或者他根本就没有想到，他与斯科特的一面之缘会给他的一生带来多么深远的影响。当他告别西点军校，回到纽约继续从事单调乏味的工作——修建纽约市防范英国人的工事时，他绝不会想到过不了两年他就会成为国民英雄。

1844~1846年，李不停变换着角色，一会儿是华盛顿工程兵团总司令的副手，履行一个自带光环的办事员和国会联络员的职责，一会儿又要负责构筑纽约城市防御工事的工作，此外，他还有幸"被任命为大西洋海岸防御工程委员会成员"[68]——这只是增加了他的职责，没有提高他的工资或级别。在华盛顿工作时，他要应付大量的案头文书工作，烦不胜烦。他曾抱怨说自己越来越"害怕看到笔、墨水和纸张"[69]。在纽约，他监管的工程是挖掘沟渠和安置几门多余的大炮。这项工作毫无乐趣可言，也不具备任何挑战性[70]。他只能苦中作乐，在风和日丽的时候，骑着马（他有两匹马）从汉密尔顿堡去纽约市参加工程师委员会的会议，到了冬天，当他乘坐挤满了人、充当公交车的大型马拉雪橇通勤时，他会尽情欣赏放学回家的漂亮女孩们，她们"背着书包，挤坐在一起，笑脸怡人"。李在写给老朋友麦凯的信中曾提到，有一次他心里想，假如他提出愿意让其中一个女孩坐在自己的腿上，她会不会答应，但他还是决定要行侠仗义，给她们让座。李虽早已为人父，但他不掺杂念地欣赏年轻漂亮女性脸蛋的兴致丝毫不减当年。

1845~1846年的冬天，家里的一桩小悲剧令李深受打击。就在玛丽·李准备动身回阿灵顿的时候，她的二儿子——年仅8岁、"爱冒险的年轻人"[71]鲁尼不顾禁令，偷偷爬进了存放干草的顶阁，在里面玩菜刀时不慎割掉了"他的两个指尖"。在当时还算先进的手术帮他接上了断指。[72]那时还没有抗菌剂，因此，断指接上后不仅面临感染的危险，而且有那么几天人们甚至怀疑它们是否真能"又长到一起"，但伤口奇迹般愈合了。弗里曼认为，李因担心儿子的手会畸形才异常惶恐，也许真是这样，但对女儿安妮出生时脸上有一个大胎记，李似乎淡然接受了；他甚至还在写给玛丽的信中提及此事，令人感动："假如不能由她纯洁的心灵和聪颖的头脑祛除它的话，我们就必须努力帮助她加以遮掩。"[73]

　　无论如何，李都是最令人钦佩并充满爱心的父亲，他每天晚上都熬夜陪着鲁尼，防止他在睡梦中翻身时碰到包扎的伤口或把"绷带"弄掉。[74] "他很可能会失去手指，终身残疾……你无法想象我一想到这个会有多痛苦"，李写道，但其实这种担忧是面临类似处境时，任何一位父亲都会有的完全自然的反应。因此，多年来，鲁尼一直是李在写信给妻子的大量信件中重点关照的对象也就不足为奇了，他不厌其烦地告诉她该怎样在不使其精神受到过大打击而一蹶不振的前提下，驯服这匹狂野不羁的小马驹。他会把鲁尼描述成一个需要"严加管束"[75]的男孩，但事实上鲁尼和他的兄弟们看起来只是正常的调皮捣蛋，并不会招惹出格的麻烦。

　　一切恢复正常后，玛丽便带着孩子们回了阿灵顿的家，李独自一人留在纽约，陪伴他的只有家里养的一条母狸和它的小狗。1846 年初，玛丽生下了他们最小的孩子，即总是被李亲切地称为米莉或"掌上明珠"的米尔德丽德·蔡尔德。而此时的李就像以往一样经历着与家人分离的痛苦，由于他一向对玛丽的粗心大意放心不下，只好没完没了地给她写信，就如何抚养孩子提出建议，但她似乎全然不予理睬。他要操心的事实在太多了，处理建筑和维修方面的无数小细节、计算工资数额时犯的错误、进一步改善和扩展纽约城防御工事的详细计划，还有挥之不去的烦恼——担心自己的工资无法养活一家大小，并且不停地追问自己是否真的入错了行。

　　遥远的墨西哥即将发生的事件将使这些担忧变得毫无价值。

/ 第四章 最优秀的战士——墨西哥，1846~1848 年

　　自 19 世纪 20 年代起，墨西哥和美国就一直徘徊在战争边缘，
原因主要在于墨西哥的政局一团混乱；美国人在得克萨斯的定居
范围不断扩大；墨西哥在北美大部分人口稀少的领土，从路易斯
安那购置地到加利福尼亚，对迅速成长、日益自信的美国具有巨
大的吸引力。美国人举目向西时，看到的是一个地域辽阔、未在
地图上标识出的天堂。那时"天定命运"还没有成为常用语，但
是美国应该从大西洋边扩展到太平洋边的想法虽未必广泛流行，
却具有强大的诱惑力。这种思潮从两方面得到了强化，一是人们
担心墨西哥的软弱无能会导致英国或俄国乘机占领加利福尼亚的
不良后果，二是人们相信美国过去是，现在也必须是君主统治和
专制主义的例外，因此美国显然不能与其他大国共享这块大陆。

　　不是每个人都相信美国人在这块大陆定居并当家做主是
上帝的安排。以约翰·昆西·亚当斯和尤利西斯·格兰特这两
位截然不同的美国人为例，他们在一点上是相通的，即都对从
一个弱得多的墨西哥夺取这么多领土是否道德持怀疑态度。即
使在美国赢得美墨战争几十年后，格兰特仍认为："一般来说，
[美国] 陆军的军官们不关心是否完满实现了开疆拓土……就
我本人而言，我强烈反对这一做法，并且直到今天，我都认为
这场战争是强国对弱国发动的最不公正的战争之一。"[1] 许多
人认为，这场不公平的战争或许削弱了美国在世界上的道德权
威性，当然，有些人正确地预见到，从墨西哥夺取的新领土是
否可以蓄奴的争论，可能会打破蓄奴州和自由州之间微妙的政
治平衡，并最终导致内战。这虽有事后诸葛亮之嫌，但格兰特
就此做出的评论可谓一语中的："南方叛乱在很大程度上是美
墨战争的自然产物。国家像个人一样，因其违法行为而受到惩
罚。我们通过现代最血腥、最昂贵的战争受到了惩罚。"[2] 罗伯

特·E.李也曾坦言他真希望能"更心安理得地满足于我们事业的正当性"[3]，他这种对自己真情实感的轻描淡写既耐人寻味又符合他的一贯表现。

这场冲突的直接起因是美国人在特哈斯（Tejes）的存在。1810年，摩西·奥斯汀（Moses Austin）从墨西哥政府获得了"大片土地"的赠予——这一决定很快就让墨西哥人悔恨不已，因为越来越多的美国人涉过阿肯色河（Arkansas River）蜂拥而至，他们来到东得克萨斯，在这片有望开发出富饶农田的地方建起"殖民地"，并迅速在人数上超过了土著墨西哥人。不久后这些以"得克萨斯人"[4]闻名的美国人成了毫不妥协、贪得无厌的客人，历届墨西哥政府试图向他们征税、限制他们的人数和禁止蓄奴，但都是徒劳的。当初墨西哥人或许满心希望得克萨斯人能提供一个缓冲地带，替他们抵挡活跃在墨西哥北部、行事凶残的科曼切族印第安人匪帮，如今他们只感到失望。得克萨斯人在此落地生根，耕种土地并引进奴隶。被支持者誉为"西方的拿破仑"的安东尼奥·洛佩斯·德·圣安纳（Antonio López de Santa Anna）①将军，在墨西哥政坛血雨腥风的一团混战中杀出重围，成功登上权力的宝座，他对得克萨斯人的态度反复无常，时而威胁他们，时而提议卖给他们更多的土地。结果是双方刀枪相见，得克萨斯人的一个前哨阿拉莫（Alamo）被包围，守军被屠杀；得克萨斯人随后展开报复行动，在圣哈辛托战役（Battle of San Jacinto）中打败了墨西哥军队，迫使墨西哥于1836年承认得克萨斯独立。墨西哥人本来就对新生的"孤星共和国"（Lone Star Republic）耿耿于怀，因而当得克萨斯并入美国时，墨西哥显然视之为开战的绝佳机会和理由；此外，墨西哥人坚信得克萨斯的南部边境位于努埃西斯河

---

① 或简译为"圣安纳"。

（Nueces River），而不是继续向南延展 130 英里处的格兰德河（Rio Grande）。1845 年，当得克萨斯州加入美利坚合众国的游说最终成功时，墨西哥人和反对奴隶制扩张的美国北方人都大为震惊，双方剑拔弩张，大战一触即发。

引燃战火的挑衅很快就出现了。[5] 尽管墨西哥已经与美国断绝外交关系，詹姆斯·波尔克（James Polk）总统还是派约翰·斯莱德尔（John Slidell）作为全权公使前往墨西哥城，就从陷入困境的墨西哥政府手中收购加利福尼亚和新墨西哥进行谈判。就在一年之内，"［墨西哥的］总统职位四度易手，战争部长换了 6 位，财政部长居然走马灯似的换了 16 次"。如果还有什么能让全体墨西哥人团结一致的话，就是他们一致认定得克萨斯从属于墨西哥。斯莱德尔到来时竟然没打算讨论如何赔偿墨西哥损失的领土，这令墨西哥人十分愤怒并中断了讨论，斯莱德尔则憋着一肚子气，两手空空地返回了华盛顿。也许波尔克总统早已料到墨西哥人会有如此反应，事先便已命令扎卡里·泰勒准将占领努埃西斯河和格兰德河之间的土地。泰勒将军是弗吉尼亚人，因征剿印第安人而出名。不久之后，一支庞大的墨西哥骑兵部队袭击了一支美国巡逻队，杀死了 16 个美国人，这就是后来为人所知、以巡逻队指挥官命名的"桑顿事件"（Thornton affair）。流血事件发生后，波尔克总统马上告知国会"美国人的鲜血已经洒在了美国的土地上"并寻求宣战，尽管辉格党（Whig）[①] 不情愿，而且北方普遍持怀疑态度，但国会最终通过了宣战议案。

泰勒将军因对军中排场和制服嗤之以鼻的态度而得名"召

---

① 为美国在杰克逊式民主时代的政党，于 1833 年冬天至 1834 年由前民主共和党与国民共和党合并而成。具体来说，辉格党拥护国会立法权高于总统内阁的执行权，赞同政府支持下的现代化市场导向经济。该党自选"辉格"为名，附和反对英国王室君主专权的英国辉格党，反对总统专断。

之能战的马大哈"——这是故意对应温菲尔德·斯科特将军
"吹毛求疵的老家伙"的绰号，他在短时间内取得了两场胜利，
先是在帕洛阿尔托（Palo Alto），紧接着第二天又在雷萨卡德
拉帕尔马（Resaca de la Palma）打败了墨西哥人。这两场胜
利在一定程度上是靠着美国的先进武器取得的，其中包括能够
快速机动的"马拉大炮"、著名的科尔特式"转轮手枪"，以
及比墨西哥人过时的 18 世纪中期武器更现代的步枪。尽管如
此，美军若继续南下向墨西哥城推进的话，就要克服重重困
难，穿越崎岖不平的复杂地形，行军近 500 英里，沿途道路
原始，缺水缺草料，这绝非易事。此外，圣安纳将军重新掌权
后，墨西哥人利用易守难攻的多岩石、多山地形，不放过任何
抵抗机会。

　　在此期间，李一直留在纽约，监管该市的防御工事，愁眉
苦脸地听着他所谓的"磨剑声，［和］磨削刺刀声"[6]。* 用弗
里曼的话来说，"如果他一直奉命驻守汉密尔顿堡的话，他可
以随遇而安，以一个无名之辈的身份慢慢终老，因为工程兵团
理所当然只会重用在战场上建功立业、表现出色的工程师。他
们将会成名，而他只会穿着拖鞋坐在阿灵顿公馆的门廊中安度
晚年"[7]。李不愿设想的正是这种前景。他可以求助于自己的
导师和朋友格拉蒂奥将军的日子早已一去不复返了，他想不出
还有什么人能帮助他获得一个战斗岗位；他就这样苦等了 3 个
月，向能力不如自己但陆续奉命前往墨西哥前线的军官们一一
道别。最后，也就是 1846 年 8 月 19 日，李终于收到了下达给
他的命令。他必须即刻动身，前往得克萨斯的圣安东尼奥 - 德

---

　　*　在那个时代，军队为了降低演习和训练期间发生意外的风险，平时会钝化剑刃和
　　　刺刀刀刃。战时，军械士会将刀剑磨锋利，而当部队返回营地后，为安全起见，会
　　　再次将刀剑磨钝。

贝尔（San Antonio de Bexar，圣安东尼奥当时仍为人所知），并向约翰·E.伍尔准将报到，后改为卡尔洪堡的要塞最终将以他的名字被命名为伍尔堡（最初被称为里普拉普斯），这座人工岛是李花了很多时间和精力在汉普顿锚地修建的。李写好遗嘱，收拾好行囊，乘最早一班轮船赶往新奥尔良。他走得实在很匆忙，都没来得及向家人道别。他一刻不停地赶路，并在离开汉密尔顿堡仅仅一个多月之后，于 9 月 21 日赶到了圣安东尼奥。一路下来，大部分时间很艰难。他一到圣安东尼奥就写信给玛丽："亲爱的玛丽，我从萨拉萨港（Port Sarassa）出发后，经过 6 天的旅行，昨晚到了这里。[8] 第一天，由于草原上酷热难耐……我们只走了 12 英里，在一个极小的河湾边扎营，这里的水足够马匹和我们自己使用，只是水很烫而且很脏。我已经领教了草原上的苍蝇的厉害了。我决定只要还在这个地区旅行，就尽量走夜路，所以第二天凌晨 4 点之前我就上路了。"

李已年近 40 岁，仍然是上尉军衔，在美国军队服役 21 年后，他还没有在真正的战场上开过一枪。他很高兴终于有机会亲赴战场了，尽管他最初的任务只是设法搜集他的劳动力需要的鹤嘴锄和铁铲——这并不容易做到，因为这个地方太穷了，连最基本的工具都很难见到。圣安东尼奥是一个有些古怪的小镇，共有约 2000 人，其中大部分是墨西哥人，如今被淹没在了驻扎在那里的 3400 名美国士兵之中。李走访了阿拉莫，那里仍然处处可见围攻 20 天后被破坏的景象。他还在下班后抽空跳进"清澈而湍急"的圣安东尼奥河水中"沐浴"，他要么早去，要么很晚才去，免得"受到夫人们或姑娘们的打扰"。他欣赏那里的风景，但发现墨西哥人"是一个亲切友好但软弱的民族……有着原始的习惯和品味"。

墨西哥的国土面积如此之大，而美国可调用的军队数量又如此之少，这使得速战速决成为奢望。单从行军距离上看就让人望而生畏。例如，斯蒂芬·卡尼准将（Brigadier General Stephen Kearny）从密苏里州西部的莱文沃斯堡（Fort Leavenworth）出发，一路急行军赶到圣菲（Santa Fe），再从那里出发继续奔赴加利福尼亚，总行程1500英里以上。与此同时，奉命南下的亚历山大·多尼芬（Alexander Doniphan）上校率领一支骑兵分队从新墨西哥州前往墨西哥的萨尔蒂约（Saltillo），进行了"军事史上最引人注目的行军之一"，总行程3500英里，其中大部分路段处于环境恶劣的沙漠地带，并在行军途中打退了阿帕切族和科曼切族印第安武装团伙发动的多次袭击。

108 　　人数少得可怜的美国军队竟然能轻而易举地占领并吞并新墨西哥和加利福尼亚，这想必会让墨西哥人丧失斗志，但不能因此就低估墨西哥人因损失得克萨斯而燃起的满腔怒火，以及圣安纳的非凡决心，他深知在战争中以空间换时间的价值。美国军队越是深入墨西哥广袤贫瘠的土地，他们的补给线就变得越加薄弱和脆弱，何况他们已然受困于原始的道路条件，如此一来，在他们到达墨西哥城之前就有可能被彻底打败。

　　泰勒将军手下最多有1.5万人，其中大部分是南部各州的民兵或志愿者，混杂其间的小部分正规军、为数不多的职业军官和像李这样的专家对提高这支部队的战斗力起到了关键作用。李的首要任务是开辟一条道路，这样伍尔将军就可以渡过格兰德河，直扑位于圣安东尼奥西部的"贸易重镇"奇瓦瓦（Chihuahua）。两地直线距离是400多英里，但因崎岖的高地上并无直通奇瓦瓦的道路，伍尔不得不向南绕一个大圈，这意味着他的行军距离将翻倍。

　　1846年9月28日，李骑着马与伍尔的部队一同离开了圣安东尼奥，这是他投入实战的第一次机会。陪同他的是他"忠实"的勤务员詹姆斯·康纳利（Jame Connally）[9]，一名曾在纽约为他服务的爱尔兰裔美国平民。康纳利不仅照顾李的起居 10，还照料李在出行途中买的几匹马；其中有一匹是李最喜欢的，叫作格蕾丝·达林（Grace Darling），这"匹体型适中、力气很大的栗色［母］马"是他在新奥尔良买的；还有一匹"黄褐色"名叫克里奥尔（Creole）的马，即如今的帕洛米诺马，是他在得克萨斯买的。格蕾丝·达林和克里奥尔都会为他创造奇迹。李毕生都堪称杰出的马匹鉴赏家，且在为自己和家人买马时，他也是独具慧眼，总能发现最划算的交易。他唯一最不惜血本的是一匹名叫"旅行者"（Traveller）的马，它也许是美国历史上最受人爱戴的马，死后被埋在距离李的坟墓只有几码远的地方，而且还专门为它立了精心雕刻的石碑。*

　　康纳利本人一定是个好骑手，因为在没有驳船可以把那些马运到岸边的情况下，他竟然带着李的马下船游到了海滩上；但是起初，李觉得他并不是一个理想的旅行同伴，曾抱怨说康纳利"饿极了，而且饥饿［他们当时只能吃硬饼干、喝温水］让他变得相当粗暴"。康纳利第一次来得克萨斯参加军事行动时，这个纽约人显然有些水土不服，身体欠佳，而且"情绪低落"。他的表现并不奇怪，因为这里酷热难耐、尘土飞扬、跳蚤和苍蝇凶猛，偶尔还会下倾盆大雨，使道路泥泞不堪。李一直特别注意观察地理环境的细节，他发现这里土壤中的"石灰"含量较高，浸水后再一晒就会"像灰浆一样变硬"，并且要费很多工夫才能洗掉，这个工作也让康纳利烦不胜烦。

　　伍尔将军的部队行军 11 天后来到格兰德河边，平均每天前进约 11 英里，这在当时算得上"神速"了，不过在 15 年后

109

---

* 在文学作品中，"旅行者"不仅是斯蒂芬·文森特·贝尼特（Stephen Vincent Benét）所创作的一首诗的主角，还是《沃特希普荒原》（*Watership Town*）作者理查德·亚当斯（Richard Adams）的小说《旅行者》（*Traveller*）的叙事者。

的内战时期，李会认为这太慢了。机动速度的提高要归功于工程兵们的努力，他们逢山开路，遇水架桥，确保了整个部队，特别是炮兵能够通行无阻。部队一到格兰德河便停止前进，就地安营扎寨，等待从圣安东尼奥出发的装运浮筒的马车队赶上来。毫无疑问，李从第一次战争经历中学到了很多——骑兵侦察队提前探察前方地形的话会发现，此时河水水位较高、流速很快，几乎找不到可以涉水而过的浅滩，因此应该让运送浮筒的马车队走在部队的前头，而不是最后面。在圣安东尼奥和格兰德河之间崎岖、半干旱的荒原上，罗伯特·E.李上了他的第一堂实践课，充分认识到了地图上所标出的内容与实地看到的是有差别的，也吸取了一条重要教训，即无论前方会出现什么状况，都要事先有所准备，安排好各部分的行军顺序。

　　李带领的"先锋队"队员都是直接从"伊利诺伊志愿者的两个团"中精挑细选出来的，他们极不情愿地放下手中的枪，拿起铁锹、鹤嘴锄、撬棍或铲子，守着 8 辆满载物资和工具的四轮马车——这是将近 200 辆马车的一部分，整个车队运载了足够 9 个月用的食物和弹药，李手下的开路先锋必须为这个车队的前行开辟一条临时道路。就连一向充满乐观情绪的李也在信中抱怨说，他们的时间紧、任务重，但人力和设备严重不足。

　　满载着浮筒的笨重马车终于赶来了，大家一刻不停地在河上架桥，其间未遭遇任何抵抗。桥建好后，李还遵照伍尔将军的命令，在桥两端构筑了"野外工程"作为大炮阵地，用来保护浮桥，他很快就成了这方面公认的专家。这种以防万一的做法被证明纯属没必要 [11]，因为当这支 2000 人的部队通过格兰德河之后，他们眼前出现的唯一敌人就是举着"休战白旗"的墨西哥军官，得到的消息是泰勒将军在离此地东南方向不到 200 英里的蒙特雷（Monterey）打败了一支墨西哥军队，并接受了"停战 8 周以换取〔它的〕投降"的建议，在此期间双方军队均不得越过停战线。伍尔并不认为墨西哥军官向他说明的那条停战线就意味着他不能继续向前推进，他向南行进到蒙克洛瓦（Monclova）镇，途中没有遭遇任何抵抗。他在那里扎营并待了 3 个星期，等着停火协议到期。李以冷静、高效的方式勘察浅滩，削平陡峭的河岸，修建桥梁，赢得了伍尔毫无保留的信任。李在工作之余也在尽情欣赏着这里的风景，远方地平线上隐现着"壮观"的山脉（这些山脉使得伍尔无法直接进军奇瓦瓦）。在这个被李称为"高地"的地方，"夜里非常寒冷，但到了正午时分，灼热的阳光令人感觉火烧火燎的"。幸运的是，康纳利的心情似乎好起来了，李在报告康纳利的近况时说他"目前尚好且向每个人致以他的问候"。令李感到欣慰的是，他的那几匹马"在旅途中有所改善"。夜晚不仅寒冷，而且还会从四面八方传来"无数只狼"发出的嚎叫声，它们一直等到黎明时才会散去。

令伍尔沮丧的是，他的手下受到了"热情而非敌意"的接待。[12] 他们在干燥、尘土飞扬的荒野中艰难行进了两个多星期，赶到了那时还是一个被青山环绕的古镇蒙克洛瓦，在这个令人愉快的小镇里，到处都可以买到从未喝过的烈酒，而且当地的一些女孩对这些外国士兵也很友好，并无戒心。这些民兵和志愿者本来就很散漫，在这种环境的影响下，仅存的一点纪律性不可避免地迅速瓦解了。原本热切期待一场荣耀之战的军队，没想到会在一个充满诱惑的小镇安营扎寨。当前的敌人已不再是墨西哥人，而是百无聊赖以及民兵与正规军之间的争斗。伍尔试图让他的手下忙于没完没了的演练和工程建筑而无暇他顾，但他打错了算盘，这些人既不认真演练也不好好干活，伍尔当机立断，既然不能给他们正经事干，那么越早让他们重新行动起来越好。

111

李应邀与伍尔将军一起吃饭，其间他表示担心"泰勒将军受人误导，错误地给予"墨西哥人停火协议，毫无疑问伍尔将军也持有类似观点。李还提到，他们西边的山"高耸、陡峭、寸草不生……人类和野兽都难以攀登"，这恰恰是伍尔难以达成既定目标的根源所在。他不能翻过这些山，如果率军绕行的话，也不知道要花多长时间。伍尔感觉自己被困在了蒙克洛瓦，手下的人无所事事，只是消耗着给养，但此时此刻，圣安纳大概正利用这段时间在圣路易斯波托西（San Luis Potosí）"积聚力量"。蒙克洛瓦附近几乎找不到肉类供应，只有少量的玉米，人们只能自己收集，用手工磨坊磨成面粉。李喜欢吃这种用玉米面制作的面包，但也注意到玉米的供应量很有限。李在写给玛丽的信中说："我相当厌恶这种耽搁，心里憋得慌，因为我是那种死心眼的人，只要开始做一件事，就会一刻不停，直到圆满完成。如今看来，我们已经错失良机，白费了宝贵的时间，给了墨西哥人喘息之机。"对于李表现出的愤懑情绪，玛丽·李一点也不感到奇怪，她比任何人都更熟悉李做起事来不达目的誓不罢休的脾气，深知他偏好雷厉风行。在内战期间，他会将此习性发挥得淋漓尽致，不惜一切代价让他指挥的部队持续机动，掌握主动权，而不是等着看敌人会采取什么行动。他极其厌恶任何形式的拖延。

对休战之举心存不满的人不只是伍尔将军和李上尉。尽管扎卡里·泰勒在蒙特雷取得的胜利让美国欢欣鼓舞，他也因此被提名为总统候选人，但波尔克总统听到停火的消息后火冒三丈，并责怪泰勒此举越权，犯下了政治和军事上的错误。当然，远在华盛顿的那些人无法理解蒙特雷之战出乎意料的惨烈，对泰勒的部队（主要由志愿者组成）在心理上造成了多么大的冲击，但很明显泰勒自己似乎也被墨西哥人愚弄了，因为事实上，当时墨西哥人被打败了，而且已经溃不成军。打击墨西哥的行动竟然沦落到了令人唏嘘的地步，违背了拿破仑式集中优势兵力的战略，犯下了任由进攻部队各自为战的致命错误。如果要追究执行这种错误战略的责任人的话，波尔克同样难辞其咎——众所周知，波尔克是一个头脑僵化的人，他热衷于玩弄政治手腕，那既是他的命根子，也是他的宗教信仰，波尔克不仅疑忌政治上野心勃勃、平易近人的泰勒，而且不信任他所有的将军，他自己也是那种最可怕的战时政治人物，一个身居总统之位、酷爱纸上谈兵的将军。

　　由北向南进攻墨西哥是打到墨西哥城最长也是最艰难的一条路线；而泰勒的部队兵分两路，主力在泰勒的率领下攻击蒙特雷和萨尔蒂约，伍尔则向相反方向的奇瓦瓦发动进攻，这种军事部署令人匪夷所思，因为除了相信奇瓦瓦可能是一个主要的贸易中心之外，没有任何支持占领它的说得通的理由，也就是说它在战略上并无任何军事价值。还有一种可能，泰勒在战争初期轻松取得了帕洛阿尔托和雷萨卡德拉帕尔马之战的胜利，这或许冲昏了他及其部下的头脑，低估了圣安纳指挥下的墨西哥人的战斗意志。这场战争的整体计划基于如下设想：在格兰德河以南打几场战役之后，墨西哥人就会求和，接受合理的补偿金后放弃加利福尼亚和新墨西哥。事实上，这就是为什么美国政府命令实施海上封锁的海军网开一面，允许被放逐到古巴的圣安纳返回墨西哥，此前他已多次遭受政治流放并流亡海外。这是一个重大错误。尽管圣安纳贪得无厌且毫不知耻，但他胆识过人、雄心勃勃，天生就有领袖风范，是一个感情丰富的爱国者，被誉为"西方的拿破仑"并以此自居。圣安纳运用他娴熟的手法，让波尔克总统及其顾问们满怀希望，以为他是个见钱眼开的人，用不了多少钱就能收买，然后就在关键时刻翻脸不认，露出本相。他坚信自己在与可恶的美国佬无休止的战斗中肩负着光荣使命，无独有偶，波尔克也自以为具有战

113

略家的神机妙算。两人都错了。

李仍然"无法解释泰勒为何会同意停止敌对行动"。他的怀疑没错，圣安纳在这段时间忙着招兵买马，根本就没有为和谈做准备。让李高兴的是，11 月 18 日，也就是停战协议到期的前一天，伍尔将军决定继续向南进军，因为"他烦透了我们现在的营地"，而且"蒙克洛瓦没什么能引起他的兴趣"。他已经注意到，蒙克洛瓦的居民也不再像以前那样友好了——在他们与驻扎在镇外的敌军周旋了 3 个星期之后，这种表现不足为奇。

那天晚上，泰勒将军派来的信使通知伍尔，总统已经终止停火协议，同时取消远征奇瓦瓦的计划。听到这个消息，李长吁了一口气，因为他始终认为"除了长途跋涉之外，远征奇瓦瓦之举毫无意义"。泰勒已经"推动"威廉·J. 沃斯准将（Brigadier General William J. Worth）率领 3000 名将士去攻占蒙特雷东南方向的萨尔蒂约，并打算带着主力部队跟进。沃斯是 1812 年战争中大名鼎鼎的战斗英雄[13]，当年李在西点军校学习时，他还是军校学员的指挥官；"他是一名出色的骑手，天生就是块当兵的料"，尽管他的名声如今已然失色，但他曾经享有的荣光可从国内多地以他的名字命名窥见一斑：得克萨斯州的沃斯堡和沃斯湖、佛罗里达的沃斯湖、伊利诺伊州的沃斯镇以及佐治亚州的沃斯县。*

不过，伍尔将军直到 11 月 24 日才动身。他命令部队向南推进到帕拉斯（Parras），并在那里协同沃斯将军攻打萨尔蒂约。这次行动意味着超过 160 英里的行军距离，并要放弃他目前与外界的通信联系，其中最重要的是与驻守在卡马戈

---

* 在纽约市第五大道和百老汇第 25 街交会处，还矗立着一座巨大、精致但很少有人注意到的纪念碑来纪念他。

（Camargo）的泰勒主力之间的联系，这就像是在没有生命线
的情况下进入未知之境。当伍尔所率部队到达其新的目的地
时，他们将深入敌后将近 400 英里，向最近的地方进军，在那
里可以得到补给。考虑到他们过去一个月的大部分时间都在消
耗随行马车队带来的给养，这堪称一个大胆的举动。

　　李带着他的开路先锋走在部队的最前面，为炮兵和马车
队开辟临时道路，在有些路段，所谓的道路其实不过是一条车
辙印，李和他的开路者只是大致平整一下。在离开蒙克洛瓦两
天后，他写信给玛丽说："我们……顶着强烈的北风到达卡斯
塔纳（Castana），我们在一片玉米地里扎下营地，感觉帐篷
会被狂风卷走。我费尽九牛二虎之力才勉强支起帐篷，支起来
后又要想办法加固，防止它被吹倒。当然，我们根本就无法做
饭，而我在天黑前一直在野外勘察。我们在烈日暴晒下到达了
现场。在他们扎营过程中，突然刮起了大风，风力太大，以至
于天黑前只搭起了几顶帐篷。当我的帐篷好不容易搭起来后，
天一下子冷了下来，等我再次骑上马出发时，我穿上厚大衣，
［甚至］扣好扣子后都还觉得有点冷。这里的天气变化太突然
了。第二天拂晓我们继续行军时，我看到小溪里结了不少冰。
温度计显示是（华氏）23 ℉，我只好牵着马走了一两英里让
脚暖和起来。那天我们行进了 21 英里才找到水源，在一片光
秃秃的荒原上扎营……我们明天凌晨 5 点出发，凌晨 3 点吹
起床号，我们必须往前走 30 英里才能到达水边。真的是长途
跋涉。我要确保所有的马匹都吃饱了，可以舒适地过夜；我
的手下也一样。"李还报告说，据传圣安纳当时在圣路易斯波
托西，而且"当他收到泰勒废除停火协议的通知时，他回复
说，只要墨西哥的土地上还存在一个美国军人，他就永远不
会讲和……如今我们不仅应该向你们开战，还应该向你们的
靠山开战"。

另一个更重要的传闻是，美国海军已经占领了圣胡安－德乌卢阿（San Juande Ulúa）要塞，该要塞扼制着韦拉克鲁斯（Vera Cruz）港，而且用李的话说，"我们的政府将派一支大军从韦拉克鲁斯港冲向墨西哥城"，迫使圣安纳放弃圣路易斯波托西并与我们进行和谈——或者孤注一掷，在墨西哥的首都与我们决战。

115　　李是对的，但是提前了4个月。事实上，这正是波尔克总统打算做的，因为他终于意识到泰勒将军由北向南推进时面临诸多障碍。波尔克之所以不能立即实施这项计划，实在是因为从海上入侵墨西哥需要集结大量兵力、大炮和设备，任务极其繁重和巨大——这是迄今为止美国最雄心勃勃的两栖行动。此外，波尔克还要绞尽脑汁，物色指挥这次重大行动的合适人选。

合乎逻辑的选择是美国陆军总司令*温菲尔德·斯科特将军，他不仅能力最强、军衔最高，而且是国民心目中的英雄，不折不扣的国家名人，何况攻占韦拉克鲁斯港并直扑墨西哥城的计划本来就出自他手。

遗憾的是，在美国陆军的将军中，除了扎卡里·泰勒以外，波尔克总统最不喜欢和最不信任的就是温菲尔德·斯科特；从总统的角度来看，斯科特还有另一个缺点，那就是他的总部离白宫只有几步之遥。斯科特身材魁梧（身高6英尺5英寸，比波尔克总统高出一头），是一个在华盛顿特区家喻户晓的人物，他的身材、腰围、华丽的军服、在军事仪式方面的品位，当然还有他传奇般的名声，盖过了几乎所有的人，尤其值得一提的是，他还受到了陆军元帅威灵顿公爵的赏识，作为滑

---

*　从职能上衡量，相当于如今的陆军参谋长。

铁卢战役的胜利者，这位老人在识别军事奇才方面具备独特的眼光。

斯科特是一位传奇人物，他光芒四射，令一些表现平平的政治人物黯然失色。像扎卡里·泰勒一样，斯科特也志在入主白宫，而且这两位将军毫不掩饰他们要当总统的野心，两人唯一的区别是斯科特属于辉格党，与现任总统所在的党派针锋相对，但目前没人知道泰勒会寻求哪个政党的提名。波尔克首鼠两端，犹疑不定，一方面想要把斯科特调离华盛顿，进入战场，寄希望于斯科特在战场上犯下令他名声受损的致命错误；另一方面又担心斯科特会赢得一场重大胜利，从而为他高涨的人气锦上添花。

与"无趣"的波尔克不同的是，斯科特原本就极具个人魅力，加上军人气质，更是英气逼人。他喜欢交际，尽管傲气十足，但人缘不错。在涉及总统的话题上，他也容易犯严重的错误。斯科特稍后为自己的过失道歉时也不忘夸夸其谈，他的油腔滑调令总统实在难以忍受。波尔克恨不得立刻就把他送到韦拉克鲁斯，让他远离华盛顿。至于斯科特，他认为指挥这次远征行动非他莫属。

波尔克急于找到摆脱困境的方法，在他的同道、密苏里州民主党参议员托马斯·哈特·本顿（Thomas Hart Benton，他因反对纸币而获得"老金条"的绰号，同时也是向西方扩张的坚定倡导者）身上看到了希望。波尔克要求参议员本顿指挥韦拉克鲁斯远征军。参议员本顿曾在 1812 年的战争中担任安德鲁·杰克逊的副官，但从那以后就没有穿过军装。他并不认为自己是一名职业军人，他在从军生涯中最辉煌的表现，就是在一场决斗中杀死了对手，但这并没有妨碍他认真考虑这个角色。本顿像斯科特将军一样专横傲慢，他已经担任了五届参议员，是国内政坛上备受尊敬的人物之一，正因为他享有如此高

116

的声望，即使斯科特也找不到足够的理由反对他执掌远征军。然而，令斯科特感到幸运的是，参议员提出要求，除非他被授予中将军衔，否则不会接受这项任命。果真如此的话，本顿佩戴的将星会比陆军总司令斯科特还多一颗，并且成为自乔治·华盛顿以来第一位拥有这一军衔的美国人，这让波尔克很为难，最终只好认输，任命斯科特指挥美国历史上规模最大的军事行动之一。

无论波尔克多么不情愿让斯科特掌权，而且毫不掩饰自己的不情愿，他都做出了正确的选择。斯科特固然有他的缺点——自命不凡，喜欢玩弄政治阴谋，还特别爱虚荣（他相向放置了两面大镜子，以便更好地欣赏穿上军装的自己）。但他是一流的职业军人，他在枪林弹雨中一次又一次地证明自己具备非凡的勇气，赢得了部下的尊敬，甚至敬畏。他不惜以残忍的手段执行纪律，他的"战斗感"十足，这是一个优秀指挥官的重要标志：他一眼就能识别出敌人的弱点所在，以及如何驱散冯·克劳塞维茨（von Clausewitz）著名的"战争迷雾"①。更值得注意的是，尽管斯科特有唯我独尊的毛病，但他与许多伟大的将军不同，那就是他出乎意料地善于倾听，他会征求周围人的意见，并期望手下的军官直言不讳，即使他们的意见与他的相抵触。

斯科特也是一个天才的规划师。在针对墨西哥的作战计划中，他提出了"史上规模最大的两栖入侵"[14] 设想，当然风险

---

① 人们通常认为这个说法出自克劳塞维茨的《战争论》，但专攻军事史的西点军校助理教授尤金妮亚·C. 基斯林（Eugenia C. Kiesling）认为这个说法并不准确，它实际上是后人总结并发挥的结果。克劳塞维茨的相关说法为："War is the realm of uncertainty；three quarters of the factors on which action is based are wrapped in a fog of greater or lesser uncertainty（战争实为不确定之境。战时行动所依据因素的四分之三都隐藏在或多或少无法确定的云雾之中）。"

也是最大的。按照他的要求，这次行动将由美国军舰提供全程护卫，至少需要 1.5 万人（其中 9000 人来自泰勒的部队）、50 艘远洋运输船和 140 条平底船。参与"第一波"攻击的 5000 人及大炮、补给品和马匹将从运输船转至平底船，在韦拉克鲁斯西南的海滩登陆。他制订的作战计划详细到了令人难以置信的地步[15]，其根本着眼点是假设只能从韦拉克鲁斯出发才能拿下墨西哥城，而不是像泰勒那样由北向南进军。部队一旦登陆，必须尽快向内陆推进，避免遭受"韦拉克鲁斯周围季节性发作、可怕的黄热病"的侵袭，而由于韦拉克鲁斯，特别是圣胡安－德乌卢阿堡的防线太坚固，部队只能在城市南部无人防守的海滩登陆，并在向内陆移动之前成功地包围或夺取它。斯科特的作战计划起初并没有设想要占领一个港口。进攻部队必须先行夺取韦拉克鲁斯这个戒备森严的城市，才能从海上得到增援和补给。为了满足斯科特在人员数量（他最终勉强同意接受 1.2 万人）上的要求，必须募集 9 个团近 7000 名志愿者并把泰勒的部队瓜分殆尽。有时被称为"冲浪艇"的平底船，必须按照斯科特的设计制成 3 种不同的规格，以便把它们堆积起来，节省甲板上的空间。每艘平底船的重量都超过 3 吨，造价为 795 美元。它们是"美国首批特制的登陆艇"[16]。斯科特甚至详细标明了所用木料的规格和类型——他似乎什么都考虑到了，并且征询了各类行家的意见。这绝非一次仓促上阵的军事行动。斯科特殚精竭虑，从人和马的医疗问题到冲滩位置的选定，以及建造平底船和租用运输船所需的时间等，事无巨细，无一遗漏。考虑到这次行动的繁杂程度，斯科特从 1846 年感恩节后的那天接受任命至 1847 年 3 月 9 日部队在科拉达海滩（Collada Beach）成功登陆，整个过程仅用了 13 个星期，这简直就是奇迹。

118

人们大概会想，自己的部队要被瓜分一半以上，扎卡里·泰勒心里肯定很不痛快，这没什么奇怪的，但他做事的热情并没有丝毫减弱。再过近 3 个星期斯科特就要离开华盛顿去指挥韦拉克鲁斯远征行动，而在此期间从蒙克洛瓦出发的伍尔将军仍在向南边的帕拉斯推进，他希望把部队部署到恰当的位置，协助沃斯将军的行动，先头部队依旧还是罗伯特·E. 李上尉率领的开路先锋们。12 月 1 日，李在给玛丽的信中说，他进行了"一次顶着烈日的漫长行军"，路面坚硬不平，"石灰粉尘"漫天飞扬，全天走了 30 多英里，好不容易到达水源，却发现那里的水"有点咸"——这次行军异常艰难，一路上有 200 人中暑、虚脱和口渴，以至"体力不支"而"不得不被放到马车上"，几匹马和骡子"被弃之不顾［死］在路上"。家境显赫的李不由自主地把他沿途经过的"庄园"与家里的宅邸加以对比，并注意到所有的主人都逃走了，"只留下一些雇工来接待［我们］，这些人挺可怜的，遭受奴役的状况比我们那里的黑人还惨"。他在圣诞节前两天到达萨尔蒂约，并评价说，随着伍尔将军部队的到来，沃斯将军聚集起了"相当可观的兵力"，只不过他"开始对他们能否被派上用场不再抱多大希望"，因为到目前为止圣安纳仍然下落不明。李受到沃斯将军的邀请"把他的房子当成我的家"，但李显然更喜欢和他的部下一起露营。圣诞夜，他写信给玛丽，提到萨尔蒂约周围基本上是"平淡无奇"的乡村，不过这里"巍然耸立的"山峰还是值得一看的。李对鸟类的兴趣一直不减，但这里树木稀疏，因而也见不到多少鸟，他只看到过"［墨西哥］鹧鸪……比我们那里的漂亮多了"，另外还看到了不知名的 3 只蓝鸟。他仍在为自己相中的马而自鸣得意。他报告说，那匹名叫克里奥尔的帕洛米诺马"被认为是军中尤物"；吉姆·康纳利特意测量过它的

"一次飞跃……跨过一道河沟并说宽度是 19 英尺"。*他的另一匹马，也就是他在得克萨斯州买的栗色母马，步态极其优雅，但吃苦耐劳，为他驮着"重物、毯子、马鞍袋、手枪、背包和［水壶］"。（在拥有"旅行者"之前，李一直非常喜欢母马）。吉姆骑着他的第三匹马，一匹看上去"胸廓深广，强壮有力"的深栗色阉马。这 3 匹马每天都在坚硬的土地上奔跑 50~60 英里，没有任何问题。

在这里你可以一瞥职业军人李的风采，他的装备绑在马鞍上，在灼人的热浪中毫无怨言地一天前进 50 英里。圣诞节那天，他起床较早，正吃早餐时听到敌人逼近的消息，而且距离此地已不到 30 英里。"弹药和给养马车队被转移到部队后方。我们的帐篷被拆除，东西都装上马车，各支队伍也整装待发，只待一声［原文如此］号令。"李走上前，伏在草丛中，身边站着那匹备好鞍的栗色母马，他用望远镜仔细观察着"这条道路直通的隘口"，人们可以明显感觉到他的失望。传闻中的圣安纳的军队并没有出现，大家又在原地扎起了营地，厨师们开始准备圣诞大餐。"我自己也很惊讶"，他接着写那封给玛丽的信，"在恣意映照的烛光中，但见如此赏心悦目的盛宴"。即使以 19 世纪中期的标准来看，李也一直是一个多产的写信人，他的书信内容经常流露出诗情画意，令人感觉在"面容冷峻"的军人背后隐藏着另一个人。阅读他的信件时，你眼前会浮现出各种各样的形象：一位才华横溢的水彩画家，他绘制的地形图宛如艺术品一样精美；一位举止轻佻的绅士，喜欢与漂亮的年轻女子插科打诨；一个成年人，喜欢孩子气地打打闹闹和情

---

* 这像是康纳利在夸大其词，但我向这方面的行家里手威廉·斯坦克劳斯（William Steinkraus）求证过，他是著名的骑手，曾是美国奥运马术代表队的队长和金牌获得者，他说国际马术联合会（Fédération Equestre Internationale）记录的跨越长度是 28 英尺，如此看来，康纳利所言大体不虚。

意绵绵地调笑。谁知道为了把那个轻松活泼的人格伪装起来，李究竟付出了多大代价？他的真身的行迹就隐现在"恣意映照的烛光"这个出彩的词句之中。可以说，这种浪漫的词句不会出自"石墙"杰克逊的笔下，更不用说以严肃认真见长，堪称乏味大师的尤利西斯·格兰特了。它暗示着在罗伯特·E.李的内心深藏着浪漫的人格。

远处的扬尘一再误报圣安纳的军队正在逼近[17]，圣诞节后过了几天，又发生了一次误报。李忍无可忍，自告奋勇要借着夜色的掩护，去扬尘处一探究竟，"确认敌人所在的位置"。虽说深入敌境进行夜间侦察并非工程兵的本职工作，但伍尔乐见有人主动请缨，便答应了他的请求，同时命令一队骑兵在军营"外围警戒线"与李会合，充当护卫。李找到"一个墨西哥老邻居的儿子，他非常熟悉当地地形，并说服他当自己的向导"[18]。李让这个年轻人看了他的手枪，并警告说"如果他胆敢弄虚作假，就会吃枪子"，不过为保险起见，伍尔将军把年轻人的父亲扣为人质，并威胁说如果李不能安全返回，他的父亲将被绞死。

或许因天黑走错了路，李的骑兵护卫队未能如期与他会合[19]，但他不想浪费宝贵时间，决定自行前往，"陪同他的只有那个不太情愿的当地人"——这是个大胆的决定，因为他随时都有可能撞见敌方巡逻队或警戒岗哨。借着皎洁的月光，李能够看到道路上有许多马车行走过的痕迹，并由此得出结论，可能有个觅食队被派到这个方向进行搜索，如果是这样的话，墨西哥人的营地一定就在附近。李不想就这么不明不白地回去向伍尔将军交差，于是决定再往前深入数英里，直到探明警戒线所在或见到哨兵。在苦苦骑行了几英里之后，他终于看到"不远处的山上"[20]有营火。此时，他那个不情愿的向导惊慌失措，害怕被墨西哥士兵抓获，并"作为间谍或叛徒被绞死"。从当时的情况看，他的担心不无道理。他恳求李原路返回，但李仍然不满意，并告诉那个年轻人待在原地别动，他孤身前行。他能看到山上像帐篷一样的东西，骑马穿过一个漆黑的村庄，继续朝着一条小溪前进，一路上没有遇到任何盘查。他能听到前方有人在说话，便在小溪边勒住马，他这才惊讶地发现，原来在黑暗中以为是帐篷的东西其实是一大群羊，眼前不过是一群墨西哥牧羊人，他们正赶往萨尔蒂约的集市。他们被突然从黑暗中冒出的一名美国佬军官吓了一跳，但很快平静了下来，很有礼貌地向他打招呼，并告诉他墨西哥军队仍在山的另一边。李骑马回到向导等候的地方，然后两人一起返回营地。到了营地后他才发现，由于他出去侦察的时间太长，向导的父亲即将被绞死。"这个墨西哥人看到我时别提多高兴了"[21]，李后来不由得感叹。这段经历成了李最喜欢讲的故事之一，也许因为他把羊误认为帐篷像极了堂吉诃德遇到一群羊的著名场景，而墨西哥向导则相当于侍从桑丘·潘沙。

121

　　李一晚上骑马跑了40英里[22]，回到营地仅仅睡了3个小时，就又换了一匹马出发了，这次他骑得更远，直到他获知了墨西哥军队的确切动向。这件事显然给伍尔将军留下了深刻印象，因此任命李担任他的"代理监察长"[23]；李也从中深刻认识到了在执行侦察任务时不达目的誓不罢休的价值，且终生以此为戒，以及验证情报真伪的重要性，不轻信涉嫌夸大敌方实力和敌军已近在眼前的情报。尽管有许多报告声称看到了墨西哥军队的踪迹，还说敌军数量多达2万人，但实际上圣安纳的部队仍然驻守在100多英里外的圣路易斯波托西；远处扬起的沙尘其实是由风或美国骑兵巡逻队造成的。

　　伍尔的部队接到命令，要从萨尔蒂约附近向南推进数英里，前往布埃纳维斯塔（Bucna Vista），增援已在那里集结的泰勒将军部队。李除了履行代理监察长的职责之外，还忙于加强新营地的防御工事，但在 1847 年 2 月 23 日墨西哥北部的战事进入高潮之前，他被调离了此岗位。当时圣安纳终于带领1.4 万人向驻守在布埃纳维斯塔、由扎卡里·泰勒率领的 5000名美军发起攻击。这场战役以墨西哥人惨败而告终，大获全胜的泰勒回国时受到英雄般的欢迎，并被提名为辉格党总统候选人参加 1848 年的大选。尽管如此，这次胜利并没有为美军从北方进攻墨西哥城开辟道路。

122 　　在布埃纳维斯塔战役打响之前，陆军总司令斯科特与少将泰勒之间的明争暗斗持续了数月，斯科特一直坚持要把泰勒的大部分兵力纳入麾下，用于韦拉克鲁斯登陆行动，波尔克总统也早已同意了这项要求，而李离开泰勒部队也可以被认为是两人争斗的自然结果。斯科特需要泰勒手下训练有素的正规军作为骨干，以整合组织松散的志愿兵和民兵，他一到格兰德河河口附近的布拉索斯·圣地亚哥（Brazos Santiago），就致信泰勒，详细列出了他所需要的部队和人数，并命令泰勒沿格兰德河构筑"防御"工事。尽管斯科特在提出他的要求[24]时用词和语气尽可能礼貌有加，不然换作其他人说出来就像暗含讽刺意味，但他毫不掩饰自己对泰勒的鄙视，认为他不过是个业余指挥官，而且还是自己的下属，并认为任何"借道蒙特雷和圣路易斯波托西到达'蒙特苏马（Montezuma）[①]殿堂'的企图都是错误的"。

　　这两位渴望成为下一任总统的将军一直不和，后来发生的一件事进一步恶化了两人的关系，斯科特写给泰勒的"密"信

---

① 即查普尔特佩克山（Chapultepec），此地曾为阿兹特克王国的圣地，其最后一任君主蒙特苏马二世，亦即阿兹特克帝国第九代统治者，最后被西班牙征服者荷南·科尔蒂斯收服，导致阿兹特克文明灭亡。此地后被西班牙殖民者占领并修建了城堡，后来成为墨西哥总统官邸所在地。美墨两军曾在此血战。

（其中包含了在韦拉克鲁斯登陆计划的全部细节）不幸落入敌手——携带这封信的军官被"诱骗"到蒙特雷附近的一个小镇惨遭杀害，这封内含斯科特详细计划的信被墨西哥人拿走，结果圣安纳在泰勒之前就知道了登陆计划。两人之间的另一个过节是斯科特与泰勒约定在布拉索斯－圣地亚哥上游的卡马戈会面，但因为泰勒没有收到通知他会面的信，斯科特到达时他并没有到场。[25]斯科特后来以"极度失望"[26]来形容这次意外，因为他本想与泰勒当面讨论所有相关问题，确保双方步调一致。事实上，斯科特并不知道他的信被人拿走了，以为泰勒爽约纯属资历较浅的将军有意让自己难堪，他怒气冲冲地回到布拉索斯，当即下令调拨泰勒一半以上的军队到自己麾下，同时给了泰勒两个选择，要么带着少量部队驻留原地，要么来自己手下充当一个师的指挥官。"我现在别无选择，"斯科特以他独一无二的风格写道，"在未经协商的情况下，从格兰德河的军队中剥离我认为不可或缺的正规部队，去领导更大规模的志愿者和其他新兵团，攻击韦拉克鲁斯并挺进首都——只给泰勒留下足够维持蒙特雷这本不应存在的 * 防线的兵力，由其自行斟酌是否将战线收缩到格兰德河并以同样的方式加以防卫。"[27]当泰勒最终得知自己的部队被"剥离"的全部细节时，斯科特仅以"略觉遗憾"来形容泰勒的反应，但事实是泰勒异常愤怒，战后当他回到美国时便将他与斯科特的争端公开化，且一直不依不饶，一直持续到泰勒自己在白宫意外去世，原因是有一天酷热难耐，他吃了过多的樱桃并且喝了太多冰镇牛奶。比泰勒多活了 16 年的斯科特有足够的时间自说自话，他指责泰勒所犯错误之一就是在"万众欢呼和赞美声"中"忘乎所以"。

　　罗伯特·E.李上尉是被调拨到韦拉克鲁斯远征军的军官

123

---

*　　斯科特将军并不同意泰勒进军蒙特雷。

之一，这再次展现出他总是在关键时刻有如神助的特殊能力，似乎不费吹灰之力就能如愿以偿。没人知道斯科特是否点名要他，但可以肯定的是他们都是弗吉尼亚人，而且斯科特了解并尊重李——那时的战争部是个很小的圈子，当李还是工程兵团总司令的得力助手时，他们就经常见面。一贯令行禁止的李接到调令后一刻都没耽搁，他于1847年1月17日骑上克里奥尔，带着吉姆和另外几匹马踏上了旅途，奔赴250英里之外的布拉索斯。

布拉索斯是一个飘忽不定的小岛，位于格兰德河河口正中的大小沙洲间，如今它已被改造成一个军事补给站和帐篷营地，供从新奥尔良到纽约的各个港口乘船抵达的成千上万名士兵使用。斯科特将军上岛时，对"任何耽搁都会大发雷霆，并会毫不客气地写信大骂任何他认为延误了远征行动的人"[28]。李一上岛就立即被纳入斯科特的参谋部和总司令的内部委员会，并被分配住在美国海军"马萨诸塞号"舰上，斯科特本人也住在这艘军舰上。李将与他来自西点军校的朋友和同学（以及未来的联盟国将军）约瑟夫·E.约翰斯顿共用一间客舱。这对此前仅仅是伍尔将军手下一个工兵的李来说，绝对是一步登天的巨变，他因此有机会体验居高临下指导战略实施，因为斯科特并不是那种凡事都闷在心里的指挥官，而是放手让所有部下都充分了解他的意图和担忧。

备战进程令斯科特心急如焚，舰队直到2月15日才集结完毕并具备起航条件，但此时还有一批冲浪艇尚未到达。斯科特不想再等了，他要立刻出发——攻击部队必须赶在4月的黄热病季节之前拿下韦拉克鲁斯，从而迅速向内陆地势较高处推进。机会之窗转瞬即逝，一旦错过就要承担严重后果。在航行3天后，整支舰队在墨西哥的坦皮科（Tampico）港抛锚。该港口处于布拉索斯和韦拉克鲁斯之间，驻扎着大部分陆军部队，大约有 6000 人。作为封锁墨西哥东部海岸军事行动的一部分，海军早先就占领了坦皮科港。第二天，斯科特和他的幕僚上岸，迎接他的是雷鸣般的欢呼声和他最喜欢的那种完整、正规的阅兵仪式，只是为慎重起见，他没有骑上为他备好的马，而是选择步行检阅部队——斯科特的身体已经开始发胖，后来他胖得再也不能骑马了。从海上远远望去，坦皮科显得挺漂亮，但到近前一看这里到处都乱糟糟的，街道狭窄、肮脏，"贫困潦倒的"居民眼神中流露出对占领者的敌意。[29] 李花了一整天时间检查这里的防御工事，还抽空品尝了著名的墨西哥热巧克力，发现并不对他的口味，实在太苦了。在部队重新登船时，可以明显看出大家都喝了不少酒，还有些显得醉醺醺的，但是我们可以肯定，鉴于李本来就反感烈性酒，因此他无论如何都不可能品尝当地产的龙舌兰酒。

2 月 19 日，舰队再次起航，此次航程的目的地是在韦拉克鲁斯以北大约 120 英里处的洛沃群岛（Lobos Islands）中的一处避风港，斯科特的一些部队已经在那里扎营，并将此地当作剩余补给船和运输工具的"总集结地"。斯科特在新奥尔良咨询一些"老船长"时得知[30]，他的船队可以停泊在群岛中的背风处，躲过狂暴的"强北风"的袭击。其实这只是托词，迫使他这样做又不能明说的原因实际上有两个，一是其中一艘船上暴发了天花，这使他不能把驻在这个贫瘠、荒芜的岛上的更多部队接上船；二是从坦皮科出发后船队遭遇了一场猛烈的风暴，这正是他想要避开的那种"强北风"——它使得船上的人马连续两天晕船不止，马最怕遇到这种状况，部队的情况也好不了多少。李是少数几个"具有不晕船"[31] 的能力且不受影响的军官之一，他的客舱同伴乔·约翰斯顿的晕船反应就特别强烈。

125

船队在洛沃群岛一直停泊到 3 月 3 日才离开，此时斯科特仍然缺乏给养，登陆所需的冲浪艇只到了一半。这次出发后天气很好，在 3 月 5 日那天，李第一次见到了韦拉克鲁斯，以及从海上护卫着这座城市、令人望而生畏的圣胡安 - 德乌卢阿要塞。第二天，李陪同斯科特登上一艘名为彼得里塔（Petrica）*的小轮船，去考察这座城市南部的海滩。彼得里塔一度距离要塞太近，驻守其中的墨西哥人开始朝它开火——按照弗里曼的说法，这可是李从军 22 年以来头一次见识真正的枪林弹雨。斯科特考察了这一带的海滩后当场拍板，接受海军准将戴维·康纳（David Conner）的建议，选定位于韦拉克鲁斯以南不到 3 英里的科利亚多海滩（Collado Beach）作为登陆地点。这片海滩前方有两个小岛和一个离岸不远的珊瑚礁遮挡，由"一条平缓弯曲的细沙带"和"向内陆延展约 150 码处的一溜沙山"构成 32。虽然斯科特从船上看不到墨西哥人在此构筑防线的迹象，但他预计登陆时多半会遭到阻击，而且墨西哥人会把他们的大炮隐藏在沙山（更准确地说是沙丘）后面，第一波登陆士兵和海军陆战队将不得不迅速冲过去并占领沙丘地带。

登陆日原定于 3 月 8 日 33，但因担心会出现恶劣天气（事实证明是多虑了），斯科特被迫推迟了一天。实施登陆这一天，微风习习，阳光明媚。碰巧的是，3 月 9 日也是此次行动"指挥官晋升为将军的 33 周年"纪念日。这显然是一个吉利的巧合，因为第一波 2595 人的登陆部队在"纵帆船 - 炮艇"的支援下于午后顺利上岸；纵帆船 - 炮艇的优势是可以尽量靠近岸边，在必要时给予炮火支援，这进一步表明了斯科特构想的平

126

---

    *   一群未来的联盟国将军当时也在彼得里塔上，其中包括李、约瑟夫·E.约翰斯顿（Joseph E. Johnston）、皮埃尔·G.T.博雷加德（Pierre G.T.Beauregard），以及李在葛底斯堡战役的对手乔治·G.米德（George G.Meade）。

底船以及他关注细节的重要价值。李站在斯科特旁边，从"马萨诸塞号"舰艇的后甲板上目睹了登陆行动，并看到了"在许多外国军舰的见证下，整个运输船队——大约 80 艘船只，由 2 艘海军汽船和 5 艘炮艇护卫着展开这次行动"[34]。参加行动的官兵们很快登上了 67 艘平底船，并"按照事先规定的顺序登陆……没有损失一艘船，也无人伤亡"，而且几乎没有遭遇任何抵抗。墨西哥守军仅从远方发射了几枚炮弹，因为距离太远，并没有任何危险。当时甚至还有英国皇家海军的两艘战舰在场，作为这一战事的观察员，美军所有参战舰船上的全体船员都在甲板上列队，在军乐声中欢呼喝彩。第二天，斯科特将军带着他的幕僚上岸时，已有约 1.2 万人成功登陆，这足以切断韦拉克鲁斯与内陆的联系，海军则在海上将其封锁。此时此刻李尚未意识到，他即将从一名足智多谋的工程兵蜕变为一名英勇的战士和英雄。

斯科特将军刚一上岸，便立即"现场踏勘"了韦拉克鲁斯周围内陆一侧的城墙和防御工事，随行的是他所称的"内阁"，其中包括李。斯科特这样的职业军人一眼就判断出，这座有城墙环绕的城市不太容易攻破。韦拉克鲁斯的防御工事"被认为……即使不是北美最强的，也是最强之一"[35]。这座城市内陆一侧的围墙高达 15 英尺，由实心珊瑚或花岗岩块建造，每隔一段就嵌入一个"棱堡"（突出的堡垒，可以提供交互掩护火力，同时保护"幕墙"或城墙），共计 9 个，并在"每个棱堡里配置 8~10 门炮"[36]。自 1838 年法国远征军夺取过韦拉克鲁斯后，墨西哥人就开始不吝金钱和人力，全力加强这座城市的防御，其中包括作为海上屏障圣胡安 - 德乌卢阿要塞的防御。斯科特立即召集手下，向他们说明了自己的想法。"临终嘱托，"他写道，"也不见得比这更严肃。"他只看到两种选择：

127

要么在黄热病季节到来之前攻占这座城市，然后快速向内陆推进，要么围困这座城市。尽管围城耗时较长，但斯科特本人还是认为"常规围困方式"更可取，因为他担心强行攻城的做法可能会让他付出2000~3000人的代价，这会导致他没有足够的军队再向内陆进军并夺取墨西哥城，同时他也想要避免攻城而导致的"非战斗人员……遭屠杀"的惨剧。他征求了包括李在内的所有军官的意见，他们全都首选围城。

"所有的围攻都大同小异"，斯科特的说法没错。到了19世纪中叶，正规的围城已经很少见了——尽管也有例外，格兰特会在1863年围攻维克斯堡（Vicksburg），普鲁士人会在1870年围攻巴黎——但是围攻战的规则是古老的、僵化的，并且广为人知。攻击者必须首先通过在城市周围挖壕沟来"包围"目标城市，有效地隔离它，并构筑大炮阵地，在开火前敦促守城指挥官交出城市。作为"斯科特的门徒，尤其以在识别地形时独具慧眼而受到器重"[37]的李，主要负责指导挖掘5英里长的壕沟，而且挖得越来越靠近城墙，同时承担着布置炮兵阵地的重任。在此期间斯科特曾大发雷霆，因为战争部拒绝给他提供附带"重炮"的"攻城装备"，不过他在3月22日之前已经布置好了足够的重型迫击炮炮阵，敦促"墨西哥指挥官投降"的时机业已成熟。

胡安·莫拉莱斯将军（General Juan Morales）接到信就立刻身着军装，出现在休战的白旗下，在展示了一番令人眼花缭乱但对斯科特将军非常受用的军事礼仪之后，他不无礼貌地拒绝了交出这座城市的要求。美国炮兵随即开火。夜幕降临时，炮击效果更显得无比壮观，"一道炫目的强光瞬间照亮了韦拉克鲁斯的白色圆顶和阴森的堡垒"[38]，接着就是迫击炮弹击中目标时发出的雷鸣般的爆炸声，但由于弹道高、炮弹相对较小，面对厚厚的石墙和坚实的堡垒，迫击炮显得无能为力。

李费尽心思，努力要在 12 天内创造奇迹。由于许多骡子在航行中死亡，他的工作变得异常艰难，只能用人力将重型迫击炮搬运过海滩和沙丘。墨西哥人充分利用了由灌木丛和当地特产带刺仙人掌构成的茂密树篱，以及专用于坑杀骑兵的 trous de loup①（围攻战的专用词仍然是法语的，大部分战争教科书都是用法语写的），也就是底部插着锋利木桩的锥形洞，用来刺穿任何掉进去的人。此外，围城的美国人遭受缺水、大量沙蚤、急风和密集沙尘暴的折磨。到了夜里，李亲自骑马去离城墙很近的地方侦察敌情，有一次他离城墙过近，竟然惊动了墙后面的狗，发出一阵吠叫。还有一天晚上，当他回到美军防线时，不明就里的一名哨兵朝他开了一枪，幸好没打中，只是擦身而过，烧焦了他的制服——这堪称意想不到的战火洗礼，他以优异的成绩通过了这场考验。

虽然斯科特极不情愿让海军在韦拉克鲁斯的攻坚战中发挥任何作用，但他意识到自身炮火力量不足，根本没机会在城墙上打出实质性的缺口。他只好屈尊请求海军提供 6 门重炮。这对李来说是一个巨大的挑战，他必须为海军的大炮选择合适的炮台，既要尽可能靠近城墙，"又要有密集的灌木丛把它们隐藏起来"[39]。最终，李确定"在美军防线的中间部位，距圣巴巴拉堡（Fort Santa Barbara）约 700 码的一个沙脊上"[40] 构筑炮阵，并在施工过程中设法不让墨西哥人发现。海军提供的 8 英寸口径大炮每门重达 3 吨多，必须先从战舰甲板上放下，放入舰载船，接着划到海滩，然后由水手们拖着穿过沙丘并安放在炮台上。李发现水手和陆军士兵一样都不愿意挖沙子和填沙袋，但他不予理会，坚持要他们这样做。[41] 到 3 月 24 日早上，6 门海军大炮全部安置好了，并已做好战斗准备，其中一门炮

---

① 法语词，字面意思是"狼洞"。

是他哥哥西德尼·史密斯·李指挥的。正当水手们开始砍倒灌木丛并用海绵清理炮身上的沙子时，墨西哥人终于发现了海军炮台，并开始向它开火。李毫不理会不时在身边炸响的炮弹，指挥还击，显然"没有意识到他身处险境"[42]。他唯一关心的是他的哥哥。"不管我转向哪里，"他后来写道，"我的目光都会转回到［他］……如果他在我之前倒下的话，我真不知道我该怎么办……他表现出一如既往的快乐，我可以在炮火连天的烟熏火燎中看到他洁白的牙齿。"[43]（在无烟火药尚未问世的时代，枪炮密集开火时会伴随着滚滚浓烟，透过浓烟可见枪炮开火时发出的橙色火光。浓烟常使人无法区分敌我，这就是英国士兵一直到19世纪末都穿红色军服的原因之一）这种异常激烈的炮火对射一直持续到日落，第二天一大早又重新开始。这时"城墙上被炸出了一个36英尺宽的缺口，城墙上的棱堡被炸得'千疮百孔'"[44]。3月25日，驻在该市的欧洲领事们呼吁"局部休战，以使妇女、儿童和中立者能够撤离"[45]，这表明敌人的作战意志开始减弱，但斯科特回答说："除非地方长官（莫拉莱斯将军）亲自提出要求，而且要有投降的意思，否则不会休战。"于是，到了第二天，适时"装病"的莫拉莱斯将军便委托副手J.J.兰德罗将军（General J.J. Landero）出面，正式要求商谈投降条件。3月27日，美国军队占领韦拉克鲁斯。4000多名守军列队出城，放下武器，并被作为战俘释放回家（斯科特没有办法养活他们）。仅坚持了18天，墨西哥的"主要对外贸易港口连同400多门大炮便落入美军之手，而美军仅付出了牺牲64名官兵的代价"[46]。

斯科特在发给国内的信件中称赞了李作为一名工程师及助手所完成的出色工作。更重要的是，李以战时军人身上特别珍贵的两种品质从同级军官中脱颖而出：勇气和专业知识（从军事上来说，两者相辅相成，缺一不可）。然而，他本人在有了初次战争经历后非但没感到高兴，反而有些郁闷。他骑着马绕着韦拉克鲁斯残破的城墙察看，仔细评估海军大炮发射的1800发炮弹，以及他精心布置的迫击炮发射的2500发炮弹打击的效果，随后他写道："太可怕了！我为这里的居民感到悲痛。我不太关心士兵们的遭遇，但一想到妇女和儿童心里就很难受。"[47] 然后，就像未来他经常表现出的那样，他既没有欢呼胜利，也没有表现出取得胜利后的心满意足。

当李看着韦拉克鲁斯的凄凉景象，损毁的房屋，"肿胀的动物尸体"散见于街头，还有一排排等待下葬的平民尸体，他的心境或许与威灵顿公爵于1815年骑马巡视滑铁卢战场时是一样的，并且对他当时那句简短的感慨深表赞同："除了战败，没有什么比一场胜利更令人难过了。"[48]

不管李有多少缺点，为了荣耀而不惜付出一切从来不在其中。

从韦拉克鲁斯到墨西哥城有280英里。斯科特面前本有两条可选的路线：一条是向南，绕过距离韦拉克鲁斯约90英里的天然屏障马德雷山脉（Sierra Madre），该山脉正好横亘于他前进的方向；另一条是向北，路途稍远，也更陡一些，需要穿过克鲁斯布兰卡（Cruz Blanca）隘口。两条路在距离墨西哥城100英里的普埃布拉镇（Puebla）交会。一番斟酌后，斯科特认为还有一条更好的路线[49]，即所谓的国道，也就是科尔特斯（Cortés）① 在1519年走过的路线，从韦拉克鲁斯周边的铁拉卡连特，即温热的沼泽地出发，经过哈拉帕（Jalapa）、

130

---

① 埃尔南·科尔特斯（Hernán Cortés，1485~1540），殖民时代活跃在中南美洲的西班牙殖民者。1519年4月，他率军在墨西哥东海岸登陆，入侵并最终摧毁了阿兹特克帝国，建立了西班牙殖民地。

佩罗特（Perote）和普埃布拉，然后绕过著名的波波卡特佩特山（Mount Popocatépetl），最后下行至墨西哥大峡谷。这条路要跨过由西向东的多条河流，在无数陡峭的峡谷中蜿蜒穿行，并且通过多处"狭窄的隘口"[50]——其中每一处都是设伏的绝佳地点；斯科特的部队将会沿着国道拉出很长的队伍，且三个师之间相距甚远，在遇到麻烦时无法互相支援。尽管危险重重，斯科特还是决定冒险前行。事实上，斯科特的确在跟时间赛跑。因为几乎不可能为炮兵和补给车辆征集到足够的骡子和马，他在韦拉克鲁斯耽搁的时间远超预期。他的两个手下已经死于黄热病，所以他别无选择，只能铤而走险，依靠一条不断拉伸、勉强维持的补给线深入敌境。此举凶多吉少，因为即使少量敌军或游击队也能随时切断他的补给线，并同时切断退路。在华盛顿，波尔克总统听说这一"重大的军事错误"后不禁扼腕叹息；而在遥远的伦敦，威灵顿公爵一直密切关注着斯科特的动向，当根据媒体对战事的追踪报道在地图上画出路线后，他不由得感叹："斯科特完了……他没法返回大本营了。"[51]

自进军墨西哥城的行动开始之后，斯科特对于接下来的行动方案似乎有些敷衍了事。这并不难理解。此时此刻他面临着多个难题，一个是怎样获得有关圣安纳动向的可靠情报；另一个是他手下的两个师长，脾气急躁的戴维·E.特威格斯（David E.Twiggs）和阴郁敏感的威廉·J.沃斯不停地争吵。斯科特的老朋友沃斯言辞激烈，毫不客气地指责斯科特命令特威格斯的部队，而不是沃斯的正规军打头阵。按照一位同情斯科特处境的军官的话说，沃斯的行为只能说明他被"骄傲冲昏了头脑，专横跋扈到了无以复加的地步"[52]。虽然斯科特想方设法安抚朋友，但他并不打算收回成命，而他苦口婆心、不惜耗费大量时间的努力都被沃斯视为对他荣誉的侮辱。沃斯不惜就此与斯科特将军撕破脸，就像阿喀琉斯（Achilles）①一样回到自己的帐篷里生闷气。最终结果是，特威格斯先行启程，于 4 月 9 日离开了韦拉克鲁斯，陆军少将罗伯特·帕特森（Robert Patterson）属下的志愿兵随后跟进，接着在 4 月 12 日斯科特及其参谋团队动身，殿后的沃斯直到 4 月 16 日才出发。打头阵的第一师与最后出发的师在时间上相隔了一星期左右，这种安排实在欠妥。志愿兵军纪散漫的说法并非空穴来风，他们很快就吃光了口粮，还因为酷热难耐而随意脱离行军队伍，扔掉他们自认为多余的行装，一看到阴凉处就马上离开大路跑过去躲避阳光。

斯科特早先命令特威格斯向位于西北方向大约 40 英里处的哈拉帕镇前进，人们由此推断他认为圣安纳就驻扎在马德雷山脉的另一边。事实上，圣安纳在布埃纳维斯塔战败后便回到了墨西哥城，重新确立了他在政治上的主导地位。他还募集了一支新的军队，现在已经先于特威格斯以大约 1.2 万人的兵力＊占据了有利地势，以逸待劳。假如圣安纳真的是西方的拿破仑，他就会派出骑兵侦察，而侦察兵也能轻易发现国道上美国军队长长的、凌乱分散的队伍。但他没有这么做，而是在这支队伍的必经之路布好阵，这就给斯科特提供了宝贵机会，在与圣安纳交战之前集结起自己的部队。当然，圣安纳的部队缺乏实战经验，而且训练不足，他可能对此心知肚明，因而宁愿采取守势。事实上，他何尝不想主动出击，快速机动从侧翼发起攻

132

---

① 《伊利亚特》书中记载，在特洛伊战争进行期间，阿喀琉斯与统帅阿伽门农发生了争执，起因是阿伽门农夺走了阿喀琉斯的战利品女奴布里塞伊斯，阿喀琉斯感到自己的荣誉受到了极大的侮辱，公开斥责阿伽门农，愤然离营并拒绝再战。

＊ 墨西哥军队的人数一直缺乏确切数据。弗里曼认为圣安纳在塞罗戈多（Cerro Gordo）有 8000 人，其他人给出的数字要高得多。不论具体数字是多少，他掌控的部队人数肯定超过了斯科特部。

击，但以部队现状来看，居高临下的阻击战恐怕胜算更大，但不可否认的是，他白白错过了一次良机——那也许是墨西哥取得决定性胜利的唯一机会。

李陪同斯科特将军离开韦拉克鲁斯两天后，一路行军抵达安提瓜河（Río de la Antigua）上的国民大桥，"这座雄伟的大桥高达 50 多英尺，长近 1/4 英里，站在桥上可以俯瞰蜿蜒而来的河水急速穿过两岸郁郁葱葱的植被的美妙景色"。[53] 斯科特原本担心圣安纳会在此据险死守，因为它构成了一个明显的"瓶颈"，但令他宽慰的是，这座桥既无敌军防守也未遭到摧毁。他们骑马过桥后又前行了数英里，来到另一条河边——河水不深但水面开阔、流速极快的普兰河（Río del Plan），他们发现走在前面的美军两个师在一片开阔地上扎营，用砍下的树枝当立柱，上面盖上青草和树叶，搭起简陋的凉棚。斯科特骑马经过时，部队官兵一片欢声雷动。"没有任何一个指挥官，"他后来以其特有的沾沾自喜的口吻写道，"曾受到过比这更热烈的欢呼。"[54]

斯科特到达营地后开始听取部下汇报，他得知圣安纳及其军队就驻扎在西边离此地仅数英里的高地上，具体情形不详。美军手头为数不多的墨西哥地图既粗略又不可靠，所以无论是特威格斯将军还是帕特森将军，甚至斯科特本人都不清楚未来会发生什么。甚至没人知道国道的确切走向。斯科特早就有令，如果特威格斯与敌军不期而遇，他不得轻举妄动，必须等待帕特森带着志愿兵赶来。特威格斯素以鲁莽冒进而闻名，因此斯科特要设法对他加以约束。事实上，就在前一天，当特威格斯意识到墨西哥人就近在眼前时，他当即下达了进攻的命令，只是因为帕特森及时赶到才制止了他的行动。帕特森的身体状况好转后便接管了指挥权。这很幸运，因为当时沃斯所部还在韦拉克鲁斯，斯科特的兵力是 6000 人，而圣安纳有 1.2 万人。

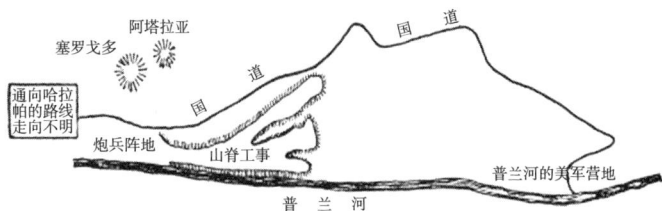

1　塞罗戈多战役示意图

　　很显然，当下美军急需展开侦察活动，斯科特便选择了李"那个不知疲倦的工程师"[55]来负责这个行动。第二天，即4月15日早晨，李奉命出营侦察敌情。他走出没多远便发现了敌军踪迹，且粗粗一看便意识到无论圣安纳将军有多少缺点，在选择阻击阵地时还是颇具眼光的。圣安纳在距美军营地大约1.5英里的位置构筑了防线，堵死了美军前行的道路。在这条蜿蜒曲折的大道北面，矗立着两座平顶、圆锥形的山丘，即塞罗戈多山（Cerro Gondo，又名"埃尔泰莱格拉夫山"）和稍低的拉阿塔拉亚山（La Atalaya），山顶上有座瞭望塔。一条山脊向东北方向延伸，大致与道路平行。圣安纳在每座山上都布置了炮兵阵地，并占据着有利位置，他们在压制着山下道路的同时还可以互相支援。道路往南至河流之间的地面被迷宫般的陡峭峡谷分割开来，这些峡谷又被三条扁平的山脊隔开，这三条山脊活像一个人同时伸出的大拇指、食指和中指，直指美军营地。圣安纳在每个指尖上都挖掘了"土石坑"充当炮兵阵地，同时配备了大量步兵予以保护。圣安纳的左翼依托拉阿塔拉亚山，右翼则靠着普兰河。河北岸极其陡峭，形成了一条近四分之三英里长、参差不齐的河岸线。

　　特威格斯手下的工程兵们初步勘察了地形后得出结论，从侧面攻击圣安纳沿河构筑的右翼阵地难度很大，绕过两座山中较低的拉阿塔拉亚山直取他的左翼是打击他的唯一有效方式。

134

李在写信给玛丽时，禁不住从一个职业军人的角度评价了一下特威格斯的攻击计划，但他毕竟只是上尉，在批评少将时要尽量把握好分寸，尽管如此，他在段落的末尾还是流露出了显而易见的嘲讽意味："墨西哥人防线的右翼位于河岸上的一块高耸的巨石之上，无论人还是野兽都难以攀登，他们的左翼则位于无法逾越的峡谷陡坡上；防守主路的是35门大炮组成的野战工事；他们的后方是塞罗戈多山，周围是堑壕，其中安置了大炮，而山顶上有座俯瞰一切的高塔——它［作战计划］打算指引我们的部队迂回包抄的正是这支军队。"56 *

李在后期作战时展现出的拿破仑式"神奇一瞥"（coup d'oeil de génie）的特殊才能此时已显现出来了。在别人看来，眼前的地形地貌本来就够令人眼花缭乱了，而密密匝匝、恣意生长的树丛和荆棘灌木丛更是乱上加乱，但他只需一眼就能看出其中端倪。他立刻明白了圣安纳阵地占尽了地利，以及正面进攻存在的危险，但是他认为自己找到了一个更好的方法，那可比企图在敌人的眼皮底下向拉阿塔拉亚以北推进高明多了。

特威格斯手下一名工兵爬到了墨西哥军队阵地左翼所在的陡坡腰部，那里生长着浓密厚实的灌木丛，圣安纳认为"就连长耳大野兔都无法通行"57。李决定亲自走一趟，并打算潜行到更远处，他坚信这条路会通向哈拉帕的道路和两座小山的下斜坡处，那里应该是墨西哥防线最坚固的位置。尽管他的两侧高地上都有墨西哥守军58，但他在灌木丛中不紧不慢地"设法"辟出一条通道，确保自己不被敌军发现，走着走着，眼前

---

* 　军事爱好者们会注意到一个有趣之处，此处地形以及圣安纳在这里的部署很像1863年葛底斯堡战役第二天，乔治·米德在墓园岭上占据的位置，其中包括他左边的两座山。

突然出现了一小片空地，中间涌动着一汪泉水，还有一条显然是"无数人踩踏过的"小径通向别处。

就在仔细察看周边环境时，他听到说西班牙语的声音，他赶紧躲到泉水附近的一根原木后面。当这些墨西哥军人停下来喝水时，李悄然移身到原木底下藏起来。此时他动弹不得；为了不暴露自己，他连大气都不敢喘。两名士兵坐在离他不到 3 英尺的木头上，另一名士兵跨过木头，差一点踩到李的后背上。接下来，一拨又一拨的士兵来了又走，这里显然是"[左翼]守军的水源"[59]。李一整天一动不动地躺在酷热中，饱受昆虫叮咬和口渴的折磨，焦急地盼望着夜晚的到来。尽管在走过曲折的峡谷后很难准确地确定自己的位置，但他能推断出，自己目前已经深入敌军左翼后方，就在通往哈拉帕的道路附近。

夜幕降临后，李终于能够动身了，在黑暗中原路返回的难度超出想象，他手脚并用，穿过茂密的灌木丛，下到坡底，返回篝火明亮的美军营地。李确信，可以组织一个工作队在峡谷中开辟一条小径，而且被墨西哥人发现的可能性不大。斯科特批准了这个提议。"一个先锋工作组"仅用了一整天的工夫，也就是到了 4 月 16 日傍晚时分，就辟出了一条大体上可以通行的小路，与此同时，李继续深入敌后探查敌情，这次他比前一天走得更远。"他没有走到通往哈拉帕的那条路，美军要想阻断墨西哥人的退路，就必须占领它"[60]，但他有充分的理由相信他已经十分接近了，而且只要美军沿着新开辟的道路坚定地向前推进，即可拦腰斩断圣安纳设在此处的防线，紧接着向他防守在拉阿塔拉亚周围的左翼展开攻击，即便墨西哥军队占据着高地并且拥有令人生畏的野战工事，美军也能成功地将其一半兵力包围起来。

斯科特命令李第二天引导特威格斯的师沿着小路推进，并决定在 4 月 18 日, 即沃斯的师赶到并合兵一处后正式展开攻势。具体作战计划是, 在李的引导下, 特威格斯率全师穿过峡谷并绕过墨西哥人防线左翼突出部位, 对拉阿塔拉亚和塞罗戈多山发起进攻, 陆军准将吉迪恩·皮洛 (Brigadier General Gideon Pillow) 同时开始攻击盘踞在美国军营前面的 3 个墨西哥炮台。与此同时, 沃斯的师则采取大迂回的方式, 从侧翼发动进攻, 用拳击术语来说, 就是打出一记"右勾拳"——目标是占领塞罗戈多山后面的国道, 切断圣安纳的退路。一旦上述行动全面展开, 其余部队将全力攻击国道上的守军, 中心开花, 迫使墨西哥人退出阵地, 使之除了投降, 再无其他出路。

就像战争中经常发生的情况一样, 上述计划除了李发挥了应有的作用之外, 其余均未按原计划进行。部分问题是斯科特的各师指挥官仍然意见不一。沃斯仍是一肚子气[61], 特威格斯顽固且鲁莽, 帕特森依旧病着, 其副手皮洛给人的印象十分冷漠, 事实也的确如此, 还有人因为他与波尔克总统私交甚密, 怀疑他是总统派来监视斯科特将军的。他们都讨厌斯科特的资历、颐指气使的态度和夸夸其谈的做派。斯科特本人极其准确地把握住了这些高级军官的精神风貌, 他后来把皮洛将军描述为"我所认识的人中, 唯一丝毫不在意真与假、诚实与不诚实的人"[62], 皮洛的部下则嘲笑他是"集虚荣、自负、无知、野心和不实于一体的人"。这种相互掣肘的关系当然不利于战事, 但这种状况在军事史上并不鲜见。

4 月 17 日清晨, 李带领特威格斯的部队沿着他手下的先锋队清理出来的小路缓缓上行。这是一次异常艰难的行军, 沿着一条"从长满橡树、牧豆树、灌木丛、仙人掌之类无法通行的地方刀劈斧砍出的"[63]简易通道前行, 炮兵尤其不容易, 只能靠着手拉肩扛把大炮运上陡峭的谷坡。此次行动本意是想让部队神不知鬼不觉地上到峡谷坡顶, 尽可能靠近拉阿塔拉亚, 然后"埋伏"

起来过夜，等到第二天清晨按计划与其他部队同时发起进攻。[64]
但是原计划意外受挫，有个士兵踩到了一块松动的石头不慎滑
倒，由此造成"砰的一声响和一串噼噼啪啪的响动"。他所在连
的连长拔出剑朝他冲过来，怒吼道："你这个可恶的混蛋，如果
你不小声点，我就一剑刺穿你！"[65]士兵们哄然大笑，一下子暴
露出有很多人在爬山。当特威格斯派第七步兵团的先头连到峡谷
坡顶观察墨西哥人的动向时，他们惊愕地发现"成群结队的"敌
人正从前面的高地向他们扑过来。偷袭是不可能了，特威格斯当
即命令两个团往前冲，奔向拉阿塔拉亚。"对不起，将军，"一名
团长问道，"请问我们要把他们打到哪里去？"

"让他们见鬼去吧"[66]，特威格斯情绪激昂地回答，他的部
队遵命奋力拼杀，一举击溃了墨西哥人的防线，猛攻并占领了
拉阿塔拉亚；紧接着他们对停止前进的号令充耳不闻，顺着西
面的山坡冲了下去，然后开始向上攻击附近的塞罗戈多山，但
敌军猛烈的炮火遏制了他们的攻势。幸亏李设法把3门轻型火
炮运到拉阿塔拉亚山顶来掩护他们撤退，不然他们将难逃被屠
杀的厄运。

尽管弗里曼评论说李"觉得到目前为止一切都进行得很完
美"[67]，但事实可能并非如此。特威格斯失去了突然袭击的机会，
然后又在友军尚未部署到位的情况下擅自发动进攻，破坏了斯科
特集中兵力重拳出击的原计划。此外，当他向自己的两个团下达
冲锋令时，他就失去了对它们的控制。沃斯认为特威格斯不只行
事鲁莽，还根本没有脑子。他那"孟加拉虎"的绰号不是没来由
的，动作神速，野性十足；许多人还认为他是美国军队中最粗俗
的军官，这也并非夸大其词，因为他的确是脏话连篇。

李几乎整夜都在指导把"重型火炮拖上山"的工作，考虑
到那里的地形，能做到这一点本身就是奇迹。然后，他让士兵
们把大炮安放在拉阿塔拉亚山顶的最佳位置，准备早上开始的

137

炮兵决斗。斯科特似乎已经想好了，既然特威格斯提前发动了进攻，干脆就趁热打铁，命令他在己方炮火的掩护下攻击塞罗戈多山。与此同时，李将带领特威格斯的一个旅绕过这座山的"北侧"，奔向他早先爬上山坡侦察过并认定距离通往哈拉帕的道路并不远的位置。

斯科特一大早就骑着马去察看战况。李将军率领的第二旅刚出发便遭到侧翼炮火的袭击，该旅立即分成两队：一队在贝内特·赖利上校（Colonel Bennett Riley）的指挥下，占据了塞罗戈多东南坡的阵地；另一队则在李的带领下，绕过塞罗戈多，突袭哈拉帕路上的一个墨西哥炮台。李现在正从相反的方向接近他侦察时到达的最远点，事实证明，通向哈拉帕的那条路所处位置与他的猜测基本一致。令人赞叹的是，尽管李冒着枪林弹雨，但他不时会停下收拢墨西哥伤兵。其间，他偶然发现了"一个墨西哥男孩，可能是鼓手或司号兵，他被一个垂死的士兵压在底下，一条胳膊已被炸烂。他旁边有一个小女孩……很为难地看着这个男孩，不知该怎么帮他。'她黑色的大眼睛淌着泪水，'李回忆道，'双手交叉放在胸前；她梳着一根长至腰部的辫子，胳膊和肩膀裸露着，赤裸着双脚。当我把那个奄奄一息的人从男孩身上移开时，她那句"Mille gracias, Señor"（西班牙语：非常感谢，先生）话语中满含悲伤[68]……至今还在我耳边回响'"。

这不像是立下赫赫战功、铁石心肠的英雄说话的语气。李在这封写给儿子卡斯蒂斯的信中表达了他的真情实感。这封信是在战争结束仅一周后写的，其中充满了令人动容的悲怆、自然流露的同情心，并可见他在把握可信细节方面的天赋。就在同一天，他写信给玛丽，"你真不知道战场呈现出多么可怕的景象"，他会一次又一次地表达这种感觉，直到有一天彻底遂了他"刀剑入鞘"的心愿。

李在确保有人照料墨西哥伤员之后，重新加入了攻打墨西哥炮台的行动，该炮台的守军很快就投降了。这时希尔兹将军和赖利上校已经占领了墨西哥守军左翼的两座山，穿过了通往哈拉帕的路，从而切断了墨西哥军队从右翼撤退的通道。斯科特的作战计划只有一部分 [69] 失败了，那就是皮洛将军对 3 个"手指"的攻击，墨西哥人在指尖上部署了炮兵，炮火完全可以覆盖眼前的美军营地。皮洛在峡谷中迷了路，误将中间的手指当作攻击目标并展开行动，此举使其旅的一部分陷入"杀伤力极大的"交叉火力之中。皮洛的胳膊受了轻伤，他以此为理由交出指挥权，随即退出了战场。

尽管错失众多良机，皮洛的进攻行动也失败了，但这场后来被称为"塞罗戈多战役"的战斗以美国大胜而告终。超过 1000 名墨西哥士兵战死，3000 人被俘，其中包括 5 位将官，外加 40 门大炮和"数千件小武器"* 被美军缴获。[70] 圣安纳抛弃了他的马车、战马、文件和"钱箱"，骑着骡子逃走了。美军的损失是 263 人战死，368 人受伤。塞罗戈多大捷使得斯科特可以沿着国道，长驱直入哈拉帕、佩罗特和普埃布拉，距离墨西哥城很快就仅剩下四分之一的路程了。

令人惋惜的是，眼看着最终的胜利唾手可得，但志愿兵们的一年服役期满了，几乎所有人都选择回家。取得了阶段性胜利的斯科特因此深受影响，被迫在普埃布拉滞留了 4 个月之久，等待援军到达，而圣安纳则忙于募集一支新军队来保卫墨西哥城。

斯科特在塞罗戈多的胜利在很大程度上要归功于李勇敢的侦察。此战后不久，他被提升为名誉晋级少校。希尔兹将军对他的"沉着冷静和大无畏精神"大加赞赏。特威格斯将军的总结报告中有一整段专门提到李，对他提供的"宝贵的服务"以

139

---

* 斯科特释放了全部战俘，约定的条件是他们不再拿起武器，因为他没有足够的粮食供养他们。那些"小武器"因为太破旧，他下令全部予以销毁。

及"他在这两天表现出的英勇和品行端正"不吝赞美之词。不过，对他的最高评价则全部来自斯科特将军，他觉得"必须特别提及 R.E. 李上尉，以及他手下的工兵们做出的贡献……这位军官在韦拉克鲁斯的围城战中已有出色表现，在这些行动中再次表现出不屈不挠的精神，在侦察敌情时不畏艰险，其功绩极具价值。他在构筑大炮阵地，并冒着敌人猛烈的炮火引导炮兵入位方面也同样做出了不容忽视的贡献"。[71]

李的英雄壮举传遍了整个部队，相关传言也很快成了国内街谈巷议的话题。他展示了自己的侦察技能；他非凡的勇气，缺了它任何其他军事美德都毫无意义；套用吉卜林（Rudyard Kipling，1865~1936）[①] 的话说，当他周围的人都失去理智时，他有保持冷静的能力。总而言之，他是个完美无缺的武士。正是这些品质加上良好的举止和绅士风度，让他父亲赢得了乔治·华盛顿的信任和尊敬。

李同他的战友们一样都暂时困在了普埃布拉。这里景色宜人，李很开心，他在写给玛丽的信里说："这是我在墨西哥见过的最美丽的田园风光，与我在任何其他地方见过的美丽景色不相上下，[但是]我真想原封不动地把它搬到美国，我和你还有孩子们一起生活在一个色彩缤纷、赏心悦目的峡谷里。"[72]即使是不偏不倚的观察者也会禁不住被眼前美丽的乡间景色和其中居民贫苦的生活打动。

140 　　为了打发时间，李忙于清点墨西哥军队储存在普埃布拉的军火，同时还要做一件更重要的事：尽可能精确地绘制一张普埃布拉和墨西哥城之间的地图，并从"旅游者和当地人"那里广泛收集信息，重点标明通往首都的所有道路。[73] 所有与他

---

① 英国小说家，诗人，诺贝尔文学奖获得者。

交谈的人都证实，每条道路都有"重兵把守并构筑了防御工事"[74]，雪上加霜的是，这一带地形尤其复杂，这一点自科尔特斯时代以来就没有太大的变化。在城市的东面，国道两侧紧挨着不深但水面开阔的三个湖*以及大片沼泽地，形成了一条最窄处不到 5 英里宽的天然堤道。显而易见，任何沿国道由东向西进攻墨西哥城的企图都不太可能成功——这是一个自然的瓶颈，有利于墨西哥人防守。至于是绕过特斯科科湖进军到城市北部，从其后边发起进攻，还是绕过查尔科湖和霍奇米尔科湖从南部进军，实在难以定夺。目前看来，前者绕行距离最长，而且李询问过的每个人都警告说，查尔科湖东岸几乎没有像样的路可走。绕道南部两个湖的道路距离短，路况也好，但在靠近首都的数英里路段，它与一处难以逾越、寸草不生、坑坑洼洼的黑色火山岩并排而行，此处被称为佩德雷加尔（Pedregal），是一个古老的熔岩床，其东侧在它和霍奇米尔科湖最西端之间形成了一条不到两英里宽的通道。有着深深的裂缝和锋利的岩石的佩德雷加尔，构成了一道令人生畏的天堑，人徒步穿越都困难重重且险象环生，马根本无法通行，因此也就无法把大炮运过去。

尽管普埃布拉景色宜人，但斯科特对这种延误感到恼火，形容他的滞留"旷日持久而令人生厌"。旷日持久，此言不虚。自塞罗戈多战役胜利以来，斯科特的军队已在哈拉帕待了近一个月；部队在 5 月底即已抵达普埃布拉，一直等到 8 月 7 日。即使以 19 世纪中期的标准来看，这个进程也算缓慢的了，但在此期间斯科特也没闲着，他不停地与波尔克总统和国会交涉，而且无论如何，他都要争取到增援以取代那些回家的士

---

* 公路北面是其中最大的特斯科科湖（Texcoco），南面是霍奇米尔科湖（Xochimilco）和查尔科湖（Chalco）。

141 兵，然后才能采取实质性行动。新兵来得很慢，而且每次来的人都很少——斯科特认为波尔克总统应对延误承担责任，这种想法不无道理。

到8月的第一周，他有大约1.4万人，其中2500多人患有痢疾（19世纪军队的瘟疫，原因是卫生设施不足，以及人们对最基本的个人卫生标准也不了解），另有大约600名伤员。绝望中的斯科特决定离开，他集结了驻在韦拉克鲁斯和哈拉帕的剩余部队，普埃布拉交由伤病员驻守，并且几乎切断了他"与国内联络"的线路。[75] 这堪称现代战争史上最大胆的壮举之一——就如出口成章的斯科特所说的那样："我们只好扔掉剑鞘，手握利刃前行。"

李上尉和斯科特一起离开了普埃布拉，与他们同行的还有两位工兵中尉：一位是P.G.T. 博雷加德——后来的联盟国将军和第一次公牛溪战役［First Battle of Bull Run，在南方被称为"第一次马纳萨斯战役"（First Manassas）］的胜利者；另一位是乔治·B. 麦克莱伦（George B. McClellan）——后来的联邦军队波托马克军团指挥官，他将与李在安提耶坦［Antietam，在南方被称为夏普斯堡（Sharpsburg）］打一场未分胜负的血战。圣安纳选择留在墨西哥城加强防御，斯科特的部队则前去挑战，并于8月10日抵达"里奥弗里奥山"一带，一路上未遭到像样的阻击。他们终于可以登高远望，俯视宽阔肥沃的谷地，以及坐落在谷地中央的"蒙特苏马的华丽皇宫，如今伟大共和国的首都"，而"高达1万英尺的波波卡特佩特山（Popocatepetl），显然已近到触手可及，看上去令人心生敬畏"。[76] 更重要的是，众人初见墨西哥城，即已证实了李所绘制地图的准确性，并促使斯科特最终下决心"通过绕行查尔科湖和霍奇米尔科湖南部，攻打该城强大的东部防线"，而这也正是李在绘制地图时所预料到的。[77]

　　这条路能否承载大炮和马车还是个未知数，李亲自带队进
行了大胆侦察并解决了问题，于是部队继续向南绕过两个湖进
军圣阿古斯丁（San Augustin），这里是墨西哥城以南约 10
英里处的一个十字路口。它的位置对美国人来说是极端危险
的。各路情报称圣安纳的部队多达 3.5 万人，他至少有 4 个月
的时间在通往这座城市的每一条道路上修筑防御工事，甚至搜
罗了这座城市教堂里的大钟，用以铸造大口径大炮来弥补他在
上次战役中丢失的人。此时斯科特只有 1.2 万多人，既无退路，
也无法再得到补给，只能就地解决军队的给养问题。此外，圣
安纳现在具备了"内线"作战的优势，无论他在墨西哥城外围
何处遭到袭击，他都能迅速予以增援。尽管圣安纳是一位称职
的军事领导人，但他缺乏斯科特的灵活机动和专业技能。在士
兵们的眼里，圣安纳是一个令人敬畏的组织者和魅力非凡的
人物；事实上，他最大的弱点不在军事领域，而是在墨西哥险
恶的政治流沙中缺乏稳固的立足点。战争持续不断的一个原因
是，没有一个墨西哥人愿意承担和谈的责任。

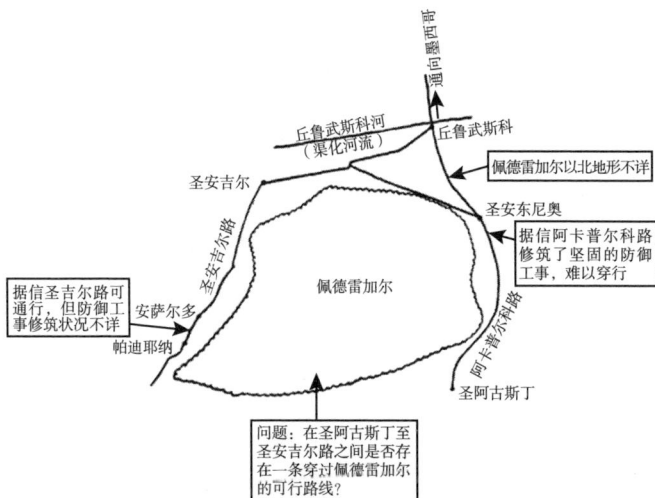

2　进军丘鲁武斯科示意图

143　　　　从圣阿古斯丁向前的道路走向模糊不清，难以辨认。斯科特在那里待不了多久，因为他现有的粮草很快就会被消耗得一干二净，而且圣安纳既然已经知道美军将从哪个方向进攻，任何拖延都会让他进一步加固这座城市南面的防御工事。沿着阿卡普尔科公路（Acapulco road）直接赶到距离圣阿古斯丁大约 5 英里的圣安东尼奥庄园，是通向墨西哥城的最短路线，但这样走会面临巨大的风险。圣安东尼奥防守严密，美国人无法离开公路迂回前进。公路的一侧是佩德雷加尔火山熔岩区，里面满是破碎、锋利的岩石；另一侧是沟渠密布、松软的沼泽地，大炮到了这里肯定会陷入泥潭。斯科特认定，如果他的军队能绕过佩德雷加尔，从其西侧沿着圣安吉尔路（San Angel road）向前推进，他就能顺利地接近圣安东尼奥的后方。但前提条件是，要有人冒着巨大危险深入佩德雷加尔，探察出一条穿越这个地带的小路，尽可能缩短行军距离。他命令沃斯部沿着阿卡普尔科路向前走一小段，以吸引圣安东尼奥守军的注意力，同时命令李穿过佩德雷加尔，看看是否能探出一条路。李很快发现在佩德雷加尔的南部边缘有一条小径，"步兵可以通行，只需稍加平整就能让炮兵顺利通行"[78]。然后李继续前进，直到抵达名为萨卡塔佩克的一片高地，并在此"遭遇了一支强大的墨西哥军队，他们开了几枪，然后便撤退了"。李和他的护卫队抓了 5 名俘虏，李借机爬上了萨卡塔佩克（Zacatapec）的顶端，他站在高处能清楚地看到敌人在圣安吉尔路靠近帕迪耶纳村（village of Padierna）的位置构筑了坚固的防御工事。李据此推断，如果墨西哥人可以通过一条简易的"骡道"[79]穿过熔岩区的西南部，那么美国人肯定可以从相反方向穿过它，从后方向墨西哥人的阵地发起攻击。他回到圣阿古斯丁向斯科特报告这一发现。

　　　　斯科特照例召集战事委员会，听取所有指挥官的意见，然后决定采纳李的建议：李将带领一支先锋队，带着镐和铲穿越佩德雷加尔，平整出一条适合炮兵通行的小路。到 8 月 19 日下午，李已在其能力所及的范围内平整出了一段路，在最远处，他的先锋队遭到来自驻守圣安吉尔路上帕迪耶纳村墨西哥军队的袭击，据信该村守军有大约 5000 人并配备了 20 多门炮，并被认为是由圣安纳手下最得力的干将之一加布里埃尔·巴伦西亚将军（General Gabriel Valencia）指挥。李再次扮演了拓荒者 [80] 的角色，穿过佩德雷加尔，找到了特威格斯将军；在征得特威格斯的同意之后，李率领特威格斯师的一个团向前击退敌军；他还在峡谷边缘一处高地上构筑了美军炮兵阵地，这里离墨西哥军队的阵地不到 30 码，其中一支炮兵队由中尉托马斯·J. 杰克逊指挥，他就是后来大名鼎鼎的"石墙"杰克逊。在两军炮兵交火过程中，李一直和炮兵在一起 [81]，其间站在他身边的一名军官是老朋友乔·约翰斯顿的侄子，被炸掉了一条腿，不久后因伤不治而亡。

英国海军名将纳尔逊曾以"暖身活动"形容这种情形，在此过程中，李充分表现出在战火中临危不乱、镇定自若的品质。李不顾自身安危，勇敢涉险的表现并无特别之处，在不抵抗还是找掩护都不可想象的那个时代，那是军官们所应具备的最基本素质，因为即使置身于最猛烈的炮火之中，士兵们也都必须保持站立的队形，否则根本无法用近 4 英尺长的推弹杆给前装火枪装填火药，而军官们的标准举动就是拔出剑步行，或者一马当先，带领士兵们进攻，当然后者的危险性更大。在李的整个军事生涯中，他完全不在乎自己的安危，一些勇敢之士在评价他大无畏的精神时或无限钦佩，或深感担忧，即使在内战时期他已成长为威名赫赫的将军，仍然如此。当他跨上战马、头戴著名的珍珠灰色帽子时，他立刻会变得十分显眼，成为一个完美的靶子。当然，在任何军队中，都有很多人能"鼓

144

足［他们的］勇气到无以复加的地步"[82]，但李与他们不同——就像他父亲一样，李的勇气是天生的、自然的、非刻意的，不需要人为努力。他似乎根本不知道什么叫害怕；他也不像某些人那样，借助于消除理性思考而获得勇气。他率先认识到正面攻击墨西哥阵地几无胜算[83]，因为墨西哥人阵前有个峡谷，并很可能用密集的炮火"狂扫"它，因而他建议改为取道佩德雷加尔北边的一条小径，直接抵达帕迪耶纳村后方，再穿过圣安吉尔路，切断巴伦西亚将军回撤墨西哥城的退路。

不幸的是，随着越来越多的美国军队会集一处，一场混乱的正面进攻开始了，结果不出李将军所料，进攻失利，其根源无外乎特威格斯将军和皮洛将军之间的长期不和与对抗，这两个人显然都没有把拿破仑"*Ordre, contre-ordre, désordre*"（Order, counterorder, disorder，命令、反命令、混乱）的名言当回事。对巴伦西亚将军阵地中心发起的攻击陷入血腥的胶着战[84]，只有小股部队不断发动进攻，丝毫没有要集中兵力展开一次大规模攻击的迹象。尽管如此，到了下午，3000多名美国士兵还是神不知鬼不觉地穿越了佩德雷加尔西侧的突出部位，并在其北部半英里处集结，此处十分接近印第安人的圣杰罗尼莫村（village of San Geronimo）周围的墨西哥守军阵地。美军能做到这一切多亏了李所做的努力。这一地区与巴伦西亚将军阵地的左翼被一个峡谷和一座小山隔开（并隐藏起来），上面是玉米地和茂密的灌木丛。

就在这个时候，有人看到多达8000~12000人的墨西哥大部队正沿着圣安吉尔路压过来，此时距离圣杰罗尼莫不足一英里。圣安纳听到他右侧佩德雷加尔的另一边传来的枪炮声，于是调集驻守在圣安东尼奥北部熔岩区周围的大部队，开赴硝烟弥漫的战场。形势已经很明朗，圣杰罗尼莫的美国人将受到两面夹击而陷入困境，一边是巴伦西亚将军固若金汤的防御工事，另一边是圣安纳来势汹汹的大部队。所幸夜幕降临，紧接着是一场突如其来的狂风暴雨。更让美国人欢欣鼓舞的是，为人处事异常沉稳的珀西弗·P. 史密斯（Persifor P.Smith）准将奉命赶来接管佩德雷加尔以西的美国军队。史密斯深知自己已身陷重围，第二天要以不足 4000 人的队伍，迎战 1.3 万 ~1.7 万人的敌军，但他毫无惧色，临危不乱。史密斯叫来李，听他介绍这一带的敌情。根据李此前侦察的情况，圣杰罗尼莫村与巴伦西亚将军的阵地之间存在空当，无任何设防。史密斯决定先不理会北面的墨西哥大军，第二天天一亮就对巴伦西亚将军的左翼发起进攻。假如巴伦西亚正面的美军同时展开"凌晨强大的攻势"的话就再理想不过了，但是史密斯无法与友军沟通，于是李自告奋勇，连夜骑着马穿过佩德雷加尔赶到萨卡塔佩克山，希望能面见斯科特。

李出发时已是 8 点钟，无法"观察到任何地标"[85]，只能借助他非凡的方向感和偶尔的闪电辨别前行的路线。在爬上佩德雷加尔的黑色熔岩区之前，他遇到了一大队美国兵，他们想要加入史密斯的主力部队，但不知道该怎么走。李派了一名护卫去告诉他们前往圣杰罗尼莫村的捷径，然后继续前行，穿过佩德雷加尔，在嶙峋的岩石间艰难地朝前走，同时还要借着闪电照亮的一刹那确定裂缝的位置，这样他就可以提前绕行。当他终于"浑身湿透，腰酸背痛"[86]赶到萨卡塔佩克时，却发现斯科特已经回到了圣阿古斯丁。李一刻也没耽搁，当即又在佩德雷加尔里穿行了 3 英里；11 点钟，向斯科特报告完毕；在漆黑的夜晚穿过佩德雷加尔回到萨卡塔佩克；解释了史密斯的困境并传达了斯科特的命令；引导美军到达他在 24 小时前站立的位置；拂晓时分，他一马当先，与战士们一起冒着敌人猛烈的炮火"佯攻"巴伦西亚将军的阵地，以掩护史密斯的行动。有那么几分钟[87]，巴伦西亚的注意力完全集中在他眼前的

146

威胁上，集中火力反击，李周围的人纷纷倒下；随后李看到史密斯的人从墨西哥军队未设防的后方发起冲锋，与敌军展开白刃战，过了不到17分钟，巴伦西亚将军精心构筑的防御工事就土崩瓦解，墨西哥军队的4名将军及800名官兵被俘，700名官兵战死，20门大炮被俘获——美军如此神速和出人意料地取得的胜利，极大地动摇了正从北边赶来的圣安纳大部队的信心，当幸存者惊恐地跑过来并讲述了战败的过程后，整支大军彻底丧失了斗志。

斯科特将军盛赞李穿越佩德雷加尔的行动，是"本次战役中体力上和道德勇气上的最伟大壮举"[88]。但是李在战场上的作为才刚刚开始。尽管斯科特很胖，举止笨拙，但这位将军还是给众人上了一堂有关乘胜追击的教学课。斯科特一看到墨西哥人在佩德雷加尔的西侧开始溃败，就把他的大部队调到了东侧，命令他们沿着阿卡普尔科路进攻圣安东尼奥，同时敦促仍在熔岩区西部的部队向北部进攻。尽管官兵们已经快筋疲力尽了，但他们依然顽强地实施了这个钳形攻势。李奉斯科特之命骑马前去侦察通向北方的道路，发现圣安纳已经放弃了他在圣安东尼奥苦心打造的阵地，准备死守在北边大约两英里处的丘鲁武斯科，而他溃散的大部队则后撤进了墨西哥城。墨西哥人防御阵地的中心位置是丘鲁武斯科运河西南的一座戒备森严的修道院，保护着一座精心布置的桥头堡，它的周围挖了一条"很深的水沟"——很像一条护城河。[89]

斯科特决定立即向此处的墨西哥军队发起进攻，同时派出两个师的兵力向运河以北展开侧翼攻击，意在切断敌人的退路。李原本在前方仔细探查敌情，斯科特无视他仅仅是一名工程兵上尉的事实，命令他负责带领两个师，设法将他们部署在一个恰当的位置。李在写给玛丽的一封信中描述了随后的行动："我发现丘鲁武斯科桥上有重兵把守，同时担心保卫其后方的炮火会袭击我们，于是我率部队依次向墨西哥城方向进发，直到我到达了路边的一个小村庄，它位于桥后方约四分之三英里处。"大路上有"一大群"骑兵，就在美国军队"排成一条线"与道路呈斜角时，墨西哥人将自己的防线推到更右侧，以免被侧翼包抄。李写道："我军现在已同敌军猛烈交火，且火力有所不及，我催促榴弹炮阵地前移……［他们］很快开始轰炸敌军，打击效果很好。"[90]

尽管如此，战场上仍呈现出"敌众我寡"的不利局面，于是李骑马回到斯科特的指挥部请求增援。他带领援军回到战斗最激烈的地方，但湿软的沼泽地使他们仍然无法实施迂回侧击的策略，除了"直击公路"之外别无他法，李冒着敌军猛烈的炮火与战友们一起冲锋陷阵。正当美国人攻向公路时，丘鲁武斯科运河以南的军队占领了修道院和桥头堡，敌人溃散了，幸存者撤退到了墨西哥城。设防修道院的战斗尤其血腥，因为它的守军是"圣帕特里西奥［San Patricio，圣帕特里克（St. Patrick，387~461）］① 营"[91] 剩余的 204 名成员，该营由原美国军队的逃兵组成，其中大部分是爱尔兰天主教移民，他们认为自己因宗教信仰而受到欺凌和迫害，如果投降或被俘，就不会得到善待。他们也的确没有得到善待：在修道院内激烈的肉搏战后，幸存的 50 人被绞死，其中一人失去了双腿，被用手推车从病床上抬到绞刑架上。

李在过去的 36 个小时连续步行或骑马，中间没有片刻停歇，穿越了三次佩德雷加尔，参加了三次战斗。他的长官们头一次在一件事上达成了一致意见，即称赞他的"技能……和个人勇气"（史密斯），他的"宝贵贡献"（特威格斯），他的"技能和判断力"（希尔兹）。斯科特补充道，李"恰当的执行力

148

———————————

① 爱尔兰人的守护者。

与其深刻的洞见和超凡的胆识一样出色"。他将被提升为名誉晋级中校。在美墨战争中再无第二个军官得到如此普遍的褒赞或赢得如此广泛的敬重。李的传奇始于丘鲁武斯科，并从此渐渐把李带到军事声望的巅峰——当然，这也是他始料未及的。此外，在通常可望而不可即的总司令身边工作并保持密切联系，为他创造了一个天赐良机，使他得以在实战中学习指挥一支军队所需的技能，而这种机遇对他这个级别的军官来说可遇不可求。

尽管美军取得了一连串胜利，但斯科特一时还在犹豫是否应该趁热打铁，大举进攻墨西哥城。尽管墨西哥城似乎已是唾手可得，而且有位一时兴起的美国骑兵军官策马扬鞭直抵城墙防御门楼最南端的圣安东尼奥城门（并因此付出了一条手臂的代价），但斯科特仍然拿不定主意，毕竟过去几天的战斗使他损失了 1000 多人 92，在损兵折将的一番苦战之后，再以疲惫不堪之师攻占并控制一座总人口接近 25 万人的城市，的确不像听起来那么简单。斯科特从来不认为他的作战目标是占领墨西哥城，他只是要迫使墨西哥人签署和平条约，认可永久丧失其近三分之一的领土。因此，当他们在丘鲁武斯科战败几天后提出休战时，斯科特在深感意外的同时也十分高兴，他很痛快地答应了这个请求，并认为这是走向和平的第一步。

将军把他的指挥部设在了塔库瓦亚（Tacubaya），这是"一个环境宜人的村庄，墨西哥城里许多富裕的英国定居者都在这里有消夏寓所"93。美墨双方围绕和平条约的条款吵得昏天黑地，和谈持续了 12 天后仍然一无所获。直到此时美方才认清，根本不可能找到让波尔克总统和墨西哥政府满意的方案。双方和谈破裂，9 月 7 日恢复了敌对状态。斯科特因此遭到了他众多部下（以及未来历史学家）的批评，责怪他白白浪费时间，贻误了战机。但他们低估了斯科特承受的损失，并忽视了他远离后勤基地的事实，他当前所处的位置距离大本营有280 英里之远，缺乏可靠的通信或补给手段，最重要的是他相信自己的使命是实现永久和平。与总司令关系非同一般的李完全认同这一点。

墨西哥城独特的地理环境给任何外来攻击者都造成了一个独特的问题。在那个时代，这座城市本身就坐落"在稍微高一点的地面上"[94]，周边都是沼泽地。这座都城与外界交流的唯一方式是一些高出地面、笔直且狭窄的堤道。沿着其中任何堤道前进的部队无异于一个个活靶子，并置身于城门楼防御工事的交叉火力之中。从美军现有的部署来看，攻打墨西哥城的捷径是南北向的 3 条堤道。分别从西南和正西方向接近这座城市的两条堤道还存在额外的问题，有座高达 220 英尺的陡峭山丘扼守着它们，这座山丘就是查普特佩克（Chapultepec），离斯科特总部不到两英里。它曾是阿兹特克人的圣地，山顶上有一座巨大的"新罗马式"城堡，这座城堡被改造成了墨西哥军事学院。查普特佩克山陡峭的侧面有一条蜿蜒向上的小路，底部由一堵高高的石墙环绕，看起来像是难以逾越的障碍。鉴于它所具有的重大象征意义，墨西哥人肯定会拼死捍卫它。

对于怎样更有把握地进攻墨西哥城，斯科特迟迟拿不定主意，便决定先夺取查普特佩克山脚下一座坚固的石头建筑——莫利诺-德雷伊（Molino del Rey），他听说圣安纳正在里面铸造青铜加农炮。他希望沃斯部对它发动夜袭，但经过一番激烈争辩，李设法改变了斯科特的主张。攻击于 9 月 8 日白天展开，但结果令人失望。在未进行足够的炮火准备的情况下，沃斯过早发动了进攻。部队攻下了这栋建筑，但并未发现任何铸造大炮的迹象；随后墨西哥军队发起反击，并差点得手，在这场堪称最惨烈的战斗中，墨西哥人的反击导致了近 800 名美国士兵伤亡。由于

150

美国士兵夺取并守住了这座建筑，他们可以宣称取得了胜利，但只能算是一次惨胜，同时此战还向美军发出了警告，即在自己首都大门口作战的墨西哥军队士气犹存，仍然可以在战场上表现出非凡的战斗精神。

莫利诺－德雷伊本身或许并无特别之处，但它让众人见识了李的天赋，充分认识到他不遗余力地踏勘现场，以及战前为炮兵精心选址的价值。李在此战中崭露头角，他在勘察与选址方面的特殊才能，随即又在选定从南边进攻墨西哥城的最佳方式上派上了用场。在另外两名工程兵军官的陪同下，李设法尽可能接近这座城市的防区，仔细观察墨西哥人怎样加固城防，当时最近处距敌也就 1 英里多点。[95] 李对此印象深刻，并一反常态，对袭击查普特佩克的可行性保持谨慎，但他确信只要协调有方，从南边发动进攻，夺取这座城市就不成问题。他在 9 月 9 日 [96]、10 日和 11 日连续 3 天展开侦察，物色构筑炮兵阵地的最佳位置，中间几乎没有休息；但是在 9 月 11 日晚战事委员会的会议上，斯科特最终拍板，决定首先进攻查普特佩克，他相信只要对这座要塞进行饱和轰炸，迫使墨西哥守军撤离，一旦美军占领查普特佩克（其顶峰俯瞰着墨西哥城西边的城墙），就可以持续不断地向墨西哥城发起攻击。而当美国炮兵在山顶部署完毕，美军即可居高临下控制住这座城市西部、仅 1 英里开外的两条通道。尽管几乎在场所有军官——除博雷加德（以及最终表明立场的特威格斯）之外，都赞同李的观点，反对这一作战计划，但他们出于对斯科特的尊重，当场接受了斯科特的决定。李从中也学到了一些东西：主将应该不断听取部下的意见，但是一旦他决心已定，众人就必须服从。像他一直仰赖的榜样斯科特将军一样，李也知道如何赢得那些持异议的人的尊重甚至敬畏。但是李更喜欢平心静气地待人，而不是态度生硬地下命令，有时这种做法是要付出代价的，就像莫利诺－德雷伊之于斯科特和葛底斯堡之于李的情形那样。

无论他对这个作战计划有多大意见，李都在接下来的48个小时里殚精竭虑，全身心投入攻击查普特佩克的准备工作。在乔治·麦克莱伦中尉的协助下，他构筑了4个重炮炮台，这项工作进度很快，其中2个炮台做好了在9月12日早上开火的一切准备，此时距离李接到命令还不到24小时。且不说将口径8英寸的榴弹炮、发射16磅和24磅炮弹的火炮运过松软的沼泽地，并把它们安置在依靠人工平整出来的炮台上有多难，在执行这项繁重任务期间，官兵们还不时要与敌军短兵相接，并遭到敌军持续不断的炮火袭击，危险程度可想而知。等所有的大炮就位之后，李又冒着危险去阵前仔细察看通往查普特佩克的道路状况。他亲力亲为，就像中了魔一样，斯科特将军不得不派一名军官把他带回设在塔库瓦亚的指挥部。李一到指挥部，正赶上斯科特发脾气。他一直没有收到任何关于炮击查普特佩克守军效果的报告。斯科特决定当晚展开攻击，命令一个师从西面穿过查普特佩克脚下茂密的柏树林，另一个师从南面同时发起进攻，直接沿着陡峭的山坡上凿出的路向上打。志愿者们组成两个装备了"伸缩"梯的突击队打头阵。[97]说服斯科特将军不要发动夜袭的重任落在了李肩上，因为他是当时在场官阶最高的工程兵军官，也是近距离勘察过查普特佩克的人，但他费尽口舌一无所获。李随后奉命向执行攻击任务的指挥官简要介绍行动计划，这让人们感觉斯科特可能神经过于紧张而无法亲自到场。当天夜里，攻击部队从查普特佩克的西边和南边潜入各自的阵地，其余参战部队则在南门前佯动，以迷惑圣安纳。

李整夜都没休息，一直在仔细检查炮台，确保墨西哥炮兵回击造成的损坏得到迅速修复。到现在为止，他已经连续48小时没有睡觉了，但他实在没空休息，最新下达的命令是要他引导皮洛将军的师从西面进攻查普特佩克。9月13日早上8时，炮击刚停止，他就带领先头部队冲出阵地，迎着敌军的炮火、子弹展开攻势。与以往不同的是，此次进攻他们还要设法应付一种新鲜事物——埋在地下的地雷，所幸大部分地雷没有爆炸。他眼看着伸缩梯升起，爬上梯子的突击队被击退，伤亡惨重。他重组部队并发起第二次进攻，这次成功了。李也爬上了峭壁，来到山顶的平台上，随同他一起爬上来的有陆军中尉詹姆斯·朗斯特里特（Lieutenant James Longstreet），他将在葛底斯堡战役进行到毁灭性的第三天担任他右翼军的指挥官；还有陆军中尉乔治·E.皮克特，他将作为师长率部进攻墓园岭，奏响那场伟大的史诗般悲剧的结束曲。在突袭的某个时刻，李"受了轻伤"，但他还是设法帮着将受伤的皮洛将军护送到了安全地带，然后及时爬上山顶，赶上得胜的美军升起国旗。置身其间才知，这个"要塞"本身并不像人们想象得那么可怕。它本是一座宫殿，并没有为在那里避难的墨西哥士兵提供多少保护。美军逐屋搜寻藏身在这座巨大建筑里的墨西哥人，许多美国士兵"肆无忌惮地劫掠和追杀已然失去防护的墨西哥人，以报复他们在莫利诺－德雷伊犯下的暴行"[98]，但是就我们对李为人的了解，可以肯定他是坚定地恢复军队秩序和军纪的人之一。因为他从未提到过，所以他可能并未目睹墨西哥军事学院的50~100名（记载数量不一）学员的事迹，这些学员后来成为墨西哥史上著名的 Niños Héroes（西班牙语：少年英雄）。* 他们中的6名学员战死，最后死去的男孩胡安·埃斯库蒂亚（Juan Escutia）把曾经飘扬在查普特佩克上空的墨西

---

* 在美国，人们或多或少有些怀疑这个故事的真实性，但像所有的爱国神话一样，在其原产地墨西哥，人们深信不疑（比如芭芭拉·弗里奇）。在查普特佩克公园的入口处，矗立着这6名学员的巨大纪念碑，墨西哥国内则有他们的无数塑像，许多街道也以他们的名字命名。

哥国旗裹在自己身上，并翻过栏杆纵身一跃，就为了不让它落入可憎的美国佬的手中。正当李看着星条旗取代了墨西哥国旗在查普特佩克上空升起时，被判死刑的圣帕特里克营被俘的50名被俘士兵被执行了绞刑，在攻打查普特佩克的过程中，他们脖子上都套着绞索，在阳光暴晒中等待了两个小时。为执行这次绞刑，美军专门在面对要塞的低矮的小山顶上搭起了巨大的绞架，其中30个被绞死的士兵看到了美军进攻查普特佩克山顶的全景，他们每个人都站在骡车的后面，双手被反绑，绞索被绑在巨型绞架上那根极长的横木上。当美国国旗在浓烟滚滚的查普特佩克上空升起时，赶牲口的人用鞭子抽打骡子让它们前行，这些逃兵在他们以前战友的欢呼声中倒地而死。

尽管有无数油画描绘了查普特佩克之战中为国效力的壮举，但这个事件整体上弥漫着一股戈雅式恐怖的气息，从少年士兵到被绞死的逃兵，更不用说用刺刀捅死举手投降的墨西哥士兵。

这个场景无疑对墨西哥城的守军产生了重大影响，李当即就意识到了这一点，而此时的他已经筋疲力尽，甚至还没抽出空包扎伤口。美军在查普特佩克取得胜利后，墨西哥有组织的抵抗瓦解了。李回到了斯科特身边[99]，向他汇报了此次突袭取得的压倒性胜利，随后还不辞辛劳地对城市西北角的圣科斯梅（San Cosme）门进行了又一次地面侦察，然后他再次回到斯科特身边。在指挥部里，他有生以来第一次也是唯一一次昏倒了。他不是在步行就是骑在马上，已经连续三天三夜没有休息了。

李在拂晓前醒来并得知，美国军队已经攻入这座城市并占领了墨军大本营，圣安纳本人则侥幸逃脱。李于黎明时分进了城。早晨8点，他在市中心大广场四处察看时，斯科特将军身穿军装骑马进城，观看美国国旗在国家宫殿升起。随后，斯科特检阅部队，官兵们举枪向他敬礼。检阅完毕，他下马，摘掉插着羽毛的帽子，走进宫殿。

美国占领军整整用了两天时间，与圣安纳从监狱释放的武装罪犯展开巷战。这些枪声将是李在 1861 年之前听到的最后的枪响。当墨西哥城被占领的消息传来时，威灵顿公爵不由得赞叹斯科特是"在世的最优秀的将军"。

美国和墨西哥国会审议了将近一年后才批准和约，而斯科特与他的将军们以及波尔克总统之间无休无止的吵闹声，完全盖过了人们对美国面积几乎翻倍的庆祝声。最终波尔克解除了斯科特的军权。李对斯科特从未失去信心，并抱怨说将军被"一脚踢开……像一匹老马被遗弃，任其死去"[100]。这对李来说算是狠话了。至于李自己在墨西哥的经历，他说："我们恃强欺弱［墨西哥］……我为此感到羞愧，因为她是弱者。"许多美国人都有同感。的确，鲜有如此伟大的征服行动会带给胜利者如此严重的后果。

鉴于李在查普特佩克突袭行动中的卓越表现，他被提升为名誉晋级上校，此后一直到 1861 年他再也无缘晋级。更重要的是，他获得了千载难逢的机会，在一位专家的领导下学习指挥艺术，并荣获了这位专家给予他的远高于其级别应得的评价和信任。李展示了他作为侦察大师的才能，认识到了英勇无畏在战争中的价值和大胆展开侧翼攻击的重要性，以及不惜脱离常规通信联络范围快速穿插并"就地取材"的可能性。在他从事的战争这个"第二职业"中，他一次又一次地依靠从在斯科特身上学到的本领，以及他在墨西哥的亲身体验中汲取的能量。

他还深入了解了一些同僚军官们，这使他获益匪浅，并且他们将在内战期间助他一臂之力。他们中至少有 78 人[101]成为联邦军的将官，如尤利西斯·S.格兰特、温菲尔德·斯科特·

154

汉考克、约瑟夫·胡克（Joseph Hooker）、乔治·米德和乔治·麦克莱伦；另有57人将成为联盟军的将军，如刘易斯·阿米斯特德（Lewis Armistead）、乔治·博雷加德、托马斯·J."石墙"杰克逊、约瑟夫·E.约翰斯顿、詹姆斯·朗斯特里特和乔治·皮克特。对于李来说，在内战双方的高级军官中，几乎没有一个是陌生人。

　　1848年6月29日，李在走出家门22个月后终于回了家[102]，与他一起回家的还有他那匹心爱的母马格雷丝·达林和一匹他为小儿子买的白色小马。离家时，他默默无闻，回家时，他扬名全军，用斯科特将军的话来说，他是"我在战场上见过的最优秀的战士"。

　　李还要等13年，才能在战场上再次验证自己的声望。

/ 第五章 持久和平——1848~1860年

> 我不能劝他去当兵。军队生活太苦，而他根本不可能
> [在军队中] 出人头地。
>
> ——1856年5月，罗伯特·E.李与好友谈及自己的儿子

只有在虚构的故事中，士兵才会想念战争。职业军人十分清楚在战火中出生入死可以换来更快的晋升机会，但没有一个老兵会喜欢遭到枪击、被炸死或致残。李具备每个战士都羡慕的那种奋不顾身的勇气，但在接下来长达13年的和平时期，即便会因得不到升职、工资微薄而时常感到恼火，他也从来没有想要再次置身于墨西哥城的枪林弹雨中。李从未感觉居家生活乏味无趣，他本质上是个以家为重的人，喜欢天天跟妻子和孩子们在一起，不愿离开心爱的弗吉尼亚和已经成了自己家的阿灵顿公馆。他会服从命令并听从指挥，但他的家书明白无误地流露出远离家人带给他的痛苦。

在职业军人群体中，像李这样不适应频繁因公离家远行的还真的很少有，与他不相上下的恐怕非尤利西斯·S.格兰特上尉莫属了。他也是西点军校毕业生和参加过美墨战争的老兵。他实在受不了远离心爱的妻子朱莉娅和在步兵营地单调的生活，他的应对之策就是酗酒，然后辞去了军职。相比之下，李具备更多优势，他不仅是人脉很广的名誉晋级上校，而且是工程师，一直忙于应对新的挑战。军队仍在努力维持和扩大要塞体系，以防备1812年的战争重演，只是这种可能性极低。

李要回阿灵顿的消息传来后，他的家人们都迫不及待地要早点见到他，但像许多其他老兵一样，他悄无声息地独自回到了家，让前去接他的马车扑了空。家犬"斯佩克"——"一只棕黑色小猎犬"最早认出了他；[1]然后李一头扎进了满是孩

子的走廊，把儿子罗伯特的朋友当成了罗伯特本人，抱起来就亲。奇怪的是，当时 5 岁的小罗伯特·E. 李对父亲最深刻的记忆就是这个有点尴尬的场景。几年后，他写道："向周围的人打了一会儿招呼后，我父亲挤过人群，喊道：'我的小儿子在哪里？'[2] 然后他一把抱起来并亲吻的却不是我——他穿戴整齐、面部干净并有一头漂亮卷发的亲儿子，而是我的小伙伴阿米斯特德！当时究竟还发生了什么我都记不起来了，只记得我深感震惊和羞辱。"毫无疑问，小罗伯特很快就忘了这段不愉快的经历，几天后，李带他去巴尔的摩看望马歇尔夫人（李的妹妹），然后"下到码头"看着他在墨西哥为儿子买的小马驹卸下船：它通体"纯白色，5 岁，高约 14 掌宽（hands）①"，名叫圣安纳。圣安纳和罗伯特很快成为形影不离的伙伴。忠心耿耿的吉姆·康纳利很快就带着李的母马格雷丝·达林赶到了——李有意选了一条距离远、耗时长的回家路线，沿着密西西比河从新奥尔良逆流而上前往惠灵，为了让这匹马"尽量少受惊扰和劳累，她为我已经付出太多了"[3]。如今李只要在家，每天起床后做的第一件事就是去格雷丝·达林所在的马厩，"总是深情地抚摸她，和她说话"[4]。

　　罗伯特不久就发现他的父亲与众不同，且不只是因为他热爱动物。"从那么早开始，"他写道，"我折服于父亲的性格……家庭成员中的每个人都理所当然地尊重、崇敬和爱戴他，但我慢慢意识到和我在一起的每个外人也都十分敬重他。虽说他已45 岁了，但他还像以前一样活跃、健壮、英俊……他在我们这群小孩面前总是很开心，跟我们打打闹闹、嬉戏玩耍、开玩笑。尽管他看起来笑呵呵的，和蔼可亲……我一直都很清楚他的意愿不容违抗。我内心早有这种感觉，从未想过为什么会这

159

---

① 主要用于测量马体高的长度计量单位，1 掌宽 =4 英寸。

样，但我非常确定凡是他下的命令，都必须服从……当他和妈妈晚上出去时……我们经常获准晚睡，送他们出门；我记得，我的父亲总是穿一身军装，总是提前收拾好，等候我的母亲，而她总是迟到。他会以一种打趣的口吻，面带微笑，温和地责备她……金光闪闪的肩章以及种种美好的情景会长久地留存在我的脑海里，伴我入眠。"[5]

当然，孩子们崇拜父亲的现象并不罕见，但是当罗伯特写下这段话时，他已步入中年，而且曾是联盟军的一名上尉。后来发生了更可笑的事，他的父亲居然又一次没认出他，这次是在 1862 年安提耶坦（或夏普斯堡）战役期间。李当时是北弗吉尼亚兵团的指挥官，他骑着马来到一个"遭到严重破坏，失去了许多人和马"的炮台，命令其上尉立刻带着没受伤的人和残存的大炮重返前线，却没有意识到站在眼前饱经战火蹂躏的炮兵中有一人是他的儿子罗伯特。

罗伯特描述的家庭生活场景得到了李家所有其他成员以及无数熟识李家的人的佐证。李对守时有种病态的执着，人们总会看到他焦急不安地站着等人的样子；玛丽正相反，她毫无时间观念，总是迟到，尽管有女仆们精心伺候，却还是丢三落四，好不容易收拾停当可以出门了，她会突然想起又落下了什么东西，派人进屋去找，从而又造成进一步的耽搁。孩子们成了夫妻生活的中心，这种表现看起来非常现代——因为在 18 世纪后期至 19 世纪的大半时间里，无论父母多么有爱心，孩子们都不是家庭生活的焦点，这与 20 世纪的美国完全不同。在偏远地区以及穷人中，婴幼儿超高的死亡率使母亲们不愿在感情上有过多投入，免得产生依恋感；而在富有的家庭中，孩子有保姆照料，或被送去托儿所，父母与子女相处的时间会较少。（李的儿子罗伯特提到他的"妈咪"伊丽莎——李家的奴隶，是他童年生活中的主要人物）李家似乎与当时的美国家庭迥然不同，7个孩子一直生活在家里，不仅得到父母的悉心照料和抚育，还能与他们一起玩耍。

李驰骋疆场近两年后回到家时，他的大儿子，被家人称为"布"的乔治，已经16岁了；他的女儿玛丽13岁；他的次子，被家人称为"鲁尼"的威廉，11岁；安妮9岁；埃莉诺·阿格尼丝7岁；罗伯特，即"罗伯"，5岁；米尔德丽德，即父母口中的"米莉"或"掌上明珠"，则刚满2岁。即使按照维多利亚时代初期的标准，李家也算是一个大家庭。不管怎么说，李指导和教导他人的需求得到了极大的开发，他终生忙忙碌碌，对扮好父亲这个角色尤其上心。他出门在外时写给妻子玛丽的信中充满了如何更好养育孩子的详细建议，而她对大部分建议都置之不理。一旦自己的孩子到了能读懂信的年龄，他就会直接写信给他们，信中自然也少不了各种忠告。

这一时期，40岁的李从照片上看显得非常年轻，和以往一样英俊——还要再过10年才会呈现出族中长者白发苍苍的形象。

现代读者或许会感觉李写的家信流露出过于浓厚的宗教意味，显得过分虔诚——他不断感谢上帝，或者事无巨细地听凭上帝处置。这种感受不无道理，同时也说明我们极有必要认清李宗教信仰的深度、诚意和重要性。这不是矫揉造作，或者风格问题，也不是他试图强迫他的孩子或其他人表现出同样的虔诚；这是他的真情流露，是他生命的核心所在。当他写信给玛丽，"我祈求上帝的守护，指引我们努力保护我们亲爱的小儿子"，或写给他的一个孩子，"要真诚、善良和慷慨，诚心向上帝祈祷，使你能遵守他的戒律'并在你生命中的每一天都走相同的路'"，或对他的士兵们说"我真诚地祈祷仁慈的上帝会祝福并保护你们"时，这些不是一些干巴巴的短语，而是他发自内心的期盼和愿望。随着年龄的增长，他用于表达宗教情感的仪式也有所变化，但他的信仰终生未变。*

正因如此，人们常指责李的"宿命论"倾向，但宿命论意味着当事人对事件缺乏控制，或者缺乏努力，或者至少对事情的结果漠不关心，而这种态度与李的个性格格不入。他既不被动也不听天由命——无论大事小事，他都要求自己尽最大努力并注重细节——但随着年龄的增长，他越来越信服上帝是世间万事的最终决断者，这种信念就像一段连祷文，自然而然地贯穿于他的家书，甚至在战场上他与将军们的谈话中。

李从少年时代开始就一直是虔诚的美国圣公会教徒（美国圣公会是弗吉尼亚的"正规"教会），并且总是一丝不苟地参加礼拜活动；而他的一生几乎完全与基督教奋兴运动的发展历程重合在一起。该运动始于 1800 年前后，并在他去世的 1870 年达到顶峰。这场迅速蔓延的运动的核心理念涉及每个个体与上帝的联系，以及他"重生"的意愿。李自己缓慢地且不无痛苦地接受了我们如今所称的基督教基要派的教义，只是尚未脱离美国圣公会的庇护，而美国圣公会内部也正处于蜕变过程中。

他深受妻子及其母亲玛丽·菲茨休·卡斯蒂斯祈祷和劝诫的影响[6]，她们都皈依了基督教福音派并且是狂热的信徒：阿灵顿公馆是一所"早晚祷告"的房子，而且宗教成了母女间长盛不衰的议题。相比之下，家中的男主人乔治·华盛顿·卡斯蒂斯奉行的是传统自然神论与世俗化相结合的人生哲学，他是个带有明显的 18 世纪特征的人，热衷于追求快乐和自我放纵，

---

* 伊丽莎白·布朗·普赖尔（Elizabeth Brown Pryor）所著《读懂这个人》（*Reading the Man*）第 14 章专门分析了李的宗教信仰，是我在这方面读过的最到位、最凝练的解读。

从来就没把虔诚当回事，但他很明智地对妻子和女儿的狂热信仰听之任之，因为这样一来他也不会招致她们的干预和批评，能够随心所欲地满足自己的喜好。李对岳父敬慕有加，大概只有他会这样，同时也很看重岳父所代表的与乔治·华盛顿之间的纽带，但对李影响最大的还是岳母和妻子，她们都把拯救李的灵魂，也就是把设法让他皈依福音主义视为第一要务（母女俩显然不再对拯救卡斯蒂斯抱有任何期望）。

李的性格很复杂——他决心避免父亲犯下的那些尽人皆知的错误，但仍千方百计地要取得能与"轻骑兵"哈里·李相媲美的赫赫战绩。李的家族不乏丑闻，为了消除这些负面影响，他给自己的行为设定了异常高的标准，并在实际生活中几乎总是达到或超过那些极严格的标准。作为一个完美主义者，他一丝不苟地履行自己的责任并极端注重服从命令，从这方面看，他很可能是一个严肃认真、不苟言笑的人，但他还具有迷人、有趣、喜欢调笑的一面。他喜欢动物，拥有水彩画家和制图师的天赋——他为工程兵团绘制的地形图堪称艺术品，与他在墨西哥为孩子们绘制的漫画没什么两样。他是个好父亲，喜欢让他的孩子们早上醒来跳上他的床玩耍，给他们讲故事，或者让他们挠他的脚。他是情深义重的丈夫，他是忠心耿耿的朋友。所有这些构成了他的方方面面。他是理性主义教育的产物，同时又不乏浪漫情怀，为生活中的种种难题寻求精神上的答案——他是一个矛盾的人，在与生俱来的彬彬有礼和温文尔雅的言谈举止背后隐藏着一生不曾停歇的自我反省。

李作为一个高贵、悲剧性的人物，的确以翩翩风度和尊贵品格令他为之浴血奋战的事业具备了崇高性，并且仍然在众人的心目中持续注入这种认知，正因为他一直以来尊享着这一盛名，我们有时被它蒙住了双眼，无法认清李享受生活的程度，或者难以体味随着他最终全心全意地皈依于他妻子和岳母的福

162

音信仰时所享有的真正快乐。他在真正意义上接纳了上帝，这种接纳指导了他未来岁月的行动。他总是寻求尽自己的本分，引导他人也这样做，并谦卑地顺服上帝的旨意。

世上几乎再也没有比深厚的基督教信仰和高超的指挥才能更难调和的了，而将英雄般的领袖角色与深重的谦卑心怀集于一体就更难了，但李做到了。一个在战场上指挥十万大军的人的确很难表现得谦逊。他率领着一眼望不到头、顺从且仰慕他的队伍，一面面战旗在风中飘扬，他深知麾下这些官兵即使不是全部，也至少大部都心甘情愿，甚至是渴望随着他一声令下，慷慨赴死。史上无数杰出将领都因此而虚荣、傲慢、目中无人和狂妄自大，但李完全排除了这种感觉。无论是胜利还是失败，他都镇定自若，不失尊严、自制力、谦虚及发自内心的期望，即自己是在努力实现上帝的旨意。在整个内战期间，他甚至并不相信奴隶制和脱离联邦值得一战。套用格兰特的话来说，从来没有人像李一样"如此长久，如此英勇地……为一项事业"*浴血奋战，而且是他并不完全相信的事业。从这个意义上说，他确实是事业的殉道者。李不仅毫无怨言地肩负起这一重任，而且终其一生都不忘提醒自己，自身并不完美，而是存在种种缺陷。假如他是一位罗马将领的话，他的身边就不会需要一个专门随行左右的奴隶，待他战胜敌人并驾着战车凯旋时在他耳边低语：Sic transit gloria mundi（拉丁语：世间荣华，就此消逝）。

李一向注重待人以礼，无分长幼尊卑，不愿与人公开对抗，即使在十万火急的危难时刻也能发挥出他天生的随机应变

---

* "我并没有因为一个敌手的倒下而感到欢欣鼓舞，他如此长久，如此英勇地浴血奋战，为了一项事业受尽磨难，虽然我相信那项事业极其恶劣，根本不值得人们为之奋战，而且没有任何可辩之处。"《回忆录》，尤利西斯·S.格兰特论阿波马托克斯之战。

的能力，这使他广受爱戴，但有时则削弱了他作为指挥官的效力。能与他完美配合的人必须善于揣摩他的心思，不需多言便知自己要如何行事，同时还善于察言观色，能从李因强忍着不发作时不悦的皱眉或脸颊上的红晕意识到他的责难。他也有强硬的一面，当联邦骑兵指挥官、年轻气盛的乔治·A. 卡斯特（George A.Custer）提议处决联盟军战俘时，李不动声色地下令：每当对方处决一名联盟军战俘就绞死一名联邦军战俘。* 他也会毫不犹豫地处决违抗自己尊重敌方财产命令的士兵或逃兵。但他从来不会恶语相向，常常竭尽全力避免"场面"失控，他的助手们甚至因此要多承担一些责任，将李与那些动辄大吵大闹的人隔离开。

　　这并不是说李就是十全十美的，但他每时每刻都在追求完美，哪怕遇到令人忍无可忍的挑衅。他当然会发怒，与他关系密切的人能识别出他发火的迹象。"任何人，"他的助手维纳布尔上校写道，"看到李的耐心在经受巨大考验，额头和太阳穴上的血管凸起，涨得通红时，都不会怀疑李有着与华盛顿一样的火暴脾气。"[7] 然而，他决心不惜一切代价来控制它。他发自内心的宽宏大量，不会因意识形态或政治分歧，甚至势如水火的血腥内战而有丝毫减弱，这种精神贯穿于他写的每封信，以及那些被公开报道或回忆起来的每一次谈话中。

　　1848 年夏天，他做事不求回报的本性和和蔼可亲的态度，都在他这次返家时经受了严峻的考验。远在墨西哥给玛丽和大一点的孩子书写谆谆教诲的长信是一回事，在同一屋檐下重拾家长和丈夫的角色又是另一回事。"李不仅爱他的孩子，而且

164

---

　　*　"我已通过莫斯比上校的副官向他卜达指令，绞死同样数量的卡斯特的人，替他处决的那些人报仇。"《南方历史学会论文集》第 27 卷，引述李的谈话，第 317 页。

以他们为乐"[8]这种评价所言不虚，但他也在不停地向子女们灌输为人处世之道和宗教劝诫，他那些言语至少在书面上让现代人觉得像是出自近代的波洛尼厄斯（Polonius）①之口，李自己认识到在这方面他做得并不好，偶尔还会自我嘲讽，"你瞧，我好为人师的老毛病又犯了，我敢说你既不需要也不想要我的忠告，"他在写给一个儿子的信里说，紧接着又自我辩白，"但是你得原谅我的这个毛病，它纯粹是源于我对你的挚爱，以及我对你的福祉和幸福的深切牵挂。每当我想到你的年轻、冲动和面对众多诱惑，你我之间又相距那么遥远，以及你可能轻易就会（甚至在不知不觉间）误入歧途，我的心会瑟瑟发抖，我会因为害怕可能发生的事而全身战栗。愿万能的上帝保佑你。"

"我的心会瑟瑟发抖"[9]是一个美妙的短语；假如它出自大多数其他男人之口，或许会显得怪异或者生硬，但发生在李身上就不一样了，人们可以察觉出他关怀的深度和诚意，那种"情真意切"非他莫属。他努力以身作则，给孩子们树立好榜样，同时又密切关注着他们的一举一动并做出评判，毫不松懈，无非有时要讲究点策略，但在整个过程中却不会流露出丝毫愠怒，种种这些都是其他人无法企及的。李的儿子们似乎已经得益于没完没了的忠告和关怀，他们非但没有心生厌烦，反而认为这是他们父亲表达爱心的一种方式。至于他的女儿们，很难判断，但毋庸置疑的是，李对她们同样用心良苦，就算她们偶尔辜负他的期望，他也不会过多计较，而是一笑而过。

作为一个有 4 个女儿的 40 岁父亲，李要负担 3 个儿子的教育，还没有真正意义上的自己的家，因而一刻不停地为钱操

---

① 莎士比亚悲剧《哈姆雷特》中的人物，宫廷重臣，家中慈父，时常会告诫子女如何行事。

心，恨不得一分钱掰成两半花，"在日常生活的小事上锱铢必较"[10]，他对自己很吝啬，但对别人总是很慷慨。他那句"我每天都缺钱"的说法充分表明生活的窘况——他没有"家庭财产"或不动产可利用。尽管他的岳父在弗吉尼亚有 3 栋大房子，即阿灵顿庄园、新肯特县（New Kent County）的白屋庄园和威廉王县（King William County）的罗曼科克庄园，土地面积合计超过 1.3 万英亩，奴隶共 200 名，但李不可能没注意到，卡斯蒂斯先生根本就没把心思放在经营这些财产上，而是一心惦记着要成为一名画家和成功的剧作家，并以乔治·华盛顿精神的守护者自居。他的生活与许多俄国土地贵族的生活没有什么不同，他们不思进取，花天酒地，整日里不务正业，梦想着乌托邦式的宏大计划，明知领地上的农奴们不好好干活也不闻不问。*自我放纵是卡斯蒂斯屡教不改的恶习。与他的女婿不同的是，他更喜欢花钱而不是赚钱；对他来说，农业根本算不上生意，充其量只是一个绅士的业余爱好。他花钱如流水，无论是妻子、女儿还是他自己，奢侈品和装饰品都是想买就买。而与此同时，他家的房屋破损得不到及时修缮，土地耕种不善，奴隶们得过且过，在卡斯蒂斯先生的许多邻居看来，他们完全被宠坏了。李既不指望，也不会接受他岳父给予的任何资助，但他太精明了，不会没有意识到当玛丽·李和他们的儿子最终继承卡斯蒂斯的家产时，他们得到的只会是难题和债务，而不是财富。

在 1848 年的整个夏季，李在战争部的职责之一就是完成他在墨西哥开始的绘制地图的工作[11]，这是个进度缓慢的苦差

166

---

* 俄语中甚至有一个词 khalatnost 专门用于描述一个人穿着便袍，整天坐在那里胡思乱想着一些宏伟计划，毫不顾及自己岌岌可危的处境——这个说法取自伊凡·冈察洛夫（Ivan Goncharov）的小说《奥勃洛莫夫》（*Oblomov*）中无能的做白日梦的主人公的生活方式，他正是以这种方式消耗着自己的生命和财富。

事。他被重新任命为大西洋海岸防御工程委员会的成员。他后来提及这段经历时相当阴郁地说，这项工作使他重新品尝了"例行公事"的滋味。尽管如此，它自有优势：他可以生活在阿灵顿，并置身于政务中心，天天"与政府的高级官员打交道"。李处处谨小慎微，努力避免任何替他自身游说的企图；大多数见过他的人都对他的军人风度印象深刻，更重要的是，对他的专业能力钦佩不已。9月，他被指派去督察一座旨在保卫巴尔的摩的要塞的建造工作，这座要塞将是对劳苦功高的麦克亨利堡的支持。李被派往波士顿参加一个工程师委员会的会议，然后前往佛罗里达，以期建造更多的防御工事。就当时的条件而言，这是一段漫长而艰难的旅程。工程兵团和国会当时仍以英国为假想敌，要想方设法予以防范。不管李对此怎么想，反正他又一次参与了用石头和灰浆筑造堡垒的工作。这种专业知识，加之他已展现出的快速建造"土方工程"——精心设计堑壕体系和精心选址并构筑炮台等方面的卓越才能，最终将一起构成他军事天赋的实质要素：他作为工程兵的经历将在1862年拯救里士满，并在1864年将内战又延长一年多。李将会证明自己是战争史上伟大的土方工程大师之一；他在墨西哥的经历一次又一次地表明，镐头、铁铲和沙袋在战场上与步枪和刺刀一样重要。遗憾的是，工程兵团仍执意要建造要塞，因此李于1849年4月接受了新职位，并准备把全家人都搬到巴尔的摩的一所租来的房子里，他一边准备搬家，一边花时间勘察索勒斯角（Sollers Point）和霍金斯角（Hawkins Point）周围的浅滩和泥滩，它们正好处在巴尔的摩和帕塔普斯科河之间。他每天早上乘两个桨手划的船去那里，在索勒斯角上的一所房子里吃午餐，晚上再坐船回到附近的陆地上，当时以蚊虫肆虐著称的地方，如今变成了有害废物填埋场和工业污染区，并被恰如其分地命名为"隔离"路。

167

李的母亲安·卡特·李佩戴着乔治·华盛顿作为结婚礼物送给她的胸针——镶在椭圆形金框里他本人的一幅珐琅画像（左）

李的父亲亨利·李三世——"轻骑兵"哈里·李（右）

乔治·华盛顿全家画像——李的岳父乔治·华盛顿·帕克·卡斯蒂斯在华盛顿的左手边

罗伯特·E. 李夫人与时为中尉的丈夫罗伯特·E. 李

查尔斯·霍夫鲍尔所作壁画《联盟国的春天》，李骑着"旅行者"居中，联盟国部分重要将领分列两侧，由左至右分别是约翰·贝尔·胡德、韦德·汉普顿、R.S. 尤厄尔、约翰·布朗·戈登、T.J. 杰克逊、菲茨休·李、A.P. 希尔、R.E. 李、詹姆斯·朗斯特里特、J.E. 约翰斯顿、乔治·E. 皮克特、P.G.T. 博雷加德和 J.E.B. 斯图亚特

唐特罗亚尼所作油画《暴风雨前夕》，描绘的是钱斯勒斯维尔战役打响前夜的情景。站在李右手边的是制图师杰迪代亚·霍奇基斯少校；坐在李左手边的是"石墙"杰克逊；坐在李对面原木上的是助手马歇尔上校，正在抄录李所下命令

李与杰克逊的最后一面

唐特罗亚尼创作的油画《黎明时的决策》。该作品表现的是葛底斯堡战役进入第二天的情形：李站在原地准备下达攻击命令。朗斯特里特和 A.P. 希尔两位将军坐在原木上削木棍。弗里曼特尔中校爬到树上，他头戴灰色礼帽并伸手指向他的左前方，奥匈帝国观察员手里拿着望远镜；树下穿军服的那位是普鲁士观察员，正与一名记者交谈

1862 年 7 月 2 日，南军向小圆顶推进的情景

温斯洛·霍默的一幅油画，表现的是在葛底斯堡，一名北军军官正在训示几名南军战俘

1865 年 4 月 9 日，李签署投降书之后，尤利西斯·S.格兰特将军与罗伯特·E.李将军在弗吉尼亚阿波马托克斯县治麦克莱恩家的客厅里握手

李面见格兰特时的佩剑

李投降那天穿的军大衣

葛底斯堡的弗吉尼亚纪念馆，李骑着"旅行者"凝望着墓园岭皮克特冲锋的方向

弗吉尼亚里士满市，李骑着"旅行者"的雕像

佐治亚州石头山：杰弗逊·戴维斯、罗伯特·E.李、"石墙"杰克逊

不出所料，李"发高烧了，一病不起"，症状像是疟疾。他直到入秋之后才痊愈并重返工作岗位。和往常一样，他的工作进展神速且高效[12]，在一期工程中便完成了采购和打桩，码头也一一竣工。李按部就班的职业生涯原本可以就这样持续下去，不料一次非同寻常的机会暂时打断了它。设在"纽约的古巴革命军政府"[13]一直试图再次发起武装暴动以推翻西班牙的统治，解放古巴，并为此加紧进行各项准备工作。与此同时，军政府急于找到一位经验丰富的美国军事领导人来指挥这一行动。古巴人力邀沃斯将军担此重任，但他还没来得及做决定就突然去世了；他们随后转向求助密西西比州参议员杰斐逊·戴维斯。作为西点军校毕业生，戴维斯时任参议院军事委员会主席，是未来的联盟国总统。戴维斯参议员婉拒了这一邀约，但推荐了李。

古巴从西班牙独立出来的事业在美国很受欢迎，尤其受到南方人的支持，他们中的许多人都梦想着将奴隶制扩展到加勒比海地区，并期望将古巴作为蓄奴领地纳入美国，甚至最终使它成为一个蓄奴州——鉴于其气候条件、农业财富和种族构成情况，这种设想绝非全无可能。当然李对此并不以为然，他虽非奴隶制的反对者，但像许多开国元勋一样，他希望看到奴隶制即便不是在上帝的干预下，也会随着时光流逝逐渐消亡，因此他坚决反对扩大奴隶制覆盖的范围。李在奴隶制方面的个人经历使他得出结论，南方已经有太多的奴隶，根本不需要更多的奴隶。

天天当监工[14]监督打桩和浇筑数吨混凝土的确挺乏味的，领导一支反抗西班牙王室的叛军冲锋陷阵的前景无疑令人血脉偾张。他禁不住诱惑，去见了驻守在巴尔的摩的军政府成员，但最终，出于个人荣誉的考虑，李选择了拒绝：作为一名美国现役军官，接受一个外国代表的任命担任军队指挥官，或者在

168　这种情况下，接受一国叛军的任命似乎并不正当。戴维斯和李就此产生了分歧，在他们的交往过程中这并不是最后一次意见相左；戴维斯觉得李应该接受对方的提议，但是李坚称首先要得到美国陆军方面绝对不会反对其充当叛军指挥官的承诺，而戴维斯却无法给予这种保证。李对美国陆军条例的看法是正确的，但讽刺的是，13 年后他成为将军时，会面临同样的问题。他将不得不辞去在美国陆军的职务，接受弗吉尼亚州武装力量的指挥权。很难想象李会带领一支杂七杂八的古巴反叛军，或者扮演一个海盗似的军事冒险家的角色，弗里曼推测，假如李真的去了古巴，他很可能会作为"扬基"捣乱分子被西班牙人的行刑队处死，因为这次远征行动最终失败了；当然，李的专业知识也有可能使这次冒险行动获得成功，但无论如何，他严谨的责任感阻止了他参加一场在异国他乡而且注定要失败的起义，他似乎对此没有感到丝毫遗憾。

　　那些把李描写成战略家的人经常指出，在美墨战争期间，他尚缺乏将现代武器或技术应用于实战的经验，例如，用步枪代替滑膛枪之后，步兵标配的武器装备威力大增，杀伤范围从 50 码增加到 400~500 码，或者铁路的发展带来后勤和战术上的巨大变化，但是如果把他说成敌视技术或者对技术一窍不通的人，那不免低估了他。他帮助设计并在索勒斯角那种烂泥地上安装了一台蒸汽打桩机，以及一台蒸汽驱动锯、一台挖泥机、一台起重机，甚至还设计建造了一个钟形潜水器，让他的工人可以在深水处疏浚港口。他精通现代机器并能充分发挥它们的作用，正因如此，他仅用了一年时间就完成了卡罗尔堡（Fort Carroll）的第一期基础工程。[请注意，李与独立战争之间的关联使得他比大多数人面对这座要塞时更觉亲切，它将以卡罗尔敦的查尔斯·卡罗尔（Charles Carroll）命名，查尔斯·卡罗尔不仅认识李的父亲，而且是《独立宣言》签署者中最后一位幸存者，记住这一点会很有用] *李终生保持着对科学和力学的浓厚兴趣。可以说在美国陆军中，无人能比他更了解火炮，尤其是在以最科学的方式定位火炮方面，或者对蒸汽船和铁路所带来的变化积累了更多的经验并怀有更高的热情。虽然他的言谈举止无不流露着18世纪晚期的风格，但他的双脚其实已经稳稳地站在了19世纪。

随着要塞工程的进行，李一家搬进了他们的新家。玛丽极不情愿离开阿灵顿公馆，她像以往一样，想方设法拖延搬家时间。李以他温和、委婉的方式劝导她，最终以孩子们不能误了在巴尔的摩开始新学年为由说服了她。他在信中写道，"我们不能为了贪图自己高兴而忽视孩子们的需求"15，由此占据了道德制高点，这是他说服玛丽做她不想做的事的首选武器。巴尔的摩住着李和卡斯蒂斯家族的许多人16，其中包括李的姐姐安妮·马歇尔（Anne Marshall）。该城距离阿灵顿不过50英里，因此对玛丽来说，去那里生活算不上多大的变动。李氏夫妇积极参加这座城市里的各种社交活动，在一定程度上也是对玛丽搬家来此地的补偿，而李本人非常喜欢与人交往，被认为是一个活泼的客人。17事实上，他的小儿子罗伯特清楚地记得他父亲"灿烂的笑容"和"顽皮的举动"，并称他"是巴尔的摩最受欢迎的人，因为他无处不在，尤其是在女士和小孩子堆里"。

孩子们顺顺当当地融入了新学校——唯一缺席的是李的大儿子卡斯蒂斯，他追随父亲的足迹成了西点军校的一名学员。李对大儿子在西点的学业表现出了极大的关切。事实上，李费尽周折为卡斯蒂斯争取到了一个军校名额，这表明他虽然不

---

* 卡罗尔于1832年去世，享年95岁。

愿为自己争功摆好，但愿意替他的孩子四处求情。[18] 在军校生活方面，他终于可以不再单纯地空谈大道理，而是提出一些切实可行的建议。[19] 涉及生活在"灰色细线"圈内，以及军校学员面临的诱惑和陷阱，李是绝对有发言权的。当他察觉卡斯蒂斯表现出的懈怠倾向后，便写了无数封信，苦口婆心地进行劝导。

李亲自把卡斯蒂斯送到了西点军校，当听到儿子说这里并非"传说中令人畏惧的地方"时，李大大松了一口气，他很高兴这个男孩能很快适应军校生活，并结交了一些朋友。起初，卡斯蒂斯的成绩不佳[20]，令人担忧，但在父亲的大力鞭策下，他的成绩有所提高，李也就放了心。"你的来信……"他写道，"给我带来的快乐比我现在收到的任何一封都多。它使我确信你对我的爱和感情所怀有的信心，你毫无保留地向我敞开了心扉……你一度陷入消沉，但听到你宣布决心摆脱不良心态，振作精神，全力拼搏和积极要求上进，我感受到的快乐无以形容……我认为你不仅精力充沛，也心怀大志，只是到目前为止，你还没有感受到召唤它们的动力。"

后来的事实证明，李高兴得太早了，因为不久之后在校方例行巡查学员宿舍时，卡斯蒂斯私藏的烈酒被发现。这种行为属于严重违反校规，尽管卡斯蒂斯和他的室友一口咬定并不清楚他们屋里怎么会有酒，他们还是被逮捕了。毫不奇怪，李"深感羞辱……和苦恼"[21]，但当此事后续发展呈现出更多细节之后，人们显然有充分的理由认为卡斯蒂斯和他的室友是无辜的。他们所在的整个班级都公开替他们辩解，由此可见，把酒放入他们房间的另有其人，而且学员们都知道那个人是谁。最终校长决定不再深究，给予卡斯蒂斯记 8 个过失分的处分，这相当于在他手腕上拍打了一下。

当李得知这个消息时，他抑制不住激动的心情给儿子写

了一封信："最亲爱的布先生，我很高兴你在最后一封信中驳
斥了那份针对同屋的李、伍德和特恩布尔这些优秀学员的诽
谤报告……我相信将来再无任何怀疑的理由……你的信在其他
方面对我也有益处。你在信中提到了参加护旗卫兵，从哨位
上撤下，在自己的帐篷里放松身心［夏季时学员们会搬进帐
篷］……它让我了解到你获释的情况，重新上岗，达到了预定
目标，没有气馁，没有精神上的懈怠或者意志的松懈。总而言
之，我很高兴地得知你已振作起精神，并没有踟蹰不前……永
远想着你慈爱的父亲。"[22]

　　李对卡斯蒂斯表现出的关切令人感动，儿子在西点军校
求学一定勾起了他对往事的回忆，又让他记起了他在那里度
过的岁月，以及任何一个一年级学员都必定会感受到的巨大
压力——顺从的压力、竞争的压力、成功的压力，以及抵御哪
怕是最微不足道的诱惑的压力。与此同时，李坚信只要孩子们
一切安好，幸福快乐，"世上其他任何事都不足为惧，他可以
平静、淡定地应对"可能发生在他身上的一切，这些都显得他
既感情脆弱，又不无可爱之处，迥异于那个通常严厉、忧心忡
忡的形象。有时他看起来就像是狄更斯笔下的一个积极向上的
人物，*即当他描写全家一起欢度圣诞节时所表现出的那样。他、
玛丽和孩子们总是设法同卡斯蒂斯夫妇一起在阿灵顿过圣诞节。
这一次就如李所说的那样："我们在星期三早上回到家。……孩
子们很高兴［从巴尔的摩］回来，整晚都在讨论第二天该怎么
玩。圣诞节那天一大早，孩子们就过来缠着我们不放，在他们
的长袜子里翻找礼物。米尔德丽德喜出望外，好像中了大奖，
因为她拿到的礼品是一个漂亮的洋娃娃；安吉丽娜［米尔德丽

---

　　*　时隔狄更斯访美不过10年，当时他在全美做巡回演讲，所到之处都受到明星般的
　　热烈欢迎，其间他公开谴责蓄奴制，在美国引起轰动。

德的洋娃娃］都快散架了，被留在了巴尔的摩，这个新的洋娃娃让她喜出望外。米尔德丽德对它简直爱不释手，轻轻抚摸着它，对那些蛋糕、糖果、书等礼品视而不见……鲁尼得到的礼物中有一双他特别想要的新靴子，我当然希望女孩子们对她们的礼物、书和小饰品都感到满意……我和你母亲、玛丽以及鲁尼一起去了教堂，鲁尼和双胞胎［访客］在运河上滑冰，鲁尼出门前特意带上了他的冰鞋……我就不用再详细为你描述我们都参加了哪些娱乐活动……也不必细说圣诞晚餐中我们吃的火鸡、冷火腿、布丁、肉馅饼等。"[23]

一大家子人聚在一起，其乐融融，此时此刻李想必会感觉自己付出的心血没有白费，所有的操劳都得到了丰厚的回报。的确，他无时无刻不在为这个家操心，事无巨细，面面俱到，甚至不厌其烦地谆谆教诲家里最小的成员，给予详尽的劝诫。他甚至不免小题大做，一刻都不放松，力争上游。在那个大部分父母并不重视女孩教育的时代背景下，他特立独行，敦促女儿们好好学习，诚如他敦促卡斯蒂斯要在西点军校出类拔萃一样。

与此同时，卡罗尔堡的施工进度慢了下来。国会不愿为这项工程提供资金，并于1851年3月休会之前，没有为该项目的后续施工拨付一分钱。正如李的长官陆军准将托滕（General Totten）所评论的："除了定期拨款，不需要任何其他东西来保证快速的……进展。"[24]但是拨款是没指望了，也许是因为托滕的政治触角不如他的前任那么敏感，或者是因为国会中没人以为英国人会再度兵临巴尔的摩城下。作为一名工程师，李可能备感痛苦，他一直无缘从头至尾地完成自己经手的任何大型项目，比如他曾负责实施的圣路易斯市的科克斯珀岛项目或纽约港项目，每次都是在工程接近完工时便被调往他处。但在1852年春天，当他还忙于打桩和浇筑混凝土时，他收到了托滕准将的一封信，任命他担任西点军校校长。*从表面上看，除了玛丽·李与阿灵顿的父母家离得更远以外，这项任命在其他任何方面都无可挑剔。军校校长是一个享有很高声望的职位，在公众心目中具有崇高的地位。随这一职位而来的还有一栋"漂亮的房子"，一个满编的专属工作人员，并且与战争部保持着直接联系。此外，这还可以使李全家团聚，因为此时卡斯蒂斯仍然是军校学员。

　　考虑到李如此热衷于督促孩子们的教育，他对此任命并不"满意"的反应倒是出人意料的。弗里曼把这完全归因于李的谦逊态度及其自认为"缺乏担任这个职位的经验"的说法。诚然，多年以来，李在每次得到晋升时都会表示，但愿上峰选择一个"更有能力的人"担当重任；这可能是谦虚的表现，或仅仅是一种习惯性的客套，但也有可能是因为玛丽·李不愿意离开弗吉尼亚和马里兰去哈德逊河谷下游地区生活，而且可能一去就要三四年，而这或许是李试图拒绝领受这个荣誉的最重要的缘由。李在收到这封信的当天就回了信，这一迹象表明他不只是表达一种温和且正式的立场，更重要的是它说明李显然没有仔细权衡过这个任命。按照李的标准，他给托滕将军的回复简洁而中肯："我非常遗憾地得知战争部长决定指派我担任该职，管理好这样一个机构需要具备较高的技能和丰富的经验，我恐怕会令他的期望落空。"[25]

　　值得注意的是，尽管李尽可能地拒绝了这项任命，但他也没做出进一步的举动，比如亲赴华盛顿去拜访他在美墨战争中的战友，劝其另寻他人；毕竟，托滕欣赏并喜欢李，而华盛顿距离巴尔的摩只有 39 英里，即使在那时乘火车也不超过一小

173

---

*　在那个年代，美国军校科技类课程占据主导地位，校长通常从工程兵团选拔，优秀毕业生也毫无例外地选择在工程兵团服役。

时。答案很可能是，凭着天生的责任感和服从意识，李只是想以书面形式正式表明自己的反对意见，除此以外不愿有更多举动，他不想为自己升职四处游说，也不会为保留当前职位而多方奔走。

李又等了 10 天，然后收到了一个极简短的答复，大意是"他的信已经收到，总工程师不得不拒绝另找人选"，这表明托滕一开始就认定自己选对了人。李收到信后当即着手整理账目，并将所有关于卡罗尔堡的文件转交给助手。他仍在不停地向朋友们倾诉，觉得自己不能胜任这项任务，但又推脱不掉，只好顺其自然。由于内战爆发时这座要塞仍未完工，李也许应该感到幸运，能及时脱离一个看起来没有任何希望的岗位，或许他毫无遗憾地放弃了它——当然他没有就此表达过任何想法。另一方面，他的工作方式也要发生重大转变，以前是日复一日地监理工程项目，无论项目本身显得多么雄心勃勃，相关的工作都很低调。今后就不一样了。他要管理数百名学员和一个大型陆军机构，这是一个备受众人瞩目的角色，因为无论是当时还是现在，西点军校都算是一座神圣的殿堂。这也是一个需要与父母和政治家们老练地打交道的职位，因为每个学员都是由他家乡的众议员或参议员"担保"的，没有父母想知道他们的孩子学业落后了，或者会接受因为累积了太多的过失分而被解除学籍的残酷真相。

174　　李将回归的西点军校比他自己当学员时扩大了许多——西点军校的历史是不断发展和进步的，1829~1852 年也不例外，但其核心精神并未改变，一直执行着西尔韦纳斯·塞耶上校担任校长期间制定的规章和严格的诚信守则。李仍清晰地记得这些规则，更重要的是，他毫无保留地接受了它们的制约。尽管有时塞耶的规章制度执行起来难度很大，但李丝毫不会怀疑它们的重要性，也坚信学员们有必要严格践行每项规定并且一丝不苟地自愿遵循相关守则。

校长履行职责时也要遵循同样严苛且毫无通融余地的规则。即使是最微小、最不重要的决策，也需要大量通信往来，如果涉及学员，那么最终决定权掌握在工程兵团总司令手里；如果涉及政策事宜，则必须向战争部长报告。就连学员要"从家里接收一包袜子"26的请求也要按部就班地逐级上报，直至到达李的办公桌上，由李写下意见，签名后再转送到华盛顿的总司令那里征求意见，批准或不批准。大量繁复的文书工作甚至让李感觉无可奈何。

1852 年 8 月，李只身来到西点军校，尽管李的每一位传记作者都对玛丽拖延行程，且许久之后才来与李团聚颇有微词，但客观来说，他的确需要一些时间详细了解与这个新职位相关的情况，并确保在她到来之前一切都安排妥当。毕竟这不是一个小举动。玛丽带着他们的 4 个孩子，即 17 岁的玛丽、15 岁的鲁尼、9 岁的罗布和 6 岁的米尔德丽德，来到了这里，而 13 岁的安妮和 11 岁的阿格尼丝仍然留在阿灵顿外祖母家里，并由一位女家庭教师帮忙照看。他们的女儿玛丽被送进了韦斯特切斯特的一所寄宿学校，而鲁尼则被安置在纽约市的一所学校。不过，玛丽从小就习惯了凡事都交给众多仆人，自己可以落个清闲，一下子让她亲力亲为，连人带物一起从弗吉尼亚搬到她从未见过的新家，其中牵扯到无数细节，想想也真不是一件容易的事。这家人的马和所有的家具很快就到了，从罗布的描述来看，校长的住处（现在的正式地址是杰斐逊路第 100 号营房）非常宽敞，也很舒适，挺符合玛丽的要求。这座房子最初是于 1820 年由塞耶上校建造的，是一座坚固的两层砖砌建筑，外墙刷成了白色，屋顶上的 4 个烟囱分别装饰着一个精心制作的形状像希腊或罗马神庙的烟囱帽。它不仅为校长提供了

175

一个家，也是招待客人的理想场所。"它是用石头建造的，"多年后，罗布忆起这栋房子时写道，"又大又宽敞，有花园、马厩和大片的草地。我们这两个最小的孩子特别喜欢这里。'格雷丝·达林'和'圣安纳'〔李在墨西哥给罗布买的小马〕与我们在一起，我经常和父亲一起骑马玩，通常是在下午他从办公室出来后，他会骑上他的老母马，我骑着圣安纳跟在旁边，我们会让马小跑 5~10 英里。尽管小马驹很喜欢慢跑，但他会让我捶打它不停地小跑，并且开玩笑地说这样做对我有好处。我们骑在龙骑兵鞍座（dragoon-seat）*上，在马小跑的过程中不会有节奏地颠起来又落下，就这样一直练到我习惯了为止，每次骑完马后都会感觉筋疲力尽。"27

李坚持要一个肯定会让马和骑手都不舒服的鞍座，这属于他的典型行为，在 10 年后的内战期间，罗布再次抱怨，有一次他不得不替父亲骑在"旅行者"佩戴的龙骑兵鞍座上。李利用这些父子一同骑乘的方式，不仅是为了强化一种本已过时的骑行风格，也是为了让罗布变得坚强起来，这一点倒挺讨人喜欢的。

李生来就好为人师，看到孩子们学习以正确的方式做事就会感到格外快乐。罗布还描述了他父亲如何费尽周折，千方百计要他学会滑冰、游泳，甚至如何乘坐雪橇。只要条件允许，他都会亲自教孩子们。他的每个孩子都有相同的经历，只要到了能读懂信的年龄，都会在他不在家时收到他寄来的一封封长信，不厌其烦地给予道德训诫和和实用指导。他从西点军校写给当时 14 岁的"我珍爱的安妮"28 的一封信，就是他轻松幽

---

* 也就是传统上的"重骑兵"专用鞍座，马镫较长，腿要伸直。如今，皇家近卫骑兵（British Household Cavalry）的近卫骑兵团（the Life Guards）和蓝色及皇家骑兵团（the Blues & Royals）在庆典游行活动中仍会采用这种骑姿。

默和谆谆教诲相结合的代表："我听说你长得很高，希望你也很挺拔。假如校长的孩子们不按他的要求去做，我不知道学员们会怎么说。"

他的孩子们没有表现出叛逆倾向，这也确证了李的爱心和耐心得到了回报；事实上，他们个个都有杰出表现。卡斯蒂斯毕业于西点军校，鲁尼毕业于哈佛大学；他的三个儿子都曾在联盟军队服役，表现十分出色，其中两个荣获少将军衔，最小的儿子参加过战争中最惨烈的一些战斗，一路从列兵升至上尉级别。尽管为李立传的作者倾向于避免弗洛伊德式的猜测，可有些事的确值得进一步探讨，他的 4 个女儿都终身未嫁，想必是因为她们心目中的父亲形象太完美了，现实中很难找到能达到同等水准的人，另一种可能是他对她们所做的每一件事都始终保持着关爱、兴趣和关注，从而保持着她们生活中一直占主导地位的男性人格。

在一个完美的世界里，所有这一切可能会把李打造为西点军校校长的不二人选，但上任伊始，他就觉得自己是每个学员的替代家长，并为他们设定了他应用于自己孩子们身上的同等高标准。除了周日，李办公室的门每天早上 6~7 点都会打开一小时，他会正襟危坐在办公桌前，等着为任何一个在道德或个人事务方面存在疑问的学员答疑解惑。他可能没有意识到自己那副样子有多吓人，当然也严重低估了像他这样的完美主义者在解决学员们面临的道德和人生难题时所要付出的时间和心力。也就在那个阶段，他的头发开始变白，这是他从风度翩翩的年轻军官走向殚精竭虑的家长之路的第一步。

西点军校的诚信守则读起来简单明了，但在现实生活中却给他带来了无尽的烦恼，不时会让他陷入道德上进退两难的困境，常常令他苦不堪言，难以忍受。他的小儿子罗布亲身体验过这种境遇。有一天下午他与父亲照例骑马，意外地遇到了 3

名学员，他们未经允许偷偷跑到了远超可以正常活动的区域。学员们看到了李之后当即翻过一道矮墙，一溜烟钻进了一条沟壑中。[29] "我们默默地朝前骑了一段时间，"罗布多年后写道，"然后我父亲说：'你认识这些年轻人吗？'"罗布还没来得及回答，李就柔声地告诉他不要回答这个问题，"'别回答，'"他说，"'就算你认识，也不要这么说。'"然后，又过了一会儿，他喃喃自语道："'我真希望男孩们都能行为端正，那样的话，大家都会过得轻松多了。'"

177

守则告诫学员不要撒谎、欺骗或偷窃，也不要容忍这些行为；但另一方面，李本人以及每个学员都抱持着根深蒂固的信念，即绅士绝不会向权威机构指名道姓地告发另一个人。依照守则规定，李当然必须向学员指挥官报告他所看到的，但是因为罗布没有告诉他学员是谁，他们也就不可能受到惩罚。这类小事正是李作为西点军校校长在个人层面上每天都要面对的抉择，结果就是，他作为校长在西点军校度过的 3 年中，最出名的事是他不得不让詹姆斯·麦克尼尔·惠斯勒（Jame McNeill Whistler）退学，而从此以绘画为主业的惠斯勒最终成了那个时代美国最重要的画家。

"如果硅是一种气体，有一天我会成为一名少将"，这也许是惠斯勒最著名的一句话。它指的是他在西点军校的一次化学考试中答错了第一个问题，并最终导致他被李解除学籍。奇怪的是，当时年轻的惠斯勒已经在绘制地图方面展露出非凡的才华，在蚀刻版画上小有所成，而且是个十分孤僻古怪的人，真不知道他怎么会想到申请去西点军校，而且居然被录取了。甚至一位对他钦佩有加的评论员都用"喜怒无常、傲慢无礼"来形容他，而具有这种性格特征的军校学员是不可能有前途的。此外，他还近视、身体不好，对人对事都特别尖酸刻薄。有人建议他去做神职人员，被他拒绝了，他显然是没想出更好的去处，便决定从军，可实际上他对军事没有任何兴趣，也不擅长骑马。不可思议的是，就凭一头蓬乱的长发（他在西点军校的昵称是"卷毛"）和邋遢的衣着，他竟然作为军校学员安然无恙地生存了3年。

李和惠斯勒的初次接触是在后者申请了一个特别休假，去和他母亲（惠斯勒最著名画作的模特）*告别，她当时要乘船前往欧洲。李当时好像很勉强地同意了他的请求，他可能对惠斯勒的不良表现已有所耳闻。无论如何，李觉得有必要直接写信给惠斯勒夫人，强调她儿子按时返回西点军校的重要性。他们的下一次接触发生在惠斯勒的母亲回来后，当时惠斯勒因风湿病住院，可能还表现出肺结核的症状，然后因病被送回家。李无微不至地关怀每一个学员，这一点可从他写给惠斯勒夫人的大量信件中得到证实，他对她儿子的健康关怀备至，同时反复强调她儿子要设法补上落下的课。后来的事实表明他对惠斯勒的关心是白费功夫，惠斯勒在离开学校近3个月后回到了学校；他在绘画考试中勉强及格，其他学科成绩平平；接下来开始累积大量的过失分，然后就是在化学考试中未能识别硅，从而导致他化学考试不及格，最终被解除学籍。

惠斯勒不服此决定并上诉，但李写给托滕将军的信表明，他为救助惠斯勒已经竭尽所能，而他在做一切努力时既没有指望惠斯勒会心存感激，也没有认为真会有奇迹发生使他能成为一名合格的军人。

相比之下，李的儿子卡斯蒂斯没有给他惹任何类似的麻烦[30]，这让他很省心。作为军校学员，卡斯蒂斯只是最初犯了一些小错，此后无论是学业还是品德上表现都很出色，保持着

178

---

* 创作于1871年。惠斯勒所作的母亲的画像实际名称是《灰与黑的第一协奏曲》，它或许至今仍是最著名和最为人赞赏的美国绘画作品。

与李相差无几的记录。李的侄子菲茨·李，即史密斯·李的儿子，则总是给他添麻烦。当然，李因为他是亲戚，又想秉公办事，处理起来自然就更难了。菲茨是一个魅力十足、讨人喜欢，且富有冒险精神的年轻人，他行为一贯不检点，积累了不少过失分，最严重的过失就是"一天夜里12点左右和另一名学员离开营地，[直到]凌晨2点半才返回"。他被当场抓住并拘押，他或许想过让自己的哥哥免受菲茨被开除的耻辱 31，但他的表现一如既往，坚持审慎而公正地行事，但在处分决定下来之前，菲茨所在班级的全体学员出人意料地采取行动，向校方提出"在整个学年决不犯下他那样的过错"的承诺，这个举动足以说服战争部长赦免了菲茨，于是李也就没理由予以严惩了。菲茨·李最终没有受到严厉的惩罚，诚信守则的这种古老用法拯救了年轻的菲茨，使他得以在北弗吉尼亚兵团的骑兵部队光荣服役。

所有关于李在西点军校三年生涯的叙述，重心都放在了他对军校学员在道德和学业上遭遇问题的持续关注上。李是那种不触及道德问题的根源绝不罢休的人，无论它多么微不足道、复杂难解，不管所见证据如何自相矛盾，他也丝毫不顾及由此招致的内心痛苦和精神上经受的折磨。当然，作为校长，他还要考虑其他问题：他必须严格核算开支；他还费尽口舌，为建造一所新的骑术学校争取经费，并且以拿破仑为完善法国骑术而建立的法国索米尔骑兵学校（Saumur Cavalry School）*为样板进行规划，同时他在全军范围内物色教官人才，改善军官们的住宿条件，建设新马厩，并采购

---

　　* 　即如今的全国马术学院（National Equestrian Academy），享誉世界的黑骑士马术团（Cadre Noir）即出自这里，其骑手身着黑色制服并头戴骑士帽，与维也纳的西班牙马术学校的盛装舞步骑手齐名。

更多马匹和质量上佳的鞍具。

李很幸运，在他任期满半时，富兰克林·皮尔斯（Franklin Pierce）当选美国总统，他与李在美墨战争中相识。他任命李的老朋友、同为南方人和西点军校毕业生的杰斐逊·戴维斯为战争部长。作为美国陆军总司令的温菲尔德·斯科特将军仍然是李最坚定的支持者。斯科特甚至带着他的全班人马突然造访西点军校，毫无准备的李手忙脚乱，东拼西凑了一顿晚餐招待他们。这次遭遇让李觉得特别可笑，他在写给朋友的信中还以罕见的讽刺幽默的语气描述了此事："我想如果将军再有机会，如果不是那么仓促的话，至少能喝上盘子里薄薄的一层汤汁，吃到一片阿灵顿特有的火腿和我亲自下厨的中式炖鸡……我总觉得他们其实并没有吃饱。"[32]

这里的笑点是，在斯科特将军与波尔克总统之间旷日持久的斗争过程中，适逢1846年美墨战争初期，有一天当时的战争部长马西带着一份记述了波尔克总统不满的报告去拜访斯科特，结果发现斯科特并不在办公室。斯科特办完事回到办公室后，匆忙写了一封不无奉承的致歉信给马西，对总统"卓越的判断力、军事认知和彬彬有礼"大加赞赏，但他千不该万不该说他离开办公室的原因，只是为了"抽空去喝点汤"[33]。这封信的内容被"泄露"（斯科特应知道肯定会是这种结果）后，全国媒体一片哗然，极尽讽刺挖苦之能事，还经常配上一幅极不友好的漫画，在表达对斯科特向波尔克摇旗乞降行为的鄙视的同时，也冷嘲热讽斯科特在这件事上的不诚实，他对美食的钟爱和挑剔尽人皆知，他那时候已经发福，腰围大了不少，对他来说，用餐是人生一大乐事，不容轻视，因此对他"抽空去喝点汤"的说法，人们只会当笑话听，没人会当真。这件事让斯科特的一个朋友得出他在"政治上自杀了"的断论。事实证明这一断言是正确的，在1852年斯科特作为辉格党候选人参

180

加总统竞选时，他只赢得了 4 个州的支持。

李的传记作者总是倾向于把他描写成对政治漠不关心的人，其实这种认识不完全对。李的确不信任政治家，不管是合众国的还是联盟国的，并试图把自己塑造成一个对政治一无所知的人，但他实际上是一个精明的，当然也是不动声色的政治事件观察者。在 1861 年之前他很大一部分的工作就是代表总工程师或战争部长与国会各个委员会打交道，这使他作为一个级别相对较低的军官，实际上对政治有着相当深刻的认知。

李在担任西点军校校长期间，美国也正经历着激烈的政治动荡，南北各州之间围绕奴隶制能否扩展至 1848 年从墨西哥夺取的广大地区，或者说能扩展到多大范围这一紧迫问题滋长的敌意日益加深。双方政治对立，恶语相向的程度急剧上升。北方大多数"温和派"仍然可以容忍在所谓梅森—迪克森线以南的奴隶制继续存在，也就是说，在美国独立之前已经确立了奴隶制的那些州，它们都在不同程度上反对将奴隶制扩展至新的领土上。此时，北方的废奴主义者人数仍然极少，属于由极端分子组成的社会边缘团体。即使是那些赞成最终废除奴隶制的人，大多数也赞成渐进改变，甚至在缓慢废奴的过程中可以考虑以某种形式补偿奴隶主，但他们从来就没有想过，以前的奴隶有一天会成为与他们一样拥有完全投票权的公民。除了南方腹地富有的种植园奴隶主和从事奴隶贸易的人，大多数美国人把奴隶制视为一种悲剧性的国家级错误。李对奴隶制的态度则是典型"温和派"南方人所具有的，即他们本身就拥有奴隶，依赖奴隶的劳动，并尽可能在现实的主从关系中善待名下的奴隶；但是他们希望在遥远的未来最终废除奴隶制，并采取仁慈的方式将大多数被解放的奴隶迁移到别的地方，比如利比里亚。与此同时，在李家农场上做工的奴隶的生活并没有发生任何改变，而南方其余地方的情形也差不多一样：一代又一代的奴隶置身于漫长而麻木的劳作，对于今后改善生活的前景，要么感觉希望渺茫，要么根本不抱任何希望。

李在西点军校任职期间，奴隶制议题已经成为美国政治的爆燃点，尽管继任的总统和国会在越来越短的时间间隔内寻求新的妥协方案来取代先前的方案，但每一次新领土的加入，每一片领地要升格为州，甚至是修建一条横贯大陆的铁路这种富有远见和令全民受益的提议，都会引发各派各方之间的尖锐对立，而每一次争端的核心问题都是奴隶制。哈丽特·比彻·斯托的《汤姆叔叔的小屋》于 1852 年出版，并成为美国 19 世纪仅次于《圣经》的畅销书，它仿佛是个征兆，进一步激发了对立双方的激烈情绪。

同情南方各州的北方人富兰克林·皮尔斯担任总统期间，紧张局势迅速升级。他希望更换掉过时的《1820~1821年密苏里妥协案》（Missouri Compromise of 1820~1821），按照该妥协案的规定，密苏里可以作为蓄奴州加入联邦，作为交换条件，在美国路易斯安那领地北纬 36°36′以北禁止蓄奴。1845 年，作为《得克萨斯兼并决议》（Texas Annexation Resolution）的一部分，妥协案覆盖区域进一步向西扩展。同年，极具争议的《堪萨斯－内布拉斯加法案》（Kansas-Nebraska Act）允许这两个区域的定居者"通过人民主权"来决定他们是否愿意在本地接纳奴隶制。来自密苏里州的参议员托马斯·哈特·本顿（Thomas Hart Benton）说的一段话道出了许多人的心声："所有这些混乱和恶作剧的借口是什么？ [34] 有人告诉我们，这是为了让国会摆脱奴隶制的议题！我的上帝啊！它本来完全、彻底、永远地脱离了国会……除非国会用毁掉解决这一问题的神圣律法而把它拖了进来！"来自俄亥俄州的两位参议员抨击该法案，称它"是对神圣誓言的严重违反……是对

182　珍贵权利的犯罪背叛"，旨在将西部的新领地"变成一个了无生机、专制的区域，居于其上的只有主人和奴隶"。

　　这种言辞应该算是相当平静而温和的，与此形成鲜明对照的是，伴随着国会两院冗长且情绪激烈的立法进程，社会各界也展开了火药味十足的大论战，大部分媒体连篇刊载言辞激烈的社论。这场混战使得皮尔斯总统的声誉受到重创。确切地说，他作为总统所遵循的政策是为了把美国分成两个交战阵营而量身定制的。这项立法一通过，堪萨斯地区便陷入了政治动荡，谋杀案四起，并最终走向全面武力对抗，支持奴隶制的"边疆暴徒"和自由土地上的"主张废奴的游击者"为奴隶制问题斗争。"流血的堪萨斯"很快分裂成支持奴隶制和反对奴隶制或"自由州"两部分，并有了各自的首都*，并且成为关于奴隶制争端将把美国引向何方的可怕实例。《堪萨斯－内布拉斯加法案》通过后不到一年，"战争的流星"约翰·布朗抵达了堪萨斯，标志着一场新的更血腥的冲突的开始，因为该州充斥着想要废除或扩大奴隶制区域的外来者，这种局势显然超出了联邦政府的控制。

　　在此期间，李对奴隶制的存留并没有给予过多关注，而他个人也尚未过上作为主人天天要与众多黑奴打交道的现实生活。当然，他一生中的大部分时间身边都没缺过奴隶，除了他在北方或在墨西哥打仗的时候。准确地说，黑奴即使不能发挥更多作用，也至少是南方上流社会生活的一部分，可以说是一个无所不在的群体。

　　1853 年 4 月，李敬爱的岳母玛丽·李·菲茨休·卡斯蒂斯去世。李早就把她视同亲生母亲，把她当作自己的精神导师，并把阿灵顿当作自己的家。他的妻子玛丽在母亲去世后不

---

　　*　前者是勒孔顿（Lecompton），后者是托皮卡（Topeka）。

久便辗转赶到家里，但他本人由于公务缠身，没能回去参加葬礼。他曾以"母亲"[35]称呼卡斯蒂斯夫人，十分倚重她，觉得她是整个家庭生活中和蔼可亲的中流砥柱，完全不同于她变幻莫测的丈夫；李还说她的去世是一种"猝不及防且毁灭性的"打击，这丝毫没有夸大的成分。在写给玛丽的信中，李表达了基督教的基本信仰，即卡斯蒂斯夫人曾不遗余力地激励他，这将在未来的岁月里给予他精神上的支撑，并使他在几乎每一个见过他的人，无论是朋友还是敌人的眼里，都是一个高贵到近乎圣洁的人物，甚至在战场上也不例外。"愿上帝赋予你力量，让你能够承受并说'愿他的旨意成全'。她已经摆脱了所有的烦恼、关切和悲伤，走向了神圣的永生，在那里她将永远欢喜和赞美她长久以来真心信奉的上帝和救世主。就让我们以此感到安心并得到慰藉。愿我们逝去时能与她一样，并愿我们在天堂欢聚。"[36]当然，人们总是要写给刚刚失去亲人的人一些宽慰的话，而且与如今的人相比，维多利亚时代的人们更倾向于选取一些具有浓厚宗教意味的话语，但李写给玛丽的信并不符合这种论断；他并非刻意选择了那些词语，而是清楚无误地表达出了发自内心的根本信仰，坚信上帝旨意的良善，服从上帝意志的需要，并且相信那些顺服上帝的人一定会在天堂找到预留给自己的栖身之处。李的宗教信仰是不可动摇的，这要部分归功于玛丽和她的母亲，当然也是他性格中最重要的部分——他深信不疑。他没有装模作样给人看，内心不存在丝毫疑惑，也不需要外在形式上的展现；形象地说，它从内心照亮了他，这恰好可以用来解释他所具有的非凡魅力，以及在即将到来的战争中人们给予他作为一位领导人应有的敬重。非但如此，在他去世后一个半世纪里，他一直在美国人的生活中占据着独特位置，他身上体现着一种奇特组合：烈士、世俗圣徒、南方绅士和完美战士。卡斯蒂斯夫人遗留给李一枚"饰有华盛顿将军的头发和珍珠的首字母"的戒指，这并非无心之举，因为她完全理解罗伯特·E.李言行举止的准则根植于上个世纪，以及将他与乔治·华盛顿联系在一起的"神秘纽带"的力量。[37]

　　所有这些品质都让李成为学员们心目中无比敬畏的楷模，他们可以清晰地看到他试图教化他们的那些美德全都体现在他本人身上。与今天相比，当时的年级规模很小（1852级有43名学员，1853级有34名学员），* 他不仅要操心他们的学业，还要倾注同样甚或更多的精力帮助他们在精神上健康成长。事实上，在西点军校的历史上，只有一名毕业生成功地将将军和牧师这一对看似对立的职业生涯结合在了一起，他就是利奥尼达斯·波尔克（Leonidas Polk）——他比李早两年进入西点军校，后来成为路易斯安那的圣公会主教和联盟国军队中将。尽管如此，李始终看重"作为士兵唯一保障的男子气概和荣誉的原则"并反复向学员们灌输这些原则[38]。他与战争部的许多通信都含有说教的语气。让他常感不快的并非军校学生的过失，而是他们不服管教的表现。有位学员面临被开除学籍的风险，李礼貌地在写给该学员父母的信中警告道："你们不能就此推断，他的行为有任何可耻之处或有意影响他的道德品质……他的过失源自他粗心大意［和］对职责的疏忽。"[39]李认为开除学员是"我履职期间最不愉快的作为"[40]。1853年，他在视察上任以来的第一个毕业年级时，完全有理由感到自豪：毕业学员中包括4名未来内战中的将领。[41]其中之一是菲利普·谢里登（Philip Sheridan），他将于1864年成为格兰特骑兵队的指挥官，也是第一位在谢南多厄河谷（Shenandoah Valley）实行焦土政策的合众国将军；另一位是约翰·贝尔·胡德（John Bell Hood），一位勇猛顽强的

---

*　　现在将近有1000人。

得克萨斯人，他成了联盟国中将，并在葛底斯堡战役的第二天领导了对联邦军队左翼的攻击。第二年，李满心欢喜地看到他的儿子卡斯蒂斯以年级第一的优异成绩毕业，与他同级的46位毕业生中，至少有7人将成为联盟国将军，其中名声最显赫的是J.E.B.斯图亚特，李特别喜爱这个英俊的年轻骑手，视如己出。

李在西点军校任职期间是他一生中最平静、最令他满意的时期之一。他的家人大部分和他生活在一起，而玛丽自始至终都很想念南方，还有那边的温泉，她的关节炎越来越严重，已经开始影响到日常行走，只有泡温泉才能稍微缓解一下病痛。不过，她似乎渐渐开始享受起作为军校校长夫人的生活了，其中包括要抽出大量时间款待学员和来访的"知名人士"等，只是哈德逊河谷的冬季让她觉得难以忍受。她带着几个熟识的阿灵顿仆人随她北上，其中包括"一个厨师、一个侍者，以及罗布儿时的'保姆'伊丽莎——她如今已是一个成熟的女佣"[42]。当时把奴隶带往北方各州还不算什么，但随着围绕奴隶制的争端升温，以及废奴主义者人数激增，且行动越来越大胆，将家奴带到北方各州开始遭遇各种困难。西点军校的场地和花园都被打理得很漂亮。在这个注重纪律性的尚武之地，周边气氛肯定比昏昏欲睡的阿灵顿更具活力，从校园里不时会传出学员们列队行进、演练、军乐队演奏和军号的声音，玛丽·李似乎已经适应了这个环境，甚至利用温室"培育来自阿灵顿花园的植物和花卉的剪枝"。[43]

李究竟有多心满意足，很难揣度。他觉得自己已经改善了学员的纪律和道德状况，并在学校里开始了一系列的改进措施，从引入煤气灯到开始筹备新骑术学校的相关工作，这算是了却了他一桩心事；但他也可能开始担心自己会从此偏安一隅，沦入军中死水一潭的境地。学校监事会称赞他在任上的表现，并认为"他完全配得上那个尊贵的职位"[44]，这个评价是令人欣慰的，但李自己时刻都没忘记，无论他的职位在别人眼中显得多么"崇高"，他都在渐渐老去，同时任何晋级或获得更高职位的现实希望都显得那么渺茫。另外，他还有两个儿子需要接受教育，4个女儿待字闺中。（鲁尼没能获得入学西点军校的名额，这让他的父亲很失望，但他后来成功进入了哈佛大学。最小的男孩罗布后来就读弗吉尼亚大学）李利用业余时间阅读了西点军校图书馆的大量图书，其中很大一部分是关于拿破仑的，包括奥马拉（O'Meara）的两卷本《拿破仑在圣赫勒拿》（*Considérations sur l'Art de la Guerre*），不少于8部有关这位皇帝的回忆录，以及拿破仑自己的《战争艺术的思考》[①]等等。正如弗里曼所指出的那样，李在此书中应该是读到过皇帝关于保护首都免受人数占优的敌军侵袭的建议，而这种情形正是李本人在1864年和1865年要亲自应对的。

但是华盛顿方面正在采取一些措施，这将从根本上改变李的职业方向，并将他的家人送回阿灵顿庄园。此时此刻，战争部长杰斐逊·戴维斯寝食不安、忧心忡忡，因为部署在西部边疆地区的部队人数太少，不足以保护那里的定居者——整个美国军队不足1.5万人，大约相当于一个师的规模。战斗部队不足1万人，其中只有大约一半人可以守卫和保护整个西部边疆区，抵御大约4万名敌对的印第安勇士。美国军队的小分队一次又一次被困在他们的要塞里，或者在他们外出时被人数众多的印第安人分割包围。[45]形势日益恶化，最终在1854年发生了触目惊心的格拉顿惨案（Grattan Massacre），29名美军士

---

① 原文有误。《战争艺术的思考》（*Considérations sur l'Art de la Guerre*）的作者本是约瑟夫·罗尼埃（Joseph Rogniat，1776年11月9日至1840年5月8日），他曾是拿破仑麾下一名高级将领。拿破仑在读过他的这部著作后，曾口述了18条读后感，后来成为拿破仑的重要军事观点。

兵以及他们的指挥官格拉顿中尉（Lieutenant Grattan）和一名翻译在如今的怀俄明州（Wyoming）被1000多名愤怒的印第安苏族拉科塔勇士杀害。戴维斯决心要在边疆地区强力实行我们现在所说的法律和秩序。他要求国会组建专为保卫边疆而培训和装备的两个步兵团，以及两个骑兵团——第一和第二骑兵团。立法者们这次听进去了，旋即批准了组建部队的经费，当然在审批期间也不乏抱怨。戴维斯立即任命阿尔伯特·西德尼·约翰斯顿为第二骑兵团上校团长，后者是得克萨斯人，与戴维斯同为西点军校毕业生但比戴维斯低两届；同时任命罗伯特·E.李挂陆军中校衔，任副团长。约翰斯顿是一名杰出的战士，他将在三支军队中服役：得克萨斯共和国军队、美利坚合众国陆军和美利坚联盟国陆军。他赢得了杰斐逊·戴维斯的青睐，后者认为他的军事技能高于李。两个新组建的骑兵团的多数军官是南方人：在第二骑兵团，除阿尔伯特·西德尼·约翰斯顿和罗伯特·E.李以外，E.柯尔比·史密斯（E. Kirby Smith）和约翰·贝尔·胡德都将成为联盟军的将军；第一骑兵团的中校是李在西点军校最好的朋友约瑟夫·E.约翰斯顿，他不仅会成为联盟军队的将军，还会成为联盟国军旗的共同设计者。

　　斯科特与戴维斯意见不一，他更愿意让李担任第二骑兵团的上校团长，并让约翰斯顿当副手；他重申他的信念，假如美国陷入一场关系国家存亡的战争，即使在临终之时，他也会"用尽最后一丝气力"[46]告诉总统，应该授予李指挥军队的大权，但在几轮言辞激烈的书信往来之后，他最终接受了战争部长的决定。

　　在待遇方面，李没有得到丝毫提升，因为他已经拿着荣誉晋级上校军衔的工资。[47]他总是谨慎理财，不仅靠工资生活，而且在到西点军校上任时，已经存下了64500美元，其中大部

187

分投资于年利率 6% 或 7% 的州债券和市政债券*，这在当时是一笔不小的资金，相当于今天的 168 万美元。李感觉钱不够用是可以理解的——他要养育 7 个孩子，尽管卡斯蒂斯由政府出资就读西点军校，但毫无疑问，送其余男孩上大学的费用对他和对今天的父母来说一样可怕。此外，他还有 4 个女孩待嫁，未来的婚礼无论如何都要与李、卡特和卡斯蒂斯家族的地位相匹配，花销肯定也小不了。在工程兵团服役了 27 年后，他自然是难舍难分，同时也为不得不与孩子们分离而感到"极度痛苦"，不过凡事有失必有得，他或许对自己能走出办公室奔赴新天地充满了期待。他将在实地带兵，肩负直接的军事责任，而且考虑到边疆地带日益加剧的紧张局势，他几乎肯定会有真刀真枪地在战场拼杀的机会。那时，骑兵仍然被视为精英，而李又是天生的骑手。李谅必反复权衡了这项任命，很可能是与玛丽·李仔细讨论过这件事的影响，因为他过了 12 天后才给出答复——这对于李来说拖延了很长时间，但他终将接受任命这一点从来没有受到怀疑。

李有大约一个月的时间安排家人搬回阿灵顿，并为自己赴任做准备。前景很明朗，第二骑兵团不可能驻扎在玛丽和孩子们能够跟随他并一起生活的地方。1855 年 4 月 12 日，他前往肯塔基州路易斯维尔，他所在的团正在那里组建。不知何故，战争部尚未找到约翰斯顿上校，所以到目前为止李是实际上的指挥官。甚至在士兵制服和装备到达之前，李就奉命率部前往密苏里州的圣路易斯市，并在那里开始训练部队。李若干年后说，他能够把任何人转变为士兵——他指的是 1864 年他大胆

---

* 埃默里·M.托马斯列举了李的一些重要投资，其中包括"弗吉尼亚和密苏里州的债券、匹兹堡和圣路易斯市的债券、纽约和伊利运河以及哈德逊河铁路债券"等。这些投资体现了李谨慎但很明智的理财策略。

提议要招募黑人加入联盟军队。客观地说，他似乎确实具有一种天赋，能把勉强参军的人变成心甘情愿上阵杀敌的士兵。事实上，第二骑兵团的许多新兵都是来自普通部队的正规士兵，他们可能需要和平民一样多的鞭策和训练才能达到李制定的标准。第二骑兵团最终会成为训练有素、军容整齐、装备精良的精英部队，以至于他们在陆军中以"戴维斯的宠物"而闻名，这个称号反映出战争部长个人对该团表现出的浓厚兴趣。

李本人暂时无福消受设立在密西西比河上杰斐逊兵营的舒适条件，因为陆军上层决定他应该利用这段时间去远至堪萨斯、得克萨斯和宾夕法尼亚的军事法庭履行职责，这是一线军官必须承担、枯燥乏味的职责之一，但他作为工程兵和西点军校校长而被免除了这项义务。从1855年9月初到1856年3月，他一直马不停蹄地在各地奔波，直到最后在圣安东尼奥市以北100英里的梅森堡（Fort Mason）重新加入了这个团。梅森堡由一系列规模较小、简陋且相互孤立的堡垒构成，旨在保护这里的定居者免遭科曼切、基奥瓦和阿帕奇等印第安部族，或四处流窜的墨西哥强盗的侵袭。军队驻地之间旅行的沉闷乏味，其中大部分是骑马旅行，参与审理的案子也都令人感到无比沉闷，这些都足以促使李在写给他女儿阿格尼丝的信中警告她"要预料到一生中的任何阶段都会经历不适和烦恼"[48]的可能性，后来的事实证明这一预测比她父亲能预见的要准确得多。

到了3月底，阿尔伯特·西德尼·约翰斯顿上校似乎终于到任并正式接管了这个团的指挥权，他让李指挥第二骑兵团的两个在布拉索斯河边扎营的骑兵中队，那个地点被称为库珀营地，正好位于科曼切人领地的中心地带。这个营地实际上只有几排帐篷，在梅森堡以北大约170英里处，是一个孤立的营地，周边荒无人烟，只有一大片人迹罕至、令人望而生畏的矮树丛和多刺的牧豆树，有狼、郊狼和蛇出没，还散居着充满敌意的科曼切人。李奉命震慑这些印第安人，并阻止他们遵循他们引以为豪的部落战争传统，防止他们凶残地袭击毫无防备的盎格鲁人定居点，偷牛偷马，以及剥敌人的头皮。李有一顶专属的帐篷，还养着几只母鸡，下的蛋用来补充军粮配给。他一度还养了条响尾蛇当宠物，因为此地的狼实在是太凶猛，猫或狗都无法逃脱被它们吃掉的命运。他将在这个毫无前途的地方待上 19 个月，唯一的消遣就是在约翰·贝尔·胡德中尉的陪同下勘察地形，为建造一个新堡垒选址。

李对在库珀堡下游安营扎寨的科曼切人没有什么兴趣。在 19 世纪中期的大多数美国人看来，印第安人既不有趣也不值得研究，李也不例外。在内战后努力把李变成一个世俗圣徒的过程中，他有关种族的观点几乎完全从对他的描写中消失了。他认为就算是作为奴隶，黑人也比在非洲过得好，而且在内战后他反对给予黑人投票权；他认为墨西哥人只是比南方的奴隶稍微好一点（而且生活得更差）；同时他认为政府为（按照他的说法）"教化"印第安人所做的努力毫无意义，而且也不太可能成功。李在对科曼切人有所了解之后，他对这些人的观感比较全面地体现在他写给玛丽的一番话里："这些人给人和马带来了一大堆麻烦，可怜的生物，他们真的让人觉得不值。"[49]

李并非人类学家，他对令人头疼不已的科曼切人缺乏耐心，也无法忍受他们村子里的脏乱差。李到达库珀营地后不久，当地酋长卡图姆塞曾大肆张扬地过来拜访他。过了一段时间，李觉得有必要做一次回访，并在访问后不久给玛丽写了一封信，描述了当时的情景："昨天我回访了他［卡图姆塞］，并在他的锥形棚屋里待了一会。他告诉我他有 6 个妻子。他们［印第安人］整天都骑着马在营地里进进出出，他们脸上涂的油彩和'装饰品'让他们看上去更加面目可憎，整个部落都让

人感觉厌倦。"李对酋长很有礼貌，但对他直言不讳："只要他
和他的部落言行举止都规规矩矩，我就把他当作朋友看待，但
假如他不遵守诺言的话，我就会毫不犹豫地把他视为敌人。"[50]
卡图姆塞酋长可能有他自己的行为标准，并像李一样恪守自己
的一套荣誉守则，但李对此从来没有考虑过。

　　边疆沉闷的生活最终又让李像以往一样开始后悔自己的
职业选择。很明显，与科曼切人的明争暗斗既徒劳无功，也无
荣耀可言，更不用说追赶他们了，因为他们几乎不会留下任何
足迹，而且他们对这片贫瘠土地的每平方英里都了如指掌。李
如今是个 48 岁的荣誉晋级上校，与他心爱的妻子和孩子们相
隔 1000 英里，且一事无成。"最阴暗、最乏味的千篇一律的
生活又降临了"，弗里曼写道，这是对李当前精神状态的准确
描述——像许多其他戍守边疆的士兵一样，他觉得自己在浪费
生命，他的军事生涯已然走进死胡同，再无任何进一步提升的
希望。

　　忽然有一天，千篇一律的生活总算有了变化，李奉命率
领一支特遣队去围剿一群科曼切劫匪，这伙人的首领是个武
士，名叫萨纳科（Sanaco）——也可能是更著名的"野牛
背"（Buffalo Hump）——他们一直在袭扰查德本堡（Fort
Chadbourne）附近的定居区，此地与现代化的沃斯堡和米
德兰堡（Fort Midland）的距离差不多，在如今的布朗蒂镇
（Bronte）东北方向约 11 英里处。这一带是得克萨斯边境上
自然环境最恶劣、最荒凉的区域，李率领的部队在那里找到
萨纳科或"野牛背"。一想到要上阵拼杀，李就不由得兴奋起
来。他得到了从几个要塞抽调的四个骑兵中队，有 400~500
人，外加补给车、向导和一名翻译。他们要搜寻的大片区域沟
壑纵横，遍布着干涸的河床，这些人少得可怜。向西延伸数百
英里，一望无际的埃斯塔卡多平原（Llano Estacado），总面

190

积几乎与新英格兰相当，印第安人完全可以（也确实）在这片绵延无际的草原上消失得无影无踪。李和他的部下走了很远，连续数天骑马搜寻，除了天边飘起的缕缕青烟，什么都没发现，等到走近再看时，才发现那些烟是草原上的野火冒出来的。他对这里的印象就是草原很贫瘠，好不容易找到一点水还是咸的，但是他设法接近了威奇托河的源头，他可能是第一个来到这条河（Wichita River）源头的白人，或者至少是继征服者科罗纳多之后的第一个白人。他手下的一个骑兵中队居然成功杀死了两个印第安人，不过他们是否属于劫匪团伙似乎值得怀疑。在骑了 30 英里后，他在布拉索斯河的一条支流边上露营，用四根扎进地里的木棍撑起的一条毛毯遮阴，这天正赶上独立日——1856 年 7 月 4 日。在这个简陋的露营地，他向玛丽描述了自己的行踪："阳光火辣辣的。周边的空气就像从热风炉扑出来的，水很咸。"他动情地写道："我对我的国家的感情是炽热的，我对她的未来的信心是真实的，我对她的进步的希望是有增无减的，这些都好像是在一帆风顺时油然而生的。"[51]

191

最后，尽管他尽了最大努力，在 40 天内走了 1600 英里，但依然没有发现印第安匪帮的任何踪迹。"我没看到任何东西，"他在报告中略带挖苦地提到布拉索斯周围的环境，"足以吸引这些印第安人来到这里，或者足以诱使他们留下来。"[52]

部队最终都返回了各自的堡垒，李回到了库珀营，他发现高温天气已使这里的河水干涸，自己开辟的菜园子里的菜也都干死了。他在此驻留期间还得知他的妹妹米尔德丽德，即爱德华·弗农·蔡尔德（Edward Vernon Childe）夫人意外地在巴黎去世了。比罗伯特小 4 岁的米尔德丽德当初大胆地决定嫁给一个陌生的北方人，那时她才 19 岁。[53] 她的兄弟们都对此人心存疑虑，丹尼尔·韦伯斯特（Daniel Webster，1782 年 1 月

18 日至 1852 年 10 月 24 日)①本人的推荐信也未能令他们信服。就算爱德华·蔡尔德是一位富有的波士顿律师，有着文学抱负，也并没有立刻让他们稍感宽心，但米尔德丽德固执己见，执意与爱德华结了婚，并和丈夫一起移居到了巴黎。她"从那之后抵制一切劝诱她返回"54 美国的努力。李闻讯后悲痛之情自不待言，而他在库珀营的孤独感和挫败感更是加剧了他内心的悲伤。"我万万没料到会发生这种事，"他写信给玛丽时说，"而且在自然的进程中，我或许从来也没有预料到会这样，我的确从来没有意识到她竟然会先我一步，踏上我们都在加速奔赴的未知旅程……它断绝了我们在此世重逢的全部心愿……我相信我们仁慈的上帝如此突然、这么早就把她带走的理由，是他认为此时是把她带去他身边的最佳时机。"55 这封信完美地表达了李对他妻子和已故岳母所信奉的福音派基督教的信服，这不仅体现在书面上，也是由衷的信仰，这种带有宗教色彩的语句将出现在李所有的信件中，甚至涉及军事或政治事务的信件也不能避免。在他这么多深受众人喜爱的肖像中，他虽然一身戎装端坐马上，却几乎无一例外地表现出祈祷的模样，这种现象并不是偶然的。

192

也许幸运的是，像所有的军队一样，李所在的陆军也不会允许其属下享受任何闲暇时光，因此李又要离开库珀营，去各处的军事法庭参与似乎没完没了的庭审工作。在边疆地区，真正具备野战级别的军官数量稀少，李便是其中之一，而且在任何军事法庭上他工作起来都一丝不苟、认真负责。就如他在西点军校悉心照顾学员们一样，他极其重视庭审文件和证据。仅

---

① 美国著名的演说家、政治家、法学家和律师，曾两次担任美国国务卿，并多次担任美国众议员和参议员。1957 年，美国参议院将韦伯斯特评选为史上"最伟大的五位参议员"之一。

仅在一个地方集合起证人、文件、律师和庭审所需的军事法庭成员就可能耗时数周或几个月，而且有些指控所涉案情原本就不那么重大。李从库珀营前往里奥格兰德城（Rio Grande City）的林戈尔德兵营（Ringgold Barracks），这里是得克萨斯的最南端。他这一趟旅行花了27天，行程总计700英里。他从那里继续骑马赶往布朗堡、圣安东尼奥市和印第安诺拉（Indianola）。这次巡回庭审工作从1856年9月开始，一直持续到1857年4月才结束，然后他返回了库珀营。对李来说幸运的是，他去过的堡垒和营地里有很多认识的军官，有些还带着家属，他总算又可以享受一点家庭生活的氛围，顺便从他们那里了解一些部队内外的最新动向。

军中传言称，第一和第二骑兵团可能会解散，因为北方人担心杰斐逊·戴维斯给这两个团配备了太多南方军官——这场争论始于《纽约时报》，但最终不了了之。李听说骑兵团要被解散，内心十分苦闷，更令他恼火的是，他发现他在弗吉尼亚的朋友们一直在向总统递交请愿书，以他"才华横溢、卓越非凡"为由要求将他提升为准将填补空缺，这个请愿活动遭到他温和但坚决的劝阻。

政治新闻集中在堪萨斯问题上，那里的局势已经恶化到内战一触即发的地步；另外一个焦点是整个奴隶制问题，似乎其余所有问题都被整合进这个问题了。现任总统富兰克林·皮尔斯不知怎么搞的，竟然在本党内获得再提名的竞争中败选，这种际遇在美国政治史上也是破天荒头一遭。民主党已分裂为北方民主党和南方民主党，双方立场尖锐对立，面临着分崩离析的风险，与上次选举中的辉格党所做的一模一样，而皮尔斯太像是"油炸面团"了，根本无法取悦那些反对奴隶制的人。于是，该党在经过15次投票后提名美国派驻联合王国的公使詹姆斯·布坎南为总统候选人，并选择了肯塔基州参议员、未来的南方联盟军少将约翰·布雷肯里奇（Senator John Breckinridge）为副总统候选人。布坎南实际上"出生于小木屋"——这在当时被认为是总统候选人的一大优势，并在家乡宾夕法尼亚州很受欢迎；但是他决心要让蓄奴州和北方自由州之间保持数量上的均等，这使他成为赞成蓄奴和反对蓄奴的两派嘲笑的对象。堪萨斯州发生的事件、北方废奴主义情绪的日益激烈、民主党分裂成两个对立派系、旧辉格党的垮台以及新共和党的崛起，种种这些都大大增加了南方各州脱离联邦的风险。尽管绝大多数南方人不是奴隶主，废奴主义者在北方也仅是极少数人，但奴隶制问题实际上正在推动国家走向分裂，并使其政治体制发生革命性变化。布坎南是一个颇有魅力的人，也是一个经验丰富的外交家，但在美国历史上这一特定时刻，妥协正迅速变得不为各方接受，他却依然自以为能够左右逢源，在各派当中寻求到共同点。

李反对脱离联邦，认为这是"愚蠢"之举，等同于一场革命。事实上，他很像布坎南，如果能让联邦保持完整，他肯定愿意妥协。他并不热衷于把奴隶制扩展到其他领地，也不热衷于恢复他憎恶的奴隶贸易，他更不赞成兼并在古巴的蓄奴领地。

1856 年 12 月，皮尔斯总统在国会表达的观点集中在两方面：他对废除密苏里妥协案这一极具争议和不合时宜之举加以辩解，北方人试图干涉南方奴隶制的做法并不明智。与总统不同，李认为奴隶制是精神上的问题，而不是政治问题。他自己名下的奴隶没几个，而且他已暗下决心在他死后这几个奴隶应该得到解放，他接触的奴隶大都是家仆，本来就很熟悉，而且有时相互间还很亲密，他基本上不曾与在田里劳作的奴隶打交道，但是总的来说，他发现拥有奴隶就要承担起一定的责任，由此产生的麻烦要大于他们的劳动带来的收益。根据目前所知的情况，可以肯定，李实际上从未买过奴隶；他名下的奴隶要么是卡斯蒂斯先生作为礼物送给他的，要么是从后者那里继承来的。他和李氏家族几个成员一样，都对把获得自由的奴隶送到利比里亚感兴趣，赞同蓄奴和反对蓄奴的两派均支持这个做法，只是他们的支持并非全心全意，内心也有些疑虑，但那些被提议送往非洲的黑人则极不情愿。被释放的黑人最不想去的地方是穿越大西洋回到非洲，他们并不想成全这一美国白人借以赎罪的大规模社会实验。李在写给玛丽的信中表达了他的大部分想法。在信的开头，他简单谈到自己对总统向国会发出的讯息保持谨慎的乐观，除此以外，他的信中弥漫着一种危机感，反映出他对北方人针对奴隶制日益坚定的对抗决心终将爆发的预感。

"对总统的讲话内容以及战争部长所做的报告，我甚感满意，至今只收到了这两份完整的文件。其他文件仅有概要〔原文如此〕。总统的观点：准确而忠实地反映了北方某些人系统地、渐进式地努力干涉和改变南方内部制度的企图。他们的计划及其目的的后果清晰地阐明了，他们必须认清形势，他们设定的目标不只是非法的，同时对他们自身及其责任来说也完全是不相干的；既非他们的责任，亦非他们的义务；只能由他们借助于公民与奴隶之战来完成。在这个启蒙的时代，我相信鲜有人不承认，作为一种制度的蓄奴，在任何国家都是道德与政治上的邪恶。其弊端无须详述。然而，我认为其邪恶程度于白人比黑人更甚；而我在感情上强烈支持后者的同时，亦对前者寄予极大的同情。在道德、社会和物质条件方面，黑人在此地的生活要比在非洲好太多。他们正经受的磨炼，对他们作为一个种族来说是必要的训导，而且我希望这会帮助他们做好准备并引导他们走向更美好的未来。至于他们究竟需要屈服多久，唯有明智而仁慈的上帝知道，我们只需谨遵其命。他们的解放将更快地得自基督教精神和风细雨、润物无声般的影响，而不是疾风暴雨、电闪雷鸣般的激烈争端。这种影响虽然缓慢，但确切无误……在见证人类奴隶制终将被废除的历程的同时，我们会以我们的祈祷以及我们力所能及的一切正当手段助其一臂之力，我们必须把最终的进步和结果交给看得到结局的上帝。上帝的选择是施以缓慢的影响，而对上帝而言，两千年不过就是一天。虽然废奴主义者必定知道这一点，并且明白他们除了运用道德手段和劝诫以外，既无权利也无权力横加干涉；他们若真心为奴隶好，就不该鼓动他们仇视自己的主人；尽管他们未必赞同上帝实现既定目标的方式，但结果是一样的；他们提出的干预理由，完全适用于我们一旦发现邻居的行为不合己意便出面干预的举动，但我仍然担心他们会一意孤行，实践他们的邪恶主张。清教徒前辈（Pilgrim fathers）为了保有他们自己的见解自由不惜横穿大西洋来到这里，但他们的子孙后代却总是自证不能容忍他人的精神自由，这难道不令人感到奇怪吗？"[56]

李的说法当然没错，清教徒前辈们的确唯我独尊，不能容忍他人不同的信仰，但初读他的信，感觉他把这与 19 世纪中期北方人对奴隶制的不容忍相提并论有些匪夷所思。但是只有在仔细读完这封信后，你才会明白，李其实坚信奴隶制体现着上帝的意志，只能由"仁慈的上帝"按照自己的节奏终结它。在后来李从一个南方人渐渐蜕变为国民心目中的英雄的过程中，他对奴隶制的看法在很大程度上被遮掩起来了，考虑到他真心厌恶奴隶制，这种做法倒也没有遇到多大麻烦。他在这个问题上的坚定信念有助于解释他最终决定辞去陆军中的职位，转为南方战斗。尽管他不喜欢奴隶制，但他在为他所认为正确和道德的东西而战。他不会为在此方面有欠缺的一方而战。

他认为奴隶制是一个道德和宗教问题，不是一个可以通过

196

政治途径解决的问题。一个半世纪后，我们实在很难理解，如今被我们认定是不道德和不公正的事情曾被视为上帝计划的一部分，但事实就是如此，忽视这一点不免低估了李宗教信念的坚定性，同时也在轻视他认为世间所有事件都是上帝意志的表现这一事实。

到了复活节，李在回库珀营的路上，终于来到梅森堡歇脚，他到了这里才第一次了解到，在他外出期间，骑兵队与科曼切人有过多次冲突，他的两名手下阵亡，12 名"敌人"被杀。两周后，詹姆斯·布坎南宣誓就任美国第 15 任总统。他在就职演说中表现得过于乐观，因而埋下致命隐患，他劝告全体国民在堪萨斯问题上保持冷静，因为此事很快将由最高法院解决，人们因此误以为最高法院会做出一个宽抚人心的裁决。事态发展令人大失所望，仅仅过了两天，不识时务的首席大法官罗杰·B. 托尼（Roger B. Taney）宣布了最高法院对"德雷德·斯科特诉桑福德"（Dred Scatt v. Sanford）一案的惊人裁决。裁决意见书认为，"非洲人后裔不能也从未有意使之成为美国公民"，国会无权"禁止领土上的奴隶制"，由此削弱了《密苏里妥协案》和《堪萨斯-内布拉斯加法案》的权威性。托尼进一步宣称，宪法第五修正案的"正当程序条款"明文"禁止联邦政府释放被带入联邦领地的奴隶"。布坎南总统原本希望通过谈判达成令北方满意的解决方案，但最高法院的判决等于一笔勾销了他用来协商的所有理由。这还不算，托尼补充了一句雪上结霜的话："黑人没有白人必须尊重的权利。"

除了随时面临印第安人突然袭击的威胁（事实上一直没有发生），库珀营的生活不方便且无聊至极：阴凉处的温度超过了 112 ℉，吹到人身上的风也很热，没有丝毫凉爽舒适的感觉，只有沙尘。"在过去的一周里，我外出了 4 天，在荒野中四处探查，寻找水源，"李在写给玛丽的信里说，"至今一无所获。我们还接到警报，一大群印第安人正在南下，准备袭击我们的营地，我承认我不相信这个传闻，便踏踏实实地去睡觉，并不指望被唤醒。"[57] 李就这样忍受着边疆的艰苦生活，尽心尽力履行职责，这种状态一直持续到 1857 年 7 月，李奉命去梅森堡参加另一场军事法庭的庭审。在此期间，他接到通知，阿尔伯特·西德尼·约翰斯顿被战争部调回华盛顿，他将接替约翰斯顿，成为第二骑兵团的指挥官。

李从梅森堡出发，穿越大草原，骑行了 113 英里到达圣安东尼奥，正式走马上任。圣安东尼奥是一个生活舒适宜人的镇子，圣安东尼奥河的两边有绿树成荫的步道，西班牙风格的房屋令人赏心悦目，其中一栋是李从他的前任那里接管的，被他当作指挥部，这可比布拉索斯河上饱经风吹日晒的帐篷好多了。"这里的天气实在太热了，"他给当时 18 岁的女儿安妮写信时抱怨说，"白天的时候还好，房子能遮挡较多阳光，比我以前住的帐篷强多了。但是我长期以来一直在户外过夜，已经养成了习惯，因此这里的夜晚对我来说感觉很压抑，而且显得尤其漫长。"[58] 他来到这里不久就有了意外收获，他在军需官的两个女儿那里体验到了他渴求的家庭生活，但从职业角度来看，这里的工作没有任何东西能激起他的热情；这是和平时期最乏味、最常规的边防驻军生活，不存在任何工程学方面的挑战。他仍然会发牢骚，后悔自己选择了从军，并渴望有孩子陪伴，这些都不足为奇。他特别担心鲁尼，后者没能进入西点军校，但后来被哈佛录取了——他的父亲抱怨说，他在哈佛不好好学，"四处厮混，寻欢作乐"。鲁尼还没拿到学位就离开了哈佛，这更让人感到惊愕。在斯科特将军的帮助下，李在陆军中给他谋了一个差事。但对李来说，儿子鲁尼胸无大志、浑浑噩噩，没有比这更让他操心的了，李伤心地抱怨道："我头上多长了不少白发，显得老了许多。"[59]更糟糕的是，这个年轻人负债累累，坠入了爱河，还决意要结婚。年轻的罗布还在上学，不久后就要上弗吉尼亚大学，他看起来倒是挺勤勤恳恳，举止得体，符合他父亲的期望；但是鲁尼在哈佛欠下的债和罗布将要支付的学费，想必让李感受到了很大压力。玛丽的健康状况更是让他满怀忧虑，她患有我们现在称为类风湿性关节炎的疾病，病情越来越重，身体也越来越差，而当年又缺乏有效的治疗方法，只能经常去泡温泉，缓解一下病痛；她还要照看年迈的父亲、4个女儿，以及3个精力充沛的儿子，她实在承受不住了，就在写给丈夫的信里劈头盖脸地抱怨了一番。"我会尽我所能，"她写道，"但是你可以做得更好……你现在也该为家人做点实事了。"李的确很为难，他不仅要履行在军队的职责，还要肩负照顾玛丽和其他家庭成员的责任，但这两者是对立的，无法兼顾，因此他除了忍受内心被撕扯的痛苦，并无其他应对良策。

然后，在1857年10月，他深陷其中的困境突然化解了。阿灵顿的家里来信，说他76岁的岳父乔治·华盛顿·卡斯蒂斯因患肺炎去世，玛丽悲痛欲绝，家里没有一位男性亲属能帮她处理卡斯蒂斯相当可观的遗产。不管别人如何评价卡斯蒂斯，如何对他的诸多怪癖嗤之以鼻，李一直都很敬重他，个中缘由也许是卡斯蒂斯代表着李与乔治·华盛顿之间唯一存活的纽带。无论如何，卡斯蒂斯先生出生于1781年，仅仅在他出生前7天，康华里勋爵在约克敦向华盛顿投降——标志着美国独立战争正式结束，而且李的父亲出席了当时的受降仪式。

在19世纪50年代，交通和通信都不发达，效率极低，以李的军阶和社会地位，因家庭成员亡故需要休假，并且得到长达两个月的假期，于情于理都说得过去。他在写给朋友阿尔伯特·西德尼·约翰斯顿的信中简述了自己的立场："此时此刻我想通了，我终于可以自主解决这个问题了，过去 20 年以来我一直在回避它。不管我要从军一辈子，还是辞去军职……我从小就有的偏好促使我选择了前者，但我觉得一个男人［原文如此］也应关照他的家人。"[60]

同年 11 月 11 日，李回到了阿灵顿。他一到家，各种问题就扑面而来，让他应接不暇。首先，完全出乎他意料的是，玛丽·李的病情如此严重——她在信中没有言及她遭受着怎样的病痛，也没有提到她虽然年仅 49 岁，却已经到了必须有人搀扶着才能在家里走动的地步。第二件令他震惊的事是卡斯蒂斯的遗嘱。任何一个了解卡斯蒂斯的人都能猜到，他没有依赖律师，而是亲自写下了遗嘱，结果就是遗嘱中不乏善意的表达，却也充斥着自相矛盾的约定。在遗产处置上卡斯蒂斯先生对继承人很慷慨，但很少或根本没有考虑过用于支付他们的现金出自何处。

这些错综复杂的问题原本需要专业律师来解决，且需耗费大量时间，但是由于李的妻子和孩子是遗产的主要受益者，李觉得自己有义务付出努力，理清这团乱麻——这件事令他在接下来的两年时间里都不得闲，并将继续困扰他一辈子。李早就办过这类费力不讨好的差事，当时他试图解决卡斯蒂斯先生与白屋庄园和罗曼科克庄园经管人之间的矛盾。[61]这两座庄园各有大约 4000 英亩土地。在调查过程中，李发现卡斯蒂斯至少有 10 年没有去过庄园，也没有仔细检查过经管人的账目。正因如此，李不可能不知道等待他的将会是什么，可当他发现岳父如此粗心大意之后仍然感到无比震惊。李必须打起精神，以他管理西点军校或为工兵师团承办项目时所表现出的耐心和有条不紊的做事方式，立即着手解决遗产问题。

199

理论上卡斯蒂斯的遗产应该是他的遗产人的奖品。他拥有大片土地、富丽堂皇的住宅和具有非凡历史价值的财物。但事实上，一切都被债务和多年的管理不善所拖累。卡斯蒂斯先生试图尽可能公平地分配财产。他把阿灵顿的"终身权益"留给了玛丽·李，这个权益将在她去世后传给李的长子卡斯蒂斯。他把白屋庄园留给了鲁尼，把罗曼科克庄园留给了罗布，而李的每个女儿将从出售那些较小房产的收益以及白屋庄园和罗曼科克庄园的收入中获得 1 万美元（在当时，这对一个女孩来说绝对是一笔不小的数目，可能相当于如今的 20 万美元）。上述任意一处庄园都毫无疑问属于需要高额维护成本而实际上无利可图的负资产，每处都有一座年久失修的破旧房屋*，土地没有任何产出，庄园中的奴隶劳工全都心怀不满，消极怠工。[62]

200 事实上，在卡斯蒂斯先生遗留给他的遗嘱执行人的难题中，黑奴是最棘手的。李很快成为遗嘱执行人中最重要和最活跃的人。在卡斯蒂斯去世时，三大庄园中共有 196 名奴隶，按照卡斯蒂斯的遗嘱，一旦财产分配完毕，也就是说，在完成必要的土地出售，用由此筹集的现金偿还了所有债务，所有的继承人都拿到了应得的一份之后，这些奴隶就将获得"解放"，而且必须在他去世后 5 年内实现。

卡斯蒂斯先生解放黑奴的决定肯定是出于好心，但在当时来看这个决定几乎不可能实现。首先，按照弗吉尼亚的法律规定，被释放的黑人必须离开该州，但是这些黑人要想在弗吉尼亚以外的地方独立谋生，找到有报酬的工作，至少要具备基本的读写能力。而在弗吉尼亚教黑人读书写字是一种犯罪行为。

---

* 20 年前一名英国游客曾感叹道：远远望去，阿灵顿公馆"外观足以媲美一座英国乡间大宅，远超我在美国所见的任何宅邸"，但我在近前细察时，失望之余又深感忧伤"。这段话表明当时这座房子已然破败到了何等程度。从那以后，情况没有任何改善，白屋庄园和罗曼科克庄园的破败程度甚至变得更严重。

除此以外还存在其他问题。在初步了解卡斯蒂斯的财务状况之后，李不由得开始怀疑，即便在 5 年内能将标的土地成功出售，所获收益能否偿还他岳父的债务都是个问题，更不用说足额分配给他的继承人全部应得现金，以及资助获得解放的奴隶适应社会了。"你祖父期望他所立的遗嘱能在 5 年内执行完毕，他名下的劳工得到解放，到现在为止，我感觉希望渺茫，不可能实现他的遗愿"63，他在写给长子卡斯蒂斯的信中写道。不过，需要指出的是，罗伯特·李夫妇还真的遂了卡斯蒂斯的遗愿，解放了他名下的奴隶，考虑到当时的社会环境，这堪称奇迹。在卡斯蒂斯先生去世后，李着手整理出了一份阿灵顿庄园的奴隶花名册，从中也可看出李在办这件事时的确花了不少心思：整个花名册都以当时最典雅的手写体撰写，字迹清晰，栏目整齐，一一列举出奴隶的家庭（为方便起见，因为当时的奴隶"家庭"和奴隶"婚姻"在弗吉尼亚都没有任何法律地位）关系，有些人只被列出名字——如"范妮"，还有一位被称为"巴比"。李肯定认识家仆，但他未必认识在田里干活的那些人，比如他看到"奥巴代亚·格雷"这个名字时能认出是谁吗？他几乎被多如牛毛的统计数字淹没了，卡斯蒂斯名下的所有应税财产都需要登录在册，从 12 头"耕牛"（上一年度是 26 头，这个降幅是一个坏兆头）到 2500 蒲式耳（bushel）①的玉米，所有这些都必须加以详细说明，当然还要验证，比如说，需要确认真的有 60 头"猪"，且活蹦乱跳。作为财产的奴隶处理起来当然十分麻烦，相比之下卡斯蒂斯先生典雅的马车、拉车的马匹或者他的金表就简单多了，但是不管复杂的还是简单的，如今这一切都是李的责任。他曾经经常梦想过上田园生活，但从未想过要达到如此可观的规模，也不希望有这么

201

————————

① 美国使用的计量单位，1 蒲式耳相当于 35.238 升。

难办的事。

出于对妻子和孩子的利益考虑，李极尽所能，设法让卡斯蒂斯的财产能够自我维持并产生收益，为此他不得不一次又一次地申请假期，这使他感到十分难为情。就这样，从1858年11月到1860年2月，他实质上脱离了骑兵团，绝大部分时间都忙于私事，仅有几次被抽调去参加军事法庭的庭审工作，还有一次是奉命指挥政府派遣的部队，去恢复哈珀斯费里的秩序。李的朋友兼导师温菲尔德·斯科特将军并未反对他享用这一超长假期，并尽其最大努力确保李的职业生涯不会因此受到影响，但是李却对能力不如他的人纷纷被提升为准将而大为光火。

在查验了白屋和罗曼科克的财产状况后，李变得更加沮丧，这里的房屋和土地都破败到了无以复加的地步，可以说是百废待兴。他的两个儿子目前都在陆军服役——长子卡斯蒂斯正在西部，次子鲁尼加入了赶赴犹他（Utah）特区制服摩门教徒的部队（事实上，这次出兵被称为"布坎南的错误"，足以说明它在美国历史上的地位）。李认为应该趁此机会让两个男孩辞去军职，立即接手他们的遗产，但两人都拒绝了这项提议。卡斯蒂斯还很大方地寄给他父亲"一份契据，立约转让阿灵顿以及依照他祖父遗嘱继承的所有其他财产"[64]，理由是既然他父亲殚精竭虑，执意予以修复，那么他当然应该拥有阿灵顿。李回了一封充满深情的感谢信并返还了契据，以他特有的口吻补充说，很遗憾"你［为了起草这个契据］产生的费用，恐怕在你待的那个地方这笔费用是相当可观的，由于我期望你存下所有的钱。……我每天都在为入不敷出而操心，我因此担心这让我变得十分吝啬"。

在与孩子们的通信中，李通常不会以家长的姿态居高临下地责备他们，但是尽管他一贯是一个宽宏大量的父亲，有件事

202

却让他无法释怀，往往会刺激他出言尖刻，就是不能容忍浪费一分钱。毫无疑问，他已故岳父的所作所为让他对此更加深恶痛绝了。

处理卡斯蒂斯遗产一事的确困难重重，让李焦头烂额，但真正令李苦不堪言且名声受损的则是他岳父名下的奴隶们。

当然，在那个时代没有哪件事比奴隶制更容易引发道德困境。李只拥有几个奴隶，大部分是做各种家务活的家仆，他从来没有跟总数将近200个心怀不满的奴工打过交道，而这些人本身估值并不低，在卡斯蒂斯的财产中占有相当大的比重。作为一名军人，李并不是那种一板一眼的人，但当他真的下达命令后，无论下命令的口气如何亲切，他内心还是期望人们依令行事。只是对李来说，卡斯蒂斯的奴隶们不是西点军校的学员，他们早就习惯了已故主人对他们的工作不闻不问的态度，因此对李虎视眈眈地盯着他们一举一动的做法非常不满，同时也厌恶他为了让这片土地有所产出而制订的各种计划，因为盈利计划能否实现完全取决于他们是否付出足够的努力。邻居们都抱怨说，卡斯蒂斯的奴隶们好逸恶劳，粗暴无礼，实在是被宠坏了。这并不奇怪，总的来说，卡斯蒂斯对农业生产没有兴趣，只会一时兴起零零星星地参与一些事，比如繁殖种羊，在管理奴隶方面基本上就是放任自流。他们经营自家的园子，而不是照看他的土地；他们可以随意捕鱼；在大多数外人看来，他们才是卡斯蒂斯的主人，而不是相反。

李不能容忍这种状况持续下去，哪怕只是因为他着手处理的是妻子和孩子们继承的遗产。为了更好地理解当时的社会环境，我们可以看一个例证，弗吉尼亚亚历山德里亚的奴隶贩子约瑟夫·布鲁因（Joseph Bruin）曾出售了两名年轻女性，成交价格是2250美元，今天相当于至少4万美元。假如李能在邻近的亚历山德里亚卖掉 6 名卡斯蒂斯的奴隶，他就能一次性还清所有债务，自己的女儿们也能当即一分不少地拿到她们应得的现金。但是无论是遗嘱条款还是他高尚的品格都不允许他这样做。李选择了另一种做法，在奴隶们被解放之前的五年时间里，他将其中的一部分出租给了别人。这在当时是一种非常普遍的做法，尤其是在北弗吉尼亚，因为那里许多种植园拥有的奴隶人数大于需求，但奴隶们对此极其反感。在阿灵顿的奴隶毕竟已经有两代人了，都在卡斯蒂斯一个人的名下。他们中的老一代有些人曾帮着建造了阿灵顿公馆；他们之间建立了家庭和友情，已经形成了一个共同体。被租出去的奴隶要与父母、配偶和孩子、朋友分离——被送到一个陌生的地方，支配自己命运的可能是一个心狠手辣的监工，或者至少是一个决心确保租金物有所值的工头。他们中的大多数都是文盲，就算他们能写信，也没有人会替他们寄回家，或者帮忙送到家。

这个话题有些敏感，因为在 1800~1860 年发生了一次大规模的非自愿移民潮。80 万 ~100 万名奴隶被迁往西部：一些奴隶随着他们的主人向新开发的土地迁移，比如当时算是边疆地区的肯塔基或田纳西，然后继续向南迁移到密西西比和亚拉巴马；另一些奴隶则被他们的主人或主人的继承人卖给了位于南方腹地的大型棉花和水稻种植园。弗吉尼亚不再需要大量奴隶[65]，但在西部，随着对奴隶劳动力需求的飙升，奴隶的价格也随之上涨。出口奴隶成了一个行业——外运的男性奴隶每队通常有四五十人，成对铐在一起，一条长长的链条穿过手铐，将整队奴隶绑在一起，旁边是严密看守他们、骑着马的奴隶贩子，后面跟着同等数量的女奴及其孩子们。他们中的大多数被带到弗吉尼亚州的惠灵，然后在这个美国"最繁忙的奴隶港"登上汽船，前往新奥尔良、纳齐兹（Natchez）和孟菲斯

（Memphis）等市。* 有些奴隶会从弗吉尼亚港口乘船被运到新
奥尔良，那里有个臭名昭著的漂亮女孩交易市场，这个地方招
致北方废奴主义者越来越强烈的愤恨情绪，同时也是贯穿《汤
姆叔叔的小屋》的强烈主题——按照19世纪的社会环境来说，
哈丽特·比彻·斯托在涉及这个主题时表现出了非凡的勇气。
即使只有一半奴隶如牲口一样跟随主人迁移到了西部，也意味
着剩下的另一半被贩卖，由此带来的利润按照19世纪中期的
价值衡量至少有5亿美元，相当于如今的100亿美元。奴隶贸
易是一个利润丰厚的行业，奴隶的劳动创造了巨大的财富。

　　这无助于解决李的问题。他绝无卖掉岳父的奴隶的想法，
也不可能这样做——相反，他和玛丽一起尽了最大努力来履行
遗嘱的约定。然而，这种大规模的被迫迁徙对奴隶们本身的影
响是不可低估的。他们中的一些人可能无知且不识字，但他们
知道发生了什么事，这吓坏了他们——这不是无缘无故的，因
为如果他们被卖到南方的新种植园，他们不仅会与他们熟悉的
一切和认识的每个人分离，而且很可能在残酷的条件下工作到
死。李只是没有认识到存在于像阿灵顿奴隶社区中的深切的脆
弱感，以及他们对被送走怀有的巨大恐惧感。被出租给他人的
奴隶不知道自己要去哪里，或者要待多久，而且害怕有朝一日
会被拍卖掉。事实上，那时候人们通常会把不安分的奴隶租出
去，并把他们送到比北弗吉尼亚更远的地方，让他们断了逃跑
的念头。

　　这一点对拥有奴隶的人来说是很现实的考虑因素，李对
此并不陌生，他在选择出租哪个奴隶时似乎并没有忽略这个因
素。然而，这只是奴隶们怨恨情绪日益高涨的缘由之一，他们

---

* 　到了19世纪50年代，铁路运输开始替代徒步运送一队队奴隶的方式，从而加快了
　　向西部贩卖奴隶的进程。

存有"总体印象"[66]，以为只要卡斯蒂斯先生一去世，他们就能获得解放——导致这种印象的责任人当然是卡斯蒂斯先生本人，因为他懒得解释清楚为何非要等到他的财产问题都厘清之后，才会真正着手解放奴隶们。大家都知道李只是代人行事，造成如今不堪局面的责任不在他，但这一点并没有帮助人们理解他的处境。他追求的目标无可挑剔——恢复已故岳父的财产，并使其为自己的妻子和孩子带来收益——但实现这一目标的前提是让奴隶们更卖力地工作，改变他们懒散、缺乏监管的现状并取消卡斯蒂斯多年来允许他们享有的一些特权。事实上，作为西点军校的前校长，李习惯于人们不折不扣地执行他的命令，这一点也未必有帮助，因为卡斯蒂斯的奴隶不是西点军校的学员。

从一开始，李就遇到了奴隶逃跑的问题。这些奴隶认为他们本该被释放，并且厌恶他提出的严格要求。周围的每个人都敦促李登广告要求他或她主动回来，并支付酬劳给那些把逃跑的奴隶带回来的人。李只是把逃跑过的奴隶租给远在南方或西部的人，将他们置于或许更严厉的防止逃跑措施的监管之下，至于他是否还实行过其他形式的惩罚，我们就不得而知了。伊丽莎白·布朗·普赖尔在她有关李的书信一书《读懂这个人》中推测，在阿灵顿庄园"[仍然]立着一根鞭打柱子"，就像立在许多其他种植园奴隶居住区外的一样，但果真如此的话，它或许仅具有象征意义——当然，没有什么比某种象征具有更强大的威慑力了。

李家人都在抱怨废奴主义者"潜伏"在阿灵顿周围，怂恿奴隶们奋起，争取获得自由。[67]阿灵顿和亚历山德里亚距离华盛顿特区仅有一步之遥，那里有大量被释放的黑人和激烈的废奴主义活动，以至于该地区的奴隶主不太愿意派他们的奴隶去那里办事，或者把他们出租到那里。地下逃亡线的主要通道之一就是将逃亡奴隶从哥伦比亚特区走私到宾夕法尼亚和新泽西等自由州。

李家生活的地方太靠近华盛顿了，他们有被围困的感觉一点都不奇怪。李当时还不出名，但卡斯蒂斯作为乔治·华盛顿与这个世界最后一个存在关联的人物已经远近闻名了；废奴主义者普遍认定他已经释放了奴隶，只是李置之不理，仍然在奴役他们。李确信自己不过是在做分内的事，而且更重要的是，自己在做该做的事，遭人如此责难当然令他十分苦恼。他和玛丽创建了一所学校（此举违反了弗吉尼亚州禁止教奴隶读书写字的法律），以便为解放奴隶做好准备，与此同时，李必须想尽办法偿还债务，并设法让卡斯蒂斯广大的种植园步入正轨，产生收益，否则，他无法在遗嘱规定的五年期限内解放奴隶。但他如此努力的唯一结果就是奴隶们更加恨他并且处处与他作对，与此同时有关李家的恶言毁谤甚嚣尘上。1859年春天，阿灵顿3名奴隶［韦斯利·诺里斯（Wesley Norris）、他的妹妹玛丽和一个表弟］逃跑一事更是让李家深陷当时公众舆论的旋涡之中。

不管有没有废奴主义者的帮助，这三人都最远逃到了马里兰州，在那里他们"被逮捕并被投入监狱"[68]，在"奴隶监狱"里过了两周后被遣送回了阿灵顿。根据诺里斯的叙述，当他们被带到李面前时，"他告诉我们他要给我们一辈子都忘不了的教训"。当时究竟发生了什么事存在不同的说法。诺里斯后来声称李命令将他们三人剥光衣服绑在谷仓的柱子上，两个男奴被鞭打了50次，女奴被鞭打了20次，然后有人用盐水清洗他们的背部，故意加重伤口的疼痛——所有这些都是当着李的面干的。随后两个男奴被送进监狱关了一周，然后被出租给南边的农场；女奴则被出租给里士满的雇主。

有关李虐待奴隶的指控很快就传到了纽约市，当地报纸在事发当天发表了两封匿名的"读者来信"。

致《纽约论坛报》的编辑：

  阁下：众所周知，德高望重的乔治·华盛顿·帕克·卡斯蒂斯大约两年前去世；当时刊登他死讯的报纸同时也公布了一个事实，即他在临终时，解放了他拥有的奴隶。出于某种原因，这份遗嘱从未得以公开，奴隶们自己也听信了花言巧语，以为在做出一些必要的安排后，他们都将得到他们已获得人身自由的证明文件。他们最终却被告知要等五年后才能离开。与此同时，他们被剥夺了偶尔为自己赚点零用钱的所有机会，而卡斯蒂斯在世时是允许他们这样做的。如今他们比以往任何时候都更辛苦地工作，他们的伙食有时被削减到每个人每周供给半配克（peck）① 未筛过的粗粮，甚至连鱼类补贴都取消了……

  大约三四周前，三名比其他人更勇敢的人认为五年为限的承诺永远都不可能得以履行，最后决定投奔北方。他们是价值最高的奴仆，但是他们逃脱的消息未曾见报，也未见任何寻回他们的努力，这极有可能表明李先生，即他们当前的主人，清楚地知道他并无合法拥有他们的权利。他们并没有走出多远便遭到了人形野兽的拦截，怀疑他们是逃犯，并可能想借此得到奖赏。他们被投入监狱，在威逼之下供出了他们从哪里逃出来的。李先生即刻知道了他们的下落，并在他们被遣送回来后，把他们送往谷仓，剥光衣服执行鞭刑，两名男奴各被鞭笞了39下，但执行鞭笞的人拒绝鞭打女孩，李先生便亲自出马，鞭打了

207

---

① 容量单位，相当于 2 加仑。

她 39 下。他们随后被送到里士满监狱，现在仍被关押在那里……

另一封信相当短，内容如下：

致《纽约论坛报》编辑：

阁下：我住在距离乔治·华盛顿·帕克·卡斯蒂斯拥有的种植园 1 英里的地方，如今这座种植园已依照卡斯蒂斯遗嘱由李上校继承。据我所知，这个庄园里的所有奴隶都在卡斯蒂斯去世时获得了自由，但现在却遭受着李的奴役。……卡斯蒂斯的女奴为他生了 15 个孩子。我每天都见到他的孙子孙女，他们都有棕色皮肤。上周有三个奴隶逃跑了；一名军官奉命去抓捕他们，最终在宾夕法尼亚州这边走了 9 英里追上了他们，然后把他们带了回来。李上校下令鞭打他们。他们是两男一女。那个军官鞭打了两个男奴，然后说他不会鞭打那个女奴，李上校便剥光了她的衣服，亲自鞭打了她。这些是我从被鞭打的男子的近亲那里了解到的事实。……

此致，

一名公民

尽管这些信被大多数李的传记作者斥为夸大其词，或者仅仅是废奴主义者毫无根据的宣传，但不能完全忽视它们。[69] 以"一个公民"的名义写的那封信，读起来好像出自一个心怀嫉妒或恶意的邻居之手——这个自称住在离阿灵顿"一英里"之外的人"每天"都去看望奴隶——而不像是废奴主义者的宣传。关于女奴为已故的卡斯蒂斯生了 15 个"棕色"皮肤孩子

208

的说法，李夫人对此一定会感到很难堪，对李来说同样如此。但是署名为"A"的那封长信实际上对李的名誉损害更大，而且其中包含的诸多细节只可能是阿灵顿的奴隶传出来的。无论如何，李决定不回应，这肯定是正确的决定。他在给大儿子卡斯蒂斯的信中写道："《纽约论坛报》攻击我虐待你祖父的奴隶，但我不会做任何回应。他给我留下了一份不愉快的遗产。"

李亲自鞭打一名女奴——尤其是一名脱光上身的女奴——的举动，似乎并不符合他的性格，这一指控可能是那两名匿名写信者添油加醋的产物；值得注意的是，韦斯利·诺里斯在 1866 年发表他对这一事件的描述时并没有提到这一点。诺里斯的叙述问世后，李给一个熟人写了封信，声称"没有哪个仆人、士兵或公民……能够有凭有据地指控我虐待他"[70]，这该是最接近他否认那些指控的说法了。布朗就此的推测不无道理，他认为"虐待"的说法含糊其词，存在一定弹性，必须考虑到我们这个时代和 19 世纪中叶人们对体罚持有不同态度的事实。在南方大多数地方，鞭打不听话或逃跑的奴隶不一定被认为是"残忍或不寻常的惩罚"——毕竟，在那个时代，儿童在学校和家里仍然经常遭受鞭打。"小孩子不打不成器"仍然是当时人们对养育孩子的普遍看法。李没有体罚过他的任何一个孩子，全然依靠道德劝诫和树立良好的榜样来教导他们，堪称最和蔼可亲的父亲。但是在 19 世纪中叶，人们并不反感体罚，李很可能被卡斯蒂斯的奴隶们抵制他的改革并逃跑的举动激怒了。对他来说，四处搜寻并把他们带回来不仅很丢人，还耗费巨大，他可能觉得是时候惩一儆百了。另外，在那个时代鞭笞并不罕见：实际上，弗吉尼亚的法律规定了用鞭笞惩罚犯有特定罪行的奴隶。[71] 因此，不管我们如何看待这件事，李完全是在行使他的正当权利，尽管他似乎不太可能亲自上阵，但他很可能会在现场监督，以确保他的命令得到不折不扣的执行。

李从来都不是奴隶制的狂热爱好者，他在对付卡斯蒂斯的奴隶时经受的种种不快使他更加反感这种制度。他和玛丽悄悄地继续执行他们的计划，教卡斯蒂斯的奴隶们读书写字，就在他们这样做的过程中，卡斯蒂斯的财产一处接一处地被联邦军队接管了。1862 年 12 月 29 日，仅仅在林肯总统宣布他将签署《解放黑奴宣言》3 个月后，李家履行了他们的义务，依照卡斯蒂斯先生的五年之约释放了所有的奴隶，而此时，卡斯蒂斯名下的奴隶们大都处在联邦军队的占领区内。

这一事件究竟还有哪些内情，或者如何解读人们略有出入的说法，这的确是个难题。不过我们从中不难得出结论，这是一个很好的实例，可以用来说明奴隶制给那些拥有奴隶的人带来的道德上的模糊性和困境，甚至像李这种在南方算是最高尚和最有骑士精神的公民也不例外。韦斯利·诺里斯的描述似乎太具体了，不太可能是完全杜撰的，尽管他所述的细节与《纽约论坛报》刊登的两封读者来信有些不同，比如鞭笞的次数和李亲自鞭打玛丽·诺里斯的情形，但不容否认的是，1859 年春天，阿灵顿庄园中发生了类似的事情。颇具讽刺意味的是，内战结束后，诺里斯最终还是选择在阿灵顿工作，此时这里已成为阿灵顿国家公墓，而他的妹妹则在"法国驻华盛顿公使"[72]那里找到了一份工作，这两个来自阿灵顿庄园的奴隶倒也有了完满的结局。至于这一段经历的最终判决，人们有必要看一看旧时苏格兰法庭裁定上的选择，在那里陪审团可以从"有罪""无罪""证据不足"三个选项中选择一个，最后一个选项的意思是陪审团感觉被告或许真的犯下了被指控的罪行，但控方的证据缺乏说服力。

李继续忙于修缮阿灵顿公馆并努力让卡斯蒂斯的财产就算

不能实现盈利，至少能做到自给自足，其间他仅在纽约参加军事法庭庭审时才算有了个喘息之机。他的军事生涯或多或少是应他自己的请求中止的，尽管如此，斯科特将军还是提出由李担任自己的"军事秘书"[73]一职，这无疑表明斯科特对李怀有绝对的信任和信心。李拒绝了这个任命，因为"他不愿意重返参谋岗位"，也许另外一个原因是他觉得那里的晋升速度比作为驻防西部的骑兵团指挥官要慢。到了10月中旬，在上级选派前往哈珀斯费里平乱的指挥官时，他有幸成为唯一具有适当军衔和经验的军官。但令他极为苦恼的是，在他完成任务后必须在阿灵顿的家里待着，而且一直拖到1860年2月中旬，因为参议院调查哈珀斯费里事件期间需要他去作证，但实际上他接受问询期间并没有被问及任何重要事项。

他迫不及待地想要重新担任第二骑兵团的指挥官，但他几乎没有意识到，这个国家内部日益激化的纷争已到了随时会爆发的临界点。他在弗吉尼亚的众多亲戚肯定会议论南方人针对北方废奴主义者日益高涨的怨恨情绪，李的同事们也几乎不可能不在他面前提起这个话题——事实上，从约翰·布朗突袭哈珀斯费里到萨姆特堡（Fort Sumter）打响第一枪的几个月里，这是人们议论纷纷的唯一话题。关于脱离联邦的谈论很普遍，尽管李足够明智，不轻易表明自己对当时政治所持有的观点和立场，但他非常清楚，作为一名美军军官，如果他被迫在国家和州之间抉择的话，他将多么难办。

李于2月10日离开阿灵顿[74]，并于2月19日抵达圣安东尼奥，这在当时来说算很快了。除了指挥他所在的团以外，他还被"指派为美国陆军得克萨斯分部的临时指挥官"，因为他当时是该州军衔最高的军官。他终于安顿下来，也许还有某种如释重负的感觉，接下来就要专心解决印第安人打家劫舍和墨西哥匪帮袭扰的问题了。

/ 第六章 1861 年——"又听见军长大发雷霆，和兵丁呐喊"[1]

在李的传记作者中，道格拉斯·索撒尔·弗里曼或许是最
杰出的，他的四卷本传记在 1934 年和 1935 年相继问世，许多
年后仍是令人望尘莫及的标杆巨著。他在书中所表现出来的对
脱离联邦的激情，与李本人曾表达的相比有过之而无不及。在
弗里曼的笔下，1860 年初的李是这样的："就像希腊悲剧中命
中注定的受害者一样，他正受到强大势力的冲击，他无法控制
这些势力，甚至他的任何反抗都终将是徒劳的。……国民这一
概念开始在他们的头脑中发育成型，已经使得一个人首先要忠
于他所属的州的旧原则退居其次。李从未如此。……弗吉尼亚
的精神一直活跃在他生命的每一刻。……他耕种过这里的土地，
与她有了一种新的合一感。他是一名热爱陆军并以联邦为荣的
合众国军官，但他内心深处的某种东西一直在提醒他，他首先
是一个弗吉尼亚人，然后才是一名士兵。"[2]

在弗里曼的笔下，李的困境令人动容，其中定然有些真实
的成分，但我们仍需要持有保留态度。我们知道，李最终会下
定决心，他首先要忠于自己的家庭、邻居和他出生的州，当他
最终必须抉择时，他会拒绝"举剑"相向——但是当他进入西
点军校时，他已经发誓"拥护和捍卫美利坚合众国宪法，反对
国内外所有的敌人"，因而，在最终时刻到来之前，"他首先
是一个弗吉尼亚人，然后才是一名士兵"的理念尚未定型，他
仍然谴责分离，把它称为"革命"。

他对弗吉尼亚忠心耿耿，这一点毋庸置疑，而这种忠诚又
得到了两方面的强化，一是弗吉尼亚曾为"革命的摇篮"*；二

---

* 然而，即使在 18 世纪，当独立战争仍在进行的时候，马萨诸塞联合体的许多公民
也会对此表示异议。

是他对废奴主义的厌恶，这最早可以追溯至1831年纳特·特纳起义的骇人暴行，而后来他与卡斯蒂斯的奴隶打交道时遭遇的问题以及在哈珀斯费里与约翰·布朗的冲突都加深了他的反感情绪。尽管李可能不愿意为了保卫一个他厌恶的体制而投身于战争，并且认为假如没有这种制度，南方会有更好的前景，但他像大多数南方人一样，认为联邦政府无权将北方人的观点强加于"蓄奴州"人们的头上。简而言之，按照他那个时代在南方居主导的标准来看，他的观点是温和的。至于通过耕种土地来重燃他对弗吉尼亚的忠诚，虽然是一个感人的表达方式，却是毫无根据的。在卡斯蒂斯去世后，李试图恢复阿灵顿庄园昔日的盛景，为此他费尽心机，并在两年后终于让几处农场实现了盈利。虽说他并不惜力，但犁地的是手上长满老茧的奴隶们，而不是李。他曾是土地贵族，不是耕地的农夫。

李的二儿子鲁尼好不容易得到了父亲的首肯，辞去军职，迎娶了他深爱的姑娘并搬到了白屋——位于弗吉尼亚州新肯特县帕芒基河（Pamunkey River）畔的种植园。乔治·华盛顿曾在这里第一次向丧偶的玛莎·丹德里奇·卡斯蒂斯（Martha Dandridge Custis）求爱。这里也有一座破旧的庄园宅邸和一群心怀不满的奴隶。在得知附近农场发生火灾后，李对未来有些悲观，他写信给鲁尼，告诫他要"赢得你的人民的喜爱，以及他们并不愿意伤害你"[3]。言语中流露出李内心日益滋长的忧虑，他虽无直接证据，但几乎可以肯定，奴隶纵火是引发火灾的真正原因。

远在圣安东尼奥的李仍然在替他已故岳父的财产状况操心[4]，但他至少不会天天与在那里工作的人斗争，也不必因为发现没完没了的东西需要清理、整修、刷漆或更换而心烦意乱。没有人会否认李热爱弗吉尼亚，也无人否认他深感自己及其家族中许多分支都是土生土长的弗吉尼亚人，但是他在弗吉尼亚管理农场的经历并没有给他带来什么乐趣，也没有取得令他心满意足的成就。他写信给卡斯蒂斯时简单回顾了对自己的不满："我只是清理了一下小山坡，但对房子周围的空地什么都没做。……因此，虽然我特别想好好收拾一下你母亲的住所，让你有个整洁程度上尚可接受的家，但恐怕你会发现这里的一切都有些杂乱和难看。"

多年来，只要一想到自己的军事生涯，李就会感受到一种挥之不去的失落感，最近一段时间，这种感觉变得尤其强烈。他已年满53岁，从军也有35年了，但觉得自己没什么可炫耀的，对未来的晋升也不再抱多大希望。他的老朋友和同学阿尔伯特·西德尼·约翰斯顿已被提升为陆军军需官，这个职位的军衔相当于准将，这让李更觉得自己很失败，而他在圣安东尼奥的逗留并非有意要借机提振自己的精神。由于他不知道自己在这个职位上能待多久，所以他宁愿住在一所寄宿公寓，也不愿花钱建立自己的总部。他既不喜欢这里的食物，也不喜欢周围的陌生人。他主要关注的是科曼切人的偷袭，他们会抢走牛、马和骡子，但是他的兵力少得可怜，军马的状态也很差，以至于最后他派出去追击印第安人的骑兵们只能找到什么便骑什么。[5]

李的另一个困扰是以胡安·科尔蒂纳斯（Juan Cortinas）为首的墨西哥土匪，他们专门袭击格兰德河沿岸的美国人定居点。[6]墨西哥当局对此基本上听之任之。有一次李一马当先，率领一队骑兵追赶科尔蒂纳斯，却眼睁睁看着他逃到了河对岸的墨西哥。如果有必要的话，李真想越过边境线进入墨西哥去抓捕他，但在这样做之前，他需要正式通告。他给距离最近的墨西哥地方当局发了一封措辞非常严厉的信，提请"塔毛利帕斯州（Tamaulipas）安德烈斯·特雷维尼奥（Andres Trevino）州长阁下"注意，李已"奉美国战争部长之命，通知格兰德河边境地区的墨西哥当局，他们必须打击和驱散这些专事掠夺并在墨西哥领土寻求庇护的匪帮"[7]。

但此举于事无补，且在 10 天后，李还收到了 G. 加西亚将军（General G. Garcia）提交的抗议信，声称一些得州游骑兵越过边境追捕神出鬼没的科尔蒂纳斯。他给加西亚的回复比他呈交给州长的那封信措辞更严厉。"为达此目的，"他写道，"我将在必要时动用这支部队的全部兵力。"[8]李最终践行了他的警告，派了两个骑兵连越过格兰德河边界线，在墨西哥境内执行追捕行动，但狡猾的科尔蒂纳斯总是能设法脱身。这种局面只会让李更加沮丧。人们可能会认为，李走出办公室，佩带军刀和手枪，策马扬鞭抓捕武装匪徒，心情就会好起来，但事实似乎并非如此。

即使鲁尼和妻子夏洛特生了一个孩子，也没能让李从忧郁中解脱。以他作为一名职业军人对陆军的了解，他在展望未来时看到的是严峻的现实——有 22 位同事在军衔和资历上排在他前面，因此他在退休前是不可能被授予准将军衔的。他在同表姐安娜·菲茨休交流时吐露了心迹："我的心是撕裂的，由来已久；我一直分裂地活着，活了很久。……成功并不总是精神专注、不间断努力的结果，[但是]它也很少遵循踌躇不前的轨迹。……我就是这样活着，进退维谷。但是只要我还活着，我就得付出努力并信任他人。"[9]他在向她倾诉时，不仅抱怨自己"进步迟缓"，还称自己怀有"千百种焦虑"，大概源于对玛丽健康状况恶化和阿灵顿未来的担忧。不仅如此，他还感到自己已然"焦头烂额，心力交瘁"。对于一个在各方面都表现出非凡的尊严和自制力，从不自怨自艾的男人来说，这些言辞足以表明他经受着多么大的精神压力。他在写给 21 岁的女儿安妮的信中，也有类似的情绪流露，说他虽然很孤独，也很想念她和家人，但认为没有他的干扰，她们也许会过得更好。

"你也知道，我在各方面都妨碍着每个人，"他写道，"我的品位和追求与家中其他人格格不入。我希望现在每个人都感到更快乐。"[10] 这是一个奇特的表白，其根源可能在于李与女儿们在相处和沟通上出现了难以逾越的障碍，如今的她们不再是小女孩，而是年轻的成年女性。李固然是个慈父，但他在面对女儿们浪漫的情愫和中意的情郎时，并不比他那个时代的其他父亲表现得更宽容。面对病恹恹的玛丽，李也曾抱怨自己的健康状况不佳，病痛缠身，诸如久治不愈的感冒、令他疼痛难耐的右臂风湿病（埃默里·M.托马斯在他撰写的李的传记中就推测过，这种疼痛可能是心血管疾病的早期症状），等等。尽管李已经53岁了，但这并不是一场中年危机[11]（那时还没有这种说法），更像是衰老迹象初次出现在这个人身上。他觉得自己不仅事业无成，失去了青史留名的机遇，也没有满足家人的期望。

李并不喜欢圣安东尼奥，当他奉命返回骑兵团所在的梅森堡，时任荣誉晋级少将的戴维·特威格斯取代他担任美国陆军得克萨斯州分部司令官时，他也是满心不高兴。李毕竟已经在这个岗位上干了近10个月，管理着美国和墨西哥之间绵延1000英里的边界，如今却被打回原地，做一个小小骑兵团的指挥官，而这个骑兵团的职责无非是驻守在地处偏远、尘土飞扬、偷工减料建成的"堡垒"中，期望以此遏制科曼切人和基奥瓦人对得克萨斯州东部和中部新定居点的袭扰。

或许按照李的本性来说，他情愿"把政治事务交给政治家们"[12]去打理，不过，他依然密切关注着华盛顿方面事态的演变；很难想象除此以外他还能做什么，因为看起来这个国家要一分为二了。李麾下许多军官都"在谈论假如'黑人共和党'（当时的南方人对这个新党的称谓）赢得总统选举，就要分离出去"[13]之类的话题。李自然会谴责这样的言论，但他同时也反对任何胁迫弗吉尼亚的企图；他并不喜欢共和党推举的亚伯拉罕·林肯和汉尼巴尔·哈姆林（Hannibal Hamlin）竞选组合，同时斯蒂芬·A.道格拉斯（Stephen A. Douglas）和赫舍尔·约翰逊（Herschel Johnson）也没有给他留下多好的印象，后者是民主党北方派青睐的组合，因为该党也像上次选举中的辉格党一样，最终分裂为北方派和南方派。早在7月的时候，李就表达过他的观点，道格拉斯参议员应该"退出"竞选，加入或支持约翰·C.布雷肯里奇（John C. Breckinridge，赞成蓄奴的民主党南方派推选的候选人）的团队。"我觉得政治家们，"李总结道，"恐怕是太自私而当不了烈士。"[14]

民主党人的分裂实际上确保了共和党在北方的胜利，由此为林肯带来了足够的选票，使其成功入主白宫。李并没有就此问题详述过自己的观点，但他在这个时期的想法与林肯的观点相差不远。两人都不喜欢奴隶制，并希望假以时日让它自然而然地消亡。两人都不认为黑人和白人能够或者应该平等地生活在一起。在将奴隶制扩展到新领地的问题上，李和林肯一样热情不高，不过他俩在将逃亡奴隶从"自由"州遣送给他们的原主人的问题上可能存在分歧。李此前的行动已经表明，他会积极寻找作为"财产"的奴隶并确保任何逃亡的奴隶被抓回。"德雷德·斯科特诉桑福德"一案的裁决进一步强化了这一权利，但林肯肯定对此持反对态度。南方人对维护各州权利的热情日益高涨，这是一个李和林肯都谨慎对待的问题，因为除了经济问题之外，唯一真正有争议的权利是追捕逃亡奴隶和把奴隶制扩展至西部的新领地。事实上，南方各州对联邦政府的所有其余抱怨都可以通过谈判解决，前提条件是双方都表现出最低限度的善意，但奴隶制使该国在这个问题上呈现出两极分化的局面，分裂的言论很快就会成为现实。这对李和林肯来说都是令人担忧的——两人都想维护联邦，但李不会因此就以武力相威胁，迫使南方各州就范。这是他对联邦忠诚方面的一个小裂痕，但正是这个小裂痕最终对他和美国都产生了巨大的影响。

重要的是我们要认识到，李是怀着无限的怀疑和感伤被迫走上支持分离之路的，但他心中有一条确切无疑的界限，他不会也不可能跨越。当林肯在1860年11月6日赢得总统大选时，他并不赞同高呼着脱离联邦的人群，也不急于放弃自己花了这么长时间才获得的美国陆军军衔。然而，他也是弗吉尼亚人，出生在乔治·华盛顿经常光顾的一栋庄园宅邸里，他在乔治·华盛顿曾敬拜并参加共济会活动的镇子里长大，他的儿子拥有乔治·华盛顿追求他妻子玛莎时所住的那栋房子。对李来说，联邦政府并不是一个看不见摸不着的抽象概念，骑着马从他家出发很快就能赶到战争部。让李把那个政府视作仇敌并非易事。

林肯当选总统4天后，南卡罗来纳州立法机构"呼吁通过一项议案，使该州退出联邦"。[15] 在得克萨斯州，李亲眼看到得克萨斯共和国的孤星旗取代了代表联邦的星条旗。李写信给卡斯蒂斯时称这一举动是"抽风"，他不赞同。形势已经很明朗，得克萨斯州不顾萨姆·休斯敦州长（Governor Sam Houston）的极力反对，执意要脱离联邦。当他被赶出办公室时，他对愤怒的人群说："我要告诉你们接下来会发生什么。在耗费了巨额财富并牺牲数十万条生命之后，假如上帝不反对，你们或许能够赢得南方的独立，但我对此表示怀疑。……北方人铁了心要维护这个联邦。他们不像你们这么爱动感情，易于冲动，因为他们生活在寒冷的气候中。但当他们开始向某一特定方向努力时，他们会像势不可挡的雪崩那样坚定地向前推进，毫不退缩。"[16] 休斯敦表达的正是李一直担忧的。早

217

在休斯敦被逐出办公室之前，李就曾写信给卡斯蒂斯："然而，我希望存在于这个国度的智慧和爱国热情将构想出拯救它的某种方式。……［即将卸任的］布坎南总统提出的三项主张极为公正。"[17] 他怀疑布坎南的主张不能实现，但他补充道："然而，这是我维护联邦的唯一希望，我将坚持到底。……我但愿做对的事，不甘做错的事，不管是南方还是北方的要求。他们的计划之一似乎是恢复奴隶贸易。对此我全力反对。"

尽管一些人费尽心思，要将李与奴隶制这个议题隔离开，但值得注意的是，由布坎南提出且被他称为"维护联邦的唯一希望"的三项"主张"都与奴隶制有关：（1）"奴隶财产权"在现有"或今后可能有"的各州得到承认，在北方人看来，"今后可能有"无异于纵容奴隶制的扩展；（2）"在领土上保护这项权利"的"义务"也正是废奴主义者在堪萨斯州极力反对的；（3）"执行逃亡奴隶法，同时宣告修改这些法律的州法律违宪"的主张，则相当于让联邦政府在北方各州实施奴隶制。李并不认为"北部和西部各州［会］认同"这些主张，就此而言，他是绝对正确的，但是那些认为他唯一担忧的是联邦政府以武力胁迫南部各州的人应该注意到这一事实，早在 1860 年 12 月 14 日李就写信给正在战争部服役的卡斯蒂斯说，他相信全民接受布坎南关于奴隶制的三项主张是拯救联邦的唯一途径。

由于李绝不会掩饰自己的真情实感，尤其是在他儿子面前，人们长期以来对他漠不关心或反对奴隶制的描述并不完全准确。他可能不喜欢奴隶制——他本人与奴隶群体近距离接触的经历在很大程度上是不愉快的——但他认识到蓄奴这种制度是所有南方人关注的核心政治问题，允许北方人任何形式上的干预都将使所有南方人沦为二等公民，并将彻底改变南方的社会结构和习俗。

李也拒绝不假思索地支持"南方民族主义"，他对"棉花州"也颇有微词,用对他来说相当难听的言辞来形容它们,同时严厉谴责这些州胁迫"边疆州"的企图,所用言辞与他反对北方人胁迫弗吉尼亚的企图时是一样的。他反对恢复奴隶贸易(他的意思是从非洲跨越大西洋的奴隶贸易,而不是美国国内的奴隶贸易)并不出乎意料。几乎每个人都反对它,而且无论如何,自1807年以来,英国皇家海军一直在严厉处置贩卖奴隶的船只,把他们的船长和船员当作海盗对待。

归根结底,李反对强制改变南方现状的任何企图。毫不奇怪,他属于典型的弗吉尼亚乡绅,持有社会保守主义立场,与他大多数家庭成员的立场相似,*不过他与南方那些煽风点火的激进分子不同,出于美国陆军军官的自身利益和热爱美国的双重缘由,他更愿意保持联邦完整。虽然如此,但他不再乐观地认为它不会被撕裂,而且他已经预感到未来可能会发生什么,因为他告诫卡斯蒂斯一定要"抓住硬币"[18]——美国的货币。考虑到联盟国的货币一问世便迅速贬值至一文不值,以及南方银行一旦与美国银行系统切断联系将面临的困难,这无疑是一个明智的忠告。李对妻子和孩子们提出的建议总是客观、实用和明智的,而他针对自己的职业生涯采取的步骤也同样小心谨慎并经过深思熟虑。美国可能会陷入混乱,但李依旧决意不让自己被这股浪潮席卷而去。

这方面一个很好的例证,就是斯科特将军大约在这个时候分发给一些军官的"机密小册子"**。他借此总结了自己对如何

---

 * 李的姐姐安妮·李·马歇尔及其丈夫显然是例外,他们属于坚定的合众国拥护者。他们的儿子路易斯,即李的侄子,曾在联邦军队中服役,因其英勇善战而得到表彰,最终官至陆军上校。

 ** 这一观点来自温菲尔德·斯科特将军的 *Imminent Danger, Oct. 29, 1860, of a Disruption of the Union by the Secession of One or More of the Southern States*。弗里曼:《罗伯特·E.李》(*Robert E. Lee*),第418页。

防止战争爆发的看法，以及一旦战争爆发他打算采取什么样的策略，整本小册子都是以他独特的风格写成的。这对斯科特来说是一个相当鲁莽的举动——新当选的总统还要等 4 个月才会宣誓就职，斯科特尚不清楚他对这个问题的看法。如果小册子的内容被"泄露"给媒体，它只会激怒南方人，起到火上浇油的作用，同时也会让他们了解到斯科特打算击败他们的大致计划。李告诫他在圣安东尼奥的同事，不要"让这些观点见诸报端"[19]，他成功做到了这一点。他的担心不无道理，斯科特的观点不仅有可能激怒得克萨斯人，而且会让怀疑者确信联邦政府将毫不犹豫地打击他们。当读过斯科特观点的威利斯·G.爱德华兹（Willis G. Edwards）博士问他"一个人首要效忠他所在的州还是美国"[20]时，李原本不想过早地把自己的观点公之于众，对这种被要求当场亮明观点的突然袭击极度不满，便断然回复说"他从小接受的教育就是让他相信，而且他确实相信，他首先要对弗吉尼亚尽自己的义务"[21]。如果这真的是李在 1860 年 12 月所相信的，那么他祈祷保留联邦就不足为奇了。联邦政府和弗吉尼亚之间的武装冲突将使他陷入痛苦的两难境地，在这种情况下，他的责任感和对自己根基的忠诚将不可避免地发生冲突。

回到梅森堡并重掌第二骑兵团的指挥权之后，李发现他手下的军官和士兵被接踵而至的各种事件搅得晕头转向。12 月 20 日，南卡罗来纳州宣布脱离合众国，6 天后，陆军少校罗伯特·安德森（Major Robert Anderson）因担心被包围，便率领部下从莫尔特里堡（Fort Moultrie）移防至位于查尔斯顿港的萨姆特堡，从而在无意中为联邦政府和南卡罗来纳分离主义者提供了将政治危机转化为战争的契机。1861 年 1 月 9 日，当挂着联邦旗帜的"西部之星号"汽船试图登陆，向萨姆特堡驻军提供后援和补给时，遭到射击。数天后，密西西比州、佛罗里达州、亚拉巴马州和佐治亚州纷纷加入南卡罗来纳州的行列，宣布脱离联邦。

李的许多手下都面临着艰难的抉择，必须在效忠自己的州与美国之间做出取舍，他自己也日益感受到这种两难处境沉重的压力。与此同时，到梅森堡这样的偏远前哨基地的物资补给、工资支付和信件邮寄耗费的时间越来越久，甚至连军令也被拖延。李在闲暇时就拿起爱德华·埃弗里特（Edward Everett）的《乔治·华盛顿的一生》（*Life of George Washington*），这本书是家人寄给他的，他读得很仔细，仿佛要从中寻求答案，解决他以前深藏在内心的疑问。* 他在书中并没有找到聊以慰藉的内容。"假如他能看到自己付出巨大努力得到的竟是这样一个烂摊子，他强大的心该会多么悲伤，"他在 1 月 23 日的一封家信中不无忧伤地写道，"然而，我不会让自己相信，他的高贵行为的成果将被毁于一旦，他的忠告和高尚的榜样将很快被同胞们彻底遗忘，除非连一丝希望都没有了。"[22] 他在写给卡斯蒂斯的信中表达了绝望的心情："我无法想象这个国家会遭遇比联邦解体更大的灾难。……为了保护它，我愿意牺牲除了荣誉以外的一切。……脱离联邦无非是一场革命。"李进一步将脱离联邦描述为"无政府状态"，但也尽可能清晰地阐明了他的立场："一个只能靠剑和刺刀维持的联邦……对我没有吸引力。……如果联邦解体，政府被解散，我将回到我的家乡，与我的同胞们分担苦难，除了自卫，我不会向任何人拔刀。"[23]

显然，1860 年 12 月 14 日至 1861 年 1 月 23 日，无论李

221

---

* 具有讽刺意味的是，爱德华·埃弗里特将于 1863 年 11 月 19 日，先于林肯在葛底斯堡，即李战败的地方，发表为时两个小时的演讲。埃弗里特这篇演讲堪称 19 世纪的精品，当时的大多数人认为，与之相比，林肯较短的演说逊色不少。

多么希望看到联邦保持完整，他已经决定了怎样才能实现这一目的：联邦政府不得干预蓄奴制度，不得屈服于北方废奴主义者的要求，也不得试图对南方各州使用武力。卡斯蒂斯应该对他的父亲有足够的了解，能够识别出"除了自卫"和"我的家乡"中暗含的重大保留（或如我们今天所说的例外条款）。对其他任何人来说，这些可能不过是一种随便说说的漂亮话，但对李却不然，他总是准确地表达出自己的想法，怎么想就怎么写。他当然很想保留"一个由华盛顿、汉密尔顿、杰斐逊、麦迪逊和其他革命先辈们设立的政府"，但假如美国真的对弗吉尼亚动武，他将义无反顾地加入弗吉尼亚的自卫战，不管付出多大代价，也不管个人要承受多大的痛苦。

事态发展很快。1月26日，路易斯安那州脱离联邦[24]，2月1日，得克萨斯州步其后尘，此举在一夜之间就将驻防该州的美国陆军部队转化成了许多分离主义者眼中的敌军。取代李成为驻得克萨斯州美军部队指挥官的特威格斯将军*认为自己有义务交出军权，对此李持反对意见，不过李倒是幸运地避开了这种不知如何处置他的骑兵团的尴尬境地，当时他接到一封急电，命令他立刻返回华盛顿特区，并"于4月1日前亲自向总司令报到"。

李有充分的理由认为他将永远告别得克萨斯州[25]，因此，他带着全部随身家当，乘坐一辆马拉的"救护车"前往圣安东尼奥，这可能是骑兵团里唯一可以携带他所有装备和物品的全封闭式车辆。那些物品"体积庞大，颇有些价值"，算是一名职业军人的家外之家，并将在整个内战期间为李服务。他曾向女儿阿格尼丝描述道："在帐篷入口的右边，有一张铁制行军床，左边是一套野营桌椅。在最里边有一个行李箱。在靠近入

---

*　特威格斯会交出全部军权"以避免流血事件"，并最终成为联盟军少将。

口的一侧，有一个带提手的洗手盆和一把扫帚，衣服挂在从任意位置能随手取用的地方，还有可以很方便拿到的一把剑和手枪。马鞍和缰绳则放在床脚旁的木马上。"[26]当然，李的随身物品不止这些，但李奉行的是简朴的生活方式，其余物品也反映了这一点：写字台、书、《圣经》、床上用品、制服和靴子是他需要的全部装备。

李一抵达圣安东尼奥的酒店，就被穿着便服的武装人员包围了。碰巧路过此处的一个朋友的妻子告诉他，特威格斯将军已在当天一早交出了他的部队指挥权，现在所有的联邦军队都是"战俘"。李听罢震惊不已，并对他可能被当作战俘对待而感到愤怒。他不动声色地换上便服，前往指挥部。他到了那里后发现分离主义者已经掌权，这些人也没有对他表示出他所期望的丝毫客套。他解释说，他效忠的顺序是先弗吉尼亚，后联邦，他正要赶回家，但自称"得克萨斯专员"的这些人听后并不满意。他们告知李，如果他同意辞去原有的军职，并接受联盟军的任命，他就可以带着全部物品回家，否则东西必须留下。

这种决定听上去很怪异。如果得克萨斯州的委员们愿意让他回家，为什么还要扣留他的行李？李怒不可遏，他当即赶往一位朋友的家。这位朋友名叫查尔斯·安德森（Charles Anderson），是一名律师，也是一名直言不讳的合众国拥护者和废奴主义者，他将成为"俄亥俄第九十三志愿步兵团"的上校，并最终成为俄亥俄州州长。李有一个与自己政见大相径庭的好朋友，这足以证明李的为人，但无论怎样，此时此刻，他和安德森对得克萨斯分离主义者的看法是一致的。也许是因为气过头了，李不再隐瞒自己的立场，说出了只有家人才听他说过的心里话。"那些人〔'得克萨斯专员'〕的行为不可能促使我抛弃责任心。我仍然认为……我对弗吉尼亚的忠诚应该优先于对联邦政府的忠诚。我去华盛顿述职时也会如此申明。如果弗吉尼亚选择站在联邦一边，我也会。但是如果她脱离，我将带着我的剑跟随我的家乡，并在必要时以死相报。"[27]尽管他曾告诉另一个朋友，他计划解甲归田，去种玉米，世界从此将"少一个士兵"，但他无法想象弗吉尼亚会保持中立，或者他能偏安一隅，打理自家的花园。李请求安德森保管他的物品，并设法把它们运到阿灵顿，安德森答应了他的请求。安排好这件事后，李便登上经由印第安诺拉（当时是一个繁荣的得克萨斯海港，但在内战后它变成了一座鬼城）和新奥尔良回家的旅程。

他于3月1日到达阿灵顿，3天后亚伯拉罕·林肯就将正式入主白宫——这是自托马斯·杰斐逊以来，第一个没有李家和卡斯蒂斯家族成员出席的总统就职仪式。

尽管玛丽·李患有严重的风湿性关节炎，行动受限，偶尔出现在人们面前也是一副弱不禁风的南方淑女的形象，但她实际上是一个英勇无畏、敢于直言的女人，她并不认同丈夫对对抗的厌恶，也不认同他对南北日益严重的分歧持相对温和的看法。就19世纪中叶的医疗水平而言，医生针对她的病情所能开出的唯一处方就是"水疗"，也就是在温泉中泡澡或饮用天然矿泉水，当时的弗吉尼亚有许多这类矿泉，如今以此闻名的城镇就有不少，其中包括热泉城、温泉镇、白硫磺泉镇和罗克布里奇浴场等。位于北卡罗来纳州的琼斯矿泉就在边境线附近。为减轻病痛，这些地方玛丽全都去过。玛丽的身体状况极不适合旅行，一路上会痛苦难耐，但她为了做水疗仍然硬挺着去了很多温泉；当李仍在圣安东尼奥的时候，她甚至设法远赴加拿大，到了尼亚加拉瀑布（Niagara Falls）以北的圣凯瑟琳水井（Saint Catherine's Well），在这次"途经巴尔的摩、纽约市和埃尔迈拉（Elmira）的长途旅行"[28]中，她的儿子卡斯蒂斯、女儿阿格尼丝，以及她的表妹玛吉·威廉斯（Markie Williams）一路上陪着她，女儿安妮则留在家里监管阿灵顿的家仆，并带米莉（李家最小的孩子）去寄宿学校。对玛丽来说，即便有3位亲人帮忙，旅途中也要承受千辛万苦，好在一路上经过的重要风景名胜，如尼亚加拉瀑布和安大略湖（Lake Ontario），令她心旷神怡。有意思的是，在一个半世纪之前，她对瀑布附近存在过多建筑和过重的商业气息有所抱怨。她做梦都没有想到在美加边界的加拿大一侧竟然住着如此多的逃亡奴隶，他们恶劣的生活条件也让她深感震惊。"我听说，"她写信给安妮说，"这里的冬天漫长、寒冷，他们真的受了不少罪。"[29]也许幸运的是，她在这群人里没有发现任何熟悉的面孔。

她于夏末时回了家，阿格尼丝和玛吉不顾北方"日渐对立的情绪"[30]可能带来的风险，仍然选择待在纽约市。玛丽似乎不太可能隐瞒自己对这个问题的感受。南方人不断以脱离联邦相威胁，这让她感到惊恐[31]——她这个乔治·华盛顿的过继曾孙女不是白当的——但令她同样厌恶的是，她这一路上遇见的北方人普遍表现出与日俱增的废奴情绪。即使玛丽·李回到了弗吉尼亚的家，她发现那里也是群情激昂的场面。[32]鉴于不断加剧的紧张气氛，当卡斯蒂斯"不得不离开几天"时，他请求战争部的同事，即玛吉的哥哥奥顿·威廉斯（Orton Williams）来阿灵顿小住，以便如李夫人所说的那样，在必要时"照顾我们几个势单力孤的女眷"。

随着一个又一个州宣布脱离联邦，卡斯蒂斯·李和奥顿·威廉斯都急于从合众国军队辞职，并加入当时正在组建的联盟国军队。[33]这让李很痛苦，并特意为此写了一封信。李自己是绝对不愿意这么做的，同时也不想让他的家人这么做；李或许因此而认定奥顿·威廉斯是个行事鲁莽的人，最终将给威廉姆斯和李家招致严重后果。他决心保持对合众国的忠诚，直到或者除非弗吉尼亚脱离联邦。[34] 正因如此，他一回到家，就立下规矩，坚决反对人们就此话题随意评论或凭空猜测。然而，玛丽并不愿意就此闭嘴，她坚定地认为"如果林肯是个真正的或无私的爱国者"，他就应该在赢得选举后，在正式上任前辞职，以此做出与南方和解的姿态。"他现在无论怎么做，"她斩钉截铁地说，"都不可能得到南方的认可。"

即使李认同她的观点（并没有任何迹象表明他同意），这种极端的观点也正是他极力要回避的。此刻他比任何人都清楚准确表达自己想法的重要性，因为他本人的处境便很微妙，徘徊在对合众国政府尽责和对弗吉尼亚效忠之间。在这方面他并不孤单。头脑敏锐、精力充沛的玛丽·切斯纳特（Mary Chesnut）是南卡罗来纳州的一位日记作者，她的评论充满了善意的八卦和强大的常识，好像认识联盟国政府里的每个头面人物。[35] 根据她的记述，李的哥哥西德尼·史密斯·李曾表示真希望"南卡罗来纳州被［惊涛骇浪］撕得粉碎……为扰乱了他热爱的"美国海军付出代价，罗伯特·E.李很可能在美国陆军的问题上有相同的感受。

李回到阿灵顿的家不久之后，抽时间与总司令温菲尔德·斯科特将军进行了一次"长谈"，其间李大概向斯科特表明了自己的立场，而斯科特敦促他不要草率行事。此外，他并无其他举动，只是尽情享受着家人的陪伴并等待进一步的消息。消息很快就来了。3月16日，他终于正式荣升陆军上校（此前他只是被授予名誉晋级陆军上校，正式军衔仍是中校）。林肯总统签署了他的新委任状。在正常情况下，李会因此感到欣喜，但他却高兴不起来，因为不难看出，这一晋升是斯科特将军特意安排的。难道斯科特早已向总统透露，他认为一旦战火燃起，李上校将是率领美军出征的最佳人选？由总统亲自签署新委任状之举，是否预示着进一步的晋升即将到来，与其说是等价交换（斯科特应该非常清楚，李不可能是这种讨价还价的人），不如说是一个测试，看看李会不会接受？无论如何，他于3月28日接受了此次晋升，而颇具讽刺意味的是，就在大约一周前，他收到了联盟国战争部长L.P.沃克（L.P. Walker）的一封彬彬有礼的信，信中提议任命他为联盟国陆军准将。李没有理会沃克的来信，他固守着自己的原则，即在弗吉尼亚决定自己的命运之前，他不会轻举妄动。

4月4日，弗吉尼亚大会的成员举行了一次"测试投票"以决定该州是否应脱离联邦，测试结果"表明反对脱离联邦的占三分之二"，这基本上让李陷入了困境。[36]弗吉尼亚拒绝了加入南方其他州脱离联邦的行列，弗吉尼亚大会任命了一个三人代表团，询问林肯究竟要如何处置萨姆特堡。作为南卡罗来纳州查尔斯顿港的防御要塞之一，萨姆特堡已成为内战的潜在爆燃点。罗伯特·安德森少校受到了冲突双方的尖锐批评，因为他移防到了一个四面受敌、缺乏食物和弹药供给的位置，把这个要塞变成了一个显而易见的战争策源点。"那个'仔鹅'安德森为什么要进入萨姆特堡？"玛丽·切斯纳特在日记中抱怨道，"现在他们截获了他发出的一封信，敦促它［联邦政府］允许他投降。他还不惜笔墨，描绘了一幅如果不投降就会发生的惨烈景象。他当初自投罗网时就该想到这种后果。"[37]林肯或许认为玛丽·切思纳特说出了他的心里话，但他向弗吉尼亚代表团明确无误地表明，他觉得自己有权保护任何受到威胁的联邦设施——这显然是布坎南没能成功做到的事。总统还发出特别警告，态度坚定地称如果"萨姆特堡无端遭到袭击"的话，"我必将尽我所能，用武力还击"。

现在事态发展速度如此之快，以至于总统的任何信息，无论怎样字斟句酌，都无法阻止事态的演变。联盟军准将P.G.T. 博雷加德相信萨姆特堡将从海上得到补给，便于4月7日下令，停止所有从大陆运往该岛的新鲜食物的供应。第二天，作为回应，林肯命令美国船只为守备部队提供补给，并于5天后，即1861年4月12日白天，联盟军炮兵集中火力轰炸要塞。第一轮炮击是由南卡罗来纳要塞年轻的军事学院学员和坚定的分离主义者埃德蒙·拉芬发射的。此人留着一头齐肩的白发，曾现身约翰·布朗被执行绞刑的现场，当时给人留下了很深的印象。第二天早上，《查尔斯顿水星报》(*Charleston Mercury*) 刊文为首次炮击喝彩，称它是一场"壮观的烟花展示"，并描述了第一炮的美妙之处，"它在划出一条美丽的曲线之后，就在萨姆特堡的上方突然爆炸了"。《纽约时报》则在盛怒之下宣告："不管这个阴谋的领导人相信什么，文明世界对他们的行为只有一种看法；他们将受到全世界怒不可遏的蔑视和诅咒。"

两天后萨姆特堡守军宣布投降，林肯总统则呼吁招募7.5万人前往镇压叛乱，并"使法律得以实施"[38]。4月16日至17日晚间，弗吉尼亚大会进行了"秘密商议"。第二天早上，李将军收到斯科特将军的紧急通知，要求他第二天去战争部面谈。李还收到一条消息，老弗朗西斯·普雷斯顿·布莱尔[Francis Preston Blair（Sr.）] 想见他。

斯科特将军的便条不会让李吃惊，但是来自弗朗西斯·普雷斯顿·布莱尔的讯息有些非同寻常。布莱尔是肯塔基州一名富有的记者和公关人员，长期混迹于华盛顿政界，是安德鲁·杰克逊总统"厨房内阁"的前成员，仍然拥有相当大的政治影响力，更重要的是，他算是林肯总统的密友和知己。布莱尔有个儿子叫蒙哥马利（Montgomery），曾是李在圣路易斯结交的朋友，他如今是邮政总长，也是一名有影响力的顾问、政治"调解人"和代表总统出面的政治施惠人。*弗朗西斯·P. 布莱尔已经与林肯和战争部长西蒙·卡梅伦（Simon Cameron）探讨过让李上校出任正在组建的联邦军队指挥官的可能性，林肯授权布莱尔"确定李的意图和感受"[39]。林肯是一位凡事追求尽善尽美的政治家，他要事先确保自己的提议会被对方接受，因此选择了一个他充分信任且非内阁成员的人私下试探李的虚实。任命一名南方军官来指挥北方军队是一个冒险的政治举动，但是让他公开拒绝这个提议的风险更大，看上去是在羞辱新总统。布莱尔的任务是防止发生这种情况。

　　4月18日清晨，李骑马从阿灵顿出发，前往弗朗西斯·布莱尔位于宾夕法尼亚大道1651号的家。[40]蒙哥马利·布莱尔正在家里等着他，两人简单寒暄后便开始"闭门"密谈。这次会谈没有第三者在场，事后两人对此均闭口不谈，但几乎可以肯定，布莱尔告诉李，政府正在组建一支"实施联邦法律"[41]的军队，并希望李以少将身份出任这支部队的指挥官。对于一个几周前还在哀叹自己军事生涯失败的人来说，这一定是一个令人啼笑皆非的时刻。他先是被林肯授予上校军衔，南方又承诺给他准将的头衔，现在林肯又打算授予他少将军衔，让他指挥美国史上规模最大的陆军部队。他有可能不由得动心，或者至少在一瞬间有些悔意吗？这似乎不太可能。关于该怎么做，李早就心意已决，他说到做到，绝不动摇。布莱尔说了很长时间，毫无疑问也很有感染力，但李坚持己见。"我拒绝了他让我领兵上阵的提议，"他过了很久之后记述道，"我尽可能清晰、坦诚并不失礼貌地向他阐明，我反对分裂并反对战争，但

　　＊　位于宾夕法尼亚大道1651号的布莱尔大厦自1942年以来一直是美国总统用来接待国宾的宾馆。弗朗西斯·P. 布莱尔的女儿伊丽莎白嫁给了李家族的一名成员。布莱尔有众多值得一提的事迹，其中之一就是他还是演员蒙哥马利·克利夫特的曾曾祖父。

我不能参加对南方各州的入侵。"⁴² 当时他并不知道弗吉尼亚大会将做出怎样的决定，当然也不知道在 4 月 17 日晚上，它已经投票决定脱离联邦。鉴于李家、卡特家和卡斯蒂斯家有很多亲戚涉足弗吉尼亚政治，李对里士满的动向似乎不可能听不到一点风声，但是他早已铁了心，无论弗吉尼亚决定下一步如何走，他都不可能"在入侵南部各州"的行动中挂帅出战。现在李不愿意参与针对南方任何一个州的军事行动。在向弗朗西斯·布莱尔挑明立场之后，他便急于采取下一步行动。他清醒地意识到，在明知自己将来可能不得不违抗军令的情况下，继续留在美国陆军就意味着他不能保全自己的荣誉。从布莱尔家出来后，他径直去见了斯科特将军。

据报道，斯科特曾告诉李："有时候，美国军队中的每一名军官都应全面考量，决定自己要走哪条路，并直言不讳。假如做不到全心全意的话，任何人都不应继续受雇于政府。……我想你会和其他人一起走的。如果你打算辞职，你最好立即宣布。你现在的态度有些模棱两可。"⁴³

这些是不是斯科特的原话还有些疑问，但听起来像他说的。无论如何，李已经得出了同样的结论。他立即去见他的哥哥，当时恰好在华盛顿服役的海军中校西德尼·史密斯·李。他们都不知道弗吉尼亚已经做出了关键的决定。李骑马回了阿灵顿家，仍然以为他和史密斯有足够的时间考虑，但当他第二天早上去亚历山德里亚之后，才发现弗吉尼亚大会宣布脱离联邦的消息已经见诸报端。"我不得不承认，我是反应迟钝的那种人，实在看不出脱离联邦能带来什么好处"⁴⁴，据报道，李在付账单时对药剂师说了这番话，他后来一直没有改变这一观点，只是他越来越倾向于保持沉默，不愿与人探讨。

人们一群群地聚集起来，为脱离联邦而欢呼，但是李仍然视波托马克河对岸的政府为自己的政府，这是他父亲浴血奋战帮助建立起来的政府。"我简直无法想象，"他在 4 个月前写给玛丽·李的表妹玛吉·威廉斯的信中道，"我们的人民将摧毁一个由我们开国先贤们的热血和智识创立的政府，这个政府确保了国内的和平与繁荣，向国外展示出实力并保障着国民的安全，在这个政府的领导下，我们获得了人类历史上前所未有的巨大力量。我不愿生活在有别于它的任何政府之下，为了保有这个联邦我没有什么不可以牺牲的，除了我因星条旗，以及《嗨！哥伦比亚》（Hail, Columbia）① 而感到的荣耀之外。"45 荣誉和责任推动他做了一个他不喜欢的决定，并由此带给一个 54 岁的军官一种极其不明朗的未来，此前他的生活一直都是服从上级的命令，同时敦促他的手下服从命令，自孩童时代起乔治·华盛顿就是他心中的楷模。

　　如果弗吉尼亚没有脱离联邦，李会怎么做呢？很难想象当美国和南方其他州之间的战火正酣时，他会作为一名退役上校安坐家中，但他已经下定决心，不会参与合众国针对南方各州的攻击，而且一旦他心意已决，就不会退缩。毫无疑问，他具有认死理、永不妥协的品质。在这方面他与退休的尤利西斯·S. 格兰特上尉有共同之处，当时他仍在伊利诺伊州加利纳（Galena）他父亲经营的马具店里打下手，干些打包捆扎之类的简单活。那种品质将使李成为战场上一个令人生畏的对手。

　　那天深夜，李坐下来，开始给战争部长卡梅伦写一封简短而正式的辞职信："我很荣幸向你递交我作为第二骑兵团上校指挥官的辞呈。"46 不难想象李写下那几行字时内心经受着多么大的痛苦，他就此结束了 36 年的职业生涯。也许更痛苦的

230

---

① 该歌曲作者是约瑟夫·霍普金森（Joseph Hopkinson）。1798 年 4 月 25 日在费城一家剧院首演，其曲调是套用了为华盛顿总统第一次就职典礼而作的《总统进行曲》。在 1931 年胡佛总统宣布《星条旗》为国歌前约 100 年里，《嗨！哥伦比亚》与《星条旗》一直竞争当国歌。

是他写给斯科特将军的那封长信，他在信中写道，"将军，你始终如一的好意和关照，无人能及，我为此怀有无限的感激，并一直热切地期望赢得你的认可"——他还加了一句后来他常说的一段话："除了保卫我的家乡，我再也不想拔剑出鞘了。"[47]这些并不是空话。不管其他南方州如何做，李不会拿起武器对抗联邦，除非联邦向弗吉尼亚动武。他写完后，拿着这两封信给楼下的玛丽过目——她听到他在楼上跪下祈祷。[48]得到她的同意后，李第二天一大早就派人送出了这两封信。鲁尼和卡斯蒂斯当时都在家，他们得知弗吉尼亚决定脱离联邦以及父亲决定辞去军职，都大为震惊，因为正如他的一个女儿所说，陆军"就是他的家乡和国家"。

李随后回到自己的办公桌前，开始给他在巴尔的摩的姐姐安妮·马歇尔写信，这对他来说无疑是最难措辞的一封信，因为他知道安妮及其丈夫都是坚定的合众国拥护者，不会赞同他的所作所为。"我知道你会责怪我，"他写道，"但你一定要尽可能地把我往好处想，相信我已尽力做了我认为正确的事。"[49]接着他又给哥哥西德尼·史密斯·李写了一封信，告知他这个决定，但他没有在信中建议史密斯效仿他的做法。

在通知了那些他想通知的人之后，李耐心地等待着事态的发展。耐心是使他后来成为杰出统帅的另一个品质。他具有非凡的自制力，表现出的坚定常能促使那些本已丧失希望的人重拾信心。他只需在关键时刻在战场上现身，就能让陷入困境的人们鼓足勇气。李的镇定、他的"冷峻形象"以及他固有的不动声色的个性，并非一种刻意摆出的姿态，完全是他内在的自然流露。他既没有希望也没有能力塑造一个形象，他只是简单呈现自我。他将很快成为南方的主要军事和政治资本。

第二天早上，李发现订阅的日报《亚历山大公报》（*Alexandria Gazette*）有篇文章提到了他时，他并无任何表示。那篇文章声称，如果李已辞去在合众国陆军的职务，就应授予他更高的军职："没有人比这位杰出的军人更能赢得弗吉尼亚人民的信任。"[50] 李是一个极其谦逊的人，他在读到这种无缘无故的赞美之词时肯定会感觉有些尴尬。到了午餐时间，他收到了里士满法官约翰·罗伯逊（John Robertson）的一封信，要求第二天与他面谈。他暂时无事可做，就跟卡斯蒂斯一样，他不可能想不到，敌对行动一旦开始，无论亚历山德里亚，还是玛丽·李深爱的阿灵顿公馆——位于波托马克河南岸高地上可远眺华盛顿的宅邸——都难逃被联邦军队占领的命运。的确，卡斯蒂斯说，如果他在华盛顿指挥联邦军队，这将是他采取的第一步。他没有说错。

第二天是星期天，李参加了亚历山德里亚基督教堂的礼拜，人们的好战情绪高涨，这让他感觉很沮丧，而众人对他挂帅出征寄予厚望的表现更是令他无言以对。从教堂回家后，他得知罗伯逊法官无法按计划与他会面，因为联邦当局已经扣押了波托马克河上的邮轮——对此李一点都不感到惊讶。看来美国政府中的一些人很清楚他们该怎么做。紧接着弗吉尼亚便在通信、物资供应、金融和交通等方面陷入了困境。那天晚上，李收到法官的消息，为他当天早些时候未能到达亚历山德里亚道歉，并邀请李陪同他去里士满会见弗吉尼亚州州长约翰·莱彻（John Letcher）。李是个一分钟都不愿意浪费的人[51]，第二天一大早便身着便服，戴着丝质礼帽，与罗伯逊法官一起乘火车前往里士满。

李从此与阿灵顿永别了。

此时的里士满一片喧腾，处处人声鼎沸。美利坚联盟国副总统亚历山大·斯蒂芬斯（Alexander Stephens）已经抵达这里，商议弗吉尼亚州加入联盟国的事宜，这对弗吉尼亚来说是重大但不可避免的一步。李住进了斯波茨伍德酒店（Spotswood Hotel），饭后穿过街上喧闹的人群走向国会大厦，显然众人并没有认出他。李像许多军官一样，对无论是南方还是北方的政治家都怀有根深蒂固的不信任，约翰·莱彻给他的第一印象，就是他属于自己根本就不喜欢的那种政治家。虽然有人形容莱彻"秃顶、满面红光、长着酒糟鼻子"[52]，但从照片上看，他显得瘦削、冷峻、精明——丝毫不像南方版的纽约市老民主党人。当然，莱彻天生是个政治家，善于审时度势，待人处事的手腕娴熟，必要时会毫不犹豫变通原则为己服务。他长期以来一直反对脱离联邦，并期望结束弗吉尼亚的奴隶制，但他当选州长后，旋即便将那些想法抛诸脑后，而且和李一样，以相当高的效率为两个他不相信的事业勤奋工作。*他似乎在他们的第一次会面中便赢得了李的信任，并在战时大部分时间里都保持着这种信任。他写给李的信[53]不知所踪，他只好当面解释说弗吉尼亚需要"一名陆海军司令官"并应被授予少将军衔。他提议由李担任这个职务，李当即就接受了。不管此时李还有什么疑问，他并没有当场提出来。莱彻州长向弗吉尼亚大会通报了对李的提名，该提名获得一致通过。回到旅馆时，李终于成了一名少将，尽管还没有穿上少将制服。在他得到任命那段时间发表的照片都是用老照片修饰而成的，因此照片上会显示他穿着内战前美国陆军上校的全套军装，但美国陆军徽章和代表"美国"的两个字母被改成了弗吉尼亚民兵的

233

---

* 莱彻受到来自南北两方不公正的待遇；他试图在联盟国第二届国会赢得一席之位的努力失败了，并在内战结束后遭到短期拘押，而他家的房子则在战争期间被联邦军队烧毁了。

徽章和字眼，看上去很蹩脚。在这些照片中，他看起来非常年轻，活力十足，与他当时54岁的年龄明显不符，那时的他还有一双锐利的黑眼睛，浓密的黑胡须，一头浓密的拜伦式黑发——还要过些年才能见到他那张高贵、饱经忧患的面孔以及满头银发和花白胡须。

李正要上床休息时，有人来找他，很客气地邀请他去巴拉德宅邸（Ballard House）与联盟国副总统面谈。来自佐治亚州的亚历山大·斯蒂芬斯身材矮小、体弱多病、瘦骨嶙峋——体重不到100磅——但他鸡爪般的双手、麻子脸和尖嗓门被他过人的才智和勇气抵消了。他的一位朋友称他是个"极其敏感"的人，带有由"出身寒门的自卑感"转化而来的自负和近乎"病态"的自我关注，但他在美国国会中发展得顺风顺水，逐级攀升，并一直持续到1858年；他最大的成就是《堪萨斯－内布拉斯加法案》的通过，这激怒了北方人。他的一些传奇性经历造就了他勇敢的名声，比如在众议院围绕"威尔莫特但书"（Wilmot Proviso，禁止在美墨战争后新获得领土上实行奴隶制的提案）展开激烈争论期间，他曾被对手刺伤，但他在身负重伤的情况下仍然直言不讳地坚持自己的观点。1861年，就在他与李会面的两个月前，他清晰无误地确立了联盟国政府的政策："它的地基以及它的基石立足于这样的伟大真理之上，即黑人与白人并不平等；从属于一个优越种族的奴隶制，是黑人自然和正常的状态。"[54]

李和斯蒂芬斯没有讨论奴隶制，但斯蒂芬斯在这个问题上的立场与李在1856年12月27日给玛丽的信中描述的立场完全相同，也与他后来于1868年向美国参议院的一个委员会宣誓作证时所说的一致。

斯蒂芬斯开门见山，直奔此次会谈的主题。他担心李的新军阶可能成为弗吉尼亚加入联盟国的障碍。斯蒂芬斯有些难为

234　情地解释说，联盟国陆军的最高军衔是准将。如果弗吉尼亚像他所希望的那样，将其军队与新国家的军队合并，李可能不得不失去一颗星，或者成为一位比自己级别低的军官的下属。李回答说，他不希望"他的军阶或个人地位"妨碍弗吉尼亚与联盟国之间的"联合"。[55]

　　这种彬彬有礼的交谈背后隐含着一个重大政治问题：弗吉尼亚人还没有就弗吉尼亚大会脱离联邦的决定举行投票，而在南部各州中，弗吉尼亚与北部各州的边界线最长——超过425英里——因此最容易受到来自北方的攻击。它也是面积最大、最富有和人口最多的蓄奴州，总人口超过150万人，其中50万人是奴隶。弗吉尼亚人认为他们的州就是一个国家（事实上它的确比一些欧洲国家还大），并认为他们的体制、历史以及出自本州的重要革命人士在创建美国政府的过程中发挥了重要作用。包括李在内的许多弗吉尼亚人已经猜到，如果战争爆发，里士满与华盛顿之间的狭小空间将成为主战场；对弗吉尼亚来说，把其武装力量的控制权交给新成立的联盟国，乃至让佐治亚人或密西西比人来决定弗吉尼亚的战略或指挥其军队，均非易事。弗吉尼亚人天生不愿意用一种形式的从属地位换取另一种——因此斯蒂芬斯要在里士满举行的谈判极其微妙。李本人虽然接受加入联盟国的逻辑，但在整个战争期间仍处处以弗吉尼亚人自居，并且经常因为将联盟国有限的军力过度集中在北弗吉尼亚的重大战役上而受到各方批评。

　　很明显，鉴于联盟国幅员过于辽阔，可利用的人力和物力资源却很有限，根本不可能实施全线防御——仅其海岸线就长达近3000英里，从波托马克河河口绵延伸展到格兰德河河口，它的陆地边界则延伸得更远，包括亚利桑那（Arizona）、新墨西哥、密苏里和肯塔基等11个州和争议地区，以及美国几大河系覆盖的大片地区。李比大多数人都更清楚腓特烈大帝那句名言的严酷性："什么都要守，什么都守不住。"人们都期待着李尽快进攻北方，并设法在战场上赢得一场决定性的胜利，从而摧毁北方人的自信心，并在世界上确认南方的独立性。另一方面，作为一名曾在墨西哥战场上效力于温菲尔德·斯科特将军的职业军官，李深知联盟国并没有做好发动进攻的准备。南方缺乏人力、武器、马匹和骡子，最重要的是，它缺乏训练有素、高效的指挥和后勤供应体系。李所面临的诸多问题从他的军服即可见一斑，在他得到任命后数月才算穿上了一套临时拼凑的军服——直到当年接近年底时，他才首次穿上了联盟军的灰色制服，与之相配的是后来成为他标志性头饰的银灰色宽边帽。组建一支真正的陆军则耗费了更长时间。

一开始，李就备受一群狂热分子的困扰，这些人相信只需 30 天就能赢得战争，或者即使在最糟糕的情况下，也不会超过 90 天，并坚信集热情、勇气、精神和教养于一身的南方人定会战胜"财迷心窍的北方佬"。他还被一大群目光远大的梦想家所困扰，他们每个人都能拿出一个毕其功于一役，最终赢得战争的万全良策。开始时，李令人生畏的尊严和敬而远之的态度在他和这类人之间竖起了一道天然的屏障，后来他组建了由忠诚的下属组成的团队，其重要职责之一就是尽可能保护他免受这些人的干扰。

军方分配给李的小办公室位于"第九街和富兰克林街交汇处的弗吉尼亚机械学院"里，[*]后来逐渐扩大，直到占据了整座建筑。[56] 他刚刚安顿下来，弗吉尼亚大会的 4 名成员就赶来陪他一起去国会，正式确认对他的任命。[57]

---

[*]　埃默里·M. 托马斯可能是对的；但为公平起见，还应该指出，弗里曼的说法是这个临时办公室位于里士满邮局或"旧的州法院大楼里"。弗里曼：《罗伯特·E. 李》，第 464 页。

如果说李和格兰特都厌恶一件事的话，那就是必须在正式仪式上发言，但他还是以一如既往的优雅风度经受住了这种考验。当他到达会场时，大会正在闭门举行，他只好在托马斯·杰斐逊设计的圆形大厅里等候了几分钟。在大厅中央矗立着让－安托万·乌东（Jean-Antoine Houdon）用大理石雕刻的华盛顿立像，真人大小的华盛顿雕像一身戎装，胳膊搭在象征罗马最高政治权力的束棒上，身后有一个犁，强调他作为将军、总统和有地贵族的角色。李的一名随行人员看他凝视着华盛顿的雕像，听到他说了一句令人费解的话："我希望我们已经听到了脱离联邦的最终定论。"[58] 他说这话的意思是，既然弗吉尼亚已经决定脱离联邦了，是时候该考虑如何自卫了，还是说他又开始全面反思，在木已成舟的情况下，自己何以不喜欢脱离联邦的想法？他有没有可能想过向他的偶像乔治·华盛顿解释他自己的州脱离联邦有多困难，开国元勋们进行了艰苦卓绝、旷日持久的奋战才建立起来的这个联邦，仅仅维持了84年就陷入内战？

门终于打开了，他被人带进了人头攒动的房间，"与会人员全体起立迎接他"[59]。他站在室内中间的过道上、离入口几步远处，开始按照19世纪流行的华丽风格发表演讲。

与他演讲时的长篇大论相反，他的回答优雅、简洁，连带他的免责声明都不超过50个字："你们选个能力更强的人就最好不过了。"这并不是说李觉得自己不能胜任眼下的任务——事实上，他在美墨战争期间担任斯科特将军的参谋时锻炼了能力，也积累了宝贵的经验，而这正是其他军官所欠缺的，他只是要表明假如真有这样一个能人的话，他会很乐意让贤。但事实是没有人比他更有能力，也没有第二个人能像他那样赢得如此广泛的尊重。当李讲演完毕之后，与会代表们纷纷离开座位，簇拥在李周围，仿佛要从他那里汲取信心：他从一开始就是南方事业的图腾，他身上似乎体现着南方人的凌云壮志，并赋予了他们高贵的气质。这其实并不是李喜欢的角色，但它渐渐让他感到习以为常了，并最终成了他个性的一部分。

他得空就立即离开了此地，回到办公室筹划如何保卫弗吉尼亚。

他面临的两个紧迫问题已经得到解决，结果喜忧参半。弗吉尼亚的"志愿者"（其中许多人是民兵）成功占领了位于哈珀斯费里的联邦军火库[60]，也就是约翰·布朗领导的起义队伍曾突袭的目标，但联邦军队的一个小分队在撤离前放火烧了这里的车间和仓库，烧毁了存放在里面的大部分步枪，只有生产步枪的设备安然无恙。当前占领了军火库的弗吉尼亚武装由托马斯·J.杰克逊指挥，他当时还鲜为人知，性格有点古怪，曾是美国陆军荣誉晋级少校，原在位于列克星敦的弗吉尼亚军事学院担任自然和实验哲学教授及炮兵教官。他在美墨战争中脱颖而出，随后不久便赢得了"石墙"的绰号，成为深得李器重的兵团指挥官，而且客观地说，他是仅次于李的南方英雄。尽管李曾目睹并钦佩杰克逊在美墨战争中的杰出表现，但他那时可能尚未意识到，与杰克逊少校加入这项事业相比，损失部队急需的数千支步枪算不上什么大事。

第二起事件涉及诺福克海军造船厂[61]。联盟国军队一度占领了此地，但不久后联邦军队从海上发动了一次大胆的突袭，在迅速夺回后放火焚烧了大部分舰船和船坞，随后拖着一艘军舰顺利撤离——这是联邦军队海军战斗力的初次展示，此举令联盟国颜面尽失。不过事后发现，也不全是坏消息，储存在这里的1000多支舰炮和近3000桶炸药幸免于难，其中许多可以装在四轮马车上，在陆地上用作大炮——但损失军舰是一个沉重的打击。其中几艘可以从吃水线往上修复重建，其中一艘

237

"梅里马克号"蒸汽护卫舰最终被改造成南方海军的"弗吉尼亚号"铁甲舰，并于 1862 年 3 月与联邦海军的"莫尼特号"铁甲舰展开激战。

238

林肯于 4 月 15 日针对萨姆特堡遭到炮击发布"公告"，宣布"合众国几个州的民兵组织，共计 7.5 万人……前往执法"。这就是在 4 月 18 日合众国准备授权李指挥的那支军队。总统将"当前的公共事务状况"描述为"一个非同寻常的时刻"并命令叛军"从即日起的 20 天内解散，和平地返回他们各自的住处"。林肯的公告有意放低了调门，使其听起来不像是正式宣战，但它似乎暗示，在 5 月 5 日或之后不久，联邦政府将对那些已经脱离联邦的州采取军事行动。这样算起来，李只有不到两周的时间为保卫弗吉尼亚做准备，而且据他估计，来犯之敌在军力上将占有绝对优势。事态发展的速度令人应接不暇。对萨姆特堡的轰炸始于 4 月 12 日，并在 3 天后，也就是 4 月 15 日，林肯发布了征募 7.5 万武装人员的公告；4 月 18 日，李被任命为正在组建的联邦军队的指挥官；4 月 19 日上午，他辞去在美国陆军的军职；4 月 22 日，他永久告别了阿灵顿，和罗伯逊法官一起坐火车赶往里士满；4 月 23 日，他成为弗吉尼亚武装部队的指挥官，此时离总统公告的最后通牒只剩下 12 天了。

临危受命的李要做的事太多，他一刻都不敢耽搁，立即着手在一团混乱中理出头绪，打造行之有效的军事机器。他迅速组建了一个直接受他领导的团队［其中最重要的一名成员或许就是年轻的沃尔特·赫伦·泰勒（Walter Herron Taylor），这位弗吉尼亚军事学院的毕业生将在整个战争期间跟随在李的左右］，并巧施手腕用经验丰富的职业军官取代民兵中那些能力欠缺或年龄太大的高级军官（他们中的大多数都在地方上拥有不同程度的政治影响力）。他还制订了四处搜寻武器的计划，不放过任何可能存有武器的地方，并在全州境内指定了一些铁路枢纽站，作为集合与武装民兵连队的据点，每处都由一名经验丰富的军官负责，并由从弗吉尼亚军事学院挑选的学员指导训练。他亲自视察了哈珀斯费里和诺福克（Norfolk）的防御工事，并充分运用专业知识，指导每个人构筑野战阵地。他很快在里士满附近建起了一个训练基地，称号为李营，用以将平民志愿者训练成士兵。李的过人精力和专业技能令所有人惊讶不已，他在短短数周内便组建了一支拥有"4 万名士兵和 115 门野战炮"[62] 的军队，以及一群军官，其中许多人将成长为南方军队的重要将领，其中包括托马斯·J."石墙"杰克逊、李在得克萨斯州库珀营的同伴约翰·贝尔·胡德，以及约翰·B. 马格鲁德（John B. Magruder）。

239

李自始至终都很清楚，就在北面离此地仅几英里处，他的朋友兼导师温菲尔德·斯科特将军也做着同样的事，只不过规模更大，可供其调用的资源更多。李在做这一切的整个过程中要跟各种人打交道，他待人接物礼貌有加，无可挑剔，但这并不意味着一切都很顺利，他也得罪了不少人。一些人对他不满的主要原因是在他们看来，李对脱离联邦显得并不那么热心，而且对南方最终赢得战争的能力心存疑虑。李的表现并不难理解，他是注重现实的职业军人，不会像外行那样盲目乐观；另外一部分原因是无论哪一方最终赢得了战争，他所认识和热爱的世界都将被毁灭。在弗吉尼亚的大地上双方军队将展开拉锯战，战火会将许多家庭连根拔起，摧毁农场和庄稼，并威胁到李所珍视的既定秩序，破坏已延续了 200 年的风度、礼仪和传统。

这种预料之中的损失深深触动了李，并且比他预期得还要快地变成现实。虽然他和卡斯蒂斯都曾委婉地——也许太委婉了——警告过李太太，她很可能会被迫离开心爱的阿灵顿，但她不为所动，仍留在家里。她写信给在里士满的他时说她从未见过"如此美丽、灿烂的田园风光。黄色的茉莉花盛开，空气里充溢着花香"[63]。

"你必须搬家"[64]，他在 4 月 26 日写给她的信里说。过了一个星期后，她仍然没有搬离阿灵顿的意思，李忍不住敦促她"准备好所有要搬走的东西……而且要做好随时搬家的准备"。话说到这份上，她还是没任何动静。最后，是她在战争部工作的表弟奥顿·威廉斯亲自骑马过来警告玛丽，联邦军队将于第二天接管这所房子。第二天早上他再次骑马过来转告她占领阿灵顿的计划被推迟，但不会被取消——她必须搬家，而且要尽快。[65] 女儿米尔德丽德当时还在学校，安妮和她的哥哥鲁尼及其妻子一起去了帕芒基河种植园，所以督促家仆们收拾和打包要从阿灵顿搬走的物品的繁重任务就落在了玛丽和女儿阿格尼丝的身上。李家和卡斯蒂斯家的银子都被装进了两个大箱子里，李的私人文件以及"华盛顿和卡斯蒂斯遗留下来的无比珍贵的文件"也一同装进了这两个已经很沉重的箱子里，并随后经铁路运到了里士满。[66] 家人的肖像和卡斯蒂斯先生的油画都被小心翼翼地从画框中取出，然后装上马车运到雷文斯沃思妥善保存。公馆里所有的地毯、挂毯、窗帘和书连同乔治·华盛顿收藏的白底蓝花、印有金色"辛辛那提协会"（The Society of the Cincinnati）① 纹章的 302 件青花瓷一起被搬走和存放。最后，他的潘趣酒碗 * 也被收纳起来，这只碗很著名，碗内是一幅以美国护卫舰为题材的钢笔画，"船体位于碗底，桅杆延伸至碗边"，这样饮酒的人从桅杆顶喝到船体吃水线处，就算

240

---

① 大陆军解散后由参与美国独立战争的军官们于 1783 年建立，协会名称源自古罗马政治家辛辛纳图斯（Lucius Quinctius Cincinnatus），华盛顿被选为第一任会长。

* 联邦军队占领并劫掠了阿灵顿公馆的部分物品，幸好这只碗未损毁，如今由私人收藏并在弗农山庄展出。

喝干了。这只碗被装进一个木盒里，用钉子钉牢，放在地窖里锁好，钥匙被托付给阿灵顿的一个奴隶［李夫人的贴身女仆塞琳娜·格雷（Selina Grey）］保存。

风度翩翩的陆军中尉奥顿·威廉斯做事往往不计后果，不免鲁莽，当然有时也会被认为是行侠仗义之举，他拜访阿灵顿公馆并警告李夫人的举动，加之他毫不掩饰对南方的同情，导致他被捕并被拘押在纽约的总督岛，好在时间并不长。[67] 作为斯科特将军司令部的一名军官，他可以接触到斯科特的作战计划，这使得人们担心他会向李将军透露这些计划。奥顿真是一个多情种，在被关押期间，"据说他爱上了狱卒的女儿"。6月，他被假释，条件是他在一个月内不去南方。承诺期满后他即刻在里士满现身，并加入了联盟军军官行列。不过李不太放心奥顿反复无常的表现，为保险起见没有让他成为自己的团队成员。

可以肯定的是奥顿·威廉斯有恩于李家，因为他说服玛丽做了她丈夫希望她做但一直未能如愿的事——5月8日，玛丽·李和阿格尼丝离开了阿灵顿公馆，乘坐李家专用的马车前往10英里以外的雷文斯沃思，投奔李的表姐，寡居的安娜·菲茨休。[68] 随行的马车队载着全家的财物，其中包括钢琴，以及塞满了各个车厢的食物和葡萄酒。对玛丽来说，离开家一定令她难以割舍，但最艰难的还是她的身体要经受的挑战。李认为即使她待在雷文斯沃思也不够安全，因此敦促她尽量"远离随时可能爆发战争的地方"[69]。他也担心玛丽待在雷文斯沃思可能会"招致［联邦当局］骚扰安娜表姐"，他补充说，"我真的担心你可能带给她更多伤害而不是慰藉"，因为联邦军队可能会因为安娜庇护李家的一名成员而惩罚她。像往常一样，玛丽固执己见，对李的劝诫无动于衷。5月23日，她听说人数多达1.3万的联邦军队占领了阿灵顿，他们在草坪上搭起帐篷，砍倒大厦周围的树木做柴火。她的大儿子卡斯蒂斯已经辞去了在美国陆军的职务，正等着南方军队给他的任命。[70] 趁着这个空当，他来到雷文斯沃思与玛丽和阿格尼丝团聚。听说了家里的遭遇后，卡斯蒂斯表现得很平静，并无怨言，他这种态度显然惹恼了他的母亲。玛丽是不可能淡然处之的，她怒不可遏，当即写信给查尔斯·W.桑福德少将（Major General Charles W. Sanford），这位纽约市的律师和商人如今是占领阿灵顿高地的民团指挥官。"我做梦都没想到……"她写道，"有一天我会被迫提起诉讼，要求获准进入我自家的房子，更没有料到竟然会发生将我和孩子们扫地出门的军事占领暴行。……我凭着一个女人应得的，任何勇士都无法拒绝给予的礼遇，恳求你允许帮我送这封信的老马车夫去取他的衣服，把一些信件交给替我打理农场的经理，并给我的推销员一张通行证，让他能像往常一样在阿灵顿与他家人居住的华盛顿之间往返。"[71] 这还不算完，她紧接着不厌其烦地写了一大段话，要求允许她的园丁伊弗雷姆（Ephraim）也去华盛顿，带些衣服给"我的孩子比利"并把他带到她身边，同时允许她的女仆塞琳娜和马尔切利纳将她忘了带的"小物品"送给她。桑福德还算通情达理，并没有对这些要求置之不理，而是把这封信交给驻在波托马克河对面华盛顿的上司定夺。[72] 读了这封充满火药味的信后，欧文·麦克道尔准将（Brigadier General Irvin McDowell）像一位绅士那样当即接受了玛丽·李提出的所有要求，这或许不是巧合，不久之后，他将在"第一次公牛溪战役"（或在南方为人所知的"第一次马纳萨斯战役"）中成为第一位联邦军队的败将。

假如有人认为这一姿态会安抚李夫人，那简直就太天真了。她容易生气，忍耐力比她丈夫差多了。流离失所的阿灵顿女主人如今要依靠她众多亲戚的慷慨接纳，这些人家拥有的一切无时不在提醒她，联邦政府从她身上夺走了多么重要的东西。在她看来，从今以后所有借住过的地方都是收回阿灵顿之前的临时停歇地，但在她有生之年，这一愿望一直未能实现。[73] 李婉转地提醒过，但她拒绝认同他所说的，这种痛苦的流浪生活应该是"上帝意志"的体现，并且证明"我们对［在阿灵顿］唾手可得的幸福缺乏感恩，我们的天父觉得有必要剥夺他曾赐给我们的东西"。尽管玛丽·李的福音派信仰深厚且虔诚[74]，但这一切并没有给她带来慰藉，甚至就在她一路奔波，投奔不同的亲戚家时，她仍坚信天父要让她回到阿灵顿。她先是去了位于尚蒂利（Chantilly）的斯图亚特家族亲戚家，然后又去了东维尤（Eastern View）的伦道夫家族亲戚家，最终从那里赶到金洛克（Kinloch），借住在爱德华·特纳家——这是李建议的最后一站了，因为他认识到，弗吉尼亚东北部将很快成为硝烟弥漫的战场。李家彻底被打散了。卡斯蒂斯和鲁尼如今是联盟国陆军军官；他们的弟弟罗布将很快加入他们的行列，成为炮兵部队的一名列兵；李本人则不断地从里士满前往他指挥的部队所在的各个地方；米尔德丽德住在寄宿学校里；另外几个女孩则和玛丽一起从一家搬到另一家，这让她们的父亲忧心忡忡。"我真希望她们能待在一个清静且安全的地方"，他写道，而不是奔波于不同的人家之间，但他也想不出哪里存在如此理想的落脚之处。历史有时就像在开玩笑，这个在内战中成为联盟国军队统帅的重要人物竟然名列第一批受害者之中，他的房产被占领，他和他的家人无家可归，他花了这么多时间和精力终于实现收益的那片土地如今又荒废了，他本以为会在他年老时为他遮阴的大树已被敌军砍掉当柴烧。

　　李也知道战争不会很快结束。抵达里士满后不久，他就告诉玛丽·李，要做好这场战争可能会"持续10年"[75]的思想准备。他毫不掩饰地相信，这将是一场漫长而痛苦的"自相残杀"，但这不是每个人都愿意听到的说法。在当时仍是联盟国首都的亚拉巴马州蒙哥马利市，杰斐逊·戴维斯总统收到了针对李的一连串投诉，警告说李"过于悲观绝望"了，并称"他的说法有意要让我们的人民失去信心"，等等。[76]有些人甚至指责他有"叛国"嫌疑。在北方，主流报刊预测他的名字会被"嗤之以鼻"地提起，并给他贴上"叛徒"的标签。就连玛丽·切斯纳特也在日记中记录下了一些好朋友的评论，诸如"罗伯特·李在内心深处是反对我们的——这应该不会错"；另一个是"李将军将作为［南方事业的叛徒］被绞死。……他在给他们留一条后路，以备撤退。谈论撤退就是叛国——这会扰乱军心"。[77]埃德蒙·拉芬特意去了里士满，这位目睹了约翰·布朗的绞刑，并向萨姆特堡开了头炮的狂热的分离分子，要亲眼看看李将军的葫芦里究竟卖的是什么药，他给杰斐逊·戴维斯发的电报称："为拯救我们的事业，速来接管军事指挥权。"[78]这个建议可能对联盟国更有害。许多人，包括戴维斯本人，都错误地认为戴维斯总统是军事天才，具备带兵打仗的天赋，但他的第二任妻子瓦里纳（Varina）*却不这样认为。在担任战争部长期间，戴维斯就很赏识李卓越的才能和优秀的品质，所以他并不像李的批评者所希望的那样被这些抱怨打动。事实上，他和妻子瓦里纳于5月20日抵达里士满后，与李住在了同一家酒店，并且当即指派李为军事顾问。尽管5月23日选民们批准了弗吉尼亚脱离联邦，但它仍然保持着独立的共和国地位，直到6月17日正式加入联盟国。杰斐逊·戴维斯总统和夫人的到来本意是为了推动弗吉尼亚尽快做出决定，而将联盟国定都在里士满可以迎合弗吉尼亚人的自豪感，从而确保他

---

* 戴维斯的第一任妻子是扎卡里·泰勒的女儿，在婚后仅3个月便去世了。扎卡里·泰勒在美墨战争中取得了布埃纳维斯塔战役的胜利，后于1848年当选美国总统。

们做出有利于联盟国的决定。但定都于此是个军事上的错误。从华盛顿特区到弗吉尼亚州里士满的距离只有106英里。作为联盟国首都的里士满具有重要的象征意义，敌对双方一定会以它为中心展开大战，联盟国军力本来就有限，但为了保卫首都，其主力必须部署在北弗吉尼亚，从而无力防守密苏里州、肯塔基州和田纳西州的大部分地区。定都里士满将意味着位于联盟国西侧的"后门"洞开，并遭到敌方全力攻击。

当然，华盛顿特区与里士满一样，也存在容易遭受攻击的问题。林肯总统同样担心南方军可能会发动进攻并占领华盛顿，在全世界看来，这可能是对合众国的致命打击，这种危险状况在内战期间至少发生过3次。联盟国将如此多的人力集中在两个首都之间的狭窄地区，这是在战斗打响之前便犯下的一个重大战略错误。然而，这种安排当时在李看来似乎是一个自然而然的决定。尽管戴维斯到达里士满后不久，弗吉尼亚的军队就与联盟国军队合兵一处，且到目前为止李的地位和军衔仍未确定，但他和戴维斯一致认为弗吉尼亚的位置极其重要——哪怕战火燃遍半个大陆，李的注意力也会始终集中在他所熟悉和热爱的家乡，并决心不惜任何代价保卫这片土地。

并非每个见到他的人都能立刻被他折服。玛丽·切斯纳特起初听到李被任命为"弗吉尼亚武装部队总司令"的消息时欣喜若狂，但她后来转变了立场，认为李的哥哥西德尼·史密斯·李才是最佳人选，当时他已从美国海军辞职，如今在联盟国海军服役。"我更喜欢史密斯·李，"她写道，"我也喜欢他的长相。我很熟悉史密斯·李。有人能像我一样认识他哥哥吗？我对此表示怀疑。他看起来如此冷漠、安静和大气。"[79]

在许多人看来，李的确显得冷漠、安静、大气，但这实际上正是他的优势之一。联盟国中还有许多领导人看起来很凶猛，或者用叶芝（W.B.Yeats）的话说，充满了"激情"，但李因拒绝迎合他人的性格而超越了他们。有一次，他从马纳萨斯枢纽（防守弗吉尼亚州以及向华盛顿发动进攻的要地）视察回来，在前往面见戴维斯总统夫妇的途中，李乘坐的火车临时停靠奥兰治县（Orange County）政府所在地，一大群人聚集在那里要听他讲话，期待他发表一番慷慨激昂的热爱南方的演说。起初，李拒绝走出火车车厢；后来，当他最终被说服出来与众人见面时，他只是告诉大家"他有比演讲更重要的事情要考虑"。[80] 他说得不错，但这种表现并非赢得"民心"的正确做法；此外，这事还要放在 19 世纪中叶的背景下来理解，那时听演讲是一种娱乐活动。然而，李无意激励奥兰治县府的好人们。假如是他父亲到场的话，肯定会先做一个令人热血沸腾、群情激奋的演讲，然后在人群中穿梭，跟每个人握手，接受人们的祝福，并亲吻漂亮的女孩子。但是李在生活中，不管是有意还是无意，总是尽可能避免那些让"轻骑兵"哈里·李成为美国独立战争中最受欢迎的英雄之一的事情。李同华盛顿一样，对于"暴民"或者任何带有"民主"味道的东西有着本能的排斥，因为在开国元勋的那一代人看来，"民主"意味着暴民的统治。在不到一年的时间里，他的贵族气质、完美的外表、镇定自若的表情以及不惧危险的态度，将使他像神一样受到众人的膜拜。联盟国军队中不乏受欢迎的将军：作战勇猛并有诸多怪癖的"石墙"杰克逊就是其中之一，被誉为完美骑士的 J.E.B. 斯图亚特是另一个，P.G.T. 博雷加德似乎一度展示出李将军既缺乏又不需要的华丽精致的军人形象，许多人（当然不包括杰斐逊·戴维斯）直到 1862 年都认为李的老朋友约瑟夫·E. 约翰斯顿才是更优秀的将军。但是在 1862 年夏天的"七天战争"之后，高深莫测的李将军赢得了人们心目中无人能及的崇高地位，并且一直保持到他去世，事实上，在那之后的 150 年里，他一直受到人们的敬重。

1861 年春天，李创造了奇迹。从他掌管弗吉尼亚武装部队之日起，到林肯给出的那些反对合众国的武装分子必须"和平地返回他们各自的住处"的最后期限——5 月 5 日为止，在这短短的 12 天里，李初步打造了一支不容小觑的军队，它还没有强大到主动发起进攻的程度，但也许达到了足以保卫弗吉尼亚绝大多数重要位置的水准。年轻的沃尔特·H. 泰勒中尉于5 月 3 日加入了李将军的参谋部，他也许是整个战争期间对李将军的作战指挥和后勤调动能力最准确的记录者，也是他最亲密的助手。泰勒被李的非凡魅力深深地折服了。他写道："他的外表立刻吸引了我，并给我留下了深刻的印象……他浑身上下都散发着一个战士的气息，天生就具有指挥才能。"[81] 但是，透过李不怒自威的天赋气度，泰勒很快就清楚地认识到他的新指挥官所具有的非凡专注力、耐心和特殊的专业技能。泰勒也很快发现李会不厌其烦地给亲友写信并及时回信，但十分厌恶被迫处理没完没了、耗时费神的公务函件。这个年轻人很快就变成了指挥官的文书助理，从而让李摆脱了每天耗费数小时处理往来公函的乏味工作。泰勒评论李时说他"除非在下班时已处理完所有待办的紧急事务，不然会很不高兴"[82]。无独有偶，作为终极战士和管理者的威灵顿公爵曾如此论断："当天事，当天毕。"

没有人能比泰勒更理解李面临的困境，他几乎浏览了李所有的信件。问题的关键不是缺乏人手，那时的弗吉尼亚人都踊跃报名，渴望上阵杀敌，保卫弗吉尼亚，而且由于志愿者人数过多，李不得不拒绝大量他不能武装起来的人。李面临的最大问题是现有人员缺乏有组织的训练，或者能将他们转变成一支真正的军队所需的军事人员和组织机构。前州长怀斯提议在西

246

弗吉尼亚农村地区招募拥有步枪的农民，组建人人自带步枪的精准射手连队，这个提议得到了戴维斯总统和莱彻州长的积极响应，但被李劝阻，他认为这属于典型的业余军事家思维的产物。无论西弗吉尼亚的射手枪法多好，天天都能给家人带回猎物，但他们各自持有的步枪口径不同的事实，会给李的后勤供应带来无法应对的挑战，此外，他们的枪上缺乏安装刺刀的任何装置，而在那个年代，集群冲锋拼刺刀的做法仍然被认为是影响战斗胜负的决定性因素。

李的处境是军需用品全面短缺，每天要为满足军队所需费尽心思。可供发放的新式步枪实在太少，许多志愿者只能被分到像独立战争期间使用的类似燧发枪的武器。拿到旧武器的士兵常常因感到受到了羞辱而异常恼火。不仅如此，几乎所有其他东西都供不应求，其中包括军服、军鞋、骑兵军刀和手枪，以及帐篷、毯子、马匹、骡子和马车——最后三种东西在整个战争期间一直是个大问题，得不到有效解决。泰勒对李的钦佩从未减弱过。在战争爆发前，泰勒曾写信给他在弗吉尼亚银行共事过的朋友："噢！巴罗先生，他是一张王牌、一名战士、一位绅士，而且，最重要的是，他是一个基督徒。"[83]泰勒很快就适应了李的工作节奏，从清晨吃过早餐开始，一直持续到晚上11点多，也习惯了李节俭的习惯。此时的泰勒把他的上司当英雄崇拜有些为时过早，不过，无论李是否已经意识到，他的角色已经变成了一个驾轻就熟的军事官僚，相当于80年后走出办公室，指挥盟军入侵北非的"火炬行动"（Operation Torch）的德怀特·D.艾森豪威尔，或者说是19世纪中期美国南方版的艾森豪威尔。

李被许多问题淹没了。召集民兵和志愿者是一回事，决定他们服役多久则是另一回事。在这一关键点上，李和弗吉尼亚大会之间存在重大分歧。莱彻州长和大会想要限制服役期限，许多大会成员认为战争会很快结束，也许只需取得一场战役胜利就结束了，但李对战争持续时间的看法要悲观（事实证明，更现实）得多，因此希望入伍人员一直服役到战争结束，无论这场战争持续多久[84]。最后，李被迫接受了服役一年的约定，这显然为将来埋下了隐患，因为1862年春天这批军人服役期满时，也正是战事正酣、急需兵员的时刻。

联盟国的首都从蒙哥马利迁至里士满的举动也给李添了不少麻烦。弗吉尼亚的武装部队不久将成为联盟国军队的一部分，而来自其他州的部队也势必将奉命进驻弗吉尼亚。尽管李和杰斐逊·戴维斯惺惺相惜，但戴维斯执拗的性格与李厌恶政治的秉性无法相容，他们成为任何传统意义上的"朋友"的可能性几乎为零。与此同时，弗吉尼亚政府和武装部队并入联盟国的进程既非易事，也受到广泛抵制。弗吉尼亚人倾向于认为他们是 primus inter pares①（同等者之首），并坚称弗吉尼亚的防御应该由弗吉尼亚的将军指挥，但其他州的军队认为他们是来拯救弗吉尼亚的，而且在某些情况下，他们需要加入在家乡附近进行的更重要的战斗。如果你有机会阅读李1861年5月和6月的信件，就会为他的战略构思和策略之高明而感叹不已。无论时间多么紧迫，情况多么危急，李总是能把命令表述为容易被人接受的建议，甚至对他手下那些桀骜不驯的高级军官也不吝赞美之词。

他立刻领会了弗吉尼亚所处地位的战略现实，这可以用一个简单的类比来解释。如果你把左手平放在面前，尽可能展开各个手指和拇指，把拇指指甲想象成里士满，那么另外几个伸出的手指便代表着敌人可以进入弗吉尼亚的每一个点，它们的地理位置、河道和山谷的走向或者山脉的方向可能都有

248

---

① 拉丁语，在古罗马，该词指元老院的首席元老。

利于攻击者，可被视为方便敌军进入弗吉尼亚的自然通道入口。从东向西移动时，食指代表约克河（York River）和詹姆斯河（James River）之间的狭长半岛，由于合众国拥有强大的海军，这里容易遭到攻击，而且如果敌军采取大胆行动夺取该地，则可一举切断里士满与弗吉尼亚和南部其他地区的联系。中指代表亚历山德里亚以及奥兰治与亚历山德里亚之间的铁路，敌军可以通过这一路径到达重要的马纳萨斯铁路枢纽，将首都孤立起来。无名指代表谢南多厄山谷，从哈珀斯费里向南直到韦恩斯伯勒（Waynesboro）和林奇堡（Lynchburg），敌军不仅可以将弗吉尼亚一分为二，还可以切断里士满和丹维尔（Danville）之间的铁路，而这条铁路是里士满与西部之间的重要通道。如此一来，敌军可沿着詹姆斯河的走向一路向东，畅通无阻地进军里士满。小指代表从宾夕法尼亚州和俄亥俄州进军弗吉尼亚的可能性，敌军可沿着莫农格希拉河（Monongahela River）和奇特河（Cheat River）前行，并在穿过蓝岭山脉的隘口后围攻里士满。第一个（食指）尤其令人担忧。对于海军实力占尽优势的华盛顿来说，在这个半岛登陆将是一个极具吸引力的战略举措，且到目前为止，李曾帮助建造的门罗堡仍掌控在合众国手中。联邦军队可以在纽波特纽斯（Newport News）登陆，并从那里无限期地得到来自海运的补给。这些可能性中的最后一个（小指）也需予以关注——弗吉尼西北部山区并不蓄奴，这里的居民主要来自宾夕法尼亚州，他们本能地支持联邦并强烈反对分离。假如联邦军队向格拉夫顿（Grafton）强力推进的话，说不定会在当地民众中得到极大的支持。此外，通往该地区的一条主要铁路线从宾夕法尼亚州的北部开始延伸，这使得联邦军队能轻易得到源源不断的后勤支援。这4个易受攻击的地点分布在至少400英里的边界线上，相互之间距离甚远，彼此间以及与里士满之间没有任何铁路相连，从而更显得孤立无援；哈珀斯费里和格拉夫顿也被南北向的崇山峻岭隔离开来。东西向的通往弗吉尼亚北部的铁路则给了联邦军队等同于"内线"的交通线，从而提高了部队的机动性，可以更快地从一个攻击点转移到另一个攻击点。在考虑军队部署时，李还得防备联邦军队向两个或更多点同时发动进攻的可能性，因此必须冒险分兵多处，但这样做的后果是不仅削弱了战斗力，而且对本已不堪重负和捉襟见肘的后勤供应线构成巨大压力。当初在弗吉尼亚修铁路时，建设者们考虑了这项工程的方方面面，唯独没想过如何保障防守该州北部边境军队的物资供应。

　　李尽其所能确保他所关注的每一个要点都配备一名优秀指挥官和充足的武器供应，在此方面他取得了一些成功。他非常重视哈珀斯费里，不仅是因为它的位置，也是因为那是联邦兵工厂所在地。他刚被授予弗吉尼亚武装部队指挥权，便致信相关各方，其中第一批收信人就包括曾经是弗吉尼亚军事学院教授的指挥官，此人被李派到哈珀斯费里指挥防御。

　　弗吉尼亚武装部队司令部
　　弗吉尼亚州里士满市，1861 年 5 月 1 日

　　弗吉尼亚州哈珀斯费里指挥官 T.J. 杰克森上校：

　　上校：依照州长授权，命你自哈珀斯费里相邻各县征募志愿者连队……包括 5 个步兵团、1 个骑兵团和 2 个轻型炮兵队，每个炮兵队配备 4 门火炮。每个连的平均人数为 82 人，令各部赶赴哈珀斯费里集结。你应尽最大可能选择携带武器并着军服的连队，把他们组成临时由大尉带领的团，直到任命合适的校级军官。你要汇报在此授权下

为弗吉尼亚州效力的连队数量、官兵基本情况、拥有的武器类型等。据报500名路易斯安那士兵正在前往你处，他们奉命向你报告，你要为他们提供相应的给养。

你最好敦促各部尽快将哈珀斯费里所有的机械、材料等在温彻斯特集中打包，运往斯特拉斯堡，再从那里依照指令运往安全之所。……假如出现阵地失守的危急情况，你要炸毁波托马克河上的大桥……[85]

发自

R.E.李

少将指挥官

这是李发布命令的典型风格：条理清晰，内容详尽，具有可操作性，没有任何模棱两可的语句。任何收到这种命令的人都知道怎样做才能符合他的期望。至于波托马克大桥，他去过现场并亲自在桥上走过，情势危急时炸毁它的建议十分合理，且很实用。李是一个经验丰富的军事工程师和制图员，对地理环境的理解超出常人；他一眼就能看出哪些地点需要固守，或必须设法占领，以及如何充分利用周边地形。5月和6月，他的信中充满合理的军事建议[86]，比如他要求建设一条里士满至彼得斯堡的支线铁路；也清楚地解释了如何构筑一个加固的炮兵阵地，以守护通向约克敦的道路，以及指导人们制作粗粒火药，用于炮兵士兵配备的滑膛枪，并警告（正确地）不要试图从即将成为西弗吉尼亚州的地方征召志愿者，"因为此举可能会激怒，而不是安抚该地区的民众"。他踏遍了弗吉尼亚的角角落落，搜寻帐篷、步枪、干粮袋、击发火帽和骡子，质疑"诺福克堡的护岸泥土覆盖方式［是否］提供了充分保护"，并质问那里的指挥官："你所有的多面堡矮护墙是否达到了足够的厚度和高度，是否可以抵挡重炮并保护里面的人？"他建议将钢轨以30度角插入地面，以使联邦海军舰艇发射的远程炮弹发生偏转，并详尽解释了如何做到这一点；他明智地建议驻守哈珀斯费里的杰克逊"不要侵入马里兰州的领土"，以避免刺激该州的公民，导致他们背叛南方。他也从未忘记抽些时间，去慰问那些从弗吉尼亚武装部队调入联盟国军队时不得不降级的军官。"我十分清楚你的功绩、守土卫家的热情和对本州的忠诚，"他写信给情绪低落的陆军上校圣乔治·科克（Colonel St. George Cocke）时安慰道，"我并不认为级别或地位能带给你荣誉，但相信你会将荣誉加诸任何职位。"即使是他最尖锐的指责也是在仔细推敲之后委婉表达出来的，避免他人因此感觉受到冒犯："本将不无遗憾地提醒如你这样经验不足的军官，在公文往来中谨遵使用军方正规渠道之规是恰当的。……他也深感有必要提醒你注意节约发放给部队的弹药。……据他所知，最近你的炮队与波托马克河上敌方船只之间互相炮击并无益处，徒然浪费弹药，且会暴露我方状况及炮兵实力，而这很可能是他造访的目的。"李做事的特点是事无巨细、亲力亲为，他灵巧且娴熟地同时处理战略上的重大事项和后勤保障上的细微小事，既要宽慰自尊心受挫的各级官兵，又要始终设法让戴维斯总统了解到最新军情，并确保他重视自己在军事上的想法。他就像是乔治·C.马歇尔（George C. Marshall）将军和德怀特·D.艾森豪威尔将军的合体，把两位杰出将军的优点集于一身，因而取得了非凡成就。

李立刻意识到，向弗吉尼亚边境的每一个易遭攻击的危险点指派一名经验丰富的将官极有必要，在做出选择时，他要极力抑制住自己亲自上阵指挥的欲望，以及对所选将军们过于自负的任何不满。李下了一步很高明的棋，指定他的朋友兼西点军校同学约瑟夫·E.约翰斯顿负责哈珀斯费里的防务，确信

252

约翰斯顿和托马斯·J.杰克逊上校是完美搭档。对于在马纳萨斯附近集结的部队，戴维斯总统和李则把指挥权交给了克里奥尔人（Creole）① P.G.T.博雷加德。此人出身于新奥尔良一个富裕家庭，为人处事反复无常，爱夸夸其谈，因前不久指挥了轰炸萨姆特堡的行动，所以在乘火车从查尔斯顿前往里士满的途中，每到一站都受到战斗英雄的礼遇。信心满满的博雷加德已制订了攻击华盛顿周边联邦军队的大胆计划，而李却下定决心推迟这个计划。严格管束博雷加德将成为李要绞尽脑汁应付的事情之一。[87] 从海上守卫里士满的重任落在"汉普顿锚地对面"的本杰明·休格（Benjamin Huger）和约翰·B.马格鲁德肩上[88]：休格驻守在詹姆斯河南岸的诺福克，马格鲁德则负责守护詹姆斯河和约克河之间的半岛北部海岸。事实证明，这两位将军都不是理想的人选——休格迟于进攻、急于撤退，而马格鲁德则在 1862 年的莫尔文山战役（Battle of Malvern）中对李所下命令的解读过于咬文嚼字，因而招致灾难性后果。两人平分指挥权可能也是一个错误，但戴维斯和李都认为，由于该地区距离里士满只有 80 英里，他们可以直接控制那里发生的任何战斗。在西弗吉尼亚，形势一团糟。那里的大多数人仍然强烈支持留在联邦内，当联盟国军队在格拉夫顿南部的菲利皮（Philippi）遭受重挫后，李担心联邦军队可能会向斯汤顿进军，绕过约翰斯顿在哈珀斯费里的防线并切断里士满与西部的联系。李当机立断，立即给他手下的副官长 R.B. 加内特（R.B. Garnett）晋级，从陆军上校提升至准将，并派他去阿勒格尼山区（Alleghenies），指挥征募来的民兵。无论人数多少，指导他们就地构筑防线。对比在里士满的工作，加内特的

---

① 这个名称在 16~18 世纪时本来是指出生于美洲而双亲是西班牙或者葡萄牙人的白种人，以区别于生于西班牙而迁往美洲的移民。

工作简直太容易做了；阿勒格尼山脉由北向南延伸，形成多条"绵长而平行的山脊"，并被峡谷和湍急的河流相隔，几乎不存在像样的道路和一定规模的城镇。[89] 现有的一些道路大部分都顺着山谷的走向；由西向东横穿山脉的道路不仅很少、路况很差，而且相隔很远。从俄亥俄州向弗吉尼亚西北部推进的联邦军队必须翻山越岭，横穿一个接一个植被茂盛的荒山野岭。在其中任何一个山脊上，只要指挥得当，用不着太多的人，就能轻易阻挡一支大军的去路。

5月27日，联邦军队究竟会在何时和何处发动进攻的问题有了答案，这一天，李收到休格将军从诺福克发来的一条令人震惊的消息："7艘蒸汽轮船已停靠纽波特纽斯港，运送的部队已经并仍在登陆。其他运送部队的汽船于今晨到达老波因特。"这个地方李很熟悉，他曾帮助在它对面的汉普顿锚地建造门罗堡和伍尔堡。他对该处的海岸线和海湾了如指掌。门罗堡当时（并将在战争期间一直）掌握在联邦军队手中，但李很谨慎，他命令马格鲁德将军不要轻举妄动，在门罗堡以西大约15英里，即该半岛最狭窄处，构筑一条连接詹姆斯敦、威廉斯堡以及约克敦的防线。李只能眼睁睁地看着联邦军队在纽波特纽斯周边大量集结并从海上得到补给，同时密切关注着联邦军队指挥官本杰明·巴特勒将军（General Benjamin Butler）的下一步动向，不知他究竟要向半岛进军，还是渡过詹姆斯河，围攻诺福克，或者兵分两处，同时发起进攻。马格鲁德抱怨说，分配给他的弗吉尼亚军队还没准备好上战场，他们连鞋都没有，其他必需品也少得可怜，而且巴特勒在纽波特纽斯构筑了坚固的阵地，很难攻破。他还报告说（那个时期典型的怨言），他和北卡罗来纳一个团的指挥官希尔（Hill）上校意见不一，争吵的焦点是谁的级别更高。李不得不浪费大量的时间来安抚争吵不休的双方。

随着弗吉尼亚武装部队的控制权逐渐从该州转移到联盟国战争部，军队管理方面出现了一段混乱时期，为理清各方关系，李费了不少心思，最终稳住了军心。在不到一个月的时间里，他召集了4万多名武装人员，为他们配备了115门野战炮，设法生产了10万多发炮弹和100万个火帽，并为保护里士满打造了强大的火炮阵地和防御工事。[90] 这是一项巨大的成就，只有在完成了这些工作后，他才心安理得地听凭更高权威的判定。"上帝的旨意会实现的"，他在5月11日写给玛丽·李的信中如是说。

254

随着弗吉尼亚防御体系完工，以及武装力量于6月7日正式归入联盟国军队，李的地位变得有些尴尬。由于联盟国军队当前最高军衔是准将，李只好从少将军衔下降一级。对此他并不介意。不久后联盟国创立了上将军衔，他成为5位上将之一，但李从未在制服上佩戴将军徽章，而是满足于在衣领上佩戴代表联盟国陆军上校军衔的三颗小星星，这也是他在合众国陆军中获得的军衔。他明确表示，在南方获胜之前，他不会佩戴联盟国的将军徽章。此时此刻，他手下没有部队，和戴维斯夫妇住在同一家宾馆里，成了一位非正式的参谋长和总统军事顾问。"我真想辞去公职去过自己的小日子"[91]，他写信给玛丽时忍不住说，但他同时又不愿草率行事，不希望因此导致联盟国政府与弗吉尼亚州政府之间滋生任何"对抗"情绪。

李可能也明白联盟国仍然需要他，不太可能同意他解甲归田的要求。他时常会公开表示，希望有一个"更有能力的人"来取代他，但这样的人并不存在：联盟国迫切需要一个脚踏实地的职业指挥官，期待他既能训练军队，为即将到来的长期战争做好准备，又能巧妙地抑制住跃跃欲试，以为自己是三军总司令并渴望带兵上战场的戴维斯总统。只有李具备这种资格，毕竟，这一角色与温菲尔德·斯科特将军在美墨战争中所扮演的相似。

李已经猜到，北方军队会从两个方向同时展开对弗吉尼亚的攻击，一个是西部，即弗吉尼亚最薄弱的地方，另一个是半岛地区，因为北方军队一旦集结了足够的部队和装备，就一定会试图攻占81英里外的里士满。他当然也注意到，一旦北方军队同时从西方和东方发动进攻，这两支部队之间将会有宽达400英里的间隙，其中心地带将不可避免地成为最薄弱的环节。因此，如果南方军队从马纳萨斯发起反击的话，就能打他们一个措手不及，进展顺利的话还能兵临华盛顿城下。

有些将领擅长防御，有些擅长进攻，但在战争史上很少有人同时擅长防御和进攻。例如，格兰特和谢尔曼在进攻方面非常出色，但考虑到北方在人力、装备和物资方面的优势，他们从未有机会展示是否在防御战方面也同样出色。李是一个例外。作为一名训练有素的工程师，他在构筑防御工事和野战工事方面拥有丰富的经验，但他同时也是进攻战、机动和迂回包抄方面的大师。他不畏艰难困苦，勇于采取大胆行动，出奇制胜，是一位出类拔萃的将军，无论在进攻还是防守方面都是令人胆寒的对手，在美国军事史上，无人能望其项背。即使在全面退却的情形下，李也会展示出他作为一个危险对手的一面——尽管在1865年4月北弗吉尼亚兵团减少到了不足2.8万人，且大部分人饥肠辘辘，缺少弹药，李仍然能够用他身边所剩无几的兵力进行机动，并在敌方占据压倒性优势的情况下进行顽强抵抗。

1861年6月，李发现自己处境不妙，要兵分三处，分别在西弗吉尼亚、马纳萨斯和半岛坚守阵地。问题是他并没有被正式授予军权，不能名正言顺地向部队下达命令，而且在各方面都得小心行事，避免得罪戴维斯总统，因为后者不仅对任何轻

255

慢他的言行极其敏感，而且决意要维护他作为三军总司令的特权。尽管戴维斯对李"敬重"[92]有加，且重视他的建议、耐心和组织才干，但他尚待亲身领教李驰骋疆场的本领。要过很长一段时间之后，戴维斯才会勉强承认联盟国总统的合适位置不在前线，不需要冒着敌人的炮火率领部队冲锋陷阵。

与此同时，李对敌人行动的预测变成了现实，联邦军队在相距甚远的不同地点同时展开大规模攻击。他临危受命，在十万火急中担负起了我们如今所称的消防员的角色，奉命去处理狼烟四起的紧急情况。6月10日拂晓，就在弗吉尼亚的部队（李也在其中）正式并入联盟国军队两天之后，本杰明·巴特勒少将在大贝塞尔（Big Bethel）向驻守半岛的马格鲁德发起攻击，但联邦军队的进攻并未取得任何成果，攻势遭到瓦解的原因主要有两个，一个是李此前执意挖掘的战壕和工事功不可没，另一个是我们如今所说的友军误伤事件，可能是纽约第三志愿团的灰色制服与联盟军的完全一样，敌我不明，由此导致纽约两个团相互开火。北方军向南方军阵地发动了数次进攻，多次吃了大亏之后终于认识到，用端着刺刀冲锋的方式攻打固守战壕的敌军无异于送死。无奈之下，他们最终撤退到门罗堡的安全地带，由于天气炎热，疲惫不堪的士兵们无力带着所有的装备走，便把大部分装备扔在撤退的路上。经此一役，巴特勒一无所获，只是在大贝塞尔烧毁了几栋房子，据说房主是所谓分离主义者，并把他们的一些奴隶带回了门罗堡，与此同时，李则趁此机会给马格鲁德运送了更多的大炮，并构筑了几个重炮阵地。

不管是出自戴维斯总统的建议还是他勇于担当，李很快成为联盟国两队人马事实上的总令，一队驻扎在弗吉尼亚最右侧的半岛和詹姆斯河对岸的诺福克；另一队驻守弗吉尼亚最左边的阿勒格尼西部山区，李的前副官长加内特准将坐镇该处，对手则是才干出众的联邦少将乔治·B.麦克莱伦。军衔和任何正式授权都不足以让李担此重任，所以他也只是控制了弗吉尼亚的侧翼，而将至关重要的中心地带留给了戴维斯总统和约瑟夫·E.约翰斯顿将军，让他们集中精力重点守护哈珀斯费里和马纳萨斯，因为正在华盛顿集结的大军很可能已经把这两地中的一个当作攻击目标。到目前为止，李的角色仍然局限于尽可能搜罗并及时给各部队运送给养和增援，同时异地管理相关军务，只负责汇总观察简报，但不参与直接指挥。很多历史学家都猜测戴维斯总统不喜欢李[93]，这未必属实，更可能的情形是戴维斯只是不想和他分享万众瞩目的荣光而已。当时被认为是联盟军中能力最强的约翰斯顿将军就曾明确表示，虽然他需要李提供的后勤保障，但不想接受他的命令，甚至是建议。就此而言，马格鲁德和加内特都没有义务听从李的命令，但马格鲁德很快就认识到听从李的建议是十分明智的选择。作为李前下属的加内特可能会心甘情愿地接受他的建议，但是他远离里士满，置身于西弗吉尼亚的群山之中，所以不可能及时听到李的任何忠告，因此李不会对他的决策有多大影响。

很不幸，加内特接手的是一个灾难性的烂摊子。他一到达预定驻地，就发现格拉夫顿和菲利皮都被控制在联邦政府手中，这使得斯汤顿（Staunton）无遮无拦；聚集在哈顿斯维尔（Huttonsville）周围联盟国的杂牌军"处境悲惨"[94]；而弗吉尼亚西北部的居民大多强烈支持联邦政府。加内特的兵力不足5000人[95]，更可悲的是，他们缺少武器、服装和食物，军纪涣散且士气低落，面对着人数占绝对优势的敌军。假如联邦军队向斯汤顿发动猛烈攻击，并随后迂回至东南部打出一记大胆"勾拳"的话，麦克莱伦的军队就能趁机开进谢南多厄山谷，从而威胁到驻守哈珀斯费里和马纳萨斯的联盟军的后方；这要是再配合着欧文·麦克道尔准将从亚历山大里亚发起的进攻，

257

一战即可将弗吉尼亚撕成两半，并在 1861 年以合众国大获全胜的情况结束南北战争。只能说联盟国的运气太好了，虽然麦克莱伦具备一位伟大将军的诸多品质，但缺乏胆识。他总是显得自信心十足，但那只是个假象。他常常高估敌人的力量，有时还不是一点半点。虽然他擅长训练军队，但似乎又舍不得把训练有素的精兵强将投入战场。尽管他不是懦夫，但缺乏冒险精神；他是一个完美主义者，一心想要保持全胜的完美记录，因此只有认为万无一失时才会出击。

1861 年 7 月初，他根本不可能失败。他发动了一次教科书式的攻击行动，击败了加内特，确保当时扼守着通往俄亥俄州和宾夕法尼亚州主要道路的"里奇山（Rich Mountain）和劳雷尔岭（Laurel Hill）的关口"畅通无阻。[96] 导致加内特失败的重要原因，是他错误地分兵两处，分别把守这两个隘口，而这两处阵地相距较远，无法形成能够互相支援的掎角之势，因此麦克莱伦能够夺取这两个要点。麦克莱伦先集中 1 万多人的部队攻击里奇山上 2500 人的守军，进攻得手后，加内特被迫放弃了在劳雷尔岭上的阵地。此役战败后，加内特所率大部丧失了战斗意志，要么溃散，要么投降，取得胜利的麦克莱伦抓了 1000 多名俘虏。不甘失败的加内特在科里克斯福特召集残部继续作战，最终阵亡。他是内战爆发后第一个战死疆场的将官。

麦克莱伦的胜利使他赢得了北方媒体的如潮好评——他那"极尽赞美部下英勇作战"的战况报告顷刻间就把他打造成了战斗英雄，而且是此次战争中的首位英雄。[97]《纽约先驱报》以"当前战争中的拿破仑"[98] 称颂他，此后那些记者和他的部下提到他时都喜欢用"年轻的拿破仑"的称谓，最初人们把他与拿破仑相提并论时并无任何讽刺意味——也许他还下意识地鼓励人们这样称呼他——但居然让他养成了像皇帝那样把右手置于制服腹部纽扣处的习惯。所有这些赞美和称颂让北方公众和白宫对他寄予了过高期望。更危险的是，麦克莱伦本人误将赞美之词当成了事实，确信他自以为是的军事天才终于得到了验证。与此同时，斯科特总司令担心麦克莱伦的补给线拉得太长，过度暴露的两翼很容易受到攻击，因此命令已推进到蒙特雷的麦克莱伦原地待命。实际上当时他所在的蒙特雷距离斯汤顿仅有40英里，从那里继续前行就能到达谢南多厄山谷，可以拦腰切断弗吉尼亚中央铁路。李应该感谢麦克莱伦缺乏纳尔逊那种机智应变的能力。在1801年的哥本哈根战役（Battle of Copenhagen）中，英国海军上将纳尔逊收到海军上将海德·帕克（Hyde Parker）爵士的撤退信号时，把望远镜放在他那只失明的眼睛上，边说"真的，我没看到撤退信号"，边继续向前航行，最终赢得了他最伟大的胜利之一。但麦克莱伦不是纳尔逊。他听从了斯科特的命令，待在原地未动，从而丢掉了可能是联邦军队赢得一场决定性胜利的机会，更准确地说，是他的部下留在原地未动，因为他本人凭借西弗吉尼亚胜利的春风，很快被召回了华盛顿负责首都的防御并执掌波托马克兵团。

　　对许多人来说，这似乎是联盟国早期命运的低谷时期。诚然，巴特勒试图冲出纽波特纽斯和门罗堡的攻击行动已被遏止，这主要归功于李临时起意在半岛修建一条防线的先见之明；但是弗吉尼亚西北部的失败是一场灾难，尽管人们非常重视哈珀斯费里，但它如今已经沦陷（这个镇子在内战期间14次易手，最终变成一片废墟）。联邦军队少将罗伯特·帕特森率部在马里兰州威廉斯波特（Williamsport）渡过了波托马克河，凭借占据绝对优势的兵力和运用得当的炮兵，取得了法灵

259

沃特斯战役（the Battle of Falling Waters）[①] 的胜利，成功迫使两位未来的南方英雄托马斯·J. 杰克逊上校和 J.E.B. 斯图亚特上校的部队一路后撤，几乎退回到了弗吉尼亚的温切斯特。就在这时，帕特森和麦克莱伦一样，停止了前进，率部回撤到了马丁斯堡（Martinsburg），很显然，联盟军在边打边撤中表现出来的凶猛战斗力动摇了他的作战意志。

李在里士满密切关注着这些事件，他的首要任务是找到人员和武器，增援驻守温切斯特的约翰斯顿将军，以及驻扎在华盛顿西南 25 英里处马纳萨斯枢纽站的博雷加德将军。

李在给玛丽的信中写道："我的去向极不确定，我希望能尽快安排好一些事务后就奔赴战场。我随时都可能出发。"[99] 但他过于乐观了。他在 18 天之后又写道，尽管他急于"奔赴战场"，但他"被一些事情缠身，深感无能为力"，并告诉她不要理会关于他将被任命为"联盟国陆军总司令"的传闻，提醒她这个头衔只属于戴维斯总统。[100] 他"一直在努力训练并装备弗吉尼亚军队，让他们能够开赴战场，同时调动其余各州的武装部队增援约翰斯顿和博雷加德……"由于操劳过度，加之不能上战场而深感烦闷，他病倒了，且一度卧床不起。尽管如此，他仍然承担着征募援军和制定作战策略的工作，这些工作至关重要，为联盟国赢得第一次马纳萨斯战役（在北方被称为"第一次公牛溪战役"）的胜利提供了坚实而有力的保障。在这场战役中，李首次利用铁路将约翰斯顿的部队从温切斯特迅速转移到博雷加德在马纳萨斯枢纽的防区，这是一项险象环生的大胆计划，因为此举将意味着温切斯特和谢南多厄山谷一度无兵防守。

这段时间，玛丽·李住在金洛克[101]，即爱德华·特纳在福基尔县（Fanquier County）萨若菲加普镇（Thoroughfare

---

① 也被称为"霍克溪战役"（the Battle of Hoke's Run）。

Gap）的家，享受着公牛溪一带"凉爽的山地"田园风光，她写信让李帮她买《迪克西》（*Dixie*）的乐谱，这是一首老歌，本属"涂黑脸"（由白人装扮成黑人）表演的民谣，但如今已成为联盟国的非官方国歌。*一个音乐出版商报告称，这首歌的曲谱销售达到了"前所未有"的数量；事实上，这首歌太流行了，就连戴维斯总统都有一个专门播放它的音乐盒。李派了一个年轻人去替他买一本，但那个年轻人空手而返，说他找遍了里士满也没找到。"我想它已经脱销了，"他在写给她的信里说，"书商们都说在整个弗吉尼亚都找不到《迪克西》了。"[102]

玛丽经不住担心她安危的丈夫的督促，还在不停地搬家，一路西行。有趣的是，这次她听从了丈夫的劝诫，得到的结果却又与丈夫的想法相背离，她新搬到的地方竟然离第一次马纳萨斯战役的战场不足 30 英里，而且大致处在约翰斯顿将军率部前往公牛溪，与博雷格将军合兵一处的行军路线上。她女儿米尔德丽德，也就是李口中的"掌上明珠"终于来到金洛克，与母亲和姐姐玛丽·卡斯蒂斯团聚了。她听从了母亲让她带上"她所有的冬装和夏装"的建议，用玛丽·李的话说，就是"要为不时之需做好准备"。[103] 在金洛克，他们收到了玛丽的表妹玛吉的来信，说她刚刚去过阿灵顿。"这座房子看着让人心酸，特别荒凉，"她写道，"唉！去年夏天的时候，不管是谁，怎么也不会想到眼前的一切竟然是这样。就在一年前，我们在那里聚会，那时我们多么快乐，一切都那么清静。"玛丽的女仆塞琳娜带她在房子里转了一圈，玛吉转达了李家许多仆人的问候，其中包括园丁伊弗雷姆，并报告说米尔德丽德一直

---

* 当时联盟国有三首流行的国歌，分别为《上帝佑护南方》（*God Save the South*）、《美丽的蓝旗》（*The Bonnie Blue Flag*）以及《迪克西》，但均未得到正式认定。《迪克西》是流行最广的一首。

非常挂念的家猫汤姆·蒂塔（Tom Titta）现身了，"它的小脑袋瓜在我裙子上蹭来蹭去，显得情意绵绵"。[104]

李在里士满并不比玛丽在金洛克做客更快乐。他每天多数时间都在办公室里，而在离开办公桌的那几个小时，他和总统及戴维斯夫人一起住在斯波茨伍德酒店，这意味着李实际上成了戴维斯家的一员，是在总统身边随时待命的某种侍应将军。这种过于密切的联系让李有些不自在，他不太喜欢向任何人做自我表白或解释自己的计划，更不用说他的总统了。李的策略是采取守势，直到南方拥有更多兵力和足够的武器装备之后再另做打算，因此他时常要往热衷于打一场大战的戴维斯总统头上泼凉水，满腔热血的总统则一心想要毕其功于一役，以便在外国政府面前树立威望，并且更重要的是让北方不敢小视。

李对宏大而不切实际的计划缺乏耐心。李的直觉告诉他，联邦军队的麦克道尔将军打算朝着马纳萨斯枢纽方向发起进攻。这并不是说李具有预知未来的能力，或者受益于杰出的情报搜集能力，而是他熟知斯科特将军的思路，简直是知彼如知己——而且认为如果约翰斯顿将军大胆出击，攻其右翼就能打败他。李对夸夸其谈的博雷加德心怀戒备，但他十分看重老朋友乔·约翰斯顿的专业才能。从理论上讲，麦克道尔的兵力占有人数上的优势，在森特维尔（Centreville）和亚历山德里亚及其周边驻扎着3.5万人，而博雷加德在马纳萨斯枢纽周围的兵力仅有2万人，但李注意到帕特森将军所率1.8万人已经在马丁斯堡停下来，而不是继续向温切斯特推进，由此猜测帕特森的首要任务是把约翰斯顿1.2万人的军队压制在谢南多厄山谷中。果然不出所料，帕特森从马丁斯堡出发，朝着邦克山方向仅仅行进了10英里就停了下来，紧接着回撤到了查尔斯顿，因他突然"感到害怕"，一方面担心补给线拉得太长，另一方面斯图亚特属下的骑兵不时在他前方隐现也让他有所忌惮。[105]

这些将军，包括斯科特在内，从未指挥过超过5000人的部队投入实战，可以说他们与其所率的部队一样，都是没有在战场上拼杀过的新手。他们中的大多数都不能像实战经验丰富的老兵那样，在连续急行军数小时之后，一旦遭遇敌军，可以镇定自若地立即就地组织顽强的抵抗。

尽管自19世纪20年代之后，铁路已经彻底改变了美国东部的交通运输，但它在军事战略中的应用严重滞后。即使在天气良好的情况下，乔·约翰斯顿也可能要花4天或更长时间，才能让他的部队翻过蓝岭山脉从温切斯特转移到马纳萨斯——步兵每天能行军15英里，但是拉着大炮和笨重的补给车辆的骡子和马都跑不起来，只能龟速前进。李认为如果J.E.B.斯图亚特的骑兵能成功掩护约翰斯顿部队的行动，约翰斯顿就可以把他的军队向南推进10英里，在皮德蒙特（Piedmont）火车站上火车，借助于马纳萨斯-加普（Manassas Gap）铁路，一夜之间即可抵达马纳萨斯。帕特森可能需要一两天才能意识到他面前的谢南多厄山谷没有设防。李以为，一旦发现联邦军向前推进的迹象，联盟军的兵力可以增至3.2万人，外加西奥菲勒斯·霍姆斯准将（Brigadier General Theophilus Holmes）率领的5000人，由波托马克河上的阿基亚码头（Aquia Landing）向西北进军。这将使联盟军兵力超过麦克道尔所率部队人数，虽然优势并不明显，但其中很大一部分占据着随时发动侧翼攻击的有利位置。李不仅把铁路纳入了他的作战计划，而且还预先设想了如何最大限度地利用约翰斯顿的部队。由此可见，他比斯科特将军技高一筹。虽说斯科特将军有着长期的战争经验，却让帕特森及其1.8万名官兵在查尔斯顿坐视即将到来的战斗而无所作为。

联盟军面临的最大困难是指挥体系不健全，而李恰好是填补这个空缺的最佳人选，但是约翰斯顿和博雷加德只听从戴维斯总统的调遣，不愿服从任何其他人的指挥。假如李可以全权执行他的意图，军队指挥权没有被分配给互不服气的两个将军，同时戴维斯总统也不会横加干预，战争结果究竟会有多大不同，很值得推演一番。事实上，南方会取得一场胜利，这会让北方惊恐不安，但即便李在现场全权指挥，这场胜利也未必就是决定性的重大胜利。

麦克道尔的计划应该说是公开的秘密，他也不愿意实施这些计划。他向林肯总统——以及华盛顿任何愿意倾听的人——抱怨说，他的部队还没有准备好发动进攻，但林肯面临着巨大的压力，他需要在国会重新召开之前，以及麦克道尔的志愿者 90 天招募期满之前有所作为。"你们没有经验，这没错，"总统对麦克道尔说，"但他们同样没经验；你们全都缺乏经验。"[106] 这番话有一定道理，但忽略了一个事实，即麦克道尔属下"政治性"军官的比例远远高于约翰斯顿和博雷加德的属下。麦克道尔本人就从未带兵打过仗。[107] 他身材高大、壮硕，*且不爱说话，是博雷加德在西点军校的同学。他并不赞同林肯的说法，并争辩说自己不过是一名军需官，根本就不是"战地指挥官"。他之所以担任合众国"东北弗吉尼亚兵团"的指挥官，全在于"他的导师"——林肯内阁的财政部长萨蒙·P. 蔡斯（Salmon P. Chase），以及与他有深厚友情的总司令斯科特对他的器重，他们两人都十分欣赏他沉着冷静的性格。诚然，麦克道尔给人的印象是不太可能遇事便惊慌失措，但他并没有自以为具有战术家的本领。他为攻打马纳萨斯的联盟军部队制订的计划太复

---

* 在我看过的唯——张麦克道尔和麦克莱伦（年轻的拿破仑）两位将军的合影中，他们看起来像劳雷尔与哈迪（Laurel and Hardy，或译为"劳来与哈代"）的喜剧组合。麦克道尔和哈迪一样，比他的同伴高出许多，大腹便便，咄咄逼人；而麦克莱伦则像斯坦·劳雷尔（Stan Laurel）一样瘦小，看样子他恨不得为逃离这个窘境付出任何代价。

杂了，也许只有具备丰富实战经验的部队才能执行，何况他的计划似乎根本没有考虑如何集中优势兵力，而是分散兵力，各自为战，这就犯了实战大忌。与其说是联邦军队在公牛溪战败了，不如说是他们的各级军官和最高统帅指挥失当。不知何故，好像麦克道尔感觉如果他率领大军南下，展示一下实力，南军就会撤退。事实正好相反，南军在蜿蜒的公牛溪南岸占据了有利地形，做好了拼死一战的准备。

就连麦克道尔进军的日期也不是秘密。[108] 社会名流和南方间谍罗斯·奥尼尔·格林豪［Rose O'Neal Greehow，绰号"野玫瑰"（Wild Rose）］毫不费力地找到了它，并设法通告了驻扎在马纳萨斯的博雷加德将军。战后，她成了名扬海内外的女英雄，受到维多利亚女王和拿破仑三世皇帝的接见，但考虑到在当时的华盛顿到处都是高谈阔论的军官们，他们在城里的酒吧和沙龙里毫无顾忌地议论着即将展开的攻击，并欢庆他们取得的一些胜利，出兵计划恐怕已经尽人皆知了，所以把南方的胜利全都归功于格林豪夫人提供的情报似乎过于慷慨了。除此之外，7 月 16 日，麦克道尔正式挥师向西南方向开进，当部队穿过如今的华盛顿特区所属弗吉尼亚郊区，向森特维尔进军时，他们中的许多人在出发后最初几英里就因中暑而倒下，联邦军队出发的消息迅速传播开来，甚至超过了他们行军的速度。[109]这些人身体素质欠佳，纪律涣散，领导不善。即使在天气好的时候，他们每天也只能行进 6 英里，还不到一个老兵理应达到的日行军距离的一半。无论如何，一支 3.5 万人的大军（至此时为止北美地区集结起来的规模最大的一支军队），连同他们的补给车、大炮和骑兵，所到之处尘土飞扬，数英里外都能看到，尤其是他们渡过波托马克河后等于已经进入了敌方领地，这种场景无疑是在向敌军发出警报。因此，即使没有"野玫瑰"格林豪的帮助，博雷加德也不可能看不到联邦军队的到来。

在里士满脱不了身的李可以十分从容地排兵布将，命令约翰斯顿将军率部前往马纳萨斯枢纽站，并让霍姆斯将军指挥的旅向西北方向推进。他们只需两天时间即可前进25英里，推进速度是麦克道尔所率步兵的两倍。

卡尔·冯·克劳塞维茨（Carl von Clausewitz）针对"战争迷雾"（fog of war）的评论在第一次马纳萨斯战役的战例中得到了最佳诠释。麦克道尔打算兵分三路，其中两路将攻击并牵制部署在公牛溪一带的南方军队，另一路则采取大迂回，绕过南方军队的右翼，向南推进，并切断连接里士满、弗雷德里克斯堡和波托马克的铁路路线，断绝博雷加德所部与里士满之间的联系。麦克道尔所犯的第一个错误也许是过于谨慎导致的，尽管他有将近3.5万人的大军，但他把两个师当作预备队。其中一个驻扎在森特维尔附近，距离战场3英里，另一个分布在费尔法克斯（Fairfax）至波托马克一线，承担着保卫通往华盛顿道路的任务。[110] 因此，他手下真正能投入战斗的兵力不足1.9万人，从而失去了人数上的优势。

他的另一个败招是，他对联盟军左翼的攻击本应是声东击西之举，也就是用佯攻吸引博雷加德的主力，他趁机率部迂回至敌军后方，切断他们的供应线，但麦克道尔未能贯彻这一作战意图，而是弄假成真，把陷入胶着的佯攻变成了主战场，稀里糊涂地打起了消耗战，而不是集中优势兵力发动一次强有力的攻击。在后来的战争中，英国陆军元帅伯纳德·蒙哥马利（Bernard Montgomery）爵士轻蔑地将这种战斗斥为"小打小闹"。

自西向东流的公牛溪，河道蜿蜒曲折，本身算不上具有军事意义的屏障，沿途有不少地方可以轻易涉水而过；但在河南岸后面是一片连绵不断的丘陵坡地，联盟国军队利用这种有利地形，构筑了居高临下的防线。[111] 尽管麦克道尔手握一种创新的秘密武器，即侦察气球，但他似乎并没有充分利用，没有发现公牛溪的弯道给博雷加德提供了内线作战的优势，后者可以利用这种优势，让增援部队迅速到达任何战斗形势告急的地点。麦克道尔的第三大失误是操之过急，过早亮出了自己的底牌，他命令丹尼尔·泰勒准将（Brigadier General Daniel Tyler）于 7 月 18日以一个师的兵力分别在米切尔浅滩（Mitchell's Ford）和布莱克本浅滩（Blackburn's Ford）试探南方部队的虚实；这场交战演变成了一场拖拖拉拉的小规模战斗和火炮对轰，然后逐渐平息，给了博雷加德 3 天时间来加固他在此处的阵地。

此前博雷加德曾被警告，一旦遭到攻击，他可退到拉帕汉诺克河（Rappahannock River）后面防守，尽管他认为来犯的联邦军队多达 5 万人，但他幸亏没把这个警告当成军令，而是把它视为一条建议并置之不理。他把迅速赶到的联盟援军部署在右翼，对阵已发起过试探性进攻的泰勒部队，期望在麦克道尔发动进攻时趁机攻打其左翼。因此，当麦克道尔最终在 7月 21 日凌晨攻击他的左翼时，博雷加德就失去了平衡，不得不在匆忙间调派约翰斯顿将军的部队来加强他的左翼，此时约翰斯顿将军的部队刚到达马纳萨斯枢纽站，都顾不上列队整装便奔赴战场，联邦军队发起的猛烈攻势迫使联盟军队节节后退，逐级展开这场战争中最激烈的战斗场面。

得到约翰斯顿增援的博雷加德过了一段时间才意识到，他的左翼不断传来的密集枪炮声预示着那边的形势不太妙，但值得称赞的是，一俟形势明朗，他当机立断，放弃了自己原定的进攻计划；他与约翰斯顿一起把"他们可动用的全部兵力"转移到左翼，并骑马亲自赶赴前线，他们一到就正好看到小巴纳德·E. 比（Brigadier General Barnard E. Bee Jr.）准将的旅溃败的场面。比和两位指挥官拼命阻止部队后撤，想要重新组织抵抗，但徒劳无功。比无奈之下，骑着马去见托马斯·J. 杰

266

克逊。此时杰克逊端坐在马背上，面色凝重，他头戴一顶有褶皱的灰色平顶圆筒军帽，帽檐拉低到了几乎遮住他眼睛的位置，看着手下这个旅的官兵冒着铺天盖地的炮火和步枪火力，拼死坚守阵地。"将军，"他的一个手下喊道，"他们在向我们反击！"杰克逊在炮火中表现出来的坚定决心和镇定自若一向是他手下学习的榜样，他回答说："那我们就跟他们拼刺刀。"

杰克逊对部下的严格掌控，其"军人气度"和勇猛顽强的表现，都给比留下了深刻印象[112]他骑马返回自己的地盘，朝着正四处躲避联邦军队炮火的属下，指着他的左边大喊大叫："列队！列队！看啊，杰克逊像石墙一样矗立在那里！在弗吉尼亚人后面摆好阵形！我们要在此决一死战，一定要取得最终胜利！跟我上！"*这是战役的紧要关头。比的手下纷纷聚集起来，最终排成了两队，跟着他冲锋。一番苦战之后，联邦军队的攻势总算被遏制住了。比率众冲锋时当场战死，但此时杰克逊一马当先，冒着敌人的猛烈炮火，边冲边喊："等他们来到50码以内再开枪！开火，再拼刺刀！当你们冲锋时，要发出像复仇女神一样的怒吼！"他们真的这样做了，全体官兵齐声呐喊，那是一种发自反抗者的尖利、野蛮的怒吼，部分源自猎狐者吼叫的启发，部分来自苏格兰和爱尔兰的战争传统，这种喊声令闻者心惊胆战，凡是听到过这种嘶吼的人，直到生命的最后一刻都能回想起当时不寒而栗的感觉。亲自上阵拼杀的博雷加德将军也趁热打铁，当即命令他左翼所有的部队将团旗前移至南方步兵主力前方40码处。这个姿态非同寻常，也不言而喻。阵形有些混乱的联盟军重整旗鼓，士兵们朝着为他们设

---

* 有一种理论认为，比并没有指出杰克逊是众人学习的榜样，而是指责杰克逊"像一堵石墙"站在那里，毫无帮助比的意思，但这种解释不符合这场战役的逻辑。杰克逊的职责就是确保他的人阵形整齐，决不后退，而不是冒着猛烈的炮火转移阵地，去左边支援比指挥的旅。

定的位置前进。这场上午呈现出败局已定的战斗，持续到下午晚些时候发生扭转，联盟军队反败为胜。在他们的反复冲击之下，联邦军一个又一个团的战阵崩溃，官兵们四散而逃。

前线炮火连天，双方展开激战，待在里士满的杰斐逊·戴维斯总统实在等不住了，他让李留守后方，自己在下午晚些时候乘专列赶到了马纳萨斯枢纽站（可以想见李肯定不太赞成总统如此招摇地亲赴前线，毕竟总统的工作是坐镇总部，运筹帷幄）。在去公牛溪的路上，戴维斯看到不少掉队的联盟军士兵，他就此断定博雷加德已经战败了。有位南方的军医当时正在战地医院替杰克逊包扎手上的伤口，他恰好看到戴维斯骑着马在散兵游勇中间穿行。"他勒住马……脚踏马镫，我从未见过如此苍白、冷峻的面庞，只见他挺身对着周边的士兵大喊道：'我是戴维斯总统，跟着我回战场去。'"作为炮兵教官的杰克逊，天生就耳背，一时没反应过来发生了什么事，直到外科医生告诉他是戴维斯总统在督促大家重返战场。随后杰克逊站起来，摘下帽子，对戴维斯喊道："我们打败了他们——他们像羊群一样四散。给我一万雄兵，明天就能拿下华盛顿。"[113]

从那天起有了"石墙"这个绰号的杰克逊说得一点儿都没错。从弗吉尼亚西北部赶到华盛顿的麦克莱伦少将会发现，这里"未做任何防御准备，甚至在重要位置都没有部署守军。没有一个团扎营得当，没有一条通道得到守护。一切都很混乱，街上、酒店和酒吧里充斥着酩酊大醉的军官和男人……四处乌烟瘴气"。[114]甚至战争部长埃德温·M. 斯坦顿（Edwin M. Stanton）都不无悲观地说，华盛顿"可能会在不放一枪的情况下被占领。整个军队都处于涣散、颓丧和士气低落之中"。[115]但是，与失败的合众国陆军一样，联盟国陆军却因胜利而陷入筋疲力尽、组织混乱的状态。没有人挺身而出，组成杰克逊想要的万人雄师，并立刻朝着波托马克河方向推进。许多败退的

267

联邦士兵扔掉步枪，有些士兵卸下拉车的马，骑着它们返回华盛顿，沿途可见众多马车充塞道路，里面坐着惊慌失措的政客们。有时候，一名政客甚至会带着他的妻子，而妻子又会带着许多盛装的朋友们去观看即将出现的联邦军队大胜的场面。败军之将麦克道尔从费尔法克斯县治发电报给斯科特将军，告知他的部队正如潮水般"漫过此处，处于完全失控的状态。即使他们心里愿意，实际上也不可能做好明天早上迎战的准备……别无选择，只能退守波托马克河"。[116]

但是戴维斯总统、约翰斯顿将军和博雷加德将军被初战告捷冲昏了头脑，与此同时，这场当时在美国本土展开的规模最大、代价最高的战役所导致的惨烈牺牲也令他们大为惊骇，一时不知所措，错失了乘胜追击的良机。后来成为李手下一员的"老战马"詹姆斯·朗斯特里特准将当晚就开始在公牛溪鼓噪，他一直活到了 20 世纪，即使在风烛残年时，依然念叨着联邦军队丢弃在森特维尔的物资和弹药"足够支撑联盟军打进华盛顿"，何况他的旅，以及霍姆斯、斯图亚特和厄尔利的旅，都在联盟军阵地的右翼，未经战火洗礼，还"蛮新鲜"的，第二天就能直抵华盛顿。

相反，联盟军一直按兵不动，因此错过了 1861 年结束战争的机会。夜幕降临后，戴维斯总统发电报给李（假如他当时身在战场，他可能是唯一能听懂"石墙"杰克逊那句豪言壮语的人），内容是："我们的战绩辉煌，代价惨重。黑夜迫近夺路奔逃的敌军，并穷追不舍。"

事实上，不知疲倦的斯图亚特上校就如黑夜一样，亲率手下的骑兵追击麦克道尔将军，一直追到距离波托马克不足 10 英里的费尔法克斯县治。斯图亚特发回的报告称"亚历山德里亚这边没有［联邦］部队"，但为时已晚。用一位历史学家的话来说，万事俱备，只欠"一位透彻理解胜利一词全部含义的将军"[117]，但那位将军此时身在里士满。

此时此刻，博雷加德是在整个南方受到万众欢呼的英雄，约翰斯顿扮演了一个可敬但次要的角色。尽管"石墙"杰克逊在这场战斗中发挥了举足轻重的作用，但他享受万众瞩目的时刻尚未到来。这场胜利是李运筹帷幄的成果，但公众对此毫不知情，也就不会归功于他。当李发现其实在 7 月 21 日夜间，斯图亚特的骑兵前哨曾到达的地方距离自家阿灵顿庄园不足 10 英里时，他心里一定很不是滋味。

7 月 21 日白天到夜晚，暂住在金洛克的玛丽·李及其女儿们都能"隐约但清晰地听到隆隆的炮声"[118]从不远处的马纳萨斯传来，并回荡在仲夏时节炎热而沉闷的空气中。在第二天的瓢泼大雨[119]中，他们看到救护车正把一些受重伤的联盟军士兵运送到附近的一处庄园里，那里已经变成了一所临时医院。米尔德丽德和玛丽·卡斯蒂斯志愿去那里当护士，她们极力克制住自己对恶臭和可怕伤口的惧怕——那个时代处理战场上的创伤和做外科手术都是对人承受能力的极大挑战，即使是医生也对有关细菌的知识了解不多，外科医生除了手术刀和锯子之外别无选择。头部或躯干的伤口被认为是致命的，通常也的确如此。如果伤口发生了感染，通常也是致命的。种种恶劣状况都让女孩们对战争的残酷性有了感性认识和切身体验。

在这种感受方面，她们并不孤单。尽管公牛溪的伤亡人数与即将到来的大战役相比并不多——合众国一方不到 3000 人，联盟国一方不到 2000 人*——根据玛丽·切斯纳特在日记中的

---

* "伤亡"这个军事术语并不意味着死亡，它意指失去战斗力的军人总和。第一次马纳萨斯战役双方伤亡情况具体如下。同盟国军队：387 人阵亡，1582 人负伤，13 人失踪。合众国军队：460 人阵亡，1124 人负伤，1312 人失踪。在能彻底消灭人肉体的烈性炸药出现之前，"失踪"一般意味着逃兵。

记录，与"尸横遍野"的战报一起，联盟军获胜的消息迅速传遍了整个南方。在她与总统夫妇以及罗伯特·E.李同住的里士满斯波茨伍德酒店，许多客人都会接到令其悲痛欲绝的噩耗。切斯纳特夫人描述了戴维斯夫人叫醒弗朗西斯·巴斯托上校（Colonel Francis Barstow）的妻子的情景。"可怜的人儿！当时［巴斯托夫人］躺在床上。戴维斯夫人敲她房间的门。'进来。'当她看到是戴维斯夫人时，她坐了起来，正要跳下床——但戴维斯夫人苍白的面庞让她有一种不祥之感，她当即感觉浑身绵软。她盯着戴维斯夫人——然后身体往后一靠，双手掩面。'你带给我的是坏消息吗？'戴维斯夫人沉默不语。'他被杀了吗？'……她一看到戴维斯夫人的脸，她就明白了一切，在她把披肩裹在她头上之前就全明白了。"第二天，巴斯托夫人在葬礼上晕倒了。"那个空着的马鞍 120——还有领头的战马——我们都看到了，也听到了，"切斯纳特夫人写道，"现在我们深深沉浸在《扫罗》（*Saul*）① 那段'哀乐'的旋律之中。它持续袭来，直到我想捂住耳朵，高声尖叫。"

李很清楚他身边的很多人承受着丧失亲人的痛苦，也深知这仅仅是个开始。因战败而备受刺激的北方决心扩军并加强军事训练。麦克莱伦将军很快会奉命调往华盛顿以取代麦克道尔，并在不久后取代年老体弱的斯科特。在南方，前方捷报令人欣喜若狂，但人们也明白眼前的胜利并没有终止战争，欢乐的心情自然也打了些折扣。"不要为逝去的勇士们感到悲伤，"李在里士满给玛丽写信时说，"为他们的身后人哀伤。前者已然安息，后者仍要受苦。"在谈到公牛溪之战的胜利时，他告诉她，真希望自己"亲临战场，为我的缺席而诚惶诚恐，但总

---

① 德裔英籍作曲家乔治·弗里德里希·亨德尔（George Friedrich Handle，1685~1759）的清唱剧。

统认为我留在这里更重要"。他还透露说，他终于要做战地指挥官了："我明天出发去西北军团履职。……我不能确定会有多长时间，届时再给你写信。"[121]

尽管李很高兴能从里士满脱身并前往战地指挥军队，但他奉命在今西弗吉尼亚监督军事行动并不是个令人羡慕的好差事。军事形势正"不断恶化"[122]。联盟国军队被分成三个相互对立的指挥中心，其中实力最强的一部由威廉·洛林准将（Brigadier General William Loring）领导，他是一名勇敢而有经验的职业军人，在美墨战争中失去了一只手臂。*他刚刚到这里来接替已故的加内特将军。另外两部由当地招募的"军团"组成，一个由前州长亨利·A.怀斯领导，另一个由前美国战争部长约翰·B.弗洛伊德（John B. Floyd）领导。弗洛伊德和怀斯作为政治对手，彼此厌恶，都不愿意听从洛林的命令，问题是，在这三人中唯独洛林是内行，弗洛伊德和怀斯对军事一无所知，而弗洛伊德介入军务的唯一经历恐怕是在1859年约翰·布朗实施突袭后，利用他战争部长的职位将超过15万支步枪和滑膛枪以及大量重武器转移到南方的军火库。弗洛伊德在军事意义上是不折不扣的负担，而怀斯也是如此。李自己的定位则模糊不清——"他没有书面指示"[123]；他要出谋划策，努力让这三位将军至少在一次攻击行动期间能够通力合作；但是他仍然缺乏总司令应有的全部权力，也许因为弗洛伊德和怀斯仍然拥有足够的政治影响力来阻止他。戴维斯总统并不理解由一个人独掌不容置疑的指挥权的重要性，或者他仍然认为那个人就是他自己。无论如何，李是作为互不相让的将军

271

---

* 洛林曾在美墨战争和南北战争期间远赴欧洲研读军事战术。1865年南方战败后，他前往埃及，为赫迪夫·伊斯梅尔·帕夏（Khedive Ismail Pasha）军队的现代化提供帮助，并获得了相当于少将军衔的法里克·帕夏（*fareek pasha*）的头衔。

们的和事佬来到斯汤顿，事实上他更适合这个角色，而不是发号施令，强制大家做事。如果说李有什么弱点的话，那就是他不喜欢公开对抗。李在应对与他意见不合的人时会本能地采取彬彬有礼、举止得体的方式，但这并不总是有效的。

李在 7 月 28 日抵达斯汤顿后的所见所闻令他沮丧不已。这些人忍饥挨饿、衣衫褴褛、军纪涣散，很多人生了病。开小差现象严重削弱了兵力，一些团干脆解散了，那些没解散的，军官和士兵也所剩无几。麻疹、伤寒以及某种流感在军中流行，没有染病的寥寥无几，部队官兵的生活条件惨不忍睹。时值仲夏，山里的夜晚仍然很冷，人们普遍缺乏大衣和毯子御寒。虽说李在这里仅停留了一天，但他了解到的情况足以让他认清部队所处的困境。第二天一大早，他骑马前往 10 英里外的蒙特雷，与他同行的是从里士满出发时带上的两个助手，分别是陆军上校约翰·A.华盛顿（Colonel John A. Washington，乔治·华盛顿的曾侄孙）和陆军上尉约翰·H.泰勒（Captain John H. Taylor），后者将在整个战争期间担任李的助手。几天后，他写信给玛丽，字里行间都洋溢着他对自然风光的热爱："我边骑马边欣赏崇山峻岭。眼前的景色极其壮丽——山谷如此美丽，整个风景如此静谧。全能的上帝赐给了我们一个多么辉煌的世界啊。而我们又是多么忘恩负义，对他送给我们的礼物极尽破坏之能事。"[124] 他在信中并未提及当时天正下着倾盆大雨，道路泥泞，四轮马车在深达半幅车轮的泥水中艰难行进。过了 5 天，雨还在下。一行人总算抵达了亨利·R.杰克逊准将（Brigadier General Henry R. Jackson）的营地。准将是佐治亚州人，同时是"耶鲁毕业生、艺术爱好者、诗人、前法官以及美国驻奥地利前公使"——算是被战争的洪流推上疆场的又一个性情怪异、才华横溢的普通人。[125] 他特意告诉李，自 7 月 22 日以来，大雨就不停地下，他的手下缺乏帐篷或扎营设备，他的战马"疲病交加"[126]，不堪使用。华盛顿上校和泰勒上尉能共用一顶帐篷就算相当不错的待遇了。

李写信给玛丽，说如今已是骑兵少校的次子菲茨休（鲁尼）曾来看望他并一同吃了晚餐，发现其依旧——说到这里他不由得要调笑一下——"保持着他的好胃口"。他在信中并没有提到儿子连件大衣都没有。与杰克逊对阵的联邦军队主将是陆军准将 J.J. 雷诺兹（Brigadier General J.J. Reynolds），玛丽·李应该记得这位曾在西点军校教哲学的助理教授。几天后，李写信给他"宝贝女儿"中的玛丽和米尔德丽德，抱怨天还在下雨，天气太冷，他只好穿着大衣写这封信。他的仆人佩里（Perry），也就是曾在阿灵顿公馆餐厅侍候一家人用餐的奴隶之一，绞尽脑汁也无法给李干爽些的袜子或毛巾。* 李还说，他那匹名叫"里士满"的马依然健壮，就是不太习惯如此微薄的饲料和简陋的马厩。李笔下的军营生活还流露出些许家庭生活的温馨，置身其间的华盛顿上校坐在折叠的毯子上缝补着衣裳。为了让妻子和女儿们放宽心，李倾向于轻描淡写军营生活中的种种不便。当然，他很可能十分乐于亲临战场，因此也就不那么在意其中的不便了。但人们从他的家信中仍能够感受到部队所承受的艰难困苦，以及面对兵强马壮的联邦军，坚守的联盟军在弗吉尼亚西北部阵地的困难程度，和当地民众表现出的敌意。在给玛丽和女儿们的信中，李总是对这场战争的实情直言不讳，从不试图粉饰太平。

李在弗吉尼亚西北部面临的诸多困难可能是任何将军都无

273

---

* 在这场战役中，李带着两个奴隶，佩里和梅雷迪斯（Meredith），后者是帕芒基河上白屋庄园的一名厨师，G.W.P. 卡斯蒂斯这座庄园留给了李的次子菲茨休。托马斯：《罗伯特·E. 李》，第 201~202 页。

法克服的，无论他有多么卓越的军事才能，但也必须指出，充满传奇色彩的李到此为止尚未横空出世。有些将军一跃而起，名扬天下，但李是一个 54 岁的人，从未在战场上指挥过军队，他最后一次经历战争是在近 15 年前。他有很多东西要学，首先是关于他自己。

他眼中的军事态势已经足够明了——起于大卡诺瓦河（Great Kanawha River）并斜着朝东北方向的奇特河延伸过去的平行山脉犹如一系列天然屏障，横亘在联邦军队与斯汤顿之间，否则，联邦军队可以长驱直入，切断弗吉尼亚中央铁路，在将弗吉尼亚一分为二的同时，切断里士满与田纳西和谢南多厄河谷之间的联系。这个"前线"（如果可以这样称呼的话）总长超过 75 英里，除了 3 处隘口*外，整个山脉难以翻越。起初，李认为虽然麦克莱伦在人数、物资和装备上占据优势，但守住这条战线并没有那么难，不过，当他深入了解了南方军指挥官们的敌意后，他改变了想法。他能轻易地看出，奇特山是联邦军占据的战略要点，麦克莱伦在山顶上构筑了坚固的野战堡垒，并部署了重炮，阵地前的树木大都被砍伐了，使守军面前具有足够发挥火力优势的开阔地。如果李能在冬季到来之前拿下奇特山，那么整个联邦军队的防线将不得不后撤到俄亥俄河一带。

8 月 3 日，李骑马登临亨特斯维尔（Huntersville），向奇特山发起的任何攻击行动都必须从这里展开。他发现驻扎在这里的部队官兵身受病痛折磨，士气低落，境遇凄惨。他去拜访洛林将军时，对方的态度既冷淡又粗暴无礼，这让李心里很难

---

* 其中包括由北向南、位于奇特山上的帕克斯堡—斯汤顿关卡，在加内特战死的那场战役中被联邦军队占领；接着是哈顿斯维尔（Huttonsville）至米尔斯伯勒（Millsboro），就在奇特山西边的一条崎岖难行的公路上；最后一处是查尔斯顿至卡温顿（Covington）之间必经的詹姆斯河和卡诺瓦关卡。

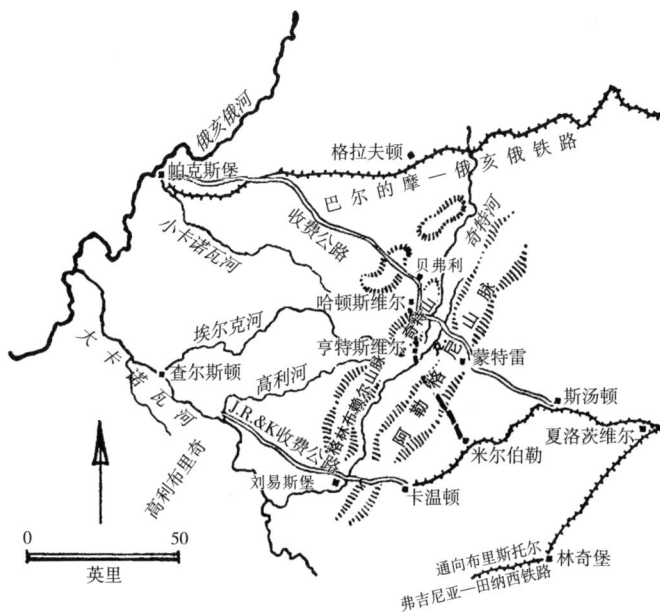

3 奇特山

受。据了解,洛林在"旧军队"中的军衔是上校,比李的级别高,因此他对李当前的军衔及其到访深恶痛绝。作为一名经验丰富的职业军人,洛林认为自己既不需要李的监督,更不需要听任他出谋划策。

李有可能低估了冬天降临山区的速度——夜里已经很冷了,更有甚者,8月14日至15日晚上的一场冰暴竟然还冻死了一些骡子,随后的初雪覆盖了它们的身体,只有耳朵露在外面。当然,他绝对没想到将军们会如此坚定且有意刁难似的拒绝相互合作或与他合作。

李已经了解到有一条崎岖不平的道路或小径,部队可以沿着这条小路神不知鬼不觉地潜行约18英里,进入泰格特河谷(Tygart River),然后以一个"鱼钩"形急转向东,攀上奇特山，从联邦军队的背后攻击其炮台。这个打法与李在1847年4月策划的一次突袭行动惊人的相似，当时也是采取了迂回战术，从侧面发动进攻，击败了据说看似坚不可摧的山顶阵地的敌人，从而确保了斯科特在塞罗戈多战役中获胜。

洛林虽然明白李的想法，但行动迟缓；李本该制止他一意孤行，但他选择了不作为。问题是洛林一心想要先在亨特斯维尔建立后勤供应基地，否则就按兵不动。几天过去了，雨一直不停地下，被淹没的道路几乎无法通行，战机已失。毕竟，如果没有洛林其余部队的大胆进攻，实施侧翼突袭就失去了应有的意义。原计划于8月4日发动的袭击一直拖到9月12日才最终展开，其间洛林军中的变故或多或少改变了他的初衷。天气越来越潮湿、寒冷，加之部队无视最基本的卫生规则，疾病迅速在军中传播开来，建设后勤基地的事无法实施了。面对被疾病击垮的大军，李心急如焚但也无能为力。"我知道，我们的部队在受苦受难，"他给玛丽写信时哀叹道，"他们不按吩咐去做，真是自作自受。"[127] 这可能是真的，但是，李刚刚被联盟国国会正式授予将军衔，他完全可以命令部队必须采取卫生预防措施，比如建造公共厕所，禁止人们弄脏溪水或在马匹饮水处的下游饮水——这是罗马帝国时代军队就严格遵守的基本规则——但是他没有这样做。适时适度地发一下脾气或出言威胁可能会有所帮助，但李的做法是耐心等待洛林准备好，并毫无怨言地承受着洛林部下严重缺乏职业军人素养的胡作非为，与此同时，在向南70英里处，怀斯和弗洛伊德之间争风吃醋和互相拆台的举动，则将卡诺瓦河河谷陷于随时被联邦军队攻占的危险境地。一旦河谷被攻占，洛林的左翼及其交通线就将暴露，最终会导致弗吉尼亚州西北部联盟军战线全面崩溃。

李的忠实崇拜者道格拉斯·弗里曼把所有这一切都归咎于这样一个事实，直到现在，李"一直和温文尔雅的人一起生活，而出身贵族阶层的这些人都遵循善待他人和善解人意的处事准则"，这使得他无法与"尖酸刻薄和自以为是的人"打交道。[128] 这样说当然也不无道理，但此时的李已经50多岁了，从年轻时就参了军，其间还参加过一场战争——以后来的标准来看，这场战争的规模很小，但已足够血腥了。洛林准将是李亲自选拔用来替代加内特的，不可能是第一个他不得不对付的言行粗鲁的人！

李的确不愿意让人们对他心存畏惧，他的性格中不存在任何像"石墙"杰克逊那类人固有的令人生畏的特性。李更喜欢以身作则，从正面激励他的部下，而不是斥责或恐吓他们。他严于律己，并期望别人照做，但这还是让人无法理解他对付不了洛林、弗洛伊德和怀斯，也不能解释他为何不命令洛林在8月初实施突袭行动，因为假如当时采取行动的话，成功的可能性极大。战机一误再误，直到冬天来临，奇特山上的联邦军队开始巡逻并驻军把守西侧蜿蜒曲折的山间小径，突袭的难度越来越大。究其原因，或许是李仍处于把自己塑造成不怒自威的"铁面人"的过程中，人人想要取悦他，一个略带失望的蹙眉就足以惩罚下属。他性格中的这些元素一直存在，但它们需要李刻意的努力，并且需要通过在战斗中获胜加以验证。

滂沱大雨不停地下，部队苦不堪言，而李对洛林将军的憎恶也与日俱增。尽管如此，李还是从困境中寻到了一些希望，他再次发现了一个攻击奇特山的契机。一名土木工程师找到阿肯色第三团的阿尔伯特·拉斯特上校（Colonel Albert Rust）报告说，在奇特山的西南侧，有一条羊肠小道隐藏在茂密的灌木丛和陡峭的沟壑中，沿着这条小路，可以偷偷爬到山顶上联邦军队防线西侧的位置，从那里可以居高临下打击守军，他们据守的阵地只有几条堑壕和一个简易的木制碉堡，属于整个防线中防御薄弱的部位。假如这场行动能与洛林已经拖

277

延了几个星期、在东边的正面进攻相协调，并在西面同时发起进攻，切断从山顶通向哈顿斯维尔的道路，即联邦军的补给线，那么联盟军很有可能会一举拿下奇特山。由于弗吉尼亚的这一地区很少有人是分离主义者，人们对这位土木工程师所描述的这条小路的真实性心存疑虑，于是拉斯特亲自出马，跟着这个人第二次登上山顶，并验证了他的说法。拉斯特确认了这条宝贵的信息后，以此作为交换条件，请求从他侦察过的位置指挥这次袭击。李同意了他的请求。这时，麦克莱伦少将已被召回华盛顿去接替麦克道尔，而陆军准将 W.S. 罗斯克兰斯（Brigadier General W.S. Rosecrans）则成为即将成立的西弗吉尼亚军区负责人。

李和洛林共同制订了袭击计划，这个计划堪称完美，无懈可击，只是付诸实施的难度极大，因为它要依赖两个因素，一要把握好时机，另一个要攻其不备，但这两者都不容易实现。要克服的困难之一是地形。从远处看上去，奇特山及其周边的山脉像是平缓起伏的山丘，山体上植被茂密，秋意盎然，但实际上它们比看起来要陡峭得多，沟壑纵横。地面遍布山脊，崎岖不平，并覆盖着茂密的树木和灌木丛，只有奇特山的山顶一带是个例外，被守军清理出了一片空地，便于火力打击来犯之敌。这种地形不仅会增加李部队的攻击难度，也使李难以看到发起攻击的 3 个不同地点的情况，或与之沟通。

李选择从左侧督战，就此处的重要性而言，他选对了位置，但它仍然不能给他真正的战场控制权。按照他的计划，洛林指挥的左翼要沿着泰格特河的两岸接近奇特山。当他们到达山顶正西时，他的其余部队将急转向左从埃尔克沃特浅滩（Elkwater Ford）处过河，雷诺兹麾下的主力部队就驻扎在那里，他们的任务是阻击任何增援山顶守军的部队。与此同时，洛林的其余部队将从背后向峰顶发动突然袭击。这个袭击，加上亨利·杰克逊准将所部从东侧发起的正面攻击，都将在他们听到拉斯特的2000人小部队开始向山顶堑壕和木制碉堡开火的那一刻同时开始。这等于将战斗的主导权交给了拉斯特；他在亲自侦察后，曾估计山顶上的守军兵力为2000~3000人。

从纸面上看，一切计划都显得无懈可击，可以说是万无一失，特别是考虑到李将军掌握着大约1.5万人的兵力，与他的对手，西点军校前哲学助理教授J.J.雷诺兹准将麾下兵力总数相当。然而，就李将军而言，他的部队中至少有一半官兵因病丧失战斗力，而他所制订的计划是将其余部队一分为四，从而违背了集中优势兵力的战争准则。接下来的问题是，他制订的作战计划只是以简单图示的方式大致呈现了作战意图，未能标识出复杂多变的地形所带来的困扰，从实际情况看，其影响还是相当大的。突袭定于9月12日 [129] 开始，但部队从9月9日起就开始行动了，行军路线大多是泥泞湿滑的道路或路况更糟糕的小路，人和骡子走起来东倒西歪，不时还会滑倒。在有些地段，官兵们不得不抓着身边的树枝攀上或爬下。部队的口粮很快就消耗完了，夜里很冷，但是军中禁止生火，士兵们被迫在泥泞和暴雨中挤在一起取暖。在度过了悲惨的两天两夜后部队才各就各位。

9月12日的早晨起了大雾，这似乎是不祥之兆。等大雾散去之后，李可以俯瞰泰格特河，清晰地看到雷诺兹部的营地，但此时奇特山的山顶依然笼罩在浓雾中。他静待拉斯特的部队开火的声音，但没想到从他的右前方，贝基浅滩（Becky's Ford）那边传来了零星的滑膛枪射击声。他后来发现，那是陆军准将约瑟夫·里德·安德森（Brigadier General Joseph Reid Anderson）的一些手下干的，他们因担心雨水可能会浸湿滑膛枪管里的火药，无视陆军发布的标准操作规程，通过对空发射这种偷懒的方式清理枪管并保持枪管干燥。这种不负责

279　　任的做法导致李的偷袭计划当即流产。就在李纵马向前，想要看个究竟时，他和他的随从几乎撞上了正在冲锋的联邦骑兵部队。他们居然一度冲到了雷诺兹的防线后方，所幸当时一片混乱，李一行设法脱离了敌阵，安全返回。

　　接下来，拉斯特的那队人马也忙中出错，未能按原计划开火，向友军发出进攻号令。原因是拉斯特抓获了几个联邦军队哨兵和赶马人，他相信了这些人的口供，即山顶上的守军多达 4000~5000 人，但实际上只有 200~300 人。拉斯特和他的高级军官们举行了一次简短的作战会议，然后决定听从他们的建议，撤回原地待命。由于拉斯特的手下一枪未放，李计划的正面攻击也未发生，他也无法说服洛林及其下属从左侧发动攻击——在指挥官们畏战情绪的影响下，部队士气一落千丈。即便战火未起，李仍损失了一员将领，他的助手华盛顿上校不幸遇难。当时他和鲁尼·李正在寻找攻击雷诺兹部队的另一条路线，误入了联邦军队设在"埃尔克沃特河汊的右侧分支"[130]的警戒线。这是一场结局悲惨的战斗，它尚未开始就遭到惨败。

　　在滂沱的大雨中，垂头丧气、饥肠辘辘的联盟军慢吞吞地返回他们的出发地。官兵们在一周的艰难困苦之后却一无所获，而且显而易见，随着冬天的来临，继续在这里做任何努力都将是徒劳的。李暂时留在营地里，他需要时间向华盛顿上校的两个女儿之一通报其父亲的死讯，并就这次"出征"失败给莱彻州长写了一封相当轻描淡写的信，把失败原因归咎于恶劣的天气，并极力避免对诸将及其下属提出任何批评。说来也怪，除了一些惯用的谦卑和谦逊之类的用语之外，李在给莱彻的信中对他自身的失败保持了非同寻常的沉默。[131]他本应从一开始就树立权威，压服洛林；他本应选择一个比拉斯特经验更丰富的军官来指挥攻占山顶的行动；而当拉斯特未能如期发动进攻时，李本应集中他能调动的所有兵力，不顾一切地发起攻击。最重要的是，李本应牢牢把握这场战役的控制权。与不久之后南方媒体对他铺天盖地的责骂相比，他表示遗憾的用语纯粹是温水；也就是从那时起，他获得了"李奶奶"的称号，因为一些人认为他在战场指挥时过于缩手缩脚。真相是，李不会为他做对了一些事寻求褒扬，也不会在出了错时怪罪他人或自责。在他看来，一切都是上帝的意志，并平心静气地忍受人们的批评。这种圣徒般的行为在将军中非常罕见，这也解释了李的性格中某种令人捉摸不透的品质，即如他的崇拜者所描述的那样。就连他忠心耿耿的助手沃尔特·泰勒对此也感到困惑，而他本应是最了解李的一个人。

9月19日，李骑马南下，前往卡诺瓦河谷，那里正发生的事似乎意味着南方会遭遇另一场灾难。[132] 敌军的先头部队威胁着弗吉尼亚中部以及奥兰治至亚历山德里亚的铁路线。怀斯和弗洛伊德这两位将军一贯相互鄙视，如今已发展到了拒绝任何形式的合作的地步；结果，弗洛伊德刚与联邦军队交战，便带着"他的小股部队"撤出战斗，而怀斯将军则拒绝撤离他在苏埃尔山（Sewell Mountain）的阵地，坚称要战斗到底，且表示没有义务服从弗洛伊德将军的命令。李终于意识到在弗吉尼亚西北部防御战中所缺失的要素，就是他没有迫使顽冥不化和能力欠佳的将军们服从自己的命令，他设法敦促弗洛伊德向前推进；但这里的状况与奇特山没什么两样，天气异常恶劣，部队口粮短缺，士气低落，种种不利条件导致发动有效进攻的可能性为零。李耗费了将近4个星期，试图厘清怀斯和弗洛伊德的内斗在这个关键地带造成的混乱局面，这个地方太重要了，失去它就意味着两条至关重要的铁路线有失守的危险。怀斯和弗洛伊德这两个实例充分说明，授予政治家将军军衔，而且让他们拥有指挥作战的实权是多么危险的举动。在这两人中，怀斯更具主动性和胆识；几个月后，弗洛伊德将会自取其辱，在尤利西斯·S.格兰特围攻多内尔森堡（Fort Donelson）时，弗洛伊德竟然把指挥权交给了巴克纳将军（General Buckner），自己临阵脱逃——格兰特后来曾就此写道，"［弗洛伊德］算不上一名战士，而且可能根本就不具备成为一名战士的任何要素"，并认为他"不适合当指挥官"，这一看似温和的判定，得到了双方军队的认可。

281

　　说起来也有些奇怪，李更欣赏谨小慎微的弗洛伊德，而不是莽撞的怀斯。戴维斯总统就是听从了李的建议，才把怀斯召回里士满，留下弗洛伊德掌握战地指挥权。联盟国也足够幸运，鉴于天气恶劣和将军们行事谨慎，联邦军并未及时把握住敌方一团混乱的契机，发动大规模攻击，这为李赢得了宝贵的时间。随着冬天的到来，李调兵遣将，巩固阵地，构筑了一条堪与联邦军队对峙的战线。这对于李来说完全称得上一场胜利，他亲临现场，不仅克服了混乱的局面和支离破碎的指挥系统，而且最终阻止了一场灾难的发生。

　　对于李的贡献，媒体并不领情。作为职业政治家，弗洛伊德比李更懂得什么是我们如今所说的公共关系，因此他赶在李再次回到里士满之前，成功地将他的一面之词公之于众。就连很少批评他人的李也注意到弗洛伊德手下有"3名编辑"的事实，他们的职责就是歌颂他们的将军，责备其他人。《里士满审查者》（*Richmond Eraminer*）轻蔑地称李"智识不足，既缺乏计谋又无战术"[133]，并暗示弗洛伊德求战心切，但李否决了他，任凭罗斯克兰斯将军"毫发无伤"地脱身，这种说法与实际发生的情况恰恰相反。这家报纸还批评李花费过多时间研究地图和制订计划，并抱怨说，既然李的战略已然失败，再"讨论其优点毫无用处"，紧接着指责李"过于谨小慎微"的处事风格。南卡罗来纳州的《查尔斯顿水星报》指责他是"一个永远无法战胜敌人的伟大将军"，并追问道："李走过的道路比罗斯克兰斯走的还要烂吗？人们越来越讨厌没完没了、白费功夫的挖泥铲土和讲究科学的战争，以至于他们会要求把这位'伟大的掘壕人'带回来，让他专心向女士们献殷勤。"报道还援引李将军手下一名军官的话说，"除非有人在老乌龟李的背后放上一块烧红的煤"，否则军队永远不会向前进。人们给他起了"李奶奶""铁铲王""伟大的挖壕人"之类的绰号，他的声望在整个南方一落千丈，如今更多的人在可怜和嘲笑他，而不是敬佩他。他写信给在热泉城"疗养"的玛丽，语气中流露出些许烦躁："很抱歉，正如你所料，部队行动的速度满足不了报纸编辑的期望。我知道他们可以在报纸上随心所欲地制造事端。我真希望他们也能在真实的战场上这样做。"[134] 李恐怕会认同斯蒂芬·文森特·贝尼特在《北弗吉尼亚军团》(*Army of Northern Virginia*) 一诗中对他的描述："但胜利和失败掌握在上帝手中。"

　　他在战场上的 4 个月缺乏可圈可点之处，但也不是白费功夫。考虑到弗吉尼亚州西北部的部队及其指挥官的悲惨处境，他至少设法稳住军心，守住了那里的防线，从而阻止了联邦军向前推进的步伐。更重要的是，他从中学到了很多。他仍然不愿意强迫别人服从命令，但这并不意味着当他遇到一个傻瓜或平庸之辈时不能识别出来，而且他会毫不犹豫地把任何一个属于这两种类型的人转移到其他不碍事的岗位上，就像他先对怀斯，然后对弗洛伊德所做的那样。这是李的天赋之一——能够不动声色地摆脱他不信任的人，因此当事人常被蒙在鼓里，等他们识破了李的意图时往往为时已晚。他还对挖战壕的价值有了新的认识，尽管人们对此深恶痛绝（对南方士兵来说，这是"黑鬼干的活"），而且他还因此受到人们的嘲笑。雷诺兹的部队依靠他们在奇特山山顶的战壕抵挡住了数倍于他们的敌军攻势，同样因为战壕的作用，罗斯克兰斯的部队在卡诺瓦河谷中寸步难行。

在弗吉尼亚严酷的地形和恶劣的天气下发生的战争从许多方面改变了李。他现在明白了自己亲临战地未必总能触动军官们，但对普通士兵的影响还是相当大的。李的生活本来就很简朴，因而他能很自然地深入士兵之中，与他们同甘共苦，用一个破旧的锡盘吃同样的配给军粮，即使有房子，他也要住在帐篷里，并在必要时裹着大衣睡在户外。虽说他并非刻意为之，但他的形象正是在这里逐渐形成，经久不衰。他蓄起了胡须——开始是浓密的花白胡子，后来很快就变成全白了，从此便只以这个形象示人。那个留着修剪整齐的黑胡子、一头飘逸的拜伦式长发的形象就这样淡出了人们的视野，以至于他早期的照片看起来竟会让人感觉那是另一个人。他穿了一件自己亲手设计、样式简单的联盟国军队制服：一件灰色双排扣礼服和背心，上面没有任何穗带或饰物；当他骑马上战场时，会穿上配有龙骑兵高腰套靴及马刺的光滑的皮质紧身裤，而他平常只穿普通的灰裤子。这是他能想到的与普通士兵军服最接近的礼服制式了。此时他已然以异乎寻常的冷静、自制能力而闻名，同样为人称道的是他无论面对谁，从列兵到将军，说话的方式总是那么柔和，好像良好的举止对他来说比任何其他事情都重要，事实就是如此。

正是在这艰苦而令人失望的 4 个月里，就在他亲临战场指挥一支大军的过程中，李性格中的所有元素汇聚在了一起，甚至包括因他而出名的那匹马，因为正是在如今的西弗吉尼亚，李初次看到并决定买下"旅行者"，这可能是历史上最著名、最受人们喜爱的一匹马：

　　……哦，

　　你在哭泣！接下来又怎样？你还看到了什么？

那个须发花白的人骑着灰色的马飘然而去。*

很少有一匹马能获得如此多的赞誉,而且不只是来自李自己。斯蒂芬·文森特·贝尼特曾为它写下这样的诗句:

终于来啦
旅行者和它的主人来啦。仔细看看吧。
那马浑身铁灰色,有16只手高,
短背,深胸,圆臀,匀称的腿,小小的脑袋,
精巧的耳朵,犀利的眼睛,漆黑的鬃毛和尾巴,
灵敏的头脑,驯顺的嘴。
它们是骑手梦寐以求的良驹宝马,
谨遵号令,无须缰绳的指引。
那时人们在弗吉尼亚繁育这种宝马,
它们至死都令人念念不忘
并被葬在离基督徒安息地不远处
以便长眠中的往昔骑手一朝醒来
即可就近把它们唤回人间
任他们纵马驰骋,从草上掠过
如以往那样轻松自在。**

"旅行者"出生在弗吉尼亚州格林布赖尔县(Greenbrier County,今西弗吉尼亚州)的蓝硫泉镇(Blue Sulphur Springs)附近,由安德鲁·约翰斯顿养大。这匹马原名杰夫·戴维斯(Jeff Davis),有"灰鹰血统,曾作为小马驹在1859

---

* 节选自理查德·亚当斯的《旅行者》。
** 节选自斯蒂芬·文森特·贝尼特的长诗《北弗吉尼亚军团》。

年和 1860 年弗吉尼亚州刘易斯堡的展会上获得过一等奖"[135]。
多年后，托马斯·L. 布龙少校（Major Thomas L. Broun）回
忆称，他曾亲手把这匹马交到李的手上。布龙当时授权他弟
弟约瑟夫·M. 布龙上尉（Captain Joseph M. Broun）"购买
一匹格林布赖尔品种最好的马"。在搜寻了很久之后，布龙上
尉终于"以 175 美元（按黄金价值）买下了 4 岁的杰夫·戴维
斯……卖主是安德鲁·约翰斯顿的儿子詹姆斯·W. 约翰斯顿
上尉"。布龙少校和他弟弟当时都在"怀斯军团"的弗吉尼亚
第三步兵团服役，该团营地设在梅多布拉夫（Meadow Bluff）
附近，他经常骑着马进出军营，这匹马"以其轻快矫健的步
伐、高昂的精神、勃勃的雄姿和强健的体魄而饱受人们的赞
赏"。李接管了弗洛伊德和怀斯的"军团"指挥权后，他偶然
看到了那匹马，"当即就被它迷住了"。也许李对他现在的坐
骑"里士满"（Richmond）不太满意，或许他只是在杰夫·戴
维斯身上看到了他喜欢的某种东西，因此，尽管布龙兄弟已明
确表示不想急着卖这匹马，但他还是告诉他们自己十分喜爱
它。到了 1862 年 2 月，李、布龙上尉和"旅行者"在南卡罗
来纳州再次相聚时，李真正如愿以偿，成了这匹马的主人。布
龙上尉深知杰夫·戴维斯是李深爱之物，便主动提出"把马
作为礼物送给他"，但李不愿意这样夺人所爱，他同意试骑一
周，看看双方是否合得来。试骑结果令人满意。布龙兄弟随后
提出将这匹马以他们当初购买的原价卖给李，但李坚持再多付
25 美元，"以弥补从 1861 年 9 月到 1862 年 2 月的货币贬值"*
（这是分离对国家造成经济和金融上灾难性后果的第一个警示
信号）。[136]

　　在南北战争期间，李名下拥有好几匹马，其中包括"里士

---

* 约等于如今的 5500 美元。

满"、"埃贾克斯"（Ajax），以及一匹未命名的"棕色杂毛马"和 J.E.B. 斯图亚特（有史以来最伟大的骑兵指挥官之一，也是鉴赏马匹的行家里手）给他买的"露西·朗"（Lucy Long）——这匹马活了很久，死于 1891 年。[137] 不过，李最喜爱也最常骑的一匹马是"旅行者"，只是其他偶尔骑过它的人并没有表现出同样的热情。李的小儿子罗布就曾抱怨说，受不了"旅行者"弹跳力十足、"蹦蹦跶跶小跑"时的颠簸，并说他"在旅途结束时高兴极了"——这并不奇怪，因为那段旅途长达 30 英里。无论如何，这匹马符合李的要求，战后他最大的乐趣就是骑着"旅行者"出去兜风。马和骑手在历史上及传说中已合为一体，就像他们在现实生活中形影不离一样。"旅行者"死后，历经波折，最终被安葬在离它的主人仅隔数英尺的地方。

甚至杰斐逊·戴维斯后来也说，李"背负着沉重的失败负担回来了"[138]，但从李本人身上看不出任何迹象。他悄悄返回戴维斯首席军事顾问的岗位，并于 11 月 5 日写信给玛丽，说他希望能在雪莉府第（詹姆斯河上的卡特种植园）与她会面，当时她已结束在热泉城的"疗养"，打算在此地稍作停留后再去白屋庄园。但是第二天，他接到命令，要他即刻执掌新组建的南部军区，其唯一职责就是保护南卡罗来纳州、佐治亚州和佛罗里达州的海岸线。消息传来，一个由联邦海军舰艇和运输船组成的庞大舰队正在驶往南卡罗来纳州皇家港口，李成了领导与之对抗行动的不二人选，因为他不仅在防御工事方面具有丰富经验，而且非常熟悉这一区域。或许李入选另有原因，虽说戴维斯对李不吝赞美之词，但他还是乐见李能远离里士满，只要他在里士满，就是众矢之的，因为人们普遍认为他在弗吉尼亚西北部的军事行动中指挥失当。如果戴维斯认为派李去南方会解决这个问题，那他就错了。人们开始担心，李丢掉了弗吉尼亚西北部后，接下来可能会因指挥失当而丢掉东南部的三个州，于是抗议活动四起，其中包括南卡罗来纳州军官们的"联名请愿"活动。面对各方压力，戴维斯不得不提醒佐治亚州和南卡罗来纳州州长，李不仅是由国会正式授衔的将军，而且是目前的"最佳人选"[139]。而这一次，李决意要切实行使无可争议的指挥权。他到达查尔斯顿后不久，就平息了任何进一步的抗议。由于联盟国尚未组建海军，他无法主动出击，无法从海上阻止合众国海军封锁东南部港口或从海上攻击南方的防御工事，但他至少阻止了一场可能轻易丧失三个州的灾难的发生。

他把指挥部设置在皇家港海湾附近的库萨瓦契（Coosawhatchie），联邦海军舰队已经开始在这一带轰炸两个南方要塞。这一次，他很快确立了自己的权威。他到达不久就认清了当前处境，他发现仅凭己方现有的兵力，别说保护三个州的整个海岸线，就连敌方小规模登陆行动都无法抵挡。联邦海军能够在海上无所顾忌地航行，而在长达 8000 多英里的海岸线上，分布着数不清的入口、岛屿和海湾，其中任何一处都可以成为潜在的登陆点。李能做的就是使出浑身解数向三位州长施压，最终成功组建了一支由大约 6800 人组成的部队。有了人只是第一步，他还要设法搞到足够的武器，不然这些人中的大多数只能赤手空拳。经多方努力，南方一艘冲破封锁线的运输船带着部队急需的恩菲尔德步枪抵达了萨凡纳。

李迅速展开对其辖下庞大战区的视察。[140] 他一天内行程达 115 英里，其中 35 英里是骑着"旅行者"走过的，这让人对他的鞍马劳顿有了一些看法。经过一番实地勘察，他得出的结论是，与其分兵把守根本就防不胜防的无数岛屿和水路航道，不如集中兵力和炮火保卫查尔斯顿和萨凡纳。他立即着手构筑一条"内线"作战的防御工事，用以防守这两个港口和连接它们的铁路，这对于挖掘者来说，绝对是"混杂着职责、泥土的枯燥乏味的苦差事"[141]。这原本是一种明智的策略，不过也得罪了不少人，比如水稻种植园主或生产"海岛棉"的那些人，他们中的许多人不得不放弃自己的家园、土地和奴隶，把一切都拱手留给了敌人。李不仅在军事上做出了正确的决定，此次他的现身甚至让那些想要一场全面战争的人都心平气和地接受了他精心制订防御计划的做法。在独立战争期间，他父亲作为一名骑兵指挥官曾是南北卡罗来纳声名显赫的英雄，这个事实应该对李有不小帮助。南卡罗来纳州人保罗·汉密尔顿·海恩（Paul Hamilton Hayne）曾以近乎崇拜的、充满激情的语句描述李："在人群中，比最高的人还高出半头的那位，就是我们今生所遇最引人注目的人物，这个人看起来 56~58 岁，身板挺直如一棵白杨树，却又显得温和而优雅，宽阔的肩膀稍向后倾，那精致匀称的头部尽显一种不自觉的高贵，一双清澈、深邃、若有所思的眼睛，还有稳健和勇往直前的步伐，可以说他浑身上下都显露出一种绅士和战士的气质。假如魔术师挥动手中的魔杖，点中了英国某个古老大教堂的地下室或威斯敏斯特教堂的某个墓碑，释放出寓居于此的骑士，并恢复其充满男子气概的活力……我们可以想象他会以此形象现身世间，除了一身装束和周围环境，一切均未改变。"[142]李当时也就 54 岁，而不是 56 岁或 58 岁，恐怕是操劳过度而显得老气，他肩负着守护三个州和联盟国仅剩的两个重要港口的重任。海恩的那些描述未免有些夸张，但也有值得注意之处，他率先把李比作古代的骑士，甚至是圆桌骑士，因为"魔术师的魔杖"之说点明了大法师梅林在亚瑟王宫廷中所扮演的角色。无论如何，人们依照昔日神话中英雄的形象把李塑造成了一位尊贵的英雄，这个始于 1862 年初所有南方人（和许多北方人）眼中的形象，至今仍活在人们的心里。很明显，这一形

287

象在李捷报频传、实至名归之前就已形成了，他的同胞们不仅仅是想要如此看待李，在某种程度上他们也想要如此看待自己。在许多南方人的眼中，北方就是一个金钱至上、腐化堕落的地方，是一个充斥着工业主义、大银行、大规模移民、无视美国传统价值观、盲目支持"进步"的地方，而南方则是小农场、壮实的自耕农和温文儒雅贵族的乐园，他们都信奉华盛顿和杰斐逊所崇尚的未遭玷污的理想——一个简约的、浪漫的愿景，不存在奴隶制。这是卡米洛特（Camelot）① 与"黑暗撒旦的磨坊"（dark Satanic mills）② 之间的对决，而李注定要扮演圣洁骑士加拉哈爵士（Sir Galahad）的角色。

需要特别指出的是，李并没有在塑造这个传奇中起任何作用，以他谦逊的本性也不会乐于接受它，但他的传奇形象将成为联盟国最后时日里的一件重要武器，也是唯一的武器。因此，围绕着李早已展开的造神活动很值得关注，且在不久后，他新近获得的坐骑也被纳入有关他的神话当中：刚买下并以"旅行者"命名的这匹马，将作为李"高贵的骏马"在传奇故事中扮演它的角色。

288 　　与此同时，他面临的最大挑战是士兵普遍厌恶挖战壕。无论如何，他总算是克服了这一困难，成功构筑了一系列防御工事，这些工事甚至让陆军准将威廉·特库姆塞·舍曼（Brigadier General William Tecumseh Sherman）都深感困扰并无计可施。令李怒不可遏的是，合众国海军自沉了"6艘旧船"以封锁通向查尔斯顿的航道，这一"举措……有辱任何

---

① 传说中亚瑟王的王宫所在地。

② 出自英国诗人威廉·布莱克（William Blake）的作品《耶路撒冷》，被人们用来隐喻英国的工业革命。

文明国度的名声"[143]，由此可见难得发一次火的李实在是忍不住了。这期间有件事让他大大松了一口气，玛丽·李总算在白屋庄园安顿下来了。这段时间李占据着库萨瓦契的一座废弃房屋，心情大好的李抽空在屋后花园里摘了些紫罗兰，送给女儿安妮。李对家人安危的担忧也因联邦军队的行径而放大了，他生怕随之而来的"损毁和掠夺"行为会危害到家人，他都不敢想象比这更糟糕的情形，但事实证明他过虑了，玛丽及女儿们一度落入敌手，但她们受到了相当优厚的礼遇。圣诞节那天，他又给玛丽写信，敦促她忘掉阿灵顿。"至于我们的旧家，即便未被摧毁，恐已面目全非。……由于周边驻扎的部队人数众多、军官更换等，燃料、住所等短缺，以及所有战时必需品的需求，若至今仍认为它适于居住就太不切实际了。我也担心书、家具和弗农山庄的遗物会消失。最好是狠下心承认我们失去了全部。但他们带不走那个地方留给我们的回忆，更不能消弭深植在我们心中并赋予其神圣性的那些记忆。"[144] 这个忠告，虽说有些令人难以接受，却是十分明智的。他对现实抱有极其冷峻的认识，他敦促她不要相信英国会承认和支持联盟国的传闻："我们必须下定决心，孤身奋战，并赢得独立。没有人会帮助我们。"

1862年1月中旬，他在旅途中停留了足够长的时间，首次踏上坎伯兰岛（Cumberland Island），探视了他父亲的坟墓，但吸引他目光的只是坟墓所在的美丽花园及其周边的树篱。此后直到3月初，他仍在夜以继日地为构筑防卫萨凡纳的工事而操劳，并时常抱怨他的手下干活太慢。

李成功阻止了联邦军队针对南部军区发起的任何大规模进攻，但是联盟国的其他地区却呈现出一片惨淡的景象。在西部，效率惊人的尤利西斯·S.格兰特将军走马上任，先夺取了田纳西河上的亨利堡（Fort Henry），随后不久劝降多纳尔森堡

289 （Fort Donelson）守军并如愿以偿，俘获了超过 1.5 万名南方军士兵，此举不仅危及南方对田纳西州的控制权，也迫使弗洛伊德将军放弃了指挥权，临阵脱逃，担心自己一旦被抓获，会因叛国罪而受到审判。在东部，有传言称麦克莱伦将军在取代了麦克道尔将军以及李的老导师温菲尔德·斯科特总司令之后，集结了多达 13 万人的部队，随时可能在约克河和詹姆斯河之间的半岛登陆，并试图夺取里士满。与此同时，李在弗吉尼亚西北部的军事行动失败后，一直令他耿耿于怀的亨利·怀斯被击败，撤离了他本该守卫的北卡罗来纳州的一个岛屿，兵力折损了三分之二。李并没有幸灾乐祸，他虽有充足的理由厌恶这些政客出身的将军，但他在写给玛丽的信中表示："这条消息……不利，但我们必须下定决心去面对逆境并战胜它们。"[145]

3 月 2 日，李意外地接到里士满发来的电报，这成为他命运的转机，他将离开这个至关重要但不免乏味的岗位，从此走上光荣之路：

> 萨凡纳
>
> 罗伯特·E.李将军：
>
> 假如情况允许，你确定可以离岗，我期望立即在此面见你。[146]
>
> 杰斐逊·戴维斯

对联盟国和李来说，危急时刻已经到来。

"剑的力量"[1]

1862年3月，从里士满的各方面来看，联盟国前景似乎日趋黯淡：人们一如既往地玩政治，撤退，重要物品一概短缺，火药也不例外；将军们之间，以及戴维斯总统和几乎每个人之间政见不合，纷争不断。如果李期待着此次召回能被授予战地指挥权的话，他一定会大失所望。联盟国国会内部有些人跃跃欲试，要任命他为战争部长，但戴维斯认为这是企图削弱他作为总司令的权力，并否决了这一动议，导致至此为止对李最尖刻的《查尔斯顿水星报》抱怨说，他的级别被直接"从指挥官降到了勤务兵"。[2]用戴维斯总统的话说，李的正式职位是"在联盟国军队中开展军事行动的指挥"，并且是"在总统指导下"行使职权，他的职务定位本身就很模糊，而"在总统指导下"的条件进一步压缩了他的权限。[3]他的职能大概只能与美国副总统相提并论了，两者的共同点是都没有实权可言。面对兵临城下的紧急情况，戴维斯总统的这种反应给人一种虚弱而混乱的印象。他把李调回来的原因是战局趋于恶化，希望李能坐

镇里士满，以安定人心，但他同时又拒绝赋予李调兵遣将的权力，而这种权力是确保任何指挥官在制定可贯彻始终的战略时不可或缺的。

李于1861年11月离开里士满，这次回来之后他才第一次有机会察看联盟国军队的相关档案、地图及其部署。他所了解到的实情令他濒临绝望，只能凭着坚定的信念尽力做事，而将事情的最终结果寄托于上帝的意志。亨利堡和多纳尔森堡保卫战失利，导致肯塔基和田纳西陷入危机之中，而且目前态势表明联邦军队占领密西西比河及其支流的前景指日可待。与此同

4　1862年3月24日上午，弗吉尼亚的联盟国军队分布以及众合国军队的假定位置时，驻守弗吉尼亚的约瑟夫·E.约翰斯顿将军早已说服戴维斯，同意让他的部队从直接威胁华盛顿的森特维尔后撤到拉帕汉诺克河一线，以防波托马克军团可能发动的大规模攻势。此举意味着联盟军放弃了博雷加德和约翰斯顿所部在第一次马纳萨斯战役后建立的防线，这种大踏步后撤的举动必定会对南方人的士气产生不利影响。戴维斯勉强同意了这个请求。假如有人征求李的意见的话，他肯定会反对后撤。他从未忘记拿破仑对自己的问题的回答：是否应该"通过重兵把守来保卫"一国首都？拿破仑给出的正确答案是："连续不停地机动，绝不被迫回撤进首都。"显然，当约翰斯顿和戴维斯总统在西点军校学习时，他们在那堂关于拿破仑战术的课上一直在打瞌睡，但李记得很清楚，他会在接下来的两年里出色地运用。

约翰斯顿谨小慎微的表面理由是他认为敌军迟早会发动进攻，而且一旦对方兵力占优，并同时在他后方的波托马克河登陆，他的防线右翼就会被攻破。[4] 由于后撤 25 英里并没有解决他担忧的这个问题，他放弃了原有阵地，却没有换来安全上的实质保障。

当然，联盟国决策层没人猜得到，其实麦克莱伦将军并不打算发动大胆的正面攻击，更不用说还要同时采取强渡波托马克河这种大胆行动了。[5] 相反，他迟迟按兵不动，拒绝发动进攻，令林肯总统火冒三丈的同时又大惑不解。麦克莱伦将军确信他的兵力远远小于部署在马纳萨斯周围的南方军队——他估计有 18 万人，但实际人数不足 6 万，而且官兵们衣冠不整、饥肠辘辘、装备简陋，仅相当于麦克莱伦将军所率衣食充足、装备精良的部队人数的三分之一。"麦克莱伦是这场战争中的最大谜团之一"，格兰特后来写道，在这方面里士满和华盛顿深有同感。约翰斯顿和戴维斯不仅一贯高估了麦克莱伦的军队实力，更重要的是，高估了他的战斗热情。李则不然，或许他更了解麦克莱伦或有更准确的直觉，认为其过于谨慎，以致贻误了战机。至于麦克莱伦，他严重误判了李，在写给林肯总统的信中称李"谨慎而软弱……很可能在行动上畏首畏尾且犹豫不决"[6]。

这是对李性格极其离谱的解读，与麦克莱伦把林肯描述为"只不过是一只善意的狒狒"一样。在 1847 年攻打查普特佩克的战斗中，麦克莱伦曾是李手下的一名中尉，他本该对李有更深入的了解，却与大多数人的意见相左。"他做事绝无任何犹豫不决或畏首畏尾的表现，"非常了解李的陆军上校 A.L. 朗（Colonel A.L.Long）在谈到他时写道，"有一次他制订了一个行动计划，为执行该计划而下达的命令是积极、果断和不容置疑的。"[7]英国军事历史学家 J.F.C. 富勒少将（Major-General J.F.C. Fuller）写道："胆魄是战略和战术的原动力，就胆魄而言，很少有人能与李比肩。"[8]

李感到欣慰的是，这段时间能与家人待在一起。[9]他的大女儿玛丽·卡斯蒂斯在里士满，他允许她帮着遛"旅行家"（作为一个骑术精湛的女骑手，她是除李本人之外唯一觉得这匹马步态让人很舒适的人）。在联邦军队占领温切斯特市后，他女儿米尔德丽德鼓足勇气，孤身一人从学校出发，去白屋庄园与母亲以及阿格尼丝和安妮团聚。李没法见到他的儿子们，因为他们仨现在都已参了军，虽然在校大学生可以免服兵役，但罗布离开大学以私人身份成为罗克布里奇炮兵队的一名列兵。

在战火暂熄期间，李夫人及其女儿们尽可能过着正常的家庭生活。尽管白屋庄园是她儿子鲁尼的家，且曾属于她父母，但它并不足以抚慰失去了阿灵顿庄园的李夫人。[10]她的关节炎已让她落下了终身残疾，不过她依然显得精神饱满。女孩们似乎都已经舒适地安顿下来，不时分享些联盟国生活中充满浪漫色彩、行侠仗义的骑士的故事，其中极具代表性的一段佳话涉及 J.E.B. 斯图亚特。他在一次出行中无意间发现了玛丽·卡斯蒂斯的"字帖簿"（或者我们现在所称的剪贴簿），那是她作为一个成长于阿灵顿庄园的少女精心搜集和剪贴的一些诗歌、歌曲和剪报。当时的斯图亚特已经是一位远近闻名的"盖世英雄"和率领一支骑兵部队的准将，这支部队不久后将被命名为北弗吉尼亚军团。这天他和玛丽的堂弟菲茨休·李中校一起深入敌后侦察。两人在距离阿灵顿庄园几英里的金洛克稍作停留，自联邦军队占领亚历山德里亚之后，李夫人和女儿们便在此地避难。在那里斯图亚特找到了玛丽的剪贴簿，并把它带回里士满亲手交给了她。在书后面剩下的两页空白页中 [11]，斯图亚特和菲茨休·李分别仿照浪漫主义风格赋诗，菲茨休"温和地嘲笑"她的"专横方式"，而蕴含着骑士精神的斯图亚特则写道——

> 适逢今夜当班——
>
> 我发现一本剪贴簿有你的芳名映现：
>
> 爱与美的各色宝石充斥其间
>
> 我凝视着它们，直到，看哪——
>
> 缪斯女神——久遭冷落——被遗忘——
>
> 竟然来得如此出乎意料……

295

他给这首诗署名"杰布"的意图很明显，就是为了勾起人们对无忧无虑的往日时光的回忆，那时他经常去李在西点军校的家，和他的女儿们嬉戏调笑。虽然斯图亚特是一个用情专一和忠诚的丈夫，但他与李一样，天性就喜欢与女士调情。*

---

* 我感谢玛丽·P. 库林（Mary P.Coulling）在其《李的女儿们》（*The Lee Girls*）一书中提供的这些素材，以及她对李的女儿们生活的精彩描述。

　　自己最青睐的骑兵和侄子围着营火给他的女儿玛丽写诗，这样的画面一定会让李感到很开心。不过眼下他可没有这份闲情逸致，轻轻松松地与家人共度美好时光，即使白屋与他的驻地距离只有 25 英里，对"旅行者"来说也不过是一天不慌不忙的行程，但他在里士满要做的事实在太多了。当前他最担心的是，随着 12 个月的服役期满，联盟军将会瓦解。他全力以赴设法说服戴维斯总统和国会就征兵立法，但最终通过的《兵役法》因遭遇两股政治力量的反对而大打折扣，一部分反对者首要关心的是维护州权，另一部分人则认为征兵会削弱人们保家卫国的朴素感情。李曾以弗吉尼亚陆海军司令的身份说服莱彻州长通过类似的立法，所以在整个立法进程中各方支持和反对这一立法的理由都再熟悉不过。最终通过的法案加入了很多李不喜欢的条款，特别是有关军官选举的内容，但它至少确保了联盟军队不会烟消云散。这也证明了尽管李不愿意参与政治，但在必要时他也可以巧妙地做幕后游说的工作。

　　李将军也很擅长在与对手联盟军战地指挥官不发生公开冲突的情况下，得到他想要的东西。他制订的宏大计划能否实施，在很大程度上取决于他对最难、最神秘的将军托马斯·J.（"石墙"）杰克逊的军事天才的信任程度。李对 J.E.B. 斯图亚特作为一名骑兵统帅的信任，类似于一个父亲溺爱自己的儿子。他对"石墙"杰克逊的信任要复杂得多，他从杰克逊身上看出了崇尚快速机动和侧翼突袭的自己，认为这是战胜在兵力和装备上占绝对优势的联邦军队的正确方式。斯图亚特和杰克逊虽表现不同，但都有坚定的信仰，对他们来说，上帝在人类事务中的存在始终是首要考虑的因素，这也并无任何坏处。他们俩都像李一样，天生就胆识过人，总是将个人安危置之度外。除了极少数例外，李不需要向杰克逊详细解释他的意图，也不需要说服他去做违背他意愿的事——李厌恶解释和说服。

杰克逊具备一种非凡的能力，即能够领会李的想法，并从只言片语中推断出李想要他做什么。他不仅是李的得力助手，而且无论发生什么状况，几乎总是能设法在战场上完成李想要做的事。

乍一看，这两个人不太可能建立如此亲密的关系。他们除了都是西点军校的毕业生之外，再无其他共同点。李的父母都出身于弗吉尼亚的贵族世家，而杰克逊出生在今西弗吉尼亚的贫困山区，整个人看上去骨瘦如柴、举止笨拙且无任何风度可言。18世纪中叶的英国刑法导致杰克逊的曾祖父母来到弗吉尼亚——两人都被判犯有盗窃罪，而在当时，即使是最轻微的刑事犯罪，通常也只有两个结局，要么被绞死，要么作为"契约劳工"去南方殖民地种植园工作7年。

"石墙"杰克逊性格中的尚武精神或许与他的曾祖父——这位曾与印第安人作战的勇士在独立战争中被委任为上尉——有些关联，但恐怕更多要归功于他非凡的曾祖母——她身高6英尺多，金发碧眼，肌肉发达，意志坚强，是个令人生畏的神枪手。他们的后代遍布弗吉尼亚西北部，有些人很富裕，另一些则生活拮据，但无论如何，他们在气质和教养方面与弗吉尼亚"海岸平原"一带的名门望族都迥然不同，后者拥有大量奴隶、广袤的田地和壮观的宅邸。托马斯·杰克逊从小在贫困中长大，幼年时父母双亡，他有一种桀骜不驯的粗犷气质，一种他从未失去的野性。在内战期间，他骑在最喜欢的"小栗色马"（在南方神话体系中，这匹马与"旅行者"享有几乎同等的知名度）上的滑稽形象引人注目。身材高大的他骑在一匹小马上，脚踩长马镫，上身前倾，感觉他的鼻子几乎要碰到马的脖子——这与罗伯特·E.李优雅的骑姿形成了鲜明的对比，要知道在那个时代，骑术仍受到世人的重视。

297

年轻的杰克逊在决定参加西点军校的入学考试之前曾当过教师和治安官，他之所以被录取，仅仅是因为排在他前面的一个男生去军校看了一眼之后便决定回家。在西点军校，杰克逊克服了诸多困难，在 59 名学员中以第 17 名的成绩毕业，并以少尉军衔加入他梦寐以求的炮兵部队。他毕业时适逢美墨战争爆发，等于出了校门就直接上了战场，他表现出的勇气以及面对极端不利的形势时操作火炮的天赋，都为他赢得了这场战争中最为辉煌的战绩记录之一。

杰克逊终其一生都饱受各种病患的折磨，而他强烈的疑病症恐怕进一步加重了其他病症。只有宗教的话题才能让他暂时不再关注他的健康状况：消化不良、视力衰弱、耳聋、风湿和神经痛——阅读杰克逊写给亲人的信件就像在读医生出具的一份冗长而极度悲观的病历。他热衷于寻找民间神医、顺势疗法、热水疗法和奇怪的食补，但都没有任何效果。每当人们请他一起吃饭时，他都会自带用餐巾仔细包好的食物，席间滴酒不沾并且规避任何有刺激性的食品。尽管有诸多疾病缠身，但他给大多数人留下了身体强壮的印象，而且他面色红润，不像是有病的样子。

这个性情古怪、举止无当的人，在陌生人中间会浑身不自在，被要求说话时张口结舌，在和平时期的军队中是个不受欢迎的人。杰克逊是个坚定的基督教长老会信徒，涉及人情世态时认死理，不留通融余地，这些性格特征最终导致了他在佛罗里达州与自己的长官发生冲突，指控长官与一名女仆有染。没有什么比指控上司行为不端更能摧毁一名军官的职业生涯了。这件事的结局不出所料，杰克逊不得不辞职，并于 1851 年前往列克星敦，就任弗吉尼亚军事学院的"自然与实验哲学教授"和炮兵教官。他的教学方式无丝毫亮点可言，完全依靠死记硬背，掌握的科学知识似乎并不比学生们多，在调动学员的学习兴趣上也缺乏任何创新才能，难怪许多学员嘲笑并以漫画形式讽刺他们的教授，尽管如此，杰克逊或许会像奇普斯先生（Mr.Chips）①那样当一辈子教书匠，区别也仅在于他的脾气比较暴躁而且穿着军装。但是他和他的学生们被卷入了历史的洪流，见证了约翰·布朗在 1859 年被处死。随着弗吉尼亚在 1861 年决定脱离联邦，他带着他的学生奔赴斯汤顿，开始了新的军事生涯，此后，他将在不足 6 个月的时间里晋升为准将，随后晋升为中将并成为传奇英雄，直至 1863 年 5 月在钱斯勒斯维尔战役中阵亡。

李独具慧眼，他是最早认识到这位性情古怪、沉默寡言的天才所具备的优点和潜力的人之一。在第一次马纳萨斯战役中，他急速奔赴战场并英勇战斗的表现为他赢得了"石墙"的绰号，并且一战成名，在整个南方得到盛赞——事实上他比当时的李名声更大，享有更多的赞誉。

当李看着地图时，他很清楚地意识到，无论麦克莱伦最终从哪个方向发起进攻，阻击他的关键是控制住谢南多厄河谷。"此河谷"从西南方的斯汤顿一直延伸至东北方向的哈珀斯费里，把守它的将军必须擅长快速机动和迅猛突袭，这样才能迫使联邦军队重兵驻防其北部*，即其防线下端，以防南方军队借道马里兰州进攻华盛顿，从而使麦克莱伦无法集中优势兵力

---

① 英国作家詹姆斯·希尔顿（James Hilton）所著小说《再见，奇普思先生》（*Goodbye, Mr.Chips*）中的主人公。他本名奇平（Chipping），在一所寄宿男校当了一辈子老师，为人腼腆、刻板，对学生要求严格。

* 我要特别感谢罗伯特·K.克里克（Robert K. Krick），他作为弗雷德里克斯堡和斯波特斯凡尼亚（Spotsylvania）战地公园的前历史学家以及在北弗吉尼亚军团研究方面的杰出专家，对此给出了极具启发性的解释："河谷南段（或西南段）被认定为'上河谷'的依据是河水的流向。谢南多厄河及其众多支流……名义上是由南向北，因此越往南越趋于上游，或循河谷而上，反之亦然。"

299

攻击里士满周边的守军。林肯对防卫首都的关注很可能有些过度，但它毫无疑问让他牵肠挂肚，并且越加猜疑麦克莱伦的用心，因为他总在抱怨自己寡不敌众，偶尔还在暗中试图掌控总统认为是保卫华盛顿的一些联邦部队。李将军对战场上的各色人等具有惊人的判断力，因此林肯总统和波托马克军团司令之间这场猫捉老鼠的游戏不可能逃得过李的眼睛。由于弗吉尼亚的西北角已被联邦军队占领——部分归咎于1861年秋天李在那里战败，所以要做到不让敌军弄清河谷里的虚实，而当联盟国在西部一再遭受战略挫败之时，这一点就变得尤为重要了。

在此期间，"石墙"杰克逊的主要任务是在谢南多厄河谷中迂回机动。他掌握的兵力并不多，他在第一次马纳萨斯战役中就开始统领的"石墙旅"不超过5000人，并配属了几支民兵部队。杰克逊的指挥部设在温切斯特，名义上归约瑟夫·约翰斯顿将军指挥。杰克逊具备多种军事才能，其中之一便是他拥有开展T.E.劳伦斯式游击战的天赋，他对破拆敌方铁路线和摧毁铁路桥的价值有深刻领悟。杰克逊的骑兵机动范围很广，向北足以袭扰巴尔的摩—俄亥俄铁路线，并切断切萨皮克（Chesapeake）和俄亥俄州运河的河运，与此同时，他本人则在马里兰州的汉考克（Hancock）、弗吉尼亚州的巴斯（Bath）发动小规模战斗。这些攻击并无任何战略意图，只是骚扰性质的小打小闹，他的主要任务是牵制联邦方面在哈珀斯费里领有重兵的纳撒尼尔·P. 班克斯少将（Major General Nathaniel P. Banks），阻止其率军沿河谷而上，进军斯特拉斯堡和斯汤顿，威胁连接里士满和西部的重要铁路线。杰克逊的部队常

300

会突然在他们本不应去的地方现身——而当地亲联邦的居民异常反感自己的家园被南方军队占领，哪怕极其短暂——这使得班克斯（以及林肯）的注意力完全集中在神出鬼没的杰克逊身上。人们大多认为由于他是本地人，熟悉这里的地形地貌，但

事实上，杰克逊只是善于从当地分离主义者那里打探清楚河谷中错综复杂的小路和蜿蜒的小溪。此外，他还创造条件，让地形学家和制图师杰迪代亚·霍奇基斯上尉（Captain Jedediah Hotchkiss）充分发挥自己的才能。上尉出生于纽约，后来在南方定居，他绘制的地图堪称艺术品，其中一些是他坐在马鞍上，用便笺簿和彩色蜡笔勾勒出来的。他按照杰克逊的要求绘制的河谷地图最终由 3 张"亚麻布描图纸"构成，它们粘在一起，展开时幅面大小接近 9 英尺×4 英尺。

李器重杰克逊的部分原因，是作为戴维斯总统军事顾问的他与联盟军在北弗吉尼亚的战地指挥官约瑟夫·E. 约翰斯顿之间存在根本分歧。李尽其所能，避免对约翰斯顿进行马后炮式的评判，后者对任何形式的干涉都极其反感，但李深知联盟军所能动用的资源非常稀缺，兵力也远不如联邦军因此他对约翰斯顿要在里士满保卫战打响之前，集中全部兵力与麦克莱伦展开决战的设想表示怀疑。李当然和约翰斯顿一样相信集中兵力的重要性，但他也明白四处袭扰麦克莱伦的好处，通过在别处发动小规模攻击牵制住他，从而延缓或阻止他集中优势兵力围攻里士满的行动。无论如何，联盟国承受不起在首都门口输掉一场大战的风险。换句话说，李本人不愿意背水一战，但他担心约翰斯顿会有此打算。

正如许多历史学家所指出的那样，与其说这是李过于谨慎的表现，不如说这是对常识的认知。李将军的目标是分兵把守能进入里士满的各个通道，直到麦克莱伦的进攻方向变得清晰为止，即使这意味着联盟军只能在一些兵家必争之地部署较少兵力，而这正是约翰斯顿极力要避免的。虽然联盟国方面估算的波托马克军团兵力与实际数量出入不大，即约 15.5 万人，几乎是联盟国在弗吉尼亚全部兵力的 3 倍，外加至少 4.5 万人的"卫戍部队"驻扎在华盛顿周边，但并未掌握任何有关麦克莱伦进攻方向的可靠情报，只能毫无根据地猜测。[12] 李（以及戴维斯和约翰斯顿）都没有想到麦克莱伦本人就像哈姆雷特一样优柔寡断，也更不可能猜到麦克莱伦认为他所面对的南方军队至少有 20 万人。

针对麦克莱伦迟早会围攻里士满的情况，李设计了一个大胆的应对之策。李作为戴维斯总统的军事顾问，只负责在幕后出谋划策，可以说是费力不讨好的角色。他在做这项工作时无权发号施令，他本人与联盟国的其他高级将领之间也几乎不存在任何利害冲突。他当即认识到，不能任由约翰斯顿在拉帕汉诺克河谷动用联盟国的全部兵力孤注一掷，那将是致命的。在李看来，有多条攻击里士满的路线可供麦克莱伦选择。南下，直逼库尔佩珀（Culpeper），切断弗吉尼亚中央铁路线，同时从侧面攻击约翰斯顿，随后在戈登斯维尔率大军一路向东，进军里士满。或者抄近路向南进军，拿下弗雷德里克斯堡后从北面攻击里士满。他也有可能会充分利用联邦方面拥有的巨大航运优势，率军顺流而下，在门罗堡附近的半岛登陆，此地距里士满仅有 35 英里。还有一种情形是联盟国最不希望发生的，麦克莱伦可以命令班克斯（及后来的麦克道尔）从西边启程，向弗雷德里克斯堡前进，他本人则同时在半岛登陆，从而对里士满发动钳形攻势。麦克莱伦的最后一个选择是率军在诺福克和汉普顿锚地上岸，然后沿詹姆斯河两岸直逼里士满，实施这个方案的可能性虽然不大，但也不得不防。

腓特烈大帝有句名言："什么都要守，什么都守不住。"李深知这句话的含义，尽量在里士满的半圆形防御阵地各个紧要位置部署足够的人手，确保无论敌军从何方发起进攻都会遭到强力阻击，使南方军队可以从容地在正确的地方集结。时机当然是一个关键因素，但具备了周密计划后，李才能充分发挥内线作战的优势，他很清楚铁路在里士满保卫战中的重要作用。

他给陆军准将爱德华·约翰逊（Brigadier General Edward Johnson）增派了 3000 人驻守在麦克道尔附近（距离斯汤顿和弗吉尼亚中央铁路约有 20 英里），以防约翰·C. 弗雷蒙少将（Major General John C. Frémont）穿越阿勒格尼高地威胁约翰斯顿的左翼。与此同时，他调派杰克逊驻守温切斯特，以遏制班克斯将军沿谢南多厄河谷北上的企图，并让约翰斯顿约 4 万人的主力部队，凭借固若金汤的野战工事和麦克莱伦所猜想的众多大炮，留守森特维尔。在里士满近处，李调派西奥菲勒斯·霍姆斯少将率 6000 人镇守弗雷德里克斯堡，约翰·B. 马格鲁德少将率 3000 人防守横穿半岛的阵地，并安排本杰明·休格少将率 9000 人防守诺福克和至关重要的海军船坞。

约翰斯顿嫌自己已有的 4 万兵力太少，期望把上述兵力的部分或全部都配给他。李不动声色地拒绝了他的要求，并着手加强杰克逊在谢南多厄河谷的兵力。李这样做的原因有两个，首先是他对杰克逊的战术技能和战斗精神充满信心，其次是河谷处在十分理想的位置，杰克逊能够以较少的兵力牵制住班克斯 2.3 万人的大军，同时还能迫使华盛顿方面放弃让班克斯的部队向拉帕汉诺克河靠近以便支援麦克莱伦的企图。他如此看重这个河谷，让其他人（杰克逊除外）都感到迷惑不解。但李在排兵布阵之初就领会了它的意义：河谷中有一条在当时来看路况最好的碎石路，即著名的"瓦利派克"（Valley Pike）收费公路。[13] 这条穿行在河谷当中的商业道路于 1834 年动工并于 1841 年竣工，到内战爆发时是连接斯汤顿和温切斯特的重要通道，总长约 94 英里。西边的阿勒格尼高地有 5 个缺口，被称为"河隙"（它们都直通河谷的底部）。在东面的蓝岭山脉，至少有 7 处"风隙"，这样称呼是因为远远看过去，它们其实就是显露出的几处凹陷。假如你把瓦利派克视为一条完整鱼骨的脊梁，并把河隙和风隙视为它的肋骨，你就能明白为什

5 谢南多厄河谷

么在霍奇基斯绘制完地图后，杰克逊能率领部队穿过其中一个
缺口直抵瓦利派克，并在此后以闪电般的速度向前推进。[14] 他
们可以在一处发动攻击，然后穿过另一个缺口重新集结并在数
天后袭击另一处。杰克逊在如今的西弗吉尼亚出生并长大，所
以十分熟悉那里的地形地貌，而霍奇基斯绘制的河谷地图又使
他如虎添翼。就连日记作者玛丽·切斯纳特也说，她睡得更踏
实了，"深信杰克逊只会包抄别人，绝不会被别人包抄"[15]，对
此李深有同感。

　　美国内战给人印象最深的一点是各种事件接踵而至，令人
应接不暇。我们习惯于把过去想得很悠闲，若按照我们这个时
代的交通和通信标准来衡量，的确如此，但考虑到当时各地之
间的距离，形势带来的压力和变化的速度想必让人瞠目结舌，
何况当时新兴的铁路和电报都已开始对战争的进程施加前所未
有的影响。

　　李将军在 1862 年 3 月的第一个星期回到了里士满。令他
意想不到的是，约翰斯顿在 3 月 9 日放弃了森特维尔的防线，
把部队往南撤了 25 英里，并将指挥部设在拉帕汉诺克县治所
在地。约翰斯顿丢弃了大批军用物资，同时也暴露了他的秘
密，曾令麦克莱伦心惊胆战的大炮阵地摆放的原来都是假炮，
这些被漆成黑色的圆木营造出了一种大炮林立的假象。

　　李迟迟不愿把真相告诉玛丽。直到 3 月 14 日他才下决心
写信给玛丽，暗示她可能要考虑搬离帕芒基河畔的白屋庄园，
因为此地已处在马格鲁德的防线之外，是联邦军队从半岛上向
里士满推进的必经之地（像往常一样她对这个建议未予理睬）。
这表明李的想法已经超过了约翰斯顿，甚至可能比麦克莱伦的
想法还超前。

　　3 月 23 日，杰克逊率部行军两天跋涉 40 英里后，在克恩

斯敦（Kernstown）向陆军准将詹姆斯·希尔兹（Brigadier General James Shields）的部队展开攻击，打了他唯一的一场败仗（但是李取得了战略上的胜利，因为经此一战，联邦军队被团团包围在了河谷中）。第二天，马格鲁德将军报告了惊人的消息，多达3.5万人的联邦军队乘汽船到达老波因特，随后进驻了门罗堡，此举令人不由得担心联邦方面已准备沿半岛而上，杀向里士满。李有多种性格特质，其中之一就是钢铁般的意志：接连不断的突发事件和坏消息从不会让他心慌意乱。他镇定自若，尽力安抚他人，并寻求解决方案。对眼下的新情况，李没有掉以轻心，而是调派小股部队前往半岛防区，同时想尽办法为他们四处搜罗武器装备，甚至连古老的无膛线燧发枪都不放过。他甚至被迫着手制造长矛，就像约翰·布朗攻打哈珀斯费里时所用的那种，以备不时之需。

无论他到哪里，从密西西比到半岛防区，州长们和将军们都会缠着他不放，请求他提供部队和武器弹药，而他则使出浑身解数，不失礼貌且有效地应对他们的请求。用沃尔特·H.泰勒的话来说，李保持着"对每个关键点状况的持续监控，对于数位战地指挥官所掌握的资源和需求了然于胸，也深知各位指挥官面临的危险，[并且]能够给他们提供一些妙计和宝贵意见，同时也会在政府掌握的有限资源允许的条件下，尽可能满足他们在各方面的需求"。[16]李并不喜欢自己担负的这种职责，但还真找不到第二个能像他这样冷静且用心地履行职责的人。

与此同时，联盟国经受着连续不断的打击。约翰斯顿预料麦克莱伦会在北弗吉尼亚实施毁灭性攻击行动，因此拒绝分兵支援马格鲁德所率的半岛守军。杰克逊也在谢南多厄河谷中呼叫增援。位于西南方向的田纳西又传来了噩耗，4月6~7日展开的夏洛战役，也就是美国战争史上至此为止最为惨烈的战役，[*]以尤利西斯·S.格兰特最终险胜而结束，而另一个约翰斯顿——联盟国方面的阿尔伯特·西德尼·约翰斯顿将军则战死沙场。到了 4 月 9 日，形势越发明朗，波托马克军团并未按照约瑟夫·E.约翰斯顿所预想的那样进军弗雷德里克斯堡，而是全军在半岛登陆。[17]麦克莱伦将军提前赶到了那里，"很高兴能脱离那个藏污纳垢之地"，也就是华盛顿和白宫。这是一项史无前例的军事壮举——在接下来的数星期，有"12.15 万人、44 个火炮队、1150 辆四轮马车、将近 1.56 万匹马和骡子"[18]以及数不清的设备、弹药、帐篷、食品和饲料被运至汉普顿锚地。这是战争史上最大规模的两栖登陆行动，事实上，直到 1944年 6 月的诺曼底登陆日，它才被超越。这本是麦克莱伦取得的胜利，但他虽然打了联盟军一个措手不及，却依然备受困扰。首先，他没想到自己其实是以众敌寡，与他的 5 万人马大军对阵的南方军队仅有马格鲁德所率领的 1.1 万人；其次，林肯执意将他的部队一分为二，其中一部分配给麦克道尔，加强保卫华盛顿和谢南多厄河谷的兵力；最后，美国海军担心与南方的"梅里马克号"铁甲舰硬碰硬，不能承诺一定会出动炮艇沿詹姆斯河和约克河而上，保护行进中的麦克莱伦所部侧翼——他本该先确定这事，然后率领大军从亚历山德里亚出发。斯蒂芬·W.西尔斯（Stephen W. Sear）在其所著的麦克莱伦的传记中指出，在开战之前，将军就已经想好了一旦战败该如何归咎于林肯和海军。尽管地图标识不准，天气极其恶劣，道路变成了烂泥潭，但麦克莱伦拥有几乎 5∶1 的对敌优势，假如他抓住南军阵地尚未进一步加固的时机，立刻发起大胆进攻的话，肯定能攻破马格鲁德构筑的防线，但他没有。"除了麦克莱伦以外没人会临阵畏缩"[19]，约翰斯顿将军的评价虽不免刻

<small>306</small>

<small>* 联邦军伤亡 13047 人，联盟军伤亡 10699 人。</small>

薄，但很到位。

与众人的预期相反，麦克莱伦制定了详尽的围攻约克敦的方案，并启动了费时费力、耗资巨大的打造攻城车的工作，其中包括一些口径为 13 英寸、每门自重达 8 吨多的重型攻城炮。在战争中，进展缓慢、旷日持久的莫过于围城战，但这十分符合麦克莱伦的口味，他在后勤和作战计划方面具有杰出才能。至于约翰斯顿，他奉召返回里士满以应对这种威胁。他于 4 月 13 日抵达那里之后，第二天便动身去视察马格鲁德的防线，出乎众人意料的是，仅过了一天他就回到了里士满，带回的报告令人深感沮丧。[20] 约翰斯顿汇报称马格鲁德在约克敦构筑的防线过长，根本无法守住，戴维斯总统和李听后惊愕不已。他建议完全弃守诺福克和半岛区域，然后集中联盟国的全部兵力在里士满城外与敌决一死战，或者任由里士满被包围，择地集中联盟国全部兵力大举攻入敌境。（第一个选择实际上发生在 1864~1865 年的冬天，结果很惨；第二个选择导致了李 1862 年对马里兰和 1863 年对宾夕法尼亚的入侵，但都遭到挫败）李强烈反对彻底弃守诺福克和半岛，并极力劝说戴维斯总统要认识到尽可能拖住麦克莱伦的进攻势头以赢得更多时间的重要性，不能在弗吉尼亚的联盟国部队尚未装备齐整的情况下孤注一掷。

这不仅是作战方略上的分歧。约翰斯顿一心想着一决雌雄，为达此目的不惜冒丢掉里士满的风险，而戴维斯和李都认为，无论如何，里士满是联盟国存在的象征，丢掉它就意味着全盘皆输。最终，脾气暴躁、缺乏耐心的约翰斯顿虽不服气，但也只能选择服从，心不甘情不愿地赶赴下半岛领兵迎敌，负责给他筹措给养的李则搜遍联盟国的角角落落，寻找兵源和武器弹药。此外，李还着手搜罗尽可能多的人手在里士满周边挖掘防御工事，此举再次让人们用以嘲讽他的绰号"铁铲王"

流行开来。李丝毫不想让里士满的防御战沦落为"一场消耗战"[21]，正如他的偶像乔治华盛顿在 1776 年谈到防守纽约市时所说，他可以像华盛顿一样自豪地宣称他"从未放弃铁铲和镐头"。李决意要让里士满具备防御能力，以防约翰斯顿被麦克莱伦击溃而不得不后撤。尽管士兵们满腹怨言，但李将军对让他们像做苦工一样挖工事一点也不后悔。

作为一个曾以年轻中尉的身份在门罗堡工作的工程兵，李可能比约翰斯顿，甚至比麦克莱伦更清楚麦克莱伦面对的是多么麻烦的地形。这个半岛的地图不仅绘制得很差，而且有些地方泥泞不堪、沼泽遍布，纵横交错的羊肠小道没有任何标记，蜿蜒曲折的小溪有如迷宫，且河岸陡峭。现存的道路路况很差，只要下一点雨，路面上的浮土就会变成厚厚的泥浆。约翰斯顿担心半岛上的任何防线都可能很快被沿詹姆斯河和约克河驶来的炮艇包围并打击，这不无道理，但他忽略了一个事实，在这两条河沿岸有许多地方可以布设火炮，可以炮击溯河而上的任何船只。* 无论如何，在李看来，麦克莱伦被阻击的时间越长，联盟军就能有更多时间加强他面前的防御体系。李最不愿意做的就是把联盟国其他地区的部队全部调遣到首都附近，与人数占优且装备更精良的敌军展开决战。

他谨小慎微的做法在约翰斯顿履职 8 天后即被证明是极其明智的，这一天是 4 月 25 日，传来的消息称敌军已夺取了新奥尔良。李不能从南北卡罗来纳州撤出太多兵力，也不能冒着丧失萨凡纳和查尔斯顿的风险。在格兰特取得了夏洛战役的胜利后，他更不能在西部这样做了。

308

---

*　战术上的问题与 1941 年英国在马来西亚的马来半岛所面临的问题并无不同。马来半岛要长得多，而且非常狭窄。英国人每次在半岛上构筑防线，日军都会从他们后方的两侧登陆并包围他们。最终，英军被迫一路撤退到新加坡，在那里他们被日军包围并被迫投降。

　　李充分发挥了他在人员管理方面的才智，仔细筛选各个部队，绞尽脑汁抽调人手给马格鲁德，并总算在 4 月 11 日之前把他的兵力增至 3 万人以上。虽说这个数字仍不及麦克莱伦所估算的约克敦守军的 1/3，但与麦克莱伦登陆时相比，马格鲁德的部队人数几乎增加了 3 倍。这些人员的调动工作做得十分细致，就连约翰斯顿将军（一直十分敏感并密切关注李是否有任何干扰他的军队的迹象）都没觉得有什么可抗议的。

　　李还小心翼翼地把约翰斯顿的四个师（约 2.8 万人）从弗雷德里克斯堡调往半岛防区，这可以说是一步险招，因为他发现了从亚历山德里亚和马纳萨斯至里士满的通道。用道格拉斯·索撒尔·弗里曼的话来说，李"在实现他的目标上展现出了……一种持久的耐力"[22]。他给马格鲁德出主意，让官兵们列队在树林里来回兜圈子，用以迷惑联邦军队，误以为其部队人数很多。[23]他还让为数不多的拉皮丹（Rapidan）—拉帕汉诺克防线留守人员大肆张扬，以此制造人数众多的假象。在这些假象的掩护下，约翰斯顿属下几个师"以化整为零后再集结的方式"被调回里士满，随后再前往半岛防区。他深知假如联邦军队同时攻打马格鲁德在半岛上构筑的防线和弗吉尼亚北部的弗雷德里克斯堡，尤其是在约翰斯顿所属各师移防以及里士满西北侧无兵防守的关键时期，里士满的守军肯定会被击垮。李压根没想到麦克莱伦会给他将近一个月的时间来强化里士满的防御体系。此时此刻，麦克莱伦相信约翰斯顿的大军仍在北弗吉尼亚驻防，而且认定他的兵力多达 12 万人（其实连他估计的一半都不到）。考虑到其中的利害关系，李以其卓越的才华和超常的冷静，把原本的一手烂牌打得精彩纷呈，这种出色的表现在战争史上也是鲜有人能及的。

　　李在 4 月 21 日那天写下了他给杰克逊的"历史性"手

令，简述了他制订的谢南多厄河谷战略。[24] 他强调说，杰克逊的首要目标是必须防止麦克道尔和麦克莱伦合兵一处，同时进攻里士满，为此，杰克逊应该对驻防河谷的班克斯所部予以重挫，形成兵临华盛顿的态势。如果杰克逊认为他可以沿河谷一路追击班克斯所部至波托马克河，他就应立刻采取行动；如果他自忖实力不足，就应调遣理查德·斯托德特·尤厄尔少将（Major General Richard Stoddert Ewell）所率之师开进能够支援的位置；如果他认为自身实力足以"压制住班克斯"的话，就分兵尤厄尔所部增援驻守里士满、弗雷德里克斯堡及其下方14英里处波托马克铁路线的查尔斯·W.菲尔德准将（他率领的小股部队刚刚弃守了铁路线），并沿路将他身后拉帕汉诺克河上的所有大桥烧毁。无论是哪种情况，杰克逊均应采取主动，以迅雷不及掩耳之势把班克斯打个措手不及，并阻止麦克道尔向里士满开进。

这项任务对行动迅速且隐蔽的高要求十分符合杰克逊的个性，加之他对河谷一带地理特征的全面了解，简直是为他量身定制的。这也是一个鲜明的例证，清楚地表明李在一项军事行动展开之初就会明确自己的目标，允许下级指挥官在调动部队时享有最大的自主权。李认为自己的职责就是确保他麾下的部队在正确的地点集结，然后向他确定的目标发起攻击，同时让各部队的指挥员各显神通。可以说没有几个将军能像李那样给予下级指挥官如此大的决断权。4月25日，李又给杰克逊写了一封长信，强调说"无论在哪里出击，务必取得成功，出手快，打得狠"。他还以其特有的方式补充道："我不能装模作样地指挥军事行动，它们何时以及怎样实施取决于当地的具体情况以及审时度势之后的判断，而我远离现场，根本不了解实情，仅提出一些建议供你参考。"[25] 这是一种合情合理的观点，李在发布命令时，经常会辅以"如切实可行"这一限定条件，也就是他写给杰克逊的那番表述的简写版。李觉得置身现场的人在理解了他的意图的前提下，应该能根据实际情况自行决定如何实施计划。对李来说幸运的是，杰克逊在被给予这样的自由裁量权时正处于个人最佳状态。

杰克逊在回信中提出需要额外5000名人手，但李无法满足其要求。他在4月29日给杰克逊回信解释了他为何做不到，同时进一步阐明了他的作战计划：

> 弗吉尼亚里士满司令部
> 1862年4月29日
>
> 弗吉尼亚急流口
> 陆军少将T.J.杰克逊，指挥官，等：
>
> 将军：我很荣幸收到你昨日寄出的信。根据我得到的可靠报告，弗雷德里克斯堡对面之敌实力过于强大，不容驻扎此地之我军有任何削减，因此种举动不仅会招致敌军攻打里士满，且将危及半岛守军的安全。因此，我感到遗憾的是，无法满足你所提之从别处增派5000人支援你的要求。你能否从爱德华·约翰逊将军手下获得额外兵员，使你足以向班克斯发动有效攻击？从该部队收到的最新回复可知，该部当前兵力超过3500人，希望随着新兵加入和休假人员归队，其总兵力有进一步增加。鉴于他似乎尚未见敌军迫近，建议将其一部暂时调离当前驻地，投入拟议中的军事行动。对班克斯所部予以决定性和成功重击将对我军大有裨益，我深感遗憾的是不能满足你的增援请求。然而，若你认为尤厄尔将军和约翰逊将军所部以及你部合兵一处，仍不足以展开这项行动，则尤厄尔将军可借

311

助驻守在弗雷德里克斯堡一带的安德森将军所部，攻击驻扎在该市与阿基亚之间麦克道尔的部队，此举胜算更大；前提是你觉得凭一己之力足以制服班克斯。

祝好，

R. E. 李

爱德华·约翰逊将军奉命率领3000人守卫斯汤顿，防止联邦方面的R.H.米尔罗伊将军（General R.H. Milroy）与弗雷蒙将军的先头部队对弗吉尼亚中央铁路发动攻击，此举表明"石墙"杰克逊的直觉与李完全一致，这可以算是他们两个很早就配合默契的例证之一。5月1日，杰克逊一言未发，带着他的手下离开驻地，穿过蓝岭山脉上的一处风隙，然后开进斯汤顿与约翰逊会合。杰克逊没有听从李的建议将约翰逊向北"引向"自己所在的位置，而是迅速向南移动加入了他的队伍。这是杰克逊的典型做法。他就这样带着自己的部队消失了，在里士满的李将军和哈珀斯费里的班克斯都不知道他究竟去了哪里。这个举动实际上标志着著名的河谷之战由杰克逊拉开了序幕，随之而来的一系列行进、反向行进和突袭行动取得了重大成功，这一成功战例成为世界上各主要参谋学院的必修课。英国军事学家J.F.C.富勒少将对杰克逊推崇备至，但他在1926年出版的皇皇巨著《战争科学的基础》（*The Foundation of the Science of War*）中抱怨说，英国参谋学院的教学方式太死板，学员们要死记硬背有关河谷之战的所有内容，直到他们能流利地复述杰克逊每天早餐吃的是什么。在德国的参谋学院，师生们怀着更强烈的求知欲和想象力研究杰克逊的河谷之战，并在此基础上发展出了闪击战的概念，即充分利用装甲部队、机械化炮兵和机动步兵灵活机动的优势，闪电般出击并一举突破敌军防线，对敌实施毁灭性打击后连夜消失，移师别处

312

再次突然出击。

杰克逊手下那些疲惫不堪、腿酸脚痛的步兵们自豪地称自己为"步骑兵"，因为他们在河谷中急行军时，无论路况好坏都如履平地。正如李将军所预见的那样，他们创造了一种新战法，富勒把这种战争称为一场"电战"实在太贴切了，这种战法至今仍是每一位想要避免落入背水一战险境的将领学习的例证。杰克逊自创的战法就是发挥速度优势，以寡敌众。

在隐身于蓝岭山脉之中一个星期后，杰克逊终于在斯汤顿现身，与约翰逊将军所属 3000 人的小部队会合，从而使他的总兵力增至近 1 万人。紧接着他于 5 月 8 日在麦克道尔村击败了米尔罗伊将军，这场战斗由联邦军队率先发起，经一天激战之后以联盟军取胜而告终。战斗结束后，杰克逊率军向北行进了将近 60 英里。由于约翰斯顿将军试图命令尤厄尔率 8000 人的部队回撤里士满，杰克逊的作战计划被暂停，杰克逊情急之下请求罗伯特·E.李出面制止了这一举动。他指挥兵力合计达 1.7 万人的联军于 5 月 23 日在弗兰特罗亚尔（Front Royal）取得重大胜利，并于 5 月 25 日成功收复温切斯特，班克斯的败军在一片混乱中渡过波托马克河，逃往后方。到了 5 月底，杰克逊的骑兵已兵临哈珀斯费里。这真是了不起的成就："在一次典型的突击和机动的军事行动中，他挥师行军 646 英里……在 48 天内……［赢得］五场重大胜利，以 1.7 万人的部队击败了总兵力超过 5 万人的敌军。"[26] 即使在人数上处于 1 : 3 的劣势，杰克逊还是一再设法逃脱了被包围的厄运，率部出没于蓝岭山脉的各个隘口，并在河谷公路沿途选择对己有利的地点，不时突然如猛虎下山，与敌交战。杰克逊还阻止了 4 万人的大军加入麦克莱伦在半岛的战斗，而这正是李最初想要达到的目的。

河谷之战固然堪称军事上的一个奇迹，但它并没有在半岛防区带来任何相应的胜利，主持半岛防御的约翰斯顿将军不断向李告急，声称要弃守约克敦并率部向里士满靠近。这也许是至此为止联盟国所遭遇的最严重的危机，约翰斯顿确信约克敦根本守不住，正如麦克莱伦确信不可能攻得下一样，并因此重拾他之前已被李和戴维斯总统拒绝的想法：集中南方可动用的全部兵力，不惜冒着让里士满无兵防守的风险，强渡波托马克河并一路向北进攻。李十分清楚约翰斯顿要这么做的理由。波托马克军团在下半岛安营扎寨，而麦克道尔和班克斯正忙着对付"石墙"杰克逊。假如约翰斯顿的部队行动足够快的话，他也许能够利用两支联邦部队中间的空当向北推进。这是一个大胆的设想，但此举可能招致首都失守并丢掉在诺福克存放的大量弹药和物资。李不愿承担这种风险，便使出浑身解数要拖住约翰斯顿，但约翰斯顿不费吹灰之力就化解了李的种种努力，他决定不向李汇报自己部队的动向。李曾多次致信约翰斯顿，但都未得到回复。有件事他在信中只字未提，但他当然知道一旦约翰斯顿从半岛防区后撤，麦克莱伦肯定会紧追不舍，这意味着白屋种植园很快就会落入联邦军队之手，而他的妻子玛丽、几个女儿以及孙子仍住在那里。早在 4 月 4 日他就警告过玛丽这种情形，并补充说如果她落入敌手，后果会"极为恼人并令人难堪"[27]。李一向很讲究遣词造句，他对此事的焦虑深藏在委婉的措辞中，但"她想留在种植园保护它"，而且像以往一样，只要她有不同意见，就会把丈夫的建议当作耳旁风。

　　家人的安危令李牵肠挂肚，更让他寝食不安的是他确信约翰斯顿要做的完全是错误的。这两个人一向惺惺相惜，他们是长期的朋友，谁也不怀疑对方的勇气和技巧，但约翰斯顿的性格是令人深感不安的固执与敏感的混合。他不能容忍别人染指自己的事务，而且与李不同，杰斐逊·戴维斯对他没有充分的信任，这让他怀恨在心。

314

约翰斯顿于 5 月 4 日弃守约克敦，但一直拖到 5 月 7 日才告诉李将军。在李看来，约翰斯顿与 5.5 万人已经消失了 3 天，这可是联盟国中兵力最多的一支部队。假如联邦军队鼓足勇气追击的话，完全有可能追上约翰斯顿殿后的部队，但麦克莱伦根本没想到约翰斯顿会这么做，他还在为围攻约克敦做准备，李同样被蒙在了鼓里。

在麦克莱伦军中担任上尉参谋的巴黎伯爵（来自奥尔良家族的法国王位觊觎者和国王路易–菲利普的孙子*）报告称，逼近约克敦的联邦军惊讶地发现"南方军队消失了"[28]。伯爵本人与在场的其他官兵一样，都对约翰斯顿的决定感到"震惊"和"失望"。伯爵对麦克莱伦一向钦佩有加，但他还是不厌其烦地详细描述了波托马克军团追击南方军时行动如何迟缓，从而使对方"极其有序的"撤退成为可能。伯爵抱怨道，围攻计划落空后，"一切都要以进攻为导向重新谋划，而这是此前从未考虑过的"情形，结果就延误了战机，南军陆军少将詹姆斯·朗斯特里特趁机占领了威廉斯堡，只不过在联邦军队猛烈进攻之下很快又失守了。恶劣的天气只是导致联邦军队追击行动迟缓的部分原因，更严重的问题是地图标识不准和对敌情了解不足。麦克莱伦的大军不可能都挤在一条狭窄、泥泞的小路上，必须借助于多条道路才能有效地向前推进，但他手下的将领们一而再再而三地误入歧途，最终彻底迷了路。尽管如此，最终还是数量起了作用，在一番激战后，朗斯特里特被迫放弃了威廉斯堡。约翰斯顿率部一路后撤，并渡过了奇克哈默尼河（Chickahominy River），这是防护里士满的最后一道天然屏障。他保住了部队[29]，如今已全部集中驻扎在里士满周

---

* 麦克莱伦有个嗜好，喜欢自己身边簇拥着法国贵族——巴黎伯爵的弟弟（沙特尔公爵）是他手下的骑兵指挥官之一。

围，但在其他方面，他的这一举动导致李将军所担心的不利状
况一一变成现实：诺福克落入敌手，联盟军撤离前忍痛摧毁了
那里的设施，烧毁了所有船只；詹姆斯河与约克河均在联邦军
队控制之下，这使得麦克莱伦可以沿约克河迅速调集部队到西
点一带；联邦炮艇沿詹姆斯河逆流而上，逼近里士满，联盟国
政府则为了将堆积如山的各种档案文件"打包运走"忙得不可
开交。

当此全线告急之际，约翰斯顿竟然在 5 月 8 日威胁要辞职。
在写给李的一封措辞尖锐的投诉信中，约翰斯顿抱怨说他的指
挥权"并没有超出我身边的军队的范围"，这种不满明显是
针对李将军的，并要求"解除我仅有的名义上的区域指挥
权"。[30] 他先是在信的开头以嘲讽的语气向李的助手 W.H. 泰
勒发难："我刚刚收到发自你们办公室的 3 封信，署名为 'R.E. 李
将军，W.H. 泰勒、A.A.G.* 代签'，全部是以第一人称写的，日
期也都是昨天。……其中一封信告诉我，你本人或 'W.H. 泰勒、
A.A.G. '取消了我的某些所谓命令。"李巧妙地转移了约翰斯
顿的怒火并对他的辞职请求置之不理，指出约翰斯顿认识的泰
勒少校只是在做他分内之事："你提到昨天收到的那些［信件］
本来是要拿给我签名的，但我突然被叫去处理别的事，因为不
想让送信人久等，我就吩咐泰勒少校代我署名后寄给你。"[31]
不管李将军多么不情愿就他办公室遵循的完全正常的工作流程
做出解释，他都不想在回信时流露出丝毫不快。到了 5 月 9 日，
约翰斯顿的火气消了一些，并不再提辞职的事，但他还是给李
写了一封 400 多字的信，字里行间都冒着一股怒气，他先是抱
怨自己的部队（"遍地都是掉队的，而里士满城里毫无疑问充
斥着擅离职守的"），接着话锋一转，又回到了他的老生常谈，

---

*　Assistant Adjutant General,（师级以上）助理副官。

提出驻扎在里士满内外的部队都应归他指挥（"如果［我的］这个指挥权仍然包括北弗吉尼亚战区，那么北方军团应归属我的指挥之下；否则我的职位应予以重新界定。对我们来说，明确每个军官的权限实属最为必要的事务"）。在这个议题上，李将军无意做任何让步，倒不是因为他怀疑约翰斯顿的能力，而是全然不赞同他的战略设想。

这段时间，不仅公务烦人，私事也让李将军备感困扰。5月11日，玛丽·李带着两个女儿安妮和米尔德丽德，依依不舍地搬离了儿子鲁尼的家，去白屋种植园的邻居家避难，这家人的房子小一些且不那么显眼。这里距离帕芒基河与约克河交汇处的西点仍不足10英里，麦克莱伦属下几个师乘船进军里士满时就是在这里上岸的，这比他们步行穿过半岛要快得多。在离开白屋庄园之前，玛丽在大门上别了一张颇具挑衅意味的字条：

> 自诩敬重华盛顿的北方士兵们，你们成了亵渎他首次婚姻生活之所的先驱，这座房子原属他妻子，现由她的后人拥有。
>
> 华盛顿夫人的孙女 [32]

5月18日，联邦军的两名军官率领一支部队进入了玛丽暂住的房子，并追问她的身份。李夫人毫不犹豫地实言相告，并对自己被关在房子里由士兵看守的境遇向军官们表达了强烈的愤慨。这两个北方军军官是菲茨·约翰·波特准将（Brigadier General Fitz John Porter）的助手，她忿忿不平地说，在战争爆发之前，波特准将曾作为阿灵顿庄园的"贵客"受到优待。他们不厌其烦地解释说，波特将军特意交代要派哨兵确保她的安全，而且她绝对不是囚犯。波特将军最终允许玛丽搬到位于上游的埃德蒙·拉芬（在萨姆特堡率先开炮的著名分离主义者）的家。李设法派出两名助手[33]举着白旗去见麦克莱伦将军，要求他准许玛丽和女儿们前往里士满与自己团聚，但直到 6 月 10 日才总算安排妥当，从里士满出发的一辆马车穿过火线，接上玛丽母女后再返回里士满。李夫人对自己落在联邦军队"手中"一事深感愤怒，她的心情可以理解，不过我们还应注意到，波特和麦克莱伦两位将军对她的以礼相待，同时李将军在争取麦克莱伦将军释放她时表现出的彬彬有礼，都给人留下了深刻印象。李似乎也没有再向玛丽提他警告过她如果她留在白屋种植园就会发生这种事情。不过，玛丽·李的心情也不难理解，她如今被迫放弃了父亲留下的两处房产，即很快就会变成联邦军人公墓的阿灵顿庄园和很快就会被"罔顾麦克莱伦将军命令"[34]的联邦士兵烧毁的白屋庄园，将军在此事上表现出的善意并不能让她更好受一些。

317

值得注意的是，虽然李本人从未后悔在一项他有许多保留意见的事业中支持自己的故乡，但他的选择并非没有代价或牺牲。他的三个儿子都参了军，在战场上出生入死；他的两处重要财产已被没收、破坏或损毁；他辛辛苦苦积攒起来的那笔可观的财富，因为联盟国货币贬值而大幅缩水；几乎可以肯定，他失去了军队退休金，因为他拿起武器反对美国；李家的私人财物被洗劫或破坏，乔治·华盛顿的珍贵遗物也悉数被联邦政府接管。他和李夫人从未想过要卖掉她从父亲那里继承的奴隶，尽管这些奴隶的价值在她的遗产中占了相当大的份额。相反，李家履行了他们最初的承诺，在 1862 年解放了他们的奴隶，使他们成为法律上的自由人，而那时他们中的大多数人虽然已处在敌占区，但实际上他们已经得到了解放。1861 年李还是一个富人和业主，到了 1862 年就已经无家可归。席卷弗吉尼亚州的战争将他乃至全部家人连根拔起，他已沦落到无以保护妻子和孩子的地步——命运真会捉弄人，他原本一直都小心翼翼地精心看管投资，并悉心照顾家人。

关于约翰斯顿将军在 5 月初的撤军行动，有一点是确切无疑的，那就是他既未打一场大仗，也没有遭受重大损失。他突然写信诉说自尊心受到伤害之后又陷入令人起疑的沉默，而李将军则焦急地等待着军方确定下一步作战策略。李将军不愧是土木工程的大师，早在约翰斯顿率军撤回里士满之前，他就全身心地投入构筑一条防线的任务中，期待着毫发未伤的大军抵达后可以据此保卫里士满。他把诺福克失守前设法抢运出的所有重炮全都部署在詹姆斯河西岸的德鲁里高地（Drewry's Bluff）和东岸的查芬高地（Chaffin's Bluff），由此居高临下地打击任何沿水路进军 6 英里外里士满的来犯之敌。假如约翰斯顿撤退时要渡过奇克哈默尼河的话，他最合理的做法是将他的部队右翼设置在此处，主力部队在里士满外围扇形展开，一直延伸到左侧的梅卡尼克斯维尔（Mechanicsville）。

梅卡尼克斯维尔是弗吉尼亚中央铁路跨过奇克哈默尼河的大桥所在地。这座桥梁的重要性不言而喻，它连接着里士满和谢南多厄河谷，并确保约翰斯顿的大军与河谷中的杰克逊将军所部互相呼应，说它是联盟国的命根子恐怕都不过分。李当然很清楚这一点，因此不遗余力地找到尽可能多的人手在此地构筑防御工事，准备生死存亡的最后一战。他原本期望以奇克哈默尼河为防线，这条河除了下雨天以外流速都相当缓慢；但约翰斯顿的先头部队已抵达里士满，从他们那里可知，约翰斯顿无心防守这条河，基本上已将梅卡尼克斯维尔以南拱手让给了麦克莱伦。想必他遵循着这条格言：向对手发难的最佳时机是在对手的补给线延伸到极限时。问题在于，就麦克莱伦这种谨小慎微、行动迟缓的将军而言，几乎不可能出现那种情形。

5 月 15 日，李实在坐不住了，他离开办公室，骑马出城去视察德鲁里高地的防御工事，正赶上沿詹姆斯河逆流而上进军里士满的 4 艘联邦炮舰抵达这里，其中包括美国海军著名的"莫尼特号"（*Monitor*）军舰和"加利纳号"（*Galena*）铁甲舰。德鲁里高地上的联盟军炮兵与这些战舰展开了 3 个多小时的炮战。最终联邦炮舰撤出战斗，"加利纳号"受到重创。此战充分证明李坚持在德鲁里高地和查芬高地设置炮兵阵地的远见卓识，但同时美国海军炮艇能够长驱直入，到达距离里士满仅数英里之处，这也暴露出联盟国首都防御体系的脆弱性。李也认识到了迫在眉睫的危险，一旦联邦军队在詹姆斯河沿线登陆，约翰斯顿的部队就会陷入重围。

大概就在这一天（因记录不详无法确定），李被要求出席内阁会议，针对如有必要弃守里士满、约翰斯顿的部队应撤到哪里的议题向政府提供参考意见。李不假思索地回答说，下一道防线将是斯汤顿河，在西南方向 108 英里处。[35] 这在军事上是正确的答案，但无论从哪个角度看，斯汤顿都无险可守，根本算不上难以突破的障碍。这条河水流湍急，可以在河对岸构筑防线，并从北卡罗来纳得到给养，但李肯定知道，这将意味着联盟国方面放弃的不仅是里士满，还有彼得斯堡——4 条铁路线交会的枢纽站，以及绝大部分弗吉尼亚领土。另外，杰克逊的两翼也将失去保护，而不得不撤离谢南多厄河谷。更可怕的是，无论约翰斯顿在何处设防，联邦军队都能从他背后登陆，进而使他腹背受敌。如此一来，联盟国支撑不了多久。李一向不会感情外露，在内阁会议上，也常常很克制，尽量避免表达己见，除非是涉及军务的直接问题。但是他这次表现得异乎寻常，再也无法抑制内心的冲动，只见"泪水顺着他的脸颊流淌下来"，令在场所有的人惊讶不已，"不能放弃里士满，绝

319

320

6　1862 年 5 月 22 日，里士满正面两军对阵的大致态势，可见约翰斯顿的守军部署状况和麦克莱伦的大军进攻路线

不能放弃它"！ 36

虽然"联盟国的命运岌岌可危" 37，但约翰斯顿仍只字不提他的下一步作战计划，而且对人不理不睬。他不回复任何信件，就连戴维斯总统和李本人想找他都受到了冷遇。即使他最终同意离开战地，骑马进城面见戴维斯，他也没有向总统汇报自己的作战计划。戴维斯或许对约翰斯顿说过"如果他还不开战，他就会委任一个愿意开战的司令官" 38 这种话，但就算他真这么说过，也没有引起将军的重视，他仍然我行我素，缄口不言。最后，李实在没耐心再等了，这也是他头一次耐不住性子独自骑马出城，去与约翰斯顿当面交涉，并带着约翰斯顿计划在 5 月 29 日展开攻击行动的好消息回到了里士满。

麦克莱伦像往常一样"小心翼翼地" 39 向前推进，实际上

他的大军行进在狭窄而泥泞的道路上，即使他想加快速度也很难做到。到了 5 月 24 日，他的 10.5 万大军沿奇克哈默尼河一字排开，与约翰斯顿的 6 万人隔河对峙。他仍然相信约翰斯顿手下至少有 20 万人马 [40]，而且在跟妻子埃伦谈论即将打响的这场大战时，他曾提到自己期待着"世界上最宏大的历史性战役之一"，并担心他的手下在攻占里士满后可能会失控，开始大肆劫掠，但他并不急于开战。他做梦都想不到约翰斯顿会先发制人。就像他在约克敦那样，麦克莱伦慢条斯理地琢磨着怎样打一场围城战，这是他最熟悉的战法，并且命令工兵们着手

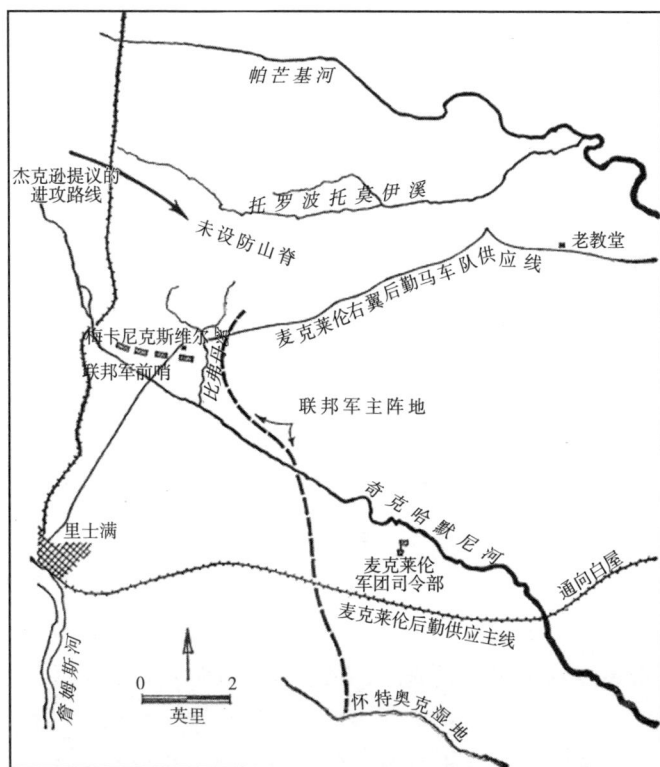

7 奇克哈默尼河与帕芒基河之间的区域，由此可见杰克逊要进军的流域
（据斯图亚特的报告，此处无守军）

艰巨（而耗时）的任务：把他的攻城车运到奇克哈默尼并新建几个过河的桥。麦克莱伦知道，麦克道尔将军会率领 4 万人马从东南方的弗雷德里克斯堡出发，赶来梅卡尼克斯维尔增援。由于两地相距不过 55 英里，麦克道尔应该能很快赶过来，于是麦克莱伦开始兵分两路，其中一路渡过奇克哈默尼河，余下的大部驻守河北岸，以便保卫他与白屋庄园之间的联络线以及通向他设在西点的后勤基地的重要铁路线。按照他的设想，随着麦克道尔的部队逐渐进驻河北岸，他的主力部队将全部渡过奇克哈默尼河，但在实施这项计划时，他犯了分兵两处的重大错误。他的左翼驻扎在奇克哈默尼河靠近里士满一侧，分布在怀特奥克湿地（White Oak Swamp Creek）至费尔奥克斯（Fair Oaks）一带；他的右翼则占据着河对岸，战线沿河边绵延近 10 英里。这两部分军队形成了一个侧躺的 V 形（就像这样“＞”），下端指向里士满，上端直面梅卡尼克斯维尔。战斗一旦打响，这两部分不可能相互策应。假如麦克莱伦有机会亲赴现场察看这种部署的话，他大概能看清问题所在，但很不巧，当时他发着高烧，卧病在床，加之他并不认为敌军会率先发难，于是将一切事务都托付给各军军长处理。

约翰斯顿十分清楚当前的局势，只是不愿与戴维斯总统和李分享他的想法。他决定在麦克道尔从弗雷德里克斯堡赶来增援之前，先行打击麦克莱伦驻守奇克哈默尼河北岸的部队。他的理由完全成立，但就在行动开始前的最后一刻犹如天意显现一般，天气突变，下起了倾盆大雨，与此同时传来了有关麦克道尔动向的消息，由于杰克逊夺取了温切斯特并击溃了班克斯所部，麦克道尔临时变卦，正率军奔赴哈珀斯费里而不是里士满。

这场暴雨不仅让麦克莱伦的工兵们的工作付之东流，还导致他左翼的少数部队被孤立在了从河边延伸到距里士满 6 英里的突出位置，其顶端与费尔奥克斯和七松（Seven Pines，接下来的战役在北方和南方分别以费尔奥克斯战役和七松战役为人所知）相接。约翰斯顿就像一名优秀的拳击手那样，当即左翼变右翼，变换了攻击方向。直到此时，约翰斯顿仍未告知李或戴维斯自己的打算，他命令部队全力出击，在5月31日午后开始打击麦克莱伦部署在奇克哈默尼河南岸的左翼，这比他告诉李发动攻击的时间晚了两天。进攻命令一下，他的重炮就开始轰炸敌军阵地，隆隆的炮声在里士满听得清清楚楚［麦克莱伦当然也听到了，此时他还在4英里外纽布里奇（New Bridge）的帐篷里卧床养病］。

J.E.B. 斯图亚特所率骑兵队勇敢地贴近侦察，及时获知麦克道尔的部队改变行军方向时，距离他要增援的麦克莱伦大军所在地已不足25英里，因此麦克道尔的增援部队不再是个问题。另外，约翰斯顿也应感谢李长期以来对杰克逊在河谷地区展开行动给予的耐心且细致入微的支持，正因为如此，他才有机会用全部兵力打击麦克莱伦超过三分之一的兵力。李在4月29日写给杰克逊的信结出了与他的期望完全一致的果实，不过眼看着麦克道尔仅需行军两三天就能与麦克莱伦会师，想必李的内心也极度紧张。李将军与杰克逊隔空打造的信任纽带将成为联盟国可资利用的重要资源之一。"假如李是战争中的朱庇特主神，'石墙'杰克逊就是他手中的闪电。在实施李的危险计划时，这样的副手不可或缺。"[41]

5月30日[42]，由于不甘心对被排除在即将展开的大战之外，李仍然相信袭击目标会是奇克哈默尼河北岸的敌军，于是急不可耐地派出一名助手去面见约翰斯顿。这名助手要转告约翰斯顿，李不想缺席这场大战，他可以指挥一个旅甚至一个团，或者以其他任何身份参战，情愿不考虑自己的级别高低。约翰斯顿一如既往地避而不见，忍无可忍的李最终骑马奔向梅卡尼克斯维尔，也就是他以为约翰斯顿将要发起进攻之处。当发现这里没有丝毫动静之后，李骑马返回里士满，接着就收到了约翰斯顿发来的一条简短的信息，声称欢迎他以任何身份亲临战地。那天夜里，大雨将路面变成泥潭，奇克哈默尼河的水位暴涨，淹没了堤岸，但约翰斯顿那里还是没有动静。

5月31日，李将军再次骑马向前寻找约翰斯顿，不知不觉就踏上了名为"九英里路"（Nine Mile Road）的道路，来到了奇克哈默尼河南岸靠近"老酒馆"的地方。李的这一举动头一次预示了约翰斯顿早已决定攻击联邦军防线的左翼，而不是右翼。在九英里路与直通纽布里奇道路的交叉点[43]，李看到部队正在排列作战队形。就在位于两条路交叉处的一座小房子里，李终于找到了马格鲁德将军和约翰斯顿将军本人，即便到了这时约翰斯顿还是不愿意透露他的作战计划。午后时分，李听到大炮和毛瑟枪一齐向南方开火。房前的部队开始向前移动，约翰斯顿与马格鲁德及其参谋们随后跟进。联盟国邮政总长约翰·H.里根（John H. Reagon）当时也在现场，并"目睹了"部队"冒着密集的炮火向联邦军阵地挺进"[44]的场面。这个得克萨斯人专程赶到这里为约翰·贝尔·胡德准将率领的得州旅呐喊助威，他在描述当时的战况时写道，官兵们"以正规军特有的坚定步伐……迈入死亡的虎口"。

李至此仍被蒙在鼓里，不知约翰斯顿意欲何为。就在他百思不得其解之际，李猛然发现同样是一头雾水的戴维斯总统竟然骑马来到跟前，然后翻身下马。他俩一起走到房子后面，听着战场上传来的渐趋激烈的厮杀声。随后，两人毫不犹豫地骑上马，循着炮声沿路纵马而去。不出几分钟，他们就遭到了左侧联邦炮兵的猛烈炮击，他们这才注意到自己已置身于战场的正中心，双方正在路两旁浓密的灌木丛和树林中奋力拼杀。四周弥漫的硝烟和茂密的树叶使他们无法看清战场全貌。在炮火连天中，李惊慌地发现戴维斯总统策马冲入了战阵，他一心想要告诫马格鲁德，必须设法除掉联邦军的炮兵阵地，好像他是马格鲁德的随从，而不是国家元首。不管戴维斯拥有多少政治智慧，他的过人勇气毋庸置疑。他成功地把消息传递了过去，但随着下午时间的流逝，天色渐渐暗了下来，他和李置身于一场炮火连天的战斗中却无能为力。事实上，他们甚至不知道这次战役的场面有多大，更不知道战况如何。

就在天色渐暗的当口，邮政总长里根从弥漫的硝烟中冒了出来，试图从危难中救出戴维斯。"我坚决反对总统的涉险举动，"他写道，"这毫无必要，并告知他们，我刚从约翰斯顿那里过来，他也冒着极大的风险，暴露在敌军的炮火当中。"[45]约翰斯顿回复里根说"这不是寻找安全处所的时候"[46]，而戴维斯总统的心思显然也一样。于是，他们找到一处炮弹打不到的地方让马卧下，并眼看着联盟军向敌军炮兵阵地发起最后一次徒劳的冲锋。夜幕降临后，他们从一名信使那里得知，陆军准将韦德·汉普顿（Brigadier General Wade Hampton）和（更严重的是）约翰斯顿将军都受了重伤。

在听到这条消息不久后，他们就见到了约翰斯顿本人，他躺在担架上，看上去"显然已经奄奄一息了"[47]，就连担架的轻微颠簸都让他痛苦难当。以他的状况，根本无法汇报战况。陆军少将 G.W. 史密斯（Major General G.W. Smith）现在是战场上级别最高的军官，他解释说这次进攻失败了。朗斯特里特（尚未成为久经历练、深得李信任的老战友）少将率领全师误入歧途。在一团混乱之中，很多南军部队都未能如期到达预定位置，这使约翰斯顿将军丧失了本来在兵力上的优势。眼下唯一的问题是他究竟应该下令全军向里士满方向撤退，还是全力就地防守。戴维斯在征求李同意后命令史密斯就地固守。他们三人都认为第二天早晨就会重启战端。此时此刻，"黑夜

［已］平息了这场在恶劣天气和遍地泥浆中展开的激战"。[48] 的确，双方在接下来数星期的战斗大都伴随着各种恶劣的情况，如河水水位暴涨、连绵不断的大雨和泥泞不堪的道路。到处"都是淤泥……仿佛所有的水一下子从地面消失了"。[49] 随着气温的升高，疟疾、痢疾和黄热病暴发的危险也越来越大，尤其是那些不习惯这种气候的部队面临更大的风险。

麦克莱伦声称自己在费尔奥克斯取得"大捷"，但事实上，这场大战未分胜负，却血流成河：联邦军伤亡约 5000 人，联盟军伤亡 6000 人。交战双方都不讲究战法，只是拼死一战。李将军认识到，给予联邦军左翼致命一击的大好时机已一去不复返。

戴维斯和李骑马赶回里士满，一路无话。想必他们都已心知肚明，尽管史密斯将军能力尚可，但论资历还不够委以联盟国军队总司令的重任。[50] 思来想去，戴维斯最终下令李将军立即执掌联盟国军队的指挥权。他可能原本不想这么做，但实在找不出更好的人选。乔·约翰斯顿作为第一次马纳萨斯战役的胜利者赢得了南方上下广泛的赞誉，李将军只是被当成了一个能力出众的行政人员，是个坐办公室的人，而不是战地指挥官。依照 J.F.C. 富勒的判断，戴维斯的选择非常正确："从 1862 年 6 月 1 日起，直至他在阿波马托克斯县治向格兰特投降之日，李都是南方在军事上的核心人物，而且这位伟大的战士从未像现在这样显示出他的价值。"[51]

他的任命并没有立即引起人们的欢呼。此时此刻，"石墙"杰克逊才是万众瞩目的英雄，约翰斯顿和博雷加德则被视为南方最称职的战将。李被认为是一位受人信任、头发花白的军中官僚，一位杰出的谋士。他已 55 岁，比拿破仑去世时年长 3 岁；他从来没有在战场上领兵打仗，而且从 1847 年起他就再也没打过仗。

那天晚上，李将军关闭了他在里士满的办公室，召集起他的小团队，首次向他的军队发布了第一批命令，从此以后，这支军队的称号将会与它的指挥官一样声名远扬：北弗吉尼亚军团。

有些卓越的将军因惊人的成功而一夜成名，他们掌握着——或领悟了——为赢得胜利所需知道的一切，如年轻的波拿巴；但李一开始就遭遇了一系列挫折。他有很多东西要学，不过他在战争中咄咄逼人的表现与他的温文尔雅、彬彬有礼和凛凛尊严形成了鲜明的对比，这将使北方人以及他的同胞都感到震惊。他在墨西哥的军事经历还停留在无膛线滑膛枪的时代，正常的瞄准射击距离是 30~50 码，但如今双方军队已开始批量装备内螺纹冲击滑膛枪*，这种枪的特点是装弹速度较慢，因为装填时需要使劲将枪膛中的弹丸压实，但它的杀伤力得到了极大提升，一名训练有素的枪手可以射杀 300 码处的目标。有膛线的加农炮还很少见，但也使火炮能够更精确地打击更远的目标。在北方，骑兵们装备了后装式夏普斯卡宾枪，这种枪的射击频率得到了空前提高，而且在内战即将结束时部分骑兵还装备了弹管式斯宾塞连珠枪 **——值得一提的是，李将军的儿子鲁尼就曾被这种枪击伤。带有 6 个弹仓的转轮手枪在 19 世纪40 年代还是很新奇的机械装置，但到了内战时期，拜天才的山姆·柯尔特（Sam Colt）所赐，转轮手枪实现了批量生产，

327

---

* 两军起初都装备了各式各样的武器（在整个战争期间联盟军依然如此），有些是无膛线的，有些是有膛线的，口径也各不相同，从 .54 口径到惊人的 .69 口径不等。在近距离射击时，这种大口径子弹或锥形米尼耶子弹的杀伤力非常大。Joseph G. Bilby, "Opening Shots," *American Rifleman*, July 2011。

** 甚至机关枪的原型加特林机枪（Gatling gun）都在内战中得以使用，只不过是用于"演示"。

并装备了所有的军官和许多骑兵部队。从此陆军的火力急剧提升，但他们采用的战术尚未做出相应改变。

8　1862年6月23日，李将军在军事会议上宣布的奇克哈默尼河北岸战役计划

虽然李将军最喜欢采用快速机动的侧翼攻击战术，但他很快就意识到，步兵武器的这些改进会更有利于防守，他开始在实战中充分利用陆军具备的这种能力，并且在一些战斗中大获全胜，其中之一就是1862年12月在弗雷德里克斯堡取得的最辉煌的胜利。此外，在1864~1865年的冬季，他一再后撤，迫使格兰特在自己选定的位置展开攻击。在战争期间，李将军逐渐开始接受并运用电报、观察气球、铁甲船，甚至潜水艇等新

鲜事物，而利用铁路运输人员、大炮和马匹等错综复杂的事务就成了参谋人员关心的主要问题。李仍然会提到跟敌人"拼刺刀"的战法，但到现在，这已经在很大程度上被用来比喻背水一战了。在杀人方式的排序中，刺刀的地位远远低于榴霰弹、霰弹和滑膛枪射击；事实上，在内战期间的战斗伤亡中，由刺刀造成的伤亡不足1%。[52] 他和北弗吉尼亚军团还要学习很多东西。

1862年6月1日清晨，罗伯特·E.李骑马从里士满出发，前往战地指挥联盟国军队。他在九英里路遇见了戴维斯总统和史密斯将军，他们所在的位置离昨天会面的地点很近。战斗早已重新打响，刚开始战斗激烈，但不久后枪炮声渐渐消失了。在联邦军方面，麦克莱伦将军终于强打起精神从病床上爬起来，拖着"一副病恹恹的"身躯察看战况。[53] 他手下的诸将纷纷表示，如果他能从奇克哈默尼河北面调集足够兵力增援南面，确保夺取第二天战斗的胜利，那么他们仍可以拿下里士满。麦克莱伦仍然不相信；他认为河水涨得太快，会很难增援他的炮兵部队，同时还担心这样做的话会削弱保卫"他的联络线以及庞大的炮兵阵地"的兵力。[54] 简而言之，首鼠两端的表现导致他白白丧失了取得决定性胜利的机会。

麦克莱伦仍然一心一意要展开围城战，为此他要求部队利用里士满—约克铁路把他的攻城重炮前移，这条铁路起点是西点（弗吉尼亚），途经白屋庄园，最终抵达奇克哈默尼河北面的里士满。麦克莱伦不愿冒着丢掉这条铁路的风险调集右翼兵力增援左翼，或者也许他只是身体太虚弱难以决断而已。最终，他决定维持原状，并继续卧床养病。此后10天他都在养病，连骑上马的力气都没有。与此同时，李将军刚一上任的表现也让他的一些部将大失所望，他下令"全军后撤至前一天战斗打响之前占据的防线"。[55]

329

朗斯特里特将军前一天行军时误入歧途，由此导致约翰斯顿与决定性胜利擦肩而过，现在他又执意要全线出击，发动新一轮攻势，全然无视他的侧翼各部已陷入七零八落、一团混乱之中。他那天早晨擅自发动的进攻，援引内战史终极裁判《西点军校美国战争地图集》（*The West Point Atlas of the American Wars*）中的结语来说，属于"虚弱无力且毫无所获"[56]之举，而作为一名职业军人，李将军一贯不愿意面对"败上加败"。

尽管部队已乱成一团，但李的头脑还很清醒，他意识到，向里士满方向进一步后撤最终将招致麦克莱伦动用重炮展开围攻——这堪称灾难性的后果。他决定留在原地不动。他冒着来自各方的嘲讽和批评，努力在里士满周围构筑防御工事，如今他要扩大并加固它，期望能以尽可能少的兵力固守里士满，最终依靠坚固的野战工事和炮群保障首都的安全。此后，主力部队可以发起反击，迫使麦克莱伦驻扎在半岛的部队后撤，与此同时，李将军会静待良机，调遣谢南多厄河谷的杰克逊部来里士满与自己会师。在实施这项计划的过程中，风险无处不在——里士满守军兵力不足，有可能被敌军攻占；把杰克逊部从河谷调遣至半岛后，有可能给班克斯创造收复失地的可乘之机。但是，如果说约翰斯顿此前奉行的是防守反击，意图诱使麦克莱伦向前推进到不利于他的地点，然后重拳出击，一举将他击败的话，李将军则准备主动出击，随时随地打击麦克莱伦在任何位置设防的部队。

不能不说李很走运，麦克莱伦给了他喘息之机，让他有时间完善作战部署。李有3周多的时间全面考察他手下的将领，向下一直到旅级指挥官。在此期间，几乎每天都下着瓢泼大雨。他还利用这段时间对部队进行了严酷的训练并严厉整饬军纪。他没想到约翰斯顿的部队中充斥着酗酒、开小差和违抗军令现象，这让他大为不满。李执掌北弗吉尼亚军团仅 4 天后，就给戴维斯总统写了一封长信，提出了一项大胆的新战略。"经过深思熟虑，我认为如果能够大幅度增加杰克逊的兵力，战争的性质将随之发生变化。这件事只能通过调集驻扎在佐治亚州、南卡罗来纳州和北卡罗来纳州的部队来完成。此后，杰克逊可以率大军穿过马里兰州进入宾夕法尼亚州，此举会吸引驻扎在我们南部沿海的所有敌军并解放那些州。"[57]

这是极其激进的设想，激进到令戴维斯难以接受的程度。值得注意的是，杰克逊早已深得李的信任，而且人们由此得知其实李早就在考虑进军马里兰州和宾夕法尼亚州，该行动会把他一路引向 1862 年的安提塔姆（Antietam）和 1863 年的葛底斯堡。这封信清楚地表明了李将军宏大的战略意图，而且令人赞叹的是这与他最初的设想完全一致。与此同时，这个设想也暴露出了它的局限性，也就是说，李长期以来都将兵临华盛顿视为这场战争的焦点，并将北弗吉尼亚视为决定战争胜负的关键地区。这并不是说他根本就不关心西部战场，但正如他以家乡弗吉尼亚为重，胜过了对美国的认同，因此，他一心想着要早日将敌人逐出弗吉尼亚。假如他雄心勃勃的原计划得以实施，将会迫使麦克莱伦放弃半岛并驰援华盛顿守军，这将让李有机可乘，在前者前往华盛顿的途中以侧翼攻击的方式将其大军击溃。假如在李发动攻击的同时，得到来自佐治亚和南北卡罗来纳州 4 万援兵的杰克逊进军马里兰和宾夕法尼亚州，或许美国内战就会以联盟国在 1862 年取得决定性胜利而告终。但是，即便是戴维斯总统也无法说服这些州的州长为实施这个险象环生的行动而放弃本州的防御，毕竟联盟国的性质决定了它并不是合众国那样的单一国家，而是享有平等权利的各州共同组成的一种联盟。"州权"既是名义上的开战理由，也一直是限制联盟国政府权力的因素。李将军具有无比清晰的战略眼

330

光，堪与拿破仑相媲美的眼界，但戴维斯终究缺乏将其强加于南部各州的政治权威，或者根本就缺乏这样做的意愿。

李好像很平静地接受了这种决断（他甚至可能感到了某种解脱），并将注意力转向了新的、更有前景的攻击形式。道路泥泞，大小河流洪水泛滥，种种这些都严重影响着麦克莱伦的备战进度，用于轰炸里士满的攻城重炮迟迟不能运输到位。李不想继续等下去，决定利用这段间隙率先炮击麦克莱伦。他下令把一门重炮装上一辆铁路平板货车，并专门在车上安置了防护甲，随后沿着尚在联盟军控制下的里士满—约克铁路线运至预定位置，开始炮击麦克莱伦的炮兵营地和物资中转站。

在一定程度上李将军被认为是一个老派的士兵，这也许是因为他具有一种传统意味的庄严形象，但南北战争实际上是第一次现代战争，是一场群众之战、铁路之战、征兵之战、工业力量之战和新技术之战。

事实上，内战不应被视为李的父亲那一代的 18 世纪传统战争的延续，而应被视为一系列规模更大、更具破坏性的现代战争的开端。内战时期的部分将领身上还体现着早期更加不切实际的战争观，就如 J.E.B. 斯图亚特那样，在不经意间扮演了骑士的角色。其他人，例如威廉·特库姆塞·舍曼将军，* 则属于 20 世纪末时兴的全面战争军事理念的先驱，他们相信对敌方城市、庄稼、基础设施和平民进行大规模无差别的损毁是结束战争的捷径——用舍曼的话来说，也就是要打"地狱般的战争"。李将军是个另类。与斯图亚特不同，李并不觉得战争有什么可赞赏的。他并不怀念人们想象中的往日辉煌。与舍曼不

---

* 1865 年火烧亚特兰大与 1945 年由英国皇家空军针对德累斯顿展开的燃烧大轰炸，类似于舍曼行军；英国皇家空军轰炸机部队总指挥官阿瑟·哈里斯（Arthur Harris）只不过比舍曼掌握了更先进的技术，但他们的意图是一样的。

同，李不仅不会纵容部下在敌境中烧杀抢掠，而且只要有人告知，他就会惩罚犯有这种行为的官兵，哪怕只是小偷小摸。他不会向平民开战，并认为那是野蛮行径。有些军事史学家批评他没有预备带有重炮的"攻城车"用来随时轰炸华盛顿或巴尔的摩这类北方城市，但他们不明白，联盟国既无从购买也缺乏制造类似于麦克莱伦拥有的那种重炮的能力，更重要的是，李不愿意用重炮轰击敌方平民。在思维模式上，李在很多方面都更像是来自 18 世纪，而不是生活在 19 世纪的人，尽管从职业上他从属于他那个世纪。作为一个训练有素的工程师，他对技术的理解远比人们以为的更深刻，只要有可能，他就会加以应用——他将火炮安置在一辆铁路平板车上的新奇做法，就是他乐于接受新思想的很好实例。不管怎样，有一点需要引起人们的注意，李利用列车炮打击的是麦克莱伦的物资转运站，而麦克莱伦的"攻城车"则意在把里士满夷为平地，并炸死没有逃离家园的众多平民。

332

在 1862 年 6 月的前两个星期，李一方面沉浸于大战略的构想中，另一方面在重点考虑怎样才能击退麦克莱伦，使他远离里士满，并在可能的情况下将他彻底逐出半岛区域。他有个见解非常正确，即只要数量占据绝对优势的敌军在距首都仅数英里处挖掘工事、构筑阵地，联盟国就不可能指望得到外国援助或承认。假如联盟国的首都仍然设置在亚拉巴马州的蒙哥马利就好了，这事不归李管，但他要负责保卫里士满。

在指挥北弗吉尼亚军团之前，李就已经认识到在半岛战胜麦克莱伦的关键是迅速并秘密地把杰克逊部从谢南多厄谷调出，在足够长的时间内合兵一处，然后给予麦克莱伦的右翼致命一击。带着这样的想法，李将军对杰克逊的行动进行了全面的监督，尽管名义上杰克逊仍然受约翰斯顿的领导。李试图借助于书信交流，深入了解杰克逊固执、隐秘且有时难以捉摸的性格。书信往来不仅透露出李自己的想法和计划，也慢慢地引出了杰克逊的想法。很少有两位将军能像他们那样以如此坦诚和相互钦佩的方式保持通信——而且还如此有成效。到了1862年6月，李不必再向杰克逊详细说明事情原委；他只需暗示他想要什么，然后让杰克逊制订一个详细的行动计划和时间表。

6月8日，李写信给杰克逊，祝贺他顺利挺进温切斯特。他写道，这次行动是"靠你一贯的技巧和胆识"[58]完成的，并告诫他让部队做好随时奉命移动的准备。"如果河谷中并无任何急需你关注，导致持续数日无法脱身之事，且你可做些安排蒙骗敌人，令其误以为你仍隐身于河谷，还望告知我，以便你能在决定性时刻前来与里士满附近的部队会合。"

6月11日，李设法拼凑了另外14个团的兵力交给杰克逊指挥，"目标是击溃你当面之敌"，并使自己的计划更加清晰。"留下战斗力虚弱的部队看守当地并把守由你的骑兵和炮兵保护的隘口，带你的主力部队……乘火车向阿什兰（Ashland）快速推进……并消灭奇克哈默尼河与帕芒基河之间的敌人，切断敌军的联络线，同时本军团将向麦克莱伦将军发起正面进攻。他在奇克哈默尼河两岸布下重兵，显然是想以步步为营的方式逼近里士满，我认为敌军会在我们两面夹攻之下被迫撤出其据守的阵地。"[59]

这是一封至关重要的信件：李在信中不仅清晰阐述了意图，还表明了他对保密工作的关注。在内战期间，双方的军事情报工作做得都很差——联邦方面的军情主管艾伦·平克顿（Allan Pinkerton）虽然有效地挫败了刺杀林肯的阴谋，却总是高估南军的实力，导致麦克莱伦误以为他正面对数倍于己的敌军——但是，战争中没有"外国人"的事实造成军队大规模调动时安全难以保证。幸运的是，没有比杰克逊更注重安全的指挥官了，他甚至很少与手下的高级军官们分享自己的计划。

他特意交代部队不能让北军的救护车越过防线救助伤员，要设法误导"手举休战旗的人员……尽可能留下我军大举［向北方］推进的印象，并让他们带着这种印象返回"。杰克逊还终止了以往的做法，不再"允许当地平民在防线己方一侧赶牛"。他想方设法切断敌我双方战线之间的联络，而且非常有成效——在河谷中能做到这一点应该算是了不起的成就，因为在那里很难区分谁是合众国的支持者和联盟国的同情者。

　　李在里士满的工作人员着手准备利用铁路运输人员、马匹以及草料，而李则一再向杰克逊强调速度和安全的重要性。"在调动部队时，"他在 6 月 16 日给杰克逊的信中写道，"你可以告诉大家，这是为了追击前方的敌人。……要想出奇制胜，部队动向必须保密。……无论敌友皆需提防，不要透露你本人离开河谷的目的和意图。"[60] 杰克逊行事的确很隐秘，他甚至要秘密会见麾下的骑兵指挥官，在"韦斯洞穴（Wyeth's Cave）附近"发出指令："你若明早 5 点钟能在斯汤顿见我，望你照做。……我将骑马在镇北头出现，这样你就不必打探我的行踪。我不想让人知道我离开了此地。"

　　李开始指挥北弗吉尼亚军团的时间不过两周，但他表现出的活力和使命感已然打动了每一个人，从将官到列兵，无不如此。他已迅速把握住了先机，不再像约翰斯顿那样只是被动应对麦克莱伦的行动，而是有效实施了一项宏大且复杂的计划，在麦克莱伦威胁里士满之前就摧毁了他的炮兵。他提醒 J.E.B. 斯图亚特[*]注意"至少向北最远至汉诺威（Hanover）枢纽站派遣一部分骑兵……以监控敌军动向并保护铁路"，并以他特有的行文方式补充说，"尽量别让你的马匹过于劳累，让你的部下照顾好它们"。[61] 李有时会受到一些军事史学家的

334

---

[*] 　李的二儿子菲茨休（鲁尼）·李当时是陆军中校，在斯图亚特手下服役。

非难，比如富勒少将指责他不够重视细节，但他与部下之间的书信充满了实用的细节和合理的建议。例如，他建议杰克逊在军粮供应不足时，"至少可以随军带些肉牛，必要时我们可以仅靠吃肉维生"。说这话的不像是一位沉浸在宏大战略中不能自拔的将军；虽说李不喜欢案头工作，但他似乎对细节把握得非常好，就连部队口粮的保障和大炮的运输方式都要过问。他深知己方的兵力远远不如敌方，因此会千方百计地深藏不露，极其谨慎而精明地打出每张牌。

在把杰克逊的部队调出河谷并开始打击麦克莱伦之前，李还需要了解更多情况。麦克莱伦左翼据守里士满东面[62]，距离不足 7 英里，并有怀特奥克湿地为自然屏障，他的核心位置"朝北"延伸至奇克哈默尼河，整支大军不仅兵强马壮，且有牢固的工事为依托。李尚不清楚的是麦克莱伦的右翼朝奇克哈默尼河北面伸出去多远，也不知道除铁路之外是否还有大马路从白屋通到这里，用于给麦克莱伦的大军输送给养。自 6 月 11 日起，他冒险派出大部分骑兵，并命令 29 岁的陆军准将 J.E.B. 斯图亚特率队深入敌后，以便探清奇克哈默尼河以北麦克莱伦的部署情况。第二天，斯图亚特出发时带着 1200 人，其中包括李将军的儿子鲁尼以及一群各具特色、喜欢冒险的年轻军官。[63] 这群人里有陆军中尉约翰·S. 莫斯比（Lieutenant John S. Mosby），他将是未来联盟党的领袖，会以"灰鬼"的绰号为人所知；陆军中尉约翰·奥古斯特·海因里克·赫罗斯·冯·博尔克（Captain Johann August Heinrick Heros von Borcke），这位普鲁士人身体强壮，身高 6.2 英尺，体重 200~300 磅，身背各种武器，其中包括一把中世纪时期重量和长度的剑和 3 把手枪。博尔克近乎疯狂地效忠于斯图亚特。

斯图亚特出发时穿着他标志性的华丽服饰——用羽毛装饰

335

的帽子、猩红色内衬的斗篷、"带流苏的黄色饰带"[64]以及一双鹿皮长手套。他率领骑兵们一路轻快地向北行进，然后穿过里士满、弗雷德里克斯堡和波托马克铁路线，奔向58英里以外的路易莎县治（Louisa Court House）。他希望联邦间谍会认为他正前往河谷加入杰克逊的队伍。沿途道路状况良好，地面干燥并有些浮尘，阳光明媚——这也是李担心的，麦克莱伦会借着天气和道路的有利条件把他的重炮运到位并开始轰炸里士满。部队在一个联盟国支持者的农场上露营过夜时，斯图亚特和鲁尼·李趁机抽出几个小时去希科里希尔（Hickory Hill）看望鲁尼的妻子夏洛特。然后，第二天出发时，他们折向东，围着汉诺威县治兜了一圈。

至此，联邦骑兵已发现了斯图亚特一行的踪迹，并穷追不舍。6月13日，他们几乎全天都在与围追堵截的联邦骑兵展开激烈的白刃战。第二天早晨，斯图亚特率部向距离汉诺威县治17英里的老教堂（Old Church）逼近，到达这一地点后，他就可以光荣折返了。他早已知晓李最想了解什么情况：麦克莱伦未在面对汉诺威县治的比弗丹溪（Beaver Dam Creek）以北构筑坚固工事，且守军数量很少，而这里正是杰克逊准备进攻的方向。不可思议的是，麦克莱伦对1200人的骑兵队伍出现在自己的防线后方竟然无动于衷，根本就没有怀疑李可能在那里攻击他，或许是斯图亚特喜欢张扬的名声在外，麦克莱伦以为这不过是一场闹剧。

斯图亚特曾向李提出围着联邦军防区绕一圈，李警告他不要这样做，但现在既然他已来到老教堂的东边，索性一不做二不休，继续前行，这样不仅更安全也更有意义，因为假如原路返回的话，就可能遭到联邦骑兵的围追堵截。他的下一个目标是坦斯特尔（Tunstall）火车站，那里距玛丽·李被联邦军赶出的房子仅有5英里。部队到达车站后袭击了一列火车，破拆了铁轨和电线杆，随后纵马奔向塔利斯维尔（Talleysville）。部队在此休息数小时后，接着上马向南前往奇克哈默尼河。官兵们又骑行了40英里，一个个早已疲惫不堪，有些人竟然骑在马上就睡着了，但他们仍然马不停蹄地继续赶路，并在月色中来到奇克哈默尼河岸边，却发现这里过河的桥已被损毁了。斯图亚特勒马驻足，找来小船反扣在河面充当浮筒搭建了一座木板桥——此举又一次表明他在骑马作战方面的天赋。过了河后，他们便烧毁了这座因陋就简搭起的桥。他们总算甩掉了穷追不舍的联邦骑兵，而率领那支骑兵部队的又碰巧是斯图亚特的岳父，这种现象在内战中实在是太常见了。接下来斯图亚特独自从查尔斯城县治出发，仅用了不到9个小时便赶到了30英里以外的里士满。随后，他骑马去迎接大部队进城。到了上午时分，斯图亚特的功绩为他赢得了南方英雄的美誉，受众人拥戴的程度仅次于"石墙"杰克逊。当他们在城里列队穿行时，沿途欢迎他们的姑娘们朝他及其手下扔过来一束束鲜花——就连斯图亚特的坐骑也被人在脖子上套上了花环。斯图亚特的出现不仅解除了市民们对他们被隔绝的恐惧，而且他率部在3天里骑行了100英里，烧毁了总价值700多万美元的敌军物资，并带回了165名俘虏及260匹马和骡子。他和部下骑马绕着10万人的联邦军跑了一圈这一事实，让半岛上的联邦军队显得既愚蠢又无能。*

更重要的是，他带回来了李最想得到的情报。麦克莱伦的右翼北侧无任何驻军，杰克逊可以毫无顾忌地前往此处包抄他，同时切断他的两条补给线——连接西点的铁路和直通白屋

---

* 我要特别感谢杰弗里·D.沃特（Jeffry D. Wert），他在《败局中的骑兵：J.E.B.斯图亚特传》（*Cavalryman of the Lost Cause A Biography of J.E.B.Stuart*）中对斯图亚特骑马作战细致入微的描述，帮助人们加深了对这个时常令人迷惑并被过分夸大的兵种的理解。

的马车路。尽管杰克逊还在吵吵着要把自己的兵力增加至 4 万人，以便攻打北方，但李早已决意不采纳这个计划。李从斯图亚特的汇报中了解到向比弗丹溪北侧发动攻击不会遭遇任何抵抗。6 月 14 日，当他与杰克逊帐下参谋、陆军上校博特勒（Colonel Boteler）会面时，他曾暗示杰克逊应移师向东，而不是向北。当上校指出杰克逊的人马已习惯了山里的空气，无法承受奇克哈默尼河周边沼泽地里致命瘟疫的袭击时，李回答说："那取决于他们会在沼泽地里待多久。"[65]

李的意图很清楚：杰克逊必须寻机给予麦克莱伦的右翼毁灭性打击，然后迅速退回河谷一带。在与李交谈时，博特勒的言语中流露出一丝怀疑，或者说只是一名上校在上将面前所能怀有的些许疑惑而已——但他毕竟比李更了解杰克逊的心思。当李阐述自己的作战计划时，朗斯特里特将军似乎表现出更明显的怀疑态度。在随后的 3 年中，朗斯特里特将注定扮演一个多疑人的角色，但李并不认为自己受到了冒犯而因此为难他。尽管李总是表现得很平静，但他还是以极大的热情和信念投入所有的战斗中。因此，一个行动迟缓、顽固不化、满腹牢骚的怀疑论者正好可以中和一下李天性中的乐观主义倾向。他承认人称"老皮特"的朗斯特里特是杰出的职业军人。如今，李的捍卫者不像李那么宽宏大量，一般会毫不留情地指责朗斯特里特。

6 月 16 日，李从斯图亚特那里了解清楚奇克哈默尼河以北的地势和道路依旧泥泞不堪的情况后，就自己骑马去联邦军防线一探究竟。他转头对着陪他一起外出的 A.L. 朗说道："好了，朗上校，我们该怎么对付那些人？"李很可能只是随便一说，并非真的是在征求朗上校的意见，但有一点需要注意，他已经养成了用"那些人"代指敌人的习惯。一些作家认为这是一种轻蔑的表现，但如果李心怀这种感觉，就不像李了。似乎

338

更有可能的是，他从感情上无法接受以"美国陆军"之名称呼自己的敌人。尽管他现在身着联盟军的灰色制服，但站在他对立面的人都穿着陪伴了他35年的蓝色军服。虽然他嘴上问着朗，但对究竟该怎么做早已胸有成竹。他曾向戴维斯总统详述了自己的计划，但后者生怕李一旦实施集中兵力的计划，会导致里士满的防务几近空虚。无论如何，李愿意冒险一试。在收到李的指令后，杰克逊便着手让自己的部队脱离河谷中的战斗，他本人也随即不知所踪。按照计划，一旦杰克逊到达奇克哈默尼河北侧，陆军少将D.H.希尔（Major General D.H. Hill）和陆军少将朗斯特里特就将渡过奇克哈默尼河与他在梅卡尼克斯维尔会师。这将使李的总兵力达到6.55万人，与陆军准将菲茨·约翰·波特率领的大约3万人对阵，而陆军少将A.P.希尔（Major General A.P. Hill）将负责牵制比弗丹溪后方堑壕中的联邦军，等候杰克逊赶来合力予以痛击。与此同时，2.1万名南方军士兵将凭借里士满周边的堑壕，与其余围城的6万联邦军对峙。按照李的设想，杰克逊、朗斯特里特以及D.H.希尔会合力向前冲锋，一举击退波特的部队，进而斩断麦克莱伦与白屋和西点之间的交通线，并顺势占领梅卡尼克斯维尔以东6英里处的纽布里奇。然后，李将视战场形势的发展决定挥师向奇克哈默尼河北侧或南侧转移。在补给线被切断后，麦克莱伦的部队别无选择，只能撤退。甚至可以考虑在他们撤退时从侧翼发起攻击，即使不能全歼也可能击溃波托马克军团。

只要看一眼地图，就会发现这是一个雄心勃勃的设想。除了戴维斯和朗斯特里特曾向李指出的风险以外，一个现实的问题是，他如何在长达15英里的战线上指挥一次协调一致的军事行动，这条战线从七松（联邦军左翼在此终止）南侧一直延伸至梅卡尼克斯维尔北侧的托托波托莫伊溪（Totopotomoy

Creek），杰克逊的部队将部署在该处。

　　作为一个从未在战场上指挥过如此大规模军队的人，李担负着一项艰巨的任务。诚然，他对麦克莱伦很了解，认为麦克莱伦的反应会比较迟钝和缓慢。但李可能仍然不知道麦克莱伦相信他面对的军队是他自己军队的两倍多，而实际上李的全部兵力仅为麦克莱伦的一半多。事实上，麦克莱伦仍然责怪总统不给他增援："诚实的阿贝（Honest A）① 又一次落入敌手了"⁶⁶，他在写给妻子埃伦的信中说，并断言他会把李钉死"在他围绕里士满构筑的防线里"动弹不得，还向她夸下海口，"然后我将把他们攥在我的手心里"。⁶⁷ 他甚至自信满满地写信给林肯，提出"要把他'对全国军事现状的看法'发给总统"，并补充说，他认为可以在保障奴隶主财产权的基础上，与联盟国展开谈判并有望实现和平。

　　此时，李急于"在［他］奔赴奇克哈默尼河途中的某处"与杰克逊见一面。6 月 19 日，杰克逊传令全军开始行动，他赶往戈登斯维尔（Gordonsville），并于星期天即 6 月 22 日到达那里，1.85 万人的部队在他身后拉出长长的队伍，步行前进，随行的大炮则通过铁路和马车交替转运。杰克逊在一个名叫弗雷德里克斯霍尔（Fredericks Hall）的村子里度过了一天一夜——他不愿在安息日旅行或做事 ⁶⁸，并于第二天凌晨 1 点带上 3 名工作人员，骑着"被征用"的马中的第一匹再次启程。他没有佩戴表明军阶的徽章，通行证上仅注明是"给一名身份不明的上校"⁶⁹ 颁发的。弗雷德里克斯霍尔至里士满的距离是 52 英里，杰克逊通过中途换马的方式，一刻不停地赶路，仅用 14 小时就走完了全程。6 月 23 日，即周一下午，李手下的人员惊讶地发现一个风尘仆仆、衣着寒酸、明显疲惫不堪的人

---

　　① 对林肯总统的尊称。

340 骑着马赶过来，他那顶破旧不堪的平顶军帽压得很低，遮住了半张脸，只见他来到位于九英里路边上、寡妇达布思（Widow Dabbs）家的院子里手脚"僵硬地"下了马，这里离里士满很近，已被用作李的指挥部。[70] 当听说李公务繁忙，这位灰头土脸且不愿透露身份的骑手就有气无力地倚靠在篱笆上。不知过了多久，D.H. 希尔将军骑着马来了，没想到在这里遇见了他的妹夫① 杰克逊，他原以为杰克逊仍在河谷作战。希尔带杰克逊进了屋，李旋即现身并让人端来一盘茶点，杰克逊只要了一杯牛奶。[71]

在攻击麦克莱伦的行动即将展开之际，李召集了他手下的指挥官共商大计，其中包括杰克逊、D.H. 希尔、朗斯特里特以及 A.P. 希尔。朗斯特里特和 D.H. 希尔年龄最大，都是 41 岁，杰克逊 38 岁 [72]，A.P. 希尔 37 岁——按照他们的级别和担负的职责来衡量，这四人都很年轻。这是一次"历史性"会议，不仅因为战役即将打响，而且因为它是南北战争中的重大转折点。到目前为止，南方大部分时间都在打防御战，以应对联邦对南方领土的攻击。现在，虽然李将军还没有准备好"入侵"北方，但他已经下定决心打一场进攻战，让一支大军遭受持续攻击。即使李本人当时也没想到自己会在一周内连打 10 场仗。

至于他麾下的 4 位将领，他们性格各异，身上也带有一些人类的通病，如争强好胜、野心勃勃，每个人都固执地认为自己无所不知。朗斯特里特、A.P. 希尔和 D.H. 希尔都像李一样很欣赏杰克逊，他在河谷中取得的一系列战绩使他此刻成为众人钦羡的英雄，但出乎大家意料的是，他显得笨拙、沉默寡言，而且没有表现出任何明显的"天才"特征。[73]

———————————

① 杰克逊的第二任妻子是希尔妻子的妹妹。

也许杰克逊部队东移的事已让他筋疲力尽，但也有可能只是他的个性不适合参加这种同僚举行的军事会议。仅在一个月以前，他满怀厌恶之情，决定再也不在自己的部队里举行军事会议，他大概也很讨厌参加本次会议。他愿意服从李的指挥，但他缺乏团队合作精神。杰克逊天生就是个独行侠，甚至不向他最亲密的下属分享他的计划——这一习惯有时会适得其反。他可以极其和善，也有几分冷峻的幽默感，但他是个严格执行纪律的人，部下对他满怀敬畏而不是喜爱。当一名军官谈到联邦军一次注定失败的进攻时说，真可惜，要射杀这么多勇敢的人，杰克逊回答说："我不要他们勇敢，我要他们死。"当另一个人抗议说，如果他听从杰克逊的命令，他的人全都得死时，杰克逊严厉地回应道："我总是尽力照顾我的伤员，埋葬死者。服从命令，阁下。"

杰克逊对李将军推崇备至，他曾说："我绝对信任李将军，我愿意蒙起双眼跟着他走。"杰克逊对李做出的判断从来都不会有任何疑问，这与朗斯特里特的表现完全不同，后者直到最后都在抵抗，不愿让李蒙上他的双眼。

李做了一件奇怪的事。在向众人阐明作战计划后，他离开了房间（我们不知道他离开了多久），以便几位将军可以在他缺席时讨论这个问题。他可能觉得如果他不在现场，将领们就能畅所欲言，或者认为他们都是久经沙场的老兵，应该能够自行解决细节问题。无论他的意图是什么，这都是一个错误，特别是就杰克逊而言。李的计划成功与否，完全取决于杰克逊是否可以准时抵达指定地点并展开攻击行动，但杰克逊未必清楚这一点。杰克逊的部队行军距离最长，因此当他的部队按计划到达，并攻打波特将军布设在比弗丹溪防线的那一刻，其他 3 位将军就发起进攻，这是合乎逻辑的。时机把握得恰到好处是至关重要的。当被问及他的部队何时能够到位并展开进攻时，

341

杰克逊好像"含糊其辞"地说 6 月 25 日，也就是说，还有两天时间。[74] 在通常情况下，悲观主义者朗斯特里特会站出来质疑，并建议杰克逊给自己宽限 24 小时。但他还没来得及开口，会议就结束了，李也回到了会议室。攻击行动将于 6 月 26 日下午 3 点开始。

现在看来，杰克逊似乎不该把极具天赋的制图师杰迪代亚·霍奇基斯上尉留在河谷。在达布思家客厅开会的这几个人好像都不清楚这一带的地形地貌，而且在场的每个人各有各的想法，而刚刚骑马到来的杰克逊则严重低估了穿越弗雷德里克斯霍尔和托托波托莫伊溪之间田野的难度。

会议结束后，杰克逊马不停蹄地前去与他的先头部队会合，他骑行了 30 英里，大部分时间是在夜里，而且冒着倾盆大雨。到达那里时，他了解到的情况本应让他警觉起来。他不能下放权力或与他人分享他的计划，这导致部队行动迟缓，大量士兵掉队（这是内战期间双方一直存在的一个严重问题）。在他的部队中，有些团乘火车前进，另一些则靠着双腿在泥泞的道路上艰难前行。整支部队似乎没有人指挥，拖拖拉拉的队伍长达 15 英里，看不到任何人督促大家加速前进。按照以往的情形，只有面容冷峻的杰克逊在路边横刀立马，敦促官兵们"快走，快走"，这是曾经激励他的军队创造奇迹的因素，但在 6 月 24 日这一天，他显然既没有心情，也没有能力创造奇迹。在战争中，几乎没有什么比将军在逆境中确保自己的部下团结一致并按时完成任务的能力更重要的，以此来衡量，杰克逊在 6 月 24~26 日的表现是失败的。他的传记作家们把这归结于他精疲力竭，这当然是一个因素；但一名将军需要承担的职责之一就是让自己保持高度警觉并休息好，即使冒着落下自我放纵的名声并遭人非难的风险，而另一种职责同样重要，那就是要适当授权给下属，不能凡事都亲力亲为，如疏通行军途中的拥塞或者寻找正确的路线。*

　　军事史学家还批评李将军拟定的计划不够清楚，对糟糕的参谋工作听之任之，并且过度依赖他的军长们。简而言之，杰克逊授权不足，而李授权过多。这种指责有一定的道理，但现实是半岛上"七天"战役的头一天是一个痛苦的学习历程——李从未指挥过如此大规模的军队，杰克逊也从未作为一支大军的重要组成部分发挥作用。更重要的是，当第一天战役开始时，麦克莱伦将军所在位置距离里士满不足 7 英里，他当时正等着道路变干后把攻城车运过来，开始轰炸这座城市，但在一周后，他和他的军队被驱赶到了里士满以外 25 英里处，在联邦炮艇的保护下，蜷缩在詹姆斯河边一个小"口袋"里，而且此后两年多，里士满再也未受到如此近距离的威胁。这样看来，不管用什么标准来衡量，那都是一场胜利——而且是李取得的一场胜利。

1862 年 6 月 25 日和 26 日，梅卡尼克斯维尔

　　也许后来被称为梅卡尼克斯维尔之战最让人意想不到的时刻发生在它开始的前一天。在华盛顿方面的严厉督促下，尽管有些半信半疑并且格外小心，但麦克莱伦总算是开始采取行动，试探与他对峙的南军实力。他命令塞缪尔·P.海因策尔曼将军（General Samuel P. Heintzelman）率先行动，将其"位于七松前方"一个旅的警戒线前移约 1 英里，准备策应陆军少将威廉·B.富兰克林（Major General William B.

---

　　* 在二战期间，英国的伯纳德·蒙哥马利将军常因晚上 9 点准时上床而受到大家嘲笑，即使在丘吉尔和英王乔治六世访问他的司令部时也不例外，但他的做法并不全错。一位将军应该照顾好自己，只在情况紧急时才让人叫醒他，这要求他具有拿破仑所说的非常罕见的勇气，即"Le courage de deux heures du matin"（凌晨两点的勇气），也就是在凌晨两点突然惊醒后可以做出重大决策的能力。

Franklin）的部队按计划第二天向老酒馆的交叉路口发起的进攻。[75] 作为麦克莱伦下属的第三军军长，海因策尔曼将军是参加过美墨战争和第一次马纳萨斯战役的老兵，如今已是白发苍苍，看上去比他的上司还谨小慎微。老酒馆是麦克莱伦原计划安置轰击里士满的攻城车的目标地点之一，鉴于它距里士满不足 1 英里，选择这里似乎合情合理。6 月 25 日，就在李计划中的进攻开始的前一天，海因策尔曼部的举动在奥克格罗夫（Oak Grove）引发了一场规模不大但愈演愈烈的战斗。这场战斗暴露了麦克莱伦优柔寡断的致命之处，他在后方先是命令海因策尔曼将其一个旅前移，随后又下令该部撤出他们占领的区域（600~800 码）。然后，当麦克莱伦离开指挥部，骑马去现场视察时，他又命令该部夺回他们刚刚放弃的那片阵地。

有句军事格言十分在理［有人说它出自乔治·巴顿（George Patton）］*，永远不要为同一块地产付两次钱，不过麦克莱伦可能是被眼前的情形吓坏了——自美墨战争结束后，他还从未如此近距离地观战，同时有种不祥的预感，李正准备大举攻击他。无论如何，麦克莱伦还不如放手让海因策尔曼自行处置奥克格罗夫的事务。即便不是天才良将，海因策尔曼毕竟身临其境，完全有能力在没有陆军总司令帮助的情况下指挥三个旅。部署在奇克哈默尼河南北两岸的联邦炮兵同时开炮，火力支援海因策尔曼，7 英里外的里士满能清楚地听到隆隆的炮声。

下午 3 点左右，满腹疑惑、忧心忡忡的李将军策马上前，想要一探究竟。他到现场一看，立刻断定联邦军队的攻势已被遏制，更重要的是，当前的冲突仍仅限于"局部"——也就是说，麦克莱伦部署在奇克哈默尼河南侧的其他部队当天下午不

---

* 很可能不是——或许是电影《巴顿》（*Patton*）的编剧借他或者饰演他的乔治·C.斯科特（George C. Scott）之口说出来的。

会过来支援。

　　李"大胆"决定不推迟原定第二天实施的进攻计划。戴维斯总统的一个助手曾与李短暂共事，当被问及他对北弗吉尼亚军团新任指挥官有何看法时，他答道："无论是北军还是南军，假如说有一个人 [76] 身居高位、胆识过人且无人能及的话，那就是李将军。……李本人就是胆识的化身。他的名字叫无畏。"这并非当时多数人的看法，但这样说并没有错。换作任何其他指挥官都会推迟进攻计划，至少会在积极备战的同时留出充足的时间查明敌军的动向，因为毕竟敌军有可能在第二天全力出击，首先攻击联盟军的右翼，然后大举进攻里士满，果真如此的话，海因策尔曼在奥克格罗夫的异动只是前奏；但李认定只要他能稳住阵脚并按原计划发起攻击，就一定能打麦克莱伦一个措手不及。

　　李的直觉对他很有帮助。到了傍晚时分，联邦军的攻势和炮击规模开始减弱。虽然李不可能知道 [77]，但麦克莱伦全天一直收到各方来报，称杰克逊部已经从河谷消失了，很有可能正朝他这里开进。就在李来到九英里路视察奥克格罗夫形势的同时，麦克莱伦离开了那里急忙赶回他的指挥部，紧接着就收到了陆军少将菲茨·约翰·波特发来的急电，声称其驻扎在奇克哈默尼河北侧阵地的骑兵部队遭到攻击，已被迫后撤，另外，来自里士满的"一个逃亡的奴隶"说有新来的部队进了城，并受到市民们夹道欢迎。麦克莱伦犯了"草木皆兵"的毛病，进而得出极其离谱的结论，他要对抗的是总兵力达 15 万 ~20 万人的南军，但实际上，即使算上杰克逊还在赶路的 1.85 万人和部署在里士满周边李指挥挖掘堑壕的 2.1 万守军，联盟军的总兵力也不过才 8.5 万人。但他正确地预测到杰克逊打算攻占他在比弗丹溪北面的右翼。到这时，杰克逊部从河谷向里士满转移一事已是公开的秘密。6 月 25 日，一贯消息灵通的切斯纳特夫人在日记中提及此事，她在遥远的南卡罗来纳州哥伦比亚就知道了："'石墙'即将来到麦克莱伦身后——并将展开拉锯战。"[78] 在这种情况下，麦克莱伦决定撤出在七松正前方的战斗，这正是李事先猜到他要做的。

李的魄力有了回报。假如麦克莱伦选择借着海因策尔曼进攻的势头推动他两侧的各军前进[79]，他或许真会像戴维斯总统所担心的那样，第二天就能攻占里士满——挡住他去路的只有两个师的部队，别无其他。相反，他返回了指挥部，给战争部长埃德温·M.斯坦顿发了一份急件："我很遗憾寡不敌众，但感觉责任不在我。……我会尽一名将领之所能，率领我有幸指挥的这支大军征战，若被兵力占绝对优势的敌军消灭，我至少能与它同生死共命运。"鉴于他在海因策尔曼的阵地上一个多面堡里很安全地观察过奥克格罗夫的战况，他信中结尾那句话不仅涉嫌虚张声势，而且赤裸裸地暴露出他所具有的难以置信的自恋情结，同时还流露出近乎偏执的受迫害倾向。

尽管如此，他仍是个能力极强的军人——在战后当李被问及谁是联邦军中能力最强的将领时，他甚至回答说："麦克莱伦，毋庸置疑。"在训练部队、部署部队或预判敌军意图方面，没人能胜过麦克莱伦。甚至他在写给斯坦顿的信中暗示，自己准备身先士卒、战死疆场之前，就已经开始下达命令，要求将他的船舶供应基地从约克河转移到詹姆斯河，因为他预计李打算切断他与白屋和西点之间的交通线。麦克莱伦的问题不是他缺乏勇气或技能，而是他花了太多心思打造一支整齐、纪律严明、装备精良的军队，他实在不忍心眼看着自己呕心沥血取得的成果毁于一旦。

至于李将军，太阳开始西沉时，他纵马扬鞭奔向里士满。雨下了一整天，但雨刚停，乌云就散开了，他身后出现了一道彩虹，约翰·R.汤普森（John R. Thompson）的一首诗赞颂了这一好兆头。

> 那里驻扎着我军——满怀期待，驻足远望
> 静候着明日一场恶战；
> 一项项泛着白光的军帐
> 密布在河与河之间的草地和山丘上……
>
> 这时，看啊！一个神奇的东西出现在云上！
> 一道美丽的彩虹突现，环抱我们的主人！
> 从中心到拱门再到两个展开的翅膀，
> 散射着天蓝、深红和金黄。
>
> 祝愿胜利的预兆，神圣的象征
> 代表着喧嚣后的宁静，病痛后的休养；
> 多么甜美又多么耀眼的承诺的标志
> 仅此一次在眼前闪亮！

一个男人，一脸憔悴，一身灰衣，骑一匹灰马，在彩虹的映照下，沉思着返回达布思家。这是一幅极具戏剧性的画面，但李是否意识到了他身后的天空的预兆，没有书面记录予以证实。此时此刻，他心事重重。考虑到重任在身，李本想强迫自己把个人顾虑抛到一边，但他不可能不惦记家人四散，无家可归，忍悲含冤——他的儿媳夏洛特被逐出白屋种植园的家，还怀着 5 个月的身孕，和李的 3 个女儿一起带着生病的罗伯（李唯一的孙子）前往北卡罗来纳的琼斯矿泉，希望那里的"疗养温泉"能够治愈他。[80] 不幸的是，尽管有"干净舒适的"环境，患病的婴儿最终还是死于肺炎。住在里士满的玛丽·李经受着日渐加重的关节炎和酷暑的双重折磨，痛苦难耐，但李

348

一直没能从百忙中抽出时间去看望她。

李也有充分的理由担心他明天要实施的计划太复杂了。他用心起草了书面命令，但重读时发现这似乎很难做到。杰克逊接到的命令还有封附信说明如何攻打比弗丹溪，但读着很让人费解。"这四个师，"他命令道，"相互之间保持联络，分路呈梯队向前推进，如果可行，位于左翼的师居前，小分队和神枪手在前线展开攻击，突袭奇克哈默尼河，并力求击溃纽布里奇上方之敌；杰克逊将军向左进军，攻占比弗丹溪后再向冷港方向推进。"[81]

"如果可行"的字眼将经常出现在李的命令中，而且导致了许多不良后果，因为它给下级指挥官提供了一种托词，使他们可以在事后争辩说，在他们看来命令他们做的事并不"可行"。"分路"的说法也产生了各种问题，尤其对杰克逊来说，他不熟悉弗吉尼亚的这个区域，而且他还极不明智地把不可或缺的绘图专家霍奇基斯留在了河谷。李试图向杰克逊进一步阐明自己的想法，结果是乱上加乱："明天你们行军抵达梅里奥克斯（Merry Oaks）时，道路分岔。从我手头上的地图

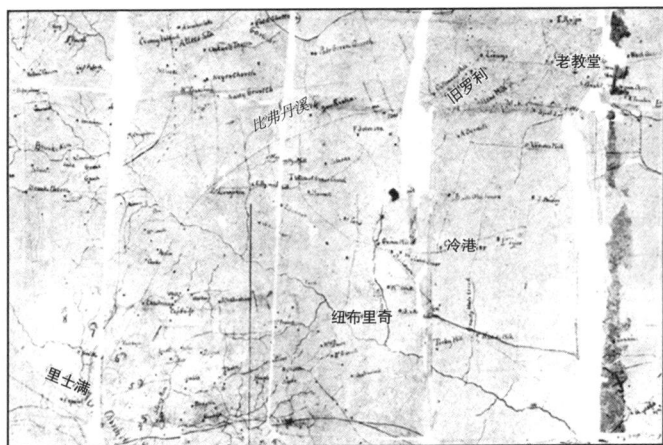

9　在1862年的七天战役中，联盟军最高司令部所用里士满附近地区简图

看，我右手方是阿什凯克路（Ash Cake road），在麦肯齐夫人（Mrs. McKenzies）家附近与直通谢迪格罗夫教堂（Shady Grove Church）的一条路相交。"[82] 那个时代的道路基本上都没有路标，而且就像沃尔特·H.泰勒所说的那样，"乡下人好像只知道他们家门口的事，完全靠他们当向导"带路，纯属自找麻烦。[83]

即便是忠心不二的沃尔特·H.泰勒也不得不承认，南方的将军们因"对当地一无所知且缺乏可用的地图"[84]而备受困扰。这种说法令人费解，因为他们只不过是在离自己的首都不足10英里的地方打仗，按说麦克莱伦在半岛登陆也有好几个月了，联盟军方面有足够的时间绘制一些地图，至少可以把主要"道路的位置"和走向标出来。理查德·泰勒准将（Brigadier General Richard Taylor）在其《毁坏与重建》（*Destruction and Reconstruction*）一书中不无刻薄地评价驻守在里士满周边的同僚将军们："联盟军指挥官们对本国地形的了解不比他们对中非的了解更多。"[85]他没说错。实际上，麦克莱伦就有更详尽准确的里士满地图，比李拿着的好很多。

尽管如此，在李将军指挥北弗吉尼亚军团后的4个星期里，他的备战努力已然创造了奇迹，与此同时，他还为该军团制订了一项错综复杂但最终成功实施的战略计划。由于大众无从知晓他所做的大部分工作，所以他仍然是一个遭受人们质疑和嘲笑的对象，但是戴维斯了解他的作用，在李将军手下任职的将军们同样了解——只是他们，甚至是李本人，或许做梦都没有想到，像他这个年龄的人竟然会在一周内连续进行10场大战，这无疑是军事史上无与伦比的纪录。

理解"七天"战役的唯一方式是把它视为一次耗时较长的战役，其间李连续不断地攻击敌人。有几天他打输了，另外几

349

天他打赢了，有时双方经过一番血雨腥风的厮杀而难分胜负。但无论如何，李毫不留情、不屈不挠地逼退麦克莱伦的大军，直到解除里士满受到的威胁。

6月26日，当李在黎明时分醒来时，他发现这天的天气似乎不错；但从天亮以后，他收到的战报都是坏消息，第一条是杰克逊发来的，说他的行军时间延迟了。

杰克逊给了自己"不足48小时的时间带领部队进入30多英里以外的预定阵地"[86]，但在连续两夜没合眼之后，他已无法发布强有力的命令，迫使手下做出超越他们极限的努力。6月24日，他等待着殿后部队跟上"主力部队"，觉得自己累得头晕眼花了。[87]那天夜里，有人发现他一夜没睡，一边晾干制服，一边看小说，显然没注意自己的部队已经"乱作一团"。他的军事行政长官助理[*]陆军少校罗伯特·L.达布尼（Major Robert L. Dabney）[88]，是因为"杰出的神学生涯"而被挑选出来的，这是一个古怪且不幸的选择。达布尼没有军事经验，更不用说他对这项工作并不热心。仅仅因为他是一个"振奋人心的牧师和才华横溢的神学教授"[89]，就让他负责管理1.85万人的行军，这完全是对上帝创造奇迹的能力或意愿的过分信任。由于杰克逊无法持续到场督导并事事给予全力支持，达布尼开始不知所措，然后一发不可收拾：士兵们散乱着，运输给养的马车行动迟缓，落在部队后面几英里的地方；即使是让马饮水和让官兵们有机会灌满自己的水壶这种切实可行的计划也被忽略了。

一天的行程结束时，杰克逊的部队前进了22英里，考虑到他们的来路蜿蜒曲折、泥泞难行，而不是路面铺设碎石且笔直的河谷收费公路，这已经算是了不起的壮举了。何况这些人

---

[*] 我们现在称达布尼为参谋长。

已习惯了谢南多厄河谷中清爽的空气和干燥的路面，在闷热、潮湿且不时下起阵雨的天气中行军，实在是苦不堪言。部队当晚扎营的地方距离阿什兰还差 6 英里，它的西边本是李希望杰克逊当天赶到的地点，并且距离部队按原计划应已穿过的弗吉尼亚中央铁路还有近 12 英里；为此杰克逊心烦意乱，动辄朝他的部下发脾气，但也于事无补。开局不利。在写给李的便条中，杰克逊提请李注意，敌军在阿什兰的骑兵侦察队已被击退，附近的电报线被切断，这一事实表明麦克莱伦不仅肯定知道杰克逊要来，而且知道选择哪条路线。再想隐秘行动已经不可能了——事实上，"逃亡奴隶"的说法至此已经得到了杰克逊部一个逃兵的证实。

　　杰克逊在靠近铁路线的一间农舍里过夜，这正是他的军队本该此时抵达的地方。夜里他听到了人们的欢呼声，原来是他的人在迎接抵达这里的 J.E.B. 斯图亚特准将，他率领的2000 名骑兵将在杰克逊部第二天行军时保护其左翼。这支部队围着麦克莱伦绕了一圈，为斯图亚特赢得了堪与杰克逊媲美的声誉，但他和杰克逊的形象有着天壤之别——杰克逊穿着破破烂烂、满是灰尘的制服和一双巨大、沾满泥的靴子，而斯图亚特则头戴装饰着羽毛的帽子，身穿一尘不染、金色穗带镶边的制服，系一条黄色腰带，戴着长手套，脚穿锃亮的长筒靴。形象迥异的两个人彼此熟识，惺惺相惜：有着骑士风采的斯图亚特是个虔诚的信徒，而宗教信仰也一向是杰克逊最为珍视的。不过有些遗憾的是，眼下杰克逊太疲乏了，他无心长谈；鉴于斯图亚特轻易就找到了阿什兰，想必他会告知杰克逊前方的路况如何。他似乎没有坚持要杰克逊接受他的帮助，而杰克逊好像也没有要求他提供协助。斯图亚特是一流的职业军人，他清楚地知道李期望杰克逊第二天赶到哪里，也知道该怎么走。他本可以很好地解释李那封让杰克逊困惑不解的晦涩难懂的信。

351

有可能是杰克逊碍于面子[90]，觉得一名少将不该向一名准将求助，不过这不太符合杰克逊的性格，因为他总是耐心听取霍奇基斯的意见，而后者不过是上尉。午夜时分，他手下两名准将——理查德·尤厄尔和威廉·怀廷——急忙来到这个农舍，迫切要求部队穿过弗吉尼亚中央铁路线后分两路同时前进，以便赶往亨德利角（Hundley's Corner，波特在比弗丹溪的阵地右翼上方2英里处）时节省一半时间，杰克逊礼貌地点点头，但没有明确表态。小詹姆斯·L.罗伯逊（James L. Robertson Jr.）著有一部内容翔实的"石墙"杰克逊传记，根据他的说法，尤厄尔离开农舍后又返回来取他落下的剑，正好看见杰克逊跪在屋里祈祷。由于杰克逊已向李保证部队将在凌晨2点半"启程"[91]，加之他总是率先起床，在官兵们列队时他已穿戴齐整并骑上了马，因此那天晚上他睡觉的时间不会超过一小时。自6月20日起，他一直在四处奔波，根本没机会好好睡一觉，这对一个38岁的人来说绝对不是什么好事。

352 　　尽管杰克逊下达了命令，但他的部队直到6月26日（星期四）上午8点才启程，先头部队直到上午9点才穿过铁路，比原计划晚了6个小时。就在这个时间点上，杰克逊给陆军准将劳伦斯·布兰奇（Brigadier General Lawrence Branch）发了一条讯息，按照李的计划，他应该负责护卫杰克逊的右翼，同时斯图亚特的骑兵保护他的左翼。斯图亚特和他的骑兵

353 在破晓时便已出现[92]，两人全天大部分时间都并辔而行，但布兰奇的部队却一直不见踪影，而他所率的旅原本应将杰克逊和北弗吉尼亚军团连成一体。乡下环境令人压抑，狭窄的道路在茂密的树林和乱成一团的灌木丛之间穿过。联邦军摧毁了许多桥梁，进一步拖延了杰克逊部前进的步伐，而狙击手不时发射的冷枪、临时设置的路障、被砍倒的树木和淹没河岸的小溪等都给部队行军造成了极大困扰。杰克逊接受了尤厄尔有关部队

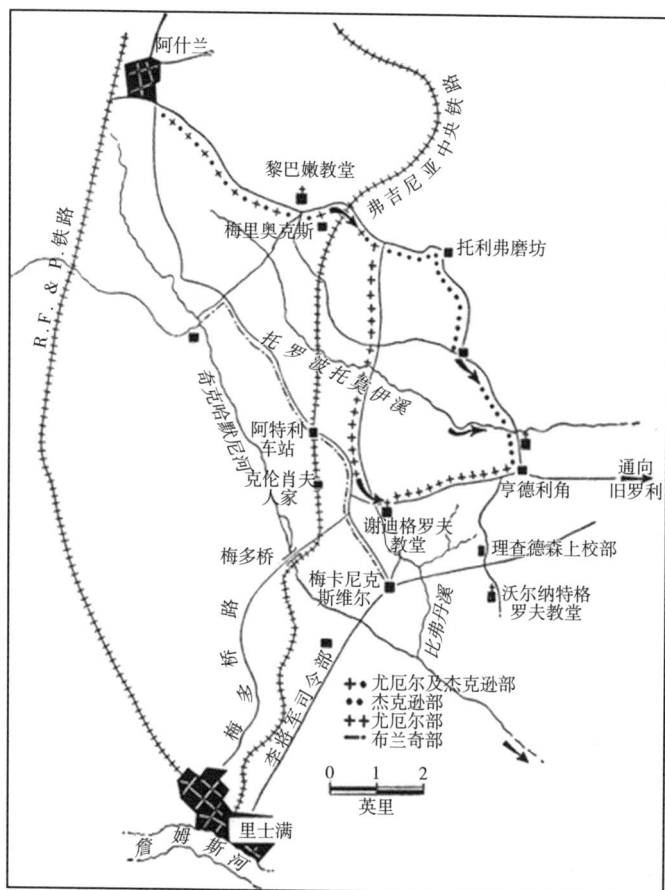

地图上的标注文字：

阿什兰
黎巴嫩教堂
弗吉尼亚中央铁路
梅里奥克斯
托利弗磨坊
R. F. & P. 铁路
托罗贝托莫伊溪
布克哈默尼河
阿特利车站
克伦肖夫人家
亨德利角
通向旧罗利
谢迪格罗夫教堂
梅多桥
理查德森上校部
梅卡尼克斯维尔
沃尔纳特格罗夫教堂
比弗丹溪
桥多梅
杰克逊军司令部

＋・尤厄尔及杰克逊部
・・杰克逊部
＋＋尤厄尔部
——布兰奇部

0   1   2
英里

里士满
詹姆斯河

10　1862 年 6 月 26 日，杰克逊、尤厄尔和布兰奇的行军路线

分两路齐头并进的建议，但就如尤厄尔带着几分恶意的幽默所说的那样，他是在为此祈祷了一番后才接受的。[93] 尽管如此，部队前进的速度仍然慢得令人心急如焚。

　　关于杰克逊违背向李做出的承诺而未能按时抵达预定位置一事，存在两种观点。杰克逊的支持者认为，多种因素导致了他的失败：首先，他困乏到了极点，头脑一团混乱，难以做出正确判断，而达布尼少校的无能使士兵们吃不上饭喝不到水，也不能按时出发，因此耽搁了行程；其次，杰克逊错误地选择了达布尼的哥哥充当主要向导，他夸口说自己非常熟悉这一带的地形；最要命的是，李的参谋人员能力低下，李发布的指令含糊不清。支持者们声称，杰克逊试图严格依照命令行事，但他甚至不知道他的攻击行动是作为其他指挥官展开进攻的信号。总之，杰克逊并没有认识到只有他通过梅卡尼克斯维尔并攻占波特在比弗丹溪的防线后，整场战役才会打响。

李的支持者们承认他的参谋人员数量严重不足，无法承担一名战地指挥官的巨大工作量，但同时指出，这个团队，尤其是沃尔特·泰勒、A.L. 朗和查尔斯·马歇尔（Charles Marshall）等几名亲信的能力是毋庸置疑的。至于李发布的命令，虽然它们涉及的内容可能过于细致和具体，但他在 6 月 23 日的会议上已尽可能向与会的每个人阐明了他的计划。除非杰克逊开会时在打盹，否则他肯定知道李打算在杰克逊的部队到位后再全力出击。其他参会将领们都很清楚李的意图——因此，朗斯特里特的担心不无道理，杰克逊没给自己留出足够时间。

354　　　达布尼上尉后来说，联邦军在树林中开辟的一些新路让他迷了路，这些新路形成了他不熟悉的十字路口；但姑且不论选他做探路者是否明智（这再一次证明霍奇基斯的缺席对杰克逊造成了损害），斯图亚特的行为也令人费解，他手下有 2000 名骑兵，却没有派侦察兵前去探路并设法与布里奇将军接头。无论是当时还是后来，斯图亚特和杰克逊都从未抱怨过李的命令或他的补充指令存在模棱两可之处。如果像林肯曾抱怨麦克莱伦的那样，杰克逊的队伍出现了"一阵放缓"行军速度的现象，那只能是部队在行军中军纪涣散、组织不力的结果。杰克逊本应策马在队伍前后穿梭，督促手下竭尽全力前进，至少给可怜的达布尼少校打气，而不是与杰布·斯图亚特一起远远走在队伍前面。

到了正午，杰克逊认识到事情出了问题。他正在向南朝着托托波托莫伊溪缓缓前进，这条河是部队到达指定地点前唯一一道实质上的自然屏障。此时他虽看不到，但知道尤厄尔正率部走在2英里外并行的一条路上，那条路稍微远些，但还是看不见布里奇旅的踪影。只要派出侦察兵全力打探，种种谜团都能被破解，甚至可能探明李本人所在的位置，因为他就在几英里之外、可以俯瞰梅卡尼克斯维尔的高地上，但杰克逊部的三股力量继续我行我素，未做任何努力，好像根本不知道朗斯特里特、D.H. 希尔和 A.P. 希尔正焦急地等待着杰克逊发出信号，以便他们一起发动攻击。

弗吉尼亚中央铁路与托托波托莫伊溪相距仅7英里，但杰克逊于早上9点穿过铁路线后，至下午3点才到达河边，这意味着他的步兵每小时行军速度也就一英里多一点，肯定是拖拖拉拉、走走停停才会这样。斯图亚特提前派了一些人前去保护过河的桥，并与守桥的一股联邦骑兵短暂交火，但在这股守军被击溃之前，他们放火烧了这座桥。杰克逊的工兵们一刻不停地着手修复，部队直到下午4点半才开始过桥，比李预定杰克逊部展开攻击的时间晚了足足一个半小时。杰克逊命令炮兵开始向河对岸的树林开炮，以便在他的主力过桥前肃清任何可能隐藏在其中的敌军，随后按计划开赴位于东南方向1英里左右、前往旧罗利中途的亨德利角。下午5点过后，此前与布里奇将军联系上的尤厄尔终于赶到了亨德利角，并在杰克逊右侧摆开阵势。按照杰克逊的理解，他应依照命令在 D.H. 希尔的"策应"下，与他右侧的 A.P. 希尔一起向前推进，但那两支部队迟迟未露面。[94] 在苦苦思索了一番后，杰克逊决定等候下一步命令并就地"露营过夜"，毫不理会他右侧传来的清晰可辨、激烈的枪炮声。

　　李在前一天晚上收到了杰克逊的信息，称他的部队进军时间延迟了，但在这一天里他一直觉得杰克逊会弥补失去的时间，并在下午 3 点前就位。在漫长而炎热的一天的等候中，李没有表现出明显不耐烦或焦虑的迹象，就这样一直等到午后，他最终占据了可俯瞰奇克哈默尼河的山脊上的一个位置，即从梅卡尼克斯维尔向南不足 1 英里的地方。站在这里，他可以看到一幅广阔的、郁郁葱葱的"全景"图，一场大战即将在此展开：他的眼前是奇克哈默尼河，左侧是平行的梅多桥（Meadow Bridges），布里奇将军与杰克逊联络上之后，A.P. 希尔会由此过河展开攻势。[95]李的正前方是显然已空无一人的梅卡尼克斯维尔村，他的右侧是隐现在散布的灌木丛和树林中蜿蜒曲折的比弗丹溪，稍远处则是波特将军的炮兵和陆军阵地。李朝右侧极目远望，可以看见麦克莱伦将军放出的观察气球（这在当时还是新鲜事物），在燥热、晴朗的天空中闪闪发光。李将军和越来越不耐烦的 A.P. 希尔几乎同时看到前方地平线上冒起了浓烟，不久之后就听到了炮声。他和希尔很可能都在想，杰克逊已经就位，并且正在攻打波特的防线，他们不可能想到那是联邦军放火烧桥时冒的烟，听到的炮声则是杰克逊的炮兵正在轰炸前方树林里可能存在的敌军。毫无疑问，李绝对没想到布里奇将军竟然还没有和杰克逊取得联系，更不知道杰克逊的 1.85 万人散布在燃烧的桥后数英里长的路段上。无论如何，A.P. 希尔早已失去了耐心，因为一整天都没听到杰克逊的任何音讯，眼前突发的变故让他立刻得出结论，杰克逊已经发动了进攻，从而发出了实施李将军计划的信号。

　　如果说李有任何忧虑的话——著名的"大理石人"那张脸是不会流露任何情感的——只会因为从里士满骑马赶来观战的戴维斯总统、"国务卿和一些公众人物"出现在山顶并簇拥在他身边而加重。[96]

下午 3 点刚过，河对岸远处树林里传来响亮的步枪齐射声。A.P. 希尔已率军过了奇克哈默尼河上的梅多桥，在走出 2 英里远后向右转，沿着河边向梅卡尼克斯维尔进发，一路逼退联邦守军，与此同时，希尔部署在后方树林中的炮兵也开了火。李将军和来自里士满的观战者们就像看戏一样欣赏着眼前这场逐渐展开的大战。

就在希尔的部队接近梅卡尼克斯维尔这个小村庄时，他们突然遭到几百码外比弗丹溪一带联邦军的猛烈炮击。直到此时，还是看不到布里奇旅逼近梅卡尼克斯维尔，或者联邦军不敌杰克逊所率 1.85 万人对其右翼的猛攻而从比弗丹溪阵地撤退的迹象。相反，来自联邦军阵地的火力密集、猛烈且稳定，没有丝毫迹象表明他们陷入了恐慌并开始后撤。事实上，A.P. 希尔正准备做的事无任何胜算：他的 1.1 万人要冲过近 1 英里的开阔地，向 1.4 万人以及占据有利地形的 32 门大炮展开正面攻击。

甚至在那之前李想必已经开始本能地感到情况十分不妙。[97] 下午 4 点左右，他派出熟悉本地情况的年轻中尉托马斯·W. 西德诺（Thomas W. Sydnor）去警告 A.P. 希尔（他的部队已经进入梅卡尼克斯维尔）"暂停所有行动，原地待命"。在联邦军从梅卡尼克斯维尔撤走时，他们在李眼前奇克哈默尼河上的断桥桥面临时搭了几条木板，D.H. 希尔的一个旅过了桥。那些木板能禁得住步兵过桥，但未必能把大炮运过去。问题是，没人奉命去探路，看看炮兵能否通过，这肯定是个错误。李见状骑马下山去现场指挥，与此同时，总统及其随从在他前方过了河。此刻已是下午 5 点多了，李赶到梅卡尼克斯维尔后发现，A.P. 希尔"无视他的命令，并已……开始自行其是"[98]，实际上是在不清楚杰克逊此刻在何处以及距离多远的情况下发起了进攻。至此，李将军实际上已经失去了对这场战斗的控

357

制。A. P. 希尔师的主力被压制在比弗丹溪沿线一动不能动，部队伤亡惨重；D. H. 希尔和朗斯特里特的师正在过河并在他后方排兵布阵。布里奇将军的旅终于现身了，只是依然不见杰克逊的踪影。

李将军的注意力一时被戴维斯总统及其随行人员分散了，他们现在暴露在重炮火力之中，身边充斥着受伤、死亡或垂死的人和马。李将军客气但坚定地往回赶戴维斯总统，"总统先生，你这支队伍里都是什么人，在这里干什么？"他指着一众内阁成员和政客们说。戴维斯显得有些尴尬，赶紧辩称他也不知道为什么有这么多平民跟着他。他说："它不是我的队伍，将军。"[99] 李神情凝重地告诉他，这里"不是他们待的地方"。戴维斯无疑被李"冷冰冰的"语气触动了，接着说："好吧，将军，如果我离开，或许他们会跟着我。"话音一落，他就骑马下了山，渐渐从李的视野中消失，只是并没有完全脱离战场。人们可以理解，此时此刻，李需要静下心来审视一下当前的困境，而不是受到一群不相干的人在旁干扰。太阳渐渐西沉，他已经从 A. P. 希尔的经历得知，直接向波特防线发起正面攻击几乎肯定会败得很惨；更令他担心的是，一旦麦克莱伦得知联盟军在奇克哈默尼河北岸的进攻遭到惨败，就可能趁机攻击里士满——这正是戴维斯所忧虑的。

李将军当机立断，而这将是他今后一贯的指挥风格。他口授了一条命令给休格将军，让他坚守里士满周围的堑壕阵地，用弗里曼的话说，就是"必要时，让刺刀见红"，这其实是一种"不惜战斗到最后一个人"的老式委婉说法。[100] 他同时也意识到只有攻击波特的右翼才能迫使他后退，于是命令陆军准将威廉·多尔西·彭德（Brigadier General William Dorsey Pender）和罗斯韦尔·S. 里普利（Brigadier General Roswell S. Ripley）各率一个旅趁着天还亮发起进攻。按照李的设想，一次成功的侧翼进攻，配合随后发动的正面进攻，或会扭转当天的战局，但事与愿违。彭德和里普利的部队遭受了重大伤亡，始终无法绕过波特的左翼。于是，第一天的战斗以一场血腥但徒劳的大炮对轰而告终，双方重炮的轰鸣声一直持续到深夜。

李应该感到庆幸，当天下午稍晚时，麦克莱伦将军来到波特固守的阵地，他既没有下令进攻里士满，也没有增援波特。相反，麦克莱伦做起了李将军一直想要实现的事——他命令波特放弃他成功守卫的比弗丹溪防线，并后撤至盖恩斯磨坊（Gaines's Mill）一带"更利于防守的地点"。[101] 麦克莱伦还下令开始把航运供应基地的物资从白屋和西点转移至詹姆斯河，从而放弃奇克哈默尼河以北的供给线，而这也正是李一直想要切断的供给线。

在战场上占据上风的一名将军，在兵力和大炮数量都远超对手的情况下，主动放弃自己的供应基地，在成功击退敌军攻势后却把占据有利地形的阵地拱手让给敌人，并下令全军穿过于己不利的地形撤退至新基地，同时让部队在移动过程中屡遭侧面攻击，这绝对是历史上极为罕见的举动，而这正是麦克莱伦所做的。李没有什么值得庆贺的。无论出于什么理由，杰克逊未能按计划到达预定位置一事破坏了他的整个作战计划，由此导致联盟军伤亡高达1484人，对方则仅有361人伤亡。更严重的是，在李指挥的5.6万人中，仅有1.4万人投入了战斗。其余的部队要么迷了路，要么姗姗来迟，或者干脆被拥塞的道路和损毁的桥挡住了去路。当然，李根本不可能知道麦克莱伦早已得出惊人的结论，即李"正落入一个陷阱"中。麦克莱伦信誓旦旦地告诉妻子埃伦，他打算"让敌军切断他的交通线以确保成功"，这话出自一位处于全面撤退的将军之口显得十分怪异。麦克莱伦甚至给战争部长斯坦顿发了一封贺电，声称取得了"彻底的"胜利，而且说他几乎开始"认为我们是不可战胜的"[102]，但他只字不提他一度放弃了奇克哈默尼河以北的供给线和基地，而且完全放弃了围攻里士满的希望，更不要说占领它了。李圆满解决了他的当务之急：6月25日，麦克莱伦还驻扎在距离里士满不足7英里的地方，如今却已带着他的大军转移到更远的地方。

1862年6月27日，盖恩斯磨坊

也许李在6月26日晚上做出的最重要的决定是在第二天清晨再次发动攻击。他并没有对在梅卡尼克斯维尔的失误耿耿于怀，也没有考虑撤出战斗，回防里士满。李将军像威灵顿将军一样，或者说像所有伟大的将军一样，能够直视战场上的苦难，消化它的恐怖（他从未回避这种苦难和恐惧），随后平静地做出下一个决策。* 在整个"七天"战役期间，无论前一天打得多不好，李都会一直连续不断地进攻。他、他的参谋人员以及他麾下的将领们实际上都在学习如何让各个部队作为一个整体作战，也许他们至此已认识到最重要的一点，即李根本就不会在巩固和重组他的军队上浪费时间，或者等着看敌军的动向。他只是简单地发动攻击，决心不给敌军任何喘息之机，并逼迫他们后退，离里士满越来越远。麦克莱伦以为李越是向前推进，就越有可能犯错，当然，他的想法没错，因为在接下来的一个星期，李一再犯错，但他一直没有给麦克莱伦利用他的错误的机会。日复一日，他逼迫着麦克莱伦的大军不断朝着詹

---

* 然而，一位将军对苦难完全漠不关心并不是一个好迹象。塔列朗（Talleyrand）说过，他和拿破仑一起骑马走过埃劳（Eylau）战场的那一刻，他就知道拿破仑注定要失败了——当时塔列朗提到了部队伤亡人数，皇帝只是以一种惊讶和些许愠怒的口气回复道："Mais ce sont de la petite espèce（可他们都是无足轻重的人）。"相比之下，李将军对他的士兵们的赞赏和对他们苦难的同情从未减弱过。

姆斯河方向撤退。

　　李的计划是打击波特在比弗丹溪防线的两翼。与此同时，他派出沃尔特·泰勒去寻找杰克逊——他前一天就该这么做。天气极其炎热，道路干燥，这是一个快速前进的机会。但当李准备从比弗丹溪的南北两侧开始进攻时，波特放弃了他前一天奋力防守的阵地，向东面 5 英里外的新冷港（New Cold Harbor）全面而有序地撤退。到达那里后，波特可以凭借波怀特溪（Powhite Creek）后方高地的有利地形顽强抵抗，他的左翼则紧靠着麦克莱伦部署在奇克哈默尼河南岸、正对里士满的主力部队，两军通过河上的两座桥保持联络，这样在必要时可得到有力支援。这里天然就易守难攻。当波特坚守比弗丹溪时，他实际上处于麦克莱伦大军前方的突出部位，是在孤军奋战。现在，联邦军已集中在一条几乎长达 10 英里、有良好内线的弧线上，这支令人生畏的大军共有近 10 万人，其中 5.7 万人在河的北侧。

　　李只有 3.5 万人，仍然在毫无章法地四处移动中，但他依靠奇克哈默尼河南侧的马格鲁德将军扰乱麦克莱伦的视听，将他的注意力引向错误的方向。从天亮开始，马格鲁德就带着他的师在树林里穿梭，造成一支庞大的军队准备发动进攻的假象。为了做得更逼真，他还把当时联盟国拥有的唯一一只热气球*升空，在里士满上空游弋，让麦克莱伦以为联盟军会同时大举攻击奇克哈默尼河两岸的守军。

---

　　*　同盟国拥有的气球还是 18 世纪的那种"热空气"的老式气球，因为它不具备合众国方面已经掌握的在现场生产氢气的能力。气球是用"丝绸布料"制作的，但不是传说中用当时人们为此捐助的女装剪裁而成的。参见理查德·比利斯（Richard Billies）所著《内战中的观察气球》（*Civil War Observation Ballons*），2011 年 11 月 28 日；《美国内战期间使用的气球》（*Balloons in the American Civil War*），网站。

波特正忙着在其左翼的波怀特溪后方及其正前方的博茨韦恩湿地（Boatswain's Swamp）挖掘工事，无暇顾及麦克莱伦部署在 5 英里之外、河南面的其余 4 个军正面的敌情动态；但马格鲁德的表演显然奏效了，麦克莱伦确信李在里士满内外拥兵 10 万，而他将"以寡敌众……四面楚歌"。[103] 他早已派出工兵去他背后的"怀特奥克湿地架桥"——这样可以确保他的大军直接向南撤至詹姆斯河。

到上午 9 点，李派出了 4 支部队沿着不同的路线向东移动，目标直指新冷港和盖恩斯磨坊的波特守军。李将军依旧因缺乏准确适用的地图而备受困扰，至今还在依靠一张手绘的地图做决策，这张图几乎没有地形地貌的描述，而且没有标出博茨韦恩湿地，这可是横亘在杰克逊和 D.H. 希尔行军路线上的重要自然屏障。

李本人则跟随朗斯特里特师前往威廉·盖恩斯（William Gaines）家，即将到来的战斗会以他拥有的磨坊命名，部署在他家桃园里的联邦炮兵正在开火。李在那里得知杰克逊和 A.P. 希尔终于联系上了，杰克逊的先头部队已经到达位于盖恩斯家西北方向 3 英里处的沃尔纳特格罗夫教堂（Walnut Grove Church）。李听到消息立刻策马前往该地，到后看到杰克逊和 A.P. 希尔正在交谈。希尔知趣地借故离开了，李和杰克逊下了马，李坐在一个树桩上，杰克逊站在那里，用他最新的传记作者的话来说，他"衣衫褴褛，就像一个整天都在犁地的农民"。[104] 令人感到遗憾的是，他们都没记录过当时说了什么——当然，不难想象即使是李这种沉稳老练的人，至少也会提到杰克逊前一天未能率领他的 1.85 万人参战的事实，只不过李对杰克逊的信任丝毫没有动摇过。两人谈了将近一小时，李解释了他第二天的计划，确认了 D.H. 希尔会继续支援杰克逊，并敦促杰克逊尽快前往冷港（Cold Harbor）。

　　李对这个战役的设想再一次因为地图标识不清而出现偏差。他以为既然波特已撤出比弗丹溪的阵地，他一定会据守一个地形类似的位置，沿波怀特溪由北向南构筑防线，因而此处的高坡提供了一个天然有利的防守阵地。李将军临行前给杰克逊的指示是攻击联邦军沿波怀特溪构筑的防线——简单地说，就是重做他本该在前一天做的事。

　　就在杰克逊返回去提醒 D.H. 希尔时，李已经得知实际上联邦军并没有在波怀特溪设防，麦克莱伦命令波特在距波怀特溪 1 英里的小山上构筑了一个面向北而不是朝西的阵地，博茨韦恩溪水缓缓流经此地，沿途形成了宽阔的沼泽地，极大地增加了进攻的难度，而这一特殊地形并没有出现在联盟军使用的任何地图上。联盟国将军理查德·泰勒毫不留情地抱怨说："我们在各个指挥部都祈祷过，在很大程度上仰赖天恩；但是我们未得到任何特殊恩典，无论是云柱还是火柱 ①，来弥补我们的无知。"这是对他的指挥官"石墙"杰克逊赤裸裸的挖苦。泰勒后来亲自参与了攻打波特的新防线的行动，因而能准确地描绘它："麦克莱伦选择了一个极佳的位置，由此可以掩护奇克哈默尼河上的军用桥梁。他的左翼依托着这条河，正面中央阵地前有一条小河为屏障，这是奇克哈默尼河的一条支流，河道走向复杂并在流经区域形成沼泽地。他的右翼据守在靠近冷港的高地上，这一带分布着浓密的松树林，他的炮群也藏身其中。这个阵地全长 3 英里，并有奇克哈默尼河南岸重炮的火力支援，守军步兵排成 3 行，沿山坡逐次排列，顶端部署着由原木构筑的炮兵阵地。"[105] 这个天然牢固的阵地由近 4 万人把守，而且波特得到了足够的时间组织士兵们挖掘浅战壕和射击掩

---

　　① 《圣经·出埃及记》第 13 章第 21 节：日间，耶和华在云柱中为他们领路，夜间，在火柱中照亮他们的路，使他们日夜都可以行走。

体，并用砍伐的树干和树枝在阵地前设置鹿砦，筑成坚不可破的防御阵地。

此外，在这个时间点上，杰克逊和 D.H. 希尔将不得不行进超出他们原定行程至少 5 英里或 6 英里才能到达波特右翼所在的位置，而地理因素也增加了完成这一任务的难度，因为人皆尽知的"冷港"其实是两个小村庄——旧冷港和新冷港，两者相隔近 1.5 英里，并有多条道路与外界相连。按照李的计划，杰克逊和 D.H. 希尔应该攻打敌人的右翼，而 A.P. 希尔则应在朗斯特里特的援军赶到之后，立刻向波特的正面阵地发起进攻，并把敌人赶回"杰克逊的炮火覆盖区"。[106]

363 　当杰克逊与李谈完话并再次骑上他的小栗色马时已是上午 11 点。[107] 到了正午，A. P. 希尔的散兵与联邦军的散兵开始在波特阵地左侧的沼泽地里交火，当时 A.P. 希尔师正在渡过波怀特溪，准备经盖恩斯磨坊前往新冷港。双方战斗的惨烈程度远超李将军的预期，但直到下午 1 点李将军才被激烈的枪炮声吸引到了冷港路，眼前的一切让他当即得出结论，波特的阵地并非当初设想的由北向南展开，而是呈由南向东的半圆形。就在这时，陆军准将马克西·格雷格（Brigadier General Maxey Gregg）所率南卡罗来纳旅的一些人开始阵前撤退。"'先生们，'李号召他的下属和［附近］一支炮兵部队的军官，'我们必须把那些人重新组织起来。'[108] 他策马疾驰，很快就冲进了溃散的步兵中，并大喊着叫他们停下，为了他们州的荣誉，返回战场，攻击敌人。"他的出现足以使部队重整旗鼓，不久之后格雷格现身并带领他的人回到了树林里。在接下来的 3 年里，李一直都会毫不犹豫地冲入密集的炮火中，重新集结他的部队并率领他们冲锋陷阵，平静地面对险境。北弗吉尼亚军团各部很快意识到，李将军绝不会让他们去做他自己不愿意做的事，同时他可以无视自身安危但高度关注官兵们的生命安全。

在这一天的战斗中，茂密的树林、杂乱的灌木丛和弥漫的硝烟一直遮挡着李的视线，使他无法看清波特的阵地。有两条平行的道路，更准确地说是小路或农场专用路，通往东南方向里士满和约克河铁路线上的德斯帕奇车站（Despatch Station）和在奇克哈默尼河上的桥梁。按照李的推断，杰克逊的推进会威胁到波特的退路，随后波特会调遣其左翼和中央阵地的守军去右翼阻击，李决定由 A.P. 希尔立即向联邦军的中央阵地发起攻击，随后朗斯特里特师会在波特调遣部队的那一刻向联邦军的左翼阵地发起攻击。

下午 2 点半，A.P. 希尔开始以新冷港为中心，从"盖恩斯磨坊—冷港路"出发向南进攻，目标直指不足半英里以外、通往面向树林的麦吉（McGee）家的那条路，他的队伍长达 1 英里多。[109] 似乎没有人注意到他们前面的博茨韦恩溪。它隐身在低矮、植被茂密的山脊后面，犹如护城河（严格地说大多是沼泽地）一样环绕着希尔眼前的高地。这条小溪在夏天时草木茂盛，有些地段更像是一条浅而泥泞的沟渠，很容易涉水而过；在另一些地段，溪水在陡峭、光滑且难以跨越的河岸之间缓缓流淌。

希尔师越过农田渐渐接近博茨韦恩溪，杂乱的灌木和矮树丛遮住了它前面的地埂，随后便是一片光秃秃的田野。当他们登上地埂时，便出现在埋伏在对面的联邦军视野中。顿时枪声大作，希尔的部队损失惨重。

波特早已把他的部队部署在小溪以南和以东地势较高的地方。那里不过是一大片连绵起伏的丘陵和山脊，方圆大约 1 英里，其间分布着被茂密的林带分割的几片农田，整体缓缓地向小河倾斜，但在战争中，居高临下是至关重要的；它不必是一座山，或在绝壁之上，即使是高出几英尺的地势就足以让防守方占尽优势。尽管菲茨·约翰·波特在他的联盟将领中不受

364

欢迎（他有说长道短的名声），但他是一个精通本行的专业人士。他部署步兵和炮兵时会尽量让他们得到更多保护，比如以砍伐的原木、木立柱和横木构成的防护栅栏为掩体，或隐蔽在一排排灌木丛和树木中，面对山坡下一片空旷的火力区。[110] 这座高约150英尺、面向波怀特溪的平顶小山实在微不足道，甚至没有明确的正式名称，只是当地人称之为"火鸡岭"（Turkey Hill）。

A.P. 希尔师的南方士兵们在博茨韦恩溪的污泥和植被覆盖的沼泽中跌跌撞撞地往前冲，迎面遭到猛烈的步枪射击。[111] 对于联邦哨兵和狙击手来说，这就像是在打靶。即使希尔的部队到了对岸，他们也会遭到来自不足500码外炮阵的密集轰击。希尔师的各团一个接一个挣扎着前行，走出河床，爬上平缓的斜坡，并试图组成作战队形，但是到下午3点为止，整座山岭都笼罩在浓密的黑烟中，震耳欲聋的炮声让那些在盖恩斯磨坊战役（后来以此得名）幸存下来的人心怀恐惧，直到战争结束。

一名联邦战地记者目睹了 A.P. 希尔的攻击行动，将其描述为"一场步枪飓风"把联邦守军赶回了"那片茂密的树林，里面尸横遍野"。[112] 尽管联盟军发动了多次进攻，但并没有取得多大进展，始终没有越过半山腰。在一些地方，与他们对峙的联邦军队组成了3道防线，"无情地击退了"联盟军的反复进攻。[113] 不久后，生还者又从烟雾中出现了，起初是零零星星的，后来是未完全被打散的整支部队，他们集合起来退回到冷港路，即他们最初的出发地。到了下午4点，李已清楚地看到 A.P. 希尔的进攻失败了，波特并没有像李所预期的那样调遣其左翼和中间的部队去加强右翼的防守。李正确地推断出杰克逊尚未与敌交战。

这次杰克逊还是很倒霉。或许他仍然因为疲惫而反应迟钝，但许多历史学家推测称，这可能是他本心在无意间的流露，他根本不想与李将军麾下的其他将领合作，对放弃自己在河谷中独来独往的角色耿耿于怀。所有这些，或者它们的某种组合，很可能左右着杰克逊的表现，但有一点毋庸置疑，他对李表现出的是近乎膜拜的尊敬。

还有一种可能，联盟国最高统帅部对里士满周围的乡村地区缺乏了解，地图绘制得很差，后果就是杰克逊在实战中屡屡出错。为了确保自己这次能遵照李的指示如期抵达预定地点，杰克逊亲自从斯图亚特的骑兵中挑选了一个出生于当地的二等兵当向导，名叫约翰·亨利·廷伯莱克（John Henry Timberlake）。廷伯莱克家的农场"位于阿什兰和盖恩斯磨坊之间"114，因此毫无疑问，他十分熟悉这里，但问题可能出在杰克逊本人没弄清"冷港路""旧冷港""新冷港"之间的区别（新冷港是 A.P. 希尔对波特中间防线发动进攻但失利的起点；旧冷港是杰克逊本应向波特右翼发动攻击的出发点，位于新冷港东北方向约 1.5 英里外；冷港路是两地之间的一条捷径。由于受到连绵起伏的丘陵和仲夏时节枝繁叶茂的影响，准确地辨识这些地方要费些功夫）。

杰克逊命令 26 岁的二等兵廷伯莱克带他去旧冷港，两人默默地一起骑马前行。为杰克逊作传的小詹姆斯·L. 罗伯逊评论说，将军"不仅身心俱疲，而且情绪也不高"115，果真如此的话，他俩相处得不会很融洽。他们从沃尔纳特格罗夫教堂开始向前骑了两英里，来到了一个岔路口，然后选择了右边的那条路，这条路直通南边的冷港路。冷港路自西向东，连接着盖恩斯磨坊、新冷港和旧冷港。他们刚走了不到 1.5 英里，杰克逊就听到前方传来打仗的声音。"哪里在开火？"他问廷伯莱克。

廷伯莱克回答说好像是盖恩斯磨坊那边。杰克逊脸色阴沉地接着问："这条路通向那里吗？"

二等兵廷伯莱克开始解释说，他们要去的那条路途经盖恩斯磨坊，然后到旧冷港，但杰克逊显然害怕走错路。他决心不再犯前一天的错误，不能再让李的期望落空。"可我不想去盖恩斯磨坊，"他厉声说，"我要去冷港，不去我右边的那个地方。"[116]

人们可以猜得到，杰克逊的表情严肃，满是灰尘的破帽

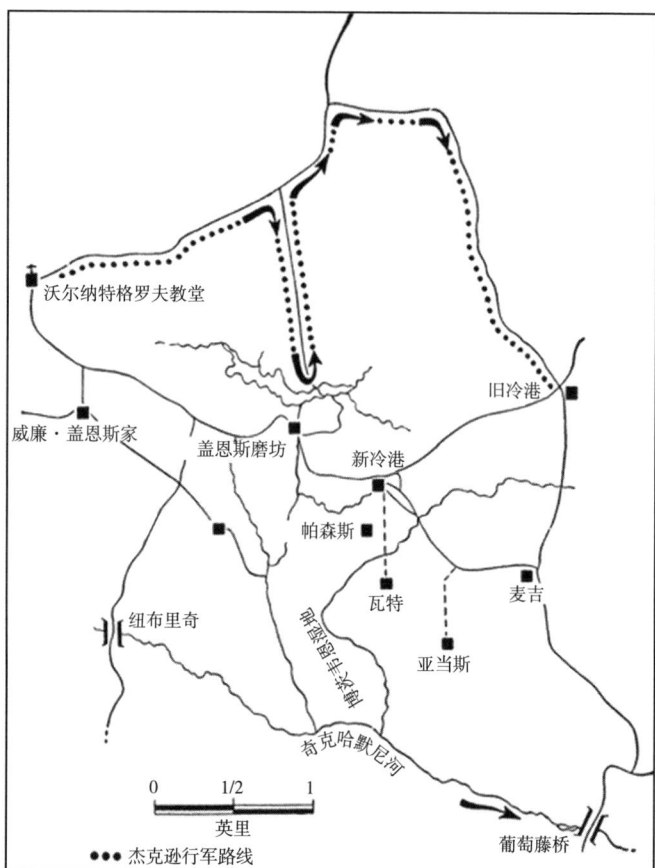

11　1862年6月27日，盖恩斯磨坊战场示意图，其中标明了杰克逊部前进路线

子的帽檐拉得很低，遮住了他那双锐利的眼睛，当时的样子肯定很吓人。当杰克逊不高兴的时候，他能让比这个年轻向导军阶高得多的部下噤若寒蝉，而廷伯莱克几乎不可能看不出与他并马而行的少将已是怒火中烧。廷伯莱克本应做个深呼吸定定神，然后耐心解释一下，他们顺着现在的路朝前走大约不到半英里，就能抵达连接盖恩斯磨坊、新冷港和旧冷港的那条大道，这是前往杰克逊要去的地方的最直接、最快捷的路线。然而，杰克逊想必已经清楚地表明他没心情听任何解释，而区区一个二等兵想必不太敢与一个少将争论。*

廷伯莱克是一个有着非凡勇气的年轻人，杰克逊的语气，或者怀疑他作为向导的能力的表现似乎让这个年轻人感觉受到了侮辱。不管怎么说，他干脆采取英国军中所谓"装傻充愣"的方式，给了杰克逊一个听起来有些失礼的回答。"那就该走左手边那条路，"廷伯莱克说，"如果你说清楚想怎么样，我一开始就能给你指对方向。"

这话听起来好像廷伯莱克的语法被人修饰过，以便于后人理解，这个人很可能是达布尼少校，** 也就是奉杰克逊之命，负责组织部队从河谷向半岛进军但结果一团糟的那位神学家和牧师。但毫无疑问，这段话完全是一个人在洗清自己的语气，不想为此事承担任何责任。假如杰克逊继续沿着廷伯莱克选定的路线走，他就能与 D.H. 希尔同时到达旧冷港，这样一来，杰克逊就有可能在 A.P. 希尔的人投入战斗的同时攻打联邦军的右翼，而这正是李制订的作战计划。

只是廷伯莱克当时不可能知道这一点，杰克逊将军的几个

---

* 我试图把本人的从军经历与这件事联系起来看，并想象着假如作为皇家空军的二级飞行员（AC2），我不得不和空军少将争论的话，会是怎样一种情景。

** 这个故事的来源是达布尼所著《陆军中将托马斯·J.杰克逊的生平及其战斗生涯》（*The Life and Campaigns of Lieut Gen. Thomas J.Jackson*）。

缺点之一就是他不愿花时间解释自己的命令，也无意听取他人对它们的看法。[117] 即使是无限崇敬杰克逊的达布尼少校（他当时完全可以听到两个人的对话），也不得不指出，对廷伯莱克的误解可能出于杰克逊"惯常的惜字如金，并就这件事而言，态度过于严厉，拒绝对他的战略意图做任何解释"。只需多说几句，让年轻的廷伯莱克明白怎么回事可能会节省很多时间并拯救很多生命，假如杰克逊能耐心倾听的话，肯定能取得不可估量的成效。

此刻，杰克逊骑马走在队伍的前面，他的人马挤在沃尔纳特格罗夫教堂与盖恩斯磨坊池塘之间的道路上。这是条很狭窄、有明显车辙的乡间小路，两侧都有茂密的树林和杂乱的灌木丛。数千人，更不用说马匹和马拉的大炮，好不容易走了这么远，此时不得不掉头原路返回。这不是一件可以迅速完成的事情，掉头的命令沿着队伍从头至尾口口相传，大家随之做出相应调整的过程，必然造成一定程度的混乱和长时间的耽搁。

杰克逊不仅要率领他的部队返回岔路口，还要行军 4 英里以上才能到达旧冷港，更有甚者，所有这一切都要在酷热和令人窒息的灰尘中进行，一路上都听着不到 3 英里之外的战场上传来的枪炮声，而按计划他们本已投入了这场战斗。上过学的人一般应记得，直角三角形的斜边小于其他两边之和，只要看一眼地图，任何人当即就能看清楚杰克逊所处的位置——他现在选择的行军路线会先远离他要去的战场，然后走上最远的路线。

杰克逊率部中途折返的举动也让他与外界失去了联系。李派了几名信使去找他，告诉他立即开始进攻，其中包括他信任的参谋沃尔特·H.泰勒少校，但都无功而返。杰克逊现在别无选择，只能继续沿着他选定的路前行，已经顾不上路途远近了。达布尼报告说，"杰克逊还是一副气定神闲、镇定自若的

表情"，与平常并无两样。当有人暗示说，这种耽搁可能造成
"无法弥补的"损害时，他平静地答道："不，我们要相信神的
旨意一定会推翻它，不会给我们带来任何损害。"[118]

在杰克逊缺位的情况下，李不得不重新进行战斗部署。联
邦军没有后撤；[119] 他们表现出固守的态度——甚至不排除他们
发起反攻的可能性，A.P. 希尔已被打得"七零八落的师"面临
被一举击溃的危险。有鉴于此，李命令朗斯特里特在最右侧采
取"佯攻"，为他赢得一些时间，去集结足够发动"全线出击"
的兵力。现在是下午 4 点左右，李希望避免再次出现像前一天
那样，最终由联邦军占据战场的"平局"。除了常见的"战争
迷雾"外，双方对敌我兵力的估计也大错特错。波特在战场
上有大约 4 万名士兵，他以为自己对抗的南军兵力多达 7.5 万
人。李将军手下有 5.6 万人，但到目前为止，其中过半兵力尚
未投入战斗，而且下落不明。处于右翼的朗斯特里特认为他奉
命进行的"佯攻"只会徒增伤亡，还不如干脆真打，于是率部
出击。处在中间的 A.P. 希尔疲惫不堪的部队已撤出战斗，杰
克逊军的先头部队在理查德·尤厄尔和 D.H. 希尔带领下纷纷
穿过特利格拉夫路（Telegraph Road）后面的树林，开始在
A.P. 希尔的左侧集结。杰克逊这些掉队的部队没有足够的时间
形成一条严整的作战队形，只是在到达战场后，冒着博茨韦恩溪
另一边持续不断且越来越密集的火力，简单排列起来。"D.H. 希
尔和尤厄尔率部急速就位 ……并遭受了沉重的打击"[120]，主要是
受到了占据有利位置、高效的联邦炮兵的袭击，此时联盟军方
面几乎没有回击，因为杰克逊的大炮还在他身后前往旧冷港的
路上。总是吹毛求疵的理查德·泰勒将军记述道："不熟悉地
形，林木繁密，还缺少向导，由此造成了混乱和延误。"不管
怎样，杰克逊最终到达了目的地，开始不紧不慢地部署他的部
队，而且一开始他还以为自己要按兵不动，等待 A.P. 希尔和

370

朗斯特里特把联邦军驱赶到他的阵前。这种情况往往被人用来批评李将军的参谋人员工作不力，但是沃尔特·泰勒少校当天下午曾两度设法找到杰克逊，并敦促他发动进攻，似乎不太可能只字不提李的作战计划有变。

快到 6 点时，李意识到当前战局已明显陷入胶着状态，他翻身上马，沿着特利格拉夫路去见杰克逊，此刻，弗里曼笔下的杰克逊"满身灰尘，戴着一顶肮脏的军校学员帽，拉下来遮住了他虚弱的眼睛，笨拙地骑在一匹丑陋的马上，吸吮着一只柠檬"。[121] "啊，将军，"李说，"我很高兴见到你。我早就盼着见到你了。"

人们对这个问候有不同的解读。杰克逊的传记作家之一小詹姆斯·L.罗伯逊将其描述为"热情"，而李的拥趸弗里曼则将其描述为"机智"中含有一丝责备。根据我们对李的认识，我们可以有把握地认为，这差不多就是在批评他的下属。人们能感觉到在李冷淡的客套背后隐含着他巧妙地予以讽刺的天赋。无论如何，李本来就不喜欢情绪激烈的场面和与人公开对抗，他绝对不会做任何让杰克逊在下属面前下不来台的事，那些官兵看着他俩在马上互致问候，都发出雷鸣般的欢呼声。

南边树林中传来的射击声开始"震耳欲聋"了 [122]，李不失时机地问了一个很现实的问题。"那边的火力够强大的，"他说，"你觉得你的部队能顶得住吗？"

这句话似乎激发了杰克逊的好斗本能。他扫了一眼不断上升的一团团浓烟，生硬地说："他们能顶得住任何事。他们能顶得住那个。"

李的出现似乎消除了杰克逊的疲劳。他迅速整顿好各师的大致队形，并从他的参谋中派出信使去见他的各位师长。"告诉他们必须设法打破僵局！端起刺刀横扫战场！"[123] 这条命令当然不存在任何模棱两可之处。

天色渐暗，地上的影子拉得越来越长，战局似乎依然僵持着。与杰克逊告别之后，李骑马沿特利格拉夫路前往新冷港，他要面见得克萨斯旅旅长约翰·B.胡德准将。他和胡德的友情可以追溯到年轻时在得克萨斯州边境地区追踪印第安人的年代。见到胡德后，他三言两语解释了不惜一切代价突破联邦军中间防线的必要性。"必须这么做，"他急切地说，"你能突破他的防线吗？"胡德凝视着博茨韦恩溪两侧的树林及其后方刀枪林立、炮火连天、硝烟弥漫的山坡。他说："我会尽力的。""愿上帝与你同在"，李回应道，然后派了一名信使去告知最右侧的朗斯特里特立刻发起进攻。

在将近半个小时的时间里，除了大炮发出的橙黄色闪光外，树林里一片黑暗，炮火的轰鸣声吞没了所有其他声音。接着，李将军听到来自战地两边尖利的嘶喊声，联盟军的整条战线在向前推进。《纽约论坛报》记者查尔斯·佩奇（Charles Page）就站在树林后面的斜坡上，能清楚地看到他周边"叛军射出的枪弹扬起一团团灰尘"。他描述道，叛军的怒吼响彻云霄，甚至盖过了"枪炮持续不断的轰鸣声"[124]，作为一个北方人，他补充说，"战场上一片欢呼和嘶吼，我们的人在欢呼，而他们就像野蛮人一样在嘶吼"。

佩奇描述的是从他那一侧所见的场景，只见联盟军的左翼杰克逊部和右翼朗斯特里特部同时向波特的两翼发起进攻，而胡德旅则一边拼命嘶吼，一边猛攻联盟军防线的中间部位。"惊天动地的枪炮声在浓烟蔽日的山谷中回响。……枪炮齐射的间隔越来越短，士兵们也加快了前进的步伐。成百的人接连倒下，但他们仍保持着完整的队形……他们顺着山坡冲向沼泽地。此时，上千人倒下了，但进攻的部队几乎无人开枪。联邦军的前线距离这些人已不足20码了，还有10码——接着，刹那间，仿佛同一种恐惧感攫住了每个联邦军士兵的心，他们纷纷逃离

372

工事，扔掉手中的武器，抱头狂奔。……他们往山坡上跑去，并越过了第二道防线，随后，正当联邦军乱作一团时，联盟军排枪齐射，弹无虚发。"[125] 李的助理泰勒少校说话从来都很严谨，当他骑马经过胡德旅横扫过的战场时，感叹说"得十分小心地引导我的马往前走，以免踩到阵亡或受伤的联邦士兵"。[126]

联邦军打得并不像佩奇所描述的那么差，但朗斯特里特对其左端的攻击有效打击了波特的侧翼，随之而来的是联邦军防线开始崩溃。到了下午 7 点，"我们的军官明智而审慎地命令手下撤退，但听到撤退命令的士兵们顾不上那么多了，随即开始乱哄哄地往后跑，以至于队形大乱，溃不成军。与此同时，那些被用作医院的建筑里的伤员和偷着躲起来的人，不管是因为看到几匹没人骑的马在田野里狂奔，还是瞬间察觉到全线溃败，一时也陷入了恐慌。一群乌合之众在混乱中奔向桥头"。[127] 即使是这样，有些联邦军的部队仍在混乱中继续迎战。拥有 20 门大炮的一队炮兵"近距离发射了骇人的弹筒*，迫使敌军退缩。洛迪（Lodi）桥［1796 年，在极端不利的情况下，年仅 27 岁的拿破仑·波拿巴将军在此指挥了洛迪之战］上的惨烈程度不及此处的一半"。随着夜幕降临，整个战场一片混乱、屠杀和恐慌。佩奇描写道："大量受了惊的无主马到处乱跑；密集的子弹在耳边尖啸着飞过，告诫着人们此地的危险；每分钟都有人倒下；马车、担架和大炮堵塞了去路；人群中混杂的伤员或一瘸一拐朝前走，或痛苦呻吟，或血流满面。"[128]

夺路而逃的波特的溃军人数太多，直到夜里 11 点，佩奇才终于挤上桥，来到了奇克哈默尼河南岸。他说："从战场上

373

---

* "弹筒"（canister）或"榴霰弹"（case shot）是一种由锡制成的圆形物体，内含大量铁球，在发射时会呈现散射的形状，很像一颗巨大的霰弹枪子弹。

带出来的死者寥寥无几，救回来的伤员不及半数。"*

联盟军就地在战场上过夜。有些人睡着了，但有不停惨叫的伤员，以及众多沉默的死者在身边，大多数人都无法入睡。

李赢得了他的首场胜利。

盖恩斯磨坊之战不仅让李一夜间成了南方英雄，而且是无人可及的南方英雄。在此之前，李只能屈居于约瑟夫·E.约翰斯顿和杰克逊之下，如今，仅用了48小时，打了两场仗，他就解除了敌军对里士满的围困，并迫使麦克莱伦率领两倍于己的兵力败退。在一片喝彩声中，所有的人都忽视了一个事实，即这两场战役的计划和实施都不尽如人意，而且在梅卡尼克斯维尔时，他勉为其难地仅将全部兵力的三分之一投入了战斗。在南方，人们认为李不可能犯错；在北方，他以自身的尊严和绅士风度乃至战场上的胜利，奇迹般地赢得了人们的赞誉，并且持久地享有这种美誉，因为尽管联盟国陆军存在兵力、物资和武器上的种种不足，但直到1863年7月葛底斯堡战役的第3天之前，没有一位联邦军将领能在战场上真正打败李。

麦克莱伦反应迟钝，并且不愿意承认波特在盖恩斯磨坊处境危险——他甚至没去战场督战，而是待在奇克哈默尼河南岸的指挥部里听着战场上的枪炮声，并投身于部队给养和大炮从约克河转运至詹姆斯河的繁杂枯燥的工作中。他把自己局限于向波特发送一些加油鼓劲的信息，但并没有试图提供任何实质性的增援，尽管这本来很容易做到。那天晚上，他致电战争部长斯坦顿，把他的失败全部归咎于斯坦顿和林肯。"这场战斗我打败了，因为我的兵力太少。我再次重申，对此我没有责任，而且我是满怀一个将领的真情实感说出这番话，为每一个

374

---

* 联邦军伤亡6837人，联盟军伤亡7992人。

做出无谓牺牲的勇士而痛心疾首。……我已目睹太多同道的伤亡，心无他念，但觉政府未给予这支军队应得的支持。若你们再不予以支持，则必招致败局。若我现在拯救这支军队，我坦率地告诉你，我既不亏欠你的，也不亏欠华盛顿的任何其他人——你们已经尽了最大努力牺牲这支军队。"[129]麦克莱伦的措辞过于尖刻，以至于在呈送给斯坦顿和林肯之前，最后那句话被助手删除了。麦克莱伦早已猜到会是这样，于是第二天把这封电报的内容原封不动地泄露给了媒体。这封信流露出的情绪已足以引起战争部长和总统的警觉，注意到波托马克军团恐将面临重大危机，并有可能让他们开始怀疑这个军团的总司令是否已失去理智。林肯的克制值得称道，第二天，他试图开一剂常识的药方安抚麦克莱伦，劝告他"无论如何都要拯救你的部队"于危难。[130]仅仅几天前麦克莱伦还在设想自己随时可以杀进里士满，如今甚至都不能确定是否有能力拯救自己的军队，并仍然执迷不悟，深陷于他是在以一敌二的幻觉中。很显然，他深信联邦谍报机关首脑艾伦·平克顿的报告所称的驻防里士满的守军至少有18万人，而且"杰克逊的全部兵力估计为22万~26万人"[131]，但实际上，李在盖恩斯磨坊只有3.7万人，在里士满周边的守军只有兵员不足的两个师。

6月28日一大早，李派遣J.E.B.斯图亚特率队前往白屋和西点，试图攻占麦克莱伦在这两个镇子里设立的供应基地，但麦克莱伦早已开始转移或销毁他存放在那里的物资，而且没向华盛顿通报此事。联盟军的理查德·泰勒将军详细描述了销毁物资的景象："听到一列火车轰隆隆驶来。……它在加速前进，越来越快，很快就从森林里冲了出来，两个火车头牵引着一长串车厢。列车驶上铁道桥后，一声巨响，火车头爆炸，紧接着装满弹药的车厢也连续爆炸。弹壳向四处飞散，受到巨大冲击的河水泡沫飞扬，方圆数公顷的树木只剩下残枝败叶。……敌人就用这种方式销毁了过剩的弹药。"[132]

盖恩斯磨坊之战结束后的第二天，李的小儿子罗比钻到弹药车底下睡觉时"被一个同伴粗鲁地叫醒了，他用一根海绵棒捅我"。此时罗比是杰克逊下辖的炮兵部队里的一名二等兵，他不顾父亲反对从就读的大学退学并加入了联盟国陆军。他跟跄着爬了出来，脸上和手上沾满了粉末污渍，然后站起身，"正好与李及其参谋人员打了个照面。他们全新的制服、锃亮的装备和整洁的战马与我们饱受战火洗礼的长官们形成鲜明的对比，我完全懵了……但当我看到父亲慈爱的眼神和微笑时，我才反应过来，知道他这是专门赶来看看我是否安然无恙，了解我过得如何"。

除了这一短暂而迷人的一幕，6月28日这天李最关注的就是设法确认麦克莱伦的行踪。他自己的部队正忙于收容俘虏并妥善收起联邦士兵们撤退时丢下的数千支步枪，同时也在忙着把双方阵亡者一起掩埋在集体墓穴中。奇克哈默尼河对岸升起滚滚浓烟，那是联邦军的军需官们在忙着烧毁带不走的物资，免得它们落入敌手。伴随着滚滚浓烟，不时还会传来军火库的爆炸声。毫无疑问，麦克莱伦在撤军，但撤向哪里呢？李起初认为麦克莱伦可能会移师向东，撤往约克敦和门罗堡；但从当前位置一路撤回半岛顶端无异于公开承认他的彻底失败，因此，他有可能干脆一路向南，直接前往詹姆斯河，他在那里既可以得到合众国海军的补给，也可以保持对里士满的围困。如果麦克莱伦向东撤，奇克哈默尼河的流向会让他有机会借助于下游的多座桥梁过河。如果李率部赶往奇克哈默尼河南侧追击的话，他在撤退途中就会遭遇强力阻击，不得不一路拼杀才能过河。李决定在确认麦克莱伦的去向之前先按兵不动。多位军事史专家认为，李因此错失了趁联邦军队四散之时与之交战，并一举予以歼灭的最后一次机会。另外，当前联邦军有10万

376 之众驻扎在奇克哈默尼河南侧，距里士满不足 8 英里，而该城守军仅有休格和马格鲁德分别率领的两个师，最多不超过 2.3 万人。假如麦克莱伦趁机重整旗鼓，大胆出击，趁着李在河的另一侧之时拿下都城怎么办？李手下的官兵们已然疲惫不堪，他们面前的多数桥梁均已被损毁或遭到严重破坏。他能否在必要时确保部队行进速度足够快，及时与休格和马格鲁德的部队合兵一处固守里士满？尽管李最不喜欢被动等待，但他别无选择——按当前形势看，把部队带往错误的方向所招致的危险要远大于按兵不动。

1862 年 6 月 29 日，萨维奇车站战役

临近中午时，斯图亚特传来一条信息，说他已抵达德斯帕奇车站，一路上仅遇到了零星抵抗。联邦军已撤至奇克哈默尼河对岸并在过河后烧毁了铁路桥。下午 3 点左右，李收到了更多报告，这才确认麦克莱伦正向南而不是向东开进，但这并不能排除他针对里士满采取大胆行动的可能性。马格鲁德的忧心忡忡不无道理，毕竟他手下只有 1.3 万人，可能会与雄踞仅约 1 英里之外的 10 万大军交战；[133] 李也替他担心，提醒他要保持"高度警惕"——其实不用李提醒，马格鲁德早就睁大了双眼，紧盯着他眼前那片树林。

傍晚时分，李终于下定决心——他要渡过奇克哈默尼河，追击麦克莱伦，打算在联邦军到达詹姆斯河之前予以消灭。当务之急是先修复联邦军损毁的桥梁。杰克逊部已经在争分夺秒地抢修"葡萄藤桥"（Grapevine Bridge），因其是由未经修剪的原木和木材搭建的而得此名，虽摇摇欲坠但还能用。他还派工兵前往更重要的"亚历山德里亚大桥"，以负责修建这座桥的美国陆军工程兵军官的名字命名。杰克逊很不明智地指定能力欠佳的达布尼少校负责这两个项目，直到 6 月 29 日另一

名军官才开始接手。后者从军前是土木工程承包商，动手能
力很强。重建后的葡萄藤桥，因年代久远而具有一定的历史魅
力，照片使它看起来确实岌岌可危，*但亚历山德里亚大桥更
重要，因为一旦得以重建，它可以承受马匹、大炮和马车以及
人通行。这两项工程本应由多个训练有素的工兵连使用适当的
工具和设备来完成，由普通士兵实施的难度可想而知。奇克哈
默尼河本身并不宽（此时大约 15 码），流速也不快，但它两
侧的河岸是杂草丛生的湿地，相当于河面的扩展。这两座桥简
陋但实用的重建工作究竟做得如何，前工程承包商的总结应
该最中肯。当杰克逊问他是否严格按照提供给他的图纸施工
时，他答道："杰克逊将军，我没看过图纸，也不知道有什么
照片……可那座桥已经完工了，长官，已经准备好了，你现在
可以派你的人马上桥过河了。"[134]

桥梁可能真的"完工"了，但杰克逊并没有立即下令让他
的四个师开始过河，而是罔顾河对岸的激烈交战，一直拖到 6
月 30 日黎明才开始行动。就在杰克逊迟迟不动的同时，马格
鲁德正率部猛攻对里士满虎视眈眈的联邦大军的主要供应基地
萨维奇车站，急切地盼望着杰克逊会率部过河增援。然而，李
将军下达给杰克逊的命令模棱两可，杰克逊依令行事，深信自
己应在河北岸就地待命。

李将军决心不让联邦军队撤至詹姆斯河的安全区。他深知
联盟国赢得独立的唯一途径，就是重挫一次联邦军队，在它付
出惨重代价后被迫展开和谈。他必须设法打一场"歼灭"战，
就像拿破仑在奥斯特利茨（Austerlitz）取得的大捷一样。李

---

* 1862 年 6 月 13 日，《纽约时报》发表了一篇文章，详细描述了联邦军最初建桥时
的情形："它总长四分之三英里［包括两端桥台］。先砍伐大树并制成木桩，打入
湿地中。然后绑上其他木桩，给搭桥的原木构筑起一种支撑。"从照片中可以看
到，桥台两侧都有茂密的绿植。重建后，它的外观酷似原桥，但更像是权宜之计。

趁着麦克莱伦的主力部队仍在怀特奥克湿地以北并分散在各处
之际，发起了多次进攻，期望挑起一场大战。但这些攻击行动
相隔较远，缺乏协调——李仍在通过实战经历学习高级指挥艺
术。他指示马格鲁德沿约克河铁路和威廉斯堡路东移，并与杰
克逊联手攻打萨维奇车站（Savage's Station）周边的联邦军
防线，但他好像忽视了一个事实，杰克逊仍在河对岸修复损毁
的大桥。由于等不到杰克逊，马格鲁德便向李要援兵，但李只
给他派了休格的两个旅，而且若他们不能在下午 2 点投入战斗
就要还给休格。李或许想通过这种方式迫使马格鲁德迅速行
动，果真如此的话，他的愿望落空了。

　　马格鲁德当时患有肠胃病，很可能是严重的痢疾，需要用
鸦片或酒精缓解病痛，* 根本不适合指挥一场以寡敌众的攻击
行动。他一再推迟进攻时间，直到下午稍晚时已失去休格的两
个旅，而且还未见到杰克逊的影子后，他才下令开始攻击。尽
管他使用了李发明的著名的"装甲铁路炮"——在平板车上
安置了一门巨大的 32 磅膛线海军大炮，战斗结果却是伤亡惨
重。[135] 马格鲁德与他的对手埃德温·V. 萨姆纳少将（Major
General Edwin V. Sumner）都仅能将各自不足一半的兵力投
入战斗，双方在电闪雷鸣和暴风骤雨中展开激战，尽管伤亡惨
重，但当天的战斗未分胜负。毕竟萨姆纳的目标很明确，无
论胜负，重要的是确保自己的部队或多或少完好无损地撤至詹
姆斯河。他做到了这一点，但麦克莱伦并没有为此对他心存感
激。联邦军队从萨维奇站撤退时要带着野战医院，未能带走的
2500 多名联邦军伤兵就成了俘虏，而联盟军缺医少药，根本无

---

　　*　鸦片酊（Laudanum）或阿片酊（tincture of opium）在当时仍然是治疗腹泻的一
　　　　种流行（且有效）药物，而且直到今天仍有人相信酒精可以缓解疼痛。鸦片酊的
　　　　副作用包括兴奋、嗜睡和焦虑。

法救治这些伤兵，这无疑给这场暴雨中的战斗平添了令人心痛的苦难。

那些参与过萨维奇车站之战的各位将领都没有资格评功摆好，尤其是李。他下达给杰克逊的命令含糊不清，马格鲁德当然有权期待得到杰克逊的支援；李手里唯一可用的地图绘制得很差；他的参谋人员在传达李的最初命令时做出了修改，这只会徒增马格鲁德的困惑和杰克逊的拖延。

当杰克逊终于率部在 6 月 30 日清晨渡过奇克哈默尼河时，萨维奇车站之战已然结束，联邦守军也早已离去。马格鲁德也许做事不得力，但考虑到他当时的病情以及他的部队与对手萨姆纳将军实力悬殊的因素，他似乎不该受到李一反常态的严厉斥责："我深感遗憾，你今日在追击敌军时并无太多作为。"[136] 很难想象马格鲁德在追击萨姆纳军时能取得多大成效；此外，联邦军实际上丢弃了存放在萨维奇车站的军用物资和设备，缺衣少食的联盟军实在无法抗拒这座宝库的诱惑，联邦士兵们丢弃的枪支更是多到无法计数，他们需要组织专门的工作组把这些枪归拢在一起并装上马车。即使马格鲁德真心想"追击"敌军，所有这些事肯定都会拖他的后腿。

当晚，杰克逊的各师应该前往奇克哈默尼河哪一侧的问题终于解决了，但因为李对麦克莱伦的意图不能早做决断而耽搁了 24 个小时。大概在午夜时，李终于明白了，麦克莱伦很可能不会东进，他自己的目标现在变成必须在麦克莱伦的大军到达詹姆斯河边的安全区之前予以毁灭性打击。

这给李带来了一系列战术问题。正如奇克哈默尼河把半岛分为两半那样，怀特奥克溪也把萨维奇车站以南、奇克哈默尼河与詹姆斯河之间的大片区域一分为二，且正好位于麦克莱伦率部南下的途中。这条溪流堪称重要的军事屏障，有成片宽阔的沼泽地，且几乎没有可供人马通过的像样的桥。按照李的推

379

算，假如麦克莱伦不能轻易带着大炮和辎重车队过河，他肯定会陷入困境，联盟军就能趁机置他于死地。如果休格和马格鲁德所辖各师从西边进攻，杰克逊的四个师从北边和东边进攻，南边是难以逾越的沼泽地且供应线被切断，那么四面楚歌的波托马克军团尽管人多势众，但仍然难逃被消灭的命运。*

380

现在时间成了关键因素——时间和天气都对李不利。6月29日夜间，大雨如注，导致所有的道路几乎无法通行。"夜幕降临，我们在河的南岸低洼处露营，"杰克逊手下的旅长之一理查德·泰勒记述道，"下了一场大雨，地上积满了水，平地变成了湖。"[137] 一名"快淹死的信使"被带到泰勒休息的小救护车上（头部和腰部剧痛，无法骑上马）；经验证，他携带的急件已经过时，那是马格鲁德的求援信，这毫不奇怪，因为此前马格鲁德以自己的一师之力向敌人一个整编军发起了进攻。此时，李已经让 A.P. 希尔和朗斯特里特的师在更上游处过了奇克哈默尼河，并督促他们沿中央［巴里敦（Barrytown）］路追击麦克莱伦。至于麦克莱伦本人，他既没有试图指挥战斗，也没有指定任何人负责此事。[138] 他早已命人在詹姆斯河边的哈克斯奥尔（Haxall）登陆场设立指挥部，并向他的军需官们施加压力，让他们设法弄到 100 多支枪，并让"近 14750 匹马和骡子拉着的 3000 辆马车和救护车的后勤车队"，外加"随军的 2500 头肉牛"在穿越怀特奥克湿地的一条主路上加速前进。他主要关心的是让人把他的退却视为向詹姆斯河转移供应基地的行动，而不是败退。他放弃了在里士满郊区费尔奥克斯和七松等地精心构筑的堑壕，此时他的整支部队正穿过或绕过怀特奥克湿地，奔向莫尔文山（Malvern Hill），那里是里士满与哈里森（Harrison）登陆场之间位置最好的一处高地，此处位于

---

* 这就是 1939~1941 年德军有效运用过的著名且经典的"钳形"战术。

联盟军设置在岸上的大炮射程之外，联邦军炮艇可沿詹姆斯河逆流而上安然抵达这里。

1862 年 6 月 30 日，弗雷泽农场［Frayser's Farm，或格伦代尔（Glendale）］战役 *

381

6 月 30 日凌晨 3 点半左右，杰克逊赶到了马格鲁德的指挥部 139，适逢马格鲁德情绪不佳，杰克逊劝慰了一番之后就去睡觉了。马格鲁德仍在为前一天他攻打萨维奇车站时杰克逊未能及时赶来支援而愤愤不平，因此杰克逊恐怕不是安抚他的理想人选；不管怎样，在黎明时分到来之前，马格鲁德几乎没有时间睡一觉以消除"神经焦虑"。

李周围的大多数人似乎已经感受到了他的不耐烦。他意识到这一天是他歼灭麦克莱伦大军的最佳时机——可能是他唯一的机会，而眼前明显心烦意乱的马格鲁德还试图为他前一天的拙劣行动申辩。李似乎没有怪罪杰克逊错误地让他的大部分兵力待在奇克哈默尼河的另一边。他对杰克逊的信任，过去是，未来也将是不可动摇的。站在周围的军官们与他俩保持着一定距离以示尊敬，他们记得杰克逊在听李讲述当天的作战计划时频频点头表示同意，同时用脚尖在地上画了一个三角形——那大概是他从东北方向攻打撤退的麦克莱伦大军的路线。

有人怀疑这个场景的真实性：有目击者称杰克逊的制服满是灰尘，而实际上它应该是湿透的；他站在马格鲁德总部前面的泥地上，不太容易用靴尖画图。在叫人把他的马牵过来之前，杰克逊可能说过"他跑不了了"这句话，也可能没说过，

---

* 也被称为格伦代尔战役、弗莱泽尔农场战役、纳尔逊农场战役、查尔斯城十字路口战役、纽马基特路战役和里德尔铺（一个铁匠铺）战役，所有这些地方都相距不远。

但假如他真的说了，说明他很乐观。此外，如果李给杰克逊的命令是继续"在他［已经］占据的路上追击敌人"的话[140]，他本应表达得更精确一些。李刻意寻求的不是追击，而是一场决战。

李不容马格鲁德过多申辩，命令他率部前往德比敦路（Derbytown Road，这涉及朝里士满方向的一个长长的环形大迂回），增援向东运动的朗斯特里特师，这个里程长达近 10 英里的"反行军"行动要由前一天刚打完一场恶仗的官兵们完成，难度可想而知。交代完毕，李叫一个向导跟着马格鲁德，自己骑上马先赶往那里。

但李将军似乎一心想着要给予撤退中的麦克莱伦致命一击，而忽略了为此调动部队各就各位所需的时间，或者他可能没有把这项行动的迫切性传达给相关的人。马格鲁德和休格音讯皆无，到了下午 2 点半，朗斯特里特部才与联邦军交火。更令人不安的是，如以往一样，杰克逊那边没有任何动静，不知他是否已经穿过怀特奥克湿地。

这是杰克逊在连续四天中第三次贻误战机。撤退的联邦军队烧毁了怀特奥克湿地溪上的一座桥，只剩下残骸的桥使渡河变得更加困难。达布尼少校形容所处地形时说，杰克逊的部队面前是"因最近的降雨变得松软、泥泞"的湿地，再往远处，"一排枝叶繁茂的大树"拔地而起，有效地掩护了一个联邦军的炮兵阵地和步兵组成的数排长龙。[141] 杰克逊命令"部队停止前进"并等着 28 门大炮运过来，但随后的炮战并没有给双方造成多大伤害。

杰克逊的骑兵利用这段时间四处搜索并发现了两个可通行的浅滩，但很明显，他的步兵要冒着敌人猛烈的炮火强渡。即使是忠心耿耿的达布尼似乎也对杰克逊"顿失他在别处表现出的雷厉风行"而感到惊讶。他补充说"那天下午剩下的时

382

间"[142] 都被用来徒劳地重新搭桥，其间遭到敌军的猛烈炮击；他还对"杰克逊的才智一时消失"痛惜不已，认为这是由疲倦和缺乏睡眠造成的。杰克逊的确是困得不行了[143]，6 月 30 日，他竟然在吃晚饭时嘴里还"嚼着食物"就睡着了。当他醒来时，他说："天一亮每个人都要起来，看看明天我们能不能干些事！"人们不惜长篇累牍地解释杰克逊何以在七天战役期间辜负了他的声名，或找出种种理由替他辩护，事实上从 6 月 22 日到 6 月 30 日夜间，一个人连续几天缺吃少喝且睡眠不足还能保持头脑清醒这是很难想象的。即便如此，杰克逊还是对那些没有遵守他严格命令的人毫不留情，因此，似乎没有理由不采用他为下属设定的标准来评判他。若以此衡量的话，他根本就不及格。

383

更令人费解的是，李将军所在位置其实只在 3 英里之外，他竟然不派个人前去查看杰克逊究竟在干什么，并给他写个信，督促他尽快动手。就连当时身临现场的达布尼都认为，假如杰克逊能认真试一下的话，应该能率军越过湿地，而且考虑到"［他的］配合与拟议中对中心［原文如此］展开攻击的成败存在重大利害关系"[144]，他的确应该努力尝试一下。这次达布尼少校说得很对，李想要在 6 月 30 日以钳形攻势歼灭麦克莱伦大军的希望完全寄托在杰克逊身上，因为他的部队构成了这把钳子的另一端。

此时此刻，李和朗斯特里特在一起，从"一小片长满金雀花和小松树的空地"上远眺联邦军的中线[145]，戴维斯总统也来到了现场。朗斯特里特以为收到了休格发出的已就位的信号，便命令炮兵开几炮作为回应。联邦军误认为这是对方发动进攻的信号，便开始猛烈炮击这片空地。当炮弹在他们周边接连炸响时，戴维斯警告李将军，说这里"不是我们的军队指挥官应待的地方"，李将军则不失礼貌地回应说，这里也不是"我们的三军总司令该待的地方"。就在这时，A.P. 希尔策马而来，强烈要求两个人后撤，经多次催促后，他俩才照他说的做了。

李骑马离开了前线，现在他总算知道了联邦军队的撤退路线要越过莫尔文山——向南大约 3 英里处是这一带的最高点。这是一座低矮、宽阔、形状不规则的小山，当时看上去部分山体光秃秃的，部分被林地覆盖，从山脚缓缓上升，在山顶的平台周围形成了一个相当陡峭的山脊。这座山的南坡较陡，几乎直接插入詹姆斯河。李将军当即意识到，一旦联邦军主力越过这座山，他就无能为力了。形势逼人，刻不容缓。

李不顾戴维斯总统的反对，骑马上前亲自察看莫尔文山的西南突出部位的地势；那个部分一直延伸到离詹姆斯河不到半英里处，联邦炮艇可以从那里为友军提供火力掩护。到此为止，李已经有三个师做好了战斗准备，分别面对联邦军战线的最左侧和中路：西奥菲勒斯·H.霍姆斯将军所率的师部署在纽马基特［New Market，或滨河］路，A.P. 希尔师和朗斯特里特师开始在东北方向 1.5 英里的位置沿长桥路一线布阵。奉命策应霍姆斯进攻的马格鲁德音讯全无，休格部和杰克逊部也没有任何消息。

下午的时光在流逝，李看着朝莫尔文山行进的敌军队伍，认定自己除了发起攻击之外再无其他选择。虽然他早已按捺不住，但攻击行动直到下午 4 点后才真正展开，行动总指挥是朗斯特里特，他的战法是派出一个接一个的旅攻打敌军阵线，而不是集中兵力从中间突破，以斩断敌军防线。李的原计划是向已经停止后撤，临时组成品字形战阵的敌军左中右方向同时发起攻击 [146]，但他的计划始终没有得以实施。李并不知道休格师被联邦军先头部队奋力砍倒的树挡住了去路，也不知道马格鲁德师"整天都在反行军"且一无所获，而杰克逊部则受阻于怀特奥克湿地。战斗异常激烈，在联邦军左翼，双方甚至展开了残酷的肉搏战，只见士兵们用枪托互殴，军官们用刀剑互刺。联盟军方面投入战斗的兵力充其量只有一半，从而丧失了切断并一举歼灭敌军主力的机会。联邦军整晚都在莫尔文山上构筑精心布置的防御阵地，充分利用了这一天然优势。

双方伤亡人数大致相同（联邦军方面3797人，联盟军方面3673人），不过联盟军死亡人数比敌军高出40%，"失踪的"联邦士兵，也就是那些被俘的或临阵脱逃的，总数达到了惊人的1804人，是死亡人数的6倍。李将军没能取得决定性胜利，对此他深感失望，一直耿耿于怀，但这场仗激发出了他作为一名指挥官最令人难忘的品质。他将既不给他的部队也不给敌人喘息之机——他在第二天会再次发起进攻。

双方的激战一直持续到晚上10点才停下来，战场上只剩下伤兵痛苦的呻吟声。杰克逊实在是困极了，倒头睡在属下给他就地准备的"一个简陋的小床"上[147]，但在凌晨1点时被他手下的师长们叫醒，他们担心麦克莱伦可能命令他的部队在早上反攻。杰克逊耐着性子听他们说完，然后很中肯地以"不会。我认为他到了早晨会打道回府的"作答[148]，之后便倒头继续睡觉。

他的判断十分正确。麦克莱伦整天都躲在"加利纳号"军舰里，没有任何举动。此处河段远离战场，可以高枕无忧，但他依然煞有介事地致电战争部，声称"如果我们谁也逃不掉，至少我们会为国争光"。无论如何，他还是很有见识地命令菲茨·约翰·波特在莫尔文山上布置炮兵阵地，任由李在此处向他发起攻击。

1862年7月1日——莫尔文山

天一亮，杰克逊就发现他前面的联邦军队已经撤走，他可以畅通无阻地穿过怀特奥克湿地了。李前一天集中全力的愿望现在终于实现了：马格鲁德的部队在行军 18 英里后终于到达预定地点，其实是做了很多无用功；休格的部队终于露面了；杰克逊不久后也会在最左侧布好阵。太阳升起来了，清晨的薄雾也消散了，然而，呈现在众人眼前的情景让人有种不祥的预感。"敌军占据了有利地形，在莫尔文山前一道隆起的山脊上排出多条步兵线列，部分线列辅以防御工事，同时还配备了强大的炮兵阵地。总之，麦克莱伦的整支大军，其中包括 300 门野战炮*，"现在首次集结在一个战场上，决心为了自身的生存与追兵拼死一搏，与之对阵的联盟国军队也在其总司令和总统的注视之下齐集山下"。[149]

386　菲茨·约翰·波特的行为值得赞扬，他在一团混乱中全力整顿劫后余生的大部分兵力和大炮，连夜将其安置在高地上，并确保全部守军得到强大的陆基炮兵和炮艇上远程大炮的火力掩护。李想在运动中歼灭敌军的愿望在 6 月 30 日彻底落空了，他当前面临最艰难的军事处境，即向拥有理想的射击区、居高临下、兵力集中的敌军发起进攻。联邦步兵在接近山顶处排兵布阵，有些地方布下了 3 条线列，整体呈半圆形，面对几百码平缓向下倾斜的空地，其尽头是茂密的树林、灌木丛和沼泽地，这种地形必然会减缓联盟军的进攻势头，使他们在进入空地之前很难，甚至不可能排成线列进攻，但他们一旦进入空地，就将遭到猛烈的炮击。波特选择了"一个天然要塞"[150]，用弗里曼的话说，"假如联邦军的工兵们寻遍里士满以外的乡下，他们也不可能找得到比这里更理想的屠杀进攻大军的战场"。联邦军线列的左端有一条名为"火鸡溪"的小河为屏障，同时

---

* 联邦军陆军实有大炮大概也就 250 门，外加詹姆斯河上那些炮艇上的大炮，面对联盟军至少有 2∶1 的优势。由于在战斗期间这些炮会轮番进出线列，所以它们不可能在同一时间发射。

得到詹姆斯河上的炮艇 * 的火力掩护，其右端则有西部溪保护，这条小河蜿蜒穿过湿地，汇入詹姆斯河。

无独有偶，联盟军各部组成进攻队形的过程跟前一天没差别，还是慢吞吞的，拖拖拉拉耗费了一天的大部分时间。天刚破晓，李便召集他手下所有主要指挥官开会。美美地睡了一觉后，杰克逊的精神头有了明显改观。现在的李虽然还强打着精神表现出一如既往的镇定，但他也因疲劳、神经紧张和某种疾病的影响而显得萎靡不振，这对一个已经连续不断地指挥了一周战斗的 55 岁的人来说并不奇怪。弗里曼称"他的脾气不太好"[151]，他难得发火，这该是罕见的记录。他很清楚自己的精神状态不佳，因而叫朗斯特里特陪同，充当某种临时副手和参谋长。朗斯特里特是一个虚张声势的乐观主义者[152]，但除了他以外，大家普遍对即将展开的攻击行动不抱任何取胜的希望。D.H. 希尔在他下属中发现了一名牧师，他家就在这附近。牧师对进攻莫尔文山的见解很简单："如果麦克莱伦将军在那里集结了重兵，我们最好还是别去招惹他。"[153] 但这种看法丝毫不会影响李将军，他一心一意要在联邦军逃出他掌心之前消灭它。朗斯特里特更是对这种言论嗤之以鼻，他正告 D.H. 希尔，"别害怕，我们这不是把他打败了嘛"[154]，对一个将军同僚（何况还是"石墙"杰克逊的妹夫）说这种话，也真够有胆量的。

当陆军准将朱巴尔·A.厄尔利（Brigadier General Jubal A. Early）"表示他担心麦克莱伦会逃走时，李冷冷地回应说'没错，他会脱身，因为我不能确保我的命令得以执行！'"[155] 虽然厄尔利本人是出了名的脾气暴躁，以至于李称他为"我的坏老头"，但这天上午他倒是很识趣，没有当场指出李前一天

387

---

* 这些炮艇对联邦军来说喜忧参半。在它们开炮时，联邦士兵接力挥旗指示弹落点，但射击方向一直在变，因此这些 100 磅重的炮弹也会炸到己方阵地。

下达的命令自相矛盾。

李一整天都阴沉着脸，不时会发火，也许是因为他越仔细观察莫尔文山，就越觉得打下它的难度太大。它不仅是一个教科书式的易守难攻的战例；而且只有两条稍微像样的路通往山顶，这两条路在离山顶大约 3 英里处交会，其余的都是人们干农活时踩出的小径。这意味着他将不得不在居高临下的敌军的眼皮底下，把他的大部队推向一条狭窄的道路以便向上进攻。

地图标识不准或存在误导的问题几乎立刻再次凸显出来。李曾命令马格鲁德沿"贵格路"（Quaker road）行进，其实他是指"威利斯教堂路"（Willis Church Road）——当地人有时会称之为贵格路＊，但马格鲁德的向导选择了继续向右走名为"威利路"的另一条路——正是在这里，朗斯特里特终于发现他行进的方向是错误的。马格鲁德师现在不得不折返，这种情形与杰克逊在盖恩斯磨坊遇到的情形类似。

388　　在寻找马格鲁德的过程中，朗斯特里特发现联盟军的右端有一道光秃秃的山脊，这里有一片开阔地，十分适合部署炮群以轰击联邦炮兵阵地。如果在联盟军线列左端类似地形上如法炮制，就能两面夹攻联邦炮兵。"集中射击"是炮战的理想
389　　模式，但很难实现，简单来说就是部署在不同地点的大炮同时朝一个敌对目标开炮，从而造成毁灭性打击。不过，要想在莫尔文山做到这一点，需要较长的准备时间。在右边，开路先锋必须先砍树，"辟出一条路"；[156] 与此同时，左边的密林和湿地会对大炮运输造成困难。众所周知的一个事实是，在战争中"火炮的部署速度……决定着战役的结果"，按照这个标准，李部署炮兵的进程是缓慢的；他也无法筹集到足够的大炮来达到他想要的效果。通过精心设计的交叉火力来"削弱"敌人占据

＊　因为威利斯教堂是贵格会的会所。

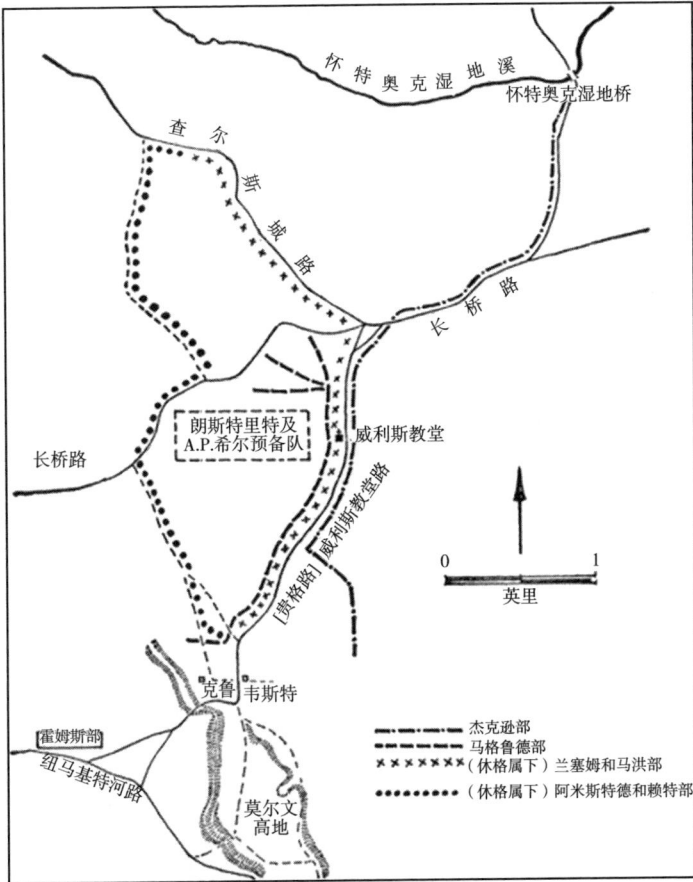

12 1862 年 7 月 1 日清晨，北弗吉尼亚军团的前进路线

优势的炮兵力量的想法确实很高明，但这种设想要求每侧各部
署至少 50 门大炮。结果是联盟军费了九牛二虎之力，连拉带
推才最终运上去不超过 20 门。

马格鲁德师仍然需要向前推进，联盟军步兵必须面对克
鲁溪（Crewe's Run）至俯瞰树木繁茂的小山头之间、纵深近
2400 码的开阔地组成防线，而位于西部溪（Western Run）的
杰克逊部左翼［主要是胡德的得克萨斯旅和艾萨克·特林布尔

（Isaac Trimble）所率佐治亚、密西西比、亚拉巴马和北卡罗来纳团组成的旅〕则与联邦军线列并行继而从侧翼相接，但他们仍然要面对一片宽达 400 码的密林和沼泽地。

在 19 世纪，发出准时进攻的信号是一个军事上的重大难题——18 世纪欧洲战争中相对开阔、精心耕种过的田地在这里并不存在。李将军的意图是，当联盟军的大炮集中射击并摧毁联邦炮兵阵地时，他的所有部队应该共同向前推进。问题在于，谁来决定这一刻什么时候到来，他如何向其余部队发出前进信号？菲茨·约翰·波特（以及清晨时短暂现身的乔治·麦克莱伦）站在莫尔文山顶可以清楚看到联盟军的动向，但从威利斯教堂路到克鲁溪一带，断断续续分布着树木繁茂的小山头

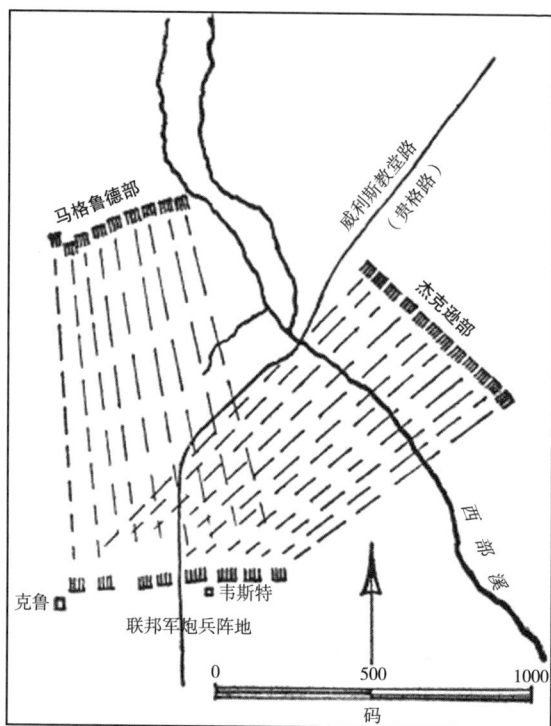

13 朗斯特里特规划的莫尔文山上的"集中射击"阵地

和山脊，李的部队在组成线列时，大部分人都看不到莫尔文山坡以及排列在他们两侧的其他旅和团。他们只能从树林中走出，来到开阔地带之后才能形成一条连续的进攻线列，而到了此时他们离联邦大炮就只有不足 300 码的距离了。

由于陆军准将刘易斯·阿米斯特德旅在联盟军线列的右端，靠近右边部署了大炮的开阔地带，李将军决定让阿米斯特德首先评估一下己方炮兵打击联邦炮兵阵地的效果。下午一点半，李向全体师长发出一份书面命令，通报他的决定。

> 1862 年 7 月 1 日
> 炮兵已就位，准备炮击敌军阵地。如它被摧毁，可能性极大，可目击轰炸效果的阿米斯特德奉命呐喊着冲锋。照此办理。[157]
>
> 助理行政主任
> R. H. 奇尔顿（R. H. Chilton）

值得一提的是，这条命令既乐观又会产生误导。联盟军炮兵尚未就位，而且事实上他们仍然拖着那些大炮越过砍倒的树木，穿过茂密的灌木丛和沼泽地，艰难地运往朗斯特里特选择的两个地点。这条命令也没解释位于左端的指挥官们怎样做才能在炮火轰鸣中听到阿米斯特德的人从 1 英里以外发出的呐喊声。北弗吉尼亚军团是一支虎狼之师，但这支部队的军官群体普遍秉承着有些业余的指挥风格，而且其中不少人还不习惯李的作风。不仅如此，李本人也在尽其全力指挥着这支 5.5 万人的大军，而协助他工作的仍然是他从里士满指挥部带来的人数很少的参谋团队。相比之下，麦克莱伦大军的指挥和管理更严密、更专业，而且组织得更好。确实，这是保持波托马克军团立于不被歼灭之地，并在撤退时带上大炮和后勤车队的重要因素。

直到下午 2 点，联盟军的第一批大炮才就位，但结果令人失望。集中射击的意义在于，从不同阵地同时开火轰炸同一目标的大炮必须达到一定数量，否则很难取得预期效果。联盟军的大炮刚就位，联邦炮兵就开始向它们开炮。在纸面上清楚描画出的集中射击线路根本无法实现，但李不能就这样撤出战斗，眼看着联邦军撤入安全地带。他的大军已然做好了决战的准备，李信心十足，认定了只要攻势足够猛烈，就能攻破联邦军的防线，紧接着敌军就会兵败如山倒，全面溃败。他确信士兵们的斗志、冲劲和勇气会达到他的炮兵部队所不能达到的目标，如果他有信心，他的士兵们也不会例外。正是李性格中的这一面，才使他成为一名伟大的将军：他敢于在极端不利的情况下义无反顾地发起进攻的坚定意志，以及存在于他与部队之间一直陪护着南方走到战争结束那一天的神秘纽带。如果"主人罗伯特"相信他们能突破联邦军防线，他们也会信心十足。"当猎杀行动开始后，李的战斗精神压倒一切"[158]，朗斯特里特在战争结束很久后这样写道，不过那时这已不再是一种赞誉。即便如此，这个冷峻、含蓄、温文尔雅的人性格中最引人注目的部分，就是一旦投入战斗，他就会以最凶猛的方式战斗，绝不退缩。

起初，李试图设法包抄波特占据的令人生畏的阵地。他骑马赶到左翼，决定把朗斯特里特和 A.P. 希尔的两个师预备队调至这一侧，以便发起切断波特后路的攻击。这一大胆举动或许能够成功——朗斯特里特肯定是这样想的——但在下午 4 点左右，当这两个师仍在移动时，李接到报告称联邦军的补给和弹药车开始行动，这表明波特可能在撤退。与此同时，因向导选错路而误入歧途的马格鲁德率部到达预定位置，在右端布阵，他发现阿米斯特德已经率部向前冲，与敌展开了激战。李担心"敌军正离我们而去"[159]，朗斯特里特如此记述道。李坚信所有的指挥官都已经收到并且正准备实施他在下午一点半发布的命令，他临时改变了调兵去左翼的想法，并迅速下达了第二道指令，要求所有部队向前"快速推进"，也就是说，向联邦军防线的中间和右翼发动总攻，希望在联邦军撤退时拦住他们。

但他们并没有撤退。马格鲁德在半路上就收到了李一点半时发出的命令，当看到阿米斯特德旅正在激战时，他按照命令所述，把它当作了立即进攻的信号，尽管那时他的炮兵部队还落在后面很远的地方。不久，随着右端激战的声音传来，李将军的整个中间和右翼部队全然不顾面对他们一字排开的联邦大炮，开始向联邦阵地全线推进。

结果就演变成了一场灾难性的消耗战，双方打得难解难分，一直打到夜幕降临。D.H. 希尔后来写道："这不是战争——这是谋杀。"[160] 联盟军一波接一波向坚固的敌军炮兵防线发起攻击，他们表现出的"英勇无畏"的气势甚至令炮手们胆寒。[161] 一名联邦士兵在写给家人的信里说，有个炮手曾告诉他，"看着叛军排成 10 人纵队的防线向前推进，那种场景太吓人了。……他说看到炮弹在他们队列中炸出 10 英尺宽的豁口时他很难受"。[162] 莫尔文山战役在幸存者的记忆中是北弗吉尼亚军团所经历的最惨烈的战事[163]，甚至比安提耶坦战役和葛底斯堡战役还惨。战斗一打响，局势的演变就不是李所能控制的了。入夜后，枪炮声停息了，但"山坡上传来无数伤者凄惨的哀号声"。无论是记者的报道还是参战官兵的家信，在涉及这场战役及其后果时，无一不呈现出骇人的惨象。多年之后，朗斯特里特可以在相对平和的心境下对此战加以评断，他当时支持进攻，但后来改了主意："此战的结局是联盟军全线败退，并牺牲了数千英勇官兵的生命。"[164] 在联盟军付出 3 倍于联邦军的伤亡之后*，波特连夜带着他的部队和大炮成功地撤至詹姆斯河边的安

393

---

* 合众国军伤亡 2100 人，联盟国军伤亡 5880 人。

全地带。

李很清楚自己已失败。写战况报告时，他指出："在正常情况下，联邦军队应该已被歼灭。"这个说法并没错，因为他在盖恩斯磨坊之战和弗雷泽农场之战都有机会取得决定性胜利，但他并没有把握住。多数史学家和传记作者，特别是来自南方的都不愿意责怪李将军。他们倾向于把责任归咎于规模更大、装备精良的联邦军，半岛战役也不例外——即使是莫尔文山战役，也被他们视为是体现南方英雄主义的典范（衣衫褴褛的步兵一次又一次向北方炮兵阵地发起冲锋），但是明显有多种因素导致了南方战败，其中包括李下达的命令含糊不清、自相矛盾，在作战时各师各旅之间完全缺乏协同，缺乏标识准确的地图，以及缺乏一个明确的计划集中李的全部兵力打出一记重拳。在此战中，杰克逊部的 1.85 万人再次成为旁观者，面对联邦军防线右端布阵的杰克逊无所作为，而且好像李把他安置在那里之后就全然忘记了。当时参战的理查德·泰勒将军的言论颇具代表性，他后来回忆说，到了早晨，麦克莱伦的大军已在詹姆斯河边的哈里森登陆场"处于坚不可摧的阵地"，然后笔锋一转，称"联盟国方面的战略值得赞扬"[165]，竟然没注意到自己的表述前后不一。

人们常说，李得自温菲尔德·斯科特将军的真传，即总司令的工作就是确保他的部队在正确的时间出现在正确的地点并做好战斗准备，然后由现场的指挥官来决定该如何做，但是斯科特在战场上深度参与各项决策，积极性远高于李在莫尔文山上的表现，而且一旦战斗打响，他下达的命令会更有针对性。李曾是斯科特手下最勇敢、最有天赋的侦察员，最初引起斯科特注意就是他深入敌后侦察敌情的才能；但到如今，李手下并没有这种值得他倚重的人。这是李的悲剧，虽然他的部下忠心耿耿，钦佩甚至崇拜他，但从中找不出一个堪与当年年轻的上尉罗伯特·E.李媲美的人。

那天夜里，当李骑马穿过联盟军防线时，他经过马格鲁德身边，看到他正准备"在下属为他铺好的毛毯上躺下"。[166]

李勒住马问道："马格鲁德将军，你为什么发起进攻？"

马格鲁德答道："遵照您的命令，您的两道命令。"[167]

据报道，李没有说更多的话。确实，他有什么可说的呢？马格鲁德固然有他的缺点并导致李丧失了对他的信任，但他并没有做错。一个更有头脑或更谨慎的将军可能会质疑李，为何要求他向大炮完好无损且防线完整无缺的联邦军发起进攻，但鉴于马格鲁德已经迟到（因为李改变了命令），他肯定一心想着抓紧时间，不愿再有任何耽搁，比如派出手下去找李，问他是否还想发动攻击。

虽说李试图歼灭波托马克军团的计划半途而废，但南方仍然认为他取得了胜利。仅在一周之内他就解除了敌军对里士满的威胁；抓获了上万名联邦战俘，缴获了52门大炮和3万多支各种枪支；同时逼迫波托马克军团退守一小块湿地，就算这里足够安全，但再也威胁不到里士满了。[168]这是一个了不起的成就，但它不是李所期望的胜利，也不是联盟国所需要的。

《纽约时报》评论说，尽管麦克莱伦已连续作战了6天，他还是设法保存了他的"大军及其庞大的炮兵和马车队……他的弹药，2540头牛；事实上，他的所有家当，包括步兵、骑兵、马匹等都得以成功转移。这是一个指挥员在大敌当前时所能采取的最困难、最危险的行动之一，其间虽不乏种种波折和考验，其难度想必会让天才的拿破仑也感到吃力，但他最终安然无恙地完成了"。[169]

尽管南方的报刊头条都在欢呼"一次大捷"，《纽约时报》驻詹姆斯河的"特约记者"发表的文章则完全赞同李本人的观点。李成为南方人心目中的一个英雄，实际上是整个南方的英雄，声望盖过了其他将军，其中包括"石墙"杰克逊（他在这场战役中的表现实在成问题，这已经是很委婉的说法了），但他没有打出结束这场战争的致命一击。

再过 5 周，李将军会再次发动一系列无懈可击的进军和攻击行动，其精彩程度甚至会让拿破仑瞠目结舌。这就意味着他几乎没有时间休息，当然也没时间让他那支遭受重创的军队充分休整。

你得考虑只要打仗就会有危险。

——1557 年斯卢斯（Sluys）围城战中罗杰·威廉斯爵士（Sir Roger Williams）[①]对莱斯特（Leicester）伯爵所说的话

拿破仑曾有"最危险的一刻，便是胜利的时刻"的论断，397并得到了历史的验证。胜利之后的一段时间，人们自然会身心放松，陶醉在胜利的喜悦当中，但李面对这些诱惑无动于衷。虽说他解除了里士满面临的威胁，成就了一项看似不可能的壮举，但他未能歼灭麦克莱伦的大军。

J.E.B. 斯图亚特特别喜欢做些虚张声势的事，哪怕不合时宜。7 月 2 日，他来到环绕联邦军在哈里森登陆场军营的高地，但他没有立刻折返去向李汇报此处尚未被敌军占领，而是朝着联邦军营地挑衅般地打了一发榴弹炮。联邦军闻声赶来，在把他驱离之后开始部署炮兵和步兵，抓紧加固伊夫林顿高地（Evelington Heights），此举有效地防止了李的进攻。他打不到麦克莱伦，而麦克莱伦也打不到他。到了 7 月 9 日，李回到了他在里士满的总部，他的军团也返回了附近的营地，只有斯图亚特的骑兵旅殿后监视波托马克军团的动向。

398

李要静下心盘点他的损失了。战役之初，他手下有 8.55 万人。战斗进行一周后，伤亡和失踪人数达到了 2 万多人，接近总数的 1/4，其中战死的军官在死者中的比例奇高。这在军官们身先士卒、冲锋陷阵的年代是不可避免的，问题是找到接替他们的人选越来越难。但李在部队重组方面做得很少，也没

---

① 许多人认为罗杰爵士是莎士比亚《亨利五世》剧中那位脾气暴躁的威尔士职业军人弗鲁爱林上尉（Captain Fluellen）的原型。

有扩编或更替他的参谋人员。他继续自己充当参谋长，亲力亲为本该交给别人做的起草报告和命令的工作。如果一位高级军官，如休格或马格鲁德，明显辜负了他的期望，李就予以调动（而且永远是客客气气地），调至负责日常一般性工作的岗位或暂时不会打大仗的地方。李对这场大战中最让他失望"石墙"杰克逊的信心一如既往，丝毫没有打折扣。这是一种人格上的"神秘纽带"，只是未来李会设法给杰克逊提供尽可能大的独立自主空间。

李没下功夫重组部队的原因，并非他无视其缺陷，或者是他自己或助手们存在不足，而是因为他清醒地认识到时间才是他的敌人。北方可以迅速补充消耗的人员、枪支弹药、大炮、马匹、机车等，但南方做不到。在对麦克莱伦展开一轮攻击之后，李要趁着对手暂时被困于哈里森登陆场这一时机，在其他地方发起一次攻击。

杰克逊在河谷重创过的几个联邦师重组为弗吉尼亚军团，陆军少将约翰·波普（Major General John Pope）出任军团司令。他是南军西点军校毕业生所称"旧军队"中为数不多的军官之一，李并不看重他，且很快就演变成对他嗤之以鼻。陆军少将欧文·麦克道尔所率另一支联邦军"纵队"[1]集结在弗雷德里克斯堡，大约有1.8万人；而陆军少将安布罗斯·伯恩赛德（Major General Ambrose Burnside）则率领另外1.4万人在门罗堡外的"运输船上"待命。李不得不提防麦克道尔和伯恩赛德会向麦克莱伦靠近，合兵一处并再次试图攻打里士满的可能性，但他似乎认定麦克莱伦本人已不具备实施如此大规模行动的条件。李再次选择了一个大胆的策略。他没有像约翰斯顿一贯主张的那样集中兵力，而是谨慎地留出选择余地，等着波普先出牌。如果波普向河谷方向移动，李会把杰克逊派过去；如果波普向里士满进发，李可以派北弗吉尼亚军团的其余各部去守城；如果伯恩赛德试图与麦克莱伦会师，李会前往阻击。在此期间，李将主要精力放在改进和加强里士满与彼得斯堡的防务上，后者位于里士满以南 20 英里，是至关重要的铁路枢纽。杰克逊的身体已经完全康复，也恢复了乐观心态，他想趁着波普的兵力仍然分散在各处之际挥师北上，但李对此持反对态度。他看到四面八方都存在危险，仍然倾向于等待波普走出第一步。

在采取行动之前，波普发表了一系列措辞不当的言论，这些言论在南方引发了众人的嘲笑，也证实了李鄙视他是有道理的。波普发布命令时总要用"马鞍上的司令部"这种夸张的说法做标题，这自然而然地让南方人联想到他的司令部就在他臀部所在的位置。他的同僚菲茨·约翰·波特将军轻蔑地称他为"蠢驴"。波普履职时发表的一通演讲得罪了他的所有官兵，他声称自己"来自西方，我们一直看着敌人后背的地方，专注于寻找敌人并就地打败他们；信奉进攻而不是防守"，并敦促他们要忘记"撤退线""供应基地""占据有利位置"等说教。[2] 他的这番话被"他自己手下的一位旅长称为……'放空炮和狂妄无礼'"之语。他发布的一系列恶狠狠的命令也激怒了联盟国的人。他的军队要"就地征粮"并要在"分离主义者的地域"夺取庄稼、物资和牲畜。他还威胁说要抓人质，在联邦军战线内逮捕"所有男性非战斗人员"并射杀任何通敌的人——就像有人指出的那样，一个母亲写信给儿子也会被认定为通敌。就连一向平和的李都忍不住骂波普就是个"恶棍"。

7 月 11 日，陆军少将亨利·哈勒克（Major General Henry Halleck）被任命为联邦军参谋长，此举并没有引起李的太多关注。哈勒克是个称职的军事官僚，他在西部战区的主要成就是与尤利西斯·S.格兰特对着干，不遗余力地要把对方搞臭，但最终未能如愿。他最擅长的是在同僚将军们的背后捅刀子。林肯称他"比一名一流的办事员稍好些"，任命他的目的是希望他能掌控他的将领们。[3]哈勒克于 7 月 22 日抵达华盛顿，他显然并不急于履新，但对他的任命本身已足以让麦克莱伦有更深重的挫败感。麦克莱伦根本看不起哈勒克，并一直希望自己能重登参谋长的宝座。"总统……还未表现出丝毫绅士般的或好友间的情谊，"他在读报时得知哈勒克升职的消息后，写信给妻子说，"而我无论在哪方面都不能把他视为朋友。"

如果麦克莱伦曾寄希望于波普支持他向里士满发起新攻势，那他肯定会失望。波普的注意力集中在弗吉尼亚中央铁路上，它是里士满与西部之间的重要通道，途经戈登斯维尔、夏洛茨维尔（Charlottesville）和斯汤顿。如果他的计划得以成功实施，里士满将成为一座孤城，而李的北弗吉尼亚军团也难以得到补给。这也是李所担心的，特别是麦克道尔的前线距离戈登斯维尔，即弗吉尼亚中央铁路弯道最北端已不足 30 英里。李已深悉保护铁路线的一个基本事实：把步兵分散部署在铁路沿线既无效又浪费兵力。*于是，李命令杰克逊部从里士满出发，奔赴戈登斯维尔并占据有利地形，从侧翼重击意图切断铁路线的任何南下敌军。

波普奉命在哈勒克到达前留在华盛顿，他的部队仍然分散在各处。或许在这种情况下，波普不可能迅速行动。他派出一个骑兵旅去切断弗吉尼亚中央铁路，但随行的炮兵部队和供应车队严重"拖累了"部队行进速度，当骑兵旅旅长听说杰克逊早已"率大军"占领了戈登斯维尔时，他的部队距那个镇还有 10 英里

---

* 直到第一次世界大战时，土耳其人还是没有意识到这一点。当时，土耳其人向连接大马士革和麦地那并穿越沙漠的数百英里铁路沿线派遣军队守卫。这使得 T.E. 劳伦斯和他带领的贝都因人有可能在 1917~1918 年从沙漠中冲出，炸毁一段铁路线，摧毁一列火车，然后再次消失在沙漠中。劳伦斯在提到守卫铁路线的土耳其人时说："他们都是侧翼，没有前锋。"

远。[4] 波普的其余部队最初的行动似乎全都一样，迟缓且缺乏协调，就好像波普对自己该怎么办仍然拿不定主意。这倒不是他的错，波普不得不待在华盛顿，而哈勒克慢吞吞地向东走。

李的处境比较尴尬。在他东面，麦克莱伦大军的营地就在 18 英里以外，兵力多达 101691 人并拥有庞大的炮兵部队。[5] 在李的西北方向，波普至少有 4.9 万人，大致呈弧形分布在斯特拉斯堡至弗雷德里克斯堡一线，并在快速得到增援。李因此被夹在两军之间。[6] 而当杰克逊带着两个师大约 1.2 万人前往戈登斯维尔后，他在里士满城内外的守军合计 69559 人。李或许能指望波普在试图集结散落于各处的部队并决定攻打哪个方向时会有所耽搁，而且李一如既往地把宝押在麦克莱伦不可能贸然行动上。要是李知道就好了，事实上，麦克莱伦一直相信李手下有至少 20 万大军，而且令林肯总统深感困扰的是，在得到 1 万~2 万名援兵之前，他不想采取任何行动。哈勒克抵达华盛顿后的第一个任务就是前往哈里森登陆场，设法让麦克莱伦明白一些事理。他返回华盛顿向林肯汇报时称应将波托马克军团撤出半岛，与波普的部队合兵一处。哈勒克显然没想过让这支军队待在距里士满仅有两天路程的原地不动，并找人取代麦克莱伦。

采取守势，坐等事态发展，这不符合李的天性。1862 年时，未来的法国元帅费迪南·福煦（Marshall Ferdinand Foch）年仅 11 岁，他那句关于被优势兵力包围时该怎么办的名言或许可以被当作李的座右铭："Mon centre cède, ma droite recule, situation excellente, j'attaque（我的中锋在溃散，我的右翼在后退，形势极佳，我在进攻）。"* 李知道，他

---

* 1914 年 9 月 8 日，在马恩河战役关键的一天，福煦将军写给法军总司令若弗尔（Joffre）将军的便条内容。

402 最好的选择是利用在弗吉尼亚的两支联邦大军之间的空隙，采取强有力的快速进攻。李将用最少的兵力防守里士满，并加强杰克逊的兵力，他仍然相信杰克逊渴望展开大胆突袭的行动；在波普的部队集结完毕之前各个击破，然后让杰克逊率部与里士满守军会合并向麦克莱伦发起新一轮攻势。这是一种大胆的战略设想，是一次连环出击，时间的把握至关重要——只有靠速度和持续的、意想不到的机动，李才有希望击败比他自己更强大、装备更好、物资供应更充足的军队。时间拖得越长，里士满遭到攻击的可能性就越大；此战败北的话，联盟国可能要付出丢掉弗吉尼亚的代价。李没有犹豫。

记住事态发展的节奏非常重要：1862 年 6 月 1 日，李接过北弗吉尼亚军团的指挥权；6 月 26 日，他在梅卡尼克斯维尔打了平生第一场大战，在接下来的一周里连续打了 9 场战役，并于 7 月 1 日以莫尔文山血流成河的平局而告终；7 月 12 日，他命令杰克逊率两个师进军戈登斯维尔。6 月 26 日到 7 月 1 日，李几乎没有一天不在马鞍上，顶着炎炎烈日或冒着倾盆大雨，领导着对一个强敌展开看似无休无止的攻击行动。他特意抽出了 10 天时间用来重组部队，在联盟国的东部拉网式搜罗兵源。[7] 随后在 7 月 27 日，他决心孤注一掷，把宝押在杰克逊身上，并调遣 A.P. 希尔师归他指挥，用针对哈里森登陆场的一系列精心策划的"佯攻"掩饰他的真实意图。李的这一番动作效果十分显著，中了计的麦克莱伦下令部队和炮兵返回莫尔文山准备一场大战。在此期间，李的主力部队已经悄悄地向西北方向移动了 60 英里，隐身于蓝岭山脉的阴影中。没有一个扑克玩家可以打出比这更冷静的牌。

他将北卡罗来纳州的两个旅并入自己的军队，并冒险派出 A.P. 希尔师加入杰克逊部。这是一场相当大的赌博。此举使李因调离一流的、久经战场考验的师而削弱了自己的实力，而且他知道 A.P. 希尔和杰克逊两人水火不容。希尔"意气风发，浮躁而高傲"[8]，是个把杰克逊身上最坏的一面都表现出来的贵族，他粗暴无礼、缺乏耐心且待人冷漠。这两人早在西点军校时就相互厌恶，那时的希尔还像个纨绔子弟，总是嘲讽杰克逊的土气。在七天战役期间，杰克逊屡次不能及时赶到战场的表现更是让希尔恶气横生，因此把他分配给杰克逊指挥确实是冒险之举，李对此心知肚明，而他之所以还这样做，纯粹是因为在开始时要把朗斯特里特留在身边。

不过，李确实给杰克逊写了一封措辞得体的信，建议他如何与 A.P. 希尔相处，但事实上，这个例子很好地证明了李在涉及手下将军们的事务时不喜欢共同商议对策。他至今尚未当面质询杰克逊，为何在七天战役期间屡次失败，他到现在也没有命令杰克逊把对希尔可能怀有的任何敌意先放在一边。"你会发现 A.P. 希尔是个好军官，"李满怀希望地写道，仿佛他俩从未见过面，"你可以同他商议，还要把你的动向通告你的师长们，这样他们就能采取更明智的行动，为你省去很多麻烦，不需要为行动细节费心。我加重了你的指挥任务，真希望能减轻你的负担。"[9] 这既是合理的建议，又是一厢情愿的奢望。杰克逊是个天才，但喜怒无常、难以捉摸，而且讳莫如深是他的天性。他蔑视"军事会议"，希望自己的命令能立即得到无条件服从，而且除了李本人以外，他很少征求任何人的意见。"他的师长们没有一个被告知过他的意图，"威廉·B.托利弗将军（William B. Taliaferro）后来抱怨道，"而且他们总是奉命行动，从来不知道最终的目的地，也不知道为什么，只能盲目服从，这常使他们深感烦闷。"[10] 李试图纠正这个缺陷，但他的措辞过于客气，以至于毫无用处，丝毫没有触动杰克逊，其对 A.P. 希尔的强烈怀疑一如既往。

正如李所要实施的战略的立足点是设法让联邦军各自为

战，在它们之间穿行，寻找薄弱部位并予以打击，他为杰克逊做出的规划则完全取决于后者的机动能力以及能否在波普集结起各部之前击垮其中一部分。军事史学家们对李的批评主要集中在他不扩充自己的参谋团队，未能提供足够的给养和最新的地图，以及没能解决存在于北弗吉尼亚军团中的其他不足等方面，但这些缺点必须置于他对联盟国处境的现实认知的背景下。他最大的敌人是时间。合众国的军队可随意增员、扩军并得到给养，但联盟国的军队早已到了极限。李取胜的唯一途径，如果"取胜"仅仅意味着迫使北方坐下来谈判的话，就是在被敌军庞大的兵力全面压垮之前，反复重拳出击。"我们懈怠不起"[11]，他写道。没有时间打造精兵良将，即使真的有足够资源供他随意使用也不行。自7月中旬之后，他会指挥北弗吉尼亚军团东征西讨，打一场接一场的旋风式大战，中间很少或根本没时间休息。李发起的这些战役基本上在一个相对较小的半圆中展开，半圆以华盛顿为中心由东北向西南，半径不超过100英里。大多数战役的战场相距不远，有几次战斗是在同一个地点展开的，正因为战场之间的距离相对较短，不可否认，李没有遇到拿破仑必须解决的长途后勤保障问题（比如埃及或俄国远征行动）。不仅如此，这些战役大部分在当地居民全体或部分同情联盟国的地方（葛底斯堡是个明显的例外）进行，但从日期上看，这仍是一项壮举。

杰克逊手下的天才绘图员杰迪代亚·霍奇基斯很快就帮助解决了地图的问题。确保粮草供应这个大难题的解决方式是让部队不断移动，以防它周边的资源被消耗殆尽，这恐怕是李进军马里兰州和宾夕法尼亚州的部分原因。尽管李痛斥"恶棍"波普下令从南方平民那里夺取军用粮草，并坚持要他的军需官为征用的给养付款，但公平地说，他们支付的是联盟国货币，其价值在境内不断缩水，在境外则一文不值。

　　李当即把握住了他的处境孕育的战略机遇（和危险）。考虑到联邦军的 9 万人就驻扎在里士满城外仅数英里处，李必须确定麦克莱伦不会主动出击之后才能有所动作。在此期间，采取守势就会招致攻击。他敏锐地认识到联邦军有个重大弱点——林肯对联盟军进攻华盛顿的担心。敌军成功"偷袭"一次华盛顿就会构成一个政治上的灾难。联盟军朝华盛顿方向的任何异动都会导致林肯立刻加强波托马克河以南的防线。就像在下一盘国际象棋，李可以凭借他向华盛顿进军之势，激发出林肯本能的反击而见机行事。此后，李的战略一直以此为核心，直到 1864 年 5 月，格兰特渡过拉皮丹河，最终迫使李处于守势，这才有了转机。* 李并不想真的占领华盛顿（只有联邦军遭遇灭顶之灾才有可能实现），但他深知，保卫里士满和北弗吉尼亚的最佳方式就是对合众国首都构成威胁。李没有足够兵力同时防守里士满和河谷地区，而且无论如何，他一直在用腓特烈大帝那句"什么都要守，什么都守不住"的名言警示自己，但他拥有足够的兵力向华盛顿发起一场像样的攻势，而且可以预计一旦自己的大军渡过拉帕汉诺克河并威胁到波普的交通线，麦克莱伦的主力一定会回防华盛顿。李对波普怀有发自内心的厌恶——7 月 27 日，他决定增派合计 1.8 万人的 A.P. 希尔师外加路易斯安那州一个旅的志愿兵给杰克逊，他给杰克逊下达的命令中含有耐人寻味的（且对李来说非同寻常的）指示："我要你击垮波普。"李很少会把一个敌军将军和他的西点同学直呼为害虫，但波普针对联盟国平民所下达的侮辱性命令冒犯了他天性中最具骑士精神的一切倾向。他不仅要让

---

　　*　迟至 1864 年 7 月，生性粗鲁、精力旺盛的朱巴尔·A. 厄尔利中将才设法攻击了华盛顿郊区，林肯出来观战，置身于南方军队的炮火之下。厄尔利撤退回河谷时对他的副官说："嗯，少校，我们虽然没有拿下华盛顿，但至少把阿贝·林肯吓得够呛。"这段话用来描述李的战略再合适不过了。

波普"被击垮"，而且深知能做到这一点的人非杰克逊莫属。

与此同时，李简化了北弗吉尼亚军团的架构，将其分成"双翼"："右翼"由朗斯特里特统率，"左翼"则由杰克逊指挥。[12]朗斯特里特在哈里森登陆场对麦克莱伦部的试探性攻击使得李确信这里并不像他最初设想得那么可怕，但这并没有解除他的另一个担忧，即麦克莱伦可能利用联邦海军的实力前往詹姆斯河南岸，并借道彼得斯堡杀向里士满。他也担心伯恩赛德部或许能成功与已驻扎在哈里森登陆场的部队会师，从而让麦克莱伦如虎添翼，趁势重新围攻里士满。尽管内心怀有种种顾虑，但李还是毫不犹豫地开始大胆行动，由杰克逊率先"打出〔他的〕一记重拳"。

李紧锣密鼓地备战了两个星期，准备一举"击垮波普"并将麦克莱伦的大军全部赶出半岛，李"形影不离的"副官沃尔特·泰勒少校也许是最了解将军心思的人，在此期间他提到李时会以"大亨"相称。"这需要他对自己的判断有十足的信心，"泰勒写道，"才能实施这一如此大胆的军事行动，而且假如事态发展证明我方事先对敌方智谋的判断出现差错，肯定会遭到敌方各种可能的反击。这也需要他对下属及其部队有充足的信心，将他们置于极为不利的境地，而且要确保成功，必须具备极大的勇气和耐力。"[13]李背后有10万之众的联邦大军，前方有4.3万敌军，面对强敌，他用于保卫里士满和进逼华盛顿的兵力仅有6.5万人，但他依旧决定主动出击。7月13日，他命令杰克逊大致沿着弗吉尼亚中央铁路至路易莎县治的路线，向西南推进20英里并"在可能的情况下进军戈登斯维尔，前往阻击据报从奥兰治县治南下的敌军"。[14]

7月18日，李命令J.E.B.斯图亚特"派出一些骑兵前往至少最北至汉诺威枢纽站一带"，并派侦察兵贴近弗雷德里克斯堡以探明波普的"意图、实力等"情况。李还以他的典型方式敦促斯图亚特："尽量别让你们的马匹过于劳累，叮嘱你手下照顾好马匹和士兵们。"[15]

除了杰克逊和斯图亚特以外，李恐怕找不出更适合的将军来办他想要做的事了。他俩都具有进取精神，无所畏惧，并且能对李的意图心领神会。到了 7 月 25 日，杰克逊已然确认波普的部队仍分兵两处：右翼正在南下向戈登斯维尔进发，麦克道尔率领的左翼正准备渡过拉帕汉诺克河。杰克逊知道，他必须在麦克道尔部赶到之前痛击波普的右翼。

他在"路易莎县一个小树林里的一座老教堂的新总部"[16]稍作停留，把李派给他的援军整合到他的小部队里。李的好建议并没有改变杰克逊对 A.P. 希尔的看法，反之亦然。现在杰克逊的兵力合计近 2.4 万人（被波普高估为 3.5 万~6 万人）。8 月 2 日，杰克逊的骑兵在奥兰治县治遭遇联邦骑兵，双方在原本很安静的大街上打了一仗，联盟军被打败。杰克逊为此大发雷霆，强烈要求更换骑兵指挥官，但李不为所动。杰克逊不依不饶的天性导致了众多人事纠纷和军事法庭案件，这也给李带来了大量不得不应付的文书工作。

也许北弗吉尼亚军团的高级军官们都以"荣誉"为重并极力维护自己的骑士形象，李需要处理大量这类让人头痛不已的纠纷。就在杰克逊准备攻击波普的关键时刻，他正忙着处理要上军事法庭的两位高级军官的案子。其中之一是陆军准将理查德·S. 加内特（Brigadier General Richard S. Garnett），他被法庭裁定无罪，后来在葛底斯堡率领他的旅参与"皮克特冲锋"时战死。假如得到李的认可，杰克逊很可能会把他的骑兵指挥官告上军事法庭。为此，当李派 A.P. 希尔率师加入杰克逊部时，希尔与朗斯特里特大吵了一架并被逮捕。军事法庭、逮捕和决斗之类的事务不断困扰着李，但他通常都能很巧妙地予以处理，而且很有耐心，虽然劳神费力。

8月7日，加内特将军的庭审被打断，消息传来，波普下辖的陆军少将纳撒尼尔·P.班克斯之师已推进到了库尔佩珀县治，距此地不足20英里。这正是李和杰克逊一直等候的消息。杰克逊本来就想在波普大军集结之前攻其一部，此时这支部队孤军深入，主动送上了门，主帅还是他仅仅4个月前在温切斯特打败过的。

李致信杰克逊表达自己的信心——"你在现场必须决定对付哪支部队"，他在8月7日写道，并力劝他"绕到敌人后方"[17]而不是发动正面进攻。李在信的结尾说："我现在必须把这事交由你考虑并做出正确判断。在对我们周边的各种情况加以权衡后，确定怎么做最好。"非常清楚的是，李已经不只关注杰克逊如何打击波普的右翼，而且想到了更远。他已接到警告称，伯恩赛德的人马正从门罗堡向弗雷德里克斯堡转移以加强波普的军力，而警告他的那个人不是别人，正是交换回来的南军战俘，未来的（声名狼藉的）游击队领袖约翰·S.莫斯比。[18]此外，斯图亚特麾下神出鬼没的骑兵侦察队也在弗雷德里克斯堡周边搜集了一些情报，两相印证后，李认定林肯和哈勒克丝毫没想命令麦克莱伦攻击里士满，而是决定将他和波普的军队合并，试图从西方夺取里士满。威胁首都的敌军不再是哈里森登陆场，而是弗雷德里克斯堡方向。李决定把战事的焦点从半岛转移至北弗吉尼亚，并从詹姆斯河转至拉帕汉诺克河。他看到了两个良机，一是杰克逊可以在波普大军行进时向其右路军侧翼发动一系列大胆的猛攻，二是在麦克莱伦和波普会师之前，可令朗斯特里特出半岛并与杰克逊会合，然后择机发动突然袭击，一举歼灭联邦军，后者更令人激动。

8月5日，在弗雷德里克斯堡以南不足5英里处的马萨波奈克斯教堂（Massaponax Church）附近，斯图亚特率部打了一场小规模的漂亮仗——在战斗中，他截断了联邦军两个旅的行李车队并抓获了大量战俘，他甚至因为人数众多而向李抱怨说他们"乌泱乌泱地在我眼前"晃来晃去。有些联邦战俘好像很乐意告诉斯图亚特，伯恩赛德的1.4万人马早已抵达弗雷德里克斯堡，这正是李需要用来确认他判断的证据。如果他大胆地迅速行动，他似乎不仅能挡住波普的去路，还能让北弗吉尼亚军团插入波普大军与华盛顿之间，迫使波普在李选定的地点打一仗，同时解除里士满受到的威胁。他不动声色地开始行动，准备把自己的大军转移至里士满的另一边。[19]D.H.希尔奉命准备迅速行动。李在得克萨斯州时的年轻骑行伙伴约翰·贝尔·胡德，如今已是陆军准将，奉命进军汉诺威枢纽站，他可以据此同时保卫弗吉尼亚中央铁路和里士满、弗雷德里克斯堡，以及波托马克铁路线，且在必要时加入杰克逊部。北弗吉尼亚军团则向西移动，为了避免引起波普的注意，部队走走停停，行动缓慢。

与此同时，杰克逊率部北上迎敌——双方都没有仔细盘算过该怎么打一场遭遇战。杰克逊的2.4万人在热浪滚滚、尘土飞扬中艰难行进。如往常一样，他没有把自己的意图告知任何高级指挥官，也没想过在这次行动中玩什么花样。杰克逊听说波普已命令班克斯将军南下挺进戈登斯维尔，于是打算前往迎击，遇见就打，仅此而已。

波普似乎对杰克逊的性格有所错判，他以为杰克逊在后撤。事实上，杰克逊正在急行军，希望趁着波普部落单的时候一举将其击溃。尽管杰克逊讳莫如深，性格有时也难以捉摸，但他有个优点——只要他想，就能读出李的心思。就在50多年之后，在1914年的马恩河（Marne），当有人问若弗尔将军该怎么打败兵力占优且行动迅速的德军时，他答道："Je les grignote（我一口一口地吃掉它们）。"通过这种战法，德军不断被蚕食，不仅无法及时补充兵员，也不能集中兵力，若弗尔成功地将德军阻于巴黎城门外。这也是李想做的：杰克逊应集中优势兵力，将波普那些孤立无援的部队各个击破，避免一战决胜负。

在此期间，杰克逊又一次得益于他的绘图员霍奇基斯上尉，他设法在偏僻无名的乡间小路上找到了行军路线。[20] 在炙热阳光的暴晒（白天的气温从未下降到 90 ℉ 以下）和呛人的飞尘中，杰克逊的部队在第一天仅行进了 8 英里。官兵们都不知道他们究竟要去哪里，只知道他们在朝着下一个低矮、起伏的山丘前进。

夜幕降临后，他们抵达了奥兰治县治，并在"天蒙蒙亮"时继续行军，白天的最高温达到了 96 ℉。那天晚上，杰克逊改变了行军次序，在未通知 A.P. 希尔的情况下，就派先头部队尤厄尔师走上途经利伯蒂磨坊（Liberty Mills）的另一条路线。由此导致的混乱（以及 A.P. 希尔的强烈不满）加之炎热的天气，使得大量士兵掉队，也给牛马造成了极大的痛苦，军队前进速度慢如蜗牛。接下来还有更糟糕的情况，就在怒火中烧的希尔仍在琢磨杰克逊的命令的含义时，本该殿后的杰克逊嫡系师竟然跑到了他的前面，结果到了"傍晚时分，联盟军部队散布在了横跨三个县的地域上"[21]，虽说距离库尔佩珀仅 15 英里，但看样子已集中无望。从军事上的正统观点来看，全军分为几路齐头并进肯定比全军挤在一条狭窄的道路上更有意义，但杰克逊不向 A.P. 希尔通报他的决定，从而导致他的三个师会在不同的时间和地点遭遇敌人，而且彼此之间也无法沟通。此刻，突然袭击的可能性完全消失了。班克斯完全清楚杰克逊是冲着他来的，并已部署好 1.5 英里长的战线迎战，这条战线横穿主路，位于锡达山西北方向仅一英里半处，这座山是杰克逊前行时能看到的最突出的景观。锡达山〔Cedar Mountain，由于附近住着斯劳特一家，也被当地人称为斯劳

特山（Slaughter's Mountain），这名字让人有种不祥之感] ①
算不上是一座真正的山，而是个高度近 300 英尺、开阔并呈肾
形、树木繁茂的小山丘。它的北面环绕着一条可涉水而过的小
溪——锡达河的南支流。从山丘上可以俯瞰通往库尔佩珀的主
路。霍奇基斯为这一带绘制了非常清晰的地图，但那是在战争
一年后绘制的，完全是后见之明了。当时，杰克逊对前方的地
形一无所知，唯一能告诉他这一带底细的人是在库尔佩珀长大
的 A.P. 希尔，但杰克逊那天和他激烈地争吵过，不太可能主
动向他讨教。

411

　　在达布尼牧师（"石墙"杰克逊忠实的前少校参谋长）笔
下，奥兰治和库尔佩珀之间"散布着令人赏心悦目的农场、丘
陵和山谷，点缀着森林"，这无疑是准确的，但他没有提到这
里还有令人难忍的酷热。8 月 9 日，杰克逊让他的军队在拂晓
前向北朝着库尔佩珀进发，这天白天时，"即便在阴凉处，气
温也肯定超过了 100 ℉"[22]，据一名士兵说。上午 11 点左右，
联邦军骑兵出现在锡达山以西一条长而低的山脊上，他们的装
备在热霾中闪着光，这表明班克斯将军的大军就在附近。杰克
逊当即认识到把他的炮兵部署在锡达山北坡高地上的重要性，
但在向上运输大炮时才发现这里比遥望时陡峭很多，难以攀
登，但下午 1 点，他的炮手们成功就位，双方随即展开激烈的
炮战。联盟军开始在锡达山左侧开阔的玉米地以及相邻的仅剩
玉米秸的地里，简单排列出一个月牙形防线，而由于杰克逊改
变了行军次序，此时希尔师仍在数英里之外。

　　这时，杰克逊停了下来，和几个孩子在附近农舍的院子里
玩了一会儿，然后在门廊上躺下打个盹。[23] 即使是他的传记
作者小詹姆斯·L.罗伯逊也觉得他的这一举动有些怪异，但

――――――――――

　　①　英文 slaughter 有屠夫之意。

事实是，杰克逊似乎和拿破仑一样有在战斗间隙小睡一下的习惯。在佩蒂夫人这座简陋农舍离挡住希尔师到来的马车和大炮只有一英里远，离他那些到达战场的步兵旅部署的地方不到两英里，在战斗尚未打响之前，杰克逊就算不在她家的门廊上打瞌睡，也会在别处。

到了午后，双方的炮战已成为至此为止最激烈的战争场面之一 [24]，有些人说远在里士满的人都能听到隆隆的炮声；杰克逊骑马来到炮兵阵地中间，冷静地观察着战局，他手里拿着双筒望远镜，一只脚从马镫上抽出，抬腿从马鞍上跨过，侧身坐在马鞍上，就好像坐在椅子上，在一队联邦步兵朝他冲过来之前，他一直保持着这种姿势。和大多数优秀指挥官一样，杰克逊在一团混乱和血腥杀戮中表现出的镇定自若给他的部队树立了榜样。经过一下午的激战和持续不断的炮击，形势已变得明朗，杰克逊的左翼很可能在 6 点之前就会被击溃，他的部队随之会被赶出此处的战场。杰克逊深知在战斗进行中的某一时刻仅表现出冷静已经不够了——他夹紧马肚子，策马直接冲至战事正酣、防线将要崩溃的左翼，这里的田野和树林里"充斥着喧嚣和骇人的溃败" [25]，达布尼如是说。他作势要拔出佩剑召集众人，结果发现因为长期未动，剑与剑鞘已锈蚀在了一起。一不做二不休，杰克逊干脆连剑带鞘从腰带上一起解下 [26]，拿在一只手里挥舞着，另一只手抓过一面联盟军部队的战旗冲入战斗最激烈的地方，同时朝手下大喊，让他们跟着他一起冲，"声音盖过了战场上的厮杀之声。'勇敢的人们，团结起来，向前冲啊！本将会带领你们。杰克逊会带领你们。跟我上！'" [27] 这些不见得是他的原话——达布尼并不在现场，而且这段话是在杰克逊去世一年后写下的，但无论他当时是怎么喊的，他光着头（他那顶又脏又旧的弗吉尼亚军事学院的帽子被一根低垂的树枝刮掉了），看上去酷似《旧约》中的先知，"面庞燃烧着战斗激情",义无反顾地冲向联邦军防线的举动,足以激励他的部队追随他奋力一搏。他们迅速部署在一道栅栏后,近距离向迎面而来的联邦军队扫射,但效果越来越弱。

假如没有 A.P. 希尔师及时加入战团,杰克逊表现得再勇猛恐怕也不能力挽狂澜。随后双方一直厮杀到天黑,但此刻杰克逊的兵力已全部投入战斗——"他热血沸腾,从差点被击溃的左翼以猝不及防之势,打出一记又一记带着雷霆之怒的重拳"[28]——与此同时,靠近锡达山的希尔师从右翼向前挺进,侧击联邦防线的左翼。

激烈的战斗一直持续到夜里 11 点。杰克逊一心要攻入库尔佩珀,夺取波普的物资,并切断他的重要交通线——奥兰治—亚历山德里亚铁路线。但部队太疲劳了,根本没力气继续追击。另外,战俘们提供的情况以及杰克逊的骑兵侦察的结果均表明,弗朗兹·西格尔少将(Major General Franz Siegal)的军队就在班克斯的身后。杰克逊面对的联邦方面两个军已合兵一处,不可能再把它们一一孤立并予以歼灭。他让部队在战场以北一两英里处驻足布阵。虽然杰克逊敢打敢冲,但他也是个真正的职业军人,当困难重重时他愿意冒险一搏,当毫无胜算时他也会知难而返。他巩固了自己的战线,并于 8 月 11 日,即战斗结束两天后同意停火,允许联邦军掩埋死者。杰克逊利用这段间歇,开始有条不紊地把他的主力部队调回戈登斯维尔。在调兵时,他用了一个古老的诡计,在夜里燃起营火,"假装部队正在做晚饭"。[29] 杰克逊给班克斯军造成 2353 人伤亡,他自己的部队伤亡总计 1338 人*,从伤亡人数上看这该算是一场胜利,但不是他想要的胜利。

413

---

* 班克斯部有 314 人阵亡,1445 人负伤,以及 594 人失踪;杰克逊部有 231 人阵亡,1107 人负伤。杰克逊还缴获了联邦军丢弃在战场上的 5000 支步枪。

无论如何，这是一个重大转折点。哈勒克从华盛顿致信波普，让他谨慎行事——其实这种叮嘱纯属多余，因为要论谨小慎微，只有麦克莱伦能胜过波普。波普的全部注意力仍放在杰克逊身上。也许更重要的是，杰克逊在锡达山一役的胜利鼓舞了南方人，并削弱了波普本就脆弱的自信心。他与麦克莱伦一样，认为自己寡不敌众，嚷嚷着要援兵。伯恩赛德奉命去增援波普，把驻扎在哈里森登陆场的麦克莱伦大军调往北弗吉尼亚的进程也在加速。华盛顿方面没人想着看看蓝岭山脉那边有什么动静，就在神不知鬼不觉之间，李开始把朗斯特里特的兵力调派给杰克逊指挥。他决心要在麦克莱伦和波普会师之前先把北弗吉尼亚军团集中起来。

8月15日，最重要的军事行动拉开了帷幕。罗伯特·E.李乘火车来到戈登斯维尔与杰克逊、朗斯特里特和斯图亚特面谈，同时开始亲自指挥这支大军。

414　　从8月10日听到杰克逊在锡达山获胜，到他带着参谋人员启程前往戈登斯维尔的这段时间，李从里士满发出了一连串的命令，从中可以清楚地看出他对战略形势的绝对把握，以及他要全速前进的决心。他必须赶在麦克莱伦与波普会师之前做好各项部署，不然的话，华盛顿外围的联邦军队就会多到他无法击败的地步。他的"机会之窗"稍纵即逝，他知道这一点。

我们不知道李离开里士满时是否为重返"战地"而感到某种解脱。自莫尔文山战役以来，他和他的下属再次来到九英里路的达布思家住下[30]，那里离里士满市中心足够远，可以免受热浪和大量伤员所造成的不可避免的疾病的侵袭。疟疾、伤寒和痢疾肆虐，几乎每家每户和公共建筑都会分配到一定数量的伤病员。玛丽·库林（Mary Coulling）在她关于李的女儿，即《李家女孩》（*The Lee Girls*）一书中，引述了一段形象的描述，把里士满描述为"一所巨型医院"，其中的居民"呼吸着停尸房散发的气息"，这种说法其实并不夸张。[31] 七天战役结束后，南方的伤员就有将近 1.6 万人。玛丽·李像往常一样无视丈夫明智的建议，已从北卡罗来纳的温泉疗养地返回，她的小孙子罗布死于肺炎。像里士满的大多数女士一样，李夫人和女儿玛丽都投身于护理工作，而在抗菌剂和现代管道系统问世之前的年代，护理工作几乎和上战场一样危险。玛丽不仅要照顾鲁尼悲痛欲绝的妻子夏洛特，她失去了幼小的儿子，自己的家也被联邦军队夷为平地，还要照看她的大儿子卡斯蒂斯，他病得很重，在里士满卧床不起。对于一个以家为乐的人来说，李在 1862 年发现自己已经不再有家，他的大部分孩子都四散分离，而且身临险境。卡斯蒂斯是杰斐逊·戴维斯总统的助手；鲁尼是陆军上校，不久后就会升任 J.E.B. 斯图亚特麾下的骑兵旅旅长；年轻的罗布是"石墙"杰克逊军中的一名炮手；安妮、阿格尼丝和米尔德丽德目前仍待在北卡罗来纳州。"对我们大家来说，他还是那个慈父，一直没变，对我体弱多病的母亲还是那么好，那么体贴，对我们这些孩子也很好，好像他心里只惦记着我们是否舒适和幸福"[32]，罗布记述道，同时也指出他父亲取得的胜利并"没有让他很开心"——这丝毫也不奇怪，因为李仍在为没有在莫尔文山战役全歼麦克莱伦的大军而自责。

415

收到表妹玛吉·威廉斯来信的李夫人不可能高兴得起来，在这封"穿越火线"好不容易寄到的信中，玛吉描述了她再次见到了阿灵顿庄园的"凄惨"景象。[33] 她告诉李夫人，占据阿灵顿公馆的联邦军队的将军夫人把玛丽在楼下的房间当成了会客室，信里还夹了一片叶子，那是她的一个奴隶特意从花园摘给她的。当卡斯蒂斯渐渐康复，不再需要特意照顾之后，玛丽·李立刻启程，前往阿什兰的希科里希尔种植园，威克姆

（Wickham）① 家拥有的这个种植园占地 3000 公顷，在里士满以北约 20 英里处。她不顾丈夫一再催促，苦口婆心劝她南下以远离战火，偏要住在那里。毫无疑问，种植园生活对她有莫大的吸引力，这里的节奏让她感觉熟悉，让精神得到放松。战火并未燃及希科里希尔种植园 34，只是"石墙"杰克逊进军梅卡尼克斯维尔时曾途经这一带，但在种植园周边，她在战前熟知且常走访的许多豪门大宅则仅剩烧焦的残骸了：她父亲名下的白屋，乔治·华盛顿曾彬彬有礼地向玛莎·华盛顿示爱的地方，早已被联邦军队烧得只剩下几根烟囱，兀然矗立在那里；卡特家位于雪莉的祖宅"大屋"虽遭联邦士兵"侵吞"并洗劫但还算完整，罗伯特·E.李的母亲在这里出生，与"轻骑兵"哈里·李结婚，1859 年鲁尼在这里与夏洛特成婚。整个生活方式在战争的重压下逐渐瓦解。联邦军队离希科里希尔种植园太近，这始终让她丈夫放心不下，但无论李怎么劝说，也无论她被敌军再次抓获的可能性有多大，都无法让她离开这里，只能等着哪天她准备好，自己想走。

李并没有在戈登斯维尔逗留很久——实际上只是一下午，足够他与朗斯特里特和杰克逊等将军们开个军事会议，他在其中扮演了一个圆滑的、和事佬的角色，因为这两位将军似乎彼此不和，也许是因为杰克逊在七天战役期间表现太差。两人争论的焦点是，杰克逊急于尽快攻击波普，想在两天后开始行动，但朗斯特里特主张拖一段时间，好让他的余部跟上，他们目前还散乱地走在半路上，而且没有得到军粮供应。李本人赞成杰克逊的想法，希望立刻发起进攻，但又怀疑骑兵部队能否及时召集起来。35 与会的斯图亚特虽说并不怎么担心召集他的骑兵所需的时间，但也希望能有个合理期限，因此，不光是朗

416

---

① 威廉·范宁·威克姆（William Fanning Wickham, 1793~1880）。

斯特里特一个人敦促李延迟进攻时间。但在 1865 年后，南方的史学家普遍把北弗吉尼亚军团出现的任何问题都归咎于朗斯特里特。很难判断李的"左翼"和"右翼"指挥官之间的分歧有多严重，或许甚至很可能他们在李面前都有所克制，李毕竟不是一个喜欢吵闹和争论的人。但为杰克逊立传的著名传记作家小詹姆斯·L.罗伯逊引述一名目击者的话说，他看到杰克逊离开了会场，径直走到一棵树下躺倒在地上，"极大声地"发泄不满，朗斯特里特忍不住跟李抱怨说这种表现实在"无礼"。[36]当然，如果这段描述是真实的，对于像杰克逊这样平时沉默寡言的人来说，以这种方式表达他的不满的确很张扬。

　　李的战略依靠速度。他在离开里士满的前一天就已告知朗斯特里特，"至关重要的是，我们的行动不论朝哪个已确定的方向，都应尽可能地快"。[37]他很可能感到烦闷不已，因为正当波普来到他触手可及的地方的时候，他却要原地踏步，相机行事，但他是个职业军人，无论多么不如意都会尊重事实。

　　只有认识到他的战略目标是多么雄心勃勃，才能真正了解李何以如此关注他的骑兵能否跟进。半岛地形不利于部队机动，因为无论走到哪里，部队行进的速度都会受到茂密的丛林、沼泽地和交织在一起的溪流的影响，但戈登斯维尔的北边全"是绵长、低矮的山脊，上面覆盖着野草或种植着庄稼，间或被平缓的隆起打断，这些隆起往往被人拔高到与山相提并论，以山的名字命名"。[38]换句话说，李眼前的大片田野是人烟稀少的农田，这里的路况良好，物资供应充足，并散布着一些小镇子。从这里向西是山势平缓、森林密布的蓝岭山脉，军队可以从其间至关重要的"隘口"穿行，它将山麓地带与谢南多厄河谷分隔开来。向东则是一连串繁荣的小镇，有路况良好的道路以及奥兰治—亚历山德里亚铁路将它们与东北方向 80英里以外的华盛顿相连。除了波普的主要交通线铁路以外，此地另外两个重要特征是拉皮丹河与拉帕汉诺克河自西向东流，与铁路线呈直角，并大体上形成了一个躺着的 V 形（＞）。这两条河在 ＞ 形的敞口处相距 20 英里，并在弗雷德里克斯堡以西 10 英里处交汇，形成了一个馅饼切片形状的区域。

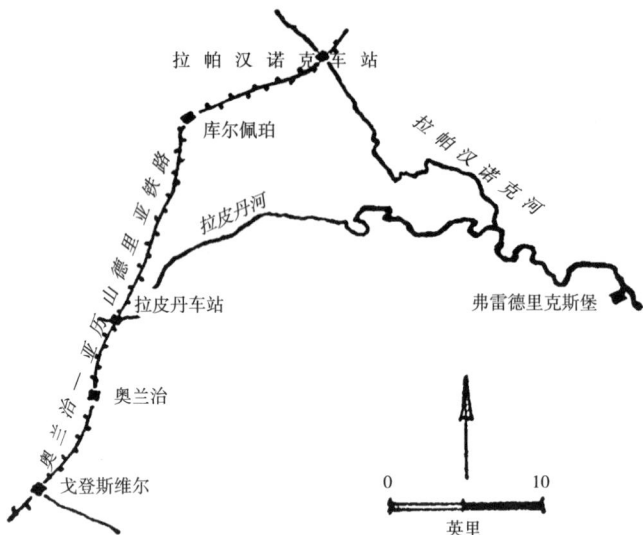

14　拉帕汉诺克河与拉皮丹河交汇示意图

　　波普不小心让他的 6 万 ~7 万人的部队集中在"两条河之间的 V 形区域内"[39]，而且更为凶险的是，这一带只有一座横跨拉帕汉诺克河的大桥。如果斯图亚特的骑兵能迂回到波普大军的侧后方，摧毁位于拉帕汉诺克河火车站的大桥，接着猛攻波普的左翼，就有可能阻断麦克莱伦通过弗雷德里克斯堡派遣过来的援兵，从而将波普困在两条河之间。*在从半岛赶来的麦克莱伦大

---

*　朗斯特里特曾提议袭击波普的右翼，即 ＞ 的敞口端，但李的首要任务是防止波普和麦克莱伦两军会合。朗斯特里特的建议被拒后，反应不像杰克逊那样明显，但他会一直记在心里。

军与波普会师之前，李可以趁机消灭波普的军队——这种决定性的胜利正是李想要在莫尔文山与麦克莱伦交战时取得的。李的兵力达 5.5 万人，在波普与麦克莱伦会师前，足以担负他预想的突击行动。这可以说是天赐良机，但会稍纵即逝。杰克逊说得对——立即发起进攻是李取胜的绝佳机会，但为了彻底歼灭波普大军，李不得不等着斯图亚特先行摧毁拉帕汉诺克河火车站那座重要的大桥。

这就是问题所在：并非朗斯特里特过于谨慎，而是斯图亚特目前仅有一个骑兵旅。他的骑兵师余部仍在里士满，军马都已疲劳过度，急需休养。李预见到了这一点。"尽量别让你的马匹过于劳累"，他曾在 7 月 18 日，也就是一个月之前致信斯图亚特时这样写道——但是，严酷的战争和酷热的天气对战马的影响总是比对人的影响大，而且战马与人不同，它们支撑到一定限度后会彻底垮掉，不会受到爱国情绪或渴望胜利的驱使而勉力前行。于是，一切都要看这个旅的指挥官怎么做了，他就是李的侄子、西点军校骑兵战术前教官菲茨休·李*。他和 J.E.B. 斯图亚特简直就是一个模子刻出来的，都英勇无比，有一股子冲劲，精神头十足，两人还都蓄着大胡子，浑身散发着骑士气质——但就是不清楚他是否已被告知，他叔叔整个计划的成败取决于他的行进速度。

斯图亚特已命令菲茨休·李率领他的旅从比弗丹的宿营地出发，奔赴拉皮丹河上的拉孔浅滩（Raccoon Ford）与斯图亚特会合。[40] 在两天内行程 62 英里，这对他的马来说是个不小的挑战。在这个季节，拉皮丹河的河岸很浅，有众多很容易识别的浅滩，这种特征比拉帕汉诺克河还要明显；大多数浅滩布满鹅卵石，马匹和大炮能轻松通过，不过要是步兵的话，就得

419

---

*　在未来的美西战争中以陆军中将身份参战。

涉过齐膝或齐胸深的河水。事实上，菲茨休·李加长了行程，绕道去路易莎县治让他的人马吃饱喝足并补充弹药——这本应算是个明智的决定，但同时似乎也表明斯图亚特并没有向他强调必须在 8 月 17 日晚间赶到拉孔浅滩。

这将会成为关于这场战争最有争议的问题之一。朗斯特里特后来会声称战争失败的根源就是菲茨休·李未能率部按时到达指定地点，但那时的朗斯特里特本人似乎已经成了最具争议的人物。更有可能的是，菲茨休·李根本不知道李提议在 8 月 18 日发动袭击，更别说这次袭击的关键在于他能否及时到达预定地点。朗斯特里特谴责他的措辞十分激烈，称绕道纯属"一次寻欢旅程"，并且不依不饶地写下菲茨休·李"丢掉了我们一夏天努力的果实，并断送了南方的事业"之类的语句。[41] 不管怎样，斯图亚特后来好像并没有责怪菲茨休·李，而是让他继续担任旅长，两人也依旧是好朋友，只不过菲茨休·李的迟到会将斯图亚特本人置于危险境地。

斯图亚特此前接管了杰克逊的骑兵部队，兵力相当于一个旅。杰克逊并没有反对这种安排，因为他早就不再信任自己手下的骑兵指挥官、陆军准将贝弗利·罗伯逊（Brigadier General Beverly Robertson），并从 8 月初开始就一直想取代他，只是李正忙于解决其他人事问题以及几个军事法庭的案子而拒绝这样做。从表面上看，将包括罗伯逊旅在内的所有骑兵置于斯图亚特辖下是明智之举，但这也是李为解决类似问题经常采取的典型妥协做法——在部分满足杰克逊要求的同时，避免了把罗伯逊调离岗位而引起的种种不快。

8 月 17 日，斯图亚特策马从奥兰治出发，一路向东奔向维迪尔斯维尔（Verdiersville）——位于拉孔浅滩以南数英里死气沉沉的小村子，期待能看到菲茨休·李率领的骑兵旅在此待命，但他到达后却连一个人影都没见到。在旷野中一个旅的骑兵不可能做到隐身，但当地人都说没看到任何人，于是斯图亚特派他的随从［一个叫诺曼·菲茨休（Norman Fitzhugh）的少校，注意他只是姓菲茨休］去四处打探，自己在一所房子的门厅里安顿下来过夜。8 月 18 日，天蒙蒙亮，他被"一阵马蹄声"和马笼头上系铃的叮当声吵醒，显然是来了一队骑兵，但当他从行军床上起身时，突然听到有人大喊那是"北方佬骑兵"。[42] 枪声响起，斯图亚特迅速骑上马，跳过一道栅栏，跑进了树林里，身后紧跟着他的部下，再往后是紧追不舍的联邦骑兵。联邦士兵们缴获了斯图亚特那顶著名的羽毛帽和丝绸内衬的斗篷，为此他一直耿耿于怀；更重要的是，他们抓住了诺曼·菲茨休少校，当时他在遍寻菲茨休·李无果后返回，但正好看见他的上司骑马逃走的景象。诺曼·菲茨休身上带着一份李下达的有关进攻的命令，就这样到了 8 月 18 日，李的作战计划落入波普的手里。*

李极不情愿地把攻击时间推迟到了 8 月 20 日，因为很显然在菲茨休·李真的到达后，至少需要一整天休息的时间，但到那时可能就太晚了。波普未必是联邦军中最精明的将领，但当他拿到李的命令后，很快就明白自己掉进了李设下的圈套。8 月 18 日午后，他开始把部队撤至拉帕汉诺克河以北。李和朗斯特里特一起骑马前往克拉克山（Clark）的顶峰，这是一座树木繁茂的大山丘，高度刚刚超过 1000 英尺，从山顶朝东北方向眺望可看到壮观的景色，此时已是 8 月 19 日下午接近傍晚时分，只见波普大军的最后一批帐篷正在被撤除，他的后卫部队正开往拉帕汉诺克河，刺刀闪闪发光，渐渐"隐入接近傍

---

* 陆军准将罗伯特·图姆斯要为拉孔浅滩无人放哨负责。他总是激烈而直言不讳地抨击戴维斯总统是一名成功的律师，却是个业余军人。图姆斯撤销了朗斯特里特的命令，解除了守卫，显然是决心表明自己对部下拥有的权威。

晚的太阳散发的光霾之中",并脱离了李布设的陷阱。[43] 据朗斯特里特的记述,李说道:"将军,真没想到敌人会在战役这么早的时候就离我们而去。"*

421

杰出将领的标志之一,就是当原定计划失败后能随机应变。李现在面临的是波普下一步会怎么走的问题。假如波普东进,他将置身于李和里士满之间,同时与麦克莱伦会师。假如他决定西进,他可能会在更上游的位置再渡拉帕汉诺克河,并迂回到李的左翼。

当前形势已很明朗,李只能追击波普并予以围困,防止他与麦克莱伦合兵一处,组成一支 12 万人的大军。8 月 20 日清晨,李率全体将士利用多处浅滩渡过拉皮丹河,其间未受到任何阻击。"那个场面太壮观了"[44],一名士兵感叹道:包括骑兵在内的兵力共计 54500 人——左路由杰克逊军与斯图亚特的骑兵组成,右路由朗斯特里特部与菲茨休·李的骑兵旅组成。李依旧决心在麦克莱伦的援军到来前袭击波普军,并起初似乎相信波普会向东进军弗雷德里克斯堡。相反,波普开始向西延伸防线,沿拉帕汉诺克河布阵并朝沃伦顿(Warrenton)方向移动,好像是在诱使李逐渐远离里士满。8 月 21~22 日,李让部队沿着拉帕汉诺克河边一个个浅滩快速向上游移动,从凯利浅滩(Kelly's Ford)到贝弗利浅滩(Beverley Ford),寻找大部队渡河的合适位置,而波普则费尽心机,仔细盘算他的每个举措。8 月 22 日下午,杰克逊终于设法带领大部队在萨尔弗斯普林斯(Sulphur Springs Ford)浅滩过了河,此地在拉帕汉诺克火车站以北 10 英里以外,深入波普军右翼的背后。李派

---

* 不能保证这就是李的原话。朗斯特里特记述这件事时已是多年以后,且那时他已被众多狂热追捧李的人视为眼中钉,并在许多联盟国遗老看来,他要为李在葛底斯堡的失败负责。尽管如此,这句话还是带有李说话的风格,从中也可以听出他的失望之情。

斯图亚特带着 1500 名骑兵，其中包括李的儿子鲁尼率领的弗吉尼亚第九骑兵团，在直达沃伦顿一线围绕联邦军右翼展开大胆突袭，希望借此摧毁卡特莱特车站（Cattlett's Station）的一座铁路桥，切断波普的供应线，此举等于深入联邦军沿拉帕汉诺克河战线后方近 12 英里。斯图亚特到达卡特莱特车站时已是深夜，此时下着飘泼大雨，无法点燃桥上的木料。[45] 他的手下用斧子砍，但几乎没造成什么损害，不过斯图亚特的骑兵无意间发现了波普的指挥部。斯图亚特率部割断了电报线，抓了 300 个俘虏，或许更重要的是，他顺手拿走了波普的派遣簿；而且还拿走了波普最好的军用大衣和帽子，算是安慰一下他受伤的自尊心。[46] 菲茨休·李还差点抓住他身为陆军上校的表哥路易斯·马歇尔（Louis Marshall），后者是李住在巴尔的摩的姐姐安妮的儿子。马歇尔是波普手下的参谋人员，当时他在最后关头"从帐篷后面逃走了，还没来得及喝刚倒好的棕榈酒"。[47] 李写信给玛丽时曾提及路易斯·马歇尔，他感慨说："我很遗憾他与这些坏人为伍，不过我想他也是迫不得已。"[48] 斯图亚特对这趟出行的收获很满意，心情大好的他甚至派人举着白旗送信给波普，提出用缴获的军服换回他那顶插着羽毛的帽子，但波普并没有表现出同样兴致勃勃的幽默感。

　　大雨抬高了河流的水位，一场暴风雨足以让所有的浅滩立即无法通行。[49] 当斯图亚特回到萨尔弗斯普林斯浅滩时，他发现杰克逊的工兵们正在重建被联邦军烧毁的桥，以便"解救"他前一天派遣过河的部队。

　　到了 8 月 23 日，李拿到了波普的大部分文件，这使他掌握了波普的兵力和大炮的准确数量，并得知波普的计划是沿拉帕汉诺克河布阵，一直等着麦克莱伦率军前来弗雷德里克斯堡并与他会合。这对波普来说并不算大胆的策略——实际上，他是在原地踏步，等着通常来说谨慎有加、行动迟缓的麦克莱伦向他靠拢。李再次看出这是他与麦克莱伦之间在时间上的赛跑。抓住能够打败波普的短暂机会，随后再攻击麦克莱伦，从而赢取一次"歼灭"战，在李看来这是赢得这场战争的唯一途径。

因为南方最终输掉了战争，也因为李在葛底斯堡战役的第3天败北，所以在南方和北方的许多人看来，现在联盟国获胜的最后机会似乎已经终结了，李将军的指挥才能也成为一个半世纪以来人们一直争论的话题。在南方，李战败的原因通常会被归于寡不敌众——合众国方面的确征募了远超联盟国方面的兵力，在资本和工业方面拥有明显的优势，而联盟国不仅在战场上寡不敌众，而且兵力和物资供应都不足。这种说法有一定423 道理——李本人在致信杰斐逊·戴维斯谈及此事时也是一边加以批评一边表现出无可奈何的态度："军队得不到应有的装备，难以进军敌境。……运输能力薄弱……牛马数量大幅减少……士兵们缺衣少穿，没鞋穿的人数以千计。"[50] 没有人比李更清楚其军队的弱点，也没有人能比他更清楚联盟国政府在解决这些问题上的无能为力。他的大胆机动和一场接一场速战速决的表现，在很大程度上反映了这一点，即敌军能够从容不迫，在坐等事态发展中增强实力（基本上是麦克莱伦想要做的），但李做不到。他因战死、负伤、染病、半饥饿、"掉队"和逃跑而丧失的战斗力得不到补充。整个联盟国都在与时间赛跑：杰斐逊·戴维斯要为得到子虚乌有的外国的承认和支持而拼命努力；李要设法给予联邦军队致命一击，使其遭受彻底且羞辱性的失败后丧失斗志并放弃战争。

李在世时，人们很少质疑他的指挥才能，但也并非完全没有。朗斯特里特对他的老上级固然怀有深厚的感情和敬仰之情，但他在战后毫不客气地批评李的战略决策和战术战法；而李则以一种诙谐幽默的方式予以化解。当朗斯特里特决心撰写他的回忆录后，他对李的批评变得更尖锐，甚至不时会表露出人身攻击的倾向，并因此激起了南方人的民愤，遭到人们劈头盖脸的抨击。对李的抨击一直持续至今，并在大众文化中得到反映，例如迈克尔·沙拉（Michael Shaara）获得普利策奖项的小说《杀手天使》（*The Killer Angels*，1974 年）及由此改编的电影《葛底斯堡》（*Gettysburg*），艾伦·T. 诺兰（Alan T.Nolan）更具学术色彩的《审视李：罗伯特·E. 李将军和内战史》（*Lee Considered: General Robert E.Lee and Civil War History*，1991 年），所有这些都反映了朗斯特里特的观点。这些涉及李作为一位将军（以及一个人）的观点与南方主流社会的看法针锋相对，其出发点不仅限于朗斯特里特与李围绕夏普斯堡战役和葛底斯堡战役的战术产生的争论，而且基于他更广阔的视角，即李起初就该打一场防御战，而不是主动出击。

联盟国地域辽阔（面积将近 80 万平方英里，几乎占美国陆地面积的 1/4），但仅有 900 万人口，且其中至少 350 万人是奴隶，何以自卫？朗斯特里特既未向李面授机宜，也未在他的回忆录里向读者透露半分，这是有充分理由的：很显然，一旦战火燃起，联盟国不可能打一场静态的防御战。它募集不到足够多的用于自卫的兵力，如果勉力为之，其结果也只会成为史上对腓特烈大帝那句"什么都要守，什么都守不住"名言的最有力验证。李从一开始就致力于积极防御，在这种战法中，他不断地机动以求生，每打一仗都希望那是最后一战。

关于李的统帅能力，英国极具影响力的军事理论家和军事史学家 J.F.C. 富勒［巴斯爵士（CB）、高级巴斯爵士（CBE）、优异服务勋章获得者（DSO）］少将在其《格兰特与李：性格与指挥才能的研究》（*Grant and Lee: A Study in Personality and Generalship*，1933 年）一书中给出了最佳结论。"李并非大战略家，"富勒写道，"因为他既排斥政策的影响，也不愿对政策施加影响。他的战争理论是以他认为战无不胜的军队的精神风貌为基础的。他了解对手的勇猛，对其诸多将领的性格了如指掌，但总体上他极端蔑视他们的能力。他的事业是道德的，他的攻击也符合道德规范。"51（当富勒写到李的事业是"道德的事业"时，他心里想的当然不是奴隶制或脱离联邦之举，而是坚信李"不愿意听命于南方或北方去做错事"，以及他拒绝默许联邦政府有权组织军队对付自己的公民，或者正如李对温菲尔德·斯科特将军所说的那样，拒绝"挥手打我的孩子"。52）

把现实中的李与神话中的李剥离并非易事——即便头脑敏锐、立场持中的陆军上校 G.F.R. 亨德森（Colonel G.F.R. Henderson，巴斯爵士）这种军事史学家、19 世纪英国著名的"石墙"杰克逊传记作家都会写下"在英语世界中，李将军〔曾是〕最杰出的将军之一，即使不是最杰出的"这样的话。如此一来，他极其用心地给拿破仑留了个位置，而把威灵顿降到了英语世界里的第二位。欣赏李的为人的富勒并不这么看。他对李作为一位将军的种种责难值得注意，也许因为那些见解已在北方的历史学家们脑海中扎下了根，并成为南北战争大部分历史中的主旋律。富勒发现，"〔李性格的〕主要弱点"是他不愿严肃军纪，喜欢以一个圣徒而不是指挥官的形象示人；他"害怕伤害他人的感情"的心理妨碍着他批评或解雇手下的将军；他不愿意把自己的意志强加给别人；他忍受着工作能力不足的下属，不愿意做任何改变；他的命令往往表述不清并基于残缺不全的信息。富勒进一步批评李将军赋予他的军、师级指挥官过多权力，并在战斗中未能严格控制相关个人的行为。

这一切都有一定的道理。李或许在谦谦君子的言行方面做得有些过头了；他肯定不喜欢与人发生冲突，并竭力避免这种冲突；而无论他的部属多么忠心耿耿，人手不足的后果是他最终要自己完成大部分工作。他把一场战斗的结局交由上帝决定这一事实，是李心怀强烈宗教信仰的典型体现——"石墙"杰克逊常表现出同样的信仰；实际上，他会反复这样念叨，令他手下的许多将领不胜其烦——但这并不意味着李将军会像骑手松开了勒马的缰绳那样，放任自己的部队在战场上自行其是。

另一方面，上述每一条指控都可以被驳倒。李"缺乏雷霆之怒"[53]，与杰克逊地狱火般的冷酷形成鲜明对比，这并没有阻止他建议采取更严格的措施收拢掉队者，或下令枪毙逃兵；尽管他不喜欢对抗，但他会设法让那些不称职或令他失望的将领自行离职；他下达的书面命令内容详尽、清晰，远超人们的预期，而且他的工作人员也勤勤恳恳地执行他的指示。诚然，文书工作让他殚精竭虑、不胜其烦；甚至他耐心且忠实的助手沃尔特·泰勒都记述说"最让他起急的事莫过于不得不起草冗长的公文"[54]，但对此满腹牢骚的将军并不罕见（艾森豪威尔的助手们也这么说过）。还有一点也是真的，李对杰斐逊·戴维斯表现出了一种在部分人（比如富勒）看来过于顺从的态度，但李不是政客，也没有充当军事独裁者并取代戴维斯的野心；假如李只有以恺撒、克伦威尔和拿破仑为榜样才能拯救联盟国的话，他宁肯战败——他是不折不扣的美国人，肯定不会那样做。

有人提出李以他在墨西哥的老上司温菲尔德·斯科特将军为榜样，认为只要他在正确的时间把部队带至正确的地点就算完成了任务，这种说法也许真是李所相信的，或者是他想要相信的——这成为他为人谦逊的另一个例证——但实情却是他的每场战役都是按照他本人制订的计划进行的，无论结果好坏。当然，19世纪中叶的战场与18世纪的大为不同；军队规模已经壮大到一个人无法指挥，甚至无法照顾到交战过程的每一个细节。风俗画画家们曾经热衷于描绘这样的场面，将军在风景如画的小山丘上骑着马，居高临下注视着整个战场，近景中负伤的人和马都向他投来无限崇敬的目光——那个时代已一去不复返了。在现实世界中，拿破仑于 1802 年取得奥斯特利茨战役胜利时指挥的军队不足 7.5 万人，但仅仅过了 11 年，他在莱比锡战役（Battle of Leipzig）中指挥的部队人数已超过 20 万人——最高指挥官如果不大幅放权的话，不可能凭一己之力指挥这么多人。当然，李的军队从未达到如此大的规模，但他面对的战场面积很大，有山丘，又有森林，视野受到多种限制，而且相互沟通的方式没有比骑着马送信或口头传令更快的了，他除依靠军长、师长们各显神通以外别无选择，这些将领大都明白李的意图——如果不能的话，也不是缺乏明确指令造成的。

波普逃出李的包围圈后，李的反应迅速、果断，并计划周密，甚至足以让富勒少将感到满意。李吸引着波普逐渐远离弗雷德里克斯堡，以便推迟或甚至有可能阻止麦克莱伦与波普会师，然后派遣斯图亚特涉过拉帕汉诺克河，去探查波普的右路军所在位置——这完全是教科书式的举措，实施过程无可挑剔。

他采取的下一步行动一如既往的大胆。8 月 24 日，他派人去请杰克逊前往杰弗斯顿（Jefferston）见他，李已将他的总部搬到了这里。他命令杰克逊率领三个师立即渡过拉帕汉诺克河，并包围波普的右翼，切断他与华盛顿的联系。这一做法等于违背了每一条重要的战争准则——面对数量占优势的强敌，以及正在逼近他右侧的更庞大敌军的威胁，他没有集中兵力，反而将部队一分为二。李手头只剩下朗斯特里特的几个师，以不超过 3.2 万人的兵力迎战 4.5 万人的波普大军，更不要说还有至少 7.5 万人的敌军随时可能加入波普的队伍。

在李、杰克逊和朗斯特里特察看摊开在桌上的地图时，他们能听到附近不断传来的隆隆炮声。在过去的 24 小时内，联盟军炮兵已经沿拉帕汉诺克河布好阵，开始与对岸的联邦炮兵对轰。这样做一方面是为了阻止联邦军方面的任何渡河企图，另一方面是为了将波普的注意力吸引到他的正前方，使他不再注意右翼。杰克逊希望溯河而上，找个不被注意的地方渡过拉帕汉诺克河，然后在公牛溪山脉的掩护下进行大迂回，直至切断奥兰治—亚历山德里亚铁路，迫使波普在麦克莱伦赶来之前撤退。原则上，公牛溪山脉算不上高不可攀的自然屏障（最高处海拔仅 1329 英尺），但对一个带着 3 个步兵师、全套火炮以及一个骑兵师的指挥官来说，最明智的选择莫过于沿着大路，通过隘口翻过山去。李并没有选定铁路线上的具体位置作为攻打目标，他要让杰克逊自行决定，但任何人都能在地图上看清楚，要想抵达奥兰治—亚历山德里亚铁路，杰克逊谅必要在索罗费尔隘口（Thoroughfare Gap）向东行进，随后就可以沿着大路直奔布里斯托火车站（Bristoe Station），此处距公牛溪和马纳萨斯枢纽站的旧战场仅一步之遥，距哥伦比亚特区中心点也就 30 英里多一点。地理是坚实、不可动摇的战略基石——问题的焦点不在于杰克逊走哪条路线，而在于他需要多长时间到达铁路线。他必须在麦克莱伦的主力与波普部会师之前赶到，而且必须在波普发现李已分兵两处之前切断他的交通线。按照李的盘算，他必须在 5 天之内消灭波普军并袭击麦克莱伦部。

8 月 25 日天一亮，杰克逊的大军便启程，从公牛溪山脉的背面向塞勒姆（Salem）村进发。行军一整天后，李命令斯图亚特跟上杰克逊的队伍。李本人则稍作停留，去跟他儿子鲁尼打招呼，并抽时间给鲁尼的妻子夏洛特写了一封信，让她放心，她丈夫很健康。

428

第二天，李做了一个比大敌当前分兵两处更令人惊骇的决定。他将彻底放弃拉帕汉诺克河防线，并依靠杰克逊的神速，在波普大军背后集结他的所有兵力，使得里士满防务空虚。他赌的是麦克莱伦行动迟缓，但李虽然可以深信自己了解对手，但其他将领却万万不敢冒如此大的风险。

李给了朗斯特里特两个选择：他可以强攻浅滩，渡河后一路向北去与杰克逊会合，或者经由奥林（Orlean）和塞勒姆村沿杰克逊的路线前行。朗斯特里特明智地选择了后者，不愿与仍然守卫下游几处浅滩的波普部队纠缠。当天晚上李指挥部队脱离了敌军，全体官兵向拉帕汉诺克河以北开进，实质上也放弃了自己的交通线。他只留下了小股炮兵断后，以制造部队仍在原地驻扎的假象。到了8月26日夜间，李和他的参谋团队抵达河北岸的奥林村，并在马歇尔家吃晚饭。平时很有节制的李也破天荒地放弃了在帐篷里过夜、吃简单的军用口粮，改为在室内过夜，并享用了一顿大餐。招待他们的女主人马歇尔太太甚至在天亮前给李准备了"一顿丰盛的早餐"。[55]

一般来说，李不会接受这类邀请，但马歇尔太太好像拥有一种能降服李的意志力。李对吃喝毫不在意的态度令他的参谋们深感绝望。与李关系最密切的沃尔特·泰勒说他"口味单调"。其他将领或许拥有成套精美的瓷器和银器，但李的餐具里只有锡制品，而且他"从不利用自己的地位为自己谋取山珍海味或舒适的生活条件"。[56] 他对"烈性酒"敬而远之，并且劝诫他人也不要沾，但他还是会自备一些酒用于款待贵客，要是有人送给他一瓶红酒，他最多也就喝上几小口。泰勒说李"要是不时喝些酒刺激一下的话，或许会好一些"[57]，但他太了解自己的上司了，明知他是不可能这么做的。另一方面，李在马歇尔太太家吃晚饭时显得特别活泼——与他共进晚餐的是爱好美食的朗斯特里特将军——并"同女士们度过了一个愉快的夜晚"[58]，如此说来，那天晚上他很可能破例喝了一点红酒。李手下的军事秘书 A.L. 朗上校说得很清楚，李和朗斯特里特两人的兴致都很高，在餐桌上和餐后都表现得兴味盎然，而且第二天早晨吃过早餐后两人还极其郑重地向女主人道别。

李享受着这段短暂的家庭氛围——身边簇拥着体贴的年轻女子时就是他最开心的时刻——几个小时后，当他和手下在距奥林村仅数英里处差点成了联邦骑兵的俘虏时，他的好心情也未见丝毫变化。李骑马走在朗斯特里特队伍的最前面，尽情呼吸着大清早清新的空气，远离数千士兵行进时扬起的漫天灰尘。众人不堪酷热，口渴难耐，"他们喝干了一些死水坑"[59]，李迫于无奈，问周围的人有没有别的路可走。答案是没有[60]，而过于关注官兵疾苦的李可能因此变得有些迟钝，没能及时发现周边的异常。他的随行人员率先发现了一群敌方骑兵正"疾驰"而来。他们这十来个人肯定难敌对手，大家便劝李赶紧跑，但被他拒绝了，他给出的理由听起来也有道理，假如他一个人掉头就跑，恐怕会引起联邦军的注意，认为这个人一定很重要。于是，他和手下迅速排成一列横在路上，"假装这是一支大军的先头部队"，联邦骑兵见状勒住马，调转马头，疾驰而去。毫无疑问，李选择的灰色普通军服保护了他，军服的袖口上没有任何金丝边，这样从 100 码以外看来，他和下属真的就像一支骑兵巡逻队的先头部队。在这两支军队中，除了格兰特以外，再无高级将领会在没有金光闪闪的骑兵护卫队高举着代表他级别军旗的情况下骑马出行。

一行人前行一段时间后，李停下来去安慰一个女人，她的一对拉车的栗色马被差点抓住他的联邦骑兵从车上解下抢走了。他在靠近塞勒姆村的地方扎营过夜。值得注意的是，联邦骑兵巡逻队在公牛溪山脉西侧十分活跃，并遵照波普将军不得人心的命令大肆劫掠或损毁联盟国平民的财物，但他们却没有

430

注意到就在与他们相距不足一英里的地方，竟有超过 4.9 万联盟军官兵 *，带着大炮和给养车队，松松散散地分布在拉帕汉诺克河与公牛溪之间长达 30 多英里的道路上。它意味着李正冒着极大的风险，他不仅分兵两处，还让大军以如此分散的方式在旷野中移动，置部队于极易遭到攻击且会被各个击破的危险当中，这正是所有军事教科书告诫的做法。假如差点擒获李的联邦骑兵巡逻队干点正事而不是忙着抢别人的马匹，再假如波普没有把指挥部设在远离前线的位置，就像南方人开玩笑时说的，他或许就把北弗吉尼亚军团消灭了；而假如麦克莱伦行动快一些，他麾下的先头部队本可以在幸存者们试图渡过拉帕汉诺克河撤退时切断他们的后路。这场战争本可以在 1862 年 8 月以北方取得决定性胜利而告终，但如果朗和泰勒的说法可信的话，李没有表现出任何担忧的迹象。这并非仅是李看不上波普的问题，而是他对杰克逊拥有毫无保留的信任，认为其具备快速行动和利用一切可乘之机的能力。

他是对的。第二天清晨，正当李在塞勒姆村外吃着像平常一样极简单的早餐时，一名通信员赶来，告诉他杰克逊经过两天 54 英里的急行军已抵达布里斯托火车站，他在那里使两列火车脱轨，并拆掉了铁轨。[61] 这是杰克逊胜利的一天的开始。[62] 他派遣斯图亚特率领骑兵主力和两个步兵团先行北上前往 7 英里外的马纳萨斯枢纽站，夺取波普设在那里的后勤基地。斯图亚特抓了 300 名俘虏，缴获了 8 门大炮、175 匹马，以及"大约 200 名逃亡的奴隶"。当天上午晚些时候，杰克逊与联邦军

431

---

* 杰克逊的三个师（17309 人），朗斯特里特的三个师（16051 人），外加 G.T. 安德森（G.T. Anderson）所率的后卫师（6117 人），2500 名骑兵，2500 名炮兵，至少还有两个独立旅。这些数字出自沃尔特·H. 泰勒的《与李将军在一起的四年时光》（*Four Years with General Lee*，第 61 页），他的职责之一就是记录部队人数。人们会想，所有这些都很难忽略。

进行了一场激战后，亲自赶到了马纳萨斯枢纽站，发现这里停放着 100 多节"装满物资的货车车厢"[63] 和被丢弃的堆积如山的军需物资，从武器弹药到鞋子再到芥末，应有尽有。见此情景，杰克逊下令部队尽快撤离此地——他不喜欢看自己的人大肆抢掠的样子，十分担心官兵们会肆无忌惮地拿走这里存放的大量烈性酒。[64] 到了午夜，他命人销毁带不走的武器弹药，远在华盛顿的人都能看到这里的弹药库燃起的熊熊大火，被销毁的其他物资还包括"5 万磅培根、1000 桶咸牛肉、200 桶咸猪肉和 2000 桶面粉"以及无数其他物品。随后，杰克逊并没有向西取道索罗费尔隘口寻求与朗斯特里特会合，而是挥师向北，希望以此吓唬一下林肯。他同时希望把波普从其部署在拉帕汉诺克河沿线的阵线吸引过来。事实上，尽管铁路和后勤基地失守令波普感到震惊，但他仍然相信这只是杰克逊和斯图亚特采取的一次偷袭行动，而且他本想在马纳萨斯"打垮"这两队人马。"如果你们反应够快，动作迅速，"他对手下一名将领说，"我们将会把他们全都包围起来。"[65]

到 8 月 27 日早晨，李大胆而冒险的战略布局基本被一一落实。甚至比摧毁波普在马纳萨斯枢纽站的物资基地还重大的成就，就是李的半数部队在杰克逊的指挥下，已经插入了波普大军与华盛顿之间，而朗斯特里特率领的另一半部队则集结在由此向西不足 22 英里处，波普显然还被蒙在鼓里。假如波普能迅速北上——或者与麦克莱伦大军的先头部队接上头——他就肯定能"打垮"杰克逊部，但如果李把分别部署的兵力集结起来且行动够快，并能找到合适的战场的话，他就能先打败波普，然后再攻击麦克莱伦。

李的大无畏精神从未得到如此淋漓尽致的展现。他的处境仍然岌岌可危；他把斯图亚特派去守卫杰克逊的右翼之后，手下就没有了任何可委以重任的骑兵，因此也就无从得知敌军

432

的实时动向。而他与里士满之间唯一的交通线弱得不堪一击，所依赖的拉帕汉诺克河上的浅滩只需一场暴雨就会变得无法通行。

经过在酷热中的一番艰苦行军，接近 8 月 28 日中午时，李的前锋到达索罗费尔隘口 66，但发现它已落入联邦军手中。人们没想到李似乎并未因此感到沮丧，究其原因，或许是他和杰克逊当天一直保持联系，交换最新情况，从信使们传递的信息来看，占领这个隘口的只有一小股部队，而且是刚刚被派过来挡住杰克逊退路的，并不是因为波普已猜到李会来这里。公牛溪山脉中的"隘口"并不是那个时代常出现在绘画中美丽的阿尔卑斯（Alpine）狭谷，其通道大多狭窄，乱石嶙峋，令攻方望而却步。谁都没料到朗斯特里特这样一个务实的人此刻竟诗兴大发，用"风景如画"形容这里，还描述说眼前有"玄武岩的岩壁……长满了恣意伸展的常青藤"。67 因为李把斯图亚特派去帮助杰克逊，他无法弄清楚隘口的另一边究竟是什么情况。据险把守的联邦部队也许只是师级甚至军级单位的先遣队，事实证明的确如此。

李具备天才的沉稳气质，只见他翻身下马，用双筒望远镜察看那个隘口，并认定准能从它两侧崎岖不平、长满松树的高地上找出翻越过去的通道。他又一次打破了自己固有的习惯，接受了住在附近的罗宾逊先生（Mr. Robinson）请他及其下属共进晚餐的邀请。陪同李将军的朗上校记述说，他"用晚餐时，不仅胃口好，还谈笑风生，仿佛这是一个很平常的场合，而不是处于成败系于一线的关键时刻"。68 如果李真的感到紧张，那么他隐藏得很好。此外，他已经决定从正面攻打敌军阵地，事实上，他在与晚餐主人入席之前已下达命令，在隘口上下寻找替代路线。

朗上校明确表示，罗宾逊先生所说的晚餐其实是指我们

所称的午餐（这对大多数人来说还是一天的主餐，晚餐比较简
单，一般被称为夜宵）。吃完饭后，隘口那边传来了激烈的枪
声，联盟军步兵利用岩石的掩护边射击边向前推进。然而，傍
晚的时候，一名友善的"樵夫"给李派出的一支"侦察队"指
明了一条伐木用的山间小道，由此可以完全绕过联邦军的阵
地。夜幕降临后，联邦军队撤退，朗斯特里特的部队趁机占领
了索罗费尔隘口。从白天到晚上，李一直听到东边传来的低沉
的炮声——这表明杰克逊已经与敌交战。尽管李可能早就料到
了这种动向，但急于包围杰克逊的波普依然命令欧文·麦克道
尔少将率军尽快赶往马纳萨斯。麦克道尔因此放弃了索罗费尔
隘口，使得朗斯特里特的各个师可以长驱直入，这是"一个巨
大的战术失误，无论如何都难以补救了"。[69] 当李在清晨骑马
穿过这个隘口后，他的眼前没有出现虎视眈眈的联邦大军挡住
去路，只看到了一马平川的大路。

　　奇怪的是，无论前一天差点抓到李的联邦骑兵队，还是在
8 月 28 日守卫隘口的麦克道尔的部队，都没有告知波普他们遭
遇了至少三个师的南方部队。[70] 但话又说回来，波普深受我们
现在所称的隧道视觉的影响，他一心一意要消灭杰克逊，以至
于好像"忽略或忘记了"北弗吉尼亚军团余部有可能正在伺机
行动；而麦克道尔早已在第一次马纳萨斯（或公牛溪）战役中
就展示出了他的致命弱点，在自视甚高的同时还缺乏在战场上
带兵打仗的经验。更糟糕的是，他既未向波普传递自己部下发
来的报告，也未表明情况紧急的程度。

　　杰克逊率军从马纳萨斯枢纽站出发后，不时遭到阻击。李
在远处听到的炮声就是杰克逊在与追兵交战。杰克逊连续两天
都处境艰难。他的兵力不足 2 万人，追兵数量比这多一倍。换
作任何一位将领几乎都会急忙向西，撤向索罗费尔隘口并与朗

434 斯特里特会合。此处距离布里斯托火车站不足 15 英里 [71]，他曾拆毁了那里的铁轨，或者向隘口东侧、他劫掠过的马纳萨斯枢纽站进军，对于杰克逊的"步行骑兵"（foot cavalry）[①]来说也只是不到一天的路程。但杰克逊没有这样做，而是转向西北方向，穿过沃伦顿收费公路，然后停下脚步，把自己的部队集中在地势较高的地方，俯瞰格罗夫顿村（Groveton），这里位于"萨德雷山"（Sudley Mountain）树木繁茂的东坡上，是一条几乎和收费公路平行的山脊，更准确地说是斯托尼岭（Stony Ridge）。这里有一段尚未完工的铁道路堑，相当于提供了一个现成的堑壕，部队可以利用周边茂密的树林隐蔽起来。

杰克逊在 8 月 27 日和 28 日的举动像是要进一步迷惑波普，但其实并不是。杰克逊仍像以往那样，对自己的意图不露一丝口风，他派手下三个师中的两个绕行至公牛溪的最远端。A.P. 希尔师的行军路线最远到了森特维尔，然后一个急转再次与尤厄尔会合，两个师一起通过石桥，前往格罗夫顿与杰克逊会合。杰克逊的将领们实在想不通为何采取这种行军方式，波普也是一头雾水：杰克逊究竟要去哪里，以及抵达那里后会干什么？

答案——波普始终没想到——其实是杰克逊想要激怒波普，让他在自己选定的地点发动进攻。虽然格罗夫顿几乎只是地图上的一个小点，但现在双方成千上万的人正涌向它，而且他们谁都不知道杰克逊已经在那里了。双方军队相距极近，但相互都看不到。格罗夫顿距索罗费尔隘口仅有 10 英里，李和朗斯特里特将于第二天早晨率 2.5 万人穿过隘口。它南边 7 英里外就是马纳萨斯枢纽站，当时波普正盘算着该怎样把分散在

---

① 因杰克逊的步兵在数天内急行军 80 英里，从列克星敦赶到了纽马基特而得此绰号。

各处的部队集结起来。从森特维尔过来的 A.P. 希尔师所通过
的公牛溪石桥也仅在 3 英里以外。但就战役而言，距离是具有
欺骗性的，而且接近敌人并不能替代清楚地了解对方的意图。
虽然波普与杰克逊相距仅数英里，波普仍然以为他的猎物正
急速撤往公牛溪山脉。他好像根本就没想过杰克逊其实没有撤
退，而是焦急地等着他，也没有想过朗斯特里特其实在加速前
进以便与杰克逊合兵一处，更没想到李本人所在位置与他的指
挥部仅相距不到 17 英里。

435

8 月 28 日，天气极度闷热，随着各师在这天早晨先后赶
到，杰克逊用了整个上午的时间仔细部署他的部队，各师按
照他的要求各就各位，以威廉·B.托利弗少将的师居中，将
A.P. 希尔师安置在其右前方，尤厄尔师在其左侧。铁道路堑
和树林起到了很好的隐蔽作用。杰克逊的各师官兵都尽可能找
阴凉处休息，他本人则枕着马鞍进入了梦乡。他的处境会让
大多数将军保持清醒，不敢掉以轻心。不错，阵地是他自己选
择的，是他要把部队集中在那里，并且精心督导炮兵阵地的选
址和构筑工作。毕竟谁能比弗吉尼亚军事学院前炮术教授更好
地完成这最后一项任务呢？他还一度派信使去告知李他所在的
位置，而截获的情报显示，波普的大部队正从马纳萨斯枢纽站
向森特维尔移动。杰克逊认识到，他随时面临着陷入一场以寡
敌众、几乎不可能有胜算的大战，而且他到目前为止已经失去
了任何机动或撤退的可能。临近中午，他睡醒了，然后骑马沿
着林木线不停地来回奔跑，他看上去形单影只，显然已暗下决
心不与手下任何将领攀谈。像往常一样，他对自己的计划守口
如瓶。

下午 3 点左右，李派出的信使终于到了，只见那匹马汗流
浃背，筋疲力尽。李告诉杰克逊，朗斯特里特已抵达索罗费尔
隘口。听到这个消息，杰克逊心情放松了一些，有人说他当时

实际上是一副"笑容满面"的样子，他身边的人难得看到他的这种表现。[72] 他还与信使握了手（对于他这种拒人于千里之外、令人望而生畏的军人来说，这又是一个非凡举动），喝了"一些酪乳"（他最喜欢的饮料），并查看了在眼前伸展着空无一人的沃伦顿—森特维尔收费公路。[73] 眼前这片起伏的山坡从林木线缓缓延伸到 1 英里外的大路上，让杰克逊和他的工作人员仿佛置身于一个巨大的天然剧场，只是此刻舞台上什么都没有发生。

436

杰克逊疑有异常情况，已经下令托利弗和尤厄尔率部向林木线附近推进，但随后证实那只是虚惊一场。时间一分一秒地过去，太阳开始落山，经过长时间的等待，许多人开始觉得今天应该不会发生什么事。然后，刚过 5 点，杰克逊看到远处刺刀的闪光，这是从盖恩斯维尔出发进军公牛溪和森特维尔的联邦部队的先头部队。 就在陆军准将鲁弗斯·金（Brigadier General Rufus King）率师[*]接近格罗夫顿时 [74]，杰克逊独自骑马到一片开阔地近前观察，他显然没有引起任何人的注意，不过人们自然会想，在旷野中冒出这样一个孤零零穿制服的骑手，无论衣着多么破旧，神态如何淡定，总是会警示联邦军，附近的萨德雷山东坡上驻守着一支联盟军部队。杰克逊不慌不忙地观察着，就像在检阅部队一样，看着四个旅的联邦步兵秩序井然地从他眼前走过，随后骑马返回树林。"先生们，带你们的人出来吧"，他说道。下午 6 点半，联盟军炮兵开始向联邦军的队伍开火。

考虑到联邦军面临的困难——他们遭到突然袭击，散布在路上的队伍长达一英里半，又赶上原来的师长不在场——他们

---

[*] 金本人并不在队伍里，他当天早些时候癫痫发作（维基百科，"第二次公牛溪战役"词条，第四部分）。陆军准将约翰·波特·哈奇（Brigadier John Porter Hatch）代替金成为代理师长。

的反应之快和有效令人赞叹。他们的动作很简单，只是停下脚步，原地左转，形成作战线列，接着便离开大路，冒着炮火朝着敌军所在的位置推进，能做到这一点无疑需要严格的训练和严明的纪律。尽管杰克逊占尽了地势和人数上的优势，并成功"伏击了"联邦军，但他接下来并没有扩大战果，只能说是勉强守住了阵地。直到夜幕降临，他所说的"与敌展开的激烈而血腥的战斗"才终于结束。他只让大约 6000 人投入了战斗[75]，与大约 2100 人的敌军对阵，茂密的树林、渐暗的天色，以及一位作家所说"一点一点投放部队"的作战方式都妨碍了他的正常发挥。由于他居高临下，并休整了一整天，人们很难理解以逸待劳的杰克逊为何不能击溃联邦军的这几个旅，逼迫他们退回盖恩斯维尔。相反，他们设法越过了开阔地，前进到了布劳纳农场（Brawner's Farm），在相距 80 码处与联盟军交火。结果以代价惨重的"僵局"收场[76]，北方伤亡 1150 人，南方伤亡 1250 人。一些部队的伤亡率高达 70%，托利弗将军的颈部和手臂受了重伤。此外，尤厄尔将军腿上中弹，腿骨碎裂，第二天不得不截肢，他也因此休整了将近一年。一场"血拼"[77]之后双方都没占到什么便宜。遭到重创的联邦军秩序井然地回撤到大路上，杰克逊则破天荒头一次显露出内心的焦虑，他翻身下马，将"耳朵贴着地面听朗斯特里特接近的动静"。[78] 如果杰克逊想要听到朗斯特里特大军的进军步伐，他肯定会失望。此时，李和朗斯特里特率领的另一半北弗吉尼亚军团仍在索罗费尔隘口的另一侧，正听着布劳纳农场方向传出的低沉的炮声。

部分史学家会争辩说这场战斗是"战略上的"成功，杰克逊的唯一目的是想把波普的注意力完全吸引到一个人身上。这或许是实情，但他不需要用包括两位师长在内 1250 人伤亡的代价来迷惑波普。早已知道杰克逊位置的波普依然相信他的敌

437

手正在撤退途中，并希望第二天"包围"他。当天深夜，波普撤走了在朗斯特里特和杰克逊在格罗夫顿据守的阵地之间唯一的一支联邦部队，令他们立刻开拔，沿沃伦顿—森特维尔公路前往森特维尔，这是波普犯下的另一个致命错误。

当然，杰克逊要在格罗夫顿开战的原因之一是他非常担心波普会率军渡过公牛溪向北开进并试图与麦克莱伦的大军接头，后者从哈里森登陆场出发后，已到达亚历山德里亚并正在此地集结。这样一来，李就会面对一支人数众多的大军，根本无法对付；但麦克莱伦的行动仍是一如既往的迟缓，并以他一贯的方式警告哈勒克和总统，李率领着一支兵力多达 12 万的大军，这夸大了不止一倍。8 月 28 日，比李还鄙视波普的麦克莱伦本人正好在华盛顿，他催促波普，让他"抄近路返回华盛顿"。[79]他还催着准备拆毁跨越波托马克河的链桥以防万一，这种预防措施只会在白宫制造紧张气氛。8 月 28 日晚，麦克莱伦能够听到来自格罗夫顿的炮声，但他不愿意派遣自己的任何部队去支援"波普那个蠢货"。[80]第二天，他向林肯总统进言，听凭"波普自己去摆脱困境"可能好过增援他，此番言论掀起了一场轩然大波。林肯认为麦克莱伦涉嫌不忠，甚至有叛国倾向，不过他或许只是表达了一则古老的英国军事格言所蕴含的战场智慧："绝不败上加败。"*在这场军事行动中，李可以利用的重要资源就是麦克莱伦的悲观主义，及其在华盛顿传播消极情绪并打击士气的能力。李只担心一件事，那就是麦克莱伦和波普合兵一处，而巧合的是，这也是麦克莱伦决心阻止的一件事。

或许波普真的能力不足，还看错了大方向，但他一旦认定有机可乘，行动起来会比麦克莱伦快很多，现在他以为杰克逊

---

* 这可能源自更古老的军中忠告，或许是公元前 500 年孙子"巩固成功，放弃败局"的另一版本。

已被困，便打算同时从东西两个方向逼近。但波普的部队七零八落地散布在这一区域，他麾下的大部分将领此时也不知道他人在哪里。波普缺乏麦克莱伦具备的条理性和组织庞大军队行动的能力；但是，既然他以 6 万兵力对阵杰克逊的 1.8 万兵力，这些欠缺也就显得不重要了。

杰克逊过夜的地方是萨德雷斯普林斯 [81]，他待在战线最左边一所被改造成临时野战医院的房子里，时而祈祷，时而打盹。拂晓时分，他起身重新部署军队，为即将到来的进攻做准备。他把部队向后撤，以便尽可能利用未完成的铁道路堑，并把拥有 40 门大炮的炮兵阵地部署在林木线，这样做虽然会妨碍他们的射击区，但可以起到部分隐蔽作用。他将左翼的核心阵地设置在萨德雷斯普林斯，靠近公牛溪的一处浅滩。只是他的右翼形同"虚设"——他把这个位置留给了朗斯特里特率领的 2.5 万大军，指望他抵达后立即投入阵地。

上午 10 点，在炮火支援下，联邦军展开了一系列缺乏协调的进攻，罗伯逊称之为"试探性进攻"[82]，目的是探查杰克逊防线上的薄弱位置。这些试探从联盟军的右翼展开，那里是杰克逊防守最薄弱的位置，随后将攻击的重点逐渐转向他的左翼，在那里展开的数次猛攻均遭 A.P. 希尔师击退；但波普无法认清当前的总体形势，同时未能集中压倒性优势兵力重击杰克逊，因而未能取得实质性进展。

8 月 29 日上午 10 点左右，朗斯特里特的主力部队进入战场。[83]约翰·B.胡德少将的一个师以得克萨斯旅为先锋，开始在杰克逊右翼形成两排线列，呈"大致 160° 角，面向东，以靠近盖恩斯维尔—森特维尔路的顶点为核心"。至此，李也抵达战场，开始指挥战斗。他已完成了战史上罕见的壮举：大敌当前，他分兵两处，让其中一半兵力在敌军侧翼实施大迂回，随后让另一半兵力急行军前进，两军最终在战场上会合，就连并不推崇李的富勒将军也不得不以"一个胆识超人的举动"来称赞他。[84] 就在朗斯特里特在杰克逊右翼排列线阵时，波普仍认为他还在数英里外公牛溪山脉的另一侧。

李纵马上前去察看战况，一名狙击手射出的子弹擦伤了他的面颊，但他如往常一样面无惧色，不为所动。[85] 他发现己方不仅凭高踞守，而且占据了一个浅 V 形位置，这样一来，假如波普的部队向李的中间位置发起攻击，就将置身于纵向射击的火力之中。波普原本指望波特和麦克道尔各自率军从盖恩斯维尔出发，到达战场后向杰克逊的右翼发起进攻，但现在朗斯特里特的部队挡住了他们的进攻路线，他的两排防线横穿了收费公路。波特和麦克道尔率军从盖恩斯维尔启程后，一路上遭到斯图亚特骑兵的袭扰，他们收到了波普自相矛盾的"合并命令"（被一位研究这场战役的学生形容为"含糊不清和自相矛盾的杰作"[86]），命令大军停止前进。他们不知下一步该怎么做。早在第一次马纳萨斯战役期间，麦克道尔就表现出了一定程度上的无能，一遇压力便手足无措，但波特能力比较强，在半岛取得了不错的战绩，并在莫尔文山顶住了李的攻击——或许作为"麦克莱伦"的人，他们对波普将军缺乏信任，但无论如何，在两军交战的关键时刻，他们的畏战心理占了上风。至少波特可以看得很清楚，攻击"杰克逊的右翼"就意味着他的部队要与朗斯特里特的 2.5 万兵力对阵，而这是波普无法或不想看到的，但同时波普就只剩下一小部分兵力与杰克逊作战了。*

在整个上午和下午早些时候，波普对杰克逊的左翼发起了一波接一波攻击。他的部队进行着一次又一次的齐射，有时与

---

* 波普指控波特违抗命令和行为不端，波特被军事法庭判定罪名成立，并被革除军籍。波特不服判决并为推翻罪名抗争了 23 年。最终他被宣布无罪，并由切斯特·A. 阿瑟（Chester A. Arthur）总统恢复了其上校的实职军衔。

敌军距离近在咫尺，"尸体在铁道路堑前堆积起来，并横七竖八躺在向东延伸的山坡上"的场景触目惊心。[87] 朗斯特里特则趁此机会排兵布阵，做好了战斗准备。李看到这是一个打击并"消灭"波普的绝佳时机。北弗吉尼亚军团杰克逊部已经成功击退了一系列组织松散的零星进攻；朗斯特里特部现在已经严阵以待，就像一条铰链，在波特进入战场之前把波普的左翼围拢起来。从地图上可以清楚看出，8 月 29 日当天的战斗堪称教科书级别的经典战术演示。李看到了一个合围敌军的机会，就像合上一本书那样，由朗斯特里特部将波普的部队逼进杰克逊的大炮射程内，迫使敌军要么撤退要么投降，此外别无出路。尽管李一眼即可洞悉一切，但它实际上并未发生。

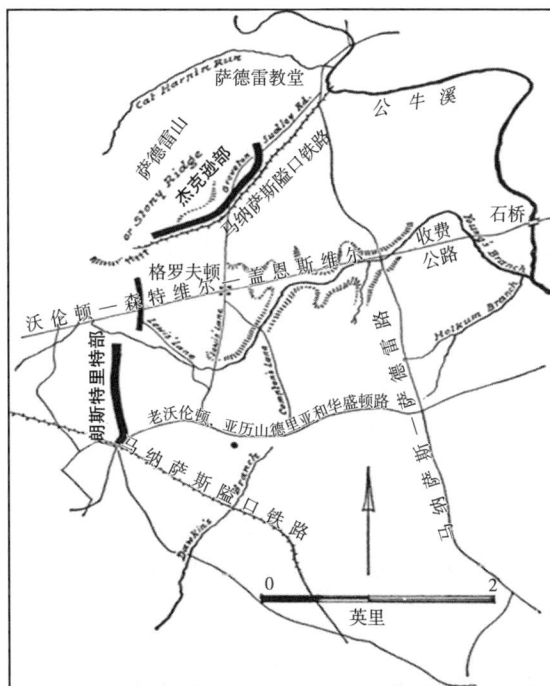

15　1862 年 8 月 29 日，行动结束时的战场态势

442 　　未发生的缘由深藏在他的性格当中，而这一神秘的元素常会压抑他的才能和胆识，同时还会遏制他所率领的这支衣衫褴褛、物资匮乏的部队发扬英勇善战的精神。人们可以在一定程度上把李当成完人，并把他视为军事上的某种圣徒，但作为一个有血有肉的个体来说，他毕竟不会永远正确，而他的指挥才能往往得不到充分发挥，因为他不愿将自己的意志强加于手下的将领们。

　　李具备一名优秀统帅应有的全部素质，但也有很明显的缺点，他不能直接给部属下达命令并确保自己的命令得以执行。他激发了人们对他的爱戴、赞赏和尊敬，但没有畏惧。他并不缺乏意志力，因为他能够带领一支大军赴汤蹈火，毫不畏惧需要为此付出的重大牺牲和要承受的巨大痛苦，但他的彬彬有礼以及对人与人之间冲突的厌恶常会妨碍他的计划顺利实施。当然，正如陆军元帅赫尔穆特·卡尔·冯·毛奇（Field Marshal Helmuth Karl von Moltke）所说，"没有任何作战计划在与敌人遭遇后还有效"，但李在战斗打响后一而再再而三地把战地指挥权交给他手下的军长们，并且犹犹豫豫，不愿直截了当地命令他们去做自己想要他们做的事。

　　即便杰克逊在半岛战役期间表现很差，但他和李之间仍保持着密切联系，这在很大程度上要归因于杰克逊从来不会与李争吵，而且他好像能从李客客气气的只言片语中领会到他的想法。詹姆斯·朗斯特里特［他的西点同学都叫他"老皮特"（Old Pete）①］的表现就完全不同，他固执己见，好与人争辩，并且一意孤行。这并不是说朗斯特里特对李的个人魅力视而不见，对他的想法和建议听而不闻，但与李不同，他喜欢争论，

---

　　① Pete 是 Peter（彼得）的昵称。朗斯特里特小时候性格固执、倔强，他父亲便以 Peter 称呼他，因英文中作为名字的 Peter 源自希腊语 Petros（意为"石头"）。

且一心要取胜。朗斯特里特尊重李，但并不崇拜他，一旦认定自己想要的，就毫不犹豫地据理力争。这话不假，直到1896年他公开推出自己的战争回忆录时，他仍然在争辩，而且比以往更固执。他不仅不认同李的战术，甚至对联盟国的整体战略提出质疑，并且直言不讳，毫不隐瞒自己的观点。

这并不意味着假如李听从了朗斯特里特的建议就能赢得战争，事情并没有那么简单，但李既然已经知道与朗斯特里特意见相左，就应该借助于自己的权威，强制他服从自己的命令，毕竟他被授予了北弗吉尼亚军团一半兵力的指挥权。在8月29日第二次马纳萨斯战役期间，李完全可以放心，杰克逊会一丝不苟地遵照他的旨意行事，但朗斯特里特固执己见，拒绝执行李的计划。更重要的是，朗斯特里特一直怀疑但无法确认的事被证实了：李不会直接下命令给他，而且如果他不服从命令，李也不会解除他的指挥权。李也由此得知，他会容忍朗斯特里特违抗命令的言行，而且不予深究。这方面究竟谁对谁错并不重要，但对双方来说，认识到这些不是什么好事。

即便我们对李圣徒般的耐心给予充分肯定，那么，李完全可以耐心听完朗斯特里特的陈述，然后告诉他要服从命令——李没必要模仿拿破仑压抑满腔怒火，冷冷地告诉滑铁卢战场上的奈伊（Ney）："Monsieur, vous m'avez perdu la France（先生，你害得我丢掉了法国）!"*但在第二次马纳萨斯战役期间，他连续三次拒绝发起进攻，而李没采取任何行动，尽管朗斯特里特十分清楚李要让他干什么，就连他自己都说"李将军倾向于在条件允许的情况下尽早进攻，但并没有下达命令"。88就战场而言，严谨的表述如下：假如朗斯特里特知道李的愿望，他就不再需要李直接下令；与此同时，如果李注意到了朗斯特里特不

443

---

* 这发生在奈伊当天下午4点进攻受挫之后。

愿行动，而且他确实不愿行动，李作为总司令有义务命令朗斯特里特立即展开攻击或解除他的指挥权。

当然，这中间不能排除朗斯特里特与杰克逊之间某种角力所产生的影响，以及朗斯特里特对杰克逊在半岛战役中表现极差但声望依然高涨而心怀不满的因素。当朗斯特里特开始写回忆录时，正值杰克逊的名望几乎与李不相上下，但他对杰克逊的评价没有表现出丝毫宽容。"在公牛溪、森特维尔和马纳萨斯平原上，他［杰克逊］玩的捉迷藏游戏场面宏大，但存在瑕疵，"朗斯特里特漫不经心又不无傲慢地驳斥杰克逊，"作为一个领导人，他表现还好；作为一个实干家，他并不总是只顾自己。他还喜欢看风景。"

444 "实干家"是指强大、可靠的人，同时也是一个团队中值得信赖的一部分，而这正是朗斯特里特引以为傲的。很显然，朗斯特里特以为杰克逊是个爱慕虚荣的人；用现代人的说法，他缺乏团队精神，他在半岛上充分表现出了这个特点；而且虽说他在河谷地带或马萨纳斯一带能玩捉迷藏，但在正规战争这种严肃的事情上就显得有些力不从心了。这两个人之间心存芥蒂的部分原因是朗斯特里特志在指导联盟国的战略，也就是说想要平等地参与李的决策过程，而杰克逊则满足于在李手下当个指挥官，并不想参与决策过程。

李的助理朗上校直言不讳地指出，李"真的"希望朗斯特里特在"他的部队做好了战斗准备"后就立刻发动攻击[89]，正午时分他的部队已经就位。从一大早开始，杰克逊就一直遭到联邦军四个师（至少 3 万人）的不停袭击，并勉强守住了阵地。联邦军伤亡惨重，至少有"6000~8000 人战死和负伤"，在这场战斗首日的关键时刻，显然出现了给予波普大军左翼致命一击的良机。"人们自然会发问，为什么朗斯特里特不发动进攻，从而解除杰克逊承受的沉重压力？"[90]朗问道，但拒绝给出答案，读者不由得会理解为李绝不会强迫拒绝进攻的将领违背他们的意愿，"哪怕他的军事直觉和对战况的判断都告诉他当务之急是立刻发起进攻"。[91]

对朗斯特里特的批评一直持续了 150 多年，而且不仅限于南方。为"石墙"杰克逊立传的英国著名作家 G.F.R. 亨德森中将（Lieutenant General G.F.R. Henderson）在提到朗斯特里特在 8 月 29 日的表现时毫不留情地抨击说："朗斯特里特不无得意地描述了他如何违背总司令的意愿，真不明白他是怎么想的。李连催三次，让他发起进攻。第一次，他［朗斯特里特］骑马上前察看，用他自己的话说，他发现位置不利。第二次，李坚称可以攻击敌军左翼。就在讨论此事的过程中，消息传来，有一支大部队（波特和麦克道尔）正从马纳萨斯枢纽站赶过来。然而，他还是没有下令进攻，李忍不住又催了一次，朗斯特里特还是不愿意。联邦军相当可观的一部分兵力正沿马纳萨斯大路北进，准备与波普会合，李最后一次督促朗斯特里特向格罗夫顿发起进攻。"不久后，当天天色将晚，不宜再进攻，朗斯特里特建议最好"趁天还亮时把一切准备就绪，以便明日大干一场"。他记录说李"迟疑了一下"之后接受了这个建议，因为朗斯特里特一再耽搁，事已至此也只能作罢，但李的犹豫或许是暗示他在努力克制自己别发火，或者强忍着他的不耐烦。

朗斯特里特主张的战术正确与否难以得到确证。当时在场的泰勒意味深长地表明，他认为朗斯特里特是错误的；更重要的是，他斩钉截铁地说，李并不认同朗斯特里特的主张，并对朗斯特里特未能发动攻击感到"失望"。朗斯特里特毫不掩饰自己对防守的偏好，执意要占领收税关卡上方的高地，坐等波特主动攻击他——这种偏好在几乎整整一年之后导致两人于葛底斯堡战役期间产生了更大（并且更致命）的分歧。另外，他

445

不喜欢越过眼前那片开阔地去支援杰克逊，并且担心波特会袭击他的后方，但李已衡量过所有这些因素，得出的结论正相反，而他的判断肯定不比朗斯特里特差。

就算泰勒上校的说法准确无误，关键问题不是朗斯特里特为什么没有进攻，而是李为什么不在正午时命令他进攻，却任由他消磨掉了整个下午。朗斯特里特具有荷兰血统，身材魁梧，性格倔强，但李当时已是联盟国传奇般的人物，气质上也是威风凛凛，何况他还是实实在在的北弗吉尼亚军团指挥官。尽管李对杰斐逊·戴维斯总统言听计从，甚至到了让一些人觉得过度的程度，但在军事上只要他认为总统是错误的就会毫不犹豫地据理力争。他有什么理由一味遵从朗斯特里特？答案似乎是再伟大的人物都存在某种弱点，李的弱点就是不愿将他的意志强加于他的部属。他曾向德国观察员尤斯图斯·沙伊贝特上尉（Captain Justus Scheibert）*解释道："你必须了解我们特有的情况，要知道我在战场上的领导作用弊大于利。如果我不依靠师长和旅长们，就成不了事。我尽我所能制订计划并全力以赴，以便在正确的时间把部队带到正确的地点；做到这些我就算尽职了。一旦我下令让部队投入战斗，我就把部队的命运交到了上帝手中。"[92]

这毫无疑问反映了他的心声，以及他本人的信念，但其实他经常在战斗中亲自上阵指挥，而不是把一切事务都交到"上帝手中"。事实上，李将军并不会为自己在战场上表达意愿感到内疚，但他不会迫使一个无视他意愿的将领改变立场——

---

* 沙伊贝特是普鲁士人。联盟国和合众国军队中都有外国军事观察员，他们的主要职责是记录和总结战争经验并汇报给本国军队。这些观察员中最有名的当属来自冷溪近卫团的英国（非官方的）观察员陆军中校阿瑟·弗里曼特尔（Lieutenant-Colonel Arthur Fremantle），他全程观察了葛底斯堡战役并将自己在美国南方的经历整理成一本书并大获成功。

而朗斯特里特就是这样一个将领，对李不失礼貌地表达的期望充耳不闻。恐怕除了朗斯特里特再无第二个人能坚持整个下午对李明显的进攻意图不予理会，或者找到更多阻止它实施的理由。

在此期间，朗斯特里特可以清楚地听到不足半英里处联盟军左翼传来的激烈枪炮声，杰克逊的几个旅正在奋力击退一次又一次的进攻，当弹药用完后，他们就拼刺刀，打了一场"北弗吉尼亚军团战史上罕见的"苦战。[93] 随着夜幕降临，J.B. 胡德少将展开了朗斯特里特一直要他做的"武力侦察"并带回了"令人沮丧的"消息，联邦军构筑了牢固的阵地，第二天上午攻击他们的行动"将很凶险"。[94] 就连极少评论的《西点军校美国战争地图集》都指出，"李一次又一次地催促朗斯特里特攻击波普的南侧，但每次都勉强屈从于朗斯特里特推迟进攻的请求"，并补充说，在 8 月 29 日的战斗中，假如李坚持不让步的话，"联盟国很可能会取得一场重大胜利"。[95]

现在，北弗吉尼亚军团面朝东，冲着两英里左右以外的公牛溪排成一列。杰克逊指挥的左翼大致沿着萨德雷山脚铁道路堑的走向，从萨德雷教堂延伸至格罗夫顿上方的收税关卡，而朗斯特里特指挥的右翼稍向后撤，从收税关卡延伸至马纳萨斯隘口铁路与沃伦顿—亚历山德里亚—华盛顿（弗吉尼亚）铁路的交会点。这两翼尚未连在一起，但从左向右形成了长达 3 英里半的战线，足以抵挡波普可能会发起的攻势。

天大亮后，人们发现波普已设法连夜调集了更多部队——这再次证明李前一天下午要求朗斯特里特立即展开攻击的决断是正确的。除了断断续续的炮声外，整个上午的大部分时间都很平静。李担心波普可能会离开并正准备撤退，而波普则深信南军部队已在前一天被打垮，并发电报给华盛顿，声称敌军"正向山里退却"。据他估计，已方昨天伤亡 8000 人，敌军伤亡人数则高出两倍。然而，负责统计工作的朗报出的数字是联盟军伤亡 1507 人。有个现象的确令人费解，朗斯特里特的 2.5 万人明明近在眼前，不可能掩蔽得那么彻底，但波普还是相信这支部队仍在索罗费尔隘口那边。

正午前后，李召集杰克逊、朗斯特里特和斯图亚特开会，并集体决定静待联邦军率先展开攻击。朗斯特里特前一天未听从李的指示一事好像并没有导致杰克逊与他之间产生不快，至少朗斯特里特和李的助理朗上校都只字未提此事。假如波普不进攻的话，李就打算当晚"在萨德雷斯普林斯附近暗渡公牛溪"[96]，前往杰克逊战线的最左端，并将整支大军部署在波普和华盛顿之间。然而，下午 1 点多，波普终于开始行动，并再次攻击杰克逊部。联邦军的攻击部队人数众多，攻势凶猛，杰克逊再次感受到了极大压力。他的一些旅由于弹药不足，只能向步步紧逼的联邦军队投掷石块。李本人也对这次突袭感到惊讶，他本以为波普会撤退，但他很快就认清了形势，联邦军指挥官给他提供了一次良机。此时，联邦方面的进攻部队进入了一片连绵起伏、树木稀疏的开阔地。目前没有任何迹象表明波普发现了在他左边高地上埋伏着朗斯特里特的 2.5 万大军。

当天，李的指挥部设在"沃伦顿公路的收税关卡里"，几乎就在联盟军阵线的正中央并在杰克逊所在位置以南大约两英里处，后者的指挥部设在收税关卡的上方，堆放着一捆捆麦秸的田野上。李手下的信号官 J.L. 巴特利特上尉（Captain J.L. Bartlett）所记李发给杰克逊的信号内容，简要记述了当天下午的行动：

> ［致］杰克逊将军：
> 　　你左侧行动的结果如何？李
> 　　回答。［致］李将军：

至此，故军似在试图占领一片林地以撤出我们的视线。

杰克逊

这个轻率的回答随后被证明有些乐观。杰克逊现在能看到距他的阵地 600 码以外"冒出了大约 1.2 万名联邦士兵（共计37 个团），他们在格罗夫顿至公牛溪一带排出长达一英里半的攻击阵形……一个令人望而生畏的景象，严整的战斗队形，在空中缓缓舒展的军旗下是熠熠闪光的刺刀"。[97]

铁道路堑的走向与联邦军进攻阵形形成了一个"夹角"，随着整条阵线向山上推进，最先接近路堑的右翼会遭到守军齐射，但他们毫不理会，稳步逼近。波普不仅没考虑后撤，反而调遣一个接一个旅攻击南军阵地的左端。联邦军步步逼近铁道路堑，一度近到"双方的旗帜相距仅 10 码"的地步[98]，双方士兵开始拼刺刀，或在弹药打光，或双方太靠近无法装填弹药后，就抢起步枪砸向对方。即使像杰克逊这种久经沙场的老兵，经过两天的"浴血奋战"，承受的心理压力也接近极限了。[99]苦战到下午 2 点后，杰克逊不得不请求朗斯特里特派一个师增援。朗斯特里特后来声称杰克逊"乞求援助"的言论在双方支持者之间掀起了激烈论战，且持续至今——当然，所谓"乞求"言过其实了。李当即命令朗斯特里特腾出一个师前往增援，他也乐意遵命行事，不过，他站的地方最靠近联盟军防线的中心点，从这里他能看到"联邦军队的左翼"正处在他的炮兵射程内，只有先用炮火打断（联邦军）进攻队形后，他才能把一个师转移过去解救杰克逊。[100]

李可能也得出了相同的结论，因为他传递给杰克逊的卜一条信息是——

致杰克逊将军：

449

你是否仍需要援军？李

此时，朗斯特里特的炮兵已经开火，联邦军的攻势开始"逐渐减弱"。[101]朗斯特里特在其回忆录里描写了他的炮火"纵向射击"产生的效果："几乎立刻就看到被炸死炸伤的士兵开始从波特的队伍掉落，被炮火击倒的人越来越多，整个防线开始动摇，前后摆动，左翼至中间部位出现了溃败的迹象。过了 10 分钟或 15 分钟，联邦军攻势全线崩溃，士兵们掉头往回跑。"[102]半小时后，杰克逊给李发信号，答复说他不再需要增援："不用，敌军正在退却。"

李依旧是泰然自若的样子。就在朗斯特里特的大炮开火时，他转向一位助手说："我发现有些骡子没钉掌。我希望你务必想办法立刻给所有的骡马钉上掌。"[103]这是再正常不过的一句话了，但它有助于解释他对手下具有非凡的影响力，从将军到普通士兵无不如此：他似乎对困扰他们的全部情感，如兴奋、惊恐、忧虑、关切等都完全无动于衷。他具有无与伦比的自控能力，不靠任何意志力，而是自然而然地做到的，这种能力极其罕见。

李将军知道自己冒了极大风险，面对强敌分兵两处，并在紧急关头重新集结起来；而当他眼看着波特的攻势被朗斯特里特部署得当的大炮打垮，他不可能没有意识到一场重大胜利已唾手可得。他本可以放任自己欣喜若狂一番，却注意到了眼前经过的一队骡子有些没钉掌，并且很有礼貌地吩咐手下处理一下。几乎没有哪一时刻能比此时更能体现李的朴实和伟大。

接下来，他向朗斯特里特下达了攻击令，然后"将全军投入了对波普的作战中"。[104]他又发信号给杰克逊，告诉他朗斯特里特正在向前推进，要去"守护他的左翼"，因为这个军团的两翼现在已经以 45° 角对接在一起，告诫杰克逊千万不要向正在穿过浓密的硝烟向他靠拢的朗斯特里特部开枪。李将军的部队现在就像一把铁钳夹住了攻打杰克逊防线的联邦军队，并逼迫他们向公牛溪方向退却。

朗斯特里特当下正以精准而凌厉的攻势抵消他前一天不愿进攻的负面影响。他率领近2.5万士兵齐头并进，越过低矮的山丘，步步逼退敌军。他的炮兵也在急冲向前，寻找一处有利地形布阵并开火。"炮兵会拼命跑向最近的山脊，"莫克斯利·索雷尔将军（General Moxley Sorrel）写道，"发射几发炮弹，直到敌军跑出射程，然后又急速跑向另一道山脊。"105 随着杰克逊开始向前推进，联邦部队的后撤变成了溃败。106 "［联邦军］在混乱中后撤，"李后来报告称，"遭到我们的炮兵重击，［他们］每退一步，我们的炮兵就前进一步。"李补充说，联邦军仍在联盟军阵线右端几处"坚固支撑点"的位置"顽强"作战，但事实证明李采用的战术与他的战略同样有效。这是一场教科书式的战役，一切都按计划展开，唯一的缺憾是结果并不完全如他所愿。

李再也不能待在指挥部了，他骑马去见朗斯特里特，冒着激烈的炮火观战，直到放心不下的朗斯特里特"想到骑马率部穿过一道沟壑，以此方式掩护［李］"。107 李似乎对朗斯特里特关心自己的安危之举流露出了些许不满，他的这种表现有些不同寻常，或许反映出他不喜欢人们刻意保护他。

李不无谦逊地表示过自己的职责就是把部队带到该去的地方，不会在战斗中指指点点，但他在8月30日的表现与这种说法完全相反。他将朗斯特里特部安置在他认定的位置，他亲自勘察过那片高地，然后决定按兵不动，看看波普是否会主动攻击；他命令朗斯特里特分出一个师去左翼支援正在苦战并要求增援的杰克逊，但当他看到朗斯特里特的炮兵击溃了敌军的攻势，他又取消了命令。最终，李选择了由朗斯特里特发起进

451

攻，以及杰克逊向前推进的时机。

朗斯特里特率部前进了将近一英里半，李也随军"穿过死伤枕藉的田野"。[108] 他在联盟军炮兵所属的一门大炮附近停下脚步观察敌情，再次使自己成了一个明显的靶子——他好像已经摆脱了朗斯特里特提供的过度保护。李的小儿子罗比，当时是炮兵队伍里的一名列兵，那门大炮恰好是他负责操作的。罗比记述道——

> 将军在我的大炮边上勒住了"旅行者"，离我也就 15 英尺左右。我走上前……跟他的参谋梅森上尉攀谈，他根本就不认识我……我连续行军了四天四夜，没机会洗脸，也没换过衣服；我的脸上和手上沾满了火药，显得黑黝黝的。……过了一阵，当将军放下望远镜，转向他的助手时，梅森上尉对他说："将军，有人要跟你说话。"
>
> 李看着眼前这个手里拿着一块海绵*、脏兮兮、衣衫褴褛的炮手，说道：
>
> "噢，小伙子，你有什么事吗？"我答道：
>
> "将军，难道您不认识我？"当然，他很快就认出了我，对我这副模样惊奇不已，也很高兴看到我安然无恙。[109]

联盟军两翼现在"逐次向前推进，敌军边打边撤"[110]，所到之处，无论是田野还是树林，联邦军不断反扑而造成的死伤者散落在四处，这种惨况就连见惯了厮杀场面的朗上校都觉于心不忍，感叹说这实在太惨了。联邦军试图在亨利豪斯岭（Henry

---

* 前装式大炮每开一次炮，都要用湿海绵擦拭炮眼，以防止装填弹药时被上一发炮弹遗留的火星或余烬点燃。

House Hill）一带组织抵抗，这里可以俯视公牛溪以及横跨其上的一座重要的大桥。"[在亨利豪斯岭上]展开的战斗一直持续到夜里，李始终无法突破联邦军的防线。"[111] 此时，天下起了大雨，联盟军进击的势头开始减弱，波普也终于决定率军连夜撤离公牛溪，然后炸毁了那座桥。[112] 他在当天上午就考虑过这么做，然后付诸实施，发动了一次反扑，结果导致他损兵折将，伤亡超过了 1 万人，带着残兵败将一路向森特维尔溃逃。"[联邦军]掉队的有数千人"，或许多达 2 万人，他们冒着大雨垂头丧气、步履蹒跚地走向华盛顿，许多人脱离了自己所属的连队并丢弃了武器。林肯最终被说服，哪怕是由麦克莱伦接任，也必须让波普走人。波普被"打败"的消息传来，华盛顿陷入一片恐慌，麦克莱伦的预言应验了，麦克莱伦夫人甚至要他"设法潜入首都［到他们家里］并至少把白银运走"[113]，以防被联盟军士兵掠走，由此可见他们惊慌失措到了何等地步。波普发给哈勒克的急件提出了"假如这支军队被歼灭，你是否觉得华盛顿还很安全"这样一个问题，没有比这更让白宫感到恐慌的了。波普不仅战败，还在一夜之间丧失了他骄傲的自信心。他发给哈勒克的急件中充斥着他对其他高级将领不忠的含糊的指控，以及一些可怕的警告，声称他的大军处于崩溃的边缘，必须进入华盛顿的防御工事里休整，并需要从上至下进行全面重组。波普不信任半岛战役期间在麦克莱伦麾下服役的任何高级军官，比如可怜的波特，其程度与麦克莱伦对他的鄙视不相上下。

在浸满水的田野里，李借着篝火的光亮读着高级军官们发来的战报，他已经意识到自己赢得了一场胜利，而且有可能是自战争开始以来南方取得的最重要的胜利。他在深夜写信给杰斐逊·戴维斯总统，告诉他整个南方都焦急地等待着的消息："这支大军在马纳萨斯平原上取得大捷，打败了麦克莱伦和波普将军的联合部队。"[114] 有意思的是，李把麦克莱伦的名字放

454

16　1862 年 8 月 30 日，第二次马纳萨斯战役
或公牛溪战役

在首位，虽然"年轻的拿破仑"实际上自始至终都驻守在亚历山德里亚，对自己不仅沦为配角，部分兵力还被配属给无能的波普指挥恨得咬牙切齿，他恨透了波普，而且预测他肯定失败。李刻意给予杰克逊和朗斯特里特同等的赞誉 [115]，尽管他肯定已经认清，朗斯特里特于 8 月 29 日屡次拒绝进攻之举导致他与一场决定性胜利失之交臂。在他于 8 月 30 日写信给戴维斯时，大雨已使道路变得泥泞不堪，而公牛溪的水位"迅速上涨，很可能导致这条河无法通行"。由于联邦军过河后损毁了石桥，假如联盟军于 8 月 29 日而不是 30 日取得胜利，就能趁着天气还好时用大半天时间追击联邦军，并有可能阻止它渡过公牛溪进入安全地带。

李实现了"击垮"波普的心愿，但第二次马纳萨斯战役又重蹈莫尔文山的覆辙，他与"歼灭"敌军的良机擦肩而过。北弗吉尼亚军团是一台令人望而生畏的战争机器，但它的兵力不够多，装备也不够精良，无法取得联盟国需要的歼灭战。即便李真能迫使波普向他投降，就像华盛顿迫使康华里在约克敦缴械投降那样，也不能肯定合众国就会正式承认联盟国，因为联邦军队的主力还在其他地区作战。麦克莱伦仍有足够的兵力守卫华盛顿，林肯的总统任期还有两年。不管怎么说，第二次马纳萨斯战役让李再次错过了他想要的那种胜利。

李一直饱受粮草匮乏的困扰。"部队吃饱喝足才能打仗"*，理当如此，但北弗吉尼亚军团的供应线已经被拉得过长，而且联盟国内部组织较差，无法提供充足的物资供应。合众国军队能够得到大量物资并在接近前线的地方建起巨大的仓库，比如杰克逊在马纳萨斯枢纽站烧毁的那个，但北弗吉尼亚军团却被迫不断移动，就近征集补给。部队消耗的粮草数量惊人，这使得军队很难，或者说几乎不可能在原地停留很长时间，或者撤退到曾被它彻底搜刮过的地方。时间和距离这两个概念一直会萦绕在李的脑海里，即使是在赢得了一场胜利的那一刻也不例外，而这场胜利让他确认放弃里士满，横渡拉帕汉诺克河，并在强敌逼近时分兵两处的大胆决定是正确的。李的马车队运送的物资已全部消耗完了；他前方的道路，用朗斯特里特这个现实主义者的话来说，变得"泥泞和湿滑"；全体将士饥肠辘辘，疲惫不堪，并且缺少各种弹药。即便如此，李将军决心再努一把力，设法在波普的主力部队进入华盛顿的安全区之前把它截住。

455

---

* 这句名言被认为出自腓特烈大帝和拿破仑两个人，不过可能性最大的是腓特烈大帝先说了这句话，拿破仑借用了它。

　　8月31日天刚破晓，李和杰克逊身穿"橡胶背带裤和雨披"[116]，冒着下个不停的雨，骑马离开宿营地前往公牛溪对岸，远处的敌军警戒哨开始朝他们开枪，这足以证明联邦军余部仍驻扎在森特维尔一带，据守着联盟军一年前挖掘的堑壕。李将军当即做出决定，让处在左前方的杰克逊先行动，在萨德雷斯普林斯浅滩一带渡河，然后向北迂回，绕过波普军队的右翼，截断他从森特维尔后撤的路线。这实际上是李于8月25日在拉帕汉诺克河实施的战略的重演。朗斯特里特将"待在战场上按兵不动，负责照顾伤员、掩埋死者，直到杰克逊顺利开局"之后再跟上。[117]斯图亚特奉命率骑兵部队渡过公牛溪，进军奥克斯希尔（Ox Hill）和费尔法克斯县治，一方面掩护杰克逊的部队，另一方面吸引波普的注意力——在虚张声势这方面，斯图亚特是一把好手。

　　杰克逊行动起来后，李在一处铁道路堤附近下马，一只胳膊上套着"旅行者"的缰绳，开始与朗斯特里特将军交谈。[118]就在这时，一群在武装警卫看管下的联邦俘虏突然冲过路堤，受到惊吓的"旅行者"扬起了头并"向后跳了"一下，把李一下子带倒在地，扭伤了他的两个手腕并摔断了一只手的一根小骨。人们迅速找来医生，他的两条胳膊都被悬吊起来，使他无法骑马。有那么几天，他只能坐在救护车上与大军随行。且不论由此经受的巨大疼痛，这个意外是"对一名将军耐心的痛苦磨炼"，因为四轮马车"肯定不能去很多他骑着马能去的地方"。[119]

　　时间和天气，再加上他自己受的伤，如今一切都对李不利。朗斯特里特于下午2点跟上了杰克逊，部队冒着倾盆大雨，踏着军乐队奏出的《迪克西》"欢快的"节拍行进。朗斯特里特描述说，全体官兵行进在"一条乡间小路上，在河的南岸就已经够糟糕的了，路况很差……到了河的北岸脚踩在流沙上"。[120]朗斯特里特满腹牢骚，甚至憋着一肚子怨气，说杰克逊"如果是想让追兵弄不清他的行踪的话，就不该让运炮车在烂泥和流沙路上留下那么深的车辙"。[121] 经杰克逊的大军践踏后，这条烂泥路变得更难走了，朗斯特里特的部队在烂泥中深一脚浅一脚地艰难前行，可以想见，李乘坐的救护车比通常情况下更慢、更让人难受。*局限在狭小空间中的李基本上无法看清外面的情形。

第二天上午他接到波普的正式休战请求，以便联邦军队运走战场上的伤员。李在深思熟虑后做出了回应。他将允许联邦救护车穿过联邦的防线，但他不同意停火。像往常一样，李很讲究实用，也很固执。他既不想让已经不堪重负的军医们再照顾数千名联邦伤兵，也不想因为正式休战而影响自己的行动速度。

夜幕降临，朗斯特里特仍未按预定计划横渡公牛溪，而杰克逊那支饥肠辘辘、疲惫不堪、如同落汤鸡一样的部队距离费尔法克斯县治还有很长一段路程。他们选择在利特尔里弗收费公路（Little River Turnpike）边上的普莱森特瓦利（Pleasant Valley）过夜，这里距离杰克逊的目的地还有将近10英里。在这些人中，只有波普行动最快，他已经弃守森特维尔，率领大军北上，与杰克逊拉开了足够长的距离，不可能再被后者切断退路。到了第二天，即9月1日傍晚，杰克逊抵达尚蒂利（Chantilly）宅邸——弗吉尼亚州的豪宅之一。这是斯图亚特家族（与李家通婚成为姻亲）的祖宅，紧挨着李的亲戚弗朗西斯·莱特富特·李（Francis Lightfoot Lee）的庄园。杰克逊认识到抄波普的后路是不可能了，于是决定攻击他的右翼。这次攻击并不成功。就在部队前去迎敌之际，一场百年

457

---

　　* 当时的大部分"救护车"都没有车窗，基本上就是一个门开在后部的大盒子，两个后轮安置在弹簧上，两个前轮则装在横向弹簧拉杆上，这种结构在崎岖不平的道路上会引起更明显的左右摇摆。

不遇的大雷雨"砸在人们脸上"[122]，同时遭到联邦军的顽强抵抗。枪炮声和雷声混在一起，震耳欲聋，直到天黑后才平静下来。朗斯特里特率军赶到时天已经黑了，他评论说联邦军"展开了一次疯狂的进攻，被击退的联盟军阵形有些混乱"。[123]造成这种局面的原因可能是李不在场。他乘坐的救护车行动太慢，没能让他及时到场指挥战斗。他到达后把指挥部设在了一间农舍里，可以看出他很累，并忍受着伤痛。朗斯特里特骑马赶到时，"战火已经熄灭，暴风雨也渐渐停了"。[124]他对杰克逊说他的士兵"今天好像表现得"比较差，一路上看到不少掉队的，杰克逊听了这话很不高兴，特别是对朗斯特里特姗姗来迟，仗都打完了才露面极为不满。杰克逊直率地回敬道："是不好，不过我希望明天早晨能打一场胜仗。"

他的希望落空了。南方人熟知的奥克斯希尔战役（或北方人口中的尚蒂利战役）并没有迟滞波普大军安全撤至华盛顿的步伐，反而让李又付出了 1300 人的伤亡。尽管斯图亚特率骑兵一路袭扰后撤的联邦军，最远几乎到了波托马克河边，但歼灭波普大军的希望彻底破灭了。

联邦军在这场战役中的伤亡者之一是曾与李一起在墨西哥服役的陆军少将菲利普·卡尼（Major General Philip Kearny）。[125]他骑着马在雷鸣电闪的夜里无意中闯入了南军阵线，等他发现自己走错路时已经太晚了。他双腿"夹紧马肚子，策马狂奔，宁愿冒着被枪弹击中的危险，也不愿屈辱地投降"。卡尼是一位优秀的军人，曾在索尔费里诺战役（Battle of Solferino）①中与法国军队一起冲锋陷阵，后来成为第一个

---

① 奥意法战争中最后一次战役，发生于 1859 年 6 月 24 日。拿破仑三世率领的法国军队和维托里奥·埃马努埃莱二世率领的皮埃蒙特—撒丁王国军队组成了法国—撒丁王国联军与奥地利帝国开战，并最终获胜。

被授予荣誉军团勋章 * 的美国人。他本是一个富翁，但选择了
职业军人的生涯，后来因为婚外情闹得沸沸扬扬，与妻子离了
婚并被迫辞职。

尽管卡尼有丑闻缠身，但李可能只会记得他在丘鲁武斯
科战役中的英勇表现，并钦佩他在生命中最后时刻展现出的勇
气。他特意抽时间给波普写了一封言辞恳切的便条：

1862 年 9 月 2 日

美国陆军约翰·波普少将，

阁下，——昨晚在野外带回菲利普·卡尼将军，据报
他已然去世。我方将举着休战旗送还其遗体，以为如此可
使其家人得以宽慰。

谨启
R.E. 李将军

有时李的言行举止显得与战争的残酷格格不入：郑重其
事、彬彬有礼、有尊严并体贴。无论李多么仇恨波普，他仍然
亲自出面，确保卡尼将军的遗体"准备好安葬"126，并以适当
的仪式和敬意送至联邦军阵线。

尽管李将军的胜利在里士满引起了一片欢呼，但他也清
醒地意识到随之而来的困难。他在马纳萨斯大平原上抓获了
7000 多名战俘，以及"落入我们手上的大约 2000 名联邦军伤

---

* 在阿灵顿公墓（在罗伯特·E.李夫妇曾拥有的土地上），有两个军人的墓地放
置了骑马的雕像，他是其中之一；另一位是陆军元帅约翰·迪尔爵士（Sir John
Dill），前帝国总参谋长和在华盛顿的参谋长联席会议上的英国高级军事代表
（1941~1944 年）。

兵"。[127] 此外，他还缴获了"30门大炮［和］2 万多支枪"。

种种这些都导致不幸的波普向哈勒克将军诉苦："若不采取措施恢－复［原文如此］这支军队的士气，它很快就会消亡。"[128] 但李根本没有足够的兵力攻打华盛顿，自渡过拉帕汉诺克河至到达波托马克河，他已损失将近 1 万人，也筹集不到足够的军需物资进行长期围城战。多年之后，当有人问他为什么没有长驱直入地追击波普时，李只是简单地答道："我的人那时饿着肚子。"[129] 他们或许是一支胜利之师，但实际上被困于泥泞不堪的战场上，已经连续 3 天没吃上饭。[130] 李不可能要求这些饿着肚子的官兵向兵力配备充足的防御工事发动进攻。他的部队必须动起来，不然就会灭亡。

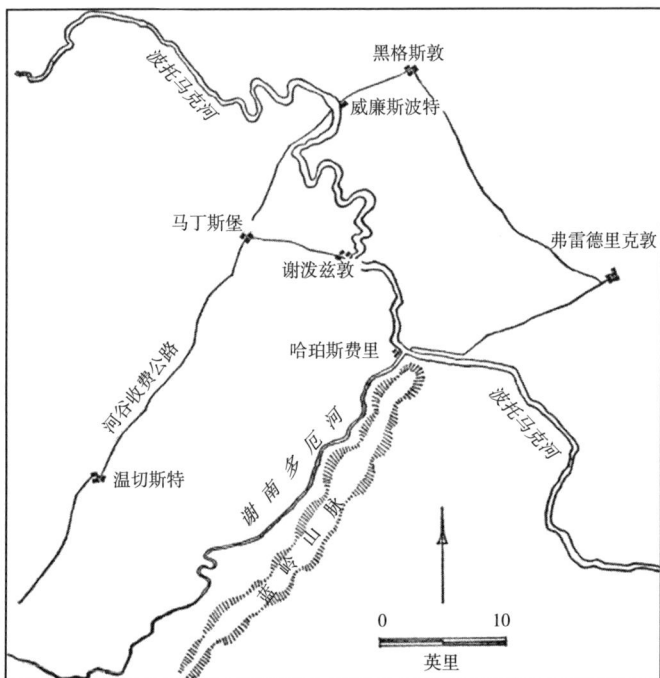

17　李进军马里兰州的路线

　　他不能后退——胜利之师不能撤退，何况他的部队早已搜 460
遍了马纳萨斯和拉帕汉诺克河之间的角角落落，不可能找得到
更多给养了；他也不想给弗吉尼亚的同胞们增加提供给养的负
担，在两支大军过后，他们到现在也所剩无几了。眼下他也想
不出更好的选择，唯一现实的出路就是横渡波托马克河，北上
进入马里兰州或宾夕法尼亚州富饶的乡村地区，在那里他可以
从虎口夺食，让自己的部队吃饱喝足。马里兰州具备许多战略
优势——它属于"敌境"，这没有疑问，但其居民中有很多都
同情南方的事业，他甚至有可能在那里征募到兵员。[131]

　　如往常一样，李很快就下定了决心。奥克斯希尔战役结束
仅两天后，李致信戴维斯总统："自战争开始以来，当前似乎
是联盟国军队开进马里兰州的最佳时机。"[132]李还说，落实这
个计划的风险在于，他的部队"装备水平不适于入侵行动……
运输能力弱……士兵们……当中有数以千计人没有鞋穿"。[133]
他并没有干等着戴维斯回信。9 月 4 日，他下令部队开拔，"在
利斯堡（Leesburg）附近"横渡波托马克河进入马里兰州。[134]
截至 9 月 7 日，他已有大约 6.5 万人到了波托马克河北岸，并
向马里兰州的弗雷德里克进发，斯图亚特的骑兵则继续向东，
在爱德华斯费里（Edward's Ferry）附近过河，随后向纽马基
特方向展开，护卫李的右翼。李本人渡河时，乐队演奏着《马
里兰，我的马里兰》（*Maryland, My Maryland*），后来证明
这并不恰当。这样一个重大军事行动的决策之快，或实施之快
极其罕见。他的部队似乎一度到达华盛顿南边，距离白宫仅 15
英里；接着他们转向东北方向，同时对华盛顿和巴尔的摩构成
威胁。这是一个大胆的举动，也许是李戎马生涯中一次最大胆
的行动。

　　他的老对手波普将军已被发配到远离活动中心的明尼苏达
州，去攻打发动叛乱的印第安人，接替他的则是麦克莱伦将军。

林肯总统原本有意让伯恩赛德将军接任，但后者认为自己不堪重任，拒绝了总统的任命。麦克莱伦得不到总统的青睐，但深得军队的信任。凭借在组织和后勤方面惯有的才能，他迅速把一群战败的、怨声四起的穿制服的暴徒变成了一台高效的战斗机器。即便如此，他仍然要面对林肯的疑虑，以及大部分内阁成员毫不掩饰的敌意，他们全都怀疑在麦克莱伦重振这支部队之后是否能指望他正确使用它，有人甚至担心他会借此发动军事政变，并强行和谈，与南方达成某种交易。麦克莱伦在接受任命前犹豫了一番，这也是他的典型表现。林肯总统和哈勒克将军只好于9月5日清晨"未经通知"登门拜访麦克莱伦，并花了两个小时劝他接受这项任命。[135] 即使在那时，他仍然设法给林肯添堵，让从华盛顿开拔的第一批部队列队经过他的住宅，为他欢呼，而不是经过白宫。[136]

麦克莱伦此次做法与以往不同，他开始积极求战，而李则开始设法避战。李目前更关心如何养活他的军队，恢复部队的战斗力，以及如何充分利用移师马里兰而得到政治和战略优势。只要他屯兵华盛顿以北，联邦军就不会考虑再度进军里士满——联盟国政府也能因此获得喘息之机，而联邦军队就会部署重兵防守华盛顿、巴尔的摩和宾夕法尼亚州。李将军甚至在憧憬着自己军队的到来会激发马里兰州人追随联盟国的热情，毕竟马里兰州在1861年选择留在合众国的原因是林肯炫耀武力。李发表了一份慷慨激昂的宣言，试图把入侵马里兰描绘成对马里兰州人民想要"享有自由人不可剥夺的权利，并恢复你们州的独立和主权"的"意愿"的回应。马里兰人对此无动于衷，也没有表现出任何反抗合众国的迹象，没有大量加入联盟国军队，也没有出售粮草换来联盟国货币等。

在发表宣言的同一天，李还做出了影响里士满政界的罕见举动。他写了封信给杰斐逊·戴维斯，敦促他以进军马里兰州为契机，向合众国发出和平倡议。"此时此刻来自我方的倡议肯定不会被视为我们对和平的请求，"李将军写道，"而是在我们有能力给我们的敌手造成伤害的时候提出的建议，这将明确无误地向世界表明，我们追求的唯一目标是获取我们独立自主的地位以及达成体面的和平。"[137]

462

后来的事态发展表明，李将连犯多个战略错误，这些错误会严重损害他以实力为后盾展开和谈的设想，但这可以说是他就自己的战略意图做出的最明确的表态。他希望在解除了里士满的后顾之忧后，就把战场转移至弗吉尼亚以外的北部，并将战场上的胜利与强有力的外交手段相结合，打赌北方民众很快就会对在自己的土地上展开势必人财损失巨大的战争感到厌倦。第二次马纳萨斯战役的胜利或许冲昏了他的头脑。他或许低估了林肯的决心，或北方民众在听说南方军队已进入马里兰州后所表现出的群情激愤的程度。当然，他不可能猜得到麦克莱伦会取代笨拙的败军之将波普而成为他的对手，更没有想到曾在半岛上面对他的攻势步步后撤的麦克莱伦，如今突然在最后一刻挺起了腰杆。麦克莱伦仍一如既往地对总统和战争部长怀有敌意，但他奉召收拾波普留下的残局，重新执掌波托马克军团一事，增强了他的信心并强化了他一贯认为正确的信念。他不再自怨自艾，不再考虑是否该将家里的银子转移至可以让人放心的纽约市。

"麦克莱伦得到了军队的拥戴"[138]，林肯无可奈何地哀叹道，他说得没错。执掌军团指挥权不仅使麦克莱伦本人精神焕发，还对他统帅的部队产生了更重大的影响。麦克莱伦极其重视军容军纪，这两点在重振全体官兵的尊严和自尊方面意义重大，他还深知改善伙食和卫生条件的重要性。当他检阅波托马克军团时，他骑着那匹名叫丹尼尔·韦伯斯特（Daniel

Webster）的黑骟毛大马从部队面前慢步经过，只见他身着军礼服，系着金色饰带和闪闪发光、黄蓝相间的刺绣剑带，所到之处，官兵们热烈地欢呼，纷纷摘下军帽抛向空中，相互叫喊着"小麦克回来啦！""我再次应召去拯救我们的家园"[139]，他在给埃伦的信中这样写道，明显可以看出，他又恢复了往日的自尊和自得。他的偏执倾向和对政客的蔑视丝毫未减，但此时他极力加以掩饰。"联盟军移师北上之举使得［麦克莱伦］自己不再可能局限于首都的防御"，似乎无所不在的巴黎伯爵敏锐地指出，"而是被迫发动一次攻势"。[140] 事实上，麦克莱伦清楚地认识到，他重掌军权能否长久取决于一件事，而且仅有这一件事：迅速战胜罗伯特·E.李。

对李来说，如果他真的以为宣言发布后就会出现马里兰人纷纷加入联盟国军队的盛大场面，那么他一定会深感失望。他的部队的现状也令人担心。[141] 经过一个多月的持续作战和行军，官兵们都已筋疲力尽，许多人光着脚，大多数人明显消瘦，他们的制服破烂不堪，马匹跟士兵们一样饥肠辘辘。一位旁观者记得他们是"我见过的最脏的一群人，一群衣衫褴褛、瘦骨嶙峋的饿狼"。的确，他们的状况如此悲惨，那些强烈支持联盟国的马里兰人都深感震惊和沮丧。更严重的是，掉队人数太多，李不得不专门向里士满请求派一个"特别军事法庭"和一支实力可观的"军中法务官纠察队"（相当于 19 世纪开始出现的宪兵）来围捕他们。[142] 对赤脚的人来说，在马里兰州的砖石道路上行军比在南方土路上要困难得多，许多人觉得他们参军是为了保卫南方，而不是入侵北方。逃兵日益增多。李派他的助手朗上校回温切斯特去解决这个问题，顺便劝戴维斯总统不要前往马里兰州与李会面。

他肩负的第二个任务尤其重要，因为李已决定率军离开弗雷德里克，开赴西北方向的黑格斯敦（Hagerstown），那里距

约翰·布朗

罗伯特·E. 李上校

李的导师，温菲尔德·斯科特将军

李的出生地——斯特拉特福庄园

阿灵顿公馆

李在弗吉尼亚里士满东富兰克林街租住的707 号房屋

弗吉尼亚列克星敦华盛顿学院校长宅邸

玛丽·卡斯蒂斯·李

埃莉诺·阿格尼丝·李

**玛丽·卡斯蒂斯·李
和女儿们**

玛丽·安妮·卡斯
蒂斯·李和小罗伯
特·E.李

安·卡特·李

米尔德丽德·蔡尔德·李

罗伯特·E. 李

威廉·亨利·菲茨休·李

**罗伯特·E. 李
和儿子们**

乔治·华盛顿·卡斯蒂斯·李

小罗伯特·E. 李

—THREE HEROES—

联盟国"三雄"：杰克逊、李、斯图亚特

联盟国总统杰弗逊·戴维斯

李在弗雷德里克斯堡察看战况

钱斯勒斯维尔

钱斯勒斯维尔战役大
捷后官兵们向李欢呼

晚年的弗里曼特尔中校

朗斯特里特将军手下的侦察员亨利·托马斯·哈里森（他于 1863 年 6 月 28 日夜里带来米德将军正进军葛底斯堡的消息）

J.E.B. 斯图亚特

罗伯特·E. 李
及其北弗吉尼亚
军团重要将领

詹姆斯·A. 朗斯特里

A.P. 希尔

罗伯特·E. 李

约翰·贝尔·胡

T.J. "石墙" 杰克逊

理查德·S. 尤厄

1862 年，夏普斯堡"血污之径"中联盟军阵亡者

1864 年，舍曼进军亚特兰大

李在投降后骑着"旅行者"离开弗吉尼亚阿波马托克斯县治麦克莱恩家，助手马歇尔上校紧随其后

李投降后不久在里士满，
马修·布雷迪拍摄的照片

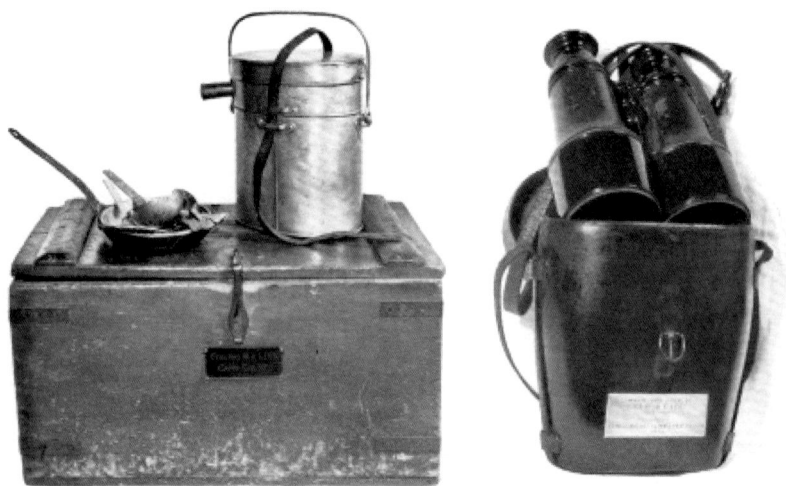

李的餐具和野外望远镜

李骑着"旅行者"的标志性照片

老年时期的李夫人   去世前不久的李

罗伯特·E.李的仰卧雕像，安置于弗吉尼亚列克星敦华盛顿与李大学李教堂中（创作者爱德华·瓦伦丁）

宾夕法尼亚边境不足 5 英里，他们已经把当地能提供的粮食消耗殆尽了。这意味着他与里士满之间的交通线被切断，转而继续西进。粮食和弹药将穿过谢南多厄河谷经温切斯特和马丁斯堡到达他手中。诚然，经库尔佩珀的补给线易于遭受"来自华盛顿方向"的袭击[143]，但将它移向谢南多厄河谷，除了线路延长，危险并不会减少。马丁斯堡和哈珀斯费里都掌握在联邦军的手里，李新建立的补给线不仅会受到来自那两地的联邦军袭扰，甚至有可能被彻底切断。在别无选择的情况下，他选定了谢南多厄河谷，尽管这意味着他必须夺取马丁斯堡和哈珀斯费里。这是一个灾难性的决定，因为他将被迫分兵两处。朗斯特里特通常会替李的错误决策背黑锅，他反对分兵，而这次他是对的。

李可能是在赌麦克莱伦恶习不改，仍坚持万事俱备之后才会行动*，而且即便如此也会格外小心谨慎。果真如此的话，这也是个错误。这次不同了，麦克莱伦好像认识到他的事业和在公众中的声誉有赖于他采取迅速而积极的行动。他或许为自己在波普蒙羞后有幸重掌军团指挥权而感动，或许是北方媒体敦促他实施军事独裁（比如斯蒂芬·W. 西尔斯在其所著麦克莱伦的传记中，就曾引述《纽约先驱报》要他"成为美版克伦威尔"的呼吁，麦克莱伦似乎根本就不适合充当这一角色），或参与 1864 年的总统竞选，或两者兼有的呼应，但无论出于何种理由，与半岛上相比，他在此时此地的行动极其果断，只不过他仍然保留着高估敌人实力的老毛病。他现在相信李至少拥兵 12 万，是朗上校给出的数字的两倍，而且还要剔除渡过拉帕汉诺克河之后，这支部队日益增加、数量不菲的掉队者和逃兵。李时刻牢记着他与

---

* 就像 1870 年的勒伯夫将军一样，麦克莱伦也为自己拥有"连绑腿都要一丝不苟地打好"的一支军队而自豪。

麦克莱伦之间实力的差距——弗里曼认为李在马里兰的兵力不超过 5.3 万 *人，而麦克莱伦则拥兵 8.4 人，另有防守华盛顿的 7.5 万人。[144]

李希望在穿过谢南多厄河谷的新补给线确认安全后，前往宾夕法尼亚州哈里斯堡以西 71 英里处宾夕法尼亚铁路的萨斯奎汉纳桥（Susquehanna bridge），并切断东部"与西部隔绝"[145]，从而"确保他的对手无法得到来自西部的援军"并使自己能够直捣费城、巴尔的摩或华盛顿，为南方赢得一次结束战争的决定性胜利。

这是第一次但不是最后一次哈里斯堡在李的战略中发挥重要作用[146]，但这个希望有些渺茫，而且还要假设李在马里兰州和宾夕法尼亚州能够自由机动，无须与敌交战。麦克莱伦固然是"一个深思熟虑的对手"，但也并非逊于行动。另外，71 英里的行军距离本来就够远的了，对于一支筋疲力尽、饥饿难耐的大军来说更是难上加难，何况麦克莱伦没理由无法从北部得到援兵，或者在必要时调集一部分华盛顿的守军，而不是一味依赖西部的援军。按照李兵员折损的速度，他是否还有足够的兵力夺取，甚至更重要的是守住北方的一座大城市？

无论如何，这些乐观预设，充其量也仅仅是美好的愿望，这在众多南方人对这场战争的描述中并不少见，但只有当李在战场上彻底打败麦克莱伦之后才能算数，而做到这一点的唯一途径就是他能迅速集中力量，趁着联邦军队仍在华盛顿与弗雷德里克之间的公路上拉长队伍时予以重击。

---

* 这将使李将军的军中掉队和逃跑的人数达到 7000 人左右，这个数字表明情势极其危急。在条件允许的情况下，他们会被围捕并拘押在温切斯特，等待返回部队，但与此同时，李的部队兵力严重不足。

在 9 月 9 日那天或前后，李派人叫来了杰克逊。他俩在李的帐篷中拉下门帘密谈，主要是李解释他制订的计划。杰克逊当然是攻打哈珀斯费里的最佳人选：他十分熟悉这个地方，而且没有哪位南军或北军的将军能像他行动时那么神速。突然，李听到朗斯特里特洪亮的嗓音在帐篷外响起，李掀开门帘请他进了帐篷。[147] 作为李的两员大将之一，朗斯特里特看到主帅正与杰克逊"关门"密商战略，心情不可能愉快。[148] 朗斯特里特透着一丝不悦记述道，帐篷的门帘不仅是拉下，而且是"紧系着"的。当他得知他们讨论的议题后，他更不高兴了——这正是朗斯特里特所反对的，他甚至在李渡过波托马克河之前就一直劝阻李不要这么做。

李与两个主要下属的关系在一定程度上反映了他的性格。显然，他高度信任杰克逊，后者具有和李同样虔诚的宗教信仰——在现实生活中更是谨遵教规，克服困难和保持部队行动力的能力首屈一指，而且总是毫无异议、毫不犹豫地服从李的命令。然而他对朗斯特里特又表现出格外的关爱和尊重。朗斯特里特性格倔强、固执，不仅会与李争吵，而且不依不饶，一定要争个高低。冷溪近卫团的弗里曼特尔中校，这个紧随李的指挥部、为人精明且无所不在的英国观察员后来说："[李]和朗斯特里特的关系让人感动不已——他们几乎总是在一起。……没有比赞美李更能取悦朗斯特里特的做法了。"[149] 南方的史学家们常以截然不同的笔调描述这两人的关系，但弗里曼特尔与他俩的关系都很密切，而且也不傻。从维多利亚女王时代一位用词精炼的英国军官嘴里吐出的"感动"一词，不仅证明了他内心怀有的敬意，也流露出一定程度上的真实友情。无论朗斯特里特多么"恼怒"或者多疑，李总是会满怀敬意和某种程度的情意听他说完，哪怕他已暗下决心，不会听从这位"老战友"的建议。

466

467

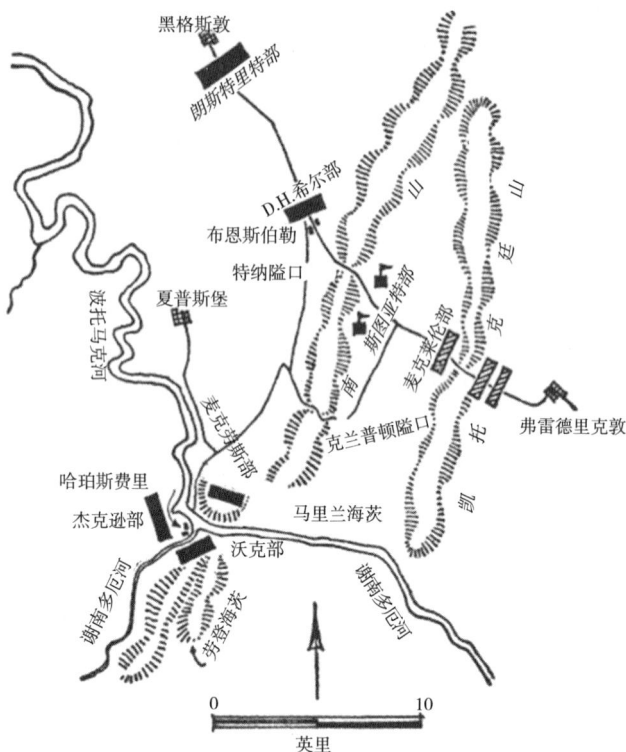

18　进军夏普斯堡

　　朗斯特里特并不是唯一对此感到沮丧的将领。夺取哈珀斯费里未必很难——它在战时曾屡次易手——但在攻打它时必须三面同时出击，以防止1.2万名守军逃走。李召见其中一路的指挥官来帐篷听他分派任务。陆军准将约翰·G.沃克（Brigadier General John G. Walker）听后一定是满脸惊异，因为李说道（根据弗里曼的记述）："你肯定觉得让麦克莱伦盯着我的补给线并挺进敌境的中心地带危险重重吧？"

　　沃克不得不承认这正是他所担心的。

　　"你了解麦克莱伦将军吗？"李问道，"他是个能干的将军，但做事谨小慎微。他自己阵营里的政敌认为他行事过于谨慎。……［他］不会准备进攻，或者他还不想进攻，要等三四个星期之后再说。在他动手之前，我希望能进军萨斯奎汉纳河。"[150]

468

李没有忘记他要摧毁巴尔的摩—俄亥俄铁路桥的意图。他要求杰克逊在赶赴哈珀斯费里的途中顺便完成这个任务，同时摧毁切萨皮克和俄亥俄州运河跨越莫诺卡西河的石头渡槽，并尽可能多地拆除巴尔的摩—俄亥俄铁路的铁轨。在这些行动实施期间，其余部队将继续向黑格斯敦前进，并在那里与杰克逊部会合，全军集结后将向宾夕法尼亚进发。所有这些都在李于1862 年 9 月 9 日发布的最著名命令之一"第 191 号特别命令"中得到了清楚而详细的阐述。这条命令的全文值得一读，因为它反驳了有时有人提出的观点，即李的命令表述不清，或者他的助手传达得不准确。事实上，它或许可被当作军令范本[151]，帮助人们掌握起草命令的技巧。但之后发生的一系列变故使它失去了应有的价值。事实上，D.H. 希尔少将收到了两份命令，多出的那份被他一个助手用来"卷起了 3 支雪茄"并放在了一个公文袋里妥善保管。李的命令不小心被丢在了弗雷德里克附近"一个废弃的联盟军营地"[152]，然后，在这个命令下达 4 天后，它落入麦克莱伦的手里，无比惊讶的麦克莱伦便掌握了李作战计划的所有细节。

北弗吉尼亚军团指挥部，
1862 年 9 月 9 日。
第 191 号特别命令。

1. 弗雷德里克敦（Fredericktown）的居民面对蜂拥而至的我军人员，不愿提供部队所需补给。为安抚镇民，本军全体官兵不得进入弗雷德里克敦，如因公进镇，则需携带师级指挥官出具之书面证明。驻守在弗雷德里克敦的军中法务官将确保此令得以严格执行。

2. 泰勒少校将前往弗吉尼亚州利斯堡，为伤病员及不能行走者安排去往温切斯特的交通工具，并确保其途中安全。

469

此地与山脉以东之库尔佩珀县治之路径存在危险，不宜通行。准备与本军已过河部队会合之各单位要即刻出发；所有其余人员将在军官带领下共同前往温切斯特，此地当前为本军集结点，各部到达后将由负责部队后续行动之总司令告知行动计划及注意事项。

3. 本军将于明晨再次启程，沿黑格斯敦路前行。杰克逊将军所部为先头部队，在他挑选的部分兵力通过米德尔敦（Middletown）之后，该部分兵力将脱离大部队奔赴夏普斯堡，在最方便处渡过波托马克河，并于周五上午占领巴尔的摩—俄亥俄铁路，俘获马丁斯堡任何敌军，同时阻击自哈珀斯费里逃出之敌。

4. 朗斯特里特将军所部将沿大路行至布恩斯伯勒（Boonsborough），与预备队、物资及行李车一起在此驻留。

5. 麦克劳斯将军之师和R.H.安德森将军之师与朗斯特里特将军一起行动。在到达米德尔敦后，他将前往哈珀斯费里，并于周五上午进驻马里兰海茨（Maryland Heights）并清剿哈珀斯费里及其周边之敌。

6. 沃克将军之师在完成当前任务后，将在奇克浅滩处过波托马克河，沿右侧河岸上溯至拉维特斯维尔（Lovettsville），如可行，则于周五上午占领劳登海茨（Loudon Heights）、他左侧的基斯浅滩（Key's Ford），以及他右手边从山脚下到波托马克河之间的道路。他将在条件允许的情况下，与麦克劳斯及杰克逊将军共同阻击撤退之敌。

7.D.H.希尔将军所率之师将充当本军后卫，沿主力所经大路前行。炮兵预备队、军火与物资供应车队将先于希尔将军出发。

8.斯图亚特将军将分出一个骑兵队与朗斯特里特、杰克逊和麦克劳斯等部一同行进，骑兵主力则沿途守护行进中的全军，同时收容掉队者。

9.杰克逊、麦克劳斯及沃克将军各部在脱离主力部队并完成各自的任务后，将在布恩斯伯勒或黑格斯敦重新与主力部队会合。

10.行进中的每个团都将依例把斧头装在各团军械车上，供扎营时士兵们用以获取木材等。

奉 R.E. 李将军之命
助理副官 R.H. 奇尔顿代发

李的第 191 号令竟然因为粗心大意而落入麦克莱伦之手，这实在令人匪夷所思，殊不知这还不是整件事的意义的全部。这道命令假定麦克莱伦几乎处于不可思议的昏睡状态中，并且违反了战争第一法则，即集中优势兵力攻击敌人。李将军先把自己的军队分成三大"纵队"，并把杰克逊的部队进一步拆分为三个独立纵队，而且其中任何一个纵队都无法在必要时支援其他纵队。很难想象在敌境内作战的哪一支军队会处于比它更危险的境地：现存的一条交通线不一定靠得住，另一条尚未得到保障，而追击它的军队在兵力、装备以及大炮的数量和质量上都占有明显的优势。

在描述李的决定时，军事历史学家 J.F.C. 富勒少将突然变得异常恼怒，直斥他的做法属于"自杀式兵力分散"之举，并补充说："李蔑视敌人，浑然不觉兵分两路、各奔东西的两支部队将要面临的危险，而且他还是在面对兵力两倍于己的敌军时选择了这种做法！"[153] 值得注意的是，富勒并不是一个轻易使用感叹号的作家。从一开始就反对这个计划的朗斯特里特，后来提及此事时更克制一些，"这场战役的最大错误是李分兵多处"，这让人很难不认同。命令丢失是个意外，李不应对这种疏忽承担责任，它充其量是战争中潜藏的无数风险之一，但兵分多路完全是他的错误，属于对当时局势的致命误判。

471　　富勒将军关于"李蔑视敌人"的断言肯定不是李决策的理由。他为人谦和，彬彬有礼，不会对任何人心怀或表现出鄙视，而波普将军例外，原因是他下令威胁说要对其控制区内联盟国同情者予以惩罚。李肯定不会鄙视麦克莱伦，战后他还评价说麦克莱伦是他对阵过的最优秀的合众国将军，同时也不会鄙视他曾服役多年的那支军队中的战士们。最大的可能是他被最近连续取得的成功冲昏了头脑。他开始依赖联盟国军队面对数倍于己的强敌所表现出来的韧性和勇气，还有他们在忍饥挨饿、缺少靴子和像样的军服以及日复一日的漫长而残酷的行军中求生的耐性。以李将军极度谦逊的秉性，他不会对自己的统率能力过于自信，但他过高估计了自己军队的能力，这是非常危险的，而且经常会导致草率的决定。更重要的是，这种情绪是会传染的——杰克逊和许多其他南方将领都以李将军为榜样，于是有些人不可避免地产生了一种错觉，认为即使他们犯了错误，他们的部队也会设法予以纠正。通常情况下，他们的部队的确这样做了，但即使最英勇善战的部队也不可能总是克服将军的严重错误。在涉及联盟国军队能做什么和不能做什么方面，朗斯特里特的常识通常会阻止李过于冒险的计划，但在这次，以及在葛底斯堡战役期间，它没能阻止李冒险计划的实施。

9月11日，他俩抵达黑格斯敦[154]，在经由南山（South Mountain）的特纳隘口（Turner's Gap）行进途中，李给部队树立了一个在敌境行事的榜样，"当他穿城而过时"，向一位高唱《星条旗永不落》的女士脱帽致意。*

尽管李的举止彬彬有礼，但黑格斯敦的好市民与弗雷德里克的市民一样，都不愿意为联盟国军队提供给养（卖东西时也不愿意接受联盟国货币）。此时，李还没收到杰克逊发来的有关哈珀斯费里是否被攻占的讯息；另外，斯图亚特派出的骑兵侦察队带回了不好的消息，联邦军队大队人马正在逼近弗雷德里克市，兵力多达9万人。这是李最不希望发生的事情——他曾坚信麦克莱伦会行动迟缓，谨小慎微，但没想到此刻他行动如此迅速，事实上是在紧追不放，距特纳隘口不超过10英里。相比之下，守卫隘口的D.H.希尔师和斯图亚特的骑兵部队兵力明显不足。李的分兵决定至此已显现出凶险的后果。如果麦克莱伦抵达特纳隘口以南数英里的克兰普顿隘口（Crampton's Gap），他就能阻断杰克逊的后路，使他目前驻守哈珀斯费里的3个纵队无法与李的其余部队重新会合。

仅仅一夜之间，李的处境就发生了彻底转变，原本要全面进军宾夕法尼亚，开辟一条途经马丁斯堡和哈珀斯费里的全新补给线，现在却要应付背后的追兵，也没有任何可以利用的交通线。李将军现在恐怕要认真考虑将他四散的部队调转方向原路返回的可能性了。

472

---

* 这个故事惊人地酷似一则著名的但很可能是虚构的逸事，即"石墙"杰克逊与芭芭拉·弗里奇在马里兰州弗雷德里克相遇。约翰·格林利夫·惠蒂尔（John Greenleaf Whittier）从中得到灵感，创作了曾被所有美国小学生（以及许多英格兰小学生）背诵的一首诗——"'如果不得已，就朝这个花白头发的人开枪／但要放过你们的国旗！'她说道。"1943年，温斯顿·丘吉尔拜访弗雷德里克时，找到了芭芭拉·弗里奇的家，上楼，打开那扇著名的窗户，向着街上聚集的人群背诵了整首诗。

当此危难之际，李和朗斯特里特各持己见。[155] 9 月 13 日夜里，朗斯特里特奉命进了李的帐篷，"看到他正在看地图"。李简明扼要地解释了当前局势，然后征求朗斯特里特的意见。朗斯特里特提议自己的部队与 D.H. 希尔的师一道在流经夏普斯堡的安提耶坦溪后布阵，同时以此为全军集结之地。朗斯特里特在其回忆录中记述称，李仍"沉迷于麦克莱伦不能认真做事"的幻想中，要求朗斯特里特第二天早晨率军前去与 D.H. 希尔会合，共同防守特纳隘口。鉴于时间已晚，朗斯特里特认为他的人恐怕来不及准备，未必能在黎明时分出发，况且即便能及时赶到特纳隘口，疲乏至极的部队也无法立即有效投入战斗。李礼貌地拒绝了他的建议，并命令朗斯特里特出发，但朗斯特里特因"心绪不安"而无法入眠，于是起床，"点上了一盏灯"，坐下来给李写信，再次敦促他在夏普斯堡集结部队。李对此信置之不理，保持计划不变。

473 　　在朗斯特里特想来，这已不仅是战术上的分歧了，而且是事关更高层次的战略。假如李能在特纳隘口围攻并击溃敌军，他就能继续向西北方向的钱伯斯堡、卡莱尔（Carlisle）和哈里斯堡进军。假如李听从朗斯特里特的建议，在夏普斯堡集结部队，他就只能向南，也就是向波托马克河方向推进，并有可能在这一带陷入麦克莱伦大军的包围圈，或者他甚至不得不渡过波托马克河返回弗吉尼亚——这正是李极力想要避免的结局。听从朗斯特里特的建议就意味着结束向北方的入侵，同时也将终结威胁一个或多个大城市，促使双方以有利于联盟国的条件展开和谈的任何机会。李心怀一个比朗斯特里特所想的更宏大、更光明的愿景，并且相信它触手可及。

　　李可能已在憧憬着他麾下一身灰色军服的大军，排着长长的队伍，战旗迎风招展，他们夺取哈里斯堡之后长驱直入，进军巴尔的摩或华盛顿，但当朗斯特里特看着地图时，他想到的是一个更稳妥的方案，在夏普斯堡集结部队，占据李选定的有利地形诱使麦克莱伦前来攻打。

无论李心存何种希望，此时此刻，他有一半部队远在20英里以外的哈珀斯费里附近，而且李对那支部队的命运如何仍是一无所知。[156] 当然，他也万万猜不到麦克莱伦已经读过了他于9月9日下达的命令。在9月14日上午的"白天"[157]，李和朗斯特里特上马奔赴南山，此时此刻，冯·克劳塞维茨的"战争迷雾"可以说是空前浓重。这或许是李受伤后第一次骑上"旅行者"出行。*他们还没走出多远就收到了D.H.希尔送来的"急件"，说他急需增援。从清晨开始，他就一直坚守着特纳隘口，阻击庞大的联邦军队不断发起的攻势，以两个旅的兵力对抗联邦军的8个旅。朗斯特里特急忙派出他手下人员不足的4个旅驰援希尔。他无比敬重李，因此不会说出"我早就告诉过你会这样"之类的话，但多年之后，当他写回忆录时，心里肯定是这么想的。至于李，那天上午10点时，他得知麦克莱伦拿到了第191号命令的副本。当麦克莱伦与部下在指挥部里讨论那份命令时，一个联盟国同情者正好在场。李恍然大悟，难怪麦克莱伦这次行动快得出人意料。针对这种情况，李将手下所有的旅全部调往特纳隘口，那里的战斗从正午到晚上一直未曾停歇且越来越激烈，好在联邦军的指挥官伯恩赛德少将比较谨慎，没有发动更猛烈的攻势。考虑到麦克莱伦相信李在南山的另一侧屯兵至少12万，他的表现也就不奇怪了。

南山战役导致双方伤亡近2000人，到当天结束时，李看

474

---

* 道格拉斯·索撒尔·弗里曼认为，这是李在第二次马纳萨斯战役中双手受伤后（《罗伯特·E.李》第2卷，第369页）首次骑他的"旅行者"。但根据李于9月11日进入黑格斯敦的相关记载，当他举起帽子向高唱《星条旗永不落》的女士致意时，似乎暗示着他那时已经骑上了马。然而，当时可能有人牵着"旅行者"的缰绳步行，因为李的手还不能拿起缰绳。

到形势已很明朗，联邦军将于早晨再度发起攻击，而他无法守住特纳隘口，或者说守不住南山中的任何隘口，而且有可能失去拉法耶特·麦克劳斯少将（Major General Lafayette McLaws）的师，就在杰克逊的部分兵力围攻哈珀斯费里时，该师目前正控制着波托马克河北岸的马里兰海茨。李目前的处境极其凶险，他的北弗吉尼亚军团很可能在第二天被联邦军逐个吃掉。他已别无选择，只能下令各部撤往夏普斯堡，集结完毕后再横渡波托马克河返回弗吉尼亚，择日再战——这恰恰是朗斯特里特曾建议他做的。

这是命运的彻底逆转。李度过了一个极其难熬的夜晚，一个接一个将领向他报告敌军正如潮水般"涌"过南山的各个隘口。不过第二天上午传来了一条好消息。哈珀斯费里的守军投降了。这一点都不奇怪，因为杰克逊率领将近 3 万人居高临下围攻一个被《西点军校美国战争地图集》描述为"无险可守的"地方。[158] 杰克逊抓获了 1.2 万名俘虏，缴获了 1.3 万套"武器装备"* 和 73 门大炮，这是战争中联邦军方面最大规模的一次投降。

这个好消息让李长吁了一口气，并激发了他"固有的斗

475　志"。[159] 唯一让李稍觉遗憾的是，本杰明·F. 格兰姆斯上校（Colonel Benjamin F. Grimes）带领 1400 名联邦骑兵逃出了哈珀斯费里，他们利用一座狭窄浮桥通过了波托马克河，碰巧撞上了朗斯特里特所属的一长串装载着贮备弹药的马车队，并劫走了 40 辆马车。李在晚上深思熟虑的稳妥措施随着杰克逊传来的好消息从他的脑海中消散了。从哈珀斯费里到夏普斯堡只有 12 英里，一旦杰克逊安置好战利品并将俘虏押送到温切斯特后，他就能率领手下三个师与李所部会合。[160]

---

　　*　一套"武器装备"指一名士兵的全套装备：步枪、刺刀、腰带、子弹盒、吊带等。

　　李本人仍可以从谢泼兹敦浅滩（Shepherdstown Ford）处渡过波托马克河，在仅 4 英里以外的马丁斯堡集结部队，并在他选定的高地上布阵，等待麦克莱伦前来进攻——或者，既然哈珀斯费里守军已经投降，他可以命令杰克逊过河到达波托马克北岸，沿罗勒斯维尔路前行，并向来自克兰斯顿隘口（Cranston Gap）的联邦军左翼发起攻击。此举肯定会迟滞麦克莱伦的前进步伐。相反，他选择将全军调集至夏普斯堡附近，波托马克河与安提耶坦溪之间山坡上的一小块丘陵地带，那里任何两点之间的宽度都不超过 3 英里。不论好坏，他已决定把所有的鸡蛋都放进一个篮子里。

　　即使到了今天，夏普斯堡镇看着也很不起眼，根据最新的人口普查数据，镇上仅有 705 名居民。然而，在 1862 年，它却很重要，因为它横亘在一条交通要道上，这条路起自波托马克河边的谢泼兹敦，经马里兰州森特维尔，延伸至布恩斯伯勒，与通往黑格斯敦和宾夕法尼亚的主路相接。这些地方距离都很近。夏普斯堡距离波托马克河仅有 3 英里，与黑格斯敦收税关卡的距离不超过 6 英里。向南 4 英里就是蜿蜒曲折的安提耶坦溪。它距南山的克兰福德隘口（Cranford Gap）仅有 6 英里，联邦军队正从那里如潮水般"涌"出。此处的活动余地极小，根本无法展开杰克逊最擅长的侧翼攻击行动。这将是一场在狭窄空间内进行的正面武装交锋。其实这里的地形并没有什么特别的，甚至不适于李将军与一支兵力几乎是他两倍的军队打一场防御战。

　　李不得不背靠波托马克河作战，身后只有一处位于他的防线右端、相对"较深、多石的"浅滩「博特勒浅滩（Boteler's Ford）]，这里是他获得援兵和补给——或撤退的唯一通道。[161] 他分出一半兵力交给朗斯特里特在他右翼稍微靠前的位置布阵，这里地处夏普斯堡南边，眼前的缓坡一直向东延展到一英里外的安提耶坦溪边，并俯瞰着其中一座桥。他会把尚未赶到的杰克逊安置在镇北更向前突的位置，那里是一片高地，俯瞰着黑格斯敦收税关卡和横跨安提耶坦溪的另一座桥。

从展示军事实力的角度看，此地并不理想。从安提耶坦溪到夏普斯堡的地面缓缓向上起伏，但其间并无可以据守的制高点。溪东岸地势比西岸高一些，有些地方还生长着茂密的原始森林，这为麦克莱伦的炮兵提供了几处隐蔽得很好的阵地，可在联邦军渡河时提供炮火掩护。这一带有三座桥跨越安提耶坦溪，最激烈的战斗发生在最下游的那座桥［后来被命名为"伯恩赛德桥"（Burnside's Bridge）］附近，当时联邦军指挥官安布罗斯·伯恩赛德将军（General Ambrose Burnside）派出一个又一个团经过这座既短又窄的桥去攻击李的右翼，不久后参战部队发现其实这条溪流存在多处可涉水而过的浅滩，假如伯恩赛德事先费点心探查清楚的话，就能避免白白牺牲那么多士兵的生命。

9月16日上午，李从"酣睡"中醒来。[162] 尽管在杰克逊到来之前他在夏普斯堡的兵力仅有1.8万人，并已看到敌军"庞大的队伍"正穿过南山的各个隘口前来，部队过处尘土飞扬，遮天蔽日，但根据一位外国观察员的记述，李此时显得气定神闲，仿佛"他掌握着装备精良、身经百战的10万雄兵"正严阵以待。[163] 这绝非是他故作姿态以提振官兵士气——李属于那种比较罕见的享受打仗的将军；在他沉稳的外表下，隐藏着一种天生的凶猛气质，而李能用一种让人无法透视的面具来掩盖这种气质，这更让人印象深刻。

从军事才能的角度衡量，麦克莱伦与李不相上下，是个同样优秀，或许能力更强的统帅，而且他既非懦夫，也不害怕损失。但他不享受打仗，战场上的厮杀并不能让他像李或者拿破

19 1862 年 9 月 17 日，夏普斯堡战役（或安提耶坦战役）

478 仑那样感到激动或兴奋。当然，李看着数量惊人的联邦大军翻山越岭，逼近安提耶坦溪，他的快乐只能解释为他期待着一场精彩的战斗。他身边的每个人都注意到了 9 月 16 日那天，就在身穿蓝色军服的联邦军一队又一队无休无止地涌向安提耶坦溪时，他显得既沉着又兴奋。

正午时，只见从波托马克河通向夏普斯堡的路上扬起一团灰尘，在哈珀斯费里取得大捷的杰克逊率大军赶来了。即便是像李这样沉着冷静的将军，在与杰克逊握手时也一定感觉松了一口气，他掌控的兵力很快就翻了一倍，但在扣除掉队、伤亡、开小差以及疲困交加的影响后，他能调动的部队人数最多不超过 3.8 万人，而在第二天与之对阵的联邦军的兵力则多达 7.5 万人。

李该感到幸运的是，麦克莱伦并没有制订清晰的攻击计划，甚至都没有向他的将领们下达书面命令。他只是相当模糊地表达了自己的意图："主攻方向是敌军左翼——至少要佯动为主攻创造良好条件，希望通过攻击敌军右翼取得更多成果——并在其中一翼或两翼行动完全成功的情况下，我可能要动用手头所有的预备队向敌防线中央发起猛攻。"[164] 他没有探明能否涉过安提耶坦溪，也没有亲自察看李布阵的方位。在构思自己的计划时——先攻击李的左翼，然后攻击李的右翼，并在其中一翼或两翼大获成功后，也许会集中当时联邦军尚余的兵力攻打李的中路——麦克莱伦极其可悲地低估了李的本领以及朗斯特里特和杰克逊的卓越能力。假如麦克莱伦在 9 月 16 日下午趁着杰克逊部尚未就位，利用自己的兵力优势向夏普斯堡发动猛攻的话，他有可能仅靠人海战术就把李的防线冲垮，但麦克莱伦谨小慎微的秉性再次占了上风，他没采取任何行动。于是，到了下午 3 点左右，杰克逊部在李的左翼部署完毕。不久之后，诺斯伍德（North Wood）、韦斯特伍德（West

Wood）、米勒农场、"玉米地"（the Cornfied）、邓克教堂
（Dunker Church）、"血污之径"（Bloody Lane）等就变成了
军事史上著名的地名。李在杰克逊防线左端的后上方部署了斯
图亚特的马炮。李很快就排好了一条长近5英里的战线，死气
沉沉的夏普斯堡镇位于它的正中间，其后方有密如蛛网的大路
和乡间小道，确保他能够在两翼间快速调遣部队，无论联邦部
队从哪里过安提耶坦溪，都有足够的兵力迎击，如此运作甚至
可以抵消麦克莱伦的兵力优势。李就像一个赌博高手洗牌那样
娴熟地调动着他手下的旅和团，除了对方发动全面进攻，其他
都可以应对自如。而根据麦克莱伦自己描述的作战意图，他根
本就没有想过发动全面进攻。

　　当李走过夏普斯堡时，联邦炮兵已经开始猛烈炮击，像往
常一样，他对周边不时的爆炸置若罔闻。他"勒住旅行者"，停
在联盟军炮手身边，告诉他们"不要与联邦炮兵进行无谓的对
轰浪费炮弹"。[165] 他一定已经从炮弹的线路判断出联邦军正
在攻击他的左翼。当他再次骑上马时，他听到步枪齐射的声
音，那是陆军少将约瑟夫·胡克军长（Major General Joseph
Hooker）所率三个师的前锋开始沿黑格斯敦收费公路推进，
并与约翰·贝尔·胡德的得克萨斯师交火。天色已晚，胡克不
可能再发动大规模攻势，但他率部在联盟军阵线左端出现，无
疑在告诉李第二天上午的主战场在哪里。

　　凌晨4点半，李睡醒了并提醒陆军准将威廉·彭德尔顿
（Brigadier General William Pendleton），他的炮兵司令，
调集炮兵预备队炮火掩护波托马克河的几处浅滩，以备部队撤
退之需。[166] 这或许反映出麦克劳斯师和安德森师仍在哈珀斯费
里赶往这里的路上。黎明时分，李需要动员所有人手，无论多
么疲惫，脚疼得多厉害，一个都不放过。即便如此，李仍有可
能面临着兵力不足的问题。

479

天刚放亮，胡克手下的"散兵"（skirmisher）*就开始出
480 击。早晨 6 点，胡克的部队开始集中攻击南军阵线左翼，迫使
李从中间和右翼一再调集部队增援，防止战线被攻破。李冷静
地调集右翼守军增援处于危机中的左翼之举，体现了他愿意承
担巨大风险的决心。假如在胡克军步步紧逼，迫使胡德的部队
穿过玉米地，朝着邓克教堂方向退却时，麦克莱伦同时向李的
右翼发起进攻，李在夏普斯堡的阵线有可能全面崩溃，但也许
李早就觉察出麦克莱伦在这场战役中并没有发挥主导作用。这
一带遍布的低洼地和山脊，以及溪流急弯和茂密的森林，自然
而然地把夏普斯堡周边的区域分割成了三块独立战场。李利用
内线作战可以骑马从战场一端赶到另一端的优势，对整体战局
了然于心。麦克莱伦则正好相反，他把自己的指挥部设置在安
提耶坦溪后方超过一英里处并一直待在那里不动，任由他的部
队相继展开毫无关联的三场战斗：上午攻打李的左翼，中午攻
击李的中部，下午又攻打李的右翼。假如麦克莱伦骑马向前督
战，并让其中至少两次猛攻同时进行的话，他很可能把李赶出
夏普斯堡并穿过波托马克河，但事实上，到了中午时，他已经
白白错过了良机。

即便如此，当天清晨这场战争中最血腥的几次战斗还是发
生了，连天炮火和密集的步枪子弹打折了玉米秸和树木，它们
就像被镰刀收割过一样整整齐齐地躺在田野上。即使像"好战

---

* 是战争中最古老的传统之一，他们的作用是先于大批步兵编队，利用掩体向敌军
前列部队射击，并在主力部队展开攻击之前打乱敌军编队。到 19 世纪中叶，特种
部队开始发挥这种作用，例如，英国的步枪团，他们的深绿色制服和黑色纽扣明
显区别于其他步兵的猩红色外套；法国的尖兵（voltigeurs）；以及德国的阻击射
手团（Jäger regiment）。在美国内战期间，合众国陆军中装备了后膛装填或连发
卡宾枪的步行骑兵有时会担当这个角色；在联盟国陆军中，他们多为"精准射手"
（Sharpshooters），即特别遴选的天生神枪手（维基百科，"散兵"词条）。

乔"胡克这样一个酒鬼和臭名昭著的好色之徒，*毫无诗意，被格兰特评价为既"危险"又"不听话的"一介武夫。[167] 在描述这一场景时大多数人都会感觉到他流露的真情："这个玉米地北边大片玉米秆都好像被人用刀齐根砍倒，被杀的［联盟军士兵］就在他们刚刚列队前进的位置整齐地躺倒在地上。"这就是双方共同进行的一场大屠杀，战场上硝烟弥漫，在涌动着的浓黑烟气中闪现着大炮发射和炮弹爆炸时发出的骇人光亮，士兵们冒着持续不停地近距离炮火和没完没了的步枪火力，踏过战友们的尸体和伤员的身体发起一波又一波攻势。士兵们不停地开火，直到他们的武器被燃烧过的火药残渣堵塞或打光弹药，然后开始拼刺刀或用枪托与敌交战。有些团的伤亡率达到了将近70%。就连胡德手下英勇善战的得克萨斯州人都难敌联邦军朝着邓克教堂发起的猛烈攻势，最终被迫后撤。上午7点半，李在勘察现场时被告知，如果没有援兵，"这天会被打败"。他语气柔和但很坚定地答道："别激动，上校，去告诉胡德将军坚守阵地，援军已过河正快速赶到夏普斯堡。"[168]

481

　　李的沉稳冷静是北弗吉尼亚军团拥有的重武器之一，他彬彬有礼、面无惧色地在前线现身，此举鼓舞了士气，也毫无疑问让不少心生畏惧的士兵鼓足了勇气，奋力杀敌。他缺乏拿破仑故作夸张姿态的天资，但他的泰然自若，在镇定中展现的勇气和对胜利的信心，令部队上下印象深刻。虽然如此，李当天还是一度忍不住发了火。他仍对来自哈珀斯费里的部队行军速度太慢，不能迅速到达战场感到焦虑。更有甚者，在人手紧缺之际，掉队的和开小差的士兵却不断增多，这使他大为光火。

----

　*　有人怀疑他的名字"胡克"（英文 hooker 也有妓女之意）其实源自出入他的司令部的那类女人，甚至与他同时代的许多人都认为的确如此。"好战的乔"这一绰号是一个报人起的，胡克并不喜欢它。当格兰特说他这个人"危险"时，意指他对自己人，而不是对敌人。

在骑马前往邓克教堂的途中，他遇见了杰克逊部的一名逃兵，正扛着一头偷来的死猪从前线返回营地。李铁青着脸当即下令要把这个人"交给杰克逊当众枪毙，以儆效尤，然后纵马而去"。[169] 杰克逊比李更了解自己的手下，他最终没听从李枪毙这个士兵的命令，而是下令把他派到战斗最激烈的阵地上去。这个士兵在战斗中表现突出，得到了杰克逊的谅解。李的忠实助手朗上校通常不会拿李开玩笑，这次也忍不住说："也许可以这么说，虽然［那个士兵］失去了一头猪，但他'保住了自己的命'。"[170] 朗还回忆说，这是在战争期间李仅有的两次"火冒三丈"的事情之一。他以超然事外的语气评论说，李"并非没脾气，正相反，他是个性格鲜明、热情如火的人；然而，他具有极强的自控能力，很少有人能亲见他背离一贯的冷静而不失尊严的举止"。

尽管李仍然声称他的工作仅仅是把军队带到他们该去的地方，然后把一切都交给他手下的将军们酌情办理，但比起第二次马纳萨斯战役，夏普斯堡战役被打上了更鲜明的李的烙印。李带着这支大军进入马里兰州，不顾朗斯特里特的反对，让杰克逊部挺进哈珀斯费里，并选择夏普斯堡作为集结部队以及与麦克莱伦对阵的战场；他甚至在清晨亲自指导炮兵进入他选定的阵地——这根本就不是甩手将军的做派。也许李对自己的能力有了更多自信，或者他只是没有意识到自己紧紧把握着每场战斗的方方面面，但无论朗的记述还是李本人发给里士满的战报，都清楚无误地表明他熟悉自己手下的每支部队和所有的将领，以及他不仅在精神上引导着每场战役，而且亲自做出每个决定。一直在李身边工作的朗也表示，李把主力投入战线的左翼是多么冒险："联盟军向前推进了大约一英里，随后又被迫逐渐退回原地。麦克莱伦现在指导着他的部队主攻李的左翼，希望逼退它，这样他就能插入波托马克河与联盟军线列之间，从相反方向夺取联盟军的阵地……除了位于右端的 D.R. 琼斯（D.R.Jones）师，联盟军现在已全部投入了战斗。"[171]

李巧妙地把他的中路和右路部队一支接一支地投入战斗，朗斯特里特的阵线被削弱到了危险的境地。战场四处一排排死伤者表明了战斗的残酷。一名联盟军炮兵指挥官称之为"炮兵地狱"，一位参加过这场战争中许多重大战役的联邦军指挥官宣称，"没有哪场战斗的血腥屠杀能超越安提耶坦收费公路上的惨况"。[172] 从上午 9 点半到正午，D.H. 希尔师一直与威廉·弗伦奇少将（Major General William French）师在这条低洼处的公路上厮杀，这里是联盟军阵线中心与左翼的接合处。这条路是当地农民绕过夏普斯堡的捷径，有许多"之"字形弯道，类似于一战期间战壕里的火力点和土护墙，每当联邦军发起进攻时，联盟军就向其侧翼猛烈开火。这条路多次易手，最终被联邦军占领，后来以"血污之径"而闻名，因为血液聚集在它干燥的黏土表面被踩出来的凹陷处，真的就是血流成河。经过 3 个小时的肉搏战，双方在这个地方付出了超过 5000 人伤亡的惨重代价。

这天上午的几场战斗可以说是整个战争期间最血腥的，数千人倒在一片狭小的地带，其中包括双方身先士卒的数十位战地指挥官和将军。联邦军方面，胡克少将负伤，曼斯菲尔德少将阵亡；联盟军方面，陆军准将斯塔克（Brigadier General Starke）战死，另外 3 位准将受重伤，其中一位后来不治身亡。整个上午，"步枪爆豆般密集的射击声和大炮的轰鸣声宣示着激烈进行中的拼死厮杀。震耳欲聋的枪炮声和厮杀声一直持续到中午 12 点左右，随后渐渐变小，并在下午 1 点前后停息"。[173] 麦克莱伦投入了四个军试图突破联盟军防线左翼，结果失败了。在短暂且可怕的寂静中，充耳可闻的是轻重伤员痛苦的喊叫声，这表明浴血奋战的四个军"已被打残，余部疲惫不堪，再也无力发动新一轮攻势"。仅一上午的战斗就让双方付出了 1.3 万多人伤亡的代价。

血污之径上的屠杀 [174] 标志着此役第一阶段战事结束。双方又恢复了炮击，李策马返回被打得七零八落的中线，并在可以观察战场全局的"一个隆起处"下马，开始与朗斯特里特商议下一步举措，他依然罔顾自己现在完全置身于敌军炮火覆盖的范围内。D.H. 希尔骑马上前向李汇报战况，他毫不理会朗斯特里特半开玩笑的警告，依旧骑在马上，不料朗斯特里特一语成谶，联邦炮兵发射的一颗炮弹直接炸飞了希尔坐骑的两条前腿，他被狠狠地甩到了地上。

经过一上午的奋战，联邦军占领了夏普斯堡北边低矮的山岭和大片农田。现在轮到伯恩赛德发动进攻了，这次主攻方向是李军的中线和右翼。但他和麦克莱伦都没有想要探明安提耶坦溪上哪里有可以徒步涉过的浅滩，于是从下午 1 点开始，他指挥一个接一个旅穿过横跨溪上狭窄的石桥，冲入敌军密集的火力之中。下午的时光在鏖战中慢慢地过去，他的一个旅长终于在溪流下游一英里半处找到了斯内夫利浅滩（Snavely's Ford），许多士兵发现，其实他们完全可以涉水过溪，"很多地方的水都没不过腰带"[175]，根本不必挤在桥上充当活靶子。但经过两个小时的激烈战斗，伯恩赛德的部队才成功上到西岸并开始布阵。李因而有了充足的时间调兵遣将，并把战火停息的左翼部队调至中线和右翼。当伯恩赛德部打到夏普斯堡镇东南角时，李打出了他手上最后一张牌，将 A.P. 希尔师投入战斗，该师从哈珀斯费里出发后一路急行军赶到了这里。希尔师针对伯恩赛德左翼发起的突然袭击迫使联邦军退回到他们早先付出惨重代价的石桥。麦克莱伦不愿意在一天即将结束时冒险投入他的预备队，而且仍然相信李的兵力超过自己，他没有试图再次发动进攻，尽管有足够的力量发动进攻。伯恩赛德固守着桥头堡，李仍然控制着夏普斯堡镇，但他的防线已变得岌岌可危。麦克莱伦军伤亡将近 1.25 万人，李军伤亡则超过 1 万人，相当于他全部兵力的 30%。夏普斯堡战役或安提耶坦战役是美国历史上最血腥的一场战役。

随着夜幕降临，担架员和救护车试图依照非正式停火协议救助伤员。鉴于李的司令部处于被战火摧残的镇子里，朗斯特里特和另外几位将军都劝他为安全起见，立刻渡过波托马克河。李一反常态，以有些粗暴的语气回应道："先生们，我们今晚不过波托马克河。……如果麦克莱伦想要明早接着打，我一定会奉陪。走开！"[176] 他的确表明了决心，还有可能是骄傲，这恐怕是他唯一不能免俗之处。[177] 他在仅一天的战斗中就损失了近 1/4 的兵力，用朗斯特里特的话说，"持续了 18 小时的苦战，太可怕了，无法想象"。不管怎样，两军第二天都无力再战。9 月 18 日夜里，李终于接受了现实，把部队撤出了波托马克河。斯图亚特的助手赫罗斯·冯·博尔克将这次撤退描述成瓦格纳式的场景："横渡波托马克的壮观场面只会出现在战争中。敌军的炮火点燃了威廉斯波特的民宅，熊熊燃烧的烈火放射出可怕的光，照亮了整个区域。在过河部队的头顶和漆黑的河面上方，燃烧的炸弹在空中交错着划出一道道抛物线，通红的天空映衬出一棵棵幽灵般树木的枝叶。"[178]

李率领他的残兵退回弗吉尼亚，本该追击的麦克莱伦再次无所事事，为自己的损失百般辩解，并抗拒林肯和哈勒克要他前进的种种努力。尽管夏普斯堡战役在李将军的传奇故事中占据着重要位置，但他在 1862 年发动的马里兰会战乏善可陈。李对这支军队的控制力肯定强于半岛战役期间的表现，而他从里士满到第一次马纳萨斯战役，再到南山的机动当属战争史上最迅速、最出色的机动，但对战争的评判终究要以结果为标准。李在马纳萨斯取得了大捷，并解除了里士满遭受的威

485

胁——但他向马里兰州民众发表的宣言收效甚微;就如朗斯特里特所预言的那样,渡过波托马克河进入马里兰州后的分兵之举招致了灾难性的后果;而他被迫在夏普斯堡投入的战斗至多是一个虽不乏英勇顽强的战斗精神但代价高昂的僵局,双方都不能自诩取得了胜利。李侥幸逃脱,在很大程度上要归功于麦克莱伦拒绝再战。李从未踏足宾夕法尼亚,他本想在这里补充给养,然后东进,兵临一座大城市。更严重的是,他的军团抵达夏普斯堡时,总兵力已从5万人减员至3.8万人,这意味着他完全低估了手下疲惫不堪的程度,无视他们中的许多人都无鞋可穿。李自己可以忍受贫困之苦,他的决心和能力给全军树立了一个崇高的榜样,但他不应该罔顾官兵们的悲惨境遇。他对自己的部队深感自豪,正因为如此,尽管他们缺吃少穿,但他一次又一次地高估了他们的作战能力。他需要认识到,即使是最勇敢、最忠诚的军队在执行最高统帅的战略时也存在局限性——这让人不由得联想到拿破仑兵临莫斯科的大军——而李沿着黑格斯敦收费公路进军宾夕法尼亚的意图就是一个很好的例证(虽然不那么惨)。朗斯特里特是对的——根本就不该打夏普斯堡战役。

这也是一场政治灾难。李本想把马里兰州拉入联盟国,并通过赢得一场决定性战役鼓励大不列颠或法国正式承认联盟国。不料事与愿违,麦克莱伦在夏普斯堡的苦战和李接着在波托马克河的后撤之举最终说服林肯总统发布了《解放宣言》。

无论李是否愿意,这场战争已不再关乎联邦政府是否有权以武力胁迫弗吉尼亚的问题;问题的焦点是奴隶制。他在无意间带来了一种政治上的转变,而极为讽刺的是,这正是约翰·布朗突袭哈珀斯费里时想要达到的目的。

/ 第九章 光荣——弗雷德里克斯堡战役和钱斯勒斯维尔战役

战争真的太可怕了，幸亏是这样，不然我们会越来越迷恋它。

——罗伯特·E.李在弗雷德里克斯堡战役期间的感慨

9月17日下午，正当李在夏普斯堡备战迎敌，抗击伯恩赛德对其中线和右翼的进攻时，他再次遇见了儿子罗伯特。罗伯特后来描述当时的场面时说：

> 作为北弗吉尼亚军团的一员，我时常会在行军途中见到总司令，或路过司令部时，因为离得很近可以认出总司令和他的助手们，但作为杰克逊军中的一名列兵，尤其在战时，我没时间去拜访他，直到夏普斯堡战役期间才有机会跟他说上话。那时，我们的炮兵阵地遭到袭击，损失了很多战友和马匹。我们的3门大炮被打坏，上级命令我们撤退。就在后撤时，我们从李将军和他的几名随从身边经过，他们当时聚集在路边一个小山丘上。撤退命令没有规定明确去向，我们的上尉看到总司令后让我们停下，然后骑马跑过去请示。包括我在内的其他人跟过去旁听。李将军下了马，被随从们围着，一名信使牵着他的马。罗克布里奇火炮连的连长波格上尉（Captain Poague）敬礼后开始汇报我们的情况，并请求进一步指示。将军耐心听完汇报，看着我们——他的眼光掠过我时没显露出丝毫认出我的表情——然后命令波格上尉带着集合起来的所有可用的人手和马匹，操控完好的火炮，把损坏的送去整修，去前线报到。就在波格转身离去时，我走上前与父亲谈话。他

认出我，说很高兴看到我安然无恙。

然后我说：

"将军，你是要让我们再次投入战斗吗？"

"是的，孩子"，他微笑着回答，"你们都要尽你们所能把这些人赶回去"。[1]

有关这次会面的记述说法不一，但既然李和小儿子交谈时只有他俩在场，罗伯特的记述肯定是最准确的。李又一次未能一眼就认出儿子也并不奇怪，大家应该明白，部队主将的眼光倾向于将他们的士兵视为一个整体，而不会关注每个个体。李的注意力集中在幸存的大炮上，而不是被烟熏火燎、衣衫褴褛、浑身脏兮兮的炮手，但当他认出罗伯特之后，他的言语也很符合一贯的语气：耐心、和蔼、坚定。另外一种典型的表现是他没有给予敌军任何正式名称：他们不是"合众国"或"联邦"军队，更不是什么"美国佬"。他总是以"这些人"或"那些人"称呼他们，似乎不愿意直面他在与美国陆军——他曾服役多年的部队——作战的事实。

即使在身处重大事件并承担着重大责任期间，李也念念不忘他的家人。他另外两个儿子也在军队服役：二儿子鲁尼在李的侄子手下担任骑兵旅旅长，大儿子卡斯蒂斯是杰斐逊·戴维斯总统的副官，并渴望出任战地指挥官。李密切关注着他们的动向，但小心翼翼，避免显露出任何偏袒的迹象。客观地说，鲁尼是个职业军人和优秀的骑兵指挥官，就算不姓李，也几乎肯定能荣升更高军阶。至于他的女儿们，安妮、米尔德丽德和阿格尼丝仍在琼斯矿泉，也就是鲁尼和夏洛特的儿子去世的地方，而李夫人和大女儿玛丽已返回里士满照顾病危（可能是伤寒）的鲁尼。李曾劝妻子别待在那里，因为到目前为止，这座城市已经成了"一所巨型医院……［市民们］呼吸着停尸房散发的气味"[2]，但李夫人仍一如既往地抗拒李的劝诫。当鲁尼身体好些后，她便去了里士满以北帕芒基河畔的希科里希尔，这里距联邦军战线只有数英里远。经过差不多一年的催促，米尔德丽德虽然还有些不情愿，但总算答应去远离战火侵袭的北卡罗来纳州罗利市（Raleigh）上寄宿学校，李像许多父亲那样松了一口气。"圣玛丽学院，美国南北战争前教会办的最大的女校"，在那里她会不开心和孤独。[3]她在学校里好像没交到朋友，不过大家都把她当名人看待，因为她是南方最著名的将军的女儿。

比米尔德丽德不开心更糟糕的事情要落到李的头上。号称具有疗养作用的琼斯矿泉没有挽救回李的孙子的生命，如今又夺走了他钟爱的女儿安妮的生命，她在经历了伤寒折磨3个星期后最终不治。她母亲赶过去照顾她，随时向李通报安妮的病情，但他并没有跟任何人吐露女儿的病情。他的助手泰勒上校回忆起李最终收到女儿去世消息的反应时是这样记述的——

> 在通常的那个时间，他把我叫到他的面前，问我是否有什么需要他做出判断和采取行动的日常军务。我将涉及这类军务的文件呈交给他，他审阅后做出相应指示。随后我走开了，但由于某种原因过了片刻我又返回了，像平常那样既没打招呼也没行礼就走进了他的帐篷，结果我惊异地发现他痛苦万分的样子，手里还拿着一封拆开的信。那封信带来了他女儿去世的消息。[4]

多年之后，泰勒仍不由得赞叹李惊人的自控能力和尽职尽责的精神：

> 他有个心爱的女儿……在这个世界上他与她甜美的音容笑貌再也无缘相见；但他同时还统帅着一支重要且活

490

跃的大军，南方联盟的安全和荣誉在很大程度上都托付给了这支军队。李既是一个男人也是一个战士，而前者必须让位于后者。他的军队需要他全心全意的照顾……谁能揣度，在他任由自己沉浸于纯然私域的冥想、哀伤和祷告之前，要让自己的灵魂经受多么巨大的折磨才能控制住情绪，以平静的外表示人；谁又能估算，他要付出多么大的努力才能平复充溢着柔情的内心，并确保不辜负托付给他的重任？职责第一是他生活的准则，他的每个念头、每句言语和每步行动，都严格遵循着职责不可推卸的要求。[5]

只是在回复玛丽时，他才任由自己的情感表露出来，"一想到我将永远不能在尘世中见到她，她在我们当中的位置也将永远空着，而我此前无时不在盼望着有一天我们可以尽情享受团聚的快乐，每念及此，我都感到无比悲痛。但是，上帝在这方面，就像在所有的事情上一样，把怜悯和打击混合在一起，选择了那个准备最充分的离开我们。唯愿你能与我一起说：'愿他的旨意行在地上！'"他不无阴郁地结束了自己的回信："真心希望我能对你有所宽慰，但除了寄望于上帝伟大的仁慈，此刻将她安置在最适合她的地方，我别无所能。"[6]

李无法参加安妮的葬礼——士兵们不会为家里的丧事获准休假，他也不想搞特殊——但他从安妮临终时要求听到的赞美诗中挑选了两行诗句，最后刻在安妮的花岗岩方尖碑上。

> 他的道途完美而真实
> 得到天上的喜爱和地上的遵从。[7]

李最终给了他的军队两个月休整时间，以便"得到休息、补充给养、改装部队并整顿军纪"[8]，这应该算是麦克莱伦送的最后一件礼物，他的军队虽然很快就恢复了士气，但没表现出丝毫横渡波托马克河并进逼李的意图。与此同时，李也愿意静候时机——他很确定在冬季来临之前还要有一次大战。他确信麦克莱伦会再度兵临里士满，于是想先看清其从哪个方向来犯，以便选定自己喜欢的地点与之决战。他采取措施将军团分为两路，把杰克逊和朗斯特里特都提拔为陆军中将，并全力以赴改善后勤供应和武器装备方面的不足，考虑到联盟国所处的困境，他在这方面的任务无比艰巨。这段时间并非平安无事：哈珀斯费里失守——这对李来说损失并不大，因为杰克逊早已把那里的军火库搬空；李派遣斯图亚特高调出征，从麦克莱伦大军右翼 80 英里外绕行突袭，一路杀入宾夕法尼亚，并带着沿路缴获的 1200 名联邦军的马匹再渡波托马克河。*斯图亚特没发现麦克莱伦方面的任何动向。事实上，面对日益不满的林肯总统，无论是麦克莱伦还是白宫，都无动于衷。林肯甚至挖苦波托马克军团，以"麦克莱伦的保镖"相称。当麦克莱伦抱怨说他的骑兵部队人困马乏，因而不能采取任何行动时，林肯抑制不住异乎寻常的愤怒，回应道："你能允许我问一下自从安提耶坦战役以来你的军马都干了什么事竟然累成这样吗？"9最终，10 月 26 日，麦克莱伦开始下令全军横渡波托马克河。整个军团耗时整整一个星期才全部渡过河去，在此期间，李已将其司令部迁至库尔佩珀。他并不能确定联邦军是否会沿谢南多厄河谷进军斯汤顿，随后东进直指里士满，还是会抄近路，循着寻常路线先去拉帕汉诺克河，进入汉诺威枢纽站，并从西北方向攻打里士满。假如是前者，李可以依靠杰克逊打退敌

---

* 斯图亚特此次出征的目标之一是摧毁位于钱伯斯堡的铁路桥，但他们发现这是一座铁桥，便只好放弃。与第一次世界大战期间的 T.E. 劳伦斯（T.E. Lawrence）不同的是，联盟国骑兵突击队既没有烈性炸药，也没有破拆桥梁的技能，除非它们是可以被烧毁的木桥。

军；假如是后者，杰克逊可从蓝岭山脉出击，攻击联邦军，朗斯特里特则守卫里士满。无论哪种情况，李都是以寡敌众。目前他的兵力只有 7 万多一点，而联邦军人数高达 11.4 万，但对李来说，这并不是值得担心的问题。然而，11 月 10 日，他收到了一条令他无比震惊的消息：林肯终于彻底失去了对乔治·C. 麦克莱伦的耐心，任命安布罗斯·伯恩赛德接替了他。

李一向敬重麦克莱伦的专业能力（对此林肯总统并不苟同），但也觉得他通常能预判同为工兵出身的麦克莱伦会怎么做。他对伯恩赛德缺乏这种信心，一方面他认为伯恩赛德能力不行，另一方面也对他的做事风格感觉心里没底。他的想法完全正确：伯恩赛德此前曾拒绝过让他统领波托马克军团的要求，理由是他不够格，林肯的这次任命也是费了一些口舌，他最终被"说服……接受"了这个任命。从各方面表现看，他的拒绝是真心实意的。[10]"[伯恩赛德] 勉为其难地领受指挥权，我是勉为其难地放弃指挥权，我俩的心情大体是一样的"[11]，麦克莱伦在写给伯恩赛德夫人的信中很优雅地说。

就连尤利西斯·S. 格兰特这样的权威人物都认为伯恩赛德不适合统领一支军团；更糟糕的是，伯恩赛德自己心知肚明。表面看来，他是个快乐、坦率、受人欢迎、和蔼可亲的人，但和许多肥胖的人一样，他的眼神中流露出一定程度的固执，也许还有对世人强烈的怨恨，因为他觉得大家可能没把他当回事。另外，伯恩赛德并不傻。他在 1858 年辞去军职，专心去生产他自己设计的独具匠心的连发卡宾枪①，但后来破产——并不是因为他经营不善，而是一场大火烧毁了制造卡宾枪的工

---

① 伯恩赛德卡宾枪在内战期间得以批量生产；装备部队的数量超过 5 万支，尽管弹药方面存在问题，但联邦军骑兵部队很喜欢这种枪，有幸缴获了这种枪的南方军骑兵也很喜欢用。

厂。此后，他在老家罗得岛州（Rhode Island）从政，但在选举中遭遇惨败，并在内战爆发后再次从军，成为罗得岛民兵中的一名准将。他被提拔为高级指挥官的原因不是他能力超人或具备战略头脑。他的资格体现在为人和善，庞大的身躯给人一种权威感；最重要的是，他不是麦克莱伦。

伯恩赛德计划走捷径以便迅速兵临里士满的大胆做法与麦克莱伦的作风迥然不同。他打算"放弃奥兰治—亚历山德里亚铁路［麦克莱伦曾给予极大的重视］，以阿基亚溪为大本营，从弗雷德里克斯堡直扑里士满"[12]，希望在李集结兵力阻击之前先行到达预定地点。到此时为止林肯都成了某种专家了，*他对于攻击里士满的不同路线了如指掌，他谨慎而精明地说伯恩赛德的计划也许能成功，"如果［他］行动够迅速，否则不行"。[13]总统倾向于趁着杰克逊部仍在谢南多厄河谷，利用波托马克军团的优势兵力（当前已近 12 万人）重点攻击李，而不是再次试图攻占里士满，并对伯恩赛德精心制订的计划缺乏信心，伯恩赛德打算在沃伦顿集结部队，随后急速向东南方向推进，从朗斯特里特部侧翼迂回，并在弗雷德里克斯堡渡过拉帕汉诺克河，试图以此迷惑李，让他弄不清自己真正的攻击方向。

人们始终想不透伯恩赛德究竟是怎样一种思路，竟然觉得他能让李和朗斯特里特一直紧盯着沃伦顿，不会注意到他的大部队正朝里士满移动，特别是他在敌境中活动，每个农场主和村民都支持联盟国。速度是伯恩赛德战略的关键因素，但无论他具备怎样的素质，他都缺乏激励战争部快速响应他的需求的能力。由于他打算过拉帕汉诺克河的桥梁均遭损毁，他立即下令调集浮筒和架桥材料，这些材料需要用马从波托马克河拖过

493

---

* 从而证明拿破仑那句话的正确无误："战争与卖淫的行当一样，往往是业余的而不是职业的表现得更好。"

来，但浮筒以及 270 匹马的征集工作均未能及时完成。天气变得很恶劣，这倒并不稀奇，因为时值深秋，道路泥泞不堪，浮筒本身也很沉重。拖运浮筒的马也都尽力了，但进展十分缓慢，而且这个行动已引起人们的注意。李很快得知了伯恩赛德要在弗雷德里克斯堡横渡拉帕汉诺克河的意图，并迅速采取了应对措施。伯恩赛德大军的先头部队到达拉帕汉诺克河北岸的法尔茅斯（Falmouth）之后，随行的浮筒和架桥材料过了近一周才到达。这意味着李有充足的时间将朗斯特里特军部署停当，杰克逊部也能以每天急行军 20 多英里的速度及时从温切斯特赶到那里。伯恩赛德缺乏应变能力，执意要在原定的位置过河——或者他缺乏最高指挥官应具备的道德勇气。

他本该在杰克逊尚未与李会合之时全力攻击杰克逊部，然后攻击朗斯特里特部，但伯恩赛德就像麦克莱伦一样，眼里只有里士满，全然不理会李的军队，这是一个重大失误。毫无疑问，伯恩赛德也担心进一步拖延的后果，不知道华盛顿会怎样责难他。不管怎样，尽管他自己也对要做的事心怀疑虑，他手下的将领们也提出种种警告，但他现在仍一意孤行，迎着对岸居高临下的敌军，利用临时搭起的桥过河，并且给了李充足的时间集结北弗吉尼亚军团的全部兵力在那里与他对阵。在军事史上很难找到比这更危险的战略决策了。

起初李对伯恩赛德进军弗雷德里克斯堡的真实意图将信将疑，感觉他只是佯动，真正的主攻方向是河谷中的杰克逊部。但庞大的兵力（以及行动迟缓的浮筒运输队），加之伯恩赛德行军沿线南方谍报人员不断传来的消息，都让李最终不得不相信原以为不可能的事是真的。他立刻将自己的指挥部从库尔佩珀移至弗雷德里克斯堡，并察看当地地形。他很快就发现这个表面上看着还不错的地方并不适合打防御战。作为弗吉尼亚最精致、最有历史感的镇子之一，弗雷德里克斯堡完全处于拉帕

汉诺克河北岸联邦炮火的覆盖范围之内，那边的斯塔福德高地
（Stafford Heights）是联邦炮兵的理想阵地。据估计，伯恩赛
德拥有将近 400 门火炮，其中部分火炮的位置离这边最近处仅
有 500 码，可以横扫河南岸与镇子之间的狭窄地带以及弗雷德
里克斯堡后方的高地。在猛烈炮火的掩护下，伯恩赛德的渡河
部队几乎可以长驱直入弗雷德里克斯堡，无法或难以阻挡。另
外，伯恩赛德统率着将近 12 万人马的大军，与之对阵的李即
便在杰克逊部加入后也仅有不足 8 万人（这将是美国内战中投
入兵力最多的一场战役）。

496

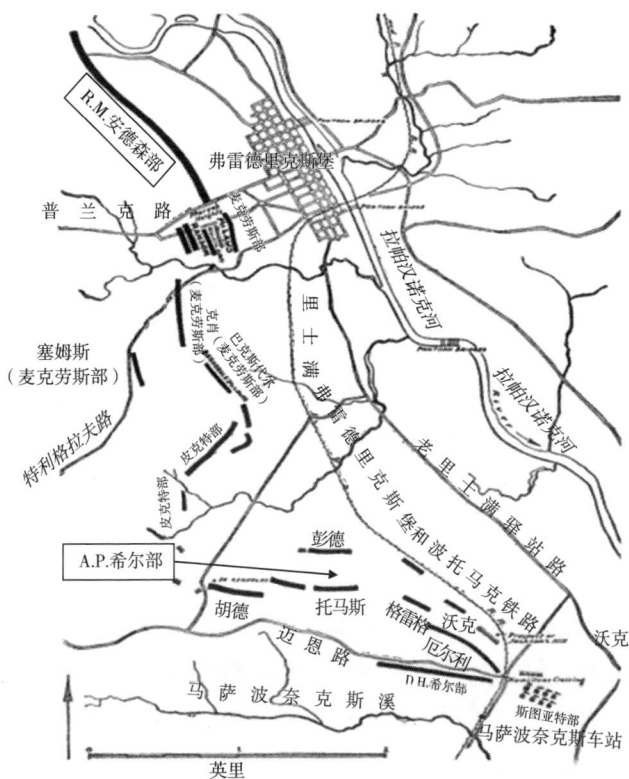

20　1862 年 12 月 13 日，弗雷德里克斯堡战役开始时北弗吉尼亚军团主力的方位

1862年12月13日，弗雷德里克斯堡

11月20日，李抵达弗雷德里克斯堡时，天仍下着瓢泼大雨。[14] 李透过雨雾可以看到在河对岸数百码以外，在斯塔福德高地扎营的伯恩赛德大军。如果说李此前对伯恩赛德的真实意图还有什么疑虑的话，此时拉帕汉诺克河对岸数不清的帐篷、长长的马车队、林立的火炮以及烟雾缭绕的篝火已将它们一扫而光。河流中的一个弯曲处将突出的弗雷德里克斯堡置于一个自然形成的碗状地带的中心，使之暴露在来自北边和东边的炮火之下；尽管李至此已确定伯恩赛德的主攻方向，但他并不能确认伯恩赛德会在哪个位置搭桥。朗斯特里特军于11月25日抵达这里后，李将其部署在弗雷德里克斯堡后方的高地上。杰克逊部于11月29日抵达后，李将其部署在朗斯特里特右侧的一片高地上，由此可以俯瞰一直延伸到2000~3000码以外河边且相对平坦的空地。李当时可能想着让弗雷德里克斯堡免于战火摧残，因为这里毕竟留下了乔治·华盛顿童年时的足迹，而李从小就知道这个地方。他让杰克逊部在镇子的南边布阵，他认为联邦军最有可能在此处搭桥过河，因为此处河道最窄。至于伯恩赛德，他并没有对李的防区展开任何侦察行动，仅依靠他带来的两只热气球察看敌情，但问题是这一带茂密的灌木丛和树林为大部分联盟国军队提供了掩护。

假如伯恩赛德趁着杰克逊部仍拉长队伍行军时在上游处过河，恐怕这场战役的结局就要改写了，但他实在太无能，无法随机应变。尽管林肯心存疑虑，亲赴现场的哈勒克也重申了总统的担心，但伯恩赛德总司令执意要执行他的原计划。执迷不悟是他最严重的弱点，也许他误认为只有这样才能给人留下他自信和内心强大的印象。

随着先头部队各就各位，伯恩赛德行动的进程开始放慢。

他需要的浮筒仍被慢吞吞地运往拉帕汉诺克河，但除了几次耀武扬威的举动以外，河北岸联邦军的唯一重大动向是 11 月 21 日埃德温·V. 萨姆纳少将提出了一个强硬要求：弗雷德里克斯堡必须立刻投降，否则他将于第二天上午 9 点用远程大炮猛烈轰击。当时伯恩赛德将其部队分为三个"大师团"，每个师团由两个军组成，萨姆纳指挥着与弗雷德里克斯堡隔河相望的右翼师团。当弗雷德里克斯堡的镇长向李通报这一要求时，他深感震惊。在 1870~1871 年德国人围困巴黎并予以无情炮击之后，蓄意炮击平民的做法才被人广泛接受；但这个威胁似乎没有激起当初李对波普将军的怒火，也许因为萨姆纳派人劝降时举着白旗，表现出了应有的军事文明。为防止平民遭屠杀，李告诉镇长，他不会占领这个镇或利用它的"工厂"，条件是联邦军也承诺不这样做。[15] 出乎意料的是，萨姆纳同意第二天上午不炮击该镇，但李得出的结论是正确的，即一旦双方真的开战，弗雷德里克斯堡根本保不住，因此建议民众疏散出去。

李担心的另一个问题是即将到来的冬季——他的部队根本没做好冬季作战的准备。11 月 29 日，杰克逊先于他的大部队抵达这里时，天就已经开始下雪了，而李的手下有 2000~3000 人还没鞋穿 *，更不要说外套或毯子了。弗雷德里克斯堡可以给他的部队提供遮风挡雨的地方，放弃这里是出于人道上的考虑，不让这里的居民遭受劫难，但会让自己的部队承受苦难，而且肯定会导致更多人得病。

时间一天天过去，李将军试图加强他在弗雷德里克斯堡后面和两边的阵地，他亲自为炮兵选定阵地，并确保他的 300 多

498

---

* 李在写给里士满的人的信中，会就几个话题毫无顾忌地发泄不满情绪，这是其中之一。"我被告知，现在里士满有大量的鞋掌握在囤积居奇的人手中，他们趁机索要高价"，他写道（富勒：《格兰特和李》，第 170 页）。即使他得到了鞋，也没有多少合脚的，鞋的尺码都太小。

门大炮一一安置到位。然而，他并没有试图在弗雷德里克斯堡内外精心构筑野战工事，并把它转化为一个设防营地，一部分原因是地面已经冻结，难以构筑工事，另一部分原因是他不想就此吓住伯恩赛德不再进攻。相对而言，在伯恩赛德可能选定的所有渡拉帕汉诺克河的地点中，弗雷德里克斯堡提供了一个理想场地，让李可以成功阻击兵力占优势的敌军。他不得不耐心等候良机，他的士兵们则"点燃砍来的木柴御寒"。[16] 李眼看着伯恩赛德预备好了浮筒，准备发起攻击。决战的时刻终于到了。12月11日凌晨5点之前，联邦军的两门大炮开火发出信号，联邦军工兵们开始在正对着弗雷德里克斯堡的位置搭建两座浮桥。此外，他们还在弗雷德里克斯堡以南一英里，深水溪汇入拉帕汉诺克河的位置搭建了另一座浮桥。李不能炮击正对着镇子的两座桥，担心会误击河边的民居。他只靠神枪手迟滞联邦军工兵们的进展。

清晨的河面上飘浮着晨霾和薄雾，联邦军工兵们表现出了非凡的勇气，他们一个接一个地将浮筒搬运到位，然后在浮筒上铺设架桥材料，所有这些都是冒着持续、密集、精确的步枪火力进行的。一旦有人倒下，立刻就有其他人接替。搭建中的浮桥正逐步靠近联盟军所在的河岸。联邦炮兵开始向镇里开火以压制李军步枪火力，造成平民伤亡，对此，李极其罕见地大发雷霆："这些人乐于摧毁弱者和无力自卫的人；他们就适合干这种事！"[17]

午后，伯恩赛德嫌建桥进度太慢，便命令一些步兵划着浮筒过河，上岸构筑桥头堡。联邦军工兵赶在夜幕降临前搭好了两座进军镇子的浮桥，以及在深水溪上的双跨浮桥。伯恩赛德的部队开始大举过河，很快就占领了弗雷德里克斯堡，双方在镇里一些狭窄的街道上展开激战。无论人们对作为将军的伯恩赛德如何评价（在有关内战的大部分史书中，他是联邦军将领

中口碑最差的之一），他手下的工兵们的勇气和职业技能都是
毋庸置疑的。

12月12日上午，居高临下的守军根本看不见被浓雾笼罩
着的联邦军，但能听见"山坡上回荡着幽灵般的人声、鼓声
以及断断续续的号角声，而且不久后还传来军乐队演奏的熟
悉的曲调声"[18]，这无疑是在提醒联盟军，联邦军的大部队已
近在眼前，他们正在浓雾中排兵布阵。当天夜里，拥有11.3
万人的联邦军队布好阵，与7.8万多人*的联盟军部队沿一条
6英里长的线列对峙。联邦军线列的最右端位于弗雷德里克
斯堡前方拉帕汉诺克河的弯道处，最左端位于史密斯菲尔德
（Smithfield）——此处是镇中心所在的狭小突出部，由伯恩赛
德的两个大师团和另一个师团的一部分兵力防守。这是一支强
大的军事力量，但其纵深不足，没有超过1000码的地方，而
且大军身后就是河流。

12月13日一大早，浓雾弥漫，雾气中的军乐和鼓声听上
去很诡异，很显然，敌军即将大举进攻。[19]上午9点，大雾渐
渐散去，伯恩赛德的大军摆出的"战阵"豁然出现在眼前，一
排排步兵肃立在迎着猎猎寒风的军旗之下，他们的剑、制服上
的金属纽扣以及刺刀反射着阳光——堪称有史以来一支军队所
能展现出的最震撼人心的场景，尤其是在联盟国军队破旧不堪
外表的反衬之下。与李将军一同观战的朗上校目睹了这无比辉
煌的一幕，他瞥见了长长的蓝色阵线，"从城边开始沿着河流
一直延伸到视线所及之处"。他写道："在这个庞大的蓝色阵
线中，处处显示出忙碌和激昂。士兵们的火枪在太阳的照射下
熠熠发光，无数星条旗在微风中飘扬，并指引着士兵们踏着振

---

*　朗斯特里特给出的数字比朗上校的少一些，是6.8万人外加骑兵，但朗上校的职责
是提供准确数字并告知李。

奋人心的音乐节拍，排成整齐的战斗队形。那个强大团体中
的每颗心无疑都急速跳动着，满怀激动地期待着即将展开的战
斗。"[20] 对李乃至每个在场的联盟国高级将领来说，这是他们
心生敬畏的时刻——这毕竟曾是他们的军队，是他们经西点军
校的学习后服役并身着其军服参加墨西哥战斗或守卫边疆地区
的军队。如今，这支军队排列着让最严格的教官都无可挑剔的
完美队形，即将越过眼前空地朝他们逼近，迎接他们的则是联
盟军队精心布置和排列的 306 门火炮。李眼看着他们排出整齐
的线列并即将发起他认为必定失败的进攻，心里一定也是五味
杂陈。

此次出战的杰克逊破天荒地穿上了崭新的军服，头戴镶
有金丝边的军帽，他和斯图亚特将军都督促李趁机攻击联邦军
线列，但被李拒绝。他把自己的大军部署在一片高地上，炮兵
阵地和预备队都隐藏在密林中，而伯恩赛德的举动正是李所期
待的。李将让联邦军进攻并借此消耗掉他们的力量。大雾消散
后，李可以清楚地看出对方将率先向他的右翼，也就是向杰克
逊军发起进攻。就在李和他的两位高级将领看着联邦军随着大
雾消散而露出真容时，双方兵力如此悬殊令人震惊，一向喜欢
捉弄杰克逊的朗斯特里特问他打算怎么对付"那边的那些人"。
杰克逊紧绷着脸，翻身上马并严厉地回道："阁下，我们要用
刺刀对付他们。"[21]

几乎就在那一刻，太阳出来了，"仿佛准备就绪的战神拉
开了大屠杀场景的帷幕，在遍布着火炮的斯塔福德小山包的映
衬下，整个舞台呈现在人们眼前，从弗雷德里克斯堡内街道的
北端一直延展至远处汉密尔顿交叉口前面的灰色草甸"。[22] 那
一刻的确让人有某种强烈的戏剧性感受。这不奇怪。内战一再
将气势恢宏的场景呈现在人们眼前，让置身现场的无数人难以
忘怀。

　　李仍然以静待动。面对就在眼前排兵布阵的敌军，李表现得异常镇定，他居然还在口授信件，其中包括一封回信，断然拒绝里士满的副官长要他"分兵增援威尔明顿（Wilmington）"的如此不识相的请求。李在信的结尾冷冷地建议："[威尔明顿的] 人们必须站出来保卫自己的家园，不然就会被夺走。"[23] 也许这是他面对联邦军队时内心涌动的毫不妥协、坚定不移情绪的反映。

　　上午 10 点 30 分，李将军下令圣玛丽高地（Saint Marye's Heights）上的炮兵"测试左侧的射程"[24]，无意间拉开了战斗的序幕。联邦炮兵误以为这些试射预示着联盟军炮兵即将展开猛烈炮击，便开始从河对岸反击。就在联盟军的火炮喷吐着火焰和硝烟时，威廉·富兰克林少将所率的大师团开始向联盟军右翼所在的普罗斯佩克特山（Prospect Hill）挺进，杰克逊的军队正在树木繁茂的山坡上等待着他们的到来。伯恩赛德的消息太不灵通了，他仍然以为杰克逊尚未与李会合，而他攻打的只是李手下一半的兵力。即便如此，数字可以说明一切。富兰克林的大师团最初在杰克逊的防线上冲开了一个缺口，随后疯狂地杀向普罗斯佩克特山脚下的密林。在李军的左翼，萨姆纳的大师团从弗雷德里克斯堡市内出发向圣玛丽高地的大本营进军，双方展开激烈的拉锯战。杰克逊的整条防线岌岌可危，随后他在河对岸重炮的掩护下发起反击，这才稳住阵脚。

　　在左翼，更具戏剧性、更血腥的场景正在上演。在小城后方圣玛丽高地平缓的半山坡上有一条部分下陷的路，这条有一道很厚的石砌"护墙"的特利格拉夫路（Telegraph Road）俯瞰着整个小城。没有人会选择这个易守难攻的位置展开攻势，但这并不能阻挡伯恩赛德，他命令萨姆纳和胡克率各自的大师团，一起冒着猛烈的炮火，向朗斯特里特军据守的阵地发起一轮接一轮的进攻。就在联邦步兵成排翻越斜坡时，联盟军像在

501

射击场里打野鸭一样将他们一批又一批地打倒。这是充斥着注定失败和毫无取胜希望的进攻战中一场最无意义的牺牲。每次进攻时，伯恩赛德的人都会踏着此前倒下的同伴的身体前行，最终同样被击倒。

但李越来越担心他的右翼，他可以看到联邦军连续不断的进攻正在一步步逼退杰克逊的防线，同时还注意到不断有联盟军官兵被俘。

突然，一颗炸弹在他身边爆炸。所幸他没受伤，随后，透过持续不停的枪炮声，他听到远处传来的再熟悉不过的南军发出的呐喊声。杰克逊军开始反击。李转向朗斯特里特，说道："幸好战争真的很可怕，不然我们会越来越迷恋它！" 25

人们通常认为，李将军的这句名言表达了他对军纪严明的联邦军士兵的钦佩，当时他看着他们越过布满同伴尸体的战场向前推进，禁不住发出这种感叹。事实上，这是李在观战A.P. 希尔部守卫深水溪时发出的感慨，当时这支破衣烂衫的"白胡桃"（butternut）*部队从树林里冲出来，向数量占优的联邦军发起反击。

在付出惨重代价后，联邦军针对联盟军右翼的攻势逐渐减弱，但他们仍在向圣玛丽高地发起一波又一波的猛烈进攻，李见状不禁对朗斯特里特说："将军，他们在集结更多兵力进攻，恐怕迟早会突破你的防线。" 26 朗斯特里特答道："将军，如果你把每个人都部署在波托马克河对岸那片空地上，并与我的战线相接，再给我提供足够的弹药，我会在我的阵线前把他们都杀光。看你的右侧，那里有危险，不用担心我这边。"

---

* 虽然联盟国军服本是灰色的，但它们用的是劣质染料，经常很快褪色，变成淡黄色，类似于用白胡桃树（Juglans cinerea）的树皮染成的土布，因此得名"白胡桃"部队。

502

联邦军对李军右翼的攻击徒劳无功，并渐渐平息，最后仅剩下双方"炮兵对轰"，而且杰克逊好像还占了上风。但联邦军对圣玛丽高地下陷路段的攻势仍在加强。伯恩赛德趁着战斗短暂停歇的空当调集了更多部队，试图通过更猛烈的攻势夺取这条路，但他们的进攻再次被击退了。双方在联盟国军队左翼的战斗持续了一下午，直到天黑下来，伯恩赛德拒绝接受失败的现实，继续将一个又一个旅投入毫无意义的战斗，使自己败了又败。"那条下沉路上的守军遭遇了一系列史无前例的勇猛、无望的攻击，"一向寡言少语的朗斯特里特写道，"战地上遍布着一堆一堆的尸体，我从未见过那种景象。"27

对于伤员来说，那是个恐惧之夜，随着气温急剧下降，被活活冻死的人呈现各种奇异的姿态。尽管李可能很享受他的胜利，但这是一个需要进行艰难抉择的夜晚。他和手下几乎所有将领一样，坚信伯恩赛德会在早晨重新发起攻击，很可能是试图从侧翼攻击联盟军防线，而不是正面进攻。李担心他的火炮弹药可能会耗尽。他最终提笔向联盟国战争部长汇报战况："上午9点左右，敌军攻打我军右翼，浓雾消散后，战斗开始从右向左进行，激战至下午6点。但感谢万能的上帝，到这一天结束时对我军全线［的进攻］均被击退。我军表现出色，但像以往一样，我们必须向众多牺牲的勇士致哀。我预计战斗将在天亮时重新开始。请转呈总统。"28

第二天拂晓，战场上再次被晨雾笼罩，李将军骑马去各处督促士兵们构筑工事。但当太阳终于出来，阳光照射在死伤枕藉的战场上时，敌军的进攻并未如期而至。他意识到弗雷德里克斯堡的街道上遍布着临时路障，好像伯恩赛德准备在那里拼死一战。与此同时，联盟军右翼长长的线列仍然一动不动，他们的旗帜卷起，好像在举行哀悼仪式。联邦军各师仍然没有动

503

静，但许多人看到"赤裸并失去血色的"[29]联邦军死难者的尸体横七竖八地躺在战场上，身上的衣服被联盟军士兵在夜里扒光了。

李将军没想过要主动发起攻击，即使是爱冒险的杰克逊也没动过这个念头。然而，斯图亚特的助手，来自普鲁士的赫罗斯·冯·博尔克少校对此决定持批评态度。"我军总司令，"冯·博尔克写道，"仍然反对前进，以我的判断，假如他赞同我们这样做的话，我们已错过了绝佳时机。……没有哪位将军意识到我们取得了多么伟大的胜利，给敌军造成了多么大的伤害，以及敌军的士气所受打击的程度。"[30]即使在一场大捷后，北弗吉尼亚军团的老毛病也一再出现。李无法追击敌人。他的部队几乎弹尽粮绝，官兵们饥寒交迫，疲惫不堪。李将军不得不再次满足于数字上的胜利：联邦军伤亡 12653 人，联盟军伤亡 5309 人。不管怎么说，这都是一场伟大的胜利，但不是乘胜追击，彻底击溃败军的一场胜利。运气不佳的伯恩赛德提出休战，掩埋己方阵亡将士，救回伤员，他的要求得到了满足。随后，他率军撤退，利用浮桥渡过拉帕汉诺克河，并将部队带至安全地带。

504

联盟军在弗雷德里克斯堡的大捷令北方深感不安。宾夕法尼亚州州长对总统说："它不是一场战役，而是一场屠杀。"[31]林肯得知战败的消息后写道："如果还有比地狱还糟糕的地方的话，我就身在其中。"[32]尽管如此，对任何战役的评价最终都取决于它们对历史进程的影响，而弗雷德里克斯堡战役虽然展示出李选择战斗地点与时间的能力，但除此之外并无其他作用。波托马克军团仍驻留在弗吉尼亚，确切地说在拉帕汉诺克河北岸，但李无力将它逐出，没有任何一个外国政府因他此战取胜而动心正式承认联盟国的国际地位，林肯也没有被迫与联盟国就其独立议题展开谈判。两支大军不久后便各自住进冬季营地休养生息。冯·博尔克少校说得完全正确：取得一场像华盛顿在约克敦那种胜利的"绝佳机会"与李擦肩而过。李在南方得到万众欢呼，甚至在北方也赢得了人们对他能力的敬佩。伯恩赛德的待遇正好相反，他被"好战乔"胡克取而代之，后者或许是个更无能的将军，这无法确证，但可以肯定的是他的性格更不讨人喜欢。

冬天的来临并不意味着李能得到充分休息。他的手下千方百计地搭建临时住处，尽管附近有一所空房子，但李仍旧继续住在帐篷里。他最小的儿子，刚从一名炮手升任哥哥鲁尼帐下中尉的罗伯特记述说，他的司令部"很简陋，由三四顶'墙式帐篷'和几个普通帐篷组成，扎在一片老松树林边上，附近的一些树为他提供柴火"。[33]

罗伯特接着说，他父亲的居住条件"相当差"，但李决心要与官兵们同甘共苦。粮草供应短缺，官兵们饿着肚子，马匹也吃不饱，饿得瘦骨嶙峋——这是一个很严重的问题，因为它威胁到李将军的骑兵和炮兵的作战能力。*尽管李将军持续不断地催促，联盟国政府还是无法组织或维持粮草的供应。道格拉斯·索撒尔·弗里曼写道："李所有的恳求或警告都只是保证这支部队勉强活着，除此之外别无其他作用。"这些人"每隔三天每百人还能得到1/4磅腌肉、18盎司面粉、10磅大米，有时还能得到豌豆和少量干果之类的意外收获"[34]，他们够幸运的了。结果是联盟军的大多数士兵遭受坏血病、痢疾、冻伤等病痛的折磨，个个体虚无力，许多马匹在饥寒交迫中死去。富勒少将指责李没有付出足够努力解决供应问题，这不无

505

---

*　每个骑兵肯定都需要一匹马（在联盟军中，骑兵都自带马匹）；而每门火炮则需要12匹马，其中6匹马拉带火炮的前车，另外6匹马拉带两个弹药车的前车。

道理："他的恳求太讲究用词了，人们都没当真。他从未替他们打抱不平。"[35] 诚然，李将军过于依赖军队不屈不挠的精神，而忽视了事关吃喝拉撒之类供应上的细节。他还刻意回避与戴维斯总统和联盟国会全力对抗，而后者在这一问题上一直不太用心。

弗雷德里克斯堡距里士满仅 60 英里，李的士兵不会因他抽时间与家人团聚几天而感到不快。但李没有这么做，因为他的部下没有这种待遇。这种做法并不对，因为他得到充分休息后才能更有效地指挥作战。他在圣诞节那天写给女儿米尔德丽德的信中说："在此片刻宁静之际，我无以言说，我是多么渴望见到你。我的思绪又回到你、你的姐姐和你的母亲那里；我渴望与你们团聚。我偶尔会看到你的两个哥哥。这天上午，菲茨休和他的年轻副官［罗布］骑马经过我这里，他一马当先，率领他的旅前往拉帕汉诺克河。"[36]

在同一天，他也写了一封信给玛丽说，"战争真是太残酷了，造成骨肉分离、家破人亡，并损害上帝赐予我们在尘世能享有的最纯粹的快乐和幸福"，还说"我的心为我们牺牲的每个勇士而流血"。[37] 李的朴素和赤诚之心由此清晰可见，而他此刻要做的事进一步印证了他的品格，他决定遵照岳父的遗嘱，颁发"解放证书"给卡斯蒂斯名下的所有奴隶，了却卡斯蒂斯先生想要他们都成为自由人的心愿。"关于这些人的解放，我愿尽我所能推动它取得进展，"他写道，"我希望他们一切安好，不会出什么差错。如果可能的话，我也很想亲自操办这件事，充分满足他们的愿望，确保他们的利益最大化。但我做不到。选择离开的所有人都可以在战争结束前离开这个州……［这些人］有权获得自由，而我愿给他们自由。"[38] 林肯于 1863 年 1 月 1 日颁发的《解放宣言》原则上解放了联盟国境内的所有奴隶，但实际上直到内战结束，奴隶制在那些州

（除了联邦军占领区）才真正得以终结。不管怎样，无论有没有这个宣言，李将军夫妇都决心严格按照卡斯蒂斯先生遗嘱中涉及奴隶的约定执行。

也许这个冬天唯一值得肯定的就是战争部采纳了李将军明智的建议，熔化了军队中一些年头较久的青铜大炮，铸造了李将军喜欢的 12 磅拿破仑炮。此举将减少不同口径的火炮数量并简化制造过程。

进入冬季后，气温越来越低，天气越来越恶劣。"今早出门时我发现〔雪〕几乎没过了我的膝盖，"李在给玛丽的信中说，"那些可怜的马都快被活埋了。我们清理了马身体周围的雪，清出一条通道，但情况堪忧，道路无法通行。我担心本已不足的粮草配额会被迫进一步削减。"[39] 战争部设法送来了一批动物供这些士兵杀了吃肉，但它们到达时已经瘦得不能再瘦了，李将军觉得它们已经不能宰杀了。自乔治·华盛顿率军在福吉谷（Valley Forge）过冬以来，还没有一支美国军队遭受过这样的苦难。

李的身体平常很强健，但这段时间突然变得很差。他睡不好觉，咽喉感染一直不见好转，并恶化成了心包炎，而当时治疗心包炎的方式就是静养和在胸部涂碘酒。如今看来，这一诊断是错误的，李当时可能患了心脏病、动脉硬化、心绞痛，甚至有轻微的心脏病发作。就在葛底斯堡战役打响之前，他的身体再次出现了同样的症状：胸痛、左臂痛和气短。即使在 1862 年冬季，他的健康状况也已经很差，不得不在人们的劝说下从帐篷搬进附近的房子里住。不管他周围的人多么和善，毕竟都是陌生人，他还是想念可以独处的帐篷。他相信骑着"旅行者"出去呼吸新鲜空气比吃任何药都好，还抱怨说"医生们拍打着我全身，就像在报废蒸汽锅炉之前所做的那样"。[40] 有些历史学家，包括埃默里·M.托马斯推测说，李可能早在最后一次去得克萨斯的时候就出现了一些心脏病的最初症状，但很少有人会

507

考虑他的动脉硬化症可能在今后 3 年影响他的判断力。

相对来说，史上伟大的统帅通常还年轻，可李将军已经 55 岁了。几乎可以肯定的是，他已经到了需要动用自身体质本就欠缺的储备的地步。以他目前的年龄来说，寒冬腊月生活在帐篷里，同时肩负着联盟国存亡的重任，这些都肯定让他的身心承受着巨大的压力，无论他怎样刻意隐藏。

如果人们认识到李正在步入按当时标准衡量的身患严重的心血管疾病的晚年，那么在战争最后两年里发生的种种怪事大体上就都能说得通了。

到了 4 月的第一个星期，李的身体状况稍有好转，只是不时会抱怨浑身无力。春天的到来意味着他又要投入战斗了，但到目前为止，他还没看出"好战乔"胡克究竟意欲何为。李认为这位联邦军指挥官或许会试图吸引他沿拉帕汉诺克河继续前行，以便联邦军突袭里士满。另外，胡克也可能在弗雷德里克斯堡或上游某处再次横渡拉帕汉诺克河。他甚至有可能打算走海路移师詹姆斯河以南，沿着麦克莱伦当初的足迹进军里士满。李自己则希望渡过波托马克河，并在胡克回过味来之前进入宾夕法尼亚州——基本是上次战役的重复，但会避免在夏普斯堡代价惨重的僵局。联邦军骑兵侦察队最近很活跃，这说明胡克也在考虑同样的问题。除了派骑兵四处侦察以外，北军还将数只观测气球升上天空。

在此期间，朗斯特里特率其大部在北卡罗来纳州搜寻粮草。一旦朗斯特里特赶来会合，李就会以 6 万人马对阵胡克的 13.8 万大军，这不足以排出足够长的防御阵线，也无法阻挡联邦军横渡拉帕汉诺克河。无论如何，李只能等着胡克先出手。

1863 年 4 月 29 日，李被远处传来的大炮轰鸣声惊醒。斯图亚特的一名助理前来报告说，联邦军"大量部队"正在穿越弗雷德里克斯堡以南的拉帕汉诺克河，更多的联邦军部队正沿该河北岸挺进。尽管胡克这次进军弗雷德里克斯堡变换了方向，但接下来的钱斯勒斯维尔战役实际上是试图从西边展开并渡过拉帕汉诺克河，重打一场弗雷德里克斯堡战役。胡克的作战计划只是比伯恩赛德的多出了一个招数：试图通过骑兵部队的大迂回切断李军与里士满之间的联系。李很快识破了胡克的计划是将联盟军牵制在弗雷德里克斯堡，同时在李无暇顾及的地点渡过拉皮丹河和拉帕汉诺克河。

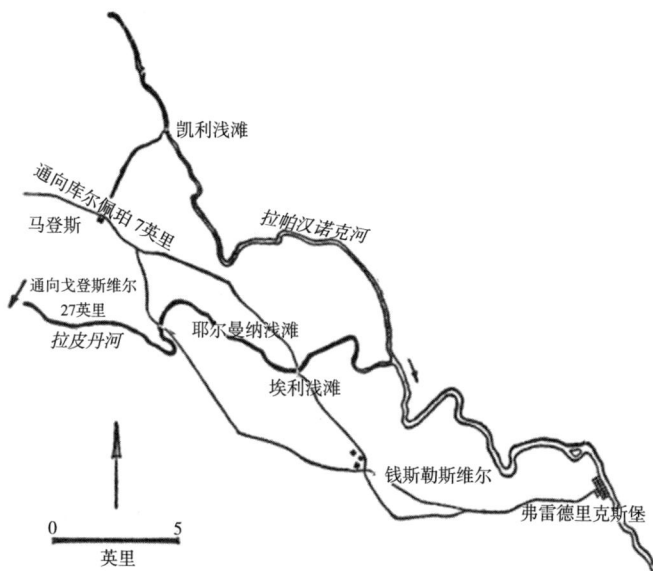

21　进军钱斯勒斯维尔

1863 年 4 月 29 日至 5 月 5 日，钱斯勒斯维尔

在朗斯特里特各师缺席的情况下，李只有 4.3 万人，外加斯图亚特的骑兵部队，面对着一支兵力 3 倍于己、火炮数量 4 倍于己的大军。李的确胆识过人。他深知面对强敌主动撤退将

招致灾难性的后果。他的直觉告诉他要立即展开进攻。他让朱巴尔·A.厄尔利少将率一个师外加一个旅的兵力留守弗雷德里克斯堡，对阵联邦军的四个师，自己则率余部大胆进军钱斯勒斯维尔，去攻打正在那里集结的联邦军的三个军。

胡克并非人们通常所想的那样只会纸上谈兵，不过他态度粗鲁、目空一切的特点确实名不虚传。例如，胡克就不应对林肯总统夸下如此海口："我的计划十分完美，一旦我开始实施它们，但愿上帝怜悯李将军，因为我是绝不会手下留情的。"[41]另外，胡克虚张声势的表象并不能遮掩他在战场上缺乏决断的缺陷。他制订了有些复杂但肯定是雄心勃勃的计划，他掌握的有关李军兵力的情报也比较准确——有别于艾伦·平克顿毫无根据的夸大，并导致麦克莱伦行动起来缩手缩脚。胡克希望以近3万人佯攻弗雷德里克斯堡的方式牵制住李的大军，暗中则让7.3万人的大部队一路向西，分别在拉帕汉诺克河上游一处浅滩和拉皮丹河上的伊利浅滩渡河，随后直指弗雷德里克斯堡，准备以钳形攻势击垮北弗吉尼亚军团。

他没有考虑到李将军的第一反应总是迅速机动和进攻。胡克还低估了穿越荒原的行军难度，这片荒原位于拉皮丹河和弗雷德里克斯堡郊区之间，长约12英里并长满了次生林。早期定居者砍伐了这里的原生林用于生产木炭。当他们砍光这里的树之后就去了别处，此后这里渐渐长出了小松树、小橡树、丛生的藤蔓和浓密的矮树丛，形成了一片令人寸步难行的灌木丛，几乎无路可走，其间还遍布着蜿蜒曲折、岸边全是烂泥的小溪。在这个黑暗、压抑、荒无人烟、基本上没有标识的区域，根本不可能部署大部队，也无法有效运用远程火炮。[42]你的战友，或者敌军，可能离你也就几码远。此外，由于缺乏任何明显标识，指挥官可能会迷失方向，而且无计可施。多年后，富勒将军评论说"这个树木茂密的区域"会让部队四散，几乎不可能实现统一指挥。

　　事实证明，胡克的计划太不现实了。他可以是一位称职的师长或军长，但让他统领一支总兵力超过 13.3 万人、散布在方圆数英里灌木丛中的大军，实在是让他力不从心。他此前将全军分为三大纵队：他率领的左路沿拉帕汉诺克河南岸推进，另外两路则穿越荒原进军钱斯勒斯维尔——胡克已将自己的指挥部设立在这个小镇。它小到只有一家客栈和一两栋房子。胡克接下来的决策更是让他的处境雪上加霜：他派遣斯通曼少将（Major General Stoneman）率领全部骑兵展开"突袭里士满"的行动，打算借此切断李的交通线。[43] 这次突袭失败并不算什么，关键是它导致胡克面对敌军时成了睁眼瞎。

　　胡克的三大纵队总算是成功穿越了荒原，位于最左端的米德军已开进到距弗雷德里克斯堡不足 5 英里处，但胡克完全错判了李的动向。李根本没有把全军都部署在弗雷德里克斯堡外高地上的防线（他的部队在整个冬季都在构筑这里的阵地）上，而是兵分两路，在胡克的右路和中路纵队钻出荒原踏上奥兰治—普兰克公路和奥兰治收费公路之际展开突袭。"在弗雷德里克斯堡附近我们正前方的敌军，"李写道，"仍然没有动静，主攻方向显然是我们的侧翼和后方。因此，我们决定留下足够兵力守住我们的防线，并以我们的主力部队主动迎敌，打击逼近的敌军纵队。"[44]

　　面对几乎 3 倍于己的敌军，李将军兵分两路的做法，是典型的大胆举动之一。此举严重扰乱了胡克的布局。尽管他的两个军已经向钱斯勒斯维尔以东推进了将近两英里，进入了一片开阔地，并有良好的条件用于自保，但胡克命令他们撤回到钱斯勒斯维尔。此时这两个军已经与敌人交战，指挥官们接到命令后非常愤怒，因为他们要再进荒原。

511

　　"原路返回的命令已经让我有了一定的心理准备，"其

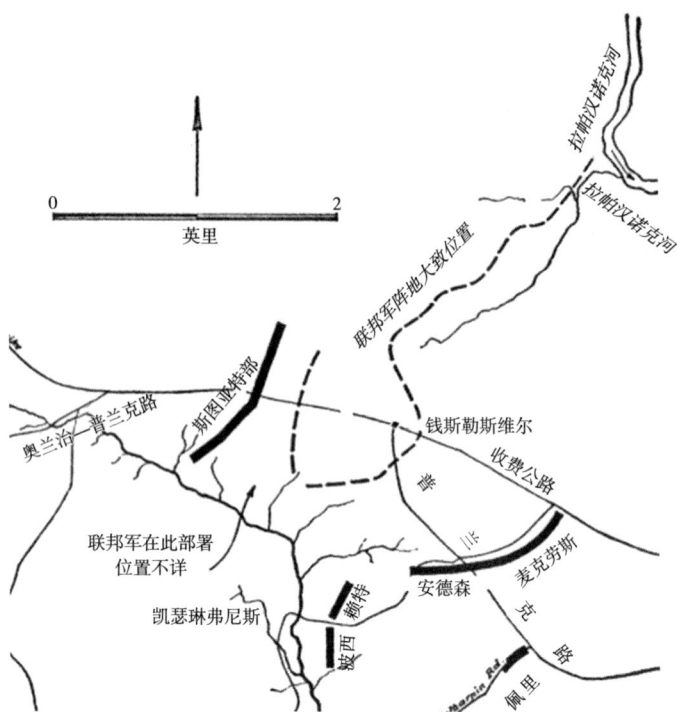

22　1863 年 5 月 3 日凌晨 5 点左右，北弗吉尼亚军团的位置和波托马克军团的假定方位

中一位指挥官达赖厄斯·库奇少将（Major General Darius Couch）后来写道，"但听到［胡克］亲口说出他手下将领们通过艰苦行军赢得的优势，最终会被用于灌木丛中的一场防御战，真让人难以接受。我从他身边退下时，心里只想着我们这位总司令是个毫无主见的人。"[45]

　　库奇少将相信胡克在战斗还未打响时就已丧失了自信心。然而，无论库奇怎么想，胡克尚未信心尽失。第一道命令发出后，他显然又有了新想法，命令部队原地待命至下午 5 点，这让事态变得更糟糕。收到最新命令时，多数指挥官已经遵照第一道命令放弃了原来的阵地。他们及其部队最终退回钱斯勒斯维尔镇，并连夜构筑防御工事，挖掘壕沟，搭建原木临时胸墙以及鹿砦 *，他们不可能不感到困惑并心生怨恨。

胡克打算在钱斯勒斯维尔集结兵力后，迫使李向他发动进攻，然后以李对付伯恩赛德的方式，给予联盟军沉重打击。但胡克发出的两道自相矛盾的命令，让部队困惑不已。从胡克于5月1日发出相反命令的那一刻起，他就失去了将领们的信任，正如拿破仑所预测的那样。

杰克逊的部队小心谨慎地尾随着后撤的联邦军队。起初有人怀疑这其中可能有诈，但到下午晚些时候，将军告诉李"他遭到敌军阻击"。不说别的，胡克布下的阵还是很厉害的，主力部队占据了制高点并构成稳固的防线。胡克哪来的信心认为李一定会从正面攻打他的防线，就像伯恩赛德在弗雷德里克斯堡那样？这个问题至今没有答案，但可以肯定他这是一厢情愿。

黄昏时，李骑马前去迎接杰克逊。他俩一起去了奥兰治—普兰克公路（Orange Plank Road）与通向凯瑟琳弗尼斯（Catherine Furnace）的乡间小路的交叉点，这里距胡克的司令部不足一英里。联邦军的神枪手见状开始朝这边开枪，他们明智地退回到密林中，低声讨论当前局势。杰克逊认为胡克会继续退却，并且会在第二天早晨再渡拉帕汉诺克河。李不那么乐观。他知道华盛顿方面肯定给胡克施加了很大压力，要他设法打一场胜仗。这时李的侄子菲茨休派人送来了情报，告知虽然胡克的中线和左翼防线很牢固，但他的右翼"无掩护"——也就是说，"它无险可守"的防线很容易被攻破。[46]另外，胡克的右翼没有任何联邦骑兵活动的踪迹。看样子斯通曼将军与联邦骑兵主力仍处在前往里士满的"兜风"之旅。

513

* "摆成一排的树枝，削尖的一头朝外"（维基百科）。

李决定采用他最喜爱的战术——快速机动、出其不意地迂回侧击。早已回到李身边的斯图亚特承诺去探路，以便让联盟军神不知鬼不觉地绕过联邦军左翼。此外，他还要物色一个同情联盟国且熟悉这一带的当地人。李在午夜前终于下定决心。他问道："我们该怎么对付那些人？"他也许在问杰克逊，也许只是边查看地图边自言自语，但不管怎样，他脑子里已然成形的大胆计划（被富勒称为"杰作"）绝对令人瞠目结舌，就连一向胆识过人的杰克逊和斯图亚特这种斗士听后都惊呆了。

李此前已在强敌面前兵分两路，在大战前夕又要兵分三路，只留 1.3 万人守卫弗雷德里克斯堡并确保他的后方安全。他要亲自指挥 1.4 万人在中线"牵制胡克的 7.2 万人"[47]，并让杰克逊率 3.2 万人直入荒原，沿可能存在的道路行军 14 英里后对胡克的右翼展开攻击。这种做法完全与"集中兵力"的原则背道而驰。"李采取了快如闪电的行动"，富勒将军评论道。

斯图亚特说到做到，从他的军中找到了 B. 塔克·莱西（B.Tucker Lacy）教士，此人曾在这一带居住，并确认李提及的道路可以供人马通行。[48]杰克逊苦笑了一下，说他将率军在凌晨 4 点出发。这时，李躺在一棵树下，展开外套垫在地上并以马鞍为枕。不一会儿，他就进入了梦乡。

杰克逊并不喜欢这条行军路线。他觉得它太靠近胡克的右翼，很难不被发现。他派莱西与他手下的天才绘图师霍奇基斯少校一起去前方探路，争取找到一条远离胡克军右翼的路线。他们找到了一条用于采伐木料的林间小径，并叫醒了开辟这条小径的"[一个]铁炉的业主"打听情况，这个人说如果需要的话，可以让他儿子给他们当向导。[49]这条小径比李建议的道路稍远且更难走，但它能满足突然袭击的要求，并能将杰克逊军带到离胡克后方更近的位置，达到最佳攻击效果。

从各方面的报告看，杰克逊当晚感觉不舒服。夜晚的空气潮湿、清冽，他在寒气中瑟瑟发抖，估计是着凉了。李当晚的指挥部设在松林间的一小片空地上，杰克逊就在那里躺下休息。他手下的一名参谋人员拿来他的厚大衣要给他盖上，他"很有礼貌并坚决地拒绝"了这名部下的好意，但他同意盖上雨披。[50] 杰克逊解下了他的剑并把它斜靠在一棵树上。[51] 就在杰克逊休息期间，那把剑当啷一声倒在了地上，李的副官朗上校后来认定那其实是一个不祥之兆——但在当时他本人和其他任何人都没有多想。杰克逊是个十分虔诚的基督徒，不会接受任何迷信，但不管怎样，他休息的时间很短。

天还一团漆黑时，霍奇基斯带着当地向导返回营地，但李和杰克逊此时早已睡醒，坐在应该是联邦军丢下的空饼干箱子上，面对一堆即将燃尽的篝火。杰克逊喝了一杯热咖啡，显得精神了许多，开始凝神听取汇报。霍奇基斯拉过一个空饼干箱子，在杰克逊身边坐下，然后画了一幅草图，标出他建议的行军路径。杰克逊和李简单讨论了几句——这两人从来不争吵，只有朗斯特里特会跟他俩吵。"我只需向他说明我的想法，只要能办，就能办成"[52]，这是李提到杰克逊时的说法。"他会毫无保留、一丝不苟地执行我的意图。"李给杰克逊的命令也不过是"好，继续做吧"，然后杰克逊就起身离去，率军趁黑出发。

李与随从骑马离开之前又去见了杰克逊，简单说了几句话。

没想到，他俩就此永别。

5 月 2 日一整天，李的计划基于两个设想：一是胡克没有发现他正面敌军仅有 1.4 万人，二是约翰·塞奇威克少将（Major General John Sedgwick）在弗雷德里克斯堡附近的部队按兵不动。这两者都是毫无依据的赌博，但竟然全中。胡克没有攻击李的防线，他用电报发给塞奇威克的命令语焉不详，后者决定静观其变。塞奇威克在战斗中总是决策错误的本事早已广为人知。后来，他以内战中最著名的一段话而送了命。当他看到士兵们躲避神枪手的子弹时，不屑地对他们说："我真为你们这样躲躲藏藏感到羞耻，离这么远他们连大象都打不中。"话音刚落他就被一颗子弹击中额头，当场死亡。5月2日，塞奇威克把胡克模棱两可的命令理解为是否发动进攻完全取决于他的判断，并决定按兵不动，此举使得李避免了杰克逊侧击敌军之前后方失守的灭顶之灾。

李准确无误地预判了对手的动向，而胡克则错得离谱。这天上午9点左右，这位联邦军总司令得到报告，称联盟军正向他防线的右端移动，但他由此得出的结论实在令人匪夷所思，不知何故，他竟然认为南军在撤退。胡克命令部队展开进攻，但又不急不慌，也许不想刺激对方加速后撤。几乎在同一时间，杰克逊的后卫队——佐治亚州第二十三步兵团——在凯瑟琳弗尼斯被卷入一场激烈而血腥的小规模战斗。奉命增援佐治亚人的部队未能及时赶到，该团大部被围歼。

假如胡克能认清形势，他也许会认识到尽管他的右翼面临威胁，但他若大胆攻击敌军中线的话，很可能会以多胜少。但当前战役的规模远超他的指挥能力所及，进而茫然失措，无所适从。尽管他确实警告过陆军少将奥利弗·霍华德（Major General Oliver Howard）他可能遭到攻击，但在发出警告时并没有指出敌军的攻击迫在眉睫。他根本就没想过骑马去东南方向四分之三英里处的现场亲眼看一下霍华德究竟在干什么。

下午2点，菲茨休·李向杰克逊报告说他发现了一个小山包，从那里可以看到联邦军的整个右翼防线。菲茨休说话的语气一定让杰克逊意识到这个发现极其重要，因为他立刻叫停了行进中的队伍，改变方向，跟着"菲茨"穿过密林来到一个半秃的小山包上。放眼望去，杰克逊松了一口气[53]，他看到霍华德的人马正在休息，他们的枪支都整齐地堆放在一边，浑然不觉 2 万多名联盟军步兵和斯图亚特的骑兵主力就在他们附近经过，直线距离不足一英里半。杰克逊见状大喜过望，他决定让部队再前行两英里，然后从背后突袭霍华德部，这意味着他要将攻击时间推迟到下午 5 点之后。

516

正如在夏洛战役期间那样，联盟军突袭之前，霍华德的人其实得到了预警，当联盟军在森林中行进时，受到惊吓的野生动物突然从荒原中成群结队窜了出来。片刻之后，杰克逊的人马"从密林中奔涌而出，并发出尖利的反叛军的呐喊声"。[54]李在战报中记述道："阵地一处接一处被攻占，火炮被缴获，敌军的每次反扑都被我军迅猛的冲锋打垮。"[55]起初是败退，接下来就是联邦军右翼全线崩溃，尽管杰克逊希望乘胜追击，将溃不成军的敌军逼回到 4 英里外的美国浅滩，但联邦军指挥官们渐渐稳住了阵脚，联盟军的官兵们经过长达 14 英里的急行军后体力不支，无法保持最初的追击力度。虽然杰克逊将联邦军逼退了一英里多，但他既无力占领钱斯勒斯维尔，也不能突破联邦军其余阵线与李会合。另外，虽说杰克逊天才的迂回行军（在很多方面都让联盟国达到了军事上的巅峰）之举大获成功，但时间上的延误使得他的胜利大打折扣。他曾向李打包票说会在下午 4 点准时发动突袭，但实际上他直到 7 点才开始行动。听从菲茨休的建议上山并继续向西进军从战术上看并没有错，但他因此耽搁了两个小时。当他最终发动攻击时，白天的时间也就只剩两个小时了。随着联邦军抵抗力度不断加强，杰克逊开始担心他的攻势有陷入胶着的危险，而且他的兵力仍远不如对手。他骑马沿着普兰克路跑到部队前面评估发动夜袭的可行性。杰克逊曾在弗雷德里克斯堡提出这个建议，指出"我们应该脱个精光"以区分敌我[56]，无法分清敌我的确是夜间军事行动的祸根。李当时拒绝了这个想法，认为它太冒险，甚至有些古怪，但显然他一直念念不忘夜袭的想法。5月2日或许很适合夜袭，当晚满月当空。

517

杰克逊与他的随从巡视完毕返回营地时，被自己人误认为是联邦军骑兵。开火的北卡罗来纳州部队装备了"鹿弹"（.69口径弹丸与3粒小铅弹混装的弹药），能对中短距离的目标造成极大伤害。杰克逊身中3弹，其中2粒铅弹分别击碎了左上臂和小臂。突然响起的枪声和闪光使他的坐骑小栗色马受到惊吓，开始狂奔，杰克逊被一根低垂的树枝刮翻在地，昏了过去。杰克逊的伤情并没有危及生命，但他的左臂必须截肢。他肺部感染。8天后，杰克逊去世。

假如杰克逊按照他向李承诺的在下午4点发动进攻，并且没有听从菲茨休的建议走了一条远路，额外增加了两个小时行军时间，他就能利用更多白天的时间争取与李会师。这样他就不需要在夜里走到部队前面巡视了。

对李来说，这是"最严重的灾难"：杰克逊是他至此为止最得力的干将。[57]一个小问题是，杰克逊像往常一样，没有把他的计划透露给任何人。他究竟打算第二天早上向北推进并截断胡克的军队前往美国浅滩的退路，还是要集结起四散的各部进军奥兰治收费公路并与李会师？

李在5月2日向胡克的中线发动了一系列小规模攻势，让他无暇顾及右侧的动向。黄昏时分，他一直期待的"杰克逊部攻击的怒吼声"才从远处传来。[58]连发齐射的炮火映红了夜空，直到夜里11点后步枪齐射的声音仍未停息。然而，李一直等了很久都没收到战场那边的任何消息，他只好在那一小片空地上躺下休息。"大约2点30分"，他被泰勒与杰克逊手下信号官威尔伯恩上尉（Captain Wilbourn）的谈话吵醒了。威尔伯恩汇报完毕杰克逊侧翼包抄的非凡之举后，补充说他的长官被自己人误伤。

威尔伯恩和李都不认为杰克逊的伤会致命，但威尔伯恩后来记述称李听到这个消息时"声音哽咽"，而且"似乎要哭了"。[59] 在此期间，李的左翼无人指挥，级别较高的指挥官只剩下 A.P. 希尔，但杰克逊并没有告诉他接下来的作战计划。不久之后，希尔负伤，作为现场的高级少将，杰布·斯图亚特接过指挥权。凌晨 3 点，李写信给斯图亚特，催促他"全力以赴"向前推进并从敌军手里"夺取"可"使全军合兵一处"的钱斯勒斯维尔。[60]

李已看清当前的形势，5 月 2 日那天杰克逊取得的"光荣大捷"存在失败的危险。尽管胡克大军遭到重创，但他仍然有 7.6 万人对阵李的 4.3 万人，他的中线和左翼依旧固若金汤，任何企图将他逐出此地的努力都注定会导致血流成河。

杰克逊的伤情一直让李放心不下。他叫人把"旅行者"牵过来，但就在他要上马时，霍奇基斯过来汇报情况。李耐心听着汇报，直到霍奇基斯开始描述杰克逊的伤情时，他态度柔和地打断了他："这些情况我都知道，我不想再多了解——这个话题太让人心痛。"[61]李很明白，他和斯图亚特必须勇往直前、奋力一搏以便实现全军会师。做不到这一点就意味着杰克逊取得的战果将付之东流。此刻李犹如得到了神助，胡克又犯了一个错误，他转移了炮兵阵地，原来的阵地处在一个地势较高的空地上，可以用炮火覆盖东西两侧。假如胡克决心维持原状的话，联盟军步兵很难或者说根本不可能夺取这块阵地。

当前联邦军的阵线由两部分组成，一部分是防守钱斯勒斯维尔的马蹄铁形，另一部分是从该镇延伸至拉帕汉诺克河岸的直线。第二天凌晨 5 点 30 分，李和斯图亚特同时向马蹄铁的两端发起攻击，双方展开了内战期间最激烈的战斗之一。李一直在前线督战，他肯定不会想到一颗联盟军的炮弹击中了胡克倚靠着观战的钱斯勒斯维尔一栋房子外廊的柱子。被炸断的柱子倒了下来，"重重地"砸在胡克的头上，他当场失去了知觉。胡克醒来后拒绝交出指挥权，很可能是因为他厌恶副手库奇少将。在开战前，库奇就曾鄙夷地说胡克"无主见"。也许正因如此，上午 10 点时，他撤走了费尔维尤山（Fairview Hill）上的炮兵，此举等于弃守钱斯勒斯维尔，并使他的部队陷入一团混乱，争相逃往拉帕汉诺克河对岸。经过不到 5 小时的激战，双方均伤亡惨重，仅次于安提耶坦战役的人数——联邦军伤亡 1.7 万多人，联盟军伤亡 1.3 万多人——但李完成了作战目标，并赢得了一场用富勒的话说的"完美战役"。另外，同样是在上午 10 点，李军的两路部队在距钱斯勒斯维尔酒馆不远处胜利会师。李驱马向前，联盟军官兵一片欢腾，他的军事秘书查尔斯·马歇尔少校记述了当时欢迎他的热烈场面。

> 李的出现犹如一声号令，人们内心积聚、难以控制的热情闻声猛烈喷发出来，若未亲历，则难以领会此等情感。那些曾拼死厮杀、脸被硝烟熏黑的士兵，那些四肢无力、从吞噬一切的烈焰中爬出的伤兵，似乎全都着了魔，抑制不住内心的冲动，发出长久不息的欢呼声……响彻云霄，盖过枪炮的轰鸣，向他们战胜的首领欢呼。他端坐在马上，沉浸在所有战士的终极梦想——胜利当中；当我看着他品尝由他的天才、勇气和对自己部队的充分信任赢得的大捷成果时，我不由得想到，古代的人们一定是从这种场景中攀上与诸神共荣的高处。[62]

马歇尔是个头脑冷静的人，而且是一名律师，但他与其他

519

数百万人一样崇拜李。当李身着一身灰色制服，骑着一匹灰色的马穿过这片杀戮场时，他看上去就是一个完美的英雄。

但是很遗憾，北弗吉尼亚军团再次无法乘胜追击，斩断胡克大军撤往美国浅滩的退路。胡克或许会感到茫然和屈辱[63]，但李实实在在地损失了四分之一兵力。他的惨胜不由得让人想起国王皮洛士（Pyrrhus）①说过的一句话："再这样胜一次，我们就全完了。"朗斯特里特赶回并与大军会合后也萌生了同样的想法：他觉得李采用主动进攻而不是防守的策略使联盟国损兵折将太多，根本得不到完全补充。李本人也没有因胜利而欣喜。他口授了一封信给负伤的杰克逊："假如我能主导事件的演变，我会选择让这片国土而不是你受损。"

此时，李得知联盟军在不足 10 英里外的弗雷德里克斯堡遭受了重大灾难，他曾告诉奉命留守的朱巴尔·厄尔利，一旦遭到敌军优势兵力的攻击，他可率部撤往里士满。后来，也就是 5 月 2 日，厄尔利收到李的一名助手传来的口头命令，要求他率兵增援李。在行军途中，厄尔利得知塞奇威克正在渡过拉帕汉诺克河攻打弗雷德里克斯堡。厄尔利当即回师御敌，并在 5 月 3 日浴血奋战，要让塞奇威克重蹈伯恩赛德失败的覆辙。就因为命令含糊不清，李要为这座小城付出双倍代价，而且还要防备联邦军从普兰克路赶过来攻打他的背后。李毫不犹豫地派遣麦克劳斯少将率师驰援弗雷德里克斯堡守军，由此再度分兵。他随后迅速跟进，确保他的命令不会再次被误解。5 月 3 日的战斗异常激烈和残酷，塞奇威克的部队再次攻击了圣玛丽高地上的联盟军阵地，并一度占领了去年 12 月令双方死伤惨重的下沉路段。傍晚时分，联邦部队向前推进了 4 英里多之后在塞勒姆教堂附近受阻，联盟军在此地组织起了牢

520

---

①　古希腊伊庇鲁斯王国国王（公元前 319~前 272 年，公元前 297~前 272 年在位）。

固的防线。

胡克仍是一筹莫展，进退维谷。他拥有发起新一轮攻势的足够兵力，但缺乏作战意志和计划。尽管 5 月 4 日在弗雷德里克斯堡内外的战斗持续了一整天，但胡克一直不能支援塞奇威克，后者已经在自寻出路，准备撤回到拉帕汉诺克河北岸。5 月 5 日夜里，"好战乔"召集了一次军事会议，与会的大部分军官都希望重启战端。然而，胡克至此已被他自己的恐惧吓住了。尽管拥有占绝对优势的步兵和炮兵，但他还是选择了结束战斗，退至后方休养。从最初大兵压境，眼看要打垮北弗吉尼亚军团，到如今以这种可耻的结局收场，怒不可遏的林肯不由得发问："上帝啊！上帝啊！天下人该如何评说？"[64] 胡克手下的将领们无不满腹怨气，而他反过来怪罪众将，这让林肯和哈勒克对他抱有的信心荡然无存。

南方人对李将军取得如此重大胜利表现出的热情因"石墙"杰克逊之死和骇人听闻的惨重伤亡而大打折扣。李将军的战斗年表在军事史上几乎是独一无二的——他一场接一场地投入战斗，没有给他自己或他的军队任何喘息之机。1862 年 8 月以来，他已指挥实施了南北战争中的四大战役。在胆识和战术天赋上，没有一个联邦军将军能望其项背。没有任何一支联邦军的部队能像他手下那些忍饥挨饿、装备简陋的士兵一样，面对种种不利形势展现出凶猛而顽强的战斗精神。1862 年全年，联盟国处境艰难：南方的港口均遭联邦封锁，它最重要的城市新奥尔良失守，格兰特率部沿密西西比河顺流而下，直逼维克斯堡和联盟国的腹地；南方的劣势不仅体现在财富和人数上，而且体现在所有制成品上。联盟国政府只能仰赖北弗吉尼亚军团来之不易的一次次胜利维持生存。

即使是现在，经过近一周的战斗并付出 1.3 万人伤亡的代价，从战略上来说，李充其量维持了原状并将两倍于己的敌军逼退。现在他打算重新挥师向北，进入宾夕法尼亚。战斗的速度是惊人的——在不到两个月的时间里，在部队元气不可能得到恢复的情况下，李将进行这场战争中最关键的一场决战。

/ 第十章　葛底斯堡

"如果我们不打他，他就会打我们"

> 李将军也不例外，他是我所见过的他这个年龄段里最英俊的男子……他是个十全十美的绅士。
>
> ——葛底斯堡战场上的英国观察员、冷溪近卫团的阿瑟·弗里曼特尔中校

尽管弗里曼特尔中校有时被描述为英国官方派出的军事观察员，但他实际上是趁着休假来到美国并以某种军事旅游者的身份进入了联盟国，很像是儒勒·凡尔纳（Jules Verne）《八十天环游地球》（*Around the World in Eighty Days*）中泰然自若的主人公斐利亚·福克（Phileas Fogg）。弗里曼特尔实在太像斐利亚·福克，不由得让人猜测或许凡尔纳就是以他为原型创造出了福克这个人物形象，唯一不同的是，这个人物具有人们所熟知的 19 世纪中期英国人的刻板形象：一个爱冒险、处乱不惊、好奇心强、胆识过人的世界旅行者，从一个英国绅士的角度观察一切。弗里曼特尔颇具魅力，很有风度，在遍访联盟国期间，所见要人无不被他折服。他后来晋升至陆军少将，成为英国陆军元帅、剑桥公爵的侍从武官也就不奇怪了。他还是一个敏锐的观察者和一流的采访者，相当于维多利亚时代的阿利斯泰尔·库克（Alistair Cooke）。没有什么能逃脱弗里曼特尔的注意，从查尔斯顿黑人妇女与她们的女主人之间唯一的区别体现在"黑白混血女人不允许戴面纱"这一事实，到里士满的杰斐逊·戴维斯总统家中所上茶的品质等，无所不包。弗里曼特尔在格兰德河墨西哥一侧"破败不堪的巴格达村（Bagdad）"上岸，随后在经受了一路的不便甚至危险后

终于抵达了葛底斯堡，他来到李和朗斯特里特身边观察这一战役的进程。他生动形象地描绘了当时联盟国西部发生的事情：格兰特即将占领维克斯堡，本杰明·格里尔森正率领联邦骑兵突袭密西西比州腹地，横渡密西西比河已成为艰难且危险的举动。无论弗吉尼亚北部形势如何，联盟国在密西西比的境遇就如同纸牌屋一样摇摇欲坠，弗里曼特尔不是唯一注意到这种现象的人，也不是唯一为这里的人们遭遇的贫困和不幸而感叹的人，他们的家园被烧毁、财物被损毁，并在自己的家乡沦为身无分文的难民。

　　李决意要进军宾夕法尼亚州寻求大决战的机会，他相信此举将促使合众国与联盟国展开谈判，并让欧洲列强承认其合法地位，但这个决定并未受到普遍认可。反对者阵营包括约瑟夫·E.约翰斯顿将军、博雷加德将军、副总统斯蒂芬斯以及朗斯特里特将军。斯蒂芬斯希望立即展开和平谈判，并认为入侵宾夕法尼亚州有可能进一步激怒北方人，而不是促使他们为实现和平而妥协。约翰斯顿、博雷加德以及朗斯特里特等将领都认为，李沿拉帕汉诺克河布防更有利于南方，此前的军事行动已证实他完全可以据河击退联邦军，同时迅速分兵西进，防止格兰特占领维克斯堡，并保住肯塔基州、田纳西州和密西西比州。无论拉帕汉诺克河与波托马克河之间局势如何演变，联盟国都可能由西向东解体，这是格兰特的核心战略构想，也应该是摆在联盟国政府面前的当务之急。但李作为南方最受尊重和敬仰的军事人物，他所率军队神出鬼没、以寡敌众的光荣战绩无不对南方军事战略影响至深。李作为一位优秀将领肯定对此心知肚明，但他无法克服源自家乡州情结的短视。他一直是弗吉尼亚人，这是他最看重的身份；他为保卫弗吉尼亚而辞去美国陆军的军职。哪怕只是出于荣誉上的考虑，他全心全意地忠于联盟国，但家乡州仍是他的最爱。他的战略愿景反映着他的

525

个性——强烈偏好进攻而非防御，坚信自己的军队整体素质远胜联邦军，并决心要将作为"侵略者"的联邦军队逐出弗吉尼亚。不仅如此，他的大军驻留在弗吉尼亚境内就意味着他的同胞们不可避免地要贡献出粮草、牛马等，毕竟军队的给养终究会取自人民，而部队渡过波托马克河北上就能使它从敌境中获得给养。

朗斯特里特极力反对这项计划，他不惜越过李，直接向里士满的战争部长詹姆斯·塞登（James Seddon）陈情，阐明联盟国的重大机遇在于"充分利用我们内线"作战的优势，并提议将他在北弗吉尼亚军团中的军队调遣至布拉克斯顿·布瑞格（Braxton Bragg）将军麾下，以便"以绝对优势兵力"攻击并击败 W.S. 罗斯克兰斯少将在田纳西的联邦军队，然后"进军辛辛那提和俄亥俄河"，以便将格兰特的部队从维克斯堡引开。[1]

朗斯特里特的看法是对的，维克斯堡失守将是对南方的重大打击，而将格兰特引开的唯一途径或许就是在西部重拳出击并对一座重要城市构成一定威胁。但他没能说服塞登，作为一个讲究实际的政客，他明白，无论对错，戴维斯总统一心想要赢得英国或法国对联盟国的承认，而这是不可能通过击败田纳西的罗斯克兰斯，甚至占领辛辛那提实现的，唯一可能的方式是击败驻守宾夕法尼亚的波托马克军团并迫使林肯撤离华盛顿。

526　　朗斯特里特并未放弃努力，他耐心且不依不饶地反复向李申明自己的主张，而李"不愿意让自己的一部分兵力脱离他的控制"。[2]李表明他依旧坚持"北伐"计划，朗斯特里特只好让步，但他并没有改变想法。[3]"他的［李的］计划或愿望既已公之于众，"朗斯特里特写道，"提出另一种做法的主张就变成徒劳而不当的举动了。"朗斯特里特设法得到他所认定的李的承诺，即"我们应该朝着吸引敌军来攻的方向努力，确保我们在自己国土上享有与主场作战相配的最佳条件"[4]——换句话说，就是寻求重演弗雷德里克斯堡战例的机会，而不是重蹈安提耶坦战役或钱斯勒斯维尔战役的覆辙。毫无疑问，李在与朗斯特里特争论期间使出了他一贯的应对手法，即客客气气地回避核心问题，而不是简单粗暴地要求朗斯特里特执行他的命令。

李听到杰克逊去世的消息后决定把自己的大军分为三个军，并授予 R.S. 尤厄尔和 A.P. 希尔中将军衔，各领一军，这个举动肯定让朗斯特里特很不高兴。此前他是李麾下两位军长之一，如今则变成了三位军长之一，而且他并不认为另外两位军长可以在军事技术、才能和远见方面与他相提并论。与此同时，他自认为是仅次于李的指挥官，并且是在涉及宏大战略方面的顾问。朗斯特里特并不接受自己属于"同侪之首"的角色，特别是当"同侪"指的是尤厄尔和 A.P. 希尔。

在过去一个半世纪"命定败局"派的史学著述中，朗斯特里特俨然成了南方失败的主因。例如，道格拉斯·索撒尔·弗里曼指责朗斯特里特"暗中心怀自我膨胀的想法，以为只有自己能拯救岌岌可危的联盟国"。[5] 这些话很刺耳，虽然人们对葛底斯堡战役和朗斯特里特所起作用用的笔墨与葛底斯堡战役牺牲战士的鲜血一样多，但李并不是李尔王——无论他可能存在多少失算，没有任何人曾指责他缺乏对人，尤其是战士的判断力。既然李如此信任朗斯特里特，我们只能推测他不仅看中朗斯特里特的能力，这一点无人否认，而且重视朗斯特里特的固执，看重他不惜以对抗或挑战李本人观点的方式坚持己见的表现。杰克逊在世时，他可以与朗斯特里特相互制衡，在下属中呈现阴与阳并存的局面。杰克逊擅长从只言片语中准确猜出李的真实意图，并立即着手执行，不争论也无须得到进一步指示；朗斯特里特同样不失为一个杰出的战士，但他天生就是个逆向思维者并总是固执地要求李三思而后行，坚持要把可能实现的与不可能实现的加以明确区分。

李的性格很强硬，不怕身边有人唱反调。朗斯特里特为人稳健、理智和立场坚定，长期以来深得李的倚重。"尽管在言行和举止上有所保留，但他懂得直言不讳的价值，并毫无保留地表达自己的观点"[6]，朗斯特里特的一位传记作者评价说。而这对李来说也具有一些价值，他本人就因为太谦恭以至于指望他"直言不讳"简直就是奢望，而他身边那些人也不可能这样对他。作为一个举止粗鲁、悲观但心地善良的佐治亚州人，置身于一支同僚高级将领均为弗吉尼亚人且崇拜李的军队中，朗斯特里特经常以阐明军事现实为己任，也就是说他对战争的认识极其实际，没有一丝幻想成分。当得知李不会听从他的建议后，朗斯特里特的最初举动非常符合他的一贯表现：他发出了"一份申请书，要求里士满方面拨付金币给我的侦察员哈里森（Harrison），确保他足以用来打点华盛顿的各方人士，并向他下达密令，告诉他不拿到重要情报就不要回来见我——由他定夺重要与否"。[7]在 19 世纪的美国，"侦察员"就是我们如今所说的谍报人员，这表明朗斯特里特本人在充当情报官，或许也在替李搜集情报——李确实不太喜欢直接与侦察员打交道，甚至总体上就不喜欢谍报工作，认为这种事非君子所为。

在钱斯勒斯维尔取胜与北进行动开始之前的一个月里，李创造了一项奇迹。"与当初在钱斯勒斯维尔对阵胡克时相比，这支军队如今强大得多了"[8]，陆军上校文森特·J. 埃斯波西托（Colonel Vincent J. Esposito）记述道，它现在下辖三个军（军长分别为朗斯特里特、尤厄尔和 A.P. 希尔），外加斯图亚特"超大规模"的骑兵师（相当于联邦军队的骑兵军），总兵力达 7.6 万人。无论恰当与否，它都是至此为止联盟国最大的一支军队。此时，布瑞格率 4.5 万人在田纳西州对阵 8.4 万人的联邦军，约翰斯顿率 2.5 万人驻守密西西比州，彭伯顿（Pemberton）率 3 万人守卫目前已被格兰特包围的维克斯堡，巴克纳（Buckner）领兵 1.6 万保卫里士满至查塔努加（Chattanooga）①的重要铁路线，而博雷加德则试图以其 1.6 万人的兵力保卫萨凡纳和大西洋海岸。尽管所有必需品都匮乏，联邦政府对南方港口的封锁更加严密，物资供应极其低效，但李不仅恢复了部队编制还扩充了兵力，同时大大改进了炮兵部队。他有 285 门火炮，尽管还是包括各种类型和口径，但数量已经很可观了——只是与波托马克军团比还差很多，后者拥有 370 门火炮，总兵力达 11.5 万人。

　　李的思路一如既往，他打胜仗靠的是出其不意、快速机动，以及官兵们的战斗精神，而不是单纯靠人数多或炮弹重。为此，他逐步制订计划，尽可能不让人注意到他提出的增援要求。他不会轻易向里士满当局透露他的计划：一部分原因是他不想因为自己占用过多有限的人力资源，而引起其他将领的不满；另一部分原因是，这听上去有些怪异，尽管他与戴维斯总统和战争部长塞登都保持着良好关系，但李更喜欢"一次只透露一点有关他计划的信息"⁹，也许是他不愿意为此展开争论，或干脆是不喜欢官僚机构横加干预他的宏大设想。他曾希望利用南北卡罗来纳处于"高烧季"期间让博雷加德及其 1.6 万人北伐，让华盛顿当局"忧上加忧"，诱使他们从西南部撤军以回防首都，但这一过于大胆的谋略让联盟国战争部难以接受，它显然已听惯了朗斯特里特有关"内线"作战（他着了魔般地痴迷此战略）更值得考虑的说法。¹⁰

　　最终，李要做的就是设法把胡克的注意力集中在弗雷德

①　美国田纳西州东南部工商业城市和河港。

529　里克斯堡，他自己则将部队迅速调入谢南多厄河谷，那里的联邦军前哨稀少、薄弱且分散，可以借道长驱直入，扑向宾夕法尼亚州的哈里斯堡。李的助手沃尔特·泰勒上校（相当于参谋长）评论说李的"设想是让弗吉尼亚州至少在一定时间内免于敌军骚扰，把战场转移到北境"，并选择"有利时机和地点"大战一番。[11] 与朗斯特里特一样，泰勒也推测就像在弗雷德里克斯堡那样，"大亨"（Tycoon*，参谋们有时如此称呼李）会选择一个诱敌来攻的地点，但无论朗斯特里特如何揣摩，李并没有明确保证自己一定会这么做。他的军事秘书查尔斯·马歇尔中校（负责起草李的大部分命令、信件和报告）强调说李极其重视里士满的防御以及"保护詹姆斯河以北的弗吉尼亚地区使之不受敌人侵犯"。[12] 李在亲自撰写的葛底斯堡战役报告中强调，他的部队从拉帕汉诺克河以南在弗雷德里克斯堡的防守态势转入进军宾夕法尼亚"或许有机可乘，对胡克领导的军队予以重击，而且无论如何，那支军队都得离开弗吉尼亚"。[13] 我们由此可以得出结论，李对战争的看法仍一如既往地站在弗吉尼亚人的视角，而在他的事务优先次序中把敌人赶出弗吉尼亚即使不是唯一的头等大事，也是头等大事之一。在描述行动目标时，他只字未提自己和戴维斯总统之间存在某种谅解，即或许值得考虑的选项是他在于己有利之处布阵，迫使胡克不得不主动发起攻击。李只是在报告接下来的内容中捎带着提到"除非受到敌人的攻击，否则我们不打算在远离我们基地的地方打一场大仗"，并列举了一系列理由，主要与运输和供应困难、

530　大战何以变得"不可避免"有关。李是否应在葛底斯堡开战这个延续至今的激烈争论似乎并没有引起他多大关注——"不可

---

　　* 泰勒用的这个词是最近从日语"太君"（taikun）引入英语的，它的老式含义是"卓越的领袖"，而不是现代意义的"有钱有势的商人"。

避免"是一个强有力的词——他似乎也没有表明自己感觉必须
选择有利之处部署军队，从而让敌军不得不发动进攻。

1863 年 6 月 3 日，李开始逐步从弗雷德里克斯堡撤出部队。
此时距他在钱斯勒斯维尔取得胜利过了整整一个月，而令人不
由感叹的是刚经过一场代价惨重的大战，这支军队竟能这么快
就展开如此野心勃勃的侧翼进军行动，从西部和北部包抄波托
马克军团的右翼，或许更不可思议的是，这一切的主导者已年
满 56 岁，而且身体状况很可能欠佳。

我们知道李在冬季即将结束时病得很厉害，以他的病症
来看，可以想见他患有动脉硬化症，以及我们如今所称的心绞
痛。紧随李左右的泰勒和马歇尔都没有提及他的健康状况，不
过话说回来，李绝不可能抱怨自己身体不好，也不会允许他最
亲近的人看到他那被尊严、沉着和自控的完美面具所掩盖的真
实的自己。尽管如此，在接下来的一个月，他将承受巨大而持
续不断的压力，独自为这支联盟国最大的军队及其最大胆的战
略决策担负起全部责任：北伐行动旨在引发双方决战，并期望
凭此战最终赢得南方独立。朗斯特里特后来记述说李显得不耐
烦和易怒，果真如此的话，也很容易理解，但问题是朗斯特里
特只想要阐明自己的观点，而且是在李去世很久后才付诸笔
端。那时好像没有其他任何人提到过李的举止或表现：那张
"大理石脸"和镇定自若的神态依然如故，无论胜负，也无论
付出多大代价，他都能做到面不改色。

李"削减"[14] 兵力的举动引起了胡克将军的注意。6 月 6
日，胡克在弗雷德里克斯堡以南一英里多的深水溪附近架了
一座横跨拉帕汉诺克河的浮桥，并派出一支部队过河探查敌
情。李命令 A.P. 希尔采取"与胡克类似的示威"行动 [15]，后者
见状撤回了自己的军队，但他仍然担心李就藏身在这一带，便
另派陆军少将阿尔弗雷德·普莱森顿（Major General Alfred

531

Pleasanton）的骑兵部队过河去追寻他。

结果发生了内战期间规模最大的骑兵战。6月9日，斯图亚特在布朗迪车站（Brandy Station）集结了他的骑兵部队准备接受李的检阅。很难确定这两位将军谁更感到惊讶：是猛然发现眼前9500人的联盟军骑兵的普莱森顿，还是得知本军遭到1.1万名联邦骑兵攻击的斯图亚特。到了1863年，骑兵在任何情况下都更可能下马以"下马步兵"的身份投入战斗，而不是骑在马背上作战，但布朗迪车站战役全天都以传统的骑马冲锋和反冲锋方式进行，大多用马刀（尽管参战的还有步兵和"轻骑炮兵"）相互砍杀。李看到这阵势十分担心联邦骑兵会突破这里的防线并扑向库尔佩珀，他2/3的部队正临时驻扎在那里，为防万一，他下令让一个步兵旅前往支援斯图亚特的骑兵。他骑马赶到战场时恰好碰到腿负重伤的二儿子鲁尼*被人抬出战场。当天结束时，斯图亚特的骑兵给敌军造成了两倍于己的伤亡，但它不能算是斯图亚特取得了明确的胜利，这恐怕让他于心不甘，并产生了不良后果。至于普莱森顿，他的人马设法撤回拉帕汉诺克河对岸，与仅在6.5英里以外、驻扎着两个整队联盟军步兵的库尔佩珀失之交臂，丢下了900多名伤亡和失踪人员，以及3门火炮——也算不上是一次成功的侦察行动。

不管怎么说，胡克的疑心被唤醒了。他猜想着李一定是在向某处转移部队——毕竟李不是一个会把适于作战的整个夏季都浪费在防守弗雷德里克斯堡上的人；他只崇尚进攻——并从李的移动中发现了可乘之机。假如胡克获得的全部情报和他的直觉没错的话，李会率兵向西进入谢南多厄河谷，随后转向北，在蓝岭山脉的掩护下渡过波托马克河，这将使里士满门户

---

* 鲁尼·李当时是 J.E.B. 斯图尔特少将手下的旅长，是个勇敢而有才干的骑兵指挥官。

大开。如果胡克的大军行动够快，渡过拉帕汉诺克河后迅速南 532

下，那么他不仅能切断李与首都之间的交通线，而且可以"直

接"攻打里士满。[16]这是一个大胆设想，而且有可能奏效——李

率部走得越远，胡克兵临里士满的机会就越大——但事实证明

这个计划过于大胆，林肯和哈勒克都无法接受，他俩要求胡克

大军以华盛顿的防务为重。胡克公开抗拒他们对军务的干预，

丝毫不掩饰自己的厌恶之情。

　　直到 6 月 12 日胡克才最终确定李正率领北弗吉尼亚军团

挺进谢南多厄河谷，并率部开赴马纳萨斯枢纽站，打算分别

从康拉德渡口（Conrad's Ferry）和爱德华渡口（Edward's

Ferry）跨过波托马克河，进入马里兰州。他认为最有可能的

是李要重演进军夏普斯堡的一幕，只不过这次的起点是南面而

不是东面。随着李不断深入河谷，一个接一个联邦前哨被攻

占：先是贝里维尔（Berryville），接着是温切斯特，然后是

马丁斯堡，直到其余联邦部队仓皇弃守河谷地区，通过哈珀斯

费里撤至波托马克河北岸的马里兰海茨，一路过关斩将的联盟

军抓获了 4000 名俘虏，并缴获了"29 门火炮、300 匹马、270

辆马车和不计其数的各种物资"。[17]对一支缺衣少粮的军队来

说，此战堪称收获颇丰，但值得注意的是，李并不能就此罢手

或让部队休整——一旦开始移动，它就会贪婪地吞食所到之处

的粮草。李以成功阻止了自己手下的抢掠行为而深感自豪，他

经常发布命令禁止任何劫掠，并承诺会及时并严厉处罚违抗命

令者，但这并不能杜绝饥饿的士兵沿路抢夺任何他们发现的食

物。此外，李指示"军粮供应、军需物资、军械及医疗部门"

负责人设法从"当地政府和居民"那里"为其各自部门征集"

相应物资，并按照"公平的市场价格"支付联盟国元或开具联 533

盟国政府欠条。可这些是波托马克河南岸的民众不愿意要，对

河北岸的民众又是一文不值的。尽管李不愿意承认，但他"就

地征集给养"的做法与自古以来任何军队的做法并无二致，但他需要让部队不停地运动以便养活自己，这会在未来数周招致严重后果。

在所有关于美国内战的争议中，围绕葛底斯堡战役的争议最长久也最难解决。当然，我们并不能从对历史事件重大假设的推演中学到什么有意义的东西，而这尤其适用于葛底斯堡战役。我们不知道也无从揣测假如李听从了朗斯特里特只打防御战的主张，或在战役进行期间认真听取朗斯特里特的建议，或者斯图亚特在战前发布的命令更清晰明了，会有怎样的结果。我们能推测的只是李认为他有机会不必打大仗就能轻易占领宾夕法尼亚州哈里斯堡，结果出乎意料，他想错了。人们可以从这次军事行动开端所显现的各种线索看出它的最终结局将是历史性的失败而不是胜利，但是李当然无法看清它们。长达150年的后知后觉，数以百计专著、论文、电视纪录片，以及一部成功的电影，让一切都变得很清楚了——事实上，我们可能知道得太多，而不是太少。但是在6月21日，当李在自己小小的参谋团队陪同下骑马进入弗吉尼亚州小小的帕里斯（Paris）时，所有这些还未问世，他无从得知。

1974年，迈克尔·沙拉（Michael Shaara）的畅销书《杀手天使》[*The Killer Angels*，以及1993年改编自该书的电影《葛底斯堡》（*Gettysburg*）] 再次燃起了支持李和支持朗斯特里特的阵营之间由来已久的激烈争吵。自李去世后，双方的论辩就没有停歇过。朗斯特里特于1896年推出他的回忆录时，论战达到了沸腾的地步。朗斯特里特本人的一些做法进一步激怒了他的反对者，其中包括他对老朋友尤利西斯·S.格兰特竞选总统的支持，加入共和党，以及接受联邦政府的多项任命，从佛罗里达盖恩斯维尔邮政局长，到出任美国驻奥斯曼帝国大使。结果朗斯特里特逐渐变成了"命定败局"历史中的犹大，指责他拖后腿和抗命不遵的行为导致了李在葛底斯堡战败。

这个观点的问题在于，首先，李并不认同；其次，李是凡人，不是神，也容易犯错误——即使是杰出的将军都会出错，李也不例外。李先是在莫尔文山战役，然后在第二次马纳萨斯战役错失歼灭麦克莱伦大军的良机；他任由自己身陷本不该打的夏普斯堡战役；他低估了当胡克得知北弗吉尼亚军团正向宾夕法尼亚进军时，调动波托马克军团北上的速度。这不是对李的批评，"战争是困境中的一种选择"，蒙特利尔的征服者詹姆斯·沃尔夫少将（Major General James Wolfe）如是说，而且不是每个选择都能得到预期的结果。

把葛底斯堡战役的失败全都归罪于朗斯特里特的做法忽略了一些事实，即本可以撤换他的李其实很重视他的才能，他俩关系很密切，朗斯特里特也很敬重李；导致葛底斯堡战役失利的诸多因素是李自己一些失误的致命后果，加之杰克逊缺席这场战役，后者在侧翼突袭方面的勇猛和卓越技能与朗斯特里特的稳扎稳打和谨慎小心简直是绝配。当听说杰克逊负伤后，李曾说，杰克逊失去了左臂，他失去了他的右臂，这个说法不无道理。除了钱斯勒斯维尔战役以外，李的战绩最佳之时，是杰克逊和朗斯特里特各率他的一半兵力。他熟谙如何调动两人的积极性；他们保持着完美的平衡，即使在意见不一致的时候，也能激发出对方最大的潜能。如今，在钱斯勒斯维尔战役结束仅 6 周后，李的军团重组为三个军（外加斯图亚特的骑兵）；而且虽说新任的两位军长——尤厄尔和 A.P. 希尔——都曾是杰克逊的部属，但他们与李的关系并不密切。另外，尤厄尔仍在养伤，他在 1862 年 8 月第二次马纳萨斯战役中左腿负伤并截肢。

与大多数指挥官相比，李总会给手下将领在执行自己的命

534

令时留有充分余地，而这通常都行之有效，因为杰克逊和朗斯特里特都习惯了猜测他的真实意图。他还（或许有些过度）依赖他的参谋们传达口头命令，可在战事正酣时，这种做法有时会被误读或误解——在半岛战役期间这曾是个大问题。还有就是李的总体指挥风格，就是他总是礼貌地向官兵们提出建议，而不是斩钉截铁地发布命令，他的军团已被分为三个军，其中两位军长从未统领过军级规模的部队，那种指挥风格不再适用。

最后，钱斯勒斯维尔战役的胜利再次强化了李依赖联盟军士兵战斗精神的倾向。他们一而再再而三地克服了种种艰难险阻、物资短缺以及其他极端不利的困难，为李赢得了对战联邦军队的胜利。他们创造了奇迹，而李将军也日益期待他们能创造奇迹，但这始终是一个险象环生的假设——即使是最勇猛善战的军队也不可能有回天之力，或成功实施本就存在缺陷的战略。

李满怀信心、胸有成竹地骑马进了帕里斯。此前他已迅速将 A.P. 希尔军部署到位，用以吸引胡克的注意力（并防止胡克贸然渡过拉帕汉诺克河，大举进逼里士满），与此同时，他相继调集尤厄尔和朗斯特里特军从库尔佩珀出发，向西穿过蓝岭中的一些风隙——李比胡克抢先了一步，据他所知胡克目前仍在拉帕汉诺克河北岸。斯图亚特的骑兵防守着这些风隙，以防止胡克由此经过。[18] 截至 6 月 17 日，李军团几乎 2/3 的部队正以"长达百英里多的队伍"在谢南多厄河谷内外行进，打先锋的尤厄尔军已接近黑格斯敦，距宾夕法尼亚不足 10 英里。我们可以看看这段距离意味着什么，尤厄尔几个旅的先头部队在 10 天内行进了近 120 英里，部分原因是谢南多厄河谷中的道路状况较好，但对士兵们来说这仍然是了不起的成就，他们中的一些人光着脚，每个人都扛着步枪、一把刺刀和 60 发弹药。
"石墙"杰克逊或许还会督促他们再快些，但也快不了多少。

至此胡克已明显意识到了危险，同时也看到了趁着李的大
军拉长队伍行军时发动突袭的可能性。[19] 林肯也一样，并在 6
月 13 日命令胡克"回防华盛顿的各个通道"，这是每逢李北进
时总统始终不变的"默认立场"。当胡克最终于 6 月 15 日开始
行动时，他迅速调集部队经由马纳萨斯、奥尔迪（Aldie）和
李斯堡（Leesburg）向西开进，明显是要奉命横渡波托马克河
并护卫华盛顿。他打算让波托马克军团向马里兰州弗雷德里克
移动，以便从那里通过巴尔的摩—俄亥俄铁路得到给养，同时
如果李穿过南山的风隙由西向东攻击华盛顿，他可以由此予以
阻击。在此期间，胡克的动向使得李弃守弗雷德里克斯堡，并
命令 A.P. 希尔带领他的军队进入谢南多厄河谷，跟随北上的
朗斯特里特。截至 6 月 25 日，北弗吉尼亚军团全部经由谢泼
兹敦和威廉斯波特渡过了波托马克河，并沿着路况良好的大道
穿越农产品丰富的坎伯兰河谷（Cumberland Valley）地带，
奔赴哈里斯堡。

幸运的是，在弗里曼特尔中校的日记中，我们看到一位职
业军人对李的军团及其所穿过的地域给予了客观的评价。6 月
10 日，弗里曼特尔带着给朗斯特里特和李将军的介绍信从里士
满出发了。他在戈登斯维尔换乘火车时不无失望地看到"好端
端的步枪像小山一样露天堆积任其毁坏"*——他初次领教了联
盟军糟糕的供应体系。

6 月 21 日，弗里曼特尔骑着一匹借来的马风尘仆仆地赶
到了谢南多厄河谷，那匹马累得够呛，还丢了一只马蹄铁。他
一到这里就感慨道，这一带的田园风光"确实美不胜收"，但

536

537

---

* 这些是在钱斯勒斯维尔战役中从敌军那里缴获并废弃的。

23　1863 年 6 月 7 日，联盟军从威廉斯波特进军马里兰州和宾夕法尼亚州的路线

它也被两年的战争"清理干净"了。"所有的栅栏都被毁坏了，无数农场被烧毁，只有烟囱还孤零零地矗立着。"[20] 他几乎买不到喂马的草料，即使支付黄金都不行——更不要说找到一个还在干活的铁匠铺了。在过去两年时间里，敌对双方的军队曾在河谷中来回行军并把这一带洗劫一空。"地里没有吃草的动物，农田也荒废了"，弗里曼特尔写道。在追赶李军的过程中，他逐渐认识到未来李将面临（或者已经面临）的严重问题：他不能让部队停下前进的步伐，他必须让部队不停地移动才能养活他的人马，因为联盟军缺乏良好的后勤供应体系，部队只能就地征集粮草，无论是在本土还是敌境。弗里曼特尔终于在 6 月 21日抵达贝里维尔并见到了李本人，"一位相貌英俊的高级军官，

根据我听到的人们的描述，想必就是总司令"。[21] 他得知尤厄尔军是"前锋并已渡过波托马克河"。6 月 25 日，弗里曼特尔在一处浅滩骑马涉过波托马克河到威廉斯波特，他的裤腿都浸湿了，然后他继续骑马赶往马里兰州黑格斯敦，他注意到这个镇子"没有丝毫反叛的意味，因为所有的房屋都大门紧闭，其中不少显然被废弃了"，他还补充说"四处为数不多的本地人都一脸阴沉，冷冷地注视着行进中的部队"。[22]

就在同一天，李冒着瓢泼大雨骑着"旅行者"涉过波托马克河，随行的乐队演奏着《迪克西》，看到了同样的场景，深受震撼。[23] 他由此得出结论，联邦政府和北方民众都不像他想象的那样"意志消沉"，并从"威廉斯波特对面"给戴维斯总统写了一封信，提议联盟国方面应尽一切努力（在"联邦州"中）"促进亲和的感情"并强调"应依此制定我们的方针使之不起反作用"。至于一种"亲和的感情"如何通过进军宾夕法尼亚得以在北方推动，李没有具体说明——事实上，对于一个率领大军展开大规模入侵行动的将军来说，他的信中流露出的并不是乐观情绪。他提出，他"没有足够的部队维持交通线，因此只能放弃它们"，并重申了他早前的建议，应命令博雷加德将军在库尔佩珀县治组建"一支军队，甚至不惜造假"，大概是为了给林肯造成一种印象，即李将攻击华盛顿，并切断它与北方的联系。这个建议应该是在北弗吉尼亚军团渡过波托马克河之前提出的，因为到此时为止，任何人只要看一眼地图就能清楚看出李的行军方向；一旦他的人马进入马里兰州或宾夕法尼亚州，华盛顿方面不需要任何严密组织的谍报网即可获知联盟军的前进方向或兵力——几乎每个成年人都是合众国的支持者，并且肯定会把敌军部队的动向传递过去。李在信的结尾加了一句，表现出对此次出征怀有的一些悲观情绪："如果我不能太多，不得不无功而返的话，我想至少我能够赶走胡

538

克将军的大军，迫使他们渡过波托马克河，从南方撤走，在一定程度上让他们为自己不成功的作战计划感到难堪。"[24] 当然，李无法预知，仅仅 6 天后他就要投入他这辈子规模最大、最激烈的一场大战，但即使考虑到这一点，奇怪的是他对战役的期望好像并不高，仿佛它的全部意义就只是把胡克从拉帕汉诺克河引开，然后李可能会率部带着军需官设法"征集"来的物资再渡波托马克河返回弗吉尼亚。

这一进程的结果也不尽如人意。6 月 23 日，李向戴维斯总统报告说，食物、盐和饲料都很短缺，面粉"在马里兰州每桶要 6.5 美元，牛肉每百磅 5 美元"，还补充说"我们用联盟国货币买所有的东西"。[25] 在这一点上李有些言不由衷，他明明知道联盟国纸币在北方一文不值。宾夕法尼亚广大乡村地区的农产品肯定比马里兰州多，但两地的民众都默默且顽固地抗拒联盟军征集粮草的行动，而且坚决不接受联盟国纸币，更不要说等联盟国取胜后可以在里士满兑换的"欠条"了——不难想象马里兰州和宾夕法尼亚州顽固的民众会千方百计地隐藏他们的所有财物，根本不想换取一文不值的纸币；事实上，弗里曼特尔中校看得很清楚，除非他拿出金币，不然别想买到马吃的玉米和他吃的食物。

此时，李或许已犯了致命错误，其后果严重到李的副官查尔斯·马歇尔在他的回忆录中专门用 20 多页的篇幅解释它的前因后果，以及为何李或他的参谋人员都不负责。在横渡波托马克河之前，李致信斯图亚特，命令并指导他"在尤厄尔将军右翼布阵……护卫他的侧翼，随时向他通报敌军动向，并尽力搜集部队所需物资"。[26] 这一命令成为关于葛底斯堡战役的诸多论战中最棘手、最持久的争议之一。李高度重视给骑兵指挥官的任务，第二天再次致信斯图亚特并重申了他的命令，这一事实足以证明他的重视程度，同时表明他要确认斯图亚特真正理解了他的意图，或者担心自己前一封信表达得不够明确。朗斯特里特向（此时归自己领导的）斯图亚特转交李6月22日的信时，他自己又写了一封附信做出进一步指示，这再次表明高级指挥层极为重视未来时日骑兵所起的作用。

查尔斯·马歇尔不惜笔墨，详尽解读了此信的内容，但鉴于李的命令是下达给斯图亚特的，他回避了一个至关重要的问题，即原始命令是否表述得足够清晰。富勒少将指责李的命令"像往常一样模棱两可"[27]，但真正的问题是李赋予了斯图亚特太多自由裁量权，给他的任务相互矛盾——"守住波托马克河以南的隘口"，"绕到胡克部队的背后"突袭，夺取物资，最终在尤厄尔部前往约克途中时在其右翼布阵——没有轻重缓急。李非常了解斯图亚特的作风，待他如亲生儿子，从一开始就应明确告诉他：首要任务是保障尤厄尔右翼的安全，并在李横渡波托马克河之后报告胡克大军前进的方向。在布朗迪车站展开的骑兵大战令斯图亚特痛心不已——里士满的大小报刊都异乎寻常地对他持批评态度，不仅指责他"粗心大意"和虚浮，而且敦促他吸取教训，指控他（这不太公平）"嬉戏，玩闹，追女孩子玩"。[28]斗志昂扬的斯图亚特一向珍视自己的英雄形象，他无法忍受这种羞辱，更令他气愤的是布朗迪车站一役的胜利者原本是联盟军。不难想象，负气作战的斯图亚特一定会设法拿出自己的拿手好戏，比如在半岛战役期间他率部公然挑衅麦克莱伦大军的做法，堵住各方说三道四的嘴，而李下达的命令又给了他很大的发挥余地。

李和朗斯特里特都十分关注斯图亚特横渡波托马克河的确切地点，尽管朗斯特里特在写给斯图亚特的附信中就此问题的表述可能在无意间迷惑了斯图亚特。事实上，假如斯图亚特紧随着李率领的步兵过河，他的骑兵就会被夹在李的步兵与敌军之间，所处位置既可以护卫尤厄尔的右翼，又能监控并及时向李报告来犯的胡克大军——这些都是李所期望的。另外，假如

540

斯图亚特跟着胡克过河，他的骑兵就会处于联邦军步兵与华盛顿之间——这个位置会使斯图亚特便于袭击胡克的物资供应车队，扰乱其交通线，并绕过联邦军部队在约克附近同尤厄尔会合，就这样跟玩似的抵达距华盛顿不足 10 英里之处。公正地说，斯图亚特的确给李写过一条讯息，告知他自己的位置和计划（李从未收到这条讯息），然后克服了种种困难涉过了波托马克河并抵达马里兰州罗克维尔（Rockville），此处与李指定给他的位置相距约 30 英里；他们在此偶遇了一个"由 140 辆马车组成、绵延 8 英里的车队"。[29] 斯图亚特后来自鸣得意地说他夺取了"125 辆美国最佳型号的马车以及装饰精美的拉车马匹"，车上装满了"食物、燕麦、干草……腌肉、火腿、饼干和面包"[30]，但他的这一成果拖累了行军速度。由于要带着这一庞大的装满物资的车队以及拉车的马和骡子，他的队伍直到 6 月 29 日才跨过宾夕法尼亚州的界线。斯图亚特不仅没能护卫尤厄尔的右翼，反而渐行渐远，既不知道胡克大军的去向，也未与李有任何交流，急得李不停问他的副官们"你们能告诉我斯图亚特将军究竟在哪里吗？"[31] 并且被迫不断派出巡逻队去找他，但都无功而返。

这是将要在宾夕法尼亚州上演的悲剧的第一幕，而这本可以避免，只要明确告知斯图亚特他的首要任务是护卫尤厄尔的右翼。然而，斯图亚特绕着葛底斯堡多走了 50 多英里，直到战斗打响后的第二天中午才匆匆赶过来，而且他的骑兵主力、炮兵和马车队并没有同时赶来，还要走很长一段路。

在此期间，李完全是个睁眼瞎。他不知道胡克早已率部横渡波托马克河，更不知道波托马克军团已于 6 月 28 日在布恩斯伯勒和弗雷德里克之间集结完毕，斯图亚特正好是这一天在罗克维尔突袭了联邦军后勤车队。此时斯图亚特根本不知道他就在胡克大军的东边；与尤厄尔相比，他与华盛顿之间的距离更近——确实，要不是有缴获的马车队拖累，斯图亚特甚至可以考虑突袭一下华盛顿。

6 月 28 日对双方军队来说都是多事的一天。尤厄尔军的一个旅抵达了俯瞰宾夕法尼亚州哈里斯堡的萨斯奎汉纳河，此处的守军只有战斗力平平的宾夕法尼亚民兵，而尤厄尔自己则率兵攻下了该州的卡莱尔，这是联盟国部队到过的最北端了。6 月 28 日凌晨约 3 点，来自华盛顿的一名信使叫醒了陆军少将乔治·G.米德，告诉他现在波托马克军团已归他指挥，林肯和哈勒克已对胡克忍无可忍，他无休无止地要求增援，还威胁称如果不把负责防卫哈珀斯费里的马里兰海茨守军拨给他管辖就辞职。胡克犯了一个战术错误——他不事张扬地提交了辞呈，而林肯顺水推舟，心怀感激地接受了，并且当即生效。

如此变故让米德惊讶不已，一时有些发蒙。不过，他如果了解实情的话，就会意识到他的处境比李更有利。他的军队在波托马克河以北由西向东布阵，他的左翼位于黑格斯敦的南侧，其中一些部队在当时还没什么名气，处在十字路口的小镇葛底斯堡以南不足 25 英里的位置；但米德至少已经大致掌握了李的军队所在的位置（对于宾夕法尼亚人来说，这已经不算秘密了，任何人都能分辨叛军的灰色军服和联邦军的蓝色军服），并知道开赴哪里。找到李军的最快捷方式就是直接进军葛底斯堡，并在可能的情况下趁其尚未集结之时从那里率先攻击其一个军。

李将司令部设在了宾夕法尼亚州钱伯斯堡镇外，从这个镇看过去，李占据了不错的位置。尤厄尔已到达萨斯奎汉纳河边的两个地点，一处在哈里斯堡对面，另一处是赖茨维尔（Wrightsville）；在东边更远处，他的部队正在南山背面集结，且李知道，到目前为止，胡克仍在弗吉尼亚。李好像没理由不过萨斯奎汉纳河，进军宾夕法尼亚州兰开斯特（Lancaster），随后分别或同时兵临巴尔的摩或华盛顿，切断它们与北方的联系。他的一些助手后来报告称他显得"忧心忡忡"（查尔斯·马歇尔的用词），果真如此的话，那是因为他仍未听到斯图亚特的任何消息，后者原本应在尤厄尔的右翼附近，也就是南山东侧某地。

如果说米德的这一天是以爆炸性新闻开始的，李的这一天应该是以更惊心动魄的消息结束的。朗斯特里特就寝时已是深夜，脑子刚开始从"一整天的操心和劳累"中解脱出来就被惊醒了，有人重重地敲打他的帐篷杆。助理监察长费尔法克斯上校来报，他手下的警戒哨带过来一个穿着讲究的人，要求见朗斯特里特将军。此人便是哈里森。当初朗斯特里特得知李要率兵北进，便付给他金条，让他充当自己的侦察员或间谍。哈里森带来了胡克将军已被米德将军取代的消息，更惊人的消息是胡克大军并没有在弗吉尼亚，而是已横渡波托马克河，目前部署在马里兰州弗雷德里克周边，那里与李的司令部之间直线距离不足 40 英里。朗斯特里特命令费尔法克斯立刻带着哈里森去李的司令部，但是李对整个间谍活动发自内心地厌恶，并"表示不太相信侦察员的报告"[32]，他拒绝面见哈里森本人，并委托费尔法克斯进一步问询。然而，哈里森不仅勇敢——他曾一直在华盛顿搜集情报，并在"穿过联邦军的防线"之后"设法找了一匹马"，然后马不停蹄地赶到朗斯特里特军的营地——还见多识广，极具说服力。费尔法克斯相信他所说的一切，在向李汇报时甚至说哈里森的情报与朗斯特里特将军预测的情况十分接近，这似乎在暗示朗斯特里特就如以往一样，并不像李那样对本军处境持乐观态度。*不管怎样，朗斯特里特在派出费尔法克斯和哈里森的同时，还写给李一个便条，建议李叫停正向

---

* 道格拉斯·索撒尔·弗里曼比较详细地描述了李与哈里森在李的帐篷中的谈话，但哈里森的管理者朗斯特里特断然否认两人有过交谈。弗里曼：《罗伯特·E.李》第 3 卷，第 60~61 页；朗斯特里特：《从马纳萨斯到阿波马托克斯》（*From Manassas to Appomattox*），第 294 页。

萨斯奎汉纳河开进的尤厄尔军并返回，以便整个军团集结在钱伯斯堡和卡什敦周边南山的小山上——如此一来，军团的一些前线部队与葛底斯堡相距不足 5 英里，双方军队事先均未想过在此布阵。至于米德这边，胡克未曾与部下分享过自己的计划，因此米德全然不知胡克的意图。他所能做的只是加快追击李的速度，并在"追上他的后卫部队时立刻发动攻击"。李想的则是先集结部队，寻找并占据有利地势，等着米德来攻。

李的军团散布在从钱伯斯堡到萨斯奎汉纳河之间宽达 30 多英里的地带，在他集结大军并向南山（其实就是一系列小山丘和山脊）东面移动的同时，米德则在迅速移师北上，双方都在快马加鞭奔赴葛底斯堡，并最终在此处相撞。

李听说米德开始执掌波托马克军团指挥权后说，米德"不会在我眼前犯错误，如果我犯了错，他绝不会错失良机"。他说得没错：米德性情急躁、敏感、爱发脾气，举止很有贵族气派，上任之初的适应过程仍有些麻烦，但他是一个遇事不慌、准备充分的职业军人，不大可能有重大失误。他比李多了一项重要优势——大军先锋是由陆军准将约翰·比福德率领的骑兵师，他绝对是个能力超强、勇猛顽强的战士，而李在斯图亚特一直缺席的情况下，几乎就是个瞎子，弄不清米德究竟指挥着几个军，哈里森只认出了两个军。

6 月 29 日和 30 日这两天，两支大军都在行进，持续相互逼近——李的行军距离比米德短一些，但他的军队仍然很分散，与"集中"根本不沾边。无论在哪里与联邦军开战，他只能调动至多 1/3 的兵力投入战斗，因此自 6 月 25 日横渡波托马克河之后就再无音讯的斯图亚特越来越让他放心不下。这倒不仅是因为李急于了解敌军的方位和兵力情况，而在侦察敌情方面，斯图亚特从来没让李失望，还因为后者是一个令人宽心、愉快、勇敢且热情洋溢的人，他富有感染力的自信和幽默感总能在哪怕最困难的情况下提振李的精神。斯图亚特的缺席将会对即将展开的战役产生深远的影响，其意义远甚于李变成了"一个盲目的巨人"的事实。[33]

对朗斯特里特作用的评价存在两派观点。弗里曼（像南方所有的"命定败局"派史学家那样）坚持认为朗斯特里特是"抑制胜利的精神"[34]：朗斯特里特不仅就即将到来的战役中的战术固执己见且认知错误，事实上宾夕法尼亚战役的整个战略都是这样，而且他的郁郁寡欢及其对李作战计划的顽固抵制和背弃，以及在接下来的 4 天里执意阻挠这些计划的实施，将不可避免地导致这场事关南方能否独立的决战的失败；假如朗斯特里特遵照命令，完成李交给他的各项任务，联盟军或许会赢得这场战役。"李的情绪低落"，弗里曼在 6 月 29 日的文章中写道，"脾气一下子变得很差，时而暴跳如雷"，并且指名道姓地怪罪让李情绪如此低落的人。诚然，朗斯特里特有时会沉默寡言，有时又争辩不休，但将两人描写成上述状态难以服众，且弗里曼特尔上校笔下两人的关系就截然不同，他自 6 月 27 日起直到战役结束就一直与他们在一起。"[李]和朗斯特里特的关系令人感动，"他于 6 月 30 日写道，"他俩几乎形影不离。有时朗斯特里特军的官兵们会抱怨这种状态，说他们很少有单独效劳本军长官的机会，当前则由尤厄尔负责。想要取悦朗斯特里特的话，除了赞美李，别无他法。"[35] 弗里曼特尔或许对时事认识不足——直到 1864 年，他依然坚信南方会赢得独立——但他看人很准，如果他说这两个人的关系"令人感动"的话，那么朗斯特里特绝无可能心怀"怨愤"或者像弗里曼怪罪的那样表现得更糟糕，公然违抗李的军令。弗里曼笔下的朗斯特里特酷似在自己的军帐中生闷气的阿喀琉斯，但在当时在场的人中，谁都没有这种感觉。在李的助手当中，马歇尔从未提及此事，他把葛底斯堡的失败归咎于斯图亚特；而朗主要反驳的是多年后朗斯特里特在回忆录中记述的一些情况，属于很典型的老兵之间的争议。* 至于朗斯特里特就入侵宾夕法尼亚州越级申诉，确有此事，而他以为李此前已认同了他只打防御战的构想，这也没错，但因此指控朗斯特里特因心怀不满而在战役打响后设法搞破坏就太牵强了。

李和朗斯特里特一样不愿意在葛底斯堡作战。事实上，他曾在战报中写道："在远离我军供应基地之处打一场大仗并非我们所愿……但是，既然已与联邦军不期而遇，带着我们的庞大车队在山间撤退的难度极大……与此同时，大敌当前，极不利于我军就地补充给养……一场大战在所难免。"[36]

朗斯特里特肯定不会认同"在所难免"的说法，他要不惜一切代价避免开战，但在葛底斯堡的所有决策、灾祸和意外背后，以及李和朗斯特里特围绕此役战术产生的分歧背后，隐藏着一个简单的事实，即北弗吉尼亚军团必须保持机动以解决粮草供应问题。李不能冒着丢掉装满弹药的马车队的风险贸然撤退，他不能在他的军队已经清理干净的地方进行长距离迂回行军，他也不能寻找并占据有利地形，等着米德来攻，因为他与温切斯特之间的交通线，以及那里与里士满之间的铁路运输已然陷入重重危机。李置身于敌境，他不能让自己的人马忍饥挨饿。斯图亚特的缺席成就了米德，让李猝不及防，于是李别无选择，只能就地仓促应战。

朗斯特里特对战场不满是有道理的，但就在哈里森带来消息，说米德距他仅有两天路程的那一刻，李便失去了任何选择的可能。弗里曼特尔生性是个乐天派，遇事总是能看到光明面（这

546

---

* 几乎在每次战争后都会发生这类争吵。陆军元帅蒙哥马利在其战争回忆录中尖锐抨击了艾森豪威尔，这在白宫引发了长久不息的愤慨。

对一个战士来说是不错的品质），他于 6 月 30 日写道："围绕即将打响的战斗，我同许多军官（其中包括朗斯特里特，弗里曼特尔是他军中的客人）谈过，现在看来这场仗不会拖很久了，而且将在这条路上展开，而不是我们原来设想过的在前往哈里斯堡的路上。已迫使约克和卡莱尔纳贡称臣的 * 尤厄尔奉命移师与大军会合。当然，每个人说起话来都底气十足。"[37]

547   如果每个人都感觉底气十足（朗斯特里特或许与众不同，但假如真是这样，他并没有当着弗里曼特尔的面显露出来），多半要归功于李。首先，李坐镇军中本身就鼓舞着周围的人，无论他们的级别高低。其次，他完全信任自己的士兵，即使在最困难的情况下，他们也从来没有让他失望过。最后，他相信他的人是不可战胜的，一旦他把他们部署到正确的位置，他的将领们就知道该怎么做了。随后的一切都听凭上帝的裁断，并将取决于联盟军士兵们的战斗精神，对此李深信不疑，不过，他恐怕会认为将两者相提并论即使不算亵渎神明，也显得不虔诚。信仰当然能创造奇迹，但将战斗的结局寄托在信仰之上不是好事，而这正是李所做的。

6 月 30 日，整支大军朝着与葛底斯堡相距 6 英里多的卡什敦移动。李仍为自己缺乏骑兵协助而深感焦虑。斯图亚特仍然

---

*   这是一种非常令人憎恨的做法，当联盟军的指挥官占领北方一个城镇时，要求地方当局交出一大笔美元或黄金，否则就要承担后果。朱巴尔·厄尔利将军要求从宾夕法尼亚州的约克镇获得 10 万美元，但最终以 2.8 万美元的现金达成和解。朱巴尔·A. 厄尔利将军要求宾夕法尼亚州约克镇交出 10 万美元，经讨价还价后最终接受了 2.8 万美元现金。R.S. 尤厄尔将军从宾夕法尼亚州卡莱尔"征集了" 2.1 万磅腌肉、100 麻袋盐和 1300 桶面粉，外加大量糖蜜、食糖、咖啡、土豆和果脯。黑人，即使是自由人，都很容易被当作逃亡奴隶抓起来，并被押送至南方。这并不是要否认联邦军队在南方做了同样坏的事，甚至更恶劣的事，但是李在 1863 年 6 月 27 日发布颇具骑士精神、严禁部队洗劫的第 73 号命令并不能代表联盟国占领军无此行为，哪怕过程很短暂。

下落不明；陆军准将约翰·D.英博登（Brigadier General John D. Imboden）的骑兵旅本可以派出足够的侦察兵，但该旅仍在钱伯斯堡西南方向守护着大军的后方；陆军准将阿尔伯特·G.詹金斯（Brigadier General Albert G. Jenkins）的骑兵旅与尤厄尔军在一起，正在奔赴卡什敦的强行军途中。由于英博登的骑兵另有任务，李只好让朗斯特里特辖下陆军少将乔治·E.皮克特的步兵师留守钱伯斯堡——这一决定的严重后果将在今后三天持续显现。尽管皮克特像是个花花公子，他的一头"长卷发"引人注目，但弗里曼特尔上校断定他"本性凶狠"，而他本身就有顽强斗士的声名。他看上去还总是兴致勃勃的，而且喜欢"恶作剧"——这或许是寡言少语、缺乏幽默感的朗斯特里特愿意与他为伴的原因之一。[38]

　　大雨减缓了部队的行军速度——不过备受暑热折磨的人和马倒是感觉清爽了许多——李此刻除了想"过去看看米德将军葫芦里卖的什么药"之外，也没有别的计划。[39]李本人在距葛底斯堡14英里的格林伍德过了一夜，他很清楚自己的大军正处于机动之中，南山中的各条道路上挤满了他的人马，但他手头没有可以调遣的骑兵去前方侦察敌情。在这种情况下，即便是具备十二分信心的将领都会感觉沮丧，但李仍是一副泰然自若的样子。不管怎样，在他的副官中，无论是朗还是马歇尔都没有提及李当时有什么异常表现，只有朗斯特里特注意到李"无疑"受到了无骑兵可用的困扰。那天夜里还发生了一件事可谓雪上加霜，A.P.希尔派人传话，陆军准将詹姆斯·佩蒂格鲁听说葛底斯堡存有大量的鞋*，在得到师长亨利·赫思准许后便前往征用（解决鞋的供应问题一直是北弗吉尼亚军团的首要任务），他们没想到在镇子的西南方向有联邦军骑兵出没，

548

---

*　葛底斯堡拥有历史悠久的制革和制鞋业。

还听到更远处传来的步兵部队的鼓声。李好像并没有表现出担忧的样子——部分原因无疑与他极强的自控能力有关，但从他前一天说要去葛底斯堡看看"米德将军葫芦里卖的什么药"来看，他显然早已预料到会在葛底斯堡附近见到米德的一些部队。他只是希望，当联邦军主力还在马里兰州威斯敏斯特通向葛底斯堡的公路上排着长龙行进时，他能率先赶到那里。

人们需要记住，在 19 世纪中期，大多数地图既不能准确地标注地形，也不容易获得。李对前方的地形地貌一无所知；即使是米德，作为土生土长的宾夕法尼亚人而且军中还有不少宾夕法尼亚人，也几乎不知道这个小镇周围的地区是什么样子。今天，一个普通人，手里拿着一张道路交通图，或者更有可能的是，带着一部手机和车载导航设备，就能比上述两位司令官掌握更多情况。李手下许多官兵都理所当然地很熟悉弗吉尼亚北部，而且波托马克河南岸的当地居民也都会非常乐意为联盟军指明各条大道的走向、小路所在以及重要地标；但在宾夕法尼亚，置身于敌境的李就只能靠自己。当李和朗斯特里特的第一军从作为"蓝岭山脉一部分"的南山一个山口穿过后，他并不知道前方是什么样的，弗里曼特尔在欣赏这一带自然美景之余也不禁有些感慨。弗里曼特尔现在与奥匈帝国的官方军事观察员菲茨杰拉德·罗斯上尉（Captain Fitzgerald Ross）在一起，他那精心修饰、涂了蜡的小胡子尖以及做工精致的绣有青蛙和多种饰品的骠骑兵制服让联盟军士兵们觉得很有趣。*

---

* 弗里曼特尔本人的装束也显得风度翩翩，一件灰色粗花呢夹克骑装和剪裁考究的马裤；带马刺的高筒靴；一顶闪闪发光的丝质大礼帽，以一种显得俏皮的角度卷曲的帽檐；还有一件大概是在得克萨斯买的彩色刺绣斗篷或披风，末端有长长的流苏，披在一侧肩上——这是一种很实用的骑马装束。在穿越联盟国的旅途中，他还像典型的英国绅士那样，在他的鞍囊里装了一件用于正式场合的黑色晚礼服，以备不时之需。

葛底斯堡：第一天

7月1日这一天，晴空万里，天气炎热，微风习习。根据大家的记述，李骑着马往前走，大喊着"老皮特"朗斯特里特跟他一起骑马，心情"愉快而沉着"。感谢弗里曼特尔记述了李那天的样子。"他穿着一件长外套，戴了一顶黑色的高毡帽，蓝色裤子的裤腿塞进了威灵顿靴里"[40]，这是威灵顿公爵喜欢穿的黑色及踝短靴，既没带枪也没佩剑，只有一个双筒望远镜装在皮盒子里，系在束腰外衣的腰带上。"他骑着一匹骏马，浑身上下刷洗得干干净净。他自己也是衣着整洁，精神抖擞，一如他在大多数行军途中那样，总是显得干净利落。"

从北部和西部通向葛底斯堡的道路不下5条——它毕竟是个集镇——而且所有的道路一大早就挤满了联盟军的部队。事实上，过于拥挤了；李将军麾下一半以上的步兵和大部分炮兵部队都在这几条路上行进，这也影响了他们的行军速度。部队的整体表现让人觉得缺乏紧迫感，也许是因为李还没有意识到他那天要打一场大战，也许是因为没有头戴破军帽、眉头紧皱的"石墙"杰克逊朝着士兵们咆哮"加速前进，加速前进"。事实上，在李和朗斯特里特骑马前往葛底斯堡的途中，他们刚抵达钱伯斯堡收费公路就发现这里已经堵得水泄不通了。李当即下马并开始疏导交通，他发现堵塞的原因是尤厄尔的一个师及其所有给养车队"斜插进"了朗斯特里特军的先头部队。李只好叫停朗斯特里特军，让尤厄尔的车队先走，朗斯特里特见状干脆下马放松一下，让马随地寻些吃的。当然，马或骡子拉着的满载粮草和弹药的车队行动迟缓，行军速度肯定比不过训练有素的步兵，但关键问题是，首先，这事需要专人负责，确保步兵行军不会被马车阻挡；其次，不应由总司令亲自出面在路上解决。在作战地图上，所有部队的行动都以简明、粗大的箭头标示出来，但这并不意味着一切都会按部就班地进行。你可以想象一下千军万马——每门火炮和每个弹药车要由 6 匹马拉，中尉军衔以上的大多数军官要骑马——沿着狭窄的道路行进时会遇到多少麻烦。前一天的雨虽然停了但路面依然泥泞湿滑，路上一如既往地出现了不少掉队者，全军的前进速度因车辆阻滞不得不慢如蜗牛。李的主力部队仍散布在左至钱伯斯堡、右达海德尔斯堡（Heidelsburg）的广大区域，正沿着多条道路奔赴卡什敦。就在这天早晨 7 点半，赫思师的两个旅在葛底斯堡郊外遭遇联邦军的"骑哨"（相当于步兵的警戒哨），他们属于波托马克军团下辖、陆军准将约翰·比福德所率的美军骑一师。

比福德将军行事极为稳重，他的师中几乎有一半是正规军和经验丰富的骑兵。他奉米德将军之命于此前一天抵达葛底斯堡以探查进镇的几条道路，此前在这一带出没的正是他的部队，并因此使佩蒂格鲁将军有所忌惮，没有进镇采购军用皮鞋，只是赫思和 A.P. 希尔两位将军没把他们当回事，以为不过是宾夕法尼亚民兵。

比福德即刻认识到防守葛底斯堡的关键所在是该镇以西 3 条低缓的山脊，其中主要的是以位于其北端、规模很大的路德神学院而得名的神学院岭（Seminary Ridge）①，并将下马骑兵部署在这些地段。除占据有利地形之外，比福德部队的战斗力一般——他只有 1200 名骑兵和一组马炮部署在木立柱和横木构成的防护栅栏后面，虽说装备了后装式卡宾枪的骑兵拥有比步兵快得多的射击能力，但下马骑兵通常的做法是在每 4 名骑兵中指定一名"牵马兵"*，他们在战斗中并不能发挥积极

₅₅₁

---

① 或音译为"塞米纳里岭"。

* 步枪和火炮的改进使得骑兵的全面冲锋过时了（除了心存幻想的骑兵以外），内战期间国外的观察家密切关注着双方以骑兵为"骑马步兵"的技战术。

作用。[41]不过，这是一支久经沙场的部队，并非赫思将军所认定的兼职民兵。

有消息说赫思将军遭遇了一支强敌而非当地乡巴佬武装，他花了一段时间才从钱伯斯堡收费公路返回卡什敦，正在此处的李可以听到前方传来的枪炮声，他终于忍不住当着率领全师原地待命的理查德·安德森少将（Major General Richard Anderson）的面吐露了心声。"我想不出斯图亚特究竟怎么回事"，在前方传来的枪炮声中，李对安德森说。"我早该听到他的消息了。他或许遭遇了灾难，但我希望不是这样。没有他的报告，我真不知道我们前方究竟是什么状况。开火的也许是整支联邦大军，也许只是一小股部队。如果是整支联邦大军，我们必须就地开始战斗。如果我们不能取胜，我们经过的那些隘路和峡谷会保护我们免遭灭顶之灾。"[42]

安德森在写给朗斯特里特的信中记述了这次谈话，也说李显露出"不安和沮丧的"神情，更像是在自言自语，而不是与安德森交谈，不过李此刻的心境恐怕另有诱因，A.P. 希尔叫停了安德森师及其炮兵预备队前进的脚步，而不是督促他们加速前进一事让他感觉不快。安德森似乎并非一个想象力特别丰富的人，但李足够信任他并考虑提拔他为军长，因此人们自然会认为事发多年后安德森所引述的李的原话应是准确无误的。

如果引述准确的话，在大战来临之际，最高指挥官对手下一名师长说这番话实在是非同寻常，只是大家需要记住，对此大做文章的只有两个人，一个是决意替李开脱在葛底斯堡战役败北责任的弗里曼，另一个是极力洗清自己并将责任尽可能推给斯图亚特的朗斯特里特。没有人能比李将军自己更确切地总结出他当时的处境，也没有人能比他更准确地预测将要发生的事情，但在安德森将军面前直抒胸臆的做法是否明智，值得探讨；假如李果真考虑到了失败的可能性，他也不太可能对安德

森直言相告。但李毕竟是个有血有肉的人，他的表现很可能
就是我们大多数人面临重大危机时的惯常做法，也就是开始
质疑自己是否决策正确——也就是人们通常所说的犹豫不决
或疑虑——只不过对李来说，这种表现极其罕见罢了。不管李
当着安德森的面说了什么，他更可能会依照自己的本性自责，
而不是责怪斯图亚特，尤其是眼前发生的一切，朗斯特里特早
有预见并提出过警告——李率兵进入敌境，将自己的交通线置
于危险之中，并会在自己不熟悉的地带与波托马克军团短兵相
接，而且自身缺乏涉及敌军实力的可靠情报。

总之，李命令安德森师继续前进之后，自己上马前往葛
底斯堡。他在一路骑行期间心情渐渐好了起来，或许是因为对
即将来临的战事的期待总能让他在平静的外表下流露出某种兴
奋。他毕竟是一个战士，宁愿在枪林弹雨中拼杀，而不是与参
谋团队一起滞留在钱伯斯堡收费公路上。李不是那种纸上谈兵
的将领，满足于看着作战态势图，读着前线送来的战报，而是
喜欢亲临战地，亲身体验。他就像《圣经·约伯记》中的战马
那样，"角每发声，……说呵哈。……从远处闻着战气，又听
见军长大发雷声，和兵丁呐喊"。[43]

不能因此就说李以战斗为乐——职业军人无一以此为乐
的——而是他天生就是一个战士，就像他父亲一样（"轻骑兵"
哈里·李在政治上的作为远不及他作为一名战士所展现出的技
能和勇气）；他接受了这样的培养和训练，并在这方面具备了
鲜有人能媲美的杰出能力。当他奔向葛底斯堡时，无论内心是
怎么想的——也许他在与安德森交谈时曾显得"不安和沮丧"，
甚或他表情冷峻但内心无比焦灼——我们可以肯定的是，刺鼻
的滚滚硝烟、震耳欲聋的炮火以及清脆尖锐的枪声等使得他静
下心来并恢复了活力。他本不想打这场仗，时机尚不成熟，地
点也不合适，但事已至此，他不屈不挠的精神和争强好胜的斗

553

志开始占了上风。当罗伯特·E.李从钱伯斯堡收费公路边的森林中策马而出，在一个青草萋萋、可俯瞰战场的小山丘上勒住"旅行者"时，那些目睹了这一幕的人心中一定涌动着对胜利的强烈期待。他出现在此地的事实本身就足以让大家相信，这不会是小打小闹，一场轰轰烈烈的大战即将在这片绵延起伏的田野上展开，整洁的农场、绿油油的农田、精心修整的围栏都将在明媚炎热的正午天空之下，经受血雨腥风的侵袭。那些离得近的人都在向他欢呼，但他对欢呼无动于衷，就像面对危险一样——他与"旅行者"待在原地，一袭灰衣的高大男子骑在一匹灰色骏马上，他不动声色地解下装着双筒望远镜的盒子，拿出望远镜，举到眼前。

上午开战后联盟军方面的进展还算顺利，只是比福德的下马步兵作战很顽强，苦苦抵御赫思师两个旅持续将近 3 个小时的进攻，直到陆军少将约翰·F.雷诺兹（Major General John F. Reynolds）的第一军步兵赶到并投入了战斗。战斗越来越激烈，双方投入战斗的兵力也持续增加——A.P.希尔的部队陆续从钱伯斯堡收费公路那边赶过来并在空地上集结，随后以旅为单位一一投入战斗，与兵力同样不断增加的联邦军对垒。临近正午时，联邦军中最优秀的指挥官之一雷诺兹将军阵亡，其职位由陆军少将阿布纳·道布尔迪（Major General Abner Doubleday）继任；到了午后，联邦军的阵线被迫从路德神学院一带后撤至葛底斯堡城内。这本是令人满意的战果，但从更广泛的意义上说，这正是李想要避免的。陆续抵达的联盟军各部随到随被派上战场，在遭受惨重伤亡后仍看不到取得决定性胜利的任何希望，因为波托马克军团还有四分之三的兵力仍在前来葛底斯堡的路上，而李当前能投入战斗的兵力不足三分之一。

我们无从得知李透过望远镜看到的情形是否令他心烦意

554　乱，也不知道如果真是这样，他会烦躁到何等程度——他的自控能力太强，身边的人没有察觉到丝毫异样。此时此刻李面向正东观察战况，眼前正对着他的就是坐落在低矮、绵长山脊（也就是塞米纳里岭）上的路德神学院，在它后面更远处山岭下倾的位置，可见距此一英里多的葛底斯堡小镇建筑物的屋顶，在镇子的南侧依稀可见笼罩在硝烟中一道陡然隆起、形状不规则、长长的高岗，两头分别是岩石嶙峋、树木稀疏的小山丘。巴尔的摩收费公路就像一支箭直接从高岗后面穿向葛底斯堡南面，但在缺乏斯图亚特骑兵侦察的情况下，李无法获知沿这条路前往小镇的联邦军规模究竟有多大。

　　赫思属下四个旅中的三个已经被打得差不多了，希尔则拼尽全力从钱伯斯堡收费公路那边调集兵力予以支援。就在李琢磨着该怎么做的时候，联邦军线列的右侧出现了一些骚动，这引起了他的注意。由罗伯特·罗兹将军（General Robert Rodes）所率的师组成的一条"长长的灰色战阵"[44]突然从葛底斯堡北面的森林中冒了出来——沿卡莱尔和哈里斯堡等道路南下的尤厄尔军先头部队终于赶到了战场，他们开始在联邦军战线右翼对面布阵。弗里曼描述说，这种情形简直"不能更有利了，就好像这场遭遇战是事先精心策划的"，但李当时并没有这样想。当赫思将军向李请示他能否出击以便从北面协助联盟军的进攻时，李回答说："不行，我还没有准备好在今天就发动全面进攻——朗斯特里特还没到位。"[45]我们很难猜测李当时是以怎样的语气说了这番话，也无法确定他的决心有多大，但这与他在卡什敦传达给安德森将军的信息基本一致，只是表述得更简洁。

　　"但在那个炎热的下午，战神们似乎也都穿上了灰色制服"，弗里曼这段话描述的是尤厄尔军的朱巴尔·厄尔利师从罗兹左侧的树林涌出，在葛底斯堡以北围绕联邦军阵线形成了

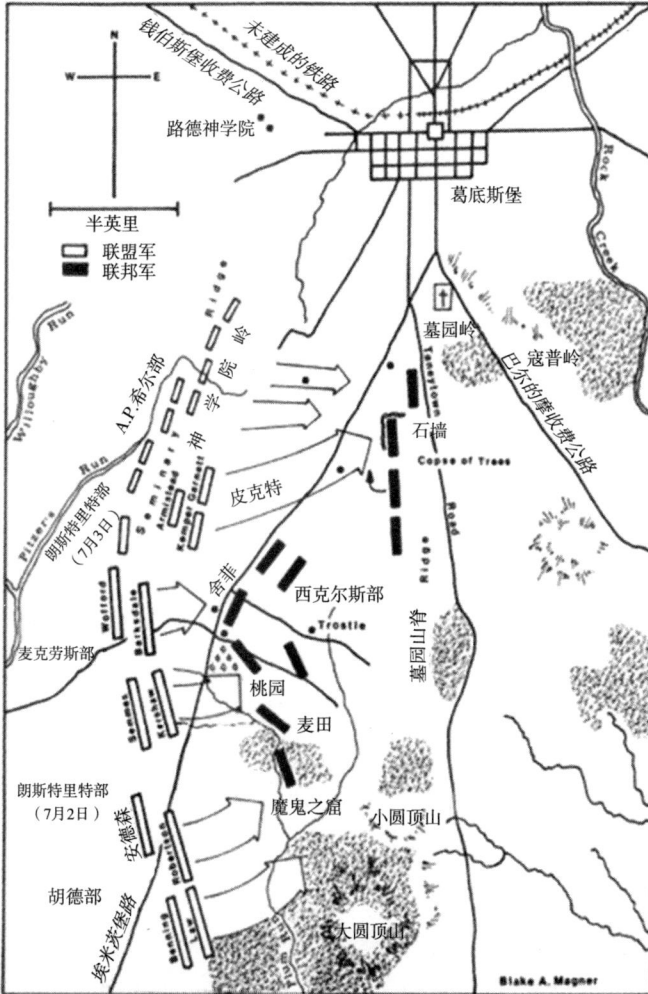

24 1863 年 7 月 2~3 日, 葛底斯堡战役

一条长达一英里的灰色线列。至此李将军投入战场的兵力达到了四个整师，具备了向联邦军防线两翼同时发动进攻的能力。李当机立断，迅速改变作战思路，下令陆军少将威廉·多尔西·彭德的师向前推进，并发布了全线出击的命令，面对联盟军的猛烈攻势，联邦军不得不退却。到了下午3点左右，联邦军在该镇北面和西面构成的环形战阵再也无力支撑，溃不成军的北方部队慌不择路，撤退到该镇南边和东边的高地——寇普岭（Culp's Hill）、墓园岭（Cemetery Hill）和墓园山脊（Cemetery Ridge）。联盟军一时占了上风，但并未取得李所寻求的那种胜利。虽然联邦军乱作一团，但他们占据了居高临下的有利地形。由于米德将军尚未抵达战场，他便命令陆军少将温菲尔德·斯科特·汉考克代行战地指挥权，酌情决定是否需要坚守葛底斯堡南边高地上的阵地。汉考克不仅决定要坚守阵地，而且重整队伍，恢复军纪，并为他坚信即将到来的突袭备战。

无论"战神们"是否在为李助战，反正当他骑马走过塞米纳里岭（Seminary Ridge），来到距离镇子仅半英里的地带时，他感觉自己当前的处境有些一言难尽。尽管他这天打了胜仗，但正是他的胜利导致原来处境不利、兵力分散的敌军退守到了一个兵力集中且地形有利之处。联盟军占据了葛底斯堡以西的山脊，以及镇子本身；敌军则占据了镇南的两座山岭和高地，以及巴尔的摩收费公路，他们的主力部队和供给正通过这条路畅通无阻地倾泻而下。尽管这时联邦军方面遭到一些挫折，但是除非出现什么意外，不然他们在葛底斯堡保有的兵力只会快速持续增强。

李凝视着眼前的景色，他立刻意识到寇普岭是左右战局走势的关键所在。它本身并不太高，大致呈圆锥形，四面相当陡峭，树木繁茂；就像南边所有的高地一样，它上面布满了冰河世纪遗留下来的各种硕大的圆石和突出的岩层。从山顶可居高临下掌控东面的墓园岭，挟制一直延伸到 3 英里以外两座小山的长长的山脊，以及从两座小山中间穿过之后进城的巴尔的摩收费公路。他还可以看到联邦军乱哄哄地穿过寇普岭向后撤退［朗斯特里特用了一句法语"Sauve qui peut"（各自逃命）来描述当时的情景］，很显然，此山地处要冲，越早占领就越好。A.P. 希尔的人离它最近，但希尔病了——他对弗里曼特尔上校说"他那天身体不适"，而弗里曼特尔则说希尔显得"纤弱"（用这个词形容一位将军有些不同寻常）——并回复李说他的手下经过一整天浴血奋战处于"疲惫和混乱"之中[46]，此战导致联邦方面的两个军损失将近 1 万人，其中 5000 人当了俘虏，联盟国方面损失也很大。7 月 1 日那天，希尔整天都显得无精打采，"石墙"杰克逊绝不会容忍他的手下将领表现出这种精神状态，尤其是一直让他心怀芥蒂的希尔。

557

弗里曼特尔吃力地穿行在挤作一团的联邦军俘虏和联盟军伤员当中，总算走上了钱伯斯堡收费公路并进了葛底斯堡镇，双方仍在这里激战，街上横七竖八地躺着"北方佬的尸体和伤员"。[47]他和众人一样都认识到这一天的战斗并没有决定性的结果，还需要最后一击，以确保和巩固联盟国方面来之不易的初步胜利。

李本可以不容分说，直接下令 A.P. 希尔振作起精神并重新发起进攻，但他没有这么做，而是决定让尤厄尔从北面突袭以夺取寇普岭，但李当时在该山岭正西方向面对着它，因此无从知晓从尤厄尔的方位看上去的情形。他急令助手沃尔特·泰勒前往尤厄尔处传达命令，告诉他有必要把"那些人赶"下山，"如切实可行"，应立刻照办。

"性格决定行动。"李天性温文尔雅，不愿与人直接对抗，偏向于让他手下的军长们自行决断。这些都可以说是体现在一个人，甚至一位将军身上的优秀品质，而就在 7 月 1 日下午，这些品质聚合反应的结果导致他产生了片刻的犹豫，从而给联盟国军队带来了致命影响。尤厄尔早已习惯于听从"石墙"杰克逊的号令，而杰克逊的命令是出了名的简短和武断。李偏爱的"如切实可行"的表达方式彰显的是他良好的教养和对手下指挥官们的尊重，并非有意让部下视之为免责条款。一旦李表明他想要什么，他一定期待着他的愿望会得到满足，他手下的将领们将各显神通，设法完成任务，因为他们能清楚地认识到自身的处境，并且了解自己部队的士气、状况和方位。在李看来，用不着他来告诉尤厄尔如何夺取寇普岭，只要尤厄尔明白他需要设法完成这项任务即可。

558 　也许就不应该派泰勒去给尤厄尔传达这个命令。泰勒很欣赏尤厄尔的为人，称他是"一名勇猛的战士和绅士"并具有"骑士精神"；他有着"一颗如女人般温柔，[却又] 如狮子般勇敢的心"，尽管他不得不承认尤厄尔存在"神经质和举止粗鲁"的缺点。[48] 还有一种可能是泰勒本人的性情就很温和 [49]，并没有向尤厄尔清楚地表明李期望他趁着山上的联邦军队乱作一团和溃逃时，务必在当天天黑前拿下寇普岭；泰勒返回汇报时称尤厄尔并没有对李的命令发表意见，而是一味地抱怨他要看守的联邦军俘虏太多并有"照顾不过来"的感觉。尤厄尔也可能觉得一个相对低级的参谋人员没资格告诉一位中将军长该如何作战。*不管怎样，尤厄尔主意已定，要等爱德华·约翰逊少将的师抵达战场后再行动，同时认为"继续追击敌军并不明智"。很显然，假如泰勒带着李的一纸手令，无论笔迹多么

---

　　*　李需要的是一个得力的参谋长，就像二战期间艾森豪威尔的陆军少将沃尔特·比德尔·史密斯（Major General Walter Bedell Smith）——"艾克的打手"，其职能就是说出众人不想听或艾克自己不想亲口对他们说的话。但李宁愿亲自充当参谋长，这与他的性情不合并增添了负担。

潦草或者口述时多么紧张，只要命令他趁着联邦军尚未筑起稳固防线，立即不惜一切代价夺取该岭，结局就大为不同了。听到"如切实可行"这一致命短语之后，尤厄尔当即认定此事行不通，就如泰勒机智地表达的那样，他行使了"李将军习惯于给予他的部下们的……那种自由裁量权"。[50]

　　如果有那么一个时刻，三个人的绅士本能导致了一场灾难，那就是这个时刻。泰勒说得很清楚，假如尤厄尔收到的是直截了当的命令，他一定会遵命行事。尤厄尔的一些部队本已接近目标山岭，当他命令部队停止前进时，手下至少有两位将领暴跳如雷。敌军正全线撤退，其中许多士兵甚至"丢弃了他们的武器"，约翰·布朗·戈登（John Brown Gordon）和艾萨克·R. 特林布尔（Isaac R. Trimble）两位将军都相信，他们完全可以不费吹灰之力"横扫"这座小山包。以直言不讳和火暴脾气而闻名的特林布尔后来记述说，他曾强烈要求尤厄尔允许他攻占这个山岭。关于他当时所说的话，有许多不同的说法，其中之一是他指着溃退中的联邦军经过的寇普岭说："那里有一处居高临下的有利地势，目前还无人据守，它迟早要被我们或敌人占领。假如我们想要在此地站稳脚跟，我建议你派一个旅前去守住它。"按照别的说法，他主动请缨，声称如果尤厄尔指派给他一个师、一个旅，哪怕一个团（特林布尔在第二次马纳萨斯战役期间受了重伤，此时只是尤厄尔的助手），他就保证拿下那座山岭，尤厄尔极"不耐烦"地予以回绝，大致是说如果他需要听取一名下级军官的意见，他会主动提出要求，据说特林布尔听了这话一脸鄙夷地把佩剑扔到地上，没敬礼就扬长而去。[51]

　　李对此毫不知情——这类争吵无论如何都是他极力想要回避的——也因此一心想着尤厄尔正为夺取寇普岭备战。下午3点左右，他驻足察看战况，所处位置正好"在构成葛底斯堡周边

559

独特风景线的一个山脊之上"（大概就是神学院岭）[52]，陪同他的有 A.P. 希尔和弗里曼特尔上校。居高临下的弗里曼特尔能清楚地看到正从小镇另一侧退却的联邦军队，貌似联盟国方面占了上风，但他遇事一向不轻易下结论，便爬上一棵树以便看得更清楚，这才发现其实联邦军正以小镇墓园为右翼重整队伍，而且他们其实是被迫后撤到了一处"易守难攻"的阵地。

不止他一个人萌生了这个念头。朗斯特里特将军已经抵达——他的前锋部队已接近葛底斯堡，但主力部队仍哩哩啦啦散布在远至钱伯斯堡的路上。他用望远镜仔细察看了整个战场，并在当天晚些时候告诉弗里曼特尔，他也认识到联邦军似乎占据了"极其牢固"的阵地，但他从中得出了乐观的结论。李和朗斯特里特随后的简短对话成为过去 150 年来不时掀起阵阵波澜的争论焦点，并标志着南方整体"命定败局"历史学派的出发点，其中最有代表性的就是出自弗里曼之手的李的三卷本传记。这部著作将葛底斯堡战役战败的根源以及联盟国最终失败的主因，都归咎于朗斯特里特将军。在这个内战史的版本中，朗斯特里特被比作引诱亚当和夏娃的那条蛇，以其一人之力断送了李取得决定性胜利的机会。

当然，全面了解这件事前因后果的难度在于我们只能看到朗斯特里特一方转述的谈话内容，而且经年累月他又给自己本来的说法添油加醋，以额外的几处细节来强化他所描述的李表现出的焦躁不安。这或许是任何人在记述年头久远的事情时都会出现的失误，因为朗斯特里特直到 1896 年，即超过四分之一世纪之后才终于公开了两人的对话，那时他已经受够了人们就葛底斯堡战役期间的差错对他的指责。另外，弗里曼描述这件事时不免夸大其词，对朗斯特里特的原话加以渲染，如"朗斯特里特厉声反驳道……"之类语句，无疑增加了人们理解当时情景的难度。但实际上我们并不知道朗斯特里特是否真的

"厉声"反驳了李；按照他本人的记述，他一直对李敬重有加，只是见解不同而已。鉴于李直到战争结束时，甚至在后来很长一段时间，依然保持着对朗斯特里特的尊重（也许他本不该如此），因此无论 1863 年 7 月 1 日下午李表现得多么不想听朗斯特里特多说一句，他也不太可能"厉声"反驳李。*

务必要记住，朗斯特里特从一开始就极力反对北进，而当他未能如愿时又自以为他已得到了李的承诺，要打一场防御战，就像在弗雷德里克斯堡一样，据守敌不得不攻击他的阵地。在观察了眼前的地形后，朗斯特里特带着一丝自满，或许还默念着"我早就告诉过你"，再次提出了军团还在拉帕汉诺克河一带时自己向战争部长塞登并随后又对李提过的意见。"我们无法召唤敌军到一个更合乎我们作战计划的位置，"朗斯特里特说道，"我们所要做的就是绕过敌军的左翼，以据守其与首都之间的有利地形。"

朗斯特里特吃惊地发现，或者说他声称吃惊地发现李并不认同他的观点，而是"紧握着手"在空中一划，并回答道："如果他明天出现在那里，我就要攻击他。"[53] 弗里曼在描述这次交谈时，称它是"刚到战场 10 分钟，对敌军实力毫不知情的一个下属对长官讲话时所用的相当不寻常的言词"，字里行间流露出朗斯特里特对李说的一番话涉嫌 lèse-majesté（犯上）的意味，但朗斯特里特并没有说任何李从未听说过的，李早就听过，而且一直容许朗斯特里特直言不讳，申明其主张。

朗斯特里特对李"紧张不安的状态"和"阴晴不定的脾气"的异常表现深感诧异，他并没有意识到"骑兵主力不知所

---

*　说到这里，我们只能看到朗斯特里特对他们之间谈话的叙述。听起来确实很像李的风格，但我们不能确定经过这么多年，朗斯特里特是否还准确地记得他说过的话。

踪"大概是导致李举止异常的根源，不过照理来说，朗斯特里特应该已经认识到斯图亚特不在现场。不管怎样，他回答道："如果他明天出现在那里，那是因为他想让你展开攻击。"

朗斯特里特的记述并不足以证明他曾尖锐地回敬李。他也曾提议占领"那个高地"，他指的大概就是寇普岭和它背面的墓园，而且要趁着战场上联盟军兵力仍两倍于联邦军时立即行动。这时，李转头开始处理其他事务，此举很可能让朗斯特里特感到松了一口气，因为他指出"稍微考虑一下总比继续讨论好"，这显然表明他认为李是要冷静一下，再斟酌一番，然后接受朗斯特里特的建议。无论怎样，朗斯特里特认识到此刻再继续争论毫无意义。

虽然现代人对葛底斯堡战役的描绘——特别是《杀手天使》以及根据它拍成的电影——倾向于假定朗斯特里特是对的，而李是错的，但实情要复杂得多。李仍然没有骑兵可用，因此他不能肯定米德究竟带了几个军，或者波托马克军团的主力何时赶到。将他的大军向右移动"以据守他（米德）与华盛顿之间的有利地形"的想法充满风险。这样做的后果是，至少有两天时间，李的整支大军将会冒着侧翼遭突袭的危险，缓缓向墓园山脊的远端移动，随后再转向去往——不知何处，因为李无从得知这个神奇的"有利地形"究竟在哪里，而且在斯图亚特所率骑兵部队到来之前也无法探察。[54]

除上述问题以外，还有个时间问题。仅尤厄尔的粮草和弹药车队就长达 14 英里，全军团（三个军）及其补给车队沿狭窄的埃米茨堡公路（Emmitsburg Road）行军，道路侧面仅数百码以外就是虎视眈眈的敌军，这种情景肯定会让任何一个将军感到不寒而栗。连续数小时，连续数天，李的大军置身险境，随时会遭到突袭，行军队伍被分割，陷入死伤惨重的混乱之中。不仅如此，由于他的部队必须就地征集粮草，沿途能否得到足够的粮草供应？大队人马恐怕会饿着肚子，冒着侧翼被袭击的危险，寻求适合作战的地点，而在此期间整支大军排着长长的队伍，沿一条或数条道路行进，缺乏任何实质上的防护。对错姑且不论，李正处于以葛底斯堡为中心集结兵力的进程当中，并寄希望于尽快集结完毕，趁着米德的主力赶到之前向他发起攻击。这绝对不是草率的决定，而是他唯一能做的决定。

显而易见，李早已做出了这一决定，无论朗斯特里特当时或后来怎么想，因为一见面，李就迫不及待地问朗斯特里特的军队（第一军）处在前来葛底斯堡路上的什么位置。朗斯特里特答复说麦克劳斯师在"大约 6 英里"处 55，但未告知李其余各师的方位。弗里曼断言这是因为朗斯特里特对李拒绝他的计划耿耿于怀，但既然麦克劳斯 师即将到达，皮克特师正奉李之命防守钱伯斯堡，直到英博登的骑兵赶来接防，他的回答基本就是李想知道的全部内容。尽管李的主要助手朗上校这天多数时间都在场，而且对朗斯特里特在随后两天的战斗中"反应迟钝"大为不满，但他只字未提朗斯特里特面对李时有粗暴或不敬的言行，假如真有的话，他是不会放过的。李的另一个副官，忠心耿耿的陆军上校查尔斯·马歇尔曾长篇大论，抱怨杰布·斯图亚特未能在葛底斯堡战役前给予李任何帮助，也没提及朗斯特里特对李表现出任何不敬，更遑论任何"怨恨"之举了。

既然朗斯特里特军各部尚未就位（分别由麦克劳斯和胡德率领的两个师还在赶路，预计当晚可抵达；皮克特师将在 7 月 2 日晚些时候抵达）56，李骑马出营，想要亲自查明尤厄尔仍未攻占寇普岭的原因。他在位于卡莱尔路上一栋小石屋旁的"树荫下"找到了尤厄尔，竟发现这位第二军军长显得犹豫不决、不知所措，这令他深感沮丧。"他抵达葛底斯堡之后，〔尤厄尔〕就一直在街上无所事事地听候命令"[57]，弗里曼如此写道；
但这并不完全对，因为泰勒上校早就亲自向他传达了李的命令，
而尤厄尔以向寇普岭和墓园山脊近端进军"行不通"为由，决
定不执行李的命令。对李来说这次面谈不可能很轻松——那天
下午，他手下的三位军长都让他伤透了脑筋：A.P. 希尔感觉
"不适"且帮不上任何忙；朗斯特里特让他采取他根本不可能
实施的迂回行动；此刻又看到尤厄尔不声不响，且以李命令中
出于礼貌添加的"免责条款"为借口，拒不执行李下达给他的
命令——而李还以为他早已依令行事了。不难想象，李当时一
定会痛惜"石墙"杰克逊的缺席，他要是在的话，大概不等命
令下达就已经占领寇普岭了。李总是轻便地骑着"旅行者"，
从不用鞭子或马刺，这匹马也很通人性，只要稍加引导就会做
出本能的反应。李对待他手下将领的方式与此类似。他天生不
喜欢提高嗓门说话[58]，也不会动辄威胁或惩戒他人；他习惯于
别人出于敬畏的服从（有一个广为人相信的轶事可以用来说明
这一点，大意是有次李小睡了一会儿，行军经过他帐篷的整整
一个师的官兵都踮起脚尖走过，生怕惊醒他），因此，他此刻
真的很迷茫，不知道该怎样对付手下这三位军长，他们在战事
正酣时突然变得像停蹄不前、不听话的马一样。即使他心里很
想做，但他也不可能轻易撤他们的职，那肯定会危及部队的团
队精神和自信心，而且无论如何，他也找不到可以替代他们
的人。

尤厄尔本人似乎连话都不会说了。他派人找来陆军中将
朱巴尔·厄尔利，即他手下的一名师长，来解释随着时间的流
逝已变得越发明显的形势：尤厄尔"那天晚上放弃了一切进攻
的打算"。[59]厄尔利平常为人处事总是一副咄咄逼人、锋芒毕
露的样子，甚至在联盟国高级将领中他也以满脸恣意生长的胡
须、愁眉苦脸的表情和暴躁的脾气而出名——李经常亲切地称

他为"我的坏老头"——现在他似乎有些反常，变得和他的长 564
官一样谨小慎微。李完全没料到厄尔利竟然毫无发动攻击的意
愿，他原指望尤厄尔会在天黑前拿下寇普岭，这下内心残存的
希望彻底破灭了。李无奈之下转换了话题，开始交代他为第二
天制订的作战计划。

在这个议题上，厄尔利仍然站在尤厄尔一边，对前景持悲
观态度。① 他认为联邦军会在上午集结于尤厄尔军阵前，并指
出绕过墓园岭向联邦军发起攻击的"路线难度极大"；[60] 他甚
至建议应攻击敌军更右端的阵地，攻击目标或可包括两个小山
丘，即小圆顶和圆顶，从那上面可俯视墓园山脊，但它们在南
边 6000 码以外，天光渐暗后几乎都看不到。厄尔利及其上司
尤厄尔都反对李的建议，认为第二天上午第二军向右迂回的做
法不切实际。

这无异于说第二军将在明天仅发挥有限作用，主攻任务须
由别的部队执行，指向更偏向南边的目标，也就是位于比较容
易攻打的墓园山脊中央的地带，大概方位处于寇普岭与墓园岭
及两个圆顶之间，因为在得不到斯图亚特骑兵侦察的情况下，
联盟军无法探明墓园岭正南方向的地形。

葛底斯堡战役中的"过失"似乎已经明白无误地该由李，
而不是朗斯特里特承担了——李在抵达尤厄尔军部的那一刻就
应立即命令尤厄尔抢占寇普岭，而且要让他立即出击，不惜一
切代价，如果他抗命不从，就当场撤换。但他只是坐在树荫
下，耐着性子，任凭厄尔利倾诉令任何指挥官都泄气的悲观论
调，直到最后天黑，什么也做不了。如果说在某个时刻忍不住

---

① 尤厄尔始终沉默不语，任由厄尔利代他出头，这种举动酷似第一次世界大战中陆
军元帅保罗·冯·兴登堡（Paul von Hindenburg）的表现，他被人戏称为"Was
Sagst Du?"（你有什么说的？）将军，因为每次遇到问题，他都会习惯性地推托给
他的参谋长鲁登道夫（Ludendorff）将军，然后问："你有什么说的？"

发脾气是有用的，那就是此时此刻，但李仍然像以往一样彬彬有礼，无动于衷。为什么会这样？尤厄尔毕竟曾听命于"石墙"杰克逊，后者要求部下无条件服从命令，全力追击敌人，不然就会爆发雷霆之怒，他在这方面是出了名的冷酷无情，而朱巴尔·厄尔利的火暴脾气和吹毛求疵的怪癖导致他属下的官兵怨声载道。或许此时此地需要的就是发一通火，促使尤厄尔振作起来，并让厄尔利走出树荫，回到他的部队中去，但李没有发作。

一个伟人的行为如果不是预先注定的，就一定是由他的性格决定的——其根源未必仅仅出于他性格中的缺点，有时甚至更可悲的是，出于他的美德。李是个绅士，对他来说，举止要像绅士，这比什么都重要，甚至可能超过了胜利的重要性。他具备他父亲的勇气，但没有他父亲的虚荣心，也缺乏"轻骑兵"哈里·李狂放性格中好斗、骇人、自吹自擂，有时是寡廉鲜耻的一面——也许李小时候听过太多，或者得知一些人，不仅是"轻骑兵"哈里，曾为那种无法控制的怒火和突如其来的震怒付出了惨重代价，也曾让他父亲一步一步走向耻辱、破产和流落异乡的结局。如果李确有这类情感，肯定是有的，因为他的助手朗上校曾回忆起他因为某件事而压抑着怒火的样子，注意到"李脾气不好的表现，脖子和头部紧绷，猛地一动……待人的态度也有些粗暴"[61]，很显然，李的这种表现并不鲜见。但他早已学会了控制自己的情绪，为此他在身心上也肯定付出了巨大的代价，毫无疑问，他毕生在自我控制上的不懈努力一方面使他与众不同，另一方面成为他罹患心绞痛的部分诱因。

李骑着马摸黑回到了指挥部，着手制订第二天的行动计划。他在与尤厄尔和厄尔利交谈时，开始认识到主攻方向将是敌军的左翼，由尤厄尔军助攻。由于 A.P. 希尔还生着病，他的军也在当天战斗中严重减员，只能由朗斯特里特军担负主攻任务。他还在尤厄尔那里时就在考虑该怎么做，朱巴尔·厄尔利后来复述了李当时说的话，"如果我从右翼出击的话，朗斯特里特就必须出战"，接着他又像自言自语似的补充说，"朗斯特里特是个优秀的战士，问题是他需要就位，一切都准备好，但他行动太慢"。[62]

这种预言并非毫无依据——就因为朗斯特里特动作迟缓，李差点在第二次马纳萨斯战役中败北。不管怎样，按照李的计划，朗斯特里特的攻击行动是第二天战斗的关键。尤厄尔要等到朗斯特里特军开炮后再行动。两军必须同时分别从圆顶和寇普岭出击，因相距将近 3 英里，协调起来并不容易——更麻烦的是，斯图亚特的骑兵并没有探明这一带敌军的虚实，因此李根本不知道会有怎样的遭遇。

实施这个作战计划还有另一个难点，朗斯特里特在发起进攻前，不得不先把本军（皮克特师缺席）调入葛底斯堡，还要沿着埃米茨堡公路从 A.P. 希尔军的阵地后方移向右侧，以希尔军为其左翼。一个军绕过另一个军行动肯定要耗费一些时间，且在行动过程中多半会引起居高临下的敌军注意，这就排除了发动突然袭击的可能性。好在李终于得到了一条好消息，斯图亚特派人通报他目前已走上卡莱尔公路，正向葛底斯堡赶来；但这不会影响到第二天的战斗。假如斯图亚特在场，并能袭扰或截断联邦军通过巴尔的摩收费公路进行的部队调动以及运输补给，这当然会有帮助，但李明白，联邦军的部队正源源不断、不受干扰地涌向墓园山脊上的阵地。朗斯特里特发起进攻的时间因此显得尤为重要，而它同时也会导致另一个致命的误解，并在持续三天的战役中与其余几个误解一道困扰着联盟军。

朗斯特里特在接近傍晚时回到了指挥部，据说他在吃晚饭时忍不住对弗里曼特尔上校说，他担心敌军会"连夜加固阵地"[63]，想必这个传闻是真的，同时他还表示不喜欢在皮克特师赶来之前就开战——那就像是"脱了一只靴子"上战场一样。* 后来他又连夜骑马去见李，后者刚派人去传令，让尤厄尔不要向他的右侧移动，要在听到朗斯特里特上午发起进攻的信号后攻打窦普岭。李明确告知朗斯特里特，希望他争取在米德的大军集结完毕之前开战，越早越好。李并没有告诉朗斯特里特想要他开始进攻的具体时间，也许他不习惯这样做，而朗斯特里特在后来记述此事时指出，"李将军从来没有命令我在某个特定时间发起进攻。他对我们十分放心，知道一旦我部就位，绝不会耽搁一分一秒"。[64]

这话的可信度极高：李始终都坚信应让手下将领们自行决定怎样完成任务。李当然也提到了越早发起进攻越好，问题是，他在让在场军官奔赴各自岗位之前下达了另一条致命的命令："先生们，我们要攻击敌人，明晨开始行动，若切实可行，越早越好。"[65] 人们恐怕会觉得"若切实可行"或"如果可行的话"的说法本已在当天早些时候影响到了尤厄尔的行动力，但它们又出现了，而且带来了类似的结果。至于李把朗斯特里特发起进攻的时间设定在黎明时分，而朗斯特里特因记恨李不接受自己的战略设想直接无视这个命令的指控（迄今为止仍是围绕葛底斯堡战役展开的激烈争议之一）缺乏说服力：李去世很久后，朗在一封措辞激烈的书信中不得不承认朗斯特里特是对的。但我们至少要承认一个事实，朗斯特里特当晚并没有督促麦克劳斯和胡德率部队前移，这多半是杰克逊要做的。李骑马前往助手们为他找到的一栋小房子，准备休息几个小时，朗

---

* 他好像对包括胡德将军在内的好几个人说过这话。

斯特里特则回到他的指挥部休息，不管他对李早上的计划有多少保留或疑虑。

葛底斯堡：第二天

可能史上没有任何一场重要战役享有为期3天的葛底斯堡战役那样详尽的研究和描述，当然也没有任何一处重要战场得到了与其同等的精心维护，正因为如此，在过了一个半世纪后，人们还在为战役期间发生了什么而激烈争论，并存在大量五花八门的记述，这确实有些讽刺意味。在这场战争的诸多谜团中，最难以解决，也是对南方人最敏感的一个，就是朗斯特里特将军在7月2日和3日那两天的表现。战后，他本人在多年间发表了多个版本的记述，细节上存在较大出入，这更是火上浇油。最后一个版本的记述流传了大约5年时间，此时他年事已高，饱受南方同胞的抨击，一方面因为他与西点军校的朋友尤利西斯·S.格兰特维持着深厚友情，另一方面因为他竟然接受联邦政府任命，出任了一系列收入丰厚的公职。

因此，从联盟国视角来看，有关此次战役后两天的进程存在针锋相对的叙述：一种说法来自朗斯特里特，将失败的责任归咎于李；另一种则属于经典的"命定败局"之论，指责朗斯特里特是失败的元凶。可以肯定的是，那天早晨朗斯特里特早些发动攻击会更好，这也是李期望他做的——拂晓时分，墓园岭和圆顶之间长长的山脊大部分尚未被联邦军占据——但话又说回来了，李是否真的命令朗斯特里特这样做了，以及朗斯特里特是否真的无视李的命令，畏缩不前，并心怀不满而一拖再拖。

朗斯特里特在《从马纳萨斯到阿波马托克斯》著述中表明了自己的观点，对李在此战中的指挥手法提出尖锐批评。"泰勒上校说李将军敦促我的部队要加快行军步伐，并对迟迟看不

568

到部队出现火冒三丈。事实上，直到 11 点钟他才下令我军移向他的右边，此前他并没有就我军动向对我说过一个字。他在第一天命令部队加速前进时甚至没提任何建议，只是在发布命令时提到如果发现敌人在那里，他打算第二天开战。他很兴奋，失去了平衡，这一点在第一天下午表现得很明显，他努力压制着自己内心的焦灼，直到流了足够多的血，他才平静下来。"

这太具爆炸性了，朗斯特里特不会感到奇怪，此言一出，招来众多，其实大多数是南方人的口诛笔伐，只不过他这时已经毫不在意了。然而，我们必须牢记一点，朗斯特里特始终是反对入侵北方的，而在他的观点遭到拒绝后，他又以为得到了李的承诺，即不主动寻求与敌"全面开战"的机会，而是占据有利地形，等待联邦军主动发起攻击。由于斯图亚特不在身边，无从获得可靠情报，李陷入了不得不反其道而行之的处境。现在，米德被迫采取守势，在强固己方阵地的同时，以其较短的内线和连贯的交通线为依托，迎接李拟议中的攻击行动。不难想象，朗斯特里特并不太情愿在他反对了两个月的战略中发挥至关重要的作用。7 月 1 日清晨的局势正是他曾预见的噩梦，直到此时他依然相信灾难可以避免，只需将大军向右移动，横跨米德的交通线，并像楔子一样插入米德和华盛顿之间，使米德不得不向占据了有利地势的李发动进攻。

朗上校情绪激动地驳斥朗斯特里特，称他以"嗜血"一词指控李实在令人无法信服，因为朗斯特里特从来都很敬重李。人们可以理解他的本意，而且实际上这也是对李被描画成不食人间烟火的圣徒的一种修正。李是一位将军，不仅如此——他还是一位异常凶猛和好斗的将军，他既不会因伤亡而忧虑，也不会因伤亡而无所作为。叶芝的诗句"对生，对死 / 投去冷冷的一眼／骑士呵，向前！"*能够贴切地描述李对伤亡所持的观点。他看到一个普通人时会毫不掩饰自己的同情心，因此，当葛底斯堡战役进入第三天皮克特冲锋失败后，他骑马经过一名身负重伤、躺在地上大喊着"合众国加油"的联邦军士兵时，会停下来安慰他，握住他的手说："孩子，我希望你不久后就会康复。"[66]但与格兰特一样，他能够彻底关闭心扉，无视伴随战争而来的尸横遍野的恐怖景象。19世纪中期，战斗是以短兵相接的方式进行的，当时的武器造成了触目惊心的伤害；没有人能使自己与大屠杀的惨象和哀号完全隔绝，运筹帷幄的李将军也不例外。

然而，所有这些都不意味着他向往或需要血流成河。朗斯特里特的问题可能是用词极不妥当，他的本意只是李决意要在7月2日早晨开战。李渴望一场战斗，也确实感觉别无选择，他以为能够打胜仗，以及他决心不再理会朗斯特里特绕过敌军左翼的请求。"敌军已经在这里了，"李对胡德将军说，"如果我们不打他，他就要打我们。"[67]这一判断很有道理，很难反驳，但朗斯特里特并不认同。

即使在时间上，当时的叙述也存在矛盾。朗斯特里特的记述是这样开头的："7月2日早晨，天上的群星散发着明亮的光辉，我去李将军的司令部报到并请示下一步的行动计划"[68]，未得到李的确切指示。上了年纪的朗斯特里特也许混了他起床并吃早餐的时间与见到李的时间。当时常驻朗斯特里特指挥部的弗里曼特尔几乎随时查看他的怀表，他记述说"我们都在3点半左右起床"，那时天上的星星的确会"散发着明亮的光辉"，但实际上直到"拂晓"或黎明时分，李、朗斯特里特、A.P. 希尔、胡德以及赫思才在神学院岭会面，当时的目击者有

*　摘自威廉·巴特勒·叶芝的长篇诗作《在本布尔山下》(*Under Ben Bulben*)

爬到了树上居高临下的弗里曼特尔上校及其身着花哨的制服、留着蜡制小胡子的奥地利同僚，以及普鲁士陆军沙伊贝特上尉（Captain Scheibert）。这几名观察员爬上树，想要看清楚战场形势——结果他们上去的有点早。弗里曼特尔记述道，朗斯特里特和胡德沉迷于"削木棍这种真正美国味"的活动中。[69] 弗里曼笔下的李急切地寻找着"朗斯特里特的部下"[70]，但这几乎不太可能，因为如果朗斯特里特当时在场，削着他手里的木棍，李会直接问他本人他的部队何时抵达。朗斯特里特或许再次力主避免正面进攻，设法绕过敌军的左翼。果真如此的话，李肯定当场回绝了。

由于朗斯特里特的炮兵指挥官爱德华·波特·亚历山大上校（Colonel Edward Porter Alexander）直到上午9点才将54门大炮部署就位，在此之前，无论如何都不可能发动进攻。[71] 朗斯特里特的步兵大部最早从清晨7点开始进入战阵。从树上下来的弗里曼特尔上校骑上借来的一匹马，陪着朗斯特里特进入战地，看着他指挥麦克劳斯将军的师摆好进攻队形。关于7月2日当天的情形，弗里曼特尔给我们留下了堪称最详尽的现场记录——

571

　　敌军占据了一连串高处的山脊，其顶部全是密林，但分布其间的山谷几乎都是开阔地，有一部分是农田。他们阵地的右端紧靠着墓园，左端位于一座小石山上。敌军全部兵力，大概是整个波托马克军团，都集中在全长数英里的阵地上。

　　联盟国军队以半圆形线列与他们对阵，我方阵地至少有五六英里长。在我军阵形构成上，尤厄尔居左，其指挥所设在葛底斯堡镇中的一座教堂*（有高耸的圆顶）；希尔居中；朗斯特里特在右。[72]

他还指出，"死一般的寂静一直持续到下午 4 点 45 分，没人会想象得到，就在那一刻，如此多的人，如此强大的炮火，即将拉开浩劫的帷幕"。[73]

围绕李在葛底斯堡战役中所采取的策略的历史性争议，始终没有，也许永远都不会解决的一个至关重要的问题，即朗斯特里特军主力进入战场将近 8 个小时之后才真正展开攻势，李怎么会允许这种情况发生？假如早点发起攻击，肯定会加大胜算，何况随着时间推移，联邦军会在墓园岭上集结更多兵力，防御也会更稳固；但即使朗斯特里特从一开始就反对主动进攻，贻误战机的责任也不能全由他承担。他很可能像弗里曼所说的那样"心情很差"[74]，但这并不意味着他会抗命不从。

综合涉及那天早晨事态发展的各种记述来看，很难不留下这样的印象，即联盟国方面所做的努力都带有一些矛盾、疑虑和困惑的色彩。那位普鲁士观察员在后来声称，李看上去"忧心忡忡"且"神情紧张"，朗斯特里特则说李已经"丧失了他惯有的、无人能及的镇定自若"。[75] 一支军队要依靠其最高指挥官的判断力和沉稳，若以此衡量，李在 7 月 2 日上午的表现不尽如人意，未能以其最佳状态示人。尽管他斟酌了一晚上，但仍然没想好是否该"全面开战"——也就是全军一起出动——以及究竟应从其右路还是左路出击。或许是因为敌军摆出的阵势让他有些踌躇，这并不稀奇，或者他当时身体有些不适——

572

---

* 李很可能不太愿意为利于作战而占据教堂的高塔。这是弗里曼特尔所犯罕见的错误之一，那座建筑有可能是有个圆屋顶的葛底斯堡救济院。

当然，他清楚地认识到左路尤厄尔和中路 A.P. 希尔前一天都没有取得他所期望的战果，而第三军军长朗斯特里特完全缺乏"石墙"杰克逊那种大胆迂回侧击的热情。所有关于这场战役的记述——而且相当多的记述者是当时亲临战场的旅长和师长——都设想过，假如杰克逊还在的话，这场战役会有多么不同的结局。

上午 9 点前的某一时刻，李离开朗斯特里特，策马前往他的最左边，再次找尤厄尔商谈。呈现在他眼前的一切足以使他确信，从左边主攻是不可能了，只能由右翼主攻，尤厄尔助攻。就在李骑马返回的过程中，朗上校听到他说"什么事情能拖住朗斯特里特？他现在本该就位了"。[76] 但李实际上还没向朗斯特里特下达命令，他直到 11 点才与朗斯特里特再次会面。从神学院岭南端到葛底斯堡城中心的距离不过两英里多一点，两地之间的地势也很平缓，但奇怪的是李居然总共用了两个多小时才骑马进城，察看尤厄尔正面联邦军阵地有多强固，然后再骑马回到朗斯特里特身边。直到那一刻，李仍未下决心"全面开战"，也没有最终拍板由朗斯特里特军担任主攻。

在给朗斯特里特口头指示后，李骑马回到了左侧，朗斯特里特则开始排兵布阵。这个过程花了太长时间。令人费解的是，李竟然没有催促朗斯特里特加快行动，当然，那并不是李做事的风格。这天气温很高，刚过午后，部队就开始"遭受缺乏饮用水"的困扰 [77]，有人通告李称联邦军正向圆顶上调集部队，这是为了尽可能延长其阵地，防止遭到侧翼攻击。

李听到这个消息后显得很淡定，甚至预言说，圆顶山会在傍晚时分重归他手；然后他骑马沿着一条小路前往神学院岭的匹泽农场（Pitzer Farm），与 A.P. 希尔会面。李在这里可以俯瞰小镇和墓园山脊最北端，战场形势尽收眼底，但他如果对朗斯特里特不太放心，或者担心他拖拖拉拉的话，待在这里并

573

不恰当。

弗里曼特尔上校充分利用了战前这段平静期，在游了一会泳并吃了"大量樱桃"之后[78]，又爬到了他清晨时待过的树上，用他的话说，李在接下来数小时会与 A.P. 希尔和朗上校交谈，但他"多半只是孤零零地坐在一个树墩上"，仅发出去了"一条消息，并只收到了一份报告"。这其实是说李的好话，说明他正在将自己的放权指挥风格付诸实践；然而，他这种做法招致了富勒将军的批评。"在出现问题后，"富勒不无忧怨地问道，"他的属下怎么可能相应地修正计划？他们只会把原计划弄得更糟。"[79] 更糟糕的是，李没发布任何"书面上的行动命令"；他完全依赖口头命令，这很容易引起误解，尤其是那些由他的助手而不是他本人传达的命令。

如果李的主要目标是让朗斯特里特全力攻打联邦军左翼，占领圆顶山和小圆顶山，然后侧击联邦军阵地，他本人或许应该尽量向南靠拢，去待在朗斯特里特的指挥部所在的桃园对面的一个小山丘上。遗憾的是，他选择了将近 3000 码以外的地点，很难看清朗斯特里特军布阵的情形。至于李仅发出了一条消息和收到了一份报告一事，虽然这通常被当作他自我控制和泰然自若的表现，但就算考虑到李要让手下的军长们各显神通，解决各自的问题，它似乎也不是指挥一场战线长达数英里战役的最佳方式。毕竟李已经知道了朗斯特里特的悲观态度和不满情绪，然而在接下来的五六个小时，他还是让朗斯特里特独自实施恐怕是联盟国历史上最关键的一次攻击行动。李在现场督战——以及他在危急时刻将居中的部队调遣至右翼所具备的权威——或许足以推动联盟军冲上小圆顶山的顶峰，而不是半途而废。

事实上，李将军已经开始期待自己的军队完成"不可能的"任务。以前他们从来没有让他失望过，如今尽管缺乏严

574

密的指挥架构和协调良好的作战计划，但他还要依靠他们取得成功。弗里曼特尔上校如果不是折服于李的举止及温文尔雅的优秀品质，或许会辨认出这其实体现了英国人所熟悉的"摸着石头过河"（这个说法一直在英国陆军中流行至二战结束）的做法，它暗含着对古板的专业人士的厌恶和对才华横溢的业余人士的偏爱，对"普鲁士式"的效率和精密细致的参谋工作的排斥，以及对具有勇敢精神的领导者［巴拉克拉瓦（Balaclava）战役中的卡迪根（Cardigan）[①]］和英国汤米（British Tommy）[②]［如在索姆河（Somme）第一场战役的第一天所表现出来的］不屈不挠的顽强意志，而非精心策划的依赖。[*]由于李实际上是一个完美的专业人士，其美誉是由他在墨西哥为斯科特将军工作期间所表现出的杰出参谋才干建立起来的，很明显，他是在即兴演绎一场重大战役。由于缺乏斯图亚特的帮助，他仍然无从确认敌军的实力，但当他登上葛底斯堡城中制高点时，应对据守在墓园山脊上的联邦军兵力有了足够的了解，现在已是下午，他通过望远镜可以看到敌方的步兵和炮兵依然源源不断地出现在这个山岭的南端。甚至就在朗斯特里特所在桃园的另一侧，联邦军的丹尼尔·西克尔斯少将（Major General Daniel Sickles）不顾米德的命令，擅自移动该师据守的部分阵地，从而导致联邦军战线上出现了一个缺口，使得朗斯特里特有机可乘。

---

① 英国陆军中将詹姆斯·托马斯·布鲁德内尔（James Thomas Brudenell），第七代卡迪根伯爵，曾在克里米亚战争（1853 年 7 月至 1855 年 12 月）期间率领一支陆军的轻骑兵旅作战，在巴拉克拉瓦战役中一马当先，率部冲锋。

② 英国陆军士兵的昵称。

* 这正是陆军元帅伯纳德·蒙哥马利爵士批评他的竞争对手陆军元帅哈罗德·亚历山大爵士时所说的，尽管大多数人，包括德怀特·D. 艾森豪威尔将军都认为蒙哥马利耗费了过多时间制订计划，亚历山大却做得远远不够。

李将军要打一场他本不想打的仗，在这个地方，他几乎没有选择的余地，只能从地形很差的最右侧发动进攻。由于大敌当前已无法脱身，李也只能硬着头皮迎战，更糟糕的是，他仅能动用不足三分之一的兵力主攻联邦军，而指挥这支部队的将军早就强烈质疑过李的计划。

考虑到这一切，他可能更愿意靠近左侧观察战况——当朗斯特里特的部队痛击敌军的右翼并横扫过山脊时，李要确保尤厄尔的助攻部队猛攻寇普岭，同时由病中的 A.P. 希尔所率的军攻打山脊"马鞍"处的守军，以三管齐下的方式将联邦军赶下墓园山脊，并迫使他们沿巴尔的摩收费公路全面后撤。

尽管双方已剑拔弩张，但随着下午时光的流逝，除了偶发的"零星小冲突"以外，一切都显得"极其平静"。[80]事实上，弗里曼特尔上校开始"怀疑今天究竟还会不会打仗"。天太热，一丝风都没有，大家都千方百计找树荫纳凉。双方战阵都没什么动静，只有李右侧的朗斯特里特正千方百计地要把部队调遣至合适的位置。他布阵的进度很慢，浪费了不少时间，先是因为"踏勘的军官"带错了路，然后又因为发现敌军在小圆顶山上设置了信号站，前往目标地点的路线正好经过它。为了不被敌军发现，他只好命令部队停止前进，然后掉头，原路返回。这不仅耽搁了时间，还打乱了他的各师建制，不同单位的官兵混杂在了一起——也就是说，此举导致部队陷入混乱，处于军事上非常危险的状态之中——正因为如此，朗斯特里特的炮兵直到下午 4 点 45 分才终于（如同弗里曼精彩的描述那样）"像在激动人心的序曲中紧锣密鼓般"展开炮火准备。*令人感觉奇怪的是，从葛底斯堡走出来

---

* 朗斯特里特军开始炮击的时间在不同的叙述中相差一个多小时，但我采用了弗里曼特尔上校的记录，因为他当时就在李将军身边，等着炮击开始。

的一支联盟军乐队在炮火轰鸣中，演奏着"波尔卡和华尔兹"来到李坐着的树墩左侧。[81]

在长时间的平静之后，突然响起的隆隆炮声令在场的每个人都深感震撼。尤厄尔的炮兵从左边开始炮火准备，联邦军的炮兵很快开始"以同等猛烈的炮火"还击。黑火药时代有一种极常见的现象，只要没有风，伴随着震耳欲聋的炮声，整个战场就会笼罩在"浓烟"之中，各种类型和规格的炮弹在空中划过，发出独特的尖啸声，炮弹落地后的爆炸声、偶尔被击中的弹药车的爆炸声此起彼伏。这是战争史上最激烈的炮战之一，即使到今天，人们仍然不时会在当时繁盛的桃园周围发现一些弹片和炮弹。

朗斯特里特仍在缓缓行动中，不知他那天的情绪如何，反正他的一个助手曾对他在葛底斯堡战役进入第二天仍显得那么"冷漠"[82]感到迷惑不解。就像李此前亲口说的那样，朗斯特里特反应"迟缓"并要确定万事俱备后才会下令进攻——此外，就算他十分仰慕李，但仍相信李是错的——坦率地说，他这种心态完全不适合指挥战斗。

斯图亚特的缺席也意味着朗斯特里特无法获得米德左侧地形的详细情况，更关键的是，李也无从得知。从远处适当的距离看上去，小圆顶山就像一座树木繁茂、坡度平缓的小山丘，山顶呈圆形，但从埃米茨堡路上山时，你会发现它的西坡比看上去要陡很多，而且山脚下是一片巨大、杂乱、陡峭的乱石堆，这个被当地人称为"魔鬼之窟"（Devil's Den）且备受胆大的郊游者和情侣们青睐的地方难以攀登，到处都是有利于守军的角落和裂缝。除非山上无人防守，否则，任何翻越"魔鬼之窟"巨石堆，并攻击小圆顶山西坡的行动都会遭遇重重危险。等到朗斯特里特的大军部署完毕之后，他这才亲眼看到米德的左翼延伸出去了很远，这是李当初没有料到的，而且联邦军的阵线现在已远远超出了他的右翼防线。

李本来期望朗斯特里特的攻击方式是由麦克劳斯师悄悄进入埃米茨堡路，随后像尖刀一样从背后直插联邦军左翼防线，处于麦克劳斯右侧的胡德师则予以协助。按照原计划，这次进攻的目标是联邦军左翼所在的墓园山脊的中心点，紧接着尤厄尔攻击联邦军右翼，希尔在中心开花，从而在联邦军阵地得到进一步加固前一举将其击垮。

李在早晨时就此特别叮嘱朗斯特里特。按照麦克劳斯的记述，当时朗斯特里特表现出"恼怒和不耐烦"的样子[83]，但无论这是否属实，临近傍晚时，上述计划已不再可行。联邦军左翼已从墓园山脊的中央，或"马鞍"处转移至小圆顶山上。麦克劳斯前进路线的右侧驻守着大量联邦军，直接攻击埃米茨堡路将会迎头撞上西克尔斯调派到桃园的部队。麦克劳斯已经不可能神不知鬼不觉地穿插到墓园山脊上的联邦军防线后方，他只能硬着头皮杀出一条血路。

胡德将军很快认清了眼前局势。李本来设想胡德可以不费一枪一弹就能占领小圆顶山，随后杀个回马枪，直扑墓园山脊上的联邦军防线，但胡德现在认识到他必须一路拼杀冲过魔鬼之窟，然后沿小圆顶山的山坡向上攻击——这将会是一次进展缓慢、代价惨重，且胜算难测的攻击行动。他再三试图说服朗斯特里特允许他绕过小圆顶山和圆顶山，但朗斯特里特一口回绝了他的请求。

朗斯特里特因其最终表现出的（古老的英军用语）"无言的傲慢"——相当于美国陆军中的"沉默的傲慢"——而备受指责，也就是说，尽管他明白那些命令已不合时宜，并且不符合现场的实际情况，但他执意要一丝不苟甚至有些盲目地执行李的命令，而不思审时度势，主动调整对策。尽管李离他仅有两英里*远，而且很容易找到，但他没有派助手去找李请示下一步行动。不过，朗斯特里特一向注重实际，他完全清楚胡德的诉求确实有一定道理，却也是一着险棋。胡德要在小圆顶山上联邦军的眼皮底下绕着两座山进行长距离奔袭，此时已近傍晚；即便一切顺利，等他抵达墓园山脊上的联邦军防线时，天也黑了，在整个行动期间麦克劳斯都得不到支援。把联盟军炮兵部署在圆顶山上可能有帮助，但要做到这一点，胡德的炮手们就必须砍倒树木，开辟道路，通过肩扛手拉把大炮运上去，并将它们拖到合适的位置，到那时就已经是晚上了。因此，朗斯特里特不仅受困于李上午发布的命令，而且受制于时间上的不足，部分原因是他当天早些时候行动过于迟缓。如果他想成功的话，他需要胡德尽快夺取小圆顶山——没时间再临时实施备用策略了，而且不管怎样李早已拒绝了其他方案。

在任何一场伟大的战斗中，总有那么一刻，尽忠职守、不折不扣地服从命令，很可能会导致满盘皆输。就在那一瞬间，朗斯特里特的决定或许能让他与杰克逊在钱斯勒斯维尔战役中一样，成功实施迂回侧击，取得同等辉煌的战绩和持久的功名，但他不是杰克逊，而且无论如何他都不打算拒绝服从李的命令。厄运就此降临。他告诉麦克劳斯和胡德执行原来的命令——毫无疑问，他在下令时心情也很沉重，因为他起初就反对这场攻击行动，而且他可能早已预料到这次行动极有可能失败。

结果却是，麦克劳斯没有迂回侧击联邦军的左翼，而是率部冲向舍菲的桃园和一片麦田，但被西克尔斯部署在这里的

---

* 弗里曼还毫不留情地挖苦朗斯特里特，抨击他记述说派"信差走5英里去争取执行一项他［李］早已拒绝的行动"会耽搁太多时间，而实际上李当时待在仅两英里远"普菲策尔屋的对面"（弗里曼：《罗伯特·E.李》第2卷，第98页）。但很明显，朗斯特里特指的是信差往返的距离。

守军挡住去路，双方陷入一场激战；与此同时，胡德并没有按照李所设想的那样支援麦克劳斯并猛攻联邦军防线中部，而是展开了残酷而血腥的正面攻击，冲过魔鬼之窟，然后爬上小圆顶山的斜坡，攻击被联邦军牢牢控制的山顶。此战没有令人眼花缭乱的机动，没有突然袭击，也没有迂回侧击，对于参战的两个师来说，这就是与居高临下的敌军进行的面对面、硬碰硬的厮杀。联盟军一时登上了墓园山脊的顶峰，但无法抵挡敌军的猛烈反攻，又退回了原地。随着夜幕降临，联邦军左端阵地的几处主要目标仍掌握在敌军手里。一番拼杀之后，双方都付出了惨重代价，损兵折将，其中包括联盟军方面受了重伤的胡德，以及联邦军一方被炮弹炸掉一条腿的西克尔斯，但联盟军未取得任何实质性突破，米德在墓园岭的阵地安然无恙。

按原定计划，在朗斯特里特开战后，尤厄尔应及时跟进，予以策应，但他行动太晚了（有些记载称他直到傍晚7点才动手），而且经过一番摸黑激战，未能撼动联邦军在寇普岭和墓园岭上的防线。尤厄尔的进攻不仅缺乏协调，也没有全力以赴，相反，米德则充分利用了人所共知的短距离内线作战的优势——他能够从左右两翼迅速调动部队，分别遏制朗斯特里特在他左侧或尤厄尔在他右侧的进攻，而朗斯特里特两军之间则相距将近6英里，且其中大部分地段都让敌军一目了然。

A.P. 希尔军在中段的攻势异常猛烈，损失惨重，但同样一无所获，对于各项命令的混乱理解也削弱了进攻势头。随着夜幕降临，一天的战事结束了，枪声渐渐停息，希尔和朗斯特里特向前推进了一些，尤厄尔军则没有丝毫进展。但联邦军保住了在墓园山脊上的阵地——米德仍然占据着重要的制高点，并受益于短距离内线作战的优势和畅通无阻的补给线。李的大军仍散布在寇普岭与小圆顶山之间的大片区域。联邦军在小圆顶山上的阵地几乎在战役进行时就被形容为"鱼钩"状，钩尖位于寇普岭南边，钩弯绕过寇普岭和墓园岭，钩柄沿墓园山脊西边伸展，钩眼则处在小圆顶山上——没有比这更恰当或更贴切的形容了。弗里曼专门用了 13 页的篇幅描述当时可能发生了什么或者没发生什么，并给人一种印象，即葛底斯堡战役第二天，联盟国方面至少取得了局部胜利，或者说假如朗斯特里特和尤厄尔指挥得当，很可能夺取全面胜利。但任何实地考察过或研究过地图的人都能够清楚地看出，联盟军并未取得任何重大成果，而且就 7 月 2 日而言，联盟军一方至少表现出冲击力不足、领导力缺失的状况，要就此追究责任的话，李难辞其咎。李当时并没有骑马从一处战场奔向另一处，以督促他的指挥官们向前推进协调彼此的进攻，而是停留在联盟国军队战线的中心位置，就如我们所知，他仅分别收发了一条讯息。有可能他长期依赖"石墙"杰克逊而养成了习惯，以为他的三位军长会展示出同样的指挥才能和勇猛精神，如果真是这样的话，那就是他误读了他们的性格。

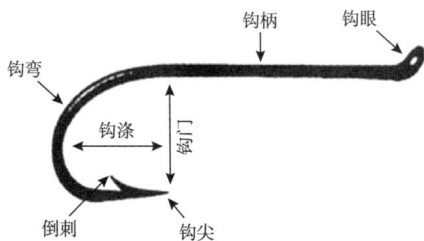

25　鱼钩的结构

葛底斯堡战役首日发生的一切都与斯图亚特缺席有关，因此李并不知道敌军的部署和兵力状况，这当然是实情。但到了第二天下午晚些时候，情况发生了变化——即便没有斯图亚特的侦察骑兵，形势也已很明朗了，波托马克军团的主力就在眼前集结，占据了墓园山脊，并因朗斯特里特军部署缓慢，

可以从容不迫地加固他们的阵地。第二天如此惨烈的战况应该
预示着接下来的一天会发生什么事。尽管那场战斗持续了仅数
小时——毕竟战斗打响时已接近傍晚了——但据估计联邦军伤
亡了 1 万人，联盟军则损失了近 7000 人，此外，前一天大概
还有"联邦军 9000 人和联盟军 6000 人伤亡"，也就是说李在
损失了总兵力 20% 以上的两天战斗之后，几乎毫无所获。[84] 没
有迹象表明米德打算撤出战斗。

斯图亚特终于在第二天晚些时候露面了——传闻称当时李
一脸痛苦地跟他打招呼："噢，将军，你总算来了。"[85] 皮克特
师在撤防钱伯斯堡之后，也毫发无伤、风尘仆仆地赶来了。这
些就是李期待的全部援兵了。他不需要别人特意告诉他炮弹快
打光了，联盟国军队一贯靠着缴获敌军的大量弹药维持，但这
一次他们还未夺取联邦军的任何补给车队或者弹药库。如果第
三天的战斗激烈程度与前两天一样，他们的存货就会耗尽。

在闷热的夜晚，枪炮声一停，周围就只剩下伤兵的哭喊和
痛苦的呻吟声，借着月光，人们可以看到横七竖八躺在田野上
不计其数的尸体，要过好几天才会有人来收尸。空气中弥漫着
尸体发出的恶臭，不只是死了的人，还有死了的马——在为时
3 天的战斗中有多达 5000 匹马横尸疆场。

生性谨小慎微的米德会在一念间无缘品尝胜利的果实。他
谨慎的本性促使他连夜召开了一个军事会议，就该走还是该留
征求将军们的意见，结果大多数军官都呼吁他留下来。李大
概没有征求他那些主将的意见，毫无疑问，这是因为他心意
已决，知道自己想要怎么做。他要在第二天早晨重新发起进
攻——用弗里曼的话说，会在明天"全力"出战，再次依赖部
队的战斗精神，而不是任何突然袭击或令人拍案叫绝的计策。

朗斯特里特在晚上 7 点向李传递了一条讯息，说他"进展
顺利"（这在技术上也没说错）[86]，并将在曾被敌军占领的地带

581

露营过夜——他过于乐观了。实际上，朗斯特里特亲口告诉奥地利观察员罗斯上尉："我们取得的战果不及预期。"[87] 弗里曼批评朗斯特里特当晚没有去找李商议，但他没考虑到朗斯特里特军遭受了惨重伤亡，而且他正把皮克特师向前调动，以应对第二天早晨的战斗。

李的部属为他找到了一所房子过夜——也许这表明他身体有些不适，因为他通常会坚持在帐篷里睡觉——但考虑到当天发生的那些事，他没有召集朗斯特里特、A.P. 希尔和尤厄尔开会有些非同寻常。李并不比杰克逊更热衷于召开军事会议，但如果说有必要把他的部队指挥官召集到一起，详细解释一下他打算明早怎么做，则此刻正当其时。他与朗斯特里特相距仅两英里，与尤厄尔相距不过一英里左右，希尔骑上马也很快就能赶到。按说没有比做这事更容易的了，他只要开口叫他们过来就能办到。如果他与朗斯特里特之间存在分歧，并感觉尤厄尔在战役首日和次日均表现不佳，他就该抓住时机澄清这些问题，督促他的军长们"全力"以赴，并要求他们加强协同作战。朗抱怨说"发动攻击的各个战队之间仍然缺乏协调和合作，并［因此］没有决定性成果"，他一语中的；但是假如李是这么想的——身为他的参谋，朗应该明了他的心思——他为何不直截了当地告诉他的指挥官们，趁着还来得及，制订在时间上协调一致的攻击计划，并向他们强调不惜一切代价严格执行作战计划的重要性？威灵顿肯定会这么做，李的榜样斯科特将军也会这么做。过了33年后，朗斯特里特在他的回忆录中详细分析并尖锐地批评了作为联盟军左翼的尤厄尔军，认为该军对葛底斯堡战役的失利负有不可推卸的责任；但在投入接下来的两天战斗之前，先总结一下最高指挥部在第二天战斗中的失误并予以纠正，难道不是更合理的举措吗？

但这不是李做事的方式——他面对敌人毫无畏惧，不会担心自己的安危，但他不愿与人直接对抗。他首先是个绅士，这一点极其重要，在某种程度上，他觉得以礼待人比获得胜利更重要。诚然，那张大理石脸也会有感情的流露，转瞬即逝的皱眉动作足以让他周围的人感受到他的责备，但朗斯特里特或尤厄尔属于例外，而 A.P. 希尔或许是病得太厉害，根本没意识到他也令总司令深感失望。

公平地说，就北弗吉尼亚军团在葛底斯堡遭遇的种种不利而言，杰布·斯图亚特负有比任何人都多的责任，李见到他时所表示的含蓄、温和的责备是他典型的表现。当斯图亚特终于露面时，李当场"严厉申斥他"并没有任何坏处，即便不当着众人，也可以私下里进行。但李没有这样做，甚至都没有在他的正式战报中予以责备。他不像拿破仑那样会暴跳如雷，也不会恶语相向，但和风细雨般的嘲讽似乎不会在这位傲慢自大、追求荣耀的骑兵指挥官身上起到任何作用。

当此紧要关头，李最该做的就是集思广益，制订出用于协调第二天进攻行动的完美计划——他的部队士气依旧"高涨"，"夺取了大片阵地"并"占领了位置优越的炮兵阵地"。[88] 皮克特师现已接近战场；还有能支撑一天战斗的足量弹药，但想要最终取得胜利，他的军长们必须在攻击时机上完美配合，并且能趁着米德军仍在舔舐伤口时尽早出击。联盟军需要发扬勇敢精神，采取协同一致的行动，越过仍然散布着死难者和垂死之人的田野，对抗并可能战胜仍然占据着有利地形的敌军。但就在这个关键的节点，李的高贵品质拖了他的后腿——他具备一位优秀指挥官应有的一切，但不愿迫使他那些下属服从命令，也不愿按照他的心愿塑造他们。

葛底斯堡：第三天

天光初现，又一个令人畜饱受干渴折磨的炙热夏日开始了，李在霞光中骑上"旅行者"，此时处在他左端的尤厄尔军开炮了——至少这表明尤厄尔服从了他的命令。他策马向右去见朗斯特里特。令李大失所望的是，他连皮克特师的影子都没看到，而他原本希望该师已经部署完毕，做好了战斗准备。他发现朗斯特里特的情绪"低落"且易怒——他早就派出了侦察兵，整夜都在寻找攻击联邦军左翼的路径，并已开始指挥部队向右移动以便发起进攻。无论李是否像弗里曼声称的那样，听"烦了"朗斯特里特的老调重弹，反正他明确表示想要让朗斯特里特军的三个师全体出动，攻击联邦军阵地的中间位置。就在这天清晨，朗斯特里特从埃米茨堡路仰望着墓园山脊顶上那道矮石墙（大约一英里以外，中间是一片除了几块低洼地，整体上光秃秃、无遮无拦的平缓坡地，接近矮墙处有一道防护栅栏，会阻碍部队的行进速度），然后说道："将军，我当了一辈子兵。我曾与士兵们并肩作战，无论是以小组、班、连、团还是师和军，我都完全清楚士兵们能做什么。在我看来，任何一支 1.5 万人的部队都能打下那个阵地。"[89] 或者类似的话 *——

584 朗斯特里特当时或许并不那么能言善辩，至少不会像他后来撰写回忆录时所记得的那样——但无论他当时是怎么说的，他都清楚地向李表明了对拟议中的攻击行动的怀疑，毫无疑问，他的表达方式不无礼貌，因为他们两人都是绅士，而且朗斯特里特从来都对李心怀敬意。然而，作为战地指挥官，他对李作战计划的反对也是出于现实的考虑。麦克劳斯师和胡德师均在前一天的战斗中遭受了重创，而且是以寡敌众。如果他们撤离现有阵地，向左移动并攻击联邦军中间防线的话，联邦军即可

---

* 朗斯特里特在一定程度上受到法国人所说的 "l'esprit de l'escalier"（楼梯上的智慧）的困扰，意思是在事件发生后，在下楼时回味着刚发生的事，脑海中冒出了没来得及说但巧妙的应答；这么多年来，他可能在某种程度上修饰了他对李说过的话。

乘虚而入，直接突袭正在向前推进、毫无防护的朗斯特里特军右翼。

实际上，这并非朗斯特里特无事生非的抱怨，而是简单的事实陈述，任何一个人只要看一眼地图或在葛底斯堡战场上走一趟，就能清楚地看到这一点，而这正是李本该在前一晚召集军长们开会商讨的问题。

李希望以朗斯特里特军攻击联邦军中线的计划存在特定风险，更危险的是，李前一天待在联盟军中线 A.P. 希尔军中，仅通过望远镜观察过右边的地形，并不了解详情。现在他亲眼看过之后，无论多么不情愿，也不得不承认朗斯特里特是对的。他决定听从朗斯特里特的建议，让胡德和麦克劳斯原地待命，由赫思师和 A.P. 希尔所辖彭德师的两个旅执行攻击任务，此举或更多是为迁就朗斯特里特，而不是因为更合理。不过，这一计划存在三个缺点。其一，在战前最后一刻把一个师长或旅长调遣到一个新的军长辖下是一着险棋——官兵们习惯于已知的环境，以及与他们熟悉的部队并肩作战，不应把他们当成棋子随意调动。其二，朗斯特里特的最新主攻出发点稍微偏向联盟军战线的左翼，这使其暴露在了来自联邦军两翼的炮火覆盖之中。其三，李本想尽早展开攻击行动，但临阵制订新的作战计划之后，发布必要的命令和调整部队架构只会进一步贻误战机。他知道朗斯特里特行动"迟缓"并且一定要等到万事俱备之后才会展开攻击，现在他给了朗斯特里特进一步拖延时间的最佳理由。

就在传达命令并更改作战计划的同时，朗斯特里特仍在担心联邦军炮兵构成的威胁，尤其是小圆顶山上的炮兵连队。尽管朗上校试图宽慰他，但他（事实证明他的担心是有道理的）仍对本军炮兵缺乏信心，认为他们无法压制眼前的联邦军炮兵，当然也有可能是他不愿意接受一名参谋人员的劝慰。朗斯

585

特里特手下的炮兵指挥官、陆军上校爱德华·亚历山大并不像朗上校那么信心十足。李总共有125门大炮部署在墓园山脊上用于炮火准备[90]，从数字上看这足够令人生畏，但只有亚历山大的75门炮是按照朗斯特里特的要求部署在步兵前方的，其余都散布在后方很远处[91]，大部分沿着神学院山脊一线排列，与敌军阵地相距至少1300码。此外，这些大炮也不是按照集中火力的方式布置的，也就是没有将所有的火炮瞄准同一点，确保炮火在敌人的阵线上撕开一个缺口，并集中步兵进行攻击。没有人比弗吉尼亚军事学院前炮兵战术教授杰克逊更了解这种战法了，但朗斯特里特也深谙炮兵战术，他目睹的左侧状况并不能给予他信心。

所有这些事都需要时间和前瞻性，但因为前一天的战斗开始得比较晚，而且持续到了深夜，所以根本没时间做这些细致的准备工作。开局不太妙。

李本人看上去也很焦躁，也许是因为朗斯特里特固执己见的表现。正如朗斯特里特料想的那样，他只能调动大约1.3万人发起攻击，"此前一天的战斗使得各师丧失了三分之一的兵力"，远低于李承诺给他的1.5万人——无论如何，他自己测算的是他至少需要3万人才有胜算，即使是这样，也未必一定取胜。"［这支］队伍，"他后来写道，"将不得不冒着猛烈的炮火向前推进一英里，然后还要迎着远程步枪的齐射向前冲1000码。"[92]

根据弗里曼的记述，李与朗斯特里特一起骑马视察了联盟军的整条防线，随后又单独巡视了一遍——早晨差不多已经过去了，临近正午的骄阳开始无情地照射着已经又渴又累的人们。与此同时，参谋人员草率和马虎的工作开始暴露出后果。李此前已派人给尤厄尔送信，告诉他朗斯特里特的攻击推迟，大概上午10点再行动，这显然过于乐观了。尤厄尔手下的一

586

个师长，性情暴烈的陆军少将爱德华·约翰逊在收到李的信息前率部突袭了寇普岭，并损失惨重——这不可避免地削弱了尤厄尔军的实力，进而会影响到接下来该军的攻击强度。人们禁不住会想 7 月 3 日那天李对其军团的控制出现了异常，眼睁睁地任凭战机一误再误而无所作为。

从地理位置上看，李作为总司令待在了最不该待的地方：他的三个军散布在方圆 6 英里以上的区域，尤厄尔位于"鱼钩"的钩弯和钩尖处，无法看清或想不到联盟军战线的中间和左翼防线的动向，而处在左翼的朗斯特里特确实是在慢吞吞地做着攻击准备，也许就像很多批评者所指责的，他仍然寄希望于李会改主意。

在神学院山脊上的 A.P. 希尔军不断与敌军零星交火，火炮的轰鸣声也一直持续到正午——很难理解他这样做的目的，尤其考虑到联盟军本来就处于缺乏弹药且显然无法得到补充的窘境。就在李和朗斯特里特及其随从巡察联盟军防线时，弗里曼特尔上校加入了他们的行列，正好看到"北方佬"的一颗流弹击中了两军之间的一座建筑。大火随即熊熊燃起，尽管其中"充满了伤兵，主要是北方佬。我估计他们肯定都惨死在大火中了"[93]，这可真是一个不祥的征兆。外国客人弗里曼特尔秉持客观立场，对战场形势做出了准确判断，认为联盟军"要夺取的那片高地令人望而生畏，而且很显然固若金汤"[94]，这与朗斯特里特的想法不谋而合，而在李征求另外几位指挥官的意见时，他们也表示出类似的忧虑。弗里曼特尔估计"联盟军大炮与北方佬阵地（即两个山脊顶上的密林）之间相距至少一英里，中间地带相当开阔，地面平缓，全程都处于火炮射程之内"。这是对美国历史上最著名战场的一个很好的描述。他看到朗斯特里特的部队"埋伏在树林里"，大概是为了享受荫凉，并指出朗斯特里特本人"下了马，小憩了一下"（朗斯特里特

587

记述说他没有睡觉，只是躺下思考更好的攻击方式）。随后，弗里曼特尔与他的奥地利同伴一起策马进入葛底斯堡，以便找到一个视野更好的地方观战，有可能是神学院的圆屋顶，并在战斗打响后陷于双方的交叉炮火之中。

中午时分，李骑着马来到神学院山脊的顶端，观察直通墓园山脊顶端的整片区域，选择了"一小丛树林"[95]作为即将展开的攻击的中心点，这是葛底斯堡镇民熟知的齐格勒果园（Ziegler's Grove），大致位于墓园山脊的中间位置，几乎正对着西方。果园很紧凑，也很显眼，坐落于一堵低矮、粗糙、参差不齐的石墙后面。这是东北地区典型的景观，这里的每块地都需要先清除完石头才能耕种，最简便的方式就是把清理出来的石头堆放在田边，挡住四处游荡的牛。入冬后，田地霜冻，会导致石墙坍塌，石头散落在地里。初春时节，农民会随手清理散落的石头，把它们重新堆到墙上——这是个周而复始的过程，罗伯特·弗罗斯特（Robert Frost）在著名的诗歌《修墙》（*Mending Wall*）中描述了这个景象。

墓园山脊上的石墙算不上难以逾越的障碍，高度在两三英尺，但对士兵们来说有墙总比没有好——它不仅能提供一些保护，还能起到标明界线的作用，相当于"一条象征性的底线"明明白白地呈现在眼前。一支部队可以在墙后严阵以待，随着敌人步步逼近，会告诫自己（或被告知）："坚守阵地，不让敌人再前进一步。"在19世纪中期，部队作战时一般不提倡卧倒在墙后，部分原因在于，那时的火枪枪管较长且是前装弹药，士兵卧倒在地时无法迅速重新装弹，但无论多么粗糙或松散，一堵实体墙既充当了防线，又提供给人们一种虚幻的安全感。它呈90°角，把小树林围了起来，李和朗斯特里特从近一英里外举着望远镜察看时觉不出它有多险要，直到战斗打响后他们才发现那堵墙其实很难攻。此时此刻，他两一个显得信心百倍，跃跃欲试，另一个愁云满面，悲观至极。

　　李打算主攻的那段联邦军防线总长近 1500 英尺，其左侧有一道木立柱和横木构成的防护栅栏，右侧依托布莱恩家的房屋和谷仓，齐格勒果园大致处在两者之间的中心位置。由于联盟军攻击线列长约一英里，当他们越过空地朝着目标前进时，线列两端的部队需要向中心靠拢。在队伍前进的同时按部就班地收缩队形是需要提前精心考虑的，理想的做法是，当进攻线列到达树林北面石墙"拐角"处时即收缩为一个紧凑、有序的阵形，但要尽可能坚持到最后一刻，因为过早聚拢到一起的部队会成为联邦军炮兵集中火力打击的完美目标。一旦步兵紧密聚集在一起，每一颗实心弹丸、每一发炮弹或榴霰弹都会产生更大杀伤力，导致人员伤亡成倍增长。第二次马纳萨斯战役的一名南军幸存者曾描述说："我听到右边砰的一声，就好像被人重重地打了一拳。我转过头一看，我身边那个人身体站在原地，但脑袋没了……我再转过身去看了一下，只见还有 3 个同伴倒在地上，全被一颗炮弹炸死了。"[96] 实心弹丸会从地上弹起来，将人一个接一个击倒；爆炸的炮弹则对聚在一起的人造成极大伤害，四散的弹壳碎片会杀伤周边的每个人，而抵近射出的榴霰弹如同巨大的霰弹枪爆炸。

　　在某种程度上，这个战场及其西侧由木立柱和横木构成的防护栅栏整体呈漏斗状，终究会迫使联盟军的步兵向前推进时不断收缩队形。按照李的计划（本来就是李而不是朗斯特里特制订的），主攻部队的中路［陆军上校 B.D. 弗赖伊（Colonel B.D. Fry）旅］向正前方推进，作为整条攻击线的标杆，居右的皮克特师各旅斜向其左前方推进，居左的詹姆斯·佩蒂格鲁师各旅则斜向其右前方移动，先锋部队抵达石墙后集结为单列纵队向前猛冲，力图一举突破联邦军防线。

589

　　那些在夏季造访葛底斯堡的游客或许有机会看到一群群兴

高采烈的年轻人从弗吉尼亚州纪念馆（里面有座精美的青铜雕塑，骑在"旅行者"身上的罗伯特·E.李表情极度肃穆，凝视着远方的墓园山脊）跑出，越过田野，爬上拐角，也就是说，他们在重演小规模的皮克特冲锋。有时他们会拿着联盟军战旗并挥舞它，尽管这段路的坡度并不大，但无论他们多么年轻、多么健壮，他们到达墓园山脊顶端的石墙时，一个个都几无例外地上气不接下气了。然而，有一点很重要，那就是皮克特冲锋（如今流行的说法，佩蒂格鲁在其中所起的作用早就被人们为了省事而抹掉了，这让北卡罗来纳人感觉很委屈）其实是以缓慢而平稳的步幅进行的，大约每分钟 120 步。毫无疑问，当士兵们接近石墙时，他们开始脱离队伍，纷纷冲向正朝他们射击的敌军，但除此以外他们在整个漫长的行进中都保持着整齐的队形。这并不是因为他们受到了随身携带的步枪、刺刀和弹药等负重以及 7 月骄阳暴晒的拖累，而是因为只有平稳的步伐才能确保秩序、纪律和每个旅的正确排列——那些往前跑的人也可以轻易跑散并往回跑。步兵列队缓步向前推进的意图就是要威慑敌军，以大部队缓慢而坚定地前进——不是跑步，而是正常走路的方式——营造出一种不可动摇、步步紧逼的气势，给人一种势不可挡的印象。步兵的攻击是要以其严明的纪律和坚定的意志体现出压倒一切的气势，要确保出现在敌方守军眼前的不是一帮衣衫褴褛、气喘吁吁、乱哄哄地奔跑的武装分子，而是一群勇猛之士，在他们所到之处，会刺杀敢于阻挡他们的任何人。

李将军非常清楚，经过一阵惊天动地的猛烈炮击，重创守军阵地并造成大量伤亡，大约 1.5 万人迈着整齐的步伐步步逼近，会对敌军造成多么大的心理冲击。炮兵出身的拿破仑本人就将密集的炮火齐射称为 un feu d'enfer（地狱之火），李则希望猛烈的炮火会击垮墓园山脊上联邦守军的战斗意志。紧接着，联盟军步兵排成长长的、坚定的攻击线列，笔直地向炮火造成最大破坏的位置前进。

眼前的阵势提振了李周边许多人必胜的信心，其中包括一直冷眼观望的 A.P. 希尔，他主动提出以自己全军之力助攻，但李出于谨慎拒绝了这一建议，因为"如果朗斯特里特将军的进攻失败"的话[97]，希尔军现有的部队就成了仅存的预备队了。只有一个人没有被打动，就是朗斯特里特。当时他、希尔和李正一起坐在原木上看地图，但朗斯特里特显得情绪很低落，并且未加掩饰——他有些过度焦虑，都没想起来过问一下炮兵是否仍然有足够的弹药用于炮火准备，这个至关重要的问题本该昨晚就提出，李的参谋团队也理应有现成的答案。

李收起地图并骑马离去[98]，留下郁郁寡欢的朗斯特里特着手准备他并不情愿的进攻行动，且主攻部队的三分之二都不是他自己的手下。朗斯特里特常被人指责下达命令时吞吞吐吐，甚至让陆军准将、第一军炮兵司令 E.P. 亚历山大代行决策权。但考虑到炮兵在即将展开的进攻中所起的重要作用，朗斯特里特发给亚历山大的指令不无道理，不能认定为玩忽职守。他写道："如果我军炮兵火力不能赶走敌军或重挫其士气，从而明显提高我军攻击成效，我倒希望你向皮克特建议不要进攻。"[99]亚历山大是判断其集中炮击效果好坏的最佳人选；此外，他离皮克特最近，因为攻击部队就躲在神学院岭和联盟军炮兵阵地后面。但这一决定仍然令人费解。也许朗斯特里特觉得假如炮击"预期成效"显著，战地指挥官需要把握住转瞬即逝的进攻时机，肯定来不及发布书面命令。

亚历山大的回复并不令人鼓舞。由于战场上硝烟弥漫，无法看清敌军动向，他只能根据敌军还击的力度判断炮击效果；此外，由于弹药不足，他只能向敌军防线展开一轮饱和炮击（或"轰炸"），并预判即使进攻"完全成功，也将付出惨重代

591

价"。[100] 这与朗斯特里特的想法完全一样，但他发了一条消息，确认亚历山大准备就绪后即可展开炮击行动。亚历山大随后通报给皮克特，后者显得"泰然自若"[101]，甚至有些等不及了。他随后给朗斯特里特传达了一条简短的信息，声称待他的"炮击处于最佳状态"时，他就会"建议皮克特将军展开进攻"。如果说朗斯特里特在最初的信息中或许无意间提及了进攻行动的制约因素，那么，到此时为止，它已不见踪影。当亚历山大的炮击"处于最佳状态"时，皮克特就将开始进攻，而不是等到有证据表明紧靠着齐格勒果园左边的联邦军防线已被摧毁之后。

此刻，战场上一片寂静，暴风雨前的宁静。联盟军的攻击部队此时仍"隐蔽"在神学院岭顶端后面的树林里，尚未看到他们将要走过的战场。这是有意为之的——李认为没必要让他们事先看着眼前这片与墓园山脊顶端相连的旷远、开阔并逐级上升的田野发愁。只有等到前方炮击停止之后，也就是炮击带给他们的兴奋、肾上腺素仍保持在最高水准（但愿如此）时，他们才会有机会看到自己将要面对的是什么。他们不会像在第一次世界大战中的军队那样，在久久凝视眼前的无人区之后，奋力前冲并翻越远处的制高点。只有当他们走出密林，穿过神学院岭顶部，并进军至埃米茨堡路，边行军边展开时，才能看见他们要攻击的目标，而且即便到了这个时候，它还是会笼罩在浓烟之中。他们也不知道自己肩负着成败在此一举的历史重任。他们中间可能没有多少人意识到在此地取得的重大胜利会如李所希望的那样，最终带给他们有望终止战争的谈判；更加鲜为人知的是，联盟国副总统亚历山大·斯蒂芬斯实际上正等着与林肯总统会面以便讨论交换战俘——斯蒂芬斯希望在联盟军取得一场重大胜利后，这次会面的议题还可以扩展到更重大的事项。在伦敦，李入侵宾夕法尼亚的消息再次激发了下议院正式承认联盟国合法地位的兴趣。对于联盟国来说，很多事——也许一切——都取决于第三天战斗的结果。

威廉·福克纳（William Faulkner）在其小说《坟墓的闯入者》（*Intruder in the Dust*）中记录下了这一令人难忘的时刻，为南方赢得独立以及胜利的梦想，闪耀在这些疲惫不堪、汗流浃背、饥渴难耐的众人眼前，它的光芒就如炽烈的炮火那么明亮，他们即将迈着坚定的步伐走向炮火闪耀的地方：

> 对于每一个14岁的南方男孩来说，不是一次，而是任何他想要的时候，都会有这样一瞬间，在1863年7月的那个下午，还没到2点钟，大部队已经在防护栅栏后面各就各位，士兵们已在树林里端起了枪，装填好了弹药，一面面卷起的军旗已然松开，即将招展。一头油光锃亮长卷发的皮克特，多半一手拿着帽子，一手拿着剑，仰望着小山，等待朗斯特里特发令，一切都如箭在弦上。甚至一切还未开始，而且不仅还未开始，还有时间将紧绷的弦松下来，不再射向那个位置，不再让比加内特、肯珀、阿米斯特德和威尔科克斯多得多的人神情凝重的状况出现。但我们都知道，它还是要开始，我们已经走出了太远，并承受着太多风险，那一刻甚至不需要一个14岁的男孩去想这次。也许就是这次，有可能失去很多，也有可能获得很多：宾夕法尼亚州、马里兰州，整个世界，华盛顿的金色圆顶，以极度渴望又难以置信的胜利为这场两年前孤注一掷的赌博加冕。[102]

我们无从得知当时李是怎么想的——他极少吐露心迹，从来没写过回忆录，也从不与部下甚至家人交流自己的真情实感。我们可以肯定的是，激励他的既不是个人野心，也不是无法克制的荣誉欲——这两者都与他的性格格格不入。但他曾两次率军北上，一次去马里兰，现在又来到了宾夕法尼亚；他每次都试图在北方土地上取得决定性的胜利，但都功亏一篑。他决意要将葛底斯堡战役进行到底，无论朗斯特里特怎么想，他指望全体官兵勇往直前的精神——也就是法国军队中所说的"élan"（锐气）——为他们赢得最后的胜利。人们很容易将朗斯特里特和李描述为截然相反的两个人，桑丘·潘沙和堂吉诃德。一个粗暴、暴躁、务实；另一个身材高大、温文尔雅，富有想象力。但事实上，两人都是严肃认真、训练有素、经验丰富的职业军官，都没有对战争抱有任何不切实际的幻想。从本质上讲，李的性格更具浪漫气质；体现在他与女性花哨、富有情调的交往（总是受到严格的控制）之中，也体现在他对自己部队的信念之中，认为他们曾经并且仍然可以完成看似不可能的事情，更重要的是，还能在做的过程中展现出特定的风格和气派，同时他们还比联邦军的士兵更优秀，心怀更高尚、更正当的事业，从而能够获得最终的胜利。他也许并不完全不受疆场上的厮杀带来的刺激的影响——这是唯一令他陶醉的——而且无论他表面上显得多么冷峻，当他看到长长的灰色线列离开树林并进入指定位置，太阳的光芒透过硝烟映射在成千上万的枪管、刺刀和佩剑上，从远处看过去，每个团的战旗都在各自的队伍前小心翼翼地展开，整条线列一片模糊，看不出那原本污损破旧的制服、五花八门的帽子，更看不出有些人穿着磨损的裤子，还有些人赤着脚，此时此刻，他内心深处未必没有激情澎湃、热血沸腾。朗斯特里特仔细衡量过这一仗的胜算，作为一个务实的人，他认定这次突击行动多半会失败，也就不太可能被眼前这壮观的场景所打动，只是感到一阵悲凉，几乎要流出眼泪；但我们可以确定，李被打动了——他没有权衡究竟有多大胜算，而是对这些人充满信心。作为一名职业军人，他知道朗斯特里特也许说得对，入侵宾夕法尼亚是个错误。但相信部队能够绕过米德的左翼并在别处开辟一个更有利于己的战场也是错误的，一旦两军交战，就没有足够的粮草、弹药或时间来支撑这样做。李别无选择，只能拼死一搏；如他所说，他不得不在这里打米德，不然米德就会打他，就这么简单。

最终，正如李所一贯崇尚的，一切尽在上帝掌控之中。

时间一分一秒地过去，高级军官们都在看怀表。按照事先的安排，下午 1 点整，连续两声炮响传来，这是联盟军展开炮火准备的信号。总计 159 门火炮第一轮齐射震耳欲聋、惊天动地 103，使建筑物的门窗震颤，远至匹兹堡的人们都能听到。在米德司令部外的墓园山脊上，一名联邦军官亲眼看到"一枚炮弹击穿了并排站立的 6 匹马"。104 另一名军官写道："军团司令部遭到如此猛烈的炮击，由于军官们未来得及撤离或者'他们没有听从撤离的命令'，参谋人员和护卫队的 16 匹马被炸死。……炮弹在半空中爆炸……没有安全的地方。有个团很不幸，一颗炮弹造成多达 27 人伤亡。"105 随着联盟军火炮向联邦军在墓园岭至小圆山顶上的阵地一轮接一轮地齐射，整条墓园山脊腾起团团尘埃和烟雾，爆炸声不绝于耳。《纽约论坛报》的一名记者写道："异常凶猛的炮火令久经沙场的军官们目瞪口呆。"106 很快，联邦军开始回击，他们的炮兵阵地沿山脊延伸了两英里，其中布设在小树林周边的 18 门大炮率先开火，此处就是联盟军要攻击的目标。联邦军炮兵反击的力度并没有预期的那么激烈——米德的炮兵司令亨利·W.亨特准将（Brigadier General Henry W. Hunt）知道炮击只是步兵进攻的前奏，因此决心节省弹药，用于打击即将展开进攻的联盟军步兵。

然而，联盟军密集而猛烈的炮击并没有撕裂或击溃墓园山脊顶端守军的防线。一般认为造成这种结果的原因有多个，其中包括引信失灵以及联盟军炮手因采用"过高仰角"而"射过头了"[107]，也就是说射出的炮弹落在了山顶的后面，而不是躲在石墙后的步兵和炮兵所在位置，也难怪，任何游览过葛底斯堡的人都能看出，这个位置极为狭窄，不太容易命中。一名联邦军军官称这是"浪费弹药"，另一名认为这是"一场烟花表演"和"做戏"。[108]联盟军一名战役亲历者在多年后指出，联邦军防线遭到"猛烈炮轰"的效果是"一种错觉"，因为双方那时都已经认识到"在距离超过1000码时，掩蔽的步兵防线有胸墙的保护，不会被野战火炮摧毁或击溃"[109]，也就是说，不管身后的噪音和爆炸声有多么吓人，只要他们匍匐在石墙后面不乱跑，大多数人就有可能活下来。

到了下午2点，在炮击持续了近一小时之后，亚历山大上校发现他已经消耗了一半多炮弹，再这样下去，等到步兵开始进攻时他就无法提供炮火支援了，同时他也没看出联邦军炮击有任何减弱的迹象。他匆匆写了个便条给皮克特，告诉他，如果他真要进攻，就必须立刻行动。联邦军阵地现在笼罩在浓重的硝烟之中，但几分钟后，硝烟渐渐散去，亚历山大可以看到树林周围的18门大炮正被运走。他随即又写了个便条，紧急通告皮克特："看在上帝的分上，快来吧。18门炮都没了。快来，不然我的弹药就不够支援你了。"[110]在与另一位将军沟通时，他的表现可以说是几近恐慌了。

虽然亨特准将试图省着用，留出更多弹药攻击将要进攻的南军步兵，但联邦军的炮火还是很猛烈，以至于李的部下宁肯立刻发动进攻，也不愿待在神学院山脊背面遭受密集的弹片袭击。[111]后来以皮克特冲锋闻名于世的军事行动给人造成了一种进展迅速的印象，转瞬之间便决定了联盟国的命运，但事实上，此后的一系列事件并没有一蹴而就，而是徐徐展开。在亚历山大的第二条信息传到皮克特之前，皮克特已经把亚历山大的第一条信息给朗斯特里特看了，此时他正待在神学院山脊反斜面。弗里曼指出，朗斯特里特当时下了马——他的确没理由骑马去观察敌情，从山脊顶端向墓园山脊方向望去，可见整片开阔的谷底在逐渐收窄的同时，缓缓升高，直到墓园山脊顶端，全部笼罩在浓黑的硝烟之中，只在联邦军弹药车偶尔被联盟军的炮弹击中时，才会随着大爆炸闪现出耀眼的光芒。皮克特把亚历山大的第一个便条递给朗斯特里特，他仔细地读着，然后肃立了一会儿，似乎在默哀，没有下达任何命令。此时已是下午近 3 点。

"将军，我要进攻吗？"皮克特问道。

"我没能做到口头下令，只好点头肯定"，朗斯特里特后来写道。能得到"点头肯定"就足够了。皮克特纵马向前，去下令部队前进，朗斯特里特则骑马前去找亚历山大将军了解战况，后者现在比朗斯特里特本人还担心贸然进攻的后果。李的炮兵司令彭德尔顿将军出于安全上的考虑，曾命令亚历山大的弹药车队进一步后撤，并将亚历山大打算用来"跟进步兵进攻"的部分榴弹炮收回。[112] 这似乎更多体现了彭德尔顿的以上压下，而不是更深层次的战术上的谋划，而且李可能并不知道亚历山大的弹药"几乎耗尽"了。[113] 弗里曼指责朗斯特里特没有如实向李通报，但到了那个时刻，就算李了解到实情，也无计可施了。不管怎么说，这种情况正是李的参谋团队前一晚就该澄清的——这是老问题了，李的助手太少，且缺乏一个意志坚定、称职的参谋长。

亚历山大向朗斯特里特汇报称炮弹快打光了。[114] 朗斯特里特听到这个消息后打算下令部队停止前进，并命令亚历山大"补充弹药"。[115] 但亚历山大解释说，这需要至少一个小时才能完成，而部队此时已经开始行动了。与历史上的许多重大

596

失误一样，来不及重新考虑了；他们已在错误的道路上渐行渐远。谁都无法确定朗斯特里特是否真的跟亚历山大说过他并不"想要展开这次攻击"这种话，就算真说了，亚历山大也不会感到惊讶，他早就知道朗斯特里特的心思，并赞同他的想法。

亚历山大的大炮停止了射击，联盟军步兵前进时必须"穿过炮兵阵地"并在越过神学院山脊后进入空地列阵，因此，有那么一段时间，朗斯特里特、亚历山大以及炮手们会目睹"浩浩荡荡的队伍英勇前进"的壮观景象。[116] 不管朗斯特里特有怎样的感受，他都回敬了"军官们经过时的敬礼，他们严肃的微笑表达了信心"[117]——他没有这种信心。官兵们似乎在参加阅兵式，排列着整齐的队伍，整条线列将近一英里长，每个团都跟着本团飘扬的战旗，迈着铿锵有力的步伐前进。双方的炮击暂时平息了——联盟军一方要让步兵通过，联邦军一方则因为亨特将军正在调遣炮兵连队以替换已经打光了炮弹的连队——就在这一刻，双方肯定有许多人被眼前或许是内战期间最壮观的景象惊呆了：一眼望不到头的庞大灰色战阵，阵前将近50面各式军旗猎猎招展，为整个战场增添了色彩，到处都闪烁着从抛光金属面反射的光。

随后联邦军炮兵又展开了炮击，这次不仅是沿着墓园山脊一带的炮火，而且在联盟军前进的两侧，因为它们在向埃米茨堡路推进的过程中，整个战阵形成了某种移动的突出部分，暴露在左侧墓园岭和右侧小圆顶山上联邦炮兵的炮火之下。坚实而牢固的防护栅栏减缓了部队前进的速度，因为无论翻越还是破拆它，士兵们都会成为守军的靶子；虽说这片地里有低注或凹陷（如今来这里的访客在弗吉尼亚纪念馆和拐角之间走一走就能看到），但在半空爆炸的炮弹面前，它们起不到任何防护作用。不管怎样，在弹丸和炸弹的不断打击，以及随后又面对步枪齐射的情形下，联盟军阵线中不时会出现缺口，但灰色

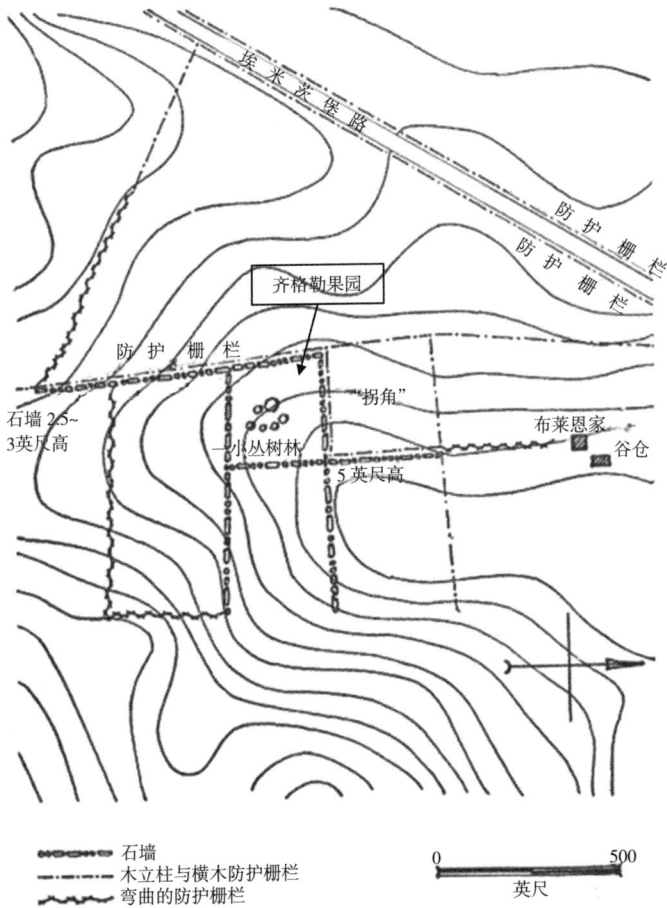

26 1863年7月3日，联盟军的攻击目标位于葛底斯堡的右侧中间位置，图中标明了等高线（间隔4英尺）和障碍物的性质

战阵纹丝不乱，逐渐收拢，没有倒下的官兵们一步一步逼近石墙，此情此景一定会让神学院山脊东侧观战的那些人坚信他们将最终取胜。

无论如何，精力旺盛的弗里曼特尔上校就是这么想的。他返回葛底斯堡时经过的一条路路边散布着"死去的北方佬……〔他们〕在第一天就被杀了，可怜的家伙们早已变得令人厌恶了"。[118] 他以英国军人那种正宗的冷漠、自嘲的语气指出了这一点，但旋即又意识到，"要想目睹真正的战斗，绝对有必要置身其中"。弗里曼特尔是个会毫不犹豫地"置身其中"的人，他骑马经过李及其下属，然后穿过神学院山脊上的树林寻找朗斯特里特。他因此错过了那个转瞬即逝的胜利场景：阿米斯特德将军率领残军翻过石墙，冲向敌人，他挥舞着挑着自己军帽的佩剑，督促手下前进，"冲上来拼刺刀的队伍遭到一阵齐射，他的军旗被打掉"[119]，人也受了重伤。就在联盟军接近拐角时，联邦军炮兵"转而开始使用杀手锏——榴霰弹。在300码处，牵引绳被猛地拉紧，随即大量杀人利器从炮口喷出……剧烈的火焰从燃烧的大炮中喷涌而出，所到之处造成大量人员伤亡，并在这一过程中烧焦和引燃了他们的衣服和肉体"。[120] 经过一轮近距离榴霰弹射击，幸存的联盟军官兵已为数极少，他们奋力翻过了石墙，但随即陷入重围并被歼灭。

联盟军的攻势退去了，一些部队开始后撤。"我不久就开始遇见许多从前线下来的伤员，"弗里曼特尔写道，"后来，我终于看到一大股人流，他们成群结队地在树林里穿行，人多到与正午时分熙熙攘攘的牛津街（Oxford Street）不相上下。有些人用两支步枪当拐杖，还有些人被那些受伤较轻的同伴搀扶着走。……他们仍置身于猛烈的炮火中；被炸断的粗大的树枝纷纷下落，这支气氛压抑的队伍持续有人被炸死炸伤。"[121] 有个团排着整齐的队伍穿过树林，这种景象让弗里曼特尔以为他有幸要亲见联盟军发起的总攻，他轻松愉快地告诉朗斯特里特将军："我是绝对不会错过这个时机的。"朗斯特里特早已下了马，正坐在"一道蛇形围栅"上，听了这话，他"异常冷静、淡然"地回答说："你确实不会！我是多么想错过它啊，我们已经进攻过而且被打败了，你看那边！"

弗里曼特尔这才头一次看到，在一直延展到墓园山脊的长长的战场上满是联盟军的伤亡者，三三两两还可以行走的伤员冒着猛烈的炮火，艰难而缓慢地往回走，试图回到朗斯特里特坐着的树林中。弗里曼特尔当即明白了联盟军遭受的失败有多么惨重，但他十分欣赏朗斯特里特面对灾难时所表现出的如同"斗牛犬"般的坚韧，并让朗斯特里特喝了一口自己银瓶里的酒，然后把银瓶送给了朗斯特里特，作为对这一时刻的"纪念"。朗斯特里特神情肃穆地接受了它。

随后弗里曼特尔骑马去了李那里，并留下了对李在巅峰时期最生动的描述。"如果朗斯特里特的行为举止令人钦佩，"他写道，"那么李将军的行为当属无比崇高了。他要召集溃败的部队，重整旗鼓，他独自一人在树林前方骑着马来回奔跑——他的全体参谋人员也在后面的树林里忙于同样的事。他的脸上总是浮现着平静和愉快的表情，没有显露出丝毫失望、忧虑或烦恼的迹象……我看到许多重伤员脱帽为他欢呼。"李停下来与弗里曼特尔交谈——此时他们仍处在密集的炮火之中，因此李劝告这个英国人找个安全的地方——然后说："对我们来说这是令人悲伤的一天，上校——令人悲伤的一天；但我们不能总是期望获得胜利。"

李明察秋毫的能力和一贯温和的态度，都没有因为当天的悲剧而减弱。"当一名骑着马的军官鞭打他的坐骑，怪罪它因炮弹爆炸而却步时，[李]冲着他大喊，'别抽打它，上尉，别抽打它。我自己也有一匹这么蠢的马，但用鞭子抽不管用'。"122

当士兵们从自己身边走过时，李与他们一一握手，并一遍遍地说着："这一切都是我的错。"紧接着又说："打了败仗的是我，你们必须尽最大努力帮助我摆脱困境。"如果说在艰苦卓绝的逆境中，举止得体方显英雄本色的话，那么在皮克特冲锋之后的几小时里，李将军的杰出表现是无与伦比的——事实上，无论是在北方还是在南方，人们持久地崇敬他的原因之一，就是他面对失败所表现出的尊严和自制力，他绝不会自怨自艾，而是会毫不犹豫地承担责任。拉迪亚德·吉卜林（Rudyard Kipling）当时还没有出生——他将于 1865 年出生，也就是李将军在弗吉尼亚的阿波马托克斯县治投降的那一年——但他那首脍炙人口的诗中有两句话可能是专门写给李将军的。

> 如果你能面对凯旋和灾难
> 对这两个伪装者一视同仁……

　　心力交瘁、无比悲伤的李骑马在空地上像个活靶子一样跑来跑去，完全不顾周围爆炸的炮弹：他安抚部下，告诉大家他要为失败承担所有责任——他当然要负主要责任，但世上有几个伟大的指挥官曾对自己的部队说过这样的话？他让受伤的佩蒂格鲁准将到后方寻求救治。肯珀拔出剑，蹬着马镫挺直身体，催促士兵们继续前进，并大喊："大炮在那边，小伙子们，把它们拿下！"[123] 李停下来询问肯珀准将的身体有无大碍。他这样太引人注目了，结果被人一枪射中了腹股沟；李逢人就要重述一遍"坚持到底，一切都会好的"这句话，直到声音嘶哑。万分悲痛的李将军直到 7 月 4 日凌晨 1 点才回到司令部并下马，他在"旅行者"身旁站着与一位将领交谈了一会儿，看上去已是精疲力竭。随后，当他走向帐篷时，有人听见他在自言自语："太糟糕了！太糟糕了！哎，太糟糕了！"[124]

尽管包括李在内的所有人都曾预料联邦军会发起反击，但它从未发生。米德又恢复了他谨小慎微的常态。与此同时，双方也在对前三天的伤亡情况进行全面统计：联邦一方伤亡超过 2.3 万人，联盟一方伤亡高达 2.8 万人，两军合计伤亡超过 5 万人——堪称美国史上最血腥的三天。李早已决定横渡波托马克回撤。无论是否情愿，李都别无选择，只能撤出战斗；他以往补充弹药的做法是从敌方手中缴获弹药，但这次部队一无所获，没有弹药，他打不了仗。他会撤往温切斯特，在那里获得从里士满运来的给养。随军后撤的包括伤员、俘虏，以及尤厄尔和斯图亚特在宾夕法尼亚缴获的长长的后勤车队和牲畜——这算是丰富的战利品了，但并不足以补偿他的战败，或者更糟糕的是，守卫维克斯堡的彭伯顿将军于 7 月 4 日率其 3 万人马向格兰特投降，联邦方面由此取得了密西西比河从源头到入海口的控制权，这实质上使联盟国一分为二。

7 月 4 日，天气变得糟糕，这使米德打消了继续追击的念头，但把李将军的撤退变成了一场与此前战斗一样可怕的苦难。

第二天发生的一件事，有力地回击了有关李和朗斯特里特之间感情不和的说法，当时李冒着大雨在朗斯特里特的露营地停下来，对他说："都是我的错，我以为我的部下是不可战胜的。"[125] 对于他在葛底斯堡的失利，这在当时乃至现在，都是最真实、最有说服力，也可能是最感人的解释。

/ 第十一章　李和格兰特

就人力所及而言，假使"石墙"杰克逊在场相助，我应能赢得葛底斯堡战役。

——罗伯特·E.李 *

603　　在暴雨中穿过波托马克河的撤退所招致的苦难，完全不亚于战役本身。为了渡过洪流滚滚的波托马克河，临时搭建一座桥实属必要，尽管它摇摇晃晃，令人胆战心惊。那些伤员们在此过程中承受的磨难更是难以尽述。马匹的状况也很凄惨，马掌缺失，大部分走起路来一瘸一拐，几乎没有饲料，惨不忍睹。在这痛苦的行军过程中，李不仅身先士卒，还为他的部下树立了坚韧、自信和忠于职守的榜样。假如他在战役进行到第二天时就发扬这种精神掌控战局的话，他有可能最终取胜。面对失败，他确保全军团结一致，从精神上激励他们。一支败军极易在全面撤退中沦为一群武装暴徒，但在葛底斯堡战役结束后的两周时间里，李的所作所为赢得了南北双方的赞赏。他没有逃避责任，或发布存在歧义的报告，或怪罪他手下的将领们。"我希望，"他在写给戴维斯总统的信中说，"阁下会了解

604　到我丝毫不感到气馁，或者说我对这支军队所具备的顽强精神……仍然深信不疑。"[1] 李既没有与朗斯特里特争吵，也没有责备尤厄尔未能夺取寇普岭，或者怪罪斯图亚特未能及时通报紧随李而来的并不只是米德军一部，而是其全部兵力。李包揽

---

* 李去世前对一个朋友说的这段话，存在多个版本，但道格拉斯·索撒尔·弗里曼在其《罗伯特·E.李》第2卷第161页中所引述的似乎最可信（而且最像是李的口吻）。

了全部失败的责任，坚决制止任何归咎于他人的企图，并同样坚决地严明军纪，确保各项命令在全军上下得以执行。他把一支精疲力竭、衣衫褴褛、战败的军队带回家，但它仍然是一支完整的军队，仍然具备坚不可摧的战斗精神。

无论李内心深处对朗斯特里特在 7 月 2 日的表现有什么想法，他此后仍一直以"我的老战马"相称，并在米德渡过波托马克河之后，当即令朗斯特里特率军在库尔佩珀周边设防，以抗击米德攻打里士满的行动。他每时每刻都惦记着同样受苦受难的家人。他尤其挂念次子鲁尼（陆军准将威廉·亨利·菲茨休·李），其在 6 月 9 日的布朗迪车站战役中身负重伤。鲁尼被送往 W.M. 威克姆名下的希科里希尔种植园养伤，在这里照料他的家人有妻子夏洛特、放假的弟弟小罗伯特、他母亲，以及他两个妹妹，阿格尼丝和米尔德丽德。希科里希尔种植园坐落在帕芒基河河畔，占地面积超过 3000 公顷，现在已非常接近联邦军战线，处境危险。李素来会提早警告家人，让他们远离风险，但这次他的表现一反常态，似乎并不担心。他没有预警的原因可能是觉得鲁尼是个负伤的军官，联邦军不会为难他。果真如此的话，他想错了。6 月 26 日，这家人听到庄园大门外山核桃林里传来枪声。小罗伯特跑过去要探寻个究竟，遽然发现联邦军骑兵的一个巡逻队正朝着庄园疾驰而来。他赶紧跑回屋报信，但负伤的鲁尼本来就行动不便，另外，他平常总是会放过联邦军方面受伤的军官，因而觉得自己应该不会有危险。

他错了。联邦方面得知鲁尼在此疗伤之后，特意派出这队骑兵来抓。家人眼睁睁地看着联邦军士兵用床垫抬着鲁尼出了房门。他坐"在'希科里希尔'马车"上，由威克姆先生的马拉着，被武装押送到门罗堡的一间牢房里。他弟弟罗布藏在花园中的箱形树篱后面躲过一劫，被抓走的鲁尼作为战俘熬过了

9个月，先是被关在门罗堡，然后又被转至纽约州的一个地方。最终，他以南北方同级军官一对一交换俘虏的方式获释。"我能理解你对菲茨休的处境深感担忧，"李写信给儿媳夏洛特时宽慰说，"对此，我深表同情，并在深夜独自为他被俘和被迫与你分隔两地而哀叹。……你可以想念菲茨休并深深地爱他，但不要因此日夜为他忧伤不已。"[2]尽管鲁尼本人如他父亲所料想的那样，"在老军官和外科医生手上"得到了精心照顾，毕竟"他们中的大多数是既讲原则又有人性"的人，但鲁尼的孩子们却在他被关押期间死于猩红热，而他妻子夏洛特也因"伤心过度"而活力"渐失"并最终离世。

李得知鲁尼是在疗伤期间被绑架的事实后深感震惊。无论战争多么严酷，一名将官遭到这种待遇实属罕见。更令李无法忍受的是，联邦军士兵当着鲁尼的妻子和孩子们的面抓了他，甚至还殴打李家的老仆人"威廉叔叔"，逼问他马匹的下落。"我为家人在希科里希尔受到的伤害感到难过，尤其是我们亲爱的老威廉叔叔，他都80岁了，竟然遭到如此粗暴的对待"，李写信给玛丽时说，并敦促她"服从（上帝的）全能意志，无论那是什么"，不过玛丽会更倾向于怪罪联邦政府，而不是把这种情况当作上帝的意志接受它。

发生在李家的悲剧还不止这一桩。在罗伯特·E.李一生中长期发挥举足轻重的影响的人之一是玛莎·卡斯蒂斯·威廉·卡特，即他妻子玛丽的表妹，也是他的远房表妹。大家都叫她玛吉，在阿灵顿住过很久，并且在玛丽的母亲去世后帮忙照料玛丽的父亲乔治·华盛顿·帕克·卡斯蒂斯。玛吉也确实把阿灵顿当成了自己的第二个家，尽管她是北方人，无法接受南方蓄奴及其对待蓄奴的态度——甚至她对李的感情也不能让她对此有丝毫好感。她待人处事极其认真，笃信宗教，但她在阿灵顿让人画的肖像画则展现出一位体态丰盈、笑容满面、一头乌发的年轻女子形象，有着俏皮的表情和迷人的眼神。画中的她穿着一件华丽的礼服，露肩，头戴一顶草帽，草帽上系着一条与她粉红色的腰带相配的丝带，身后背景显然是一直延伸至波托马克河边的阿灵顿花园。可悲的是，这是一幅即将被毁灭的世界的画像，就连背景远处的那条帆船，很快也会被冒着黑烟的蒸汽轮船所取代。玛吉与李的书信往来从 1844 年开始一直持续到他去世 [3]，虽说李写给她的信不无轻佻之词，与他写给所有年轻女子的信并无二致，但他们两人之间绝无丝毫越轨之举——李家所有成员都与玛吉保持着通信联系，家人常会朗读她写给李的信。她是家里受人爱戴的一员。

始于 1844 年的书信往来即使在战火燃起后也未曾中断，而这时玛吉和罗伯特·E.李已是身处战线两边了。她的两个弟弟也都参了军。大的弟弟名叫劳伦斯（洛洛）[Laurence（LoLo）]，在麦克莱伦将军麾下担任团长，他曾在 1862 年被短暂逮捕，原因是他被人指控过于关心当时置身于联邦军防线内的李夫人。麦克莱伦查明情况后很快释放了洛洛，并致信玛吉称赞他的"英勇和技能"，还告知"李将军夫人"及其女儿玛丽、儿媳夏洛特都在联邦军掌控中，但"她们都很好并毫无疑问会得到善待"（当李家把鲁尼带到希科里希尔疗伤时，李夫妇或许指望着联邦军方面会发扬这种慷慨大度的精神，但时过境迁了）。

她的小弟弟威廉·奥顿·威廉斯（William Orton Williams），人称奥顿，风度翩翩、英俊潇洒，但有些莽撞。奥顿深受远亲罗伯特·E.李的影响，决意要从军的他设法在美国陆军中谋了一个职位，当然这主要归功于玛吉软磨硬泡的游说，不放过从总统到底下她能接触到的任何人。1860 年时的罗伯特·E.李还是美国陆军中的一名上校，也极力推荐奥顿，为他在华盛顿温菲尔德·斯科特将军办公室谋取了一个令人垂涎的参谋职位。1861年5月，策马赶到阿灵顿警告玛丽·李联邦军打算占领她家的就是奥顿。随后不久，奥顿被逮捕，罪名是他同情南方，并为了避免他泄露斯科特将军的作战计划而被关押了一个多月。在被关押期间，他"爱上了看守的女儿"，她也认为自己和他"订婚"了。[4] 奥顿被假释后过了一个月获准前往南方，李见到他后坚决且巧妙地派他去田纳西，充当利奥尼达斯·波尔克将军的助手。

李对玛吉怀有家人般的亲情，但这并不会降低他对人的判断力，他看到的是一个性情鲁莽的年轻人，因而坚定地认为他更适合置身于战场，不宜担任需要谨慎行事和良好判断力的职位。但如果李以为他从此摆脱了这个年轻人，那就错了。[5] 奥顿到了夏洛之后一如既往地表现出色，并被晋升为上尉军衔，最终官至上校。他的"急脾气和对军纪的苛求"导致他一时冲动，射杀了他认为未对他表示足够尊敬的一个手下——这件事严重损害了他的声誉。

1862年圣诞节期间，奥顿登门拜访暂居希科里希尔的李家人，他本就身材高大、金发碧眼，而"头戴军帽并穿着轻骑兵夹克"的他更显英俊帅气，吸引了所有人。[6] 他格外关注李的女儿阿格尼丝，两人可谓青梅竹马。他带来了"女士骑马用的一对护手和一根马鞭"。应该注意的是，在那个很讲究的时代，把任何服饰——比如手套或手帕——当作礼物送给年轻女子的举动，都被认为是订婚的前奏。阿格尼丝和奥顿"在树林里骑行了很久"[7] 且无任何旁人陪伴，大家都觉得他大概已经向她求过婚了。在他即将返回的最后一天，他的确求婚了，但出乎众人意料的是，阿格尼丝当场回绝了。

考虑到奥顿的性情，他恐怕表现得太咄咄逼人了。虽说阿格尼丝未必深谙人情世故，但她还是能判定奥顿固然有魅力，却不够老成持重，谈婚论嫁尚早。有人说他有酗酒的毛病，做事无所畏惧且不计后果。不管怎样，对于罗伯特·E.李这种顶天立地的大英雄的女儿来说，他大概算不上称心如意的丈夫。

不知何故，奥顿自己把名字改成了劳伦斯·威廉·奥顿，或许是他开枪打死了自己的一个手下之后，希望借此摆脱名誉上的污点。*也许他也是为了给李将军留下深刻印象，因此他要做一件能立下赫赫战功的大事。有些人仍在争辩说奥顿不是自愿的，而是被戴维斯总统内阁中的朱达·本杰明（Judah Benjamin）选中，替联盟国带信给欧洲。然而，扮作联邦军的军官，骑马穿过联邦军防线前往加拿大，这一计划似乎不太可能得到朱达·本杰明的批准。奥顿身高 6 英尺，抓他的人曾以"一举一动都带有独特而鲜明的个性，散发着一种难以言状的气息"[8]来描述他，这说明他不可能不引人注意。无论如何，对于本杰明这个被认为极其聪明的人来说，他不太可能选择像奥顿这种举止轻浮的人来执行一项重要的外交任务，也不太可能在南方可以冲破封锁线频繁航行至英国和欧洲时提出这样一条迂回路线。

总之，奥顿及其表弟沃尔特·G.彼得上尉（Captain Walter G. Peter）在联邦军占区的田纳西州富兰克林被捕，当时他们都穿着联邦军军服，试图向一名联邦军上校借钱并往自己口袋里装了几根雪茄。他们的真名和军衔被刻在帽带上，证件很快就被认出是伪造的。当部下请示该如何处理时，陆军少将詹姆斯·A.加菲尔德（Major General James A. Garfield，未来的总统）回电称，他们必须立即作为间谍接受"组建的军事法庭"的审判，如果被判有罪，"务必在早晨之前"绞死。[9]

608

* 弗朗西斯·斯科特（Frances Scott）和安妮·奇普里亚尼·韦布（Anne Cipriani Webb）在《马尔基是谁？》（*Who Is Mankie*）中引述了他为枪击事件自辩的一段话，在一定程度上反映了奥顿狂妄自大的性格："对于他的无知，我可怜他；对于他的傲慢，我原谅他；对于他的不顺从，我杀了他。"

这是严厉的惩罚，但对当时的双方来说并不罕见。奥顿抗议说他不是间谍，但不会透露他在执行什么任务，两人都被迅速定罪并被执行绞刑。

据说李听到消息暴跳如雷[10]，但他虽然关注奥顿被绞死会让玛吉和阿格尼丝很伤心，却仍然不能原谅间谍行为，而且会毫不犹豫地以同样方式对待联邦方面的间谍。

不管李如何看待死刑，他现在最挂念的是阿格尼丝。"她一定是在反复问自己，"玛丽·库林在她的传记作品《李家女孩》中写道，"也许是她拒绝了他……才把他推向了这个不顾死活的计划。"[11]奥顿的死讯造成了"令她再也无法自拔的沉重打击"。阿格尼丝终身未婚，当她32岁因感染伤寒濒临死亡时，曾叫人拿来奥顿在战前送给她的那本《圣经》。

她与奥顿一样，都是那场战争的受害者。

从葛底斯堡败退之后，李在8月向戴维斯总统递交了辞呈。这在他的许多传记作者看来只不过是走个形式，因为他知道会被拒绝。鉴于李一向诚实的表现，此举很可能表明在战败、身体欠佳以及家人的不幸遭遇等多种因素刺激下，他开始怀疑自己是否还能担负保卫弗吉尼亚的重任，遑论杰斐逊·戴维斯提议的西进，在陌生的地带与敌交战。最终商定的结果是李继续统率北弗吉尼亚军团。随后他采取的第一个行动就是调遣朗斯特里特去增援布瑞格，这使他的总兵力暂时减少到不足5万人。

李环顾四周，满眼都是凄惨的场景：他的大军给养不足，军中的牛马因缺乏粮草而濒临死亡，他的一个儿子是战俘，儿媳妇悲痛欲绝且奄奄一息，女儿阿格尼丝以泪洗面，妻子长期患病，一直遭受着病痛的折磨。令人感到惊奇的不是他提出辞职，而是他依然相信他的事业。

　　回顾过去，葛底斯堡战役和维克斯堡战役接连失利似乎预示着联盟国迟早会失败，只是在葛底斯堡战役之后的两年里，双方的伤亡人数几乎与前三年相差无几，且有更多平民罹难。李曾两次企图入侵北方的马里兰和宾夕法尼亚，均告失败。1863 年 7 月后，战事只在南方境内进行。朗斯特里特曾力促李采取"防御"战法，但一直没能说服李，如今这成为不得不接受的现实，而且在每次战役之后，南方需要守护的地域进一步缩小。那么，为什么还要继续打？

　　但那是后见之明。好像存心折磨南方，联盟军队继续取得一些胜利，比如著名的奇克莫加（Chickamauga）战役，当时朗斯特里特率部从联邦军防线上一个豁口穿过的大胆之举使他名声大噪。拒绝投降本身很快成了战争的目的。没有哪个国家是被击败的，除非它相信自己已被击败，因此在 1863 年秋天，联盟国仍然执意要战斗到底。支撑着南方人坚持下去的另一件事涉及未来的政治走向，他们寄希望于林肯和共和党会丢掉下次选举，这种可能性不是没有，取而代之的民主党和新总统会有相对温和的心态——比如麦克莱伦，尽管他矢口否认。

　　此时，李意识到他正在变成人们盲目崇拜的对象，远远超越了他作为一个将军所能扮演的任何角色。他的伟大之处在于，他以谦逊和优雅的态度接受了这个角色，而这并没有点燃他的政治野心。南方人已把他当作他们为之战斗的象征，也认可他始终如一地、平静地接受上帝的意志的态度。身处困境中的全体国民需要一个强大的民族神话来保持其战斗力，而李无论是否情愿，已成为这个神话的化身。杰斐逊·戴维斯或许享有民众的尊敬，但李拥有他们的信任和爱戴——他曾经是并将一直是他们最想在自己身上看到的人。

　　弗里曼提到，士兵们脱离队伍，与李握手或拍拍"旅行者"的脖子，还说"他来者不拒，无论地位高低"。[12] 他讲述

610

了一个农民的故事：农民来到李面前，显然没认出李是谁，只是冲着李叫了一声"上校"，并说自己是来看望李将军的。* "我就是李将军，"李谦逊地回答，"很高兴见到你。"毫无疑问，这个故事是真实的，但它也以略微不同的表达形式讲述了其他英雄人物，比如拿破仑，所以，与其说它是真实的，不如说它代表了李已转变成了鲜活的传奇人物和神话。

611

他面临着一项浩大且艰巨的任务：在一个从兵员到草料，所有的必需品都紧缺的时刻，设法重建北弗吉尼亚军团。在他着手军团重建期间，联邦军队一直无所作为，算是帮了他大忙，当然这种无所作为的状态不可能永远持续下去。那年秋天此起彼伏的小规模冲突和战役并没有让任何一方占据优势。显而易见，米德要等到1864年春季到来后才会重新全力出击。假如林肯总统确曾对米德抱有信心的话，随着葛底斯堡战役的结束，那部分信心也荡然无存了，因为他没有乘胜追击并彻底消灭李率领的军队。这位贵族出身的费城人和伊利诺伊州的铁路律师，淳朴敦厚的风格与精明的政治技巧原本就不是理想组合。林肯无论如何都要找一个风格迥异的将军，一个会积极主动地"对［李］死缠烂打，并极力撕咬"的人。尽管陆军少将尤利西斯·S.格兰特有酗酒的毛病，林肯最终还是选中了这位打赢了多纳尔森堡、夏洛、维克斯堡、查塔努加以及传教士岭等战役的福将。

1864年3月，格兰特抵达华盛顿接受国会的任命，成为继乔治·华盛顿之后被国会任命的首位陆军中将，并成为合众国陆军总司令。格兰特一向寡言少语，为人朴实，天性腼腆，出

---

* 李通常只穿一套普通的灰色制服，衣袖上没有金色镶边，只有代表上校军衔的三枚小星——他在离开"旧陆军"时所保有的实质级别——嵌在他的衣领上，因此不会一眼就被看出是一位将军，这提高了这个故事的可信度。

生于俄亥俄州，并在伊利诺伊州加利纳一家商店工作多年，专门负责打包商品，所有这些都有助于增强林肯对他的信心。林肯没有干预格兰特的计划，他甚至都没提出了解它们的要求。他们初次见面是在白宫举办的一次晚会上，当时总统对着林肯夫人大喊道，"哎，你看啊，格兰特将军来了……"随后他让将军站到一个沙发上，以便好奇的客人们能看清这个攻占了维克斯堡并俘获 3.2 万联盟军士兵的人。林肯认可并尊重格兰特不动声色又坚定不移地打赢战争的决心，甚至对他不愿解释打算怎样做的表现也丝毫不计较。

格兰特认识李，这不奇怪——老陆军的军官们都相识——两人还曾在墨西哥并肩作战。他深知李是机动作战的高手，在钱斯勒斯维尔侧击胡克毕竟是李的主意，杰克逊只是执行者，正因为如此，格兰特决心不给李实施机动的机会。格兰特没有攻占里士满的意图，但他有一点想的没错，即李会千方百计守住里士满。格兰特也不想投身于一场精心筹划的生死大决战。他的目标不是联盟国首都，而是李的军团，并打算以三管齐下的进攻方式，毫不留情地消耗掉北弗吉尼亚军团的实力。格兰特拥有更多兵力、武器和给养；他确信他能比李更快地补充损失，只要他持续不停地向前推进，日复一日，步步紧逼，李军团的伤亡最终将不可持续——这是个很简单的数学题。此外，舍曼率军穿过佐治亚州进军海边的行动必将掐断李从南方腹地的大粮仓获得给养的补给线，北弗吉尼亚军团终究会因军粮断供而减员，陷入困境并缴械投降。这是迟早会发生的事，格兰特并不急。他会无情地击垮李，尽管未必会让林肯如愿，及时赶上 1864 年的大选。时间、压力和数量，这些都是格兰特的秘密武器——他会每天与李交战，不管输赢；他会持续这样做，直到北弗吉尼亚军团再也支撑不下去。

即使在当年，格兰特也有了"屠夫"的恶名。事实上，他

612

遭受的伤亡不比李少，但他对荣耀没兴趣，只是牢牢把握着战争本身冷冰冰的逻辑，并对自己的把握能力信心十足——战况越残酷，赢得战争的那一天就会更快到来。尽管格兰特不会扬扬得意地说出口，但他恐怕会不无哀伤地把"Carthago est delenda"（迦太基须被毁灭）① 当作自己的座右铭。

林肯用了3年多的时间，终于找对了做这件事的人。

"不满的冬天"

"愿上帝赐予我力量：他教导我的手去争战，教导我的指头去打仗。"[13]弗里曼从李那本已经损耗得不成样子、翻阅了无数遍的《公祷书》里摘取了这段话，李"用一张小纸条标记了"这段话的位置。它出自《圣经·诗篇》第144章，明确无误地表明了李在祈祷时频繁地阅读并复述这句赞美诗，同时也充分表明他深信自己军队所具备的战斗精神和工作方式，无论他们多么难以理解上帝的旨意。人们猜想，在那个漫长而艰苦的冬季，李一定从中汲取了帮助他坚持下来的精神力量。他的部队因为缺少鞋或修鞋工具而几乎寸步难行，许多人没有毯子（南方没有一家毛毯制造商），粮食也不够吃。李的部队在整个冬天每人每天定量供应4盎司培根或腌猪肉以及1品脱玉米面。[14]李坚持要与官兵们同甘共苦，不要特殊待遇——他每天的午饭通常就是用盐水煮的卷心菜。富勒将军的看法不无道理，他指出："［李］不仅拒绝行使其权力以获取物资，而且本能地极端厌恶这种做法……交易与他的贵族天性格格不入；此外，他无法容忍迫使民众交出自家储备的粮食，在他眼里，这

613

---

① 在第二次布匿战争（罗马与迦太基之间的战争）结束后，老加图（Marcus Porcius Cato，公元前234~前149年）每次演讲后都要说这样一句话："至于其他，我认为迦太基须被毁灭。"

是个具有英雄精神的族群，几乎可以称之为上帝的选民，只能用心打动他们。"[15] 他一再向戴维斯总统求助，但他的请求太无力了，从未大发雷霆、火冒三丈，也未曾威胁要进军里士满夺取储存在那里的物资，如果他真这么做了，问题也就解决了。但他没有，因此全军陷入悲惨境地，而他本人当然也不能幸免。

结果是，1863~1864 年冬季，李除率军将米德大军阻挡在拉皮丹河北岸以外再无其他作为。对李来说幸运的是，米德没有表现出要大举南下的野心。李将军原本可以去里士满与家人欢度 1863 年的圣诞节，但他选择待在帐篷里与部队一起过圣诞节，这是他的典型做法。圣诞节后的第二天，李得知伤心过度、一病不起的儿媳妇夏洛特去世了。"蒙上帝喜悦，"他写信给玛丽说，"带走了我们深爱的人，而我们必须顺从神圣的旨意。我相信，她将永享安乐，我们却必须耐心地与可能出现在我们身上的疾病做斗争。唯一可以令我们感到欣慰的是，她可以与她可爱的孩子们以及我们的小天使安妮在天堂团聚了。"[16] 李服膺上帝旨意的信念成为他生命中重要的力量源泉，也因此令手下信服，但这未必能够安抚玛丽·李，她如今住在里士满一个狭小的出租房里，除了要应对家庭不幸以外，还添了一件烦心事，即联邦政府最终没收了她心爱的阿灵顿庄园。*

李在逆境中泰然自若的表现自始至终都令人叹服——他并没有付出特别的努力，也没有自我牺牲的意识，而是在不知不觉中转变为一个身着军服、世俗的圣徒，作为一名战士，

614

---

* 这是依照一项新的法律进行的，该法律允许联邦政府对位于叛乱地区的财产征税。设定的税率并不高，但这条法律有个别出心裁的规定，要求业主必须亲自去付款。李显然做不到这一点，于是联邦政府没收了阿灵顿。

他所具备的非凡力量恐怕是自圣女贞德以来无人能及的。他清楚地知道，联邦军队正在稳步增兵，准备在冬季结束之际全面突袭北弗吉尼亚，而他为此花了大量时间构筑防御工事和战壕，以便迎击数量占绝对优势的敌军。他精通防御体系的架构，这与他在机动方面的天赋一样给人留下了深刻印象。如果他的部队不能在1863~1864年的冬季行军的话，他们就可以挖掘工事，而且李让他们挖了很长的战壕，构筑了多面堡和要塞，这将比其他任何因素都更能延长联盟国近一年半的生存期。

李多数时间以联盟国战争部长的身份与戴维斯总统联络，在通信时既表现出足够的尊敬，又不卑不亢。他力主扩大征兵范围并辅以"强力执行"的政策。[17] 他还建议更严厉地处置逃兵。到1864年，联盟国的征兵范围已扩大到几乎所有17~55岁的白人男性，但仍然征不到足够的兵员。1864年2月，北弗吉尼亚军团经历了它的最低谷，当时朗斯特里特及其部队主力奉命前往西部助战，军团兵力缩减到"不足3.5万人"——如此少的兵力根本无法抵挡大举进犯的波托马克军团。[18] 李被描绘成一个仁慈甚至圣洁的人物，因过度渲染他美好的一面，而完全忽略了他复杂的性格：他的确心地善良，他确实为他的士兵和牲畜的痛苦感到悲伤（他面对军马"慢慢饿死"的惨况心如刀绞），他在祷告时确实也把联邦士兵们包括在内，但他会毫不犹豫地下令严厉处置逃兵，或对那些以任何方式"逃避责任"或"脱离队伍"的官兵采取极端的惩罚措施。他补充兵员的方法粗暴但见效快。他也确实没法照章办事，因为南方和北方的招募程序没什么差别，都存在诸多漏洞、例外情形以及李所称的"偏袒"做法。

615 　　即使李在葛底斯堡战役中失利以及彭伯顿在维克斯堡投降后，他也没有质疑自己如此不情愿参与的事业。入侵北方并伺机决战以赢得英美对联盟国的正式承认的战略实施了两次也失败了两次，而且再也无法实施了。联盟国现在面临着一场必然会失败的消耗战，因为无论从兵力还是工业生产能力来说，北方都占据着绝对优势。在150年后重新审视这段历史时，南方的失败似乎是注定的，而且继续战斗下去必定会给南方带来灭顶之灾，因为舍曼将军所要实施的后人所称的"总体战"意味着城镇、房屋和农场将被大规模烧毁——这种"焦土"政策将给几代人带来无法言说的伤痛。应当承认，随着联盟国的领土面积不断缩小，它会享有日渐缩短的内线带来的好处，但这种优势又被南方铁路体系的缺陷抵消了。

假如李愿意考虑投降的话，双方也就不必再接着打两年仗了，但他无法做到这一点，就如他同样不能使自己转变为军事－政治领袖，带领南方克服其后勤供应和兵力不足的问题。他不会寻求或接受独裁权力——他深受美国精神的浸染，无法做到——而且他不会放弃胜利的信念，无论取胜的希望多么渺茫。

联盟国缺乏领导力的症结之一，就是戴维斯总统与他手下的重要军事将领在联邦军春季攻势的方向以及如何更好地应对上各持己见。博雷加德将军要集中联盟国所有部队（总计21万人左右）对"一个决定性的地点"发动攻击，而不是冒着被各个击破的风险。[19]他建议进军田纳西州诺克斯维尔（Knoxville）。李认为这一设想绝对值得重视（他一向欣赏博雷加德的战略意识），并预见到联邦军会借道佐治亚州发动进攻，但他不愿挂帅前往那边作战，也不愿意进一步削弱防守北弗吉尼亚的联盟国兵力。朗斯特里特起初建议移师东进，突袭华盛顿，后来又改了主意，建议集中军团兵力以图收复田纳西州和肯塔基州。李或许被说服了，觉得收复"密西西比州和田

616 　纳西州……会比仅仅占领华盛顿更可取，可在解救我国并激励我国民方面起到更大作用"。[20]这件事讨论到最后只是让朗斯特里特军重归李的指挥，除此之外再无其他结果。联盟国虽然丧失了一些领土，但其面积仍然过于辽阔，仅靠21万人的军队防守不免捉襟见肘；与此同时，联盟国领导人也无法商定在哪个正确的地点发动一次集中、果断的攻击，极大地动摇公众对北方的信心，以实现谈判达成和平。"情况不明，勿动"这个古老的军事格言对当下的联盟国来说并不明智，而且是致命的；无所作为使得驻守在西部的军队力量过于单薄，无法阻止逐渐崩溃的趋势，而李的军团也无力攻占华盛顿（即使这是个好主意）或最终守住里士满。

　　李在这个冬天的大部分时间都在考虑格兰特究竟会做什么，并最终认定他会像其前任麦克莱伦、伯恩赛德和胡克那样试图攻占里士满。李想错了。格兰特无意攻打里士满；他的目标是削弱李的军队，而且他猜想的没错，李会被迫防守里士满，这会使其不得不局限于防守战略，从而无暇施展迂回机动方面的才能。

　　最初李计划重复1862年和1863年的战略——进军谢南多厄河谷，让格兰特误以为他要攻打华盛顿，随后"一场大战会在拉皮丹河上展开"。[21]但李想错了。从童年起，格兰特就总是喜欢走捷径，而且他明显不愿意走回头路。他不如李擅长机动，也不喜欢这种战术。他更喜欢全力以赴，稳扎稳打，清除前进道路上的任何障碍物。

　　李不想等着挨打——这不符合他的天性。他计划尽早"挑战"格兰特，并预见格兰特很可能会渡过拉皮丹河，经由靠近钱斯勒斯维尔战役老战场的路线穿越莽原（Wilderness），目标直指李的右翼，试图将他与里士满分隔开来。

　　在这片黑暗、阴森的森林中赢得了他最大的胜利之后，李

确信能在这里让格兰特重蹈胡克的覆辙。但李严重低估了格兰 617
特的兵力——11.9 万人对李的 6.4 万人。[22][*]

莽原战役

两位将军都没有做好交战准备。李的军团分散在莽原南面
和西面的广大区域[23]，因此，他只能调动手头小部分兵力发起
攻击。冬天时，他担心军团聚集一处会将其所在地吃得一干二
净，因此不得不"分散"部队。就连他能动用的牛马也少得可
怜，这极大地延缓了部队集结的速度。他的原计划是趁着联邦
军主力渡过拉皮丹河并进入莽原时全力出击，突袭其右翼。假
如李能把他的三个军都投入战斗，上述计划或能成功实施，但
问题是，朗斯特里特军仍在 40 英里以外的戈登斯维尔，仅有
尤厄尔军和 A.P. 希尔军能参加战斗。至于格兰特，他低估了
穿过这片密集且荒无人烟的地带时，快速部署军团所遭遇的困
难，尤其是他的部队还有"长达 60~70 英里的马车队"随行，
所经道路不是标识不明，就是长期失修，破烂不堪。[24]

"莽原，"富勒将军写道，"……掩盖了［李的］兵力上的
弱点及管理上的瑕疵；他的军团在此地驻留过很久，熟悉掩
映其中的每一条羊肠小道、天然屏障和深浅不一的沟壑。李
的整个战略现在都有赖于守住这个天然据点……使格兰特身陷
其中，从而消磨北方的耐心和资源。他的设想就是尽早与敌
交战，他的作战计划也合情合理，具体地说就是让格兰特渡过
拉皮丹河并陷入莽原中不能自拔，使其人数、骑兵和炮兵上 618

---

[*] 事实上米德仍是波托马克军团的指挥官，但作为总司令，格兰特选择与该军团同
   行，而不是待在华盛顿。实际上，格兰特置身于战地，主导着这支军团和所有其
   他联邦军队的作战方略，而且似乎和米德相得非常融洽，就像艾森豪威尔和布
   拉德利在 1944~1945 年的关系一样。为了方便读者，我将在文中提及格兰特而不
   是米德。

的优势发挥不出来，然后击其侧翼，迫使他像胡克一样撤出战斗。"[25]

但格兰特不是胡克。首先，与几乎所有联邦军军官不同的是，他敬重但不敬畏李。他后来在其《回忆录》（*Memoirs*）中写道："大多数人都自然而然地给他们并不认识、统率着一支大军的指挥官披上超人的外衣。例如，国民军中的大部分人以及本国大部分媒体都以为李将军具备这种品质，但是我熟知他，知道他也是凡夫俗子。"格兰特拒绝被李作为指挥官的"超人"技能所吓倒，这是他走向胜利的第一步。*

格兰特的第二个优势是坚定的决心，不管前方地形多么险恶，他都要让他的军队继续向前推进。他打算继续前进，让李持续付出代价，一天接一天、一英里接一英里地不断给联盟国造成无法承受的伤亡。

格兰特率军迅速进入"狭窄的半岛"，将拉帕汉诺克河与拉皮丹河分开，直到他们在钱斯勒斯维尔以北 3 英里处会合。从 5 月 3 日午夜开始，他的部队分别在两处浅滩渡过了拉皮丹河。文森特·埃斯波西托上校推测，假如格兰特在黄昏时分而不是午夜开始横渡拉皮丹河，他本可以在一天之内走出莽原，从而挫败李的计划[26]，但考虑到格兰特大军的规模及其一眼望不到头的军械和供应粮草的马车队**，以及由北向南穿过莽原的糟糕路况，他的推测未必像在地图上看起来那么可行。格兰特的补给车队远远落后于他的两个先行军，于是他们不得不在莽

---

*　　"当然，战争时期高估甚至崇拜成功的敌军指挥官的现象并不局限于 19 世纪的美国"［迈克尔·科达（Michael Korda）：《尤利西斯·S. 格兰特》（*Ulysses S. Grant*），第 41 页］。在英国，令温斯顿·丘吉尔恼恨不已的是，埃尔温·隆美尔（Erwin Rommel）将军（后来成为陆军元帅）曾享有众人广泛的赞誉，直到蒙哥马利将军在阿拉曼击败了他，才把他还原为"凡人"。

**　　300 多门火炮的炮弹和火药，4300 辆补给马车，将近 900 辆救护马车，以及"一群将被屠宰的牛"。

原中就地扎营，等待补给车队跟上来。这给了李一个完美的可乘之机。他只需让尤厄尔军沿奥兰治—弗雷德里克斯堡收费公路向东推进，A.P.希尔军沿奥兰治—普兰克路向前推进，两军最终在老莽原酒馆（Old Wilderness Tavern）合兵一处，侧击联邦方面的两个军，打他们一个措手不及。李犹如得到天助，莽原中东西向的道路路况远比南北向的好。

　　战斗于5月5日清晨打响，遭到突然袭击的联邦军最初没意识到他们面对的是尤厄尔的整个军。在浓密的矮树丛和遮天蔽日的松林中，联邦军几乎不可能严密部署并形成连贯一致的战线，或发挥其占绝对优势的炮兵的威力，但联邦军将领古弗尼尔·肯布尔·沃伦（Gouverneur Kemble Warren）和温菲尔德·斯科特·汉考克将一个个赶过来的师投入战场，最终在下午至傍晚时分遏制住了联盟军的攻势。战斗异常激烈，许多士兵的步枪"枪体烫到无法手握"的程度。[27]

　　李的指挥部设在前线后方不足一英里处的寡妇塔普（Widow Tapp）的农舍中——莽原中零星散布着一些农场、铁匠铺，以及泥土路交会处的一些简陋的路口小店，这些地方将在未来两天中被载入史册。下午3点左右，一支联邦军的部队冲入寡妇塔普农舍的院子，李、杰布·斯图亚特和A.P.希尔见势不好，迅速逃入附近的密林中，侥幸逃脱，这也足以说明李如往常一样把指挥部设在了过于接近前线的地方，这对一名总司令来说并不合适。

　　经过一整天的激战，交战双方都不能声称取得了胜利，他们作战的地方长满了密不透风的次生林和浓密的林下灌木丛，这些灌木丛被地图上未标明的小溪、河流和沼泽地分割开来；置身其中，连自己的战友在哪都看不清，更不用说敌人，似乎四面八方都是齐射的步枪和炮火，分辨不出来自哪里。就连很少说弗吉尼亚坏话的道格拉斯·索撒尔·弗里曼都不禁称之为

"幽暗的迷宫"。这场战役被后人用来与第二次世界大战中的丛林战和18世纪印第安人的战斗相提并论。经过一整天堪称毫无成果的血战之后，任何一位联邦军指挥官都会想到撤回拉皮丹河对岸疗伤，并寻求绕过莽原的出路。但格兰特没有这么做。他留在原地，准备第二天再战。

620　　格兰特的助手陆军准将亚当·巴多（Brigadier General Adam Badeau）心怀某种程度的恐惧描述了第二天早上发生的事情，他说这是"一场在暗夜中进行的格斗，在一片昏暗中，部队无法展开机动作战，在浓密的丛林中，各团之间以及与敌军之间轮番不期而遇，不时会出现自相射击的场面，引导他们前进的只有灌木枝杈折断时发出的噼啪声，或密林深处传来的欢呼与呐喊声"。[28] 就连格兰特平时不带感情色彩的散文，在描述这一天时也变得炽热起来："炮弹爆炸引燃了树林，熊熊火焰腾空而起。无力移动的伤兵要么窒息而死，要么被活活烧死。……但战斗仍在激烈地进行。我军士兵在烈焰中不停地射击，直到温度过高，再也无法在原地停留。"[29] 从战争结束后拍摄的莽原照片可以看到被炮火摧残的一丛丛松树苗，还有钱斯勒斯维尔战役遗留的一堆未曾掩埋、令人毛骨悚然的头骨。对于接下来3天战斗场景的描述令人不由得想起马修·阿诺德（Mattew Arnold）在《多佛滩》（*Dover Beach*）中写下的著名诗句——

> 我们仿佛置身于漆黑的旷野，
> 争斗与逃亡的凌乱警报扑面而来，
> 愚蠢的军队在此处彻夜厮杀。

即使对身经百战的老兵来说，莽原战役的第一天也像是世界末日，充斥着刺目烈焰营造的恐怖场景、肉搏战的冲突和伤兵的哀号。当火焰蔓延并吞没干枯的灌木丛时，重伤员们紧紧抓住上了膛的滑膛枪，抱定必死的决心，在万不得已时开枪自杀，而不是被活活烧死。[30] 这预示着即将发生一些事。

李本指望朗斯特里特会在 5 月 5 日正午到达战场；事实上，假如李能在那天下午把三个军都部署到位，最终联盟军或会成为胜利者。然而，朗斯特里特在 5 月 4 日仅行进了 16 英里，5 月 5 日行进了 15 英里，因此很难想象他能及时赶到战场，在天黑前与尤厄尔和 A.P. 希尔会合。这就像朗斯特里特在葛底斯堡战役第二天和第三天对他的部队的处理方式一样，成为过去 150 年来引起众人激烈争论的话题。人们能得出的唯一客观的结论是朗斯特里特或许言过其实，向李做出了超出他能力的承诺，而李明知朗斯特里特曾在第二次马纳萨斯战役和葛底斯堡战役中存在行动迟缓的恶劣表现，就不该指望他能在 5 月 5 日就位。

但做事后诸葛亮很容易，尤其在这事发生了这么久之后——格兰特发动攻击时李只有两个军部分就位，而这一天基本上是另一次持久、血腥的僵局。格兰特没能成功将部队带出莽原，进入东南方向的开阔地，而李没能成功将格兰特赶回拉皮丹河对岸。

5 月 6 日拂晓，格兰特再次率先发起进攻，沿奥兰治—普兰克路冲向希尔军，打算将其一举击溃。假如希尔军昨晚没有连夜加固防线，伯恩赛德也没有率领部队主力迷失在方圆两英里茂密的次生丛林（处于莽原酒馆与寡妇塔普农舍之间"阴森的缠结"）中，此举或许会成功。[31]

此前一天，李在寡妇塔普农舍差点被抓。现在，即 5 月 6 日清晨，李在同一个地点试图亲自指挥一场反击，因为他担心在朗斯特里特抵达之前他的整个防线或会被迫后撤。眼看着联盟军防线开始瓦解，李不顾一切地策马来到离敌人不到 200 码的开阔地带，与此同时，联盟军的一个炮兵连在他身后将炮弹射向前进中的联邦军队伍。在硝烟、爆炸声和混乱中，李看到几个衣衫褴褛的士兵从火炮之间的空当跑出来并向前冲去，他大声喊道："孩子们，你们是哪部分的？"

他们大声回答说自己是胡德将军师里的得克萨斯人，是朗斯特里特军的先头部队。几乎每个人都认为李甚是"激动"，也许不是因为他正在前线，而是因为得克萨斯人就是朗斯特里特终于赶到的明证。他挥舞着帽子大喊道："好哇，得克萨斯！"他命令他们排成"一条战阵"之后，率领他们迅速从联盟军炮阵中冲出。尽管李几乎滴酒不沾，但他并不能杜绝战争带给他的迷醉感："他的面庞通红，双眼紧盯着前方的敌人。"[32]

622 北弗吉尼亚军团司令官快马加鞭，率领得克萨斯旅的士兵冲向不足 150 码以外的联邦军战线的景象，惊动了不少冲锋队伍中头脑还算清醒的人，他们突然认出了他，高喊着："后退，李将军，后退！"在平静的外表之下，他藏着一个狂暴战士的精神，"轻骑兵"哈里·李的血液在他的血管中流淌。[33]李的英勇无畏和好斗本性早已一再得到验证，然而，看到他们 57 岁的花白胡子指挥官一马当先，冒着猛烈的炮火率众"不顾一切"地冲锋，足以令这些久经沙场的老兵们惊愕不已。他们大声疾呼，他若不退回去，他们就停止前进。一名头发斑白的中士总算抓住了"旅行者"的缰绳，就在此时，李的一名参谋查尔斯·维纳布尔上校（Colonel Charles Venable）骑马前来，他凑到李的耳边大喊着说朗斯特里特已经到达，正在待命。

李当时愣了一下，似乎没听清。随后他又恢复了常态，冷静地挥动帽子，示意得克萨斯人前进，同时勒住了"旅行者"。维纳布尔纵马离去，传令给朗斯特里特，李要他率一个旅投入战斗。朗斯特里特在回忆录中记述道，他当时让维纳布尔代他向李将军致意并说"他的战线会得到恢复，只需一小时并准许我全权指挥部队，但如果不需要我的服务，我想骑马去个安全点的地方，因为我们现在待的地方不自在"。[34]这番责备听上去有些太圆滑了，但这是朗斯特里特事发 14 年后的说法。

弗里曼的说法恐怕更准确，在他的笔下，当李见到朗斯特里特时，后者毫不客气地告诫他"应该进一步后撤，远离前线"。[35] 考虑到不久后发生的事，朗斯特里特本人倒真应该照他的忠告做。

上午 10 点时，李已"稳住"阵脚，只是战斗依然很惨烈，双方以一道"无法通过的障碍"为界展开了拉锯战，此处茂密的矮树丛、灌木丛以及被子弹和榴霰弹打折、乱作一团的树苗让人寸步难行，双方士兵每走一步，都要踏着同伴或敌军的伤员或尸体。[36] 李投入战斗的各旅已减员三分之二。李一度率领冲锋的 800 名得克萨斯人在 4 个小时后仅有不足 200 人幸存下来。尽管拼尽全力，面对人数占优的敌军，李仍不能取得威灵顿公爵形容滑铁卢时所称的"痛击对手"的成效。李必须设法攻击格兰特的左翼，切断他与拉皮丹河对岸浅滩之间的联系，或逼迫他撤往那里。

朗斯特里特的一名参谋发现了奥兰治—普兰克路以南不足半英里处有一段未完工的铁路路堑。李当即意识到可借此攻击格兰特的侧翼。到了午前，他的攻势已然奏效，温菲尔德·斯科特·汉考克的联邦军阵线开始被迫向中心收缩，用汉考克的话说，"就像湿地毯"被卷起一样。随着联邦军战线左翼逐渐瓦解，钱斯勒斯维尔式的胜利似乎在向李招手，但格兰特既不允许也不考虑撤退，而是坚守阵地。朗斯特里特全然忘记了他给李的忠告，策马向前凑近察看战况，此时他的部队正试图在奥兰治—普兰克路与布罗克路（Brock Road）交叉处迂回包抄汉考克军，但不幸的是，他像"石墙"杰克逊一样被自己人射伤，他们以为联邦军骑兵杀过来了。与杰克逊不同的是，朗斯特里特活了下来。一颗子弹穿透了他的咽喉和右肩——但当他被抬出战场时，他勇敢地拿掉为了掩饰他的身份而盖在脸上的帽子，他挥动着帽子向部队证明他还活着。尽管如此，联盟军的攻势似乎失去了动力，这一天的战斗以另一次僵局结束。

那天晚上，一名军官警告格兰特，说他凭经验可知李将军的手法，而且李会设法切断部队与拉皮丹河对岸浅滩之间的联络线。格兰特懒洋洋地答道："哦，我实在不想再听到关于李要怎么做的说法。你们有些人似乎总以为他会突然连翻两个筋斗，然后在我们的后方和两侧同时着地。回到你的岗位上，好好想想我们自己该怎么做，而不是李要怎么做。"[37]

这是与李作战的一种新精神，此时他在北方的声望几乎与在南方一样高，并未因葛底斯堡战役失利受到任何影响。第二天拂晓，格兰特既没有进攻也没有撤退——他只是中断了战斗，移向东南方向的史波特斯凡尼亚县治，在那里他比李离里士满还近。在持续了3天的战斗中，格兰特方面伤亡1.8万人*，而李的军团则仅伤亡1.1万人；但从比例上看，格兰特仅损失了总兵力的17%，而李则损失了20%左右——他还得不到兵员补充。李设法在格兰特之前抵达了史波特斯凡尼亚，这充分展示了李非凡的军事才能，以及在恢复部队元气方面的惊人能力。格兰特固执己见，拒绝撤离，李因此被迫采取守势，他的优势体现在军团快速移动的能力（部分原因是补给车队规模较小），以及他本人"发现防御阵地的出色的战术眼光"。[38]无论李去往哪里，他都会寻求一个可以防守之处，并立即让属下构筑防御工事。这位机动作战的高手再次施展了挖掘堑壕的才能。米德下属一名参谋，未来哈佛大学的监管者西奥多·莱曼上尉（Captain Theodore Lyman），在谈到李在修筑工事方面的技能时提到，当波托马克军团前进时，他总能看到前方"敌

---

* 戈登·C.雷亚（Gordon C.Rhea）所著国家公园管理局内战系列《莽原战役和史波特斯凡尼亚战役》（*The Battles of Wilderness and Spotsyloania*）第435~436、440页。

军防线那边，除了刺刀和飘扬在工事上方的军旗之外什么也看不见。按照规则，叛乱分子一旦停止前进，第一天就会有一个好的单兵坑；第二天就会有个正规的步兵胸墙，并构筑好炮兵阵地；到了第三天胸墙前方会扎起鹿砦，后面是固定炮台。有时他们会把这三天的工作集中在头 24 小时里完成。"[39]

李在西点军校讲授沃邦（Vauban）以及要塞建筑术的课堂上从来不打瞌睡，一直认真听讲；他从未忘记自己在成为骑兵军官之前曾是一名工程师；他指望用他精心构筑的工事弥补己方军团与波托马克军团在兵力上的差距——并在无法固守一处工事之后，迅速转移到另一处。因此，莱曼指出："这一带纵横交错着数英里的野外工事，它们四通八达，并标记出两军谨慎地相对移动时所采取的不同战略路线。"[40]

"谨慎"是个关键词。格兰特决意要包抄李的右翼，而李同样决心不让他得逞。李抢先一步赶到了史波特斯凡尼亚，并"巧妙地掘壕据守在波河与奈河之间，他的堑壕呈 V 形"[41]，这样他可以与格兰特的优势兵力对战，并且能依照战况进展的需要从 V 形堑壕的一侧转移到另一侧。李在史波特斯凡尼亚遭受反复攻击（同时还从其他战场不断传来坏消息）时表现出的杰出的专业技能和异乎寻常的沉着，至今仍是军队指挥学的楷模。此时，格兰特的兵力几乎是李的两倍（12 万人对 6 万人），拥有占绝对优势的炮兵，以及充足的给养和畅通的补给线。尽管如此，李还是设法击退了他的攻势，由此催生了格兰特发给哈勒克的那封著名的电报："我建议在这条战线上决一死战，哪怕要耗费整个夏天。"这可以算是他对越来越多的人指责他招致重大伤亡，以及他又开始酗酒的传闻（与事实不符）做出的回应。两位将军都出现了失误，格兰特的问题是突然罕见地表现出过度自信，李的失误在于他让 J.E.B. 斯图亚特自行决定如何处置他的骑兵，从而导致他重蹈葛底斯堡战役期间睁眼瞎的覆辙。至于格兰特，他派骑兵司令菲利普·谢里登少将（Major General Philip Sheridan）去突袭里士满郊区，使得他自己也成了睁眼瞎。很明显，谢里登未能在本军团向史波特斯凡尼亚挺进时提供足够的掩护，从而被南军骑兵发现了行踪。尽管谢里登言行举止不那么招摇，但他与斯图亚特一样，喜欢带着骑兵大张旗鼓地进行军事行动，不愿意干些不起眼但至关重要的事，诸如掩护步兵前进、充当开路先锋，以及随时向总司令通报敌军的动向。突袭里士满的行动与斯图亚特于1862年在半岛包围麦克莱伦的大军有类似之处，但此举使得格兰特无骑兵可用的时间长达将近两周，而且突袭行动除了让里士满守军忙于迎战以外，对战役本身几乎没有丝毫帮助。

此战对联盟国打击最沉重的是失去了陆军少将 J.E.B. 斯图亚特。他在5月11日耶洛酒馆（Yellow Tavern）的战斗中身负重伤，并于当天晚些时候去世，年仅31岁。李说道："他从未给我带来过一条虚假的消息。"[42] 言罢，他心痛不已，强忍着泪水回到帐篷里面"去平复他哀伤的心情"。他写信告知玛丽："联盟国不会再有第二个像斯图亚特这样热情、积极、勇敢以及忠诚的战士。"[43] 他向全军宣告："他在高超的军事能力和士兵的高尚品德之上，又添加了由基督徒的信仰和希望所引导与维持的纯洁生命的荣耀。"除了他的勇气和战斗精神，斯图亚特还具备取悦李和让李开心的罕见能力，哪怕是在艰苦卓绝的战争期间。从担当西点军校校长起，李就一直把斯图亚特视为亲生儿子一般——"每次想到他我都忍不住要哭一场"[44]，他对斯图亚特手下的一名军官说。这一损失远非失去一位才华横溢的骑兵指挥官那么简单，李最亲密的指挥官一个接一个离去——朗斯特里特的伤恢复得很慢，A.P. 希尔也已病倒，几乎无法行使军队指挥权，尤厄尔的腿被截肢后，情况也没好转，李最信任的杰克逊也已去世。

27　霍奇基斯绘制的阵地示意图，标明格兰特率军穿过莽原后，联盟军于
1864 年 5 月在史波特斯凡尼亚县治周围的部署情况

用呕心沥血来形容李的日常状态毫不过分，他拼尽全力处
理的大量工作和职责，完全能让一名副司令、一名参谋长和三 627
名军长加在一起都忙得不可开交，而他从未抱怨过的自身健康
状况让他周围的人自始至终都忧心忡忡。困扰着联盟国的麻烦
很普遍，但它们似乎都落到了一个人的肩上。他曾准确预判了
格兰特会进军史波特斯凡尼亚县治，并且捷足先登，挫败了其
图谋。北弗吉尼亚军团现在牢牢地扎在了格兰特大军与仅 50
英里以外的里士满之间，而格兰特每前进一步都要付出血的
代价。

联盟军在史波特斯凡尼亚周围构筑的倒 V 形防线每时每刻
都在得到加强，但它也称不上固若金汤，V 形防线的尖端是最薄
弱的，这实际上是个突出点，很容易遭到来自两边的攻击。格兰
特决心要打掉它。从 5 月 8 日到 5 月 21 日，他对李的防线发起

了一系列代价惨重的攻击行动，有时甚至成功突破了防线，但始终未能守住或扩大战果。这场战斗被形容为"内战中最激烈的战斗之一"——在这条只有 4 英里长的战线上，双方合计伤亡近 3.2 万人。正如一位联邦军军官生动地描述的那样，"敌方战死的人……一个一个摞起来，有些地方堆了四层，呈现出各种死时的惨状。在快速腐烂的尸堆下面，可见抽搐的四肢和扭动的躯体，这表明有些受伤的人还活着，正拼命挣扎着要摆脱被活埋的厄运"。[45] 格兰特与他的任何一位前任将领在弗吉尼亚北部的表现都不一样，他设法使自己从史波特斯凡尼亚一带的消耗战中脱身，并再次尝试包抄李的右翼，而李也见招拆招，每次都像一个技艺高超的棋手那样，使出一系列招数化险为夷。然而，每次行动过后，李的防线都会离里士满更近一步。两支大军在北安娜河（North Anna River）再次展开激战，此地距里士满仅 20 多英里。从 5 月 23 日至 26 日，格兰特沿着北安娜河东岸向南移动，而李则沿着西岸向南移动，并最终在里士满东北方向的梅卡尼克斯维尔和冷港周围构筑了一条坚固的防线——这里正是李在 3 年前，即 1862 年 6 月，以北弗吉尼亚军团司令的身份首次立下赫赫战功的地方。此地距里士满仅 8 英里，李很熟悉这一带的地形，可以说是山河依旧，但面对的人已不再是畏首畏尾的麦克莱伦，而是意志坚定的格兰特，他于 5 月 28 日率四个军到达此处，另有两个军将于 5 月 30 日抵达白屋庄园。也就是说，历时两年血雨腥风的奋战，李将军绕了整整一圈后又回到了里士满的防线上，这里遍地可见以前战役遗留的创伤和墓地——这是一个具有讽刺意味的逆转，也是李不可能乐见的。

5 月 25 日，李生了重病，卧床不起。他素来的平心静气已被病痛消磨殆尽，但他仍不失为鼓舞部队士气的精神人物。他究竟得了什么病并无定论——有可能是心绞痛，但可能性更大的似乎是痢疾，这是所有野战军队都会遭遇的祸患，并已在李的部队中广泛传播。尤厄尔将军病得很重，被迫让厄尔利将军代行军长之职。5月28日，他和李不得不整天坐在救护马车上，李以前难得这样，一方面是因为他喜欢骑马，另一方面是他知道官兵们即使从远处看到他骑在马上，也能鼓舞士气。

尽管身体欠佳，李还是急于展开攻势。他离里士满不到10英里，正在接受政府从其他军团调遣过来的增援部队，同时他的内线较短，而格兰特的补给线已延伸过长，面临绷断的危险，格兰特的士兵们则被无休止的行军和与敌人的日常小冲突拖得疲惫不堪。但李不能放弃他精心构筑的防御工事，冒险在野外与格兰特进行一场定位战，格兰特则要一如既往地拖垮李。李的主要助手泰勒上校准确描述了格兰特选择脱离莽原战场后军团的动向："敌我双方始终纠缠在一起，在我们的防线上，每天都会冒出一些激动人心的事件或者不一定在哪个位置会相互开火"。[46] 在两军同时向里士满进发的过程中，双方的骑兵和步兵之间的冲突从未停止过，李打算利用那里密如蛛网的战壕和各种堡垒工事在敌军发动全面进攻时保护他的军队。另外，李敏锐地意识到被敌军围困在那里的危险。一旦他失去机动能力，这场战争就会彻底变成数量战，这对格兰特极为有利的同时，也会增加他的大军和这座城市因饥饿而屈服的额外风险。作为一名军事专家，未来的陆军元帅吴士礼勋爵（Field Marshal Lord Wolseley）*是当时另一位派驻联盟国的英国观察员，他写道："上层出于政治上的考量而非军事理由要求李死守里士满，他反对这样做。这是一个重大的战略失误。"[47] 吴士礼说得对。李认为在里士满战斗到最后一个人的

629

---

　　* 吴士礼以其丰富的军事知识和完美主义而闻名，以至于他的名字成为19世纪晚期流行于英国的专用词，用于形容任何完满办成的事："一切都很吴士礼（Everything's Sir Garnet Wolseley）。"

政策是错误的，但杰斐逊·戴维斯坚决要求他这样做。至于格兰特，尽管他无意占领里士满，但现在正逐步朝着这座城市推进，就像两年前麦克莱伦做过的那样，只是这次更成功。两位将军所作所为均非各自所愿。

值得注意的是李依然保持着乐观精神并决心继续战斗。他儿子罗伯特记述道："当［他病好后］我们再次看到他像往常那样骑着'旅行者'来到前线时，仿佛压在我们心里的某种沉重的东西一下子消失了。"[48]这番话不乏一个儿子对父亲怀有的天生的崇敬之情，整个军团似乎同样对其最高指挥官抱有这种坚定不移的信念——只要有李的领导，他们就会继续战斗，不管胜算有多大。格兰特毫不掩饰对李及其军团的赞赏，他写道："敌人异常顽强，似乎要战斗到最后一兵一卒。"

格兰特决心要一探究竟。李在梅卡尼克斯维尔附近已筑起一道新月形的牢固防线，并对这个具备沃邦经典防御艺术中全部复杂功能的工事满怀信心。这条防线起于他左翼所在的阿特利农场，沿奇克哈默尼河北岸蜿蜒伸展将近 7 英里后，止于右翼所在的河边。格兰特拥兵 10.8 万人，李有大约 5.9 万人；格兰特的计划仍是先吃掉联盟军的小股部队，然后绕过李的右翼，将其与里士满分隔开，在将北弗吉尼亚军团逐出战壕后给予它致命一击。格兰特的脾气似乎越来越差。在去冷港的路上，他偶遇一名联邦军的车夫抽打一匹精疲力竭的马，他见状"大发雷霆"并命人将那名车夫绑到一棵树上，也不知道当时他心里想要施行什么样的惩罚。不久之后，他下令对李强大的防线展开全面的正面攻击。到了中午，也就是战斗打响不足半小时后，他的部队就遭受了 7000 多人的伤亡。经过一整天的浴血奋战，格兰特一无所获，而且付出了据估计超过 1.3 万人伤亡的惨重代价，只对联盟军造成 2500 人的伤亡。在他生命的最后时刻，在他弥留之际仍在努力完成他的回忆录时，这段记忆继续折磨着格兰特。"我仍然后悔，"他写道，"在冷港发起了最后的攻击。……我们遭受了重大损失，但未取得丝毫好处。"这一天充斥着骇人的事件。联邦军士兵挖战壕时，在此处惊骇地发现了 1862 年的战斗留下来的无数遗骸；战斗结束后，滞留在双方战线之间的联邦军死伤者经受了两天风吹日晒，在此期间李和格兰特以刺激到对方自尊心的语气相互通信，商议如何将他们撤出。阵亡者的尸体肿胀的模样显得无比诡异，"黑得跟煤似的"[49]，伤员们无助地躺在那里，忍受着伤痛、饥渴的折磨以及昆虫的袭扰，还遭到联盟军方面神枪手不慌不忙地狙击。格兰特曾派人举着白旗给李送了一封简短的信，提议授权"携带担架的非武装人员去收拢死伤者，双方均不朝他们开火"。

李答复称，"他担心这种安排会导致误解"，并提议打着休战旗收拢伤员，同时补充说，"在情况允许的条件下，我将永远乐于听从这样的要求"。[50]第二天，格兰特回复说，他会接受李的建议并将在中午 12 点至下午 1 点转移死伤者。对此，李不无礼貌地答复称如果没有休战协议，他会不得不阻止被派来做这件事的任何人。最终，格兰特接受了李的条件，但直到 6 月 7 日上午 10 点左右，也就是耽搁了 48 小时之后，才开始了救助伤员的工作，这时就只剩下两名幸存者了。

乍一看，这种通信方式对两位将军有负面影响。格兰特在他的回忆录中不惜笔墨，力证自己的立场多么合情合理、仁至义尽——他以小字体的两页半篇幅专门论述了此事。但李对形势的看法具有专业上的正确性，而且他不会改变。如果格兰特想要转移伤员，他必须要求正式休战，而不是单纯为此下令停火两个小时。提出停战请求将意味着格兰特被打败了，事实也的确如此。由于绝大多数伤员都是联邦士兵，李态度谦和但寸步不让，坚持自己的立场。

格兰特从冷港的屠杀中得到了教训——他最令人敬畏的财富体现在他是一个务实、逻辑性强的人，对战争中的骑士精神和浪漫的荣耀无动于衷。他不会再对李在里士满东北郊构筑的防线进行正面攻击。相反，他要设法以智取胜，继续实施向李右翼迂回的行动，这次将采取军事史上最具野心和最壮观的迂回行动。尽管李是工程师，但格兰特对技术的把握也不差——他在攻打维克斯堡时采用了当时各种先进的手段，从蒸汽铲到铁甲舰，无所不包，并在第一次试图从背后袭击它时，还毫不犹豫地挖掘运河以及硬闯南军防区的河道。6月12日夜里，格兰特放弃了冷港的战壕，率全军南下横穿半岛。假如李猜到了格兰特的动向，就会趁机向处于运动中并缺乏防护的北军发动攻击，从而予以重创。6月13日，格兰特已架起横跨奇克哈默尼河的大桥，并于6月15日在詹姆斯河上架起了全长超过2000英尺的浮桥，而且按照设计，它既能承受这条河湍急的水流，又能抵御潮涨潮落。[51]为了保护这座桥，他命人在其上游处凿沉装满石头的小船和驳船，防止联盟军铁甲舰的攻击。为加快部队移动速度，格兰特令一个整军乘蒸汽船从白屋庄园（鲁尼·罗伯特被毁的家园和种植园所在地）出发，沿约克河顺流而下，随后再沿詹姆斯河而上，与此同时，其庞大的后勤马车队则途经白屋和新肯特县治南下，以免堵塞大部队行军的道路。即使是一支现代机械化军队也难以完成格兰特实施的壮举，他克服了破烂不堪的道路、密集的沼泽地以及两条难以逾越的河流等困难，成功将波托马克军团调动至预定位置，而且所经之处都是同情南方的居民，肯定会将他部队的情况报告给李。尽管如此，格兰特还是设法"在充斥着间谍的敌境内"[52]神不知鬼不觉地行动了3天之久。6月16日，格兰特的大军在詹姆斯河南岸正对着彼得斯堡的地方集结完毕，两条连接里士满与南方其他地方的铁路由此穿过。在这种情况下，李要么移师至里士满以南去守卫彼得斯堡，要么弃守里士满并西进。

毫无疑问，格兰特的这一行动大大出乎李的意料。李直到6月13日才发现眼前联邦军战壕里已经空无一人。起初他觉得格兰特是想要再次包抄他的右翼，挥师进入了怀特奥克湿地和莫尔文高地之间的一个位置，也就是1862年李击败麦克莱伦之处；但随后他发现不对，事实上格兰特已行军近50英里，架桥跨过了两条大河，并到达了里士满以南20英里处，在那里他可以得到海上的补给和增援。李早在6月9日就曾预见到这种形势，当时他说假如格兰特前往詹姆斯河，"围攻势在必行，然后就只是时间问题了"。[53] 现在李最担心的事情正在发生。

在认清格兰特的动向后，李以闪电般的速度组织起彼得斯堡的防线。联邦军屡次猛攻他在城周边精心构筑的复杂防御工事，在付出了惨重代价之后，至6月21日显然改变了战法，开始展开传统的围困战。李在凸角堡（一种由两个护墙组成的V形要塞，以一定的间隔设置，覆盖一段壕沟，并可从两个方向开炮）的选址和建造方面的技巧，与他机动的速度一样令人印象深刻。他一抵达彼得斯堡就命令手下全方位加固该城的防御工事。就在不经意间，格兰特的大胆举动和李的快速应对导致了一场可怕的、静态的围攻战，从而使这场战争又延续了苦不堪言的10个月。而在此期间，舍曼率军穿过佐治亚州，攻占了亚特兰大，并从那里出发一直"朝大海"进军，摧毁沿途的一切：城镇、铁路、电报线路、房屋、农场、农作物和牲畜。

在这段时间，李不仅以从未超过3.5万人的部队抗击15万大军，固守里士满和彼得斯堡，而且一直是联盟国生命力的源泉，用他儿子罗伯特的话说，是"南方的偶像"。确实，随着联盟国版图不断缩小，他的形象越发高大起来，象征着不可动摇的抵抗精神、生生不息的希望、勇气以及荣誉——不容评

633　判，甚至超过了理智。虽然格兰特控制着詹姆斯河，可将部队在两岸间随意调动以保持军力平衡，对李的左翼或右翼发起攻击，但李可借助较短的内线避开锋芒，尽管他现在据守的防线长达 30 英里，每英里仅能配置不足 1000 名士兵。

　　李的司令部目前设在彼得斯堡，但他婉拒了各方请他住进屋的好意，继续住在自己的帐篷里，吃着与官兵们一样的备用口粮。"我父亲与彼得斯堡市民相处得再融洽不过了，"罗伯特说，"女士们总是尽力让他的生活条件舒适一些，还把她们本就不多、设法省下来的食物拿给他。他总是试图阻止她们这样做，并在不会伤害她们感情的情况下，将送来的美味转送给医院——这使他的伙食管理员布赖恩很不高兴。"[54] 有一次李收到了一个桃子——他有两年没见过桃子了——但他转手就送给了让他在院子里扎帐篷的房主老太太。每当他收到衬衫、袜子、冰激凌、面包、蔬菜以及牛奶后，他都会送给官兵们，唯一例外是两个柠檬，他转送给了玛丽·李，她如今住在里士满，只能坐在她的"摇椅"上。虽然对李来说，骑马去里士满看望玛丽是很容易的事，但他不会允许自己独享部下不能享有的特权。这是李作为一种殉道者英雄角色的一部分，他既不寻求也不接受任何可以减轻自己病情的做法。当玛丽写信给他，恳求他好好照顾自己时，李答道："可是大战当前，一个人怎能照顾好他自己呢？我住在帐篷里不是做给人看或者成心冒险，而是因为这是必要的。"[55] 这个说法并不全对——人们邀请他住进家里，他不会接受他们的邀请——但他的作用不仅是要领导他的部队，而且要尽可能分担他们的困苦。这是他本人谦逊的表现，与其说是刻意为之，不如说是无意识的、自然而然的流露。虽然他并不寻求尊敬，并会认为它是亵渎神明的举动，但他的部下如此崇敬他的现象是在将军中极其罕见的。无论他走到哪里，官兵们都情不自禁地伸手去摸他的靴子或他的马，仿佛他是一位世俗的军事圣人——确实，与一句古老的法国俏皮话相反，他甚至是贴身男仆眼里的英雄。*他的助手朗上校可以说是天天都与李形影不离的一个人，没有比他更了解李的了，在描述李这段时间的生活时他写道："对一支军队生活条件舒适与否的关心从未上升到如此高的程度。……他不断提醒当局要重视他的士兵的需求。……面对他时人们内心涌现的是一种爱，而不是敬畏或惧怕。他们可以放心大胆地接近他，相信自己会得到友好和体贴的接待。……在他的举止中丝毫不存在高人一等的感觉，他始终简朴、善良和富有同情心，虽然他的部下对于他这样一位领袖心怀无限敬仰，但他们表现出的完全是对他作为一个凡人的崇拜。"[56] 即使对一个忠心耿耿的副官来说，这也绝对算得上赞美了，它捕捉到了人们对李的性格的钦佩之情，这种性格使他的军队和他的国民凝聚起来，并激励彼得斯堡的市民，他们在长达 10 个月的围城中遭受了种种磨难但毫无怨言。榜样给他们的苦难涂上了高贵的色彩。

　　然而，从现实层面上看，李最多只能遏制不可避免的事情。李迟迟未意识到格兰特突然跨过詹姆斯河的大胆之举。[57] 他故技重施，采用"他的老把戏"作势威胁华盛顿，不惜削弱自己的兵力，派遣布雷肯里奇和厄尔利将军率兵进入河谷地区，寄希望于美国总统召回格兰特，撤除对里士满的威胁；但格兰特不是哈勒克，1864 年的林肯也与 1862 年的有所不同。格兰特仍对守住首都充满信心，无论厄尔利是否兵临城下。李在 1862 年和 1863 年的战略核心是虚张声势，但现在已经行不通了；而且自葛底斯堡战役遭败绩之后，李再无能力渡过波托马克河发动新一轮大规模军事行动。李早就不再对英国正式承

---

* "在贴身男仆眼里没有英雄"的说法被多方认为出自伏尔泰的朋友埃西夫人（Madame Aïssé），以及路易十四的一个情妇科尼埃尔夫人（Madame Cornuel）。

认联盟国抱有任何希望，但他与南方许多人一样，都寄希望于坚持到 1864 年 11 月 8 日星期二，届时北方选民或会选出一位倾向和谈的候选人入主白宫，如李的老对手乔治·B.麦克莱伦。尽管麦克莱伦以"支持战争"的民主党人身份参加竞选，但人们通常认为他的立场更开放，愿意向南方各州提出回归联邦的条件。这个希望有些渺茫。麦克莱伦的确于 8 月赢得了民主党提名，但在大选中仅获得了三个州的支持。按照富勒将军的裁定，"从格兰特开始围攻彼得斯堡之日起，联盟国覆灭的命运就如暴风雨来临前聚集的黑云一样，出现在了这场战争的天际，与日俱增且不断加重"。[58] 只有格兰特出现重大败招才可以帮到李。

7 月 30 日，格兰特差点就帮了李一个大忙。格兰特一直在派骑兵队袭扰彼得斯堡的南部和西部，以图持续破坏联盟国的铁路线。袭击效果好坏参半，但他仍乐此不疲，想要一举击溃李的防线。6 月中旬，一名前采矿工程师提议在联盟军防线下方挖掘一条 500 多英尺的坑道，然后炸毁联盟国第一军阵地中心位置的一个堡垒。只需 4 吨炸药就能在守军防线上撕开一个缺口，联邦军可经此缺口从其后方展开全面攻击，夺取敌军的战壕。格兰特被说服了——他本来就对涉及大规模挖掘和机器的大胆计划情有独钟，尽管在回忆录中他起初把这一计划轻描淡写为只是想让宾夕法尼亚煤矿工人组成的那个团有点事干。事实上，他设想并实施了误导李的一个妙计，在詹姆斯河上架了一座浮桥，随后派出一个军的步兵和两个师的骑兵过河，逼近里士满，并在可能的情况下，切断连接里士满和河谷的弗吉尼亚中央铁路。他希望此举可以迫使李从彼得斯堡周边防线撤军——这与李长期奉行的通过威胁华盛顿解除联邦军对里士满的军事压力的策略如出一辙，只是规模小了很多。

正如林肯总统担心华盛顿的安全一样，戴维斯总统对里士满的安危也很敏感，因此李毫无悬念地咬了钩，尽管当时阵地下方存在坑道已是公开的秘密，但他还是缩减了防守兵力。其实联盟军也曾拼命挖坑对抗，希望能在引爆炸药前夺取联邦军的坑道，但一直没成功。最终，也就是 7 月 30 日凌晨 5 点，联邦军引爆了炸药，由此炸出的"一个大坑深达 20 英尺、长达 100 英尺"。[59] 大爆炸当即炸死了联盟军 300 多名士兵。但此举并未取得格兰特预期的效果，为利用爆炸所做的各项准备一团糟。按照原计划，爆炸过后，伯恩赛德将军麾下一个师的"美国有色人种部队"将率先冲锋。这支部队还为此接受过专门训练，但米德将军心有疑虑，临时变卦——他对此次行动原本就缺乏信心，同时又担心万一失败，人们会怪罪那些黑人士兵。

与原计划相反，伯恩赛德从他军中调遣了一支全是白人的师担负主攻重任。他让手下师长们抽签决定谁上，那个抽中的倒霉师长所率部队根本没接受过这种攻坚战训练，而且作为一师之长不仅没能率部出击，反而留守在师部并喝醉了，没有向部下交代清楚任务。攻击部队本该绕过大坑，随后直扑半英里以外通向彼得斯堡的普兰克路，然而，这支群龙无首、手足无措的部队却扑进了大坑中，然后发现他们无法爬上被爆炸抛到面前的陡峭的泥土和杂物堆。当被炸懵的联盟军回过神来之后，他们开始从大坑边上朝坑里射击，这个场面后来被人们描述为就像"打活靶子"。当黑人部队终于被伯恩赛德这位老是走霉运的将军派上前线后，他们被两边夹击，等于被屠杀。许多伤兵和大部分缴械投降的士兵被当场射杀。这不仅仅是"一次重大挫败"，格兰特感叹道，而是"[他]在战时见过的最悲惨的事"。[60]

李闻讯立即策马赶到现场，确保联盟军防线得以恢复。幸存的联邦军部队甚至撤退时也遭遇了一场灾难。当时站在李身边观察战况的泰勒上校记述道，"他们被迫从两条防线之间的空当撤出，这里恰好是我们布设在弹坑左右的火炮覆盖的区域，在这里，步枪的火力、霰弹筒的炮弹对撤退的人群造成了极大伤害。"[61]

这一事件导致格兰特付出 4400 人伤亡的代价，且无明显收获。坑道爆破动静很大，但它丝毫没有改变李的现实处境。正如朗上校所记述的，李"经受着痛苦的考验和各种磨难"；[62]他就是没有足够的兵力据守这么长的防线，或抵挡格兰特变幻莫测的四处出击。即便是这样，李仍不遗余力地避免扮演单纯防守的角色，时常也会取胜。例如，8 月 19 日，A.P. 希尔发动进攻并"击败了他正面之敌，俘虏了 270 名敌人，其中包括一名准将和数名战地指挥官"，从而迫使格兰特的部队"从詹姆斯河北岸"撤离。[63]8 月 25 日，希尔再次进攻，试图击溃里姆斯车站（Reams Station）守军，夺取韦尔登铁路的控制权。他缴获了"12 面团级战旗、2100 名俘虏以及 9 门火炮"，但那条重要的铁路线仍掌握在联邦军手里。[64]在这类战斗中，李的部队大多会以极小的代价对敌人造成重大伤亡，但李十分清楚，他很难补充兵员，格兰特却能轻易做到。

泰勒上校像许多人一样，常会提及联邦军队占绝对优势的兵力，并以明显的嘲讽语气评论说："当爱国精神失灵后，可以收买士兵。"[65]实际上南方比北方更早实行征兵制，两地均可以通过支付一笔费用的方式寻求豁免或找替身。按照泰勒的意思，如果说联邦军的部队是"雇佣兵"的话，联盟军也不例外，只不过前者吃得更好、穿得更好，酬劳也更丰厚罢了。1863 年 7 月发生的纽约征兵暴乱就是由联邦的征兵制引起的，它的邪恶之处也反映在联盟国征兵体系中，同样错综复杂，并有利于富裕人家。毫无疑问，李将军部队中"志愿兵"的比例比格兰特的高，但在经历了 1861 年和 1862 年最初的参军热后，人们报名入伍的积极性急剧下降，双方便都开始实行征兵制，无论这种方式是多么低效和不公平，甚至不惜通过不同程度的高压手段强制执行。李将军所面临的兵员短缺问题并不是因为不愿意强行征募18~35岁的人，而是因为自己的部队逃兵和"掉队"士兵的比例较高，以及北方有更多的人口可以利用。

　　9月，亚特兰大的失守和撤退，以及根据约翰·贝尔·胡德中将的命令在部队弃城时对它进行的部分破坏（舍曼少将占领该城后彻底将它摧毁），种种这些虽然没有对李继续战斗的决心造成显著影响，但对里士满"那些身居高位的人"震动极大。在胡德将军撤离亚特兰大的第二天，泰勒上校陪同李前去与戴维斯总统"开会"并记录了（很小心地隐去了李的名字）会议期间表达的观点，也许是戴维斯总统的观点。他写道，民主党人"必须提名一个明确赞同和平的候选人以赢得反对这届政府和战争的群体的支持……就让他们毫不动摇地坚持他们提出停战的意图，也许会给我们带来一些好处。……我对停战的看法是双方军队将保持现在的状态。双方都不遣散军人，联邦军也不用撤出我们的领土。……我们不能索求不切实际的期望。"[66]

638

　　如果这就是戴维斯总统的期望，那他会大失所望。当民主党人提名麦克莱伦为总统候选人后，他拒绝在施政纲领中加入那条，尽管他当选后几乎肯定会寻求和谈以终止战争。但林肯和格兰特根本不想达成允许联盟国以现状独立存在的停火协议。

　　根据泰勒上校（通常并不是对他上司吹毛求疵的一个人）的叙述，李好像并不认同戴维斯相当谨慎的乐观主义；但那时李最厌恶的就是文书工作，而他的助手的职责就是把它强加于他。尽管他儿子罗布受了伤，妻子玛丽已彻底卧床不起，不能像往常那样定期去泡温泉以缓解病痛, 里士满和彼得斯堡正遭受日渐酷烈、惨状无以尽述的围攻, 但李从未丧失他提振部队士气的独特能力, 仅仅是一个简单的姿态, 也总是以十足镇静的方式表现出来, 是一种自然、不自觉精神的流露。

李的牧师 J. 威廉·琼斯讲述了他亲历的一个场面, 当时李不顾自己暴露在猛烈炮火中的险境, 命令他周围的人赶紧找掩体隐蔽起来, 但他本人却罔顾周边不时响起的爆炸声, 走到一片空地上, 拾起一只被震落在地上"羽毛未丰的麻雀"并小心翼翼地把它放回树上的鸟窝里。[67] 历史上没有任何一位将军能成功地将拿破仑的优秀品质与圣方济各的精神集于一身。对于李早已开始在南方神话中扮演的特殊角色来说, 没有比这一形象更恰当的说明了: 就像全能的上帝一样, 他的眼睛(字面意义上的)盯着这只麻雀。如果这个故事讲述的是别人不是李, 我们或许会当它是一个传说, 比如年轻的乔治·华盛顿与樱桃树的故事, 但一涉及李, 就让人觉得那么真实可信。他拥有敏锐的眼力, 以及朗上校所说的"关爱低等动物之心和深切同情无助者"的情怀[68], 加之他大无畏的精神和不惧艰险的一贯表现, 都使这个有关麻雀的故事听起来那么真实, 并有助于人们理解为何他的人愿意追随他, 即使他们的境遇如此无望也要坚持战斗。

李对南方事业怀有的信念并没有蒙住他的双眼, 无视可怕的现实。朱巴尔·厄尔利"袭扰"华盛顿之举并没有使得格兰特减弱围攻彼得斯堡的力度, 而当厄尔利沿河谷回撤时又陷入了一场恶战——接下来谢里登又开始在这里实施残酷的焦土政策, 一切都被付之一炬, 从篱笆桩到谷仓和房子无一幸免。与此同时, 舍曼不仅率军破拆了佐治亚州的铁路, 还在明火上加热钢轨, 并把它们缠绕在树干上, 使其再也无法使用。李唯一的希望是挣脱格兰特的"束缚, 脱离里士满并转战其他地方"[69],

以便他再次率军施展机动灵活作战的技能，同时尽可能补充一些给养。但若真的弃守里士满也会产生严重后果，且不说部队再也得不到城里兵工厂生产的武器弹药，联盟国上下的士气也会遭到致命打击。忠于联盟国的李拒绝考虑这一点，也许他很清楚哪怕只是提一下这个设想都会被人视为公开讨论投降事宜。他敦促戴维斯总统调遣"征兵局"的军官和人员去防守彼得斯堡和北卡罗来纳州的威尔明顿——掌握在南方手里的最后一个港口，并动用弗吉尼亚和北卡罗来纳州的后备队（至此大多已是老弱病残）开赴前线，从而让他自己的部队有"积极行动"的自由。李还在信的末尾提出了一条警告："等我们的军团遭受重大灾难后再这样做就太晚了。"[70]

无论如何，李仍与南方大部分地方一样继续战斗。北弗吉尼亚军团在很大程度上变成了一个支撑分崩离析的经济体和日益缩小的版图的重要基石。越来越多的南方人开始相信，这实际上是一场"富人的战争和穷人的战斗"[71]，并对戴维斯总统的领导力和智识有所怀疑，但他们仍然一致赞赏罗伯特·E.李。他不必发表高贵的演说，甚至不必取得辉煌战果，他只要保持自己的本色就足够了。到1864年秋，他已成为南方人为之奋斗的象征，即勇气、礼貌、尊严以及缺乏私利的精髓，他们认为正是这些品质将他们与贪婪的北方佬群体区分开来，后者丝毫不尊重一个更古老、更温和的美国的传统。不管李是否愿意——他显然不愿意——人们对他的神化已经开始了。

与此同时，李继续处在一个异乎寻常的位置发挥他的作用。可以肯定的是，他享有联盟国"第一士兵"的殊荣，人们也会就各种事务向他求教，从征兵到如何更好地利用尚存的联盟国海军，但他的权力仅限于北弗吉尼亚军团。他并不是全军总司令，不能像格兰特那样可以面向全军制订作战计划并实施宏大战略。他最终成为联盟国陆军总司令，但时至1865年2

640

月9日，这一任命仅是空洞的荣誉；"一切都太迟了，他已无能为力"。[72] 假如李在1863年被任命为全军总司令，联盟国的历史恐怕就要改写了，但杰斐逊·戴维斯在整个战争期间都自视为军事领袖而非政治人物，联盟国国会也无意放弃军队控制权。李对戴维斯的过分尊重和对政治的厌恶始终没有丝毫改变。他总是毕恭毕敬地向戴维斯提出有关军事决策的建议，但他从不固执己见，也从不借机要挟。除了罗伯特·E.李之外的任何一个人都能成为军事独裁者，只要能牢牢掌控住军队和经济，以凭一己之力拯救南方，然而除了李再无其他人拥有充当这一角色的威望。*

641 　　家人都不在身边，他仍旧为他们生活中的每一个细节操心。李夫人和她的两个女儿米尔德丽德和阿格尼丝，幸得朋友的热情款待，在其家族位于里士满以西詹姆斯河畔的庄园里安顿了下来，暂时把女儿玛丽·卡斯蒂斯留在家里，让她"恢复体力并增加体重"。[73] 李夫人刚抵达新住所就在抛光木地板上滑倒，并受了伤。她不顾丈夫和医生的恳求，拒绝卧床静养。事实上，这次事故似乎并没有使她的病情恶化。李写的信总是富有爱意，充满忠告，李夫人对大多数忠告都不予理会，女儿们也越来越有主见，无视他的意见。尽管他督促米尔德丽德（"掌上明珠"）多做针线活，但她把大量时间花在弹钢琴和读书上。[74] 他督促玛丽·卡斯蒂斯去乡下与母亲和妹妹们团聚，但她宁愿待在里士满与朋友们一起玩，直到仲夏天气实在太热她才恋恋不舍地离开了。李夫人和姑娘们织了不少衣物，大部分是袜子，但她们做这事的热情受到一定程度的压制，因

---

*　　二战期间乔治·C.马歇尔将军针对罗斯福总统所起的作用在这里是缺失的。马歇尔是深得总统信赖的军事和战略顾问，也是艾森豪威尔和麦克阿瑟两位最高指挥官的上司。戴维斯总统错误地试图将两个角色集于一身。

为李用不了那么多，大部分都被他转送给情况更糟糕的士兵们了。并非只有李家女眷们这样。整个南方的女人都在织礼物并送给李，他再全部转送给部队或医院里的伤员。他送出了无数篮美食，这让他的伙食管理员和参谋们都深感无奈。值得注意的是，当将军需要更换内衣时，李夫人总是不顾自己关节炎的病痛，亲力亲为，帮他制作。[75]李常会婉言相劝，甚至带些谐谑的语气建议把这事交给有"一双巧手"的阿格尼丝去做，大概他心里想着让她为出嫁做准备。对此劝告，李夫人总是置若罔闻。

当李在里士满开会时，他总会去造访富兰克林街707号，这栋简朴的房子是他大儿子卡斯蒂斯（"布"）从约翰·斯图尔特先生那里租来的，现在他妻子玛丽和女儿们通常也住在那里。这些转瞬即逝的家庭生活的体验对李来说堪称莫大的慰藉，而从访客们的评论也可判断出，就连李夫人的精神状态也比以前好多了，尽管她身体依旧虚弱并受到失去阿灵顿庄园一事的打击——"随着前线传来越来越多的坏消息，她似乎变得更勇敢、心境更平和了"。[76]

1864年的秋天就没有多少好消息。格兰特尚未攻破李在彼得斯堡周边的防线，但如今看来李同样没机会冲破封锁，也无从筹集到足够的粮草供应。李的侄子菲茨休·李少将*说他叔父手下的士兵是"衣衫褴褛、英勇善战的家伙们……他们消瘦的面庞表明饥饿是他们生活的常态，他们打冷战的样子说明他们缺乏足够保暖的衣裳"。[77]北弗吉尼亚军团与里士满一样遭受围困。战败只是时间问题，除非发生奇迹。到了11月，形势越发明朗，不会有奇迹发生了——林肯在普选中以40万票

642

---

* 菲茨休·李不仅是一位英勇而杰出的骑兵指挥官，也是战后被任命为联邦军少将的为数不多的联盟军将军之一。

的优势再次当选总统，并赢得了除三个州以外所有州的选票，这是自安德鲁·杰克逊之后赢得连任的首位总统。

李在写给战争部长和戴维斯总统的信中总是对自己的士兵缺衣少食抱怨一番——在部分团里，他指出，"也就 50 个人"有鞋穿，士兵们只能吃少量腐臭的培根和发霉的玉米面。他抱怨说，根本找不到肥皂用，部队也因此苦不堪言；还有一件不难理解的事，入冬以来，逃兵数量大增，情况"令人担忧"。圣诞节前 4 天，舍曼将军夺取了萨凡纳，从而为他穿越佐治亚州，开向海边的进军画上了句号。他挥师北上，与格兰特在彼得斯堡外围会合也是早晚的事。形势危急，他的部队也承受着深重苦难，这使得李不能同家人一起过圣诞节。

逃兵现象不只存在于李的部队中。联盟国极不情愿地同意征召黑奴作为军队的劳工——这个问题与其说是偏见，不如说是因为奴隶代表着财产和财富，而且由于没有那么多白人，他们是许多地主仅存的劳动力。不足为奇的是，那些被征召入伍的黑人的逃亡比例远远高于白人士兵。李抱怨说他曾要求得到 5000 个劳工，但实际接收的仅有"零零星星，时间间隔不一"送来的 2200 人，而且到了 12 月，仅剩下不足 1200 人。[78] 早在 1861 年就有人提出了武装黑奴并让他们为联盟国效劳的激进主张，但此后并无实质动作，只是由于到了 1864 年秋，军事形势日渐紧急，此事才变得迫在眉睫。阿尔伯特·伯顿·穆尔（Albert Burton Moore）在他的杰作《联盟国内的征兵和冲突》（*Conscription and Conflict in the Confederacy*）中，总结了反对这一激进举措的"要点"：（1）武装奴隶之举将会背弃南方遵循的理论和传统；（2）它将意味着废除奴隶制，因为"如果黑人适合当兵，他就不适合做奴隶"；（3）如果各州允许国会干涉蓄奴制度，它将违背各州脱离联邦的初衷；（4）它将冒犯白人士兵且他们中的许多人将脱离军队。[79] 李作为赞同这一激进举措的群体中的"骨干"分子，在致信弗吉尼亚州议会一名议员时说："我们必须决定是要将奴隶制 [80] 留待我们的敌人去废除并利用奴隶对付我们，还是我们冒着社会制度会因此受到影响的风险主动利用他们。"李随后指出任何涉及招募奴隶当兵的法令必须包含一项"经过深思熟虑，逐步全面解放的计划"，以解决难题：如果奴隶们当了兵但没有获得人身自由的奖励，他们就不可能好好打仗。戴维斯总统不愿意直面这个对南方来说十分敏感的议题 [81]，联盟国国会和南方各州立法机构都进行了辩论并延缓了行动。戴维斯自然是倾向于等待"公众舆论在这个问题上达到瓜熟蒂落"的地步，不料却等来了"在［黑人入伍］之前战争就结束了"的结局。值得注意的是，本质上最保守、最尊重南方传统和制度的李，在这件事上却发出了最激进的声音，支持招募黑人，并承诺在他们得到一支步枪的同时获得人身自由。

1865 年 2 月 4 日，李终于被任命为联盟国军队的"总司令"。[82] 他就此做出的回应也颇符合他的性格，他称自己要为"这一崇高而艰巨的职位……单向总统阁下表达谢意"，并补充说，他尚未"接到有关我本职工作的任何指令"，不知道戴维斯总统期待他做什么，这种表态令人感到不安。

李于 2 月 9 日宣告他已正式"接管联盟国武装力量的指挥权"并立即提请人们注意他所面临的严重问题之一：他给予那些逃兵和擅自脱离队伍者 20 天的宽限，让他们自行返回原单位或向最近的征兵处报到，期满之后他们将受到"法院判定的处罚，且不接受宽大处理的申请"。[83] 理论上，这意味着赦免那些归队的逃兵，并处死未按时归队的士兵，但实际上，无论是联盟国的法院还是负责追捕逃兵的各类"地方护卫队"，此时都已无力应付人数超过 10 万的逃兵。监禁和处决的情况时有发生，至少还有一起私刑处死的案例，但士气低落、给养匮

644

乏以及对失败的预期，种种这些都使得大多数人有可能偷偷跑回乡村的家里，而且不会被邻居告发。

不管李在部下面前显得如何镇定自若，他的情绪其实并不高。就在他接受总司令一职任命仅 10 天之后，他写信给联盟国新任战争部长约翰·C.布雷肯里奇，提出"也许有必要放弃我们所有的城市，应该为这种突发事件做好准备"。[84] 他还敦促将"我们所有的军队"集中在弗吉尼亚，"因为如果他们孤军作战的话，恐怕无法对抗来犯之敌"。这是一种很现实但又令人感到丧气的评估意见——局势迅速恶化，联盟国政府能够保持控制力的地域急剧萎缩。李已经在考虑将里士满存放的军需物资转移到林奇堡，在那里他也许能够守住绍斯赛德（Southside）铁路和丹维尔（Danville）铁路的交叉点，"以便尽可能长时间地保持与北部和南部的联系，也能与西部保持联系"。[85] 从他 2 月 21 日写给李夫人的信中可以清楚地看出他当时的心情："如果有必要放弃我们的阵地以防被包围，你将会怎么做？你是留下，还是离开这座城市？"对此，他知道玛丽·李几乎肯定会做她想做的事，又补充道："你必须考虑清楚这个问题之后再做决定。"[86]

就在李正琢磨着是否弃守彼得斯堡之际[87]，他女儿阿格尼丝为显示李家女性的勇敢和独立自主精神，决定回应很早前有人向她发出的邀请，前往这座城市。她父亲担心她出发时已经太晚了，但这并不能阻止她登上开往彼得斯堡的火车，冒着连天的炮火来到好朋友米德家小住。她感慨说彼得斯堡的市民们似乎根本不在意不时在街上爆炸的炮弹。在她到达后头一个晚上，一个军乐队来到"米德家献上了一段小夜曲"以向李的女儿表达敬意，"阿格尼丝向这些勇敢的音乐家抛撒新鲜的玫瑰"。[88] 第二天，阿格尼丝前往李的司令部所在的农舍，但到达后才得知他因军务紧急，早已冒着倾盆大雨离开了这里。第二天早晨，他给她写了"一张显得匆忙［但充满爱］的字条"。

> 我珍贵的小阿格尼丝：
>
> 　　对不起，昨天我没在此见到你。我本可以劝你待在我身边。如果你曾待过［原文如此］或者今早4点出发，我或可在睡眠惺忪中看到你。现在我……不知道何时才能看到你。[89]

　　李已经看到了格兰特准备大举进攻联盟军阵地的种种迹象，也十分清楚此时此刻他无法阻止这一注定要发生的事。尽管局势险恶，但他决意要继续战斗。他曾预测格兰特将"从他左翼拉出队伍，意图包围我"[90]——这正是格兰特所想的——并向他的军官们强调严守纪律的重要性。"一条稳定、坚不可摧的战线会让敌人胆寒，会使得他射不准目标，火力也不那么有效"，李写道，同时强调在战场上，与"人数或资源"相比，纪律更重要。[91] 然而，他指出自己的能力也受到严重限制，不能迅速调动部队，因为"骑兵和炮兵……由于缺乏粮草，还分散在各处，而本该与军团随行以防异动的给养和弹药车队也去了别处，忙于搜寻粮草和物资"。[92] 另一个更加严重的问题是"我方人民目前普遍存在的悲观绝望情绪对军队产生了不良影响"。[93] 对此，李也无能为力。2月24日，他给北卡罗来纳州州长万斯写了一封长信，指出部队士气"在很大程度上受到家乡亲友们写的……书信的影响"，他们告诫"军中的朋友，我们的事业没有希望，他们最好自己找好退路"。[94] 一般来说，逃兵会携带武器脱离所属部队，并常常与其他逃兵组成的武装团伙聚集起来，导致地方护卫队也奈何不了他们，不可能将他们全抓起来。[95] 3月9日，作为对万斯州长答复的回应，李同意派出两支部队解决这个问题。他们得到的命令是："不活捉以武力对

646

抗地方或军事当局的逃兵。"李仍希望将联盟国所有剩余的部队集中在弗吉尼亚，认为只有这样他才能设法进行一场决战，一举击败格兰特，或许能为联盟国赢得一线生机。这也正是格兰特特别担心的事情。如果彼得斯堡和里士满的围攻战久拖不决，公众舆论或会转而反对战争，因为在许多人看来这场战争已经拖得太久了。

李一直未如愿以偿。事态的发展使他无法集结他所需要的兵力，也无法为他们提供足够的食物和弹药。3 月 17 日，他致信战争部长布雷肯里奇，坦承因为缺乏草料，他再也无法"在里士满周边维持一小队骑兵部队"了。[96] 3 月 27 日，考虑到长时间以来他一直在催促政府组建黑人部队，他在信中略带苦涩地写道："我一直在等待（战争）部发出的征募和组织黑人部队的命令，因而未在这方面有任何举动。我明白报纸上已刊登了命令，但我至今还未看到它们。与此同时，我被告知只要派些合适的人员去招募，还是可以在彼得斯堡找到一些兵员的。"

4 月 2 日凌晨 4 点，格兰特展开了他期盼已久的针对"整条彼得斯堡防线的攻击"行动 [97]，以其 12.5 万大军冲向由李手下 3.3 万饥肠辘辘的官兵据守的绵长且捉襟见肘的防线。无论李夫人及其女儿玛丽·卡斯蒂斯和米尔德丽德是否看到和听到那天凌晨映红了彼得斯堡上空的炮火轰炸，李都看到了，并且知道它预示着什么，随后他"派了一名被假释的军官去米德家接上阿格尼丝，并把她带到火车站"。[98] 她父亲曾警告过她可能被困在城里，又在关键时刻把她救了出来，当听说她坐上了从彼得斯堡开出的最后一趟列车时，他毫无疑问长长舒了一口气。然后他开始给战争部长布雷肯里奇写信。"我看不出除了在此坚守我们的阵地到夜里之外还能做什么。我无法确定我能不能做到；如果可行，我将于今晚撤至阿波马托克斯以北。……此后，我们集中兵力的唯一机会就是在丹维尔铁路附近集结，我将立即着手办理。我建议做好今晚撤离里士满的所有准备工作。"[99]

4月2日，星期天，李夫人及其女儿们去圣保罗教堂参加圣餐礼，在那里她们看到教堂司事穿过过道，恭恭敬敬地附身对戴维斯总统耳语。戴维斯从长凳上起身，一众"军政要员"紧随着他鱼贯而出。[100]李在彼得斯堡的防线被攻破，里士满失守。等到李夫人参加完圣餐礼并离开教堂时，运货马车已经排起长龙，准备运走档案和联盟国政府剩下的金条。过了正午，她和女儿们眼看着惶恐情绪弥漫在整座城市。联盟国政府的成员现在都成了逃亡者、通缉犯，亡命天涯。"里士满的所有人，无论贫富，无论出身高贵还是卑微，似乎都在争先恐后地逃离这座城市。一辆辆满载家具和木桶以及人员的四轮马车在密集、拥挤的人流中左冲右撞，全都拼命要离开这里，不管能到什么地方，或者任何地方都可以，只要能躲避可怕的北方佬。透过敞开的窗户，一家人听着在'四处蔓延的惊恐万状'之中，众人的奔逃声、凌乱的脚步声、车轮的嘎吱声、孩子们的哭闹声和受惊的马发出的嘶鸣声。"[101]

到了下午3点，抢劫和醉酒席卷全城；入夜之后，因人们"误解了命令而点燃"了烟草仓库，紧接着里士满到处火光冲天。[102]很快，巨大的爆炸声震动了整座城市，因为残余的军械和海军补给品被喝醉的抢劫者或者撤退的军队引爆。里士满没有被复仇的联邦军队摧毁，而是被自己的公民遗弃而惨遭毁灭。就在拂晓前，这座城市仅存的火药库发生了巨大的爆炸，火焰向东蔓延至富兰克林街，吞噬了所经之处几乎所有的东西。具有讽刺意味的是，4月2日是个十分美好的春日，空气中弥漫着萌芽的树木和含苞待放的鲜花的芳香；但当太阳在4月3日升起时，阳光穿透空气中刺鼻的烟雾和从余烬中腾起的

648

黑烟之后，只剩下微弱的光亮，映出阴燃着的建筑物的骨架以及烧焦和熏黑了的树木。里士满的公共建筑和私人建筑都在向上散发着灰烬，满目是烧残的纸张、破碎的家具和雕花的木镶板，这是一个世纪以来繁荣和优雅生活的象征。在窗前举着长柄眼镜的李夫人看着这个场景，根据她的传记作者玛丽·P.库林的描述，她当时"穿着最漂亮的衣服，戴着最精致的扁平软帽、面纱和手套"。[103] 她对突如其来的大火在自家门前奇迹般戛然而止并没有感到惊讶。星期二清晨，她透过烟雾看到了"古老而熟悉的"联邦国旗再次在国会大厦的圆顶上迎风飘扬，她还听到了联邦军队列队穿过街道的脚步声，他们正在扑灭残留的大火，恢复秩序。联邦军指挥官提出把她及其女儿们转移到一个相对安全的地方，但遭到了玛丽·李的拒绝。联邦军为了保护她，在她家门口设了一个岗哨——可能是有意为之，奉命前来站岗的是个黑人士兵，但玛丽·李无法容忍这种赤裸裸的羞辱，在她极力反对后，他被白人士兵替下，而且后来的士兵也都是白人。联盟国的货币现在已经一文不值了，留在城里的平民寥寥无几，都得到了配给卡，姑娘们只好能买到什么就买什么。由于玛丽·李行动不便，她应该错过了那个让她更加无法容忍的奇耻大辱：4月4日，也就是在她丈夫撤出被击溃的彼得斯堡防线48小时后，看起来表情严峻、心神不宁的林肯总统乘坐敞篷马车，穿行在联盟国前首都幽灵般的废墟中，他终于可以造访这座城市了，这座他的军队在漫长而血腥的4年中一直试图占领的城市，以及李将军从1862年6月1日起就一直精心守护的城市。

联盟国起始于一个没有军队的政府，终结于一支没有政府的军队。李本打算率大军在阿米利亚县治（Amelia Court House）集结，并"利用里士满和丹维尔铁路转移，迅速南下与［约瑟夫·E.］约翰斯顿［将军］联手，共同攻击舍曼"[104]，取胜后再率两支部队杀个回马枪，攻击格兰特。但联盟国失灵的后勤体系导致他无计可施——他期望在集结地得到的补给不见踪影，接下来的延误使得格兰特乘机切断了南下的铁路线。李现在被困住了，他不得不沿着偏僻的乡间小道一路拼杀，希望能赶到法姆维尔（Farmville）的铁路枢纽，那里或许有他寄予厚望从林奇堡运过来的给养。经过连续3天的浴血奋战，部队伤亡7000多人，这超出了他的承受能力；同时他俘虏了1000多名联邦军官兵，但没法给他们提供食物。到现在为止，疲劳和饥饿压倒了他的人马。4月6日，在塞勒溪（Sayler's Creek）发生了一件让李永生难忘的一件事。他收到的全是坏消息。联邦骑兵与他自己的军队齐头并进，并袭击了他的马车队，放火烧毁了不少马车；他的侧翼缺乏任何防护；格兰特及其联邦军主力紧追不舍。李现处于队伍的前列。当他沿着"朝北延伸至阿波马托克斯的一段较高山脊"骑马前行，想要看清塞勒溪那边的战况时，手下惊慌逃窜的场景让他一愣。他勒住了马，眼见士兵们连枪都扔了，成群结队的士兵没有军官带领——北弗吉尼亚军团从来就没出现过这种状况。他们正在大溃逃。"上帝啊！"李慨叹道，"难道军团就此解散了？"[105] 他一动不动地端坐在"旅行者"上，在微风中紧握着不知是谁交给他的一面战旗，溃不成军的官兵们簇拥在他周围，不是等着重整旗鼓，仅仅是因为这些疲惫不堪的逃亡者出于对他的敬畏而停下了脚步。有些人站在他周围，也许是出于羞愧，甚至伸手去摸"旅行者"的侧腹。陆军少将威廉·马洪（Major General William Mahone）策马从战场赶过来，想要解释一下发生了什么事，并向李保证仍然有人愿意战斗——但还有多少人？李凝视着下面的战斗场面，连看都不看一眼那些丢下武器跑掉的人，只是粗鲁地朝他身后挥挥手，仿佛要把

650

他们打发走，并表现出一阵罕见的不耐烦，冷冷地说："是啊，还有一些真正的男子汉没离开。……你能不能阻止那些人？"

遗憾的是，至今没有一幅画描绘了当时的景象：李骑在马上，手里紧握的战旗在他身后随风飘扬；山下是硝烟弥漫、杀声震天的战场；面带愧色、饥肠辘辘的士兵们簇拥着他。这从某些方面来说更符合当时的情形，而不是像查尔斯·霍夫鲍尔（Charles Hofbauer）创作于弗吉尼亚历史学会的著名壁画所表现的那样。那幅作品中的李将军气宇轩昂地骑在马上，周边簇拥着他的将军们，在夏日阳光的照射下，他的头顶上似乎出现了一圈光环。霍夫鲍尔的壁画作品名为《联盟国的夏日》（*Summer of the Confederacy*），描绘的是虚构的场景，因为它以李为中心展现了南方所有杰出的将军们，他们整齐地排列在一座郁郁葱葱的小山上，或骑在马上，或站在地上，李则沐浴在耀眼的光芒之中：这是一幅将人尊奉为神的画面，而不是真实的历史时刻。[106] 李任凭联盟军战旗在身边翻卷，双眼凝视着地平线，下定决心继续战斗（据报道，他曾慷慨激昂地说："我愿在这里战斗。"）——像达维德（David）的《拿破仑翻越阿尔卑斯山》（*Napoleon Crossing the Alps*）那样充满英雄气概和视觉冲击力的英雄：这位勇猛的老战士，目光炯炯有神，紧握着那面具有象征意义的旗帜，向那些衣衫褴褛、仅此一次让他失望老兵们，表明决心继续战斗。

李尚未得知最糟糕的情况。尤厄尔军的主力被包围并将投降，在当天结束的时候，他本人以及李的长子、官至师长的卡斯蒂斯被俘。[107] 第二天又是血雨腥风的一场混战，李拼死带着军团残部杀向法姆维尔以获得急需的给养。此时，他手下仅剩下朗斯特里特军和骑兵部队，总兵力最多不超过 1.2 万名步兵和 3000 名骑兵，军马的状况比人员还差。他们抵达目的地后发现，由于局势混乱加之工作人员办事不力，李早就下达

的摧毁阿波马托克斯河上仅剩的一座桥的命令仍未得到执行。 651
联邦军队如潮水般涌过大桥，双方一直激战到深夜。夜幕降临
时，李躲在教堂附近的一间小屋里，并在当晚 9 点 30 分至 10
点收到了格兰特将军派人送来的一封信。

> 1865 年 4 月 7 日，下午 5 点
> 美军司令部
>
> 致联盟国军司令
> R.E. 李将军
>
> 将军：上周的结果想必已令你信服，北弗吉尼亚军团
> 方面的进一步抵抗毫无取胜希望。我觉得是这样的，并且
> 认为我有义务解除自己在任何进一步流血上的责任，因而
> 请求你率联盟国军北弗吉尼亚军团放下武器。
>
> 谨启
> 你忠实的仆人
> 美国军队总司令
> 格兰特中将

朗斯特里特当时正好来到了李所在的小屋，李读罢顺手递
给他。朗斯特里特缓慢且仔细地阅读后，摇了摇头。他把信还
给李。"还不到时候"，他说。

考虑到多年来朗斯特里特受到的粗暴对待，李仍要让他随
行左右并寻求他的建议，这个现象也很有意思。朗斯特里特从来
不会粉饰太平，也不会对李隐瞒自己的观点，哪怕他的直言会惹
恼自己的上司。北弗吉尼亚军团仍在战斗。希望尚存——即使有

些渺茫，但也未必不现实——他们仍有可能赶到林奇堡，但朗斯特里特的那句话清楚地表明，两人那时已心知肚明，投降已成定局。过去两天部队伤亡和逃跑人数剧增的状况都已说服了他，但只要军团余部仍在战斗，李就不会投降。

朗斯特里特是李唯一分享过格兰特那封信的人，他的反应不符合他不愿在葛底斯堡战斗的论点。现在，当继续抵抗除去为了荣誉再无其他意义时，朗斯特里特决心继续战斗。他"能力强、聪明、隐忍并富有同情心，是李的朋友和力量的重要源泉"。[108]在战争进行到最后的关键时刻，"他守候在那里支持李，而不是把他拉下去"[109]——不在于他是否说了什么，而在于他肯定这样做了。对于李来说，现在荣誉高于一切——不是为了联盟国的事业，因为那显然已经破产了，不是为了胜利，那已经不可想象了，而是为了他所率领的这支军团的荣誉，当然还有他自己的，那可以上溯到李家和卡特家族数代人的荣誉。如果必须要有一个了结，它也必须让人不失尊严地承受。他理想中的荣誉，与日本武士切腹自杀或自我牺牲不同；他也不会像拿破仑那样*对自己青史留名怀有虚荣的想法——他是极其虔诚的基督徒。但是，当看到那些人——他的人——面对敌人逃跑时，他被深深地震撼了。李明白自己的职责所在，而值得赞扬的是，朗斯特里特理解这一点。

李没有回应朗斯特里特。他现在需要给格兰特回信。他没让副官马歇尔起草草案，而是亲自动手清晰、有力地在一张纸上写下了这封信。无法得知他是否与朗斯特里特或马歇尔商量过怎么写。马歇尔称他写了李的答复，但或许指的是他誊写了

---

* 即使李活的时间足够长到可以做这件事，也很难想象他会去口述类似于拿破仑八卷本的《圣赫勒拿岛的回忆录》（*Memorial de Sainte-Hélène*）的巨著，作为献给他自己的一座巨大的文学丰碑。

一份留作记录，因为笔迹明显是李的。马歇尔还记述说为此有过"一些讨论"。果真如此的话，应该没几个人参与——李或许不希望走漏消息，让人发现他竟然如此轻易地打开投降的大门，又或许他只是十分确定自己该如何作答，并决定不让事情复杂化。

1865年4月7日

致美国军队总司令格兰特中将

将军：

　　我已阅你此日的便条。尽管我并不赞同你有关北弗吉尼亚军团方面的进一步抵抗毫无取胜希望之说，但我同样心存避免无谓流血的愿望，因此在考虑你的提议之前，需你方明示本军团投降条件。

谨启

你忠实的仆人

R.E.李将军

当天夜里，军团残存的部队继续缓慢进军林奇堡，一路上苦不堪言。他左边是阿波马托克斯河与绍斯赛德，右边是詹姆斯河；他一路向西的行动把他带到了一个持续收窄的<形的尖端部位，格兰特的主力军队则与李的军队并驾齐驱。李不得不冒着落入陷阱的危险前进，他急需得到已被派往阿波马托克斯和潘普林车站的补给列车。如果他能赶在联邦军之前到达，让人马吃饱喝足，再有序行军至林奇堡，他就有机会在更南边继续作战，而他的责任就是抓住这个机遇。那些见过他的人都因他镇定、自信的表现发出赞叹，但到4月8日星期六下午，李身边的许多人既不镇定也全无信心了。[110]事实上，军中似乎出

现了在英国实行的"圆形签名请愿书"（round robin）① 活动，就此时此地的情况而言，李手下一些将领开始不约而同地说服他投降。准将威廉·彭德尔顿被众人推选为代表去与李商议此事。

朗斯特里特并未参与这些暗中的活动，但他显然是知情的。无论如何，李拒绝接受彭德尔顿的建议，但他拒绝的态度是否如彭德尔顿记述得那么坚决则值得商榷。李也许更感觉尴尬，而不是生气——就在前一晚他已问过格兰特对军队投降的条件，因此不愿意在了解详情之前就与高级军官们商讨投降的可能性。还有一种可能性就是李没有认识到，他在4月7日给格兰特的回信，无论措辞多么谨慎，都开启了温斯顿·丘吉尔在后来的一场战争中所说的投降谈判的"滑坡"进程。*

对于4月8日所发生的事存在各种描述，其根源无疑是事后所有相关的人都设法替自己开脱，唯独李本人没这么做。我们知道人们对他说了什么——或者在战后很久之后他们写出的当初对他说了什么——但是我们不能确定他说了什么，而且他也没刻意写出自己的说法，或者去纠正他们的说法。虽然有些犹豫，但李的一只脚已经踏上了彭德尔顿劝他穿过的桥，但他不愿意被手下的将领们摆布，也对将领们劝他投降或分担责任的好意缺乏兴趣。正相反，他认为一切都该由他自己承担，这

---

① 在17~18世纪的法国，凡带头在请愿书或抗议书上签名的人几乎总是被判以死罪，斩首示众。后来请愿人便在一条带子上签名，并使所有签名呈环状，然后将带子系在请愿书上。签名的先后次序就不会显露，发起者或带头签名者也就可以少担些风险。这种做法首先传入英国海军，但其采取在请愿书下端直接签名的方式，使其呈辐射状。

* 当时的外交大臣哈利法克斯勋爵在战时内阁的会议上提出，可请求"墨索里尼先生"向希特勒询问英国投降的条件［此事发生于1940年5月27日，参见约翰·卢卡斯（John Lukas）《伦敦博弈：改变"二战"进程的五个昼夜》（*Five Days in London: May 1940*），第149页］，丘吉尔当场表示反对。

是他在道义上和军事上的责任。

这也许可以解释李何以在 4 月 8 日下午显得烦躁不安。他不知道格兰特会怎样答复他；他不想走漏风声，一旦众人知道他给格兰特写过信，部队士气会遭到进一步打击；并且如往常一样他绞尽脑汁要确定自己的职责所在——不惜付出更多"血的"代价继续战斗，或者干脆投降？假如是后者，可以谈什么条件？这或许可以解释他为何一反常态，突然解除了安德森将军的军职，据说理由是其在塞勒溪打了败仗。李还撤了皮克特的职，只不过撤职命令一直没传达到皮克特那里。皮克特在葛底斯堡战役中运气不好，在塞勒溪也不走运；皮克特总是说李应为他那个团在葛底斯堡被歼灭负责，李可能因此对他很不满。这个问题并不涉及皮克特的观点对错，而是军事纪律的问题。他无权对上级指挥官的行为说三道四。

655

4 月 8 日晚，格兰特的回信到了。他在信中表示，和平是他最大的愿望，为此他只有一个条件："具体地说，就是投降的军官以及士兵们不得拿起武器对抗美国政府，等待最终恰当的交换。"出于礼貌，格兰特犯了彭德尔顿将军犯过的错误，主动提出"会见任何你指定的军官"来安排北弗吉尼亚军团的投降事宜，这样李就不必亲自承受投降的羞辱了。这是一个微妙的问题：康华里勋爵当年就不愿亲自去约克敦交出自己的军队，委派了奥哈拉将军（General O'Hara）代他出席投降仪式。就在那时，奥哈拉还故意把他的剑交给法国将军罗尚博伯爵（Count Rochambeau），而不是交给华盛顿，这明显是对美国司令官的失礼，罗尚博当场予以拒绝。李的父亲就在现场亲历了那个著名的场景，后来还批评康华里，称他违背了"一般行为准则，给他悠久而辉煌的职业生涯蒙上了阴影"。[111] 在任何情况下，李都不会做出让他父亲嗤之以鼻的事。如果要投降的话，他会出席，并亲手将佩剑交给格兰特。

李仍未下定决心。他让自己的一名副官查尔斯·维纳布尔上校看了回信，并问道："你会怎么回复？"维纳布尔答道："我不会这样回复。"但这不是李所要寻求的意见。对于格兰特的来信，他不可能置之不理——它不只是礼节问题，还涉及责任。"啊，可它必须得到回复"，他温和地责备维纳布尔，随后坐下写回信。他再次亲自起草，然后让马歇尔抄一份副本。

"我很晚才收到你今天的来信，"李写道，"在我昨日的信中，我没打算提出率北弗吉尼亚军团投降——而是询问你提议的条件。坦率地说，我不认为出现了要求本军团投降的紧急情况，但既然恢复和平是重中之重的目标，我想知道你的建议是否会带来和平，因此我不能带着投降的意见与你会面——但是，鉴于你的建议可能影响我所指挥的联盟军，并可能有益于恢复和平，我将很高兴于明天上午 10 点在通往里士满的老驿站路，两军纠察线之间与你会面。"

这封信的内容有些含糊不清，格兰特读着它时不免有些困惑。也许李变了卦，仍然希望他能够养活自己的部队并带着他们前往林奇堡，然而，他好像也在信里暗示他对展开更广泛的和谈持开放态度，不仅是要把"我所指挥的联盟军"交出来。这对格兰特来说是一个敏感的话题。1865 年 3 月，他就被战争部长斯坦顿和林肯总统敲打过，当时他转告了李的一条措辞微妙的建议，即可将陆军少将爱德华·奥德和朗斯特里特讨论交换战俘的会谈提升一级，李本人与格兰特可以安排一次会面，探讨召开一次"军事会议"的可能性，着眼于使"当前不幸的困境获得一种令人满意的调整"。他们态度很坚决地提醒格兰特，他不能与李就和平问题进行任何交易，任何进一步的沟通都必须以接受李所率军团投降为目的。

如果李是在拖延时间，他的希望很快就会破灭。那天晚上，年仅 23 岁的陆军少将乔治·阿姆斯特朗·卡斯特所率骑兵抵达阿波马托克斯车站。经过一番短暂的激战，他的手下夺取了 7 列火车中的 3 列。至于剩下的几列，联盟军设法把其中 3 列带到了法姆维尔，烧毁了第 4 列。卡斯特的这次军事行动击碎了李养活正向林奇堡进发的部队的希望。成功逃离的 3 列火车去了更远的地方，他很可能无法追上。背水一战是不可避免了。李现在布下的战线面朝南，左翼据守着阿波马托克斯县治（位于中央战线的后方）以东的一座小山，右翼是菲茨·李的骑兵，据守着小镇东边，就在阿波马托克斯河南边的高地。

此时，格兰特已在原属于一位联盟军上校腾空的房子里安顿了下来，这栋房子一度被征用为联盟军的医院。他正经受着严重偏头痛的折磨，真是屋漏偏逢连夜雨，此时的他，一方面承受着很大的心理压力，另一方面没有格兰特太太无微不至的照顾，或像以前那样偶尔喝些酒缓解一下，他只能尝试着用当时流行的传统药方应付：用掺入了一些芥末的热水泡脚，同时在手腕和"脖子后面"涂抹"芥末膏"以减轻痛苦。

凌晨时分，他醒了，忍着仍未减轻的头痛给李写信，指出由于"他无权讨论和平问题，今天上午 10 点面谈的提议不会有好结果。……实现和平的条件是很容易理解的。只需南方人放下武器，他们就能得到最理想的结果，拯救成千上万条生命，以及尚未被摧毁的价值数亿的财产"。

格兰特的回答中流露出一丝严厉的语气——也许是缘于他的头痛，也许是因为他急于了解投降一事。格兰特不是动辄教训人的那种人，何况对象是李将军，但毫无疑问，他觉得投降条件已经很清楚，不需要再澄清了，而且此时他手下的将领们也在警告他，李的信可能是缓兵之计，他只是在拖延时间，等着约翰斯顿率部从北卡罗来纳州赶过来。格兰特本能地怀疑这种说法，他知道李具有不可置疑的荣誉感，同时也清楚李当前在军事上的处境。李仍未提出休战；他只是提议两人会面，讨论一下假如他真的决定率部投降的话，会有什么样的投降条件。与此同时，双方会继续交战。格兰特曾于 1862 年和 1863 年分别成功劝降了多纳尔森堡和维克斯堡的守军，十分熟悉投降谈判中的微妙细节。4 月 9 日星期天（棕榈主日）一大早，他忍着一阵阵头痛骑上马，赶"去队伍的前头"，双方正在那里激战。

李在阿波马托克斯县治东北约两英里的树林里露营过夜。在乱作一团的撤退中，他的"救护马车和总部马车混在了马车队里"不见踪影[112]，没有了帐篷和露营家具，他不得不凑合了一夜。他周围的营火散发的亮光分明是在说，他已被联邦军队包围了。如果挡住他去路的仅仅是联邦军骑兵，他还有些希望，可以由步兵冲破防线，确保大军有时间赶往林奇堡。那天夜里稍晚的时候，李召集了最后一次军事会议。在清冽的夜晚，他站在营火前；朗斯特里特默默地坐在一段原木上抽着那个弯弯的长烟斗，陷入了沉思；戈登和菲茨·李两位将军则坐在毯子上。李最后一次下达了进攻命令：菲茨·李率骑兵务必杀出一条血路，戈登的步兵助攻，同时朗斯特里特的后卫部队尽可能长时间地坚守匆匆挖掘的战壕，抵挡从后面跟上来的联邦军步兵主力。大家一致赞同，只要希望犹存，就战斗到底。朗斯特里特是强烈主张战斗到底的将领之一。

天刚放亮，李就从小睡中醒来。他的炮兵司令彭德尔顿将军惊讶地发现他穿上了最好的制服，腰间系着一条丝带，金丝镶边的剑带上悬挂着他那柄最精美的佩剑，剑柄顶端是个镀金狮头，并有一个象牙柄。这是仰慕李的一个马里兰人在巴黎的铸剑大师路易·弗朗索瓦·德维姆（Louis François

Devisme）那里专门定制的。*他脚蹬擦得锃亮的及膝高筒马靴，还带着有小齿轮的金马刺，手戴一双浅灰色的新护手。"如果我今天要成为格兰特将军的俘虏，我就该好好装扮一番"[113]，他对彭德尔顿说，也许只是在开玩笑。原有 2.8 万人马的大军，如今大幅缩水，就剩一副"骨架，北弗吉尼亚军团的灵魂"，李现在仅统领着不足 8000 名疲惫不堪、羸弱但仍适于作战的步兵，另外还有大约 2100 名骑兵，对抗总兵力达 8 万人的联邦军，但他的战斗意志与以往一样，并无丝毫减弱。菲茨·李于凌晨 5 点率先发起进攻，但晨雾遮蔽了李的视线，他看不到战况，仅能听见阿波马托克斯县治外边传来的激烈枪炮声。上午 8 点，战斗进入白热化，但李没得到有关战果的任何消息。他派维纳布尔上校前去探查，后者很快就带回了戈登将军的信息："告诉李将军，我已经战至我军的极限了，除非能得到朗斯特里特军全力支援，不然我恐怕吃不消了。"[114] 由于朗斯特里特军也在激烈交战，拼死抵抗至少两个联邦军在后方的攻势，眼看着快撑不下去了，李当即认识到突破敌军防线的愿望明显要落空了：他已被团团围住，而且四面的敌军居高临下。"看来除了去见格兰特将军，我也没什么可做的了，我宁可死一千遍。"[115]无论这话是他在自言自语（有些记述说是），还是说给他的参谋们听的，现都已无法确定，但李似乎没有理由自言自语，也没有理由到了这个时候还将他的参谋团队蒙在鼓里。"噢，将军，"其中一个参谋说，"历史会如何评价在战

659

---

* 李收藏了很多剑。当他最小的儿子小罗伯特·E.李被任命为联盟军的军官时，他送了一把剑以示庆贺；最精美的是他在阿波马托克斯县治时佩带的那把剑，剑身一侧镶金，铭刻着圣女贞德的一句名言，Aide-toi, Dieu t'aidera（神助自助者），另一侧刻着"1863 年马里兰州的南部联盟罗伯特·E.李将军"的字样。尽管李在战斗中很少佩剑，但他的确在内战期间一直携带着一把剑；它原属于乔治·华盛顿，其传给了李的岳父卡斯蒂斯先生。如果李将军不得不交出他的剑，那一定是在法国制造的而不是华盛顿拥有的那把。

场上投降的军队呢？"

　　李的回答很典型：历史毫无疑问会"说我们的坏话"，不过事实终将证明这不是我们的错，而且如果这样做是对的，他会"承担所有责任"。[116]

　　李还想听听别人的意见。他派人去找来朗斯特里特，简单解释了当前形势。两个人都下了马，站在一个火堆的余烬前。朗斯特里特后来以李"勇猛的样子掩饰不住他深深的沮丧"记录了当时的感受，但他的直言不讳和基于常识的洞见使得他总能为李提供有参考价值的意见，朗斯特里特问了一个无人敢提的问题："他的军团所付出的惨烈牺牲能帮助其他区域的事业吗？"李认为不能，然后朗斯特里特答道："那么你的情况不言自明了。"[117]

　　李将军仍不甘心走出最后一步，于是派人去找威廉·马洪少将。那是一个寒冷的早晨，马洪被冻得浑身发抖。他用脚拨弄着燃尽的火堆，说他不想让李觉得他很害怕，他只是觉得冷。李点点头——他可能永远不会想到马洪或许会害怕。马洪也很健谈，问了李不少问题，朗斯特里特认为那些问题纯属多余。身强力壮的朗斯特里特将军以明显带有威胁意味的眼神盯着他，想要迫使他尽快切入正题，马洪终于说出了自己的看法。李该去见格兰特将军了。

　　这时，朗斯特里特手下年轻的炮兵司令爱德华·波特·亚历山大准将出现了。李为了不让他最好的制服沾上泥土，不嫌麻烦地剥下一棵倒下的橡树干上的皮，然后和他一起坐在上面。亚历山大赞成继续战斗，而当李态度温和地让他打消这个念头后，他又提议可以下令让众人"分散隐蔽在树林和灌木丛中，然后去投奔北卡罗来纳州的约翰斯顿将军，或者各自想办法回到家乡所在的州，携带武器去向州长报到"。[118]他认为军团中三分之二的人愿意这样做，"就像藏在丛林中的兔子和鹧鹌那样，而他们〔联邦军〕不可能会分散追击我们"。李不仅对这种建议深表怀疑，而且极力反对这样做。尽管亚历山大后来一口否认他当时想的是打游击战，但他所设想的举动多半会产生这种结果。李是训练有素的职业军官，对于各种形式的游击战怀有职业上的厌恶；他曾把它比作"在丛林中开路"——会使南方沦入与战前"血腥堪萨斯"类似但规模更大的恶劣状况。李绝对不想让他的官兵们像兔子和鹌鹑一样散布在丛林里，朝联邦军打冷枪，而且他丝毫不怀疑这种举动会招致血腥报复。这个曾经逮捕约翰·布朗并协助择定绞刑地点的人，并不想让南方出现成百上千个与布朗类似的人，那会让"这个国家需要数年时间才能恢复"正常。他和颜悦色但态度坚决，彻底打消了亚历山大的这个念头。李将军打算让他的军队井然有序地投降，一个正式的、纪律严明的投降，包括每个人及其携带的武器。就南方的未来而言，没有什么比李在4月9日所做的决定更重要的了——他将结束战争，结束双方的厮杀。没有什么建议能比亚历山大的更有力地促使李下定决心去做他本不情愿做的事情。

李尚未收到格兰特的回信，告知他提议在10点举行的会谈"不会有好结果"，因为格兰特无权"讨论和平问题"。他在早上8点半时骑上"旅行者"，策马前往朗斯特里特军所在的前线。第三军的首席信使塔克中士一马当先，李的副官马歇尔上校和泰勒上校紧随其后，然后是独自骑马的李。他骑马所经之处，众人都朝他欢呼，想必他们也感到迷惑，想不通为何这一行人会穿过朗斯特里特的人构筑的护墙，沿着"通向里士满的旧驿站路"向前走，直奔敌军阵线而去。过了一会儿，李看到一列联邦散兵冲着他们来了。塔克中士举起一面白旗，然后与马歇尔上校一起纵马向前，他们原以为格兰特的副官，甚至格兰特本人会出面，或者说正期待着他们的到来。然而，他

661

们等了一会之后，一位联邦军军官出现并交给他们格兰特的一封信，李很仔细地读着马歇尔带回的信。

这对李来说可能是一天中最凶险的时刻。时间一分一秒地流逝，他的部队也被围得越来越密，敌军也越来越多；他既没要求也没获得休战；他作为总司令，现在人在己方阵线前方半英里处，处在联邦军散兵的活动范围。撤退是一种耻辱，前进则会招致射杀。他在口述给格兰特的回信时听到有匹马狂奔过来。一位联盟军军官，陆军中校约翰·哈斯克尔（Lieutenant Colonel John Haskell）骑马跑得太快，从他身边冲了过去，然后才勒住气喘吁吁的马，调转马头，把朗斯特里特的信交给李。信上说他发现了一条脱身路线。但是李已经过了考虑这个问题的阶段。就算那条路能让几个骑兵逃走，也不可能容纳得了他的大军，*而且无论如何他已决心要完整无缺地交出这支大军，井然有序且不失尊严。李厉声斥责那个军官对他的母马太狠。"哎，你为什么这样做？"他问道，"你这是要弄死那匹漂亮的马。"[119] 然后，他接着口述，此时四面八方的枪声越来越大，李催促马歇尔加快速度。如果战斗再次开始，李很清楚那意味着自己会进行惨烈的最后一战，因为双方实力过于悬殊，两军又如此接近，己方什么都得不到。他现在不再犹豫，也不再提限定性条件。他写给格兰特的信简明扼要、开门见山。

1865 年 4 月 9 日

致美军总司令格兰特中将

将军：

　　我今早在纠察线上收到了你的便笺，我来此是为与你

---

* 李的疑虑是有道理的，他不久后就收到了菲茨·李的便条，纠正说此前发的逃跑路线有误。

当面确认你昨天提出的关于本军团投降的条件。为此，我 662
现要求依照你昨日信中所提建议安排一次面谈。

谨启

你忠实的仆人

R.E.李

　　这是自 4 月 7 日收到李的信之后，格兰特一直在等待的消息。在收到信的那一刻，大概是上午 11 点，他头疼的症状一下子就消失了。"我一看到纸条上的内容就痊愈了"，他写道。他迫不及待地口授了给李的答复，表示他会"推进"至前线与他会面，具体地点由李确定。允许请求投降的一方选择会面地点，不仅是非同寻常的慷慨之举，也违反了军事传统。不过说实话，格兰特的确弄不清自己的方位（他最多能告诉李自己在"沃克教堂西面约 4 英里处"）。阿波马托克斯县治位于联盟军战线后方，他不知道该怎么去。双方仍处在交战之中，格兰特及其一小队随从只能沿偏僻的小径骑行，隐蔽在这一带的联盟军狙击手是不会放过任何射杀联邦军总司令的机会的。他的一名副官警告说，为了抄近路而穿过田野的做法太危险，这样会使格兰特暴露给"身穿灰制服的那些人"，并认为"假如格兰特在李的地盘上成了李的俘虏而不是相反……那处境就太尴尬了"。

　　不再受偏头痛折磨的格兰特好像根本就没想这么多，他也不知道其实李也面临类似的危险处境。李仍骑在"旅行者"上并待在一个堪称无人之境的地方，种种迹象清楚地表明，联邦军正准备向他及其同样骑在马上的随从所在的位置发动攻击。一名联邦军军官骑马穿过本军散兵线，要求这一小队联盟军人马撤离，李又趁机用铅笔匆匆写了一张便条给格兰特，这次是要求"暂停敌对行动"，换句话说，就是休战。在它到达格兰特之前，一名联邦军军官告知李，攻击不能拖延，并警告他撤退。李不得不骑着 663

马退回到本军防线后方，并派人把当天最后一张给格兰特的便条送了出去。李下了马，躺在小果园里的一棵苹果树下休息，过了不知多久，他的副官泰勒上校终于前来告诉他，米德少将已同意正式休战到下午 2 点。正午刚过，格兰特的助手奥维尔·E. 巴布科克上校（Colonel Orville E. Babcock）及其勤务兵在一名联盟军军官陪同下骑马过来，他下了马，把格兰特的信递给李，大意是说格兰特正赶来与他会面。

朗斯特里特认为，李从未像在那一刻一样显得如此伟岸并令人印象深刻。李担心任何拖延都可能导致格兰特提出更苛刻的条件，但与格兰特是好朋友的朗斯特里特不这么想。无论如何，下一步怎么走就全看李的了。他策马前往阿波马托克斯县治，途经一条小溪时停下来让"旅行者"喝水。随行的有马歇尔、泰勒、巴布科克及其传令兵，以及塔克中士。他们要物色一处便于会面的场所，而这个地方注定要成为美国历史上最著名的地方。马歇尔奉命前去挑选——选择面并不大。陆军少校威尔默·麦克莱恩（Major Wilmer McLean）带着他在村里转了一圈。他们最先看到的是一栋没有家具的空房子，马歇尔觉得这个不合适。后来麦克莱恩主动提出用自己的家，那是一幢朴素但装修漂亮的红砖小房子，用白色修边，前面有一个大门廊。凑巧的是，威尔默·麦克莱恩少校的农场在第一次马纳萨斯战役时就处于战场之中，而他为了不让家人受到战争连累，便搬到了阿波马托克斯。现在，同样的事又发生了，战火如影随形地烧到了家门口。麦克莱恩后来感慨说战争始于他家后院，终结于他家客厅。不管怎样，马歇尔接受了这个提议，随后策马回到李的队伍中。

泰勒上校"不忍见证商议投降细节的情景"；[120] 一向对手下宽宏大量的李放过了他，只带着马歇尔上校前去，后者还为出席这种场合特意借了一把像样的剑、一副护手和一个干净的衬衫假领。李、李的传令兵、马歇尔上校、巴布科克上校

以及塔克中士在麦克莱恩家前院下了马，塔克牵走众人的马，664
让它们去吃草。李步履沉重，缓缓走上六级木制宽台阶进了
门廊——你可以想象他是多么不情愿走出这一步，他走进前
厅，向左拐进客厅，点了点头表示同意。

　　麦克莱恩家的这栋房子自那时起就经过了艰难的重建——有
一次它被全部拆散，准备在华盛顿特区把它重新组装成内战博物
馆。客厅，或称"前屋"，很雅致，但很小。根据马歇尔的记录，
李、巴布科克和他一起坐在那里过了大约半个小时。巴布科克的
传令兵奉命去外面路上迎接格兰特。待在屋里的马歇尔报告说，
李、巴布科克和他"十分友好地交谈而且相处得很融洽"。[121] 当
时一定也有人进进出出，布置现场，使之更适于举行投降仪式。
室内的家具体积大、分量重，里面还塞满了各种东西；客厅里
有个折叠式办公桌，样式漂亮、气派，被摆放在那个特别显眼的
大壁炉的右侧。原来摆在壁炉周边的沙发和几把安乐椅不见了踪
影，无论是在与投降同时期的印刷品、素描画和油画，还是在其
现存的摆设中。一定有人——或许是麦克莱恩少校的家仆——要
么搬走了其中一些家具，要么把它们推到了墙边。两张小桌子摆
在了客厅的两头：左边那张是大理石台面的，后面搭配了一把漂
亮的柳条扶手椅；右边那张稍小，是红木制作的，搭配的是从办
公桌那里搬过来的带软垫的大皮转椅。除此之外，客厅里仅有数
把较小的椅子，看上去都既不舒适也不起眼。李或许坐过，但马
歇尔和巴布科克好像不可能坐过。

　　下午一点半左右，他们听到许多马蹄声。格兰特一边策马
前行，一边召集他想带着参加受降的人。李、马歇尔以及巴布
科克闻声起身，格兰特将军进了屋，摘掉那双普通的"深黄色"
网眼手套。他为自己身上那套"二等兵制服"感到难为情，它
皱巴巴的，溅满了泥浆，而且他没有佩剑，直接从战场上骑马
赶了过来。事实上，格兰特从未穿过普通士兵的军服，尽管他

在回忆录中坚称穿过——这是一位将军出身的政治家的自然诉求，他知道更多的选民是普通士兵而不是将军。* 格兰特身披长及膝盖、朴素的军大衣，上面有两排镀金纽扣，敞开着；有小镀金纽扣的马甲；以及一件白色衬衫和黑色的窄领结。他的双肩上各有一道造型简单的肩章，每个肩章都有一圈细细的辫状金色镶边，内嵌表示中将军衔的三颗星。他的黑色军帽很像现代的斯泰森毡帽，有金色刺绣的帽带从脸前两边垂下，各有一个镀金小"橡子"缀在头上，是将级军官的标准配置。即使格兰特盛装在身的时候，也算不上"衣着讲究"的将军，当时他和衣着光鲜的李之间的对比一定很鲜明。不管怎么说，格兰特深感震撼，并为自己"粗糙的装束"和没有佩剑而抱歉。李还比格兰特高出至少 5 英寸，腰板挺直，具有骑兵指挥官的风度，而格兰特天生就有些"驼背"。从外表看，不知情的人还以为是格兰特准备向李投降，而不是相反。格兰特在其回忆录中无比生动地描述了这一时刻："我不知道李将军内心有什么感受。因为他是一个很有尊严的人，面无表情，很难说他内心是为一切总算结束了而感到高兴，还是为如此结局哀伤不已，他是个喜怒不形于色的真男人。"另一位观察家写道："李的言行举止是一个完全沉着的绅士才有的，他身负一项职责，虽然十分不乐意，但他仍然下决心要又好又快地完成它。"[122]

气氛一度有些尴尬，因为虽然格兰特还记得美墨战争时期的李，但李想不起来格兰特的哪怕"一项特征"。尽管如此，他们还是友好地聊了几分钟，同时有十几名联邦军官走进了客厅，靠墙站着。李一眼就能认出他们中的一些人，其中包括谢

---

* 德怀特·D. 艾森豪威尔将军也喜欢穿朴素的没有装饰的"作战服"——事实上，他喜欢的短及腰部的夹克在二战中被称为"艾森豪威尔夹克"。这让他与巴顿或麦克阿瑟等更喜欢"显摆"的将军们形成了鲜明对比。

里登和奥德将军。他可能对格兰特的秘书陆军中校埃利·帕克
（Lieutenant Colonel Ely Parker）的出现感到有点惊讶，埃利·帕克是一个纯正的塞内卡印第安人，在帕克被介绍给李之前，李显然以为他是黑人。"我很高兴看到至少一位土生土长的美国人"，李不无礼貌地说。帕克的回复同样很有礼貌："我们都是美国人，先生。"李似乎并不介意自己处于众目睽睽之中，事实上，他和他的秘书马歇尔中校是这个小房间里仅有的两位联盟国军官。

666

　　格兰特和李继续聊了一会儿在墨西哥的经历——谈论过去而不是现在或许对他们来说也是一种解脱。实际上，格兰特一时聊得"兴起"，几乎忘了他们是来干什么的，用格兰特的话说，最后还是李"提请［他］注意我们会面的目的"。[123] 格兰特似乎仍然不愿切入正题，但最终以柔和的语气说："我要提的条件就是我在昨天的信里申明的——也就是说投降的军官和普通士兵将获假释，并被取消重新拿起武器的资格，直至正式换文之后，而所有的武器、弹药和物资均作为缴获财物交付。"

　　李点点头，在简单交流之后，他建议格兰特将他提出的条件"写下来"。至此，两个人都坐下，李把他的军帽和手套放在大理石台面的桌子上，他的军事秘书马歇尔则正对着壁炉站在李的左肩后面。格兰特坐在那个小一些的桌前。这两位并没有完面对面。李坐下后直接对着屋门，格兰特则冲着李的左侧坐着。两张桌子之间并没有多大空当，合众国军官们都站在这两个坐着的人周围。李当时想必是如坐针毡，但又要纹丝不动地坐在他的敌人中，任凭所有人都盯着自己，而他不失尊严和镇定，两眼望着门口，这对他来说一定很难。格兰特叫人拿来他的"订货簿"，点上烟斗，用铅笔潦草地写了几分钟，中间因为增改句子停顿了几次，然后抬起头。李的佩剑引起了他的注意——毫无疑问它是屋里最赏心悦目的物件。格兰特再次停

顿了一下，又加了几行，然后要求帕克看一遍草稿。帕克做了一些小修改 124，把它还给了格兰特，格兰特站起来把它递给了李。李从口袋里拿出老花镜，用手帕仔细擦了擦，把它戴在鼻子上，开始读了起来。

667

弗吉尼亚阿波马托克斯县治
1865 年 4 月 9 日

致联盟国军队总司令
R.E. 李

将军：

根据我于本月 8 日给你的信中所述内容，我提议接受北弗吉尼亚军团的投降，条件如下：所有官兵的花名册一式两份，一份交给我指定的一名军官，另一份交给由你指定的一名或多名军官保管。全体军官将逐一宣誓绝不拿起武器对抗美国政府并获假释，直至恰当地［原文如此］并由每个连或团指挥官代其部下签署一份类似的保释书……

李不慌不忙地仔细读着。翻到第 2 页后，他抬起头，对格兰特说："在'直至恰当地'的后面，好像漏掉了'换文'一词。你本来就想用那个词吧？"

"噢，是的，"格兰特答道，"我以为我加上了'换文'这个词。"

"我想是无意中漏掉了，如果你允许的话，我在应该插入它的地方做个标记。"

"当然。"

李将军身上没带铅笔，也许他有一支，只是一时找不到，波特准将（我们应该感谢他提供了有关投降的最准确记录）见状弯下腰，把自己的铅笔递给了他。李向他致谢后，做了修改，随后继续读下文。

> 武器、火炮和公共财产将集中堆放，并由我任命的军官接收。
>
> 此条不包括军官们的随身武器，以及他们私人拥有的马匹或物品。事毕，每个官兵将获准返回家园，只要他们遵守假释规定，不违反居住地的法律，美国当局不得骚扰其正常生活。

谨启

美国陆军中将

格兰特

读了这些条款后，李变得更加放松了。这正是他所期待的，他不可能指望得到更慷慨的条件。"这将对我的军队产生非常好的影响"，他说，他指的是格兰特补充的那条，联盟军军官获准保留他们的随身武器（手枪和剑）、马匹和个人财产。在犹豫片刻之后，李提出了他唯一的反对意见——他指出，联盟军的炮手和骑兵都是自带马匹的。是否可以修改一下这个条款，也允许他们保留自己的马？

但格兰特也许是不能，也许是不愿修改他所写的内容。注意到李的佩剑后，他添加了有关联盟军军官的那段话，但他不想把这个条款的适用范围再扩展到普通士兵和士官身上。他说他也是头一次听说"列兵"要自备马匹，而且自己作为一个农民，尽管失败了，但他明白在南方恢复农业生产方面，驮马会起到非常重要的作用。他很清楚有许多像曾经的他一样的"小农"在李的军团中服役，也认同"如果没有他们现在骑着的马的帮助，他们能否种上一茬作物在接下来的冬天养活自己和家人都值得怀疑"的说法。格兰特说，他不会修改协议内容，但会指示他的军官们，只要有人提出要带着自己的马或骡子回家，"在他们的小农场干活"，会全部准予放行。再没有比格兰特这番话更有助于南北双方恢复和平的了，也再没有比这更令李感到欣慰的话了。

由于帕克上校是合众国军官中书法最好的——他毕业于伦斯勒学院，是一名土木工程师，如果不是因为印第安人还没成为美国公民，他也会成为一名律师——格兰特命令他用墨水笔誊写两份。与此同时，李命令马歇尔上校起草书面答复。格兰特把他的部下一一介绍给李，李只和名誉晋级少将塞思·威廉斯（Brevet Major General Seth Williams）交谈了几句，因后者是他在美墨战争时期以及他担任西点军校校长时期的老朋友。此时，麦克莱恩家门外聚集起了不少合众国的军官，其中包括"少年将军"名誉晋级陆军少将乔治·阿姆斯特朗·卡斯特。*麦克莱恩家里原来没有存放任何纸张，而麦克莱恩少校办公桌上的"瓷器墨水台"也是空的。[125] 马歇

---

* 卡斯特后来被几位艺术家画进了麦克莱恩家会客室的作品中，但他实际上并不在场。李向格兰特投降不仅是美国历史上一个标志性的时刻，也被赋予了传奇色彩，詹姆斯·瑟伯（James Thurber）还为此撰写了一篇有名的诙谐文《假如格兰特曾一直在阿波马托克斯喝酒》（*If Grant Had been Drinking at Appomattox*）。卡斯特当时不仅没在签署投降协议的屋子里，也没有像埃文·S.康奈尔（Evan S.Connell）在《晨星之子》（*Son of the Morning Star*）中所描述的那样，骑马离去时头上顶着格兰特签署给李的那份协议书清稿时所用的那张桌子。实情是，谢里登将军花了20美元从威尔默·麦克莱恩那里买下了那张桌子，后来转送给了卡斯特夫人。它以"内战的约柜"而闻名。奥德将军花了40美元从麦克莱恩那里买下了李用过的桌子。格兰特用过的那个桌子现存于史密森学会，李的桌子则现存于芝加哥历史学会的内战馆。自联盟国货币崩溃后，麦克莱恩已一文不名，卖桌子的那两笔钱对他来说是十分可观的收益。

尔上校只好找帕克上校借了几张纸，并从自己口袋里掏出一
个"小的黄杨木墨水瓶"回赠给他。李向格兰特提到，他有
1000 名联邦军战俘，没有口粮给他们，同时自己人也没吃的。
他急需"粮草"供应。像李这样骄傲的人提出这个请求一定
很为难，好在格兰特很爽快，他提出立即提供 2.5 万份口粮，
但他无法为马提供饲料。

"我觉得这足够了，"李说道，"我向你保证，这可以说是
极大的解脱。"

很显然，李的那把佩剑仍然深深吸引着格兰特，并为自
己没佩带剑再次向李道歉。将近下午 4 点时，投降事宜办理完
毕。李与格兰特站在客厅中间握手，屋里的人全都来到门廊上，
李示意塔克中士把"旅行者"牵过来。"就在这匹马被套上笼
头时，将军站在最底下那级台阶上，神色黯然地眺望着他的大
军——现在已是战俘之军——所在的河谷方向。他有些心不在
焉地拍了几下手，似乎对院子里见他出来便毕恭毕敬地起身的
合众国军官们视而不见，仿佛他周边的一切都不存在似的……
他的坐骑被牵到他身边，他这才从沉思中回到了现实，二话没
说便骑上了马。这时格兰特将军也从门廊处走下来，走近他，
并脱帽向他致意。他的这一礼貌举动感染了在场的所有军官，
他们一起脱帽致意；李脱帽回礼，随后策马而去，将这个消息
传达给长期以来在他指挥下英勇的同伴们。"

/ 第十二章 神化——1865~1870 年

史上极为罕见的是，一个人最终不仅象征而且美化了一项失败的事业。更特别的是，罗伯特·E.李会成为一个全民族，而不单纯是南方的英雄：美国海军一艘乔治·华盛顿级弹道导弹潜艇会以他的姓名命名；他的头像会出现在美国30美分的邮票上；一种美国陆军的坦克（M3李式坦克，1941 年和1942 年在北非西部沙漠的英国军队中非常受欢迎）会以他的姓命名；而且在他身故后，杰拉尔德·福特（Gerald Ford）总统于 1975 年恢复了他的美国公民身份。﹡很难想象有哪位将军像他一样，在与自己的国家战斗过之后，又会如此彻底地融入国民生活，或受到人们如此广泛的爱戴，甚至包括那些对他为之奋斗的事业很少或丝毫不同情的人。这一进程几乎在投降后立即开始。

李骑着马穿过自己的队伍，回到阿波马托克斯县治外的苹果园，下了马。在此期间，他曾感觉十分烦乱。[1]他惊讶地发现自己成了人们好奇的对象，联邦军军官们纷纷前来自我介绍，或者只是盯着他看，仿佛他是动物园里的"一头狮子"。他的参谋人员看得出来他对自己的隐私受到侵犯而感到愤怒，脸颊不由自主地变得通红，但他强忍着没有发作，直到脱离窘境。第二天，他恢复了平静。他让马歇尔上校起草对本军团的告别演说。当他听说格兰特将军要当面向他表达敬意时，他立刻骑上"旅行者"前往两军之间的一片田野迎接格兰特，他或许不想让格兰特看到北弗吉尼亚军团缺衣少食，甚至没鞋穿的

﹡ 弗吉尼亚州机动车管理局发放一种"罗伯特·E.李纪念车牌照"给车主，牌照左侧是李的照片，上面压印着"弗吉尼亚州绅士，罗伯特·E.李将军，1807~1870"的字样。

惨状。两位将军交谈了半个多小时[2]，其间一直都没下马，他们的随从都满怀敬意，远远地看着他们。格兰特委婉地敦促李出面劝降联盟国的其余军团，但这正是李从来都不愿担当的政治角色——他不失礼貌地坚称在没有与总统商议之前，他不能做这种事，而格兰特也认识到："劝他做任何违背其是非观的事只能是徒劳的。"两人都认识到，随着李率部投降，这场战争实质上已结束了。联盟国失去了首都及其生力军，总统*以及重要政治人物均已逃亡，其货币币值也已归零。

那天天色将晚时，米德将军骑马来到李的营地，葛底斯堡战役中的这两位对手在李的帐篷里相谈甚欢，李笑称米德的胡子差不多全白了，而米德回敬说其中大部分都是李造成的。李的身心现在似乎彻底放松了，因为他回到了自己的住处，不时见一些以前就认识的高级官员和老朋友，而不是被穿军装的陌生人盯着看。李与格兰特和米德一样，都是西点军校的毕业生——一名高级军官本应享有的军衔、资历及尊重对他和其他西点军校毕业生来说同等重要，无论他是哪个阵营的。

李于 4 月 9 日签署了假释证明书，然后一直待在营地直到 4 月 12 日全军交出武器并就地解散。他于当天动身前往里士满，最初几英里地由联邦骑兵仪仗队陪同。当晚，他在距白金汉县治（Buckingham Court House）数英里的树林里扎营过夜——他在这里的路上看到一个写着"利韦赛德（Lee Wayside）——具有历史意义的村庄"的标牌。他仍然不愿意放弃帐篷，婉拒了村民请他进屋过夜的好意，人们对他的悉心关照以及送来的食品礼物让他感觉有些难为情，不过他倒是笑纳了人们送给"旅行者"的燕麦。第二天不知何时"旅行

673

---

* 有关李将军投降的叙述存在一些混乱，起因是当他提到"总统"时，他所指的当然是杰斐逊·戴维斯，而不是林肯。

者"掉了一块马蹄铁，李只得在弗拉纳根磨坊村（Flanagan's Mill）过夜，等着给他的马钉掌。他的"驻足处"现已成为历史遗迹，在另一块路牌上标了出来。他第二天搭帐篷过夜的地方是温莎，这里属于保厄坦县（Powhatan County），他哥哥查尔斯·卡特·李家就在这里。到了早晨，他儿子鲁尼和侄子约翰赶来与他会合，并一起骑马前往里士满，此时他们一行共有大约 20 个人，随行的还有李的总部马车和救护车。一位目击者这样描述回家路上的李："他的战马浑身上下沾满了泥浆……骑马的人看样子就精通骑术；他的脸上满是哀伤，但保持着强烈的自尊；他穿着军装，上面满是旅途中沾染的脏污。……即使他从我家大门前一闪而过，我也被他无与伦比的尊贵所震撼。"[3]李当时身穿灰色战斗服，佩带着原属于乔治·华盛顿的一把很普通的剑。他到家之后就再也没佩带过剑。

他骑马穿过的里士满已是一座废城，原来的街道如今只是一条清理了瓦砾和灰烬后的通道，两边的建筑差不多全被烧毁了。他在骑马前往富兰克林街 707 号的途中，路人向他欢呼，他也庄重地向他们致意。他在房子前面下了马，把"旅行者"的缰绳交给一个勤务兵，然后打开铁艺栅栏上的一道门，走上多立克石柱之间的台阶并进了屋，从此开始了他的新生活。

他没有放弃军服，一段时间内也不会这样做。著名摄影师马修·布雷迪（Mathew Brady）是一位不屈不挠的名人猎手，也是一位伟大的艺术家，他在李返回里士满仅 24 小时后，就在他家后门廊给他拍了照片。人们曾警告布雷迪，这时候去找李摆姿势拍照纯属"荒唐"之举，但布雷迪是个很有说服力的人，而且以前就给李拍过照，第一次是在 1845 年。他认为它必将成为一张"具有历史意义的"照片，显然李认同这种说法：他让布雷迪拍摄了 6 张照片，而在那个时代，每拍一张照片都需要长时间纹丝不动地保持一种姿势。在 19 世纪中期，给自己拍照仍然是一件正式而严肃的大事。在布雷迪所拍的一张照片中，李表现出一副挑衅的神情站在大门口，仍然佩戴着他上校军衔的星徽和联盟军制服纽扣，但没有佩剑。在另一张照片中，他坐在从屋里搬出来的软垫安乐椅上，他的灰色帽子扣在膝盖上，表情冷漠，也许说痛苦更准确一些。他儿子陆军少将卡斯蒂斯（"布"）站在他右侧，他的助手泰勒上校站在左侧。他这样穿戴的原因大概是他的便装早就被弄丢了。过了 3 个月，他仍然穿着灰色的联盟军旧军服，但那时，衣服上已没了上校军衔的星徽和金色纽扣，所戴的帽子也不一样了。很显然他过了很久才开始穿便服，就像无数不出名的南方老兵一样。

如果在布雷迪的一些照片中李的表情看起来有些震惊，那并不奇怪。几天之内，他就从联盟国所有武装部队总司令转变为一个无所事事的普通人，唯一能发挥的作用是不情愿地充当了观光景点。因为不堪猎奇者的骚扰，他只好在夜里遛弯；源源不断的人向他寻求帮助、祝福、同情或建议。他早已变成了战败的联盟国的象征，无论他愿意还是不愿意。

李固然很高兴能回到家人身边，但他也为此付出了代价，承受了当时南方人无可逃避的全部困苦。最普通的日用品，如糖、茶和面粉，要么供应不足，要么根本买不到；联盟国货币已经（如前述）分文不值；获胜的北方并不急于帮着养活战败的南方。李家目前拥挤不堪；他妻子基本上卧床不起；他们的女儿米尔德丽德和阿格尼丝要照顾的人太多，筋疲力尽；而李本人也挣扎在自责和悔恨之中。许多人见到他时，都感觉他仿佛一夜之间苍老了不少："南方的悲哀成为他［余下］人生的负担。"[4]

然而，李年仅 58 岁，仍是生龙活虎的一个人——他给所有来寻求帮助的人的忠告就是去找个工作并着手重建，他自己也不例外。他鼓励儿子鲁尼返回被毁弃的白屋种植园，开始耕种。鲁尼返回种植园不久，他弟弟罗布也赶来了。李本人显然也要谋个职。李家人还算幸运，至少几个儿子都还拥有他们的爷爷遗留的地产，尚可耕种，而李仍然持有可带来不错收益的债券，尽管还不足以贴补里士满的家用。他们现在的住房是卡斯蒂斯·李从名叫约翰·斯图尔特（John Stewart）的先生那里租来的，这位令人敬佩并富有同情心的好心人告诉李，"只要你需要在里士满待着"，就尽管住在这栋房子里，多长时间都行，而且拒收房租，除非"用联盟国货币"支付，这实际上是免租金出租了。[5] 李知道对方是出于善意，但他不是那种接受这种慷慨举动的人，同时他也不想无限期留在里士满。首先他不喜欢城市生活，而且他认为远离里士满的废墟和无处不在的联邦驻军会有益于改善玛丽·李的健康状况。合众国的胜利令她感受到了比丈夫更强烈的痛楚。自李投降的那一刻起，他就接受了联邦的规则及其后果；他对"当局权威的服从"是真诚的。[6] 他不遗余力地寻求赦免，尝试过所有可能的途径，最终在他并无过错的情况下被延误了 110 年后才得到赦免，但玛丽·李没那么容易原谅北方。她仍认为联盟国的事业是神圣的，而李担心除了夏天的几个月可能发生疾病和瘟疫以外，让她留在这个被占领的城市会有意想不到的不良后果。

他首先想到的是去白屋种植园附近找个地方住，但鲁尼回信说，被烧焦的卡斯蒂斯家宅周边的乡村，在历经 3 年战火的蹂躏以及被联邦军占领后，基本荒废了，而家宅本身也仅剩下被熏黑的砖烟囱，曾见证乔治·华盛顿向玛莎·丹德里奇·卡斯蒂斯示爱并最终成婚的这座大宅沦落至如此悲惨的境地，他的母亲看到后一定会无比难受。李显然不太信服，到了 5 月底他决定亲自去看看。他骑着"旅行者"穿行在他曾率军团战斗过的田野，初次是 1862 年，再次是 1864 年，原本不起眼的地方因此出了名——梅卡尼克斯维尔、盖恩斯磨坊、奇克哈默尼河、冷港。骑马在乡下走走是李康复过程的一部分。他可能不知道这一点，但他在途中发现了——马、农场、熟悉的道路，还有他在年轻的表弟托马斯·卡特上校（1863年他指挥炮兵协助了皮克特冲锋）家过夜时闻讯来访的朋友们，所有这些都让他暂时将里士满残酷的现实抛在了脑后。他并不想重游战地，他享用了一顿战前弗吉尼亚传统风格的、丰盛的家庭晚餐，在场的有他的儿子鲁尼和罗布。李多年来头一次与小孩子们一起玩闹，置身于不想从他那里得到任何东西，也不把他当作一个奇人或偶像的人中间。与此同时，他很快就明白了鲁尼说得对：此地不是他要为自己和玛丽寻求的归宿。这里有太多唤起人们对战争的记忆的东西，太多鬼魂，帕芒基河畔分布着太多战场，这不是理想的安家之地，但他也明白他一时的冲动是对的，为了使自身重新获得平衡，他必须离开里士满，在平心静气中决定如何度过余生，因为李从来都不是一个闲散的人。

当李在托马斯·卡特位于潘帕泰克（Pampatike）的家中时，他了解到，除了少数前联盟国要员外，其余人都将得到大赦和宽恕，条件是他们宣誓支持美国政府和宪法。李对自己被排除在特赦之外并不感到惊讶，但他读过公告后发现他有权单独提出赦免申请，于是两周后他这样做了，同时格兰特将军慨然应允为李提交给约翰逊总统的申请背书，并提请总统关注。这一决定听上去很轻松，其实很重大。李并没有公开声明自己寻求宽恕之举，但这件事很快就尽人皆知。他愿意向联邦当局俯首称臣等于给其他联盟国成员树立了一个榜样。既然战争已经结束，他强烈地感到，合众国越早恢复正常并为南方所接受，对每个人就越好。李以润物细无声的特有方式，再次成为那些曾为联盟国浴血奋战的人的领头人。如果他都能申请宽恕，其余人就无理由再孤傲地拒绝，他因此迈出了实现南北和解的第一步。

就李而言，他的特赦申请进程有些复杂，因为一位联邦法官正寻求以叛国罪起诉他——格兰特试图"撤销"这一指控，因为这与他制定的投降条款相冲突，角力的结果是，一些官僚"弃置了"他的申请。[7]李本人曾预言："我们必须对拖延有思想准备，救济措施不会很快实现。"[8]他当然是对的——100多年之后，他的赦免令才最终得以签署，他的美国公民身份才得以恢复。

同时，李在家庭生活的安排上时常有贵人相助，这次也不例外，正当他要离开里士满又不知何去何从时，一名富有的寡妇主动提出他们可以住进她占地3000英亩种植园中的一栋农舍，位于奥克兰市以西约50英里的詹姆斯河的南岸。伊丽莎白·科克（Elizabeth Cocke）夫人立即以实际行动跟进她的邀请，亲自前往里士满去找李夫人谈搬家的事，三言两语就说动了李夫人，这无疑使李松了一口气。更妙的是，奥克兰处在水路的交通要道上，可以经由河流和运河出行，这就使李夫人不用再忍受长距离陆路交通的车马劳顿。那一带幸免于战火，农业生产犹存，粮草供应不成问题，李觉得这是带着妻子和3个女儿离开里士满的绝佳机会。

如往常一样，李一旦决定接受科克夫人的提议，且玛丽·李也认可，他就不再浪费时间。显然，他没有征求女儿们的意见，没想到她们对搬家的热情远不如母亲。玛丽·库林在《李家女孩》中指出，李家的女儿和许多南方女性一样，在父亲和兄弟都不在身边的情况下经历了长达4年的磨难。无论李是怎么想的，她们不再是他的"小女儿们"了。她们照料着病弱的母亲，经历了亲姐妹安妮去世的打击，分担了阿格尼丝所经历的奥顿·威廉斯被处绞刑，以及负伤的兄弟鲁尼遭到联邦突袭队绑架的无尽痛苦。她们失去了家园，学会了处理从来都是由奴隶们毫无怨言地做着的家务事；在里士满大部分地区被烧毁后，她们走出家门，穿过满是敌军士兵、怒气冲冲地溃逃的人群和解放了的奴隶的街道，四处寻找可供一家人糊口的食物。有赖于家族名望，她们才没遭受联邦军队肆意蹂躏或烧毁农场时许多女性经历过的极端屈辱和绝望。而留守家中、没有任何成年男性保护的"女主人"只能自救，指挥着日渐减少的奴隶劳动力（剩下的随时可能逃走，或举止粗暴、不服管教），苦心经营着自家农场。隐藏在《飘》华丽、虚构故事背后的是一个残酷的现实：南方女性，无论贫富，都在尽其所能保存幸免于战争和灾难的任何东西，从撂荒的土地里刨食吃，在占领军的阴影中忍气吞声，并就以往由丈夫或父亲决断的事务做决定。当联盟国钱币变得一文不值后，那些在银行有存款的家庭也相应地失去了一笔钱，而以往把奴隶视为家庭资本的家庭再也不能这样做了。联邦占领军并不像许多北方人所描述的那样温和，即使是很小的限制也会触动南方人的敏感神经，令人们心生怨气，因为这无异于不断在提醒他们是战败方。

自打从阿波马托克斯回到里士满后，李就养成了对女儿的朋友们有求必应的习惯，每次有人提出要求，他就送给对方一颗制服纽扣作为纪念品；但在联邦当局发布不准佩戴联盟国军服纽扣的禁令后，他就再也不送了，担心拿到纽扣的人惹上麻烦。[9] 他本人认为有必要向驻守里士满的联邦军宪兵司令弄清楚他是否可以出城。站在富兰克林街 707 号门外的联邦哨兵开始显得像是擅闯私宅，而不是一种保护或尊重的姿态。库林以"压迫性"一词来形容城里的气氛，这个描述很准确。

李家女孩们过得当然比许多人好，也许比大多数人都好，但战火纷飞的岁月也给她们的身心造成创伤，现在她们要离开这里的朋友们和这座城市尚存的一切便利设施，去住在一所从未见过的房子里，过一种没有确定的未来的生活。她们也不再是真正的"小女孩"了。 老大玛丽·卡斯蒂斯已经 30 岁，阿格尼丝 24 岁，米尔德丽德 19 岁。"他的小女孩们"如今都已是年轻女性这一事实，既没有改变李对她们行为的看法，也没有改变他的信念，即她们应该待在家里，帮忙照料母亲，陪伴他，直到她们成婚——当然要得到他的认可。 至于"女孩们"，她们肯定注意到了，她们要去的那个地方"有充足的新鲜蔬菜供应，但不会有几个访客"。[10] 在那里，她们不大可能遇见合适的小伙子，科克夫人这座位于德文特（Derwent）的农舍地处偏僻，几乎与世隔绝。[11] 因此，一家人刚搬进去不久，玛丽·卡斯蒂斯就去了斯汤顿的亲戚家，这并不让人感到意外。

李派长子卡斯蒂斯骑着"旅行者"先出发，前往奥克兰，他本人则带着玛丽和 3 个女儿乘坐詹姆斯河—卡诺瓦运河联程客船，这种船由驮马拉着前行，需要一整天才能到达目的地，这在人们已经习惯了乘火车旅行的时代显得太慢了。这条运河是年轻的乔治·华盛顿钟爱的规划方案，他的想法是把詹姆斯河与俄亥俄河连接起来，从而开辟当时的"西部"地区。这是他担任总统期间开始建设的一项重大公共工程项目，但至此时仍未完成。这项工程花了不少钱，由奴隶们挖出来，在已完工的这一段路上，由于沿途船闸太多，前行速度很慢。华盛顿曾将他持有运河公司的很大一部分股份赠送给了当时还名不见经传的一所学院，它位于弗吉尼亚列克星敦，在谢南多厄河谷中，该学院为表示谢意后改名为华盛顿学院。

虽然有时人们会把乘坐运河上的客船旅行描述得如田园诗般浪漫，但亲身体验过的人似乎并不苟同。马蹄不断的嗒嗒声和驮马的鼻息声，以及频繁停船、水闸很费力地关上又打开的嘈杂声，种种噪音集合在一起使人难以入睡；而甲板下的船舱既拥挤又闷热（玛丽·库林形容它们"狭小"又"闷热"）。晚饭后，帘幕拉开，将男女隔开。习惯了清苦生活的李宁肯去甲板上睡，这一点很能说明问题。

客船在黎明后不久抵达了彭伯顿码头，卡斯蒂斯骑着"旅行者"来迎接家人，同他一起来的还有科克夫人的一个儿子埃德蒙（Edmund）。李夫人行动不便，人们便把她抬下船，并抬上马车，前往不远处的奥克兰。一家人会在奥克兰暂住一周，等着德文特被收拾好并适合他们入住。奥克兰拥有弗吉尼亚豪宅的所有舒适条件——联邦突击队员已经来过这里，但并没有洗劫一空或肆意毁坏——李在那里显然过得很惬意。在那一周发生了一件真情流露的事。当李和科克两家人一起吃饭的时候，科克夫人的管家，以前的奴隶，走进餐厅来跟大家"道别，他要以一个自由人的身份去外面闯荡"。李从餐桌边站了起来，"亲切地"和那人握手，还特意叮嘱那人在外面需要注意什么，并"请求上天保佑他"。[12]

在那个时代，并不是每个南方人都会去握一个黑人的手——李曾数次这样做，令旁观者惊讶不已——而祝福一个几周前还是女主人奴隶的人离开，这种情况就更罕见了。在种族关系中，如同在其他问题上一样，李树立了一个温暖、有同情心、善良和有尊严的榜样。需要指出的是，他对黑人的看法并没有因此有任何变化。就在几个星期以前他去潘帕泰克拜访托马斯·卡特上校时，还劝表弟不要依赖以前的奴隶干活。"我一直注意到，"李对他说，"无论黑人走到哪里，他周围的一切都会走下坡路，无论白人走到哪里，他周围的一切都会不断改善。"[13]李对黑人的看法总是既仁慈又怀疑的。他从未蓄奴，无论自家的还是李夫人继承自父亲的，而且他还为黑人设立了一所学校，因此触犯了当时弗吉尼亚州的法律。他一字不差地执行了卡斯蒂斯先生的遗嘱，于 1862 年解放了他生前名下的黑奴，但李对黑人参政的观点始终没变。他于 8 个月后在一个国会委员会上就这个议题发表了看法。"我本人的意见，"他宣

680

誓后回答了一个问题，"就是此时此刻，他们不能明智地投票，给予他们［投票权］将会滋生蛊惑人心的宣传，并导致各种尴尬局面。未来会怎样，他们会变得多么明智，他们会怎样看待他们所在州的权益，我并不比你们知道得更多。"[14]

681　　战前，李曾表示，奴隶制度之恶对奴隶主的毒害比对奴隶的毒害更大，而且是一种"道德和政治上的罪恶"。他还认为，奴隶制是上帝教化黑人进程的一部分，只有上帝可以在适当的时候选择结束奴隶制。这种观点在战前就得到了南方人的普遍认同，并以各种形式一直延续到 20 世纪。李相信，黑人摆脱奴隶制的进程应该由上帝掌握，而不是通过立法或武力强加给南方，他平生自始至终都默默地坚信这一点。他没有修改它，也没有为它道歉，他在国会委员会面前对这个问题直言不讳的回答至少表明了他的真诚。也许李对该委员会的声明中的关键词是"此时此刻"。他并没有像许多南方人那样，把黑人永久性地归为劣等种族，而是认可或许时间（和上帝）会以他无法预见或预测的方式改变他们的状况。就像他喜欢说的那样，一切都在或应该在上帝的掌控之中。按照许多联盟国拥戴者的标准来衡量，他的见解是温和的，而北方国会议员在这个问题上劝他再向前迈进一步的努力失败了。

　　这一点的重要性体现在，李持续不断且系统化地转变为一个完美无瑕的象征，在这一象征中，那个血肉之躯很快就被光芒四射的大理石人的形象遮蔽了。这并非李刻意所为；他过于谦卑（且不乏坚定的常识），不可能自行披上完美的外衣。南方历史中虚构的李最终变成了一个从不犯错、毫无缺陷的人：不仅是完美的绅士，而且是完美的战士。于是，莫尔文高地战役的败招是杰克逊的错；葛底斯堡战役失利，朗斯特里特要承担责任，或至少要由朗斯特里特、斯图亚特和尤厄尔分担责任；在大书特书李厌恶蓄奴制的同时，刻意回避他对被解放奴隶的未来发展所持的悲观态度。李是凡夫俗子；他有时会犯错，甚至是大错；他那根深蒂固、发自内心的关于种族的观点不符合当代的标准，甚至不符合他那个时代一些开明的北方人的标准，这都是人们应该坦然面对的事实。李被描绘成一个容易犯错的人，并不会对他造成任何损害。他的实力体现在他的勇气、他的责任感、他的宗教信仰、他的军事天赋、他对正义的不懈追求，以及他的天然和本能的谦恭之中，他会毫不犹豫地握住一个黑人的手或跪在他身边一起祈祷，但他并不渴望成为圣徒；事实上，他会认为这个想法本身就是亵渎神明的，他的在天之灵会对自己死后被提升为世俗圣徒的事实感到无比惊骇。

在科克夫人家（毫无疑问，原来的管家走后很快就找到了接替者）舒舒服服地住了一周之后 [15]，李一家搬进了德文特这栋四居室的小屋。它孤零零地处于森林深处，因"拥挤不堪"且装饰简陋而让李太太和女儿们感到失望。李照例被迫承担了"啦啦队队长"的角色，使尽浑身解数"激发家人的乐观精神"，并对小女儿米尔德丽德有关这里"简陋的服务、烹调、宣传——外观丑陋、偷工减料的小房子，环境一般［且］周边的人也都充满乡土气"的描述不以为然。对李来说，在住了4年帐篷后，能与部分家人团聚，有机会从最高指挥官所承受的持续压力中解脱，抽空骑着"旅行者"去近处的商店买些东西，那里有充足的新鲜蔬菜供应，种种这些都足以让他感到满足了。但上述那些都不可能缓解阿格尼丝和米尔德丽德内心的焦虑，雪上加霜的是，阿格尼丝患了伤寒症。然后，幸运之神再次降临，玛丽·卡斯蒂斯在斯汤顿参加了一次聚会，当时她抱怨说"南方人民送给我父亲的东西应有尽有，唯独没有工作，而那才是他真想接受的东西"。[16]

在李所有的女儿中，玛丽·卡斯蒂斯具有敢说敢干的性

682

格。她的一番话被另一位客人不经意间听到了，他就是弗吉尼亚列克星敦的玻利瓦尔·克里斯琴上校（Colonel Bolivar Christian），华盛顿学院（也就是获赠乔治·华盛顿所持有运河公司股份的那个学院）的一名托管人。战火肆虐期间，这所学院根本招不来学生，还遭到了联邦军队的洗劫（他们还烧毁了附近的弗吉尼亚军事学院的大部分建筑），目前正在物色一位新院长，期望找到一个享有较高声望的人，为学院带来学生和捐款。在之后的一次受托人委员会的会议上，克里斯琴上校提及了玛丽·卡斯蒂斯关于李的那番话；[17] 他们决定派院长布罗肯布罗夫（Brockenbrough）法官亲自去德文特邀他入职本学院，同时为表示诚意，他们一致投票选举李担任院长一职。李这段时间正在构思一本有关自己戎马生涯的书，但并没有表示出太多热情，他没想到有一天布罗肯布罗夫法官会不期而至，登门求见。布罗肯布罗夫身材高大、健壮，从他的衣着上就能看出，列克星敦的民众如同南方众多城镇居民，陷入了多么窘困的境地。为了这次旅行，他不得不特意借了一套像样的衣服和一些零花钱。尽管如此，他的说服力和显而易见的真心弥补了他在物质上的不足。他也不是空手而来。他带着一封信，书面承诺每年给李 1500 美元的薪水，外加学费分成，以及一栋带花园的房子。李对华盛顿学院并不陌生（他的父亲是敦促乔治·华盛顿将其部分运河公司股份捐赠给该机构的人之一），而且对于一个曾经成功担任西点军校校长的人来说，出任一个学院院长似乎并不那么难。

683

在略加考虑并征得玛丽·李不温不火的认可（她觉得自己正被生拉硬扯到越来越远离朋友的地方）之后，李于 8 月 24 日写信给受托人，表明如果他们并不介意他被排除在 5 月 29 日的特赦名单之外，也不认为他作为"全国部分地区的谴责对象"有不妥之处，那么他将接受这个职位。受托人没觉得有何不妥，并在 9 月 1 日宣布罗伯特·E. 李将军出任华盛顿学院的新院长。9 月 15 日，他骑着"旅行者"出发，孤身前往列克星敦，他的行装将走水运。"他喜欢这样，"李夫人在李出发前一天给朋友的信中说，"而且，他一刻都不愿与他心爱的战马分开，那可是与他一起经历过许多恶战的伙伴。"[18]

李的人生翻开了新的一页，这次的身份变成了教育工作者和大学管理者，更重要的是，作为"帮助恢复和平与和谐"愿望的象征，就如他在接受这个职位的信中所述，"决不反对州政府或联邦政府为实现这一目标而制定的政策"。对于不到 6 个月前在战场上投降的前联盟军总司令来说，这是一个大胆的举动。在此之前，他一直致力于保持我们现在所说的低调，但他迅速变身大学校长，肩负教导年轻人的重任之事，在北方激起了抨击的怒潮，人们担心他的学生将被培养成叛逆者。当然，这种认知其实低估了李"为他们树立服从权威的榜样"的真诚决心。在李的余生中，他相信服从联邦政府是必要的，同时他作为联盟国最受尊敬的军人又享有无与伦比的声望，他要力争在这两者之间保持平衡，虽然很难，但他做到了。

684

华盛顿学院院长的房子（当年"石墙"杰克逊在娶了当时院长的女儿后曾住过一段时间）现在已部分被占用并且需要大修。在抵达列克星敦后，李发现无论他走到哪里都会引来无数仰慕者──这并不奇怪，因为他仍然穿着那套灰色联盟军旧军服，骑着"旅行者"，那时这匹马可以说已经与它的主人齐名了。他在列克星敦附近一个温泉休养了一段时间，直到 9 月 30 日才回到城里，随后他住在一个酒店里。尽管房屋维修的工作在快马加鞭地进行，但直到 12 月初才具备了让李家入住的条件。自 1861 年以来，他们就不曾有过一个像样的家，家具和财物散布在各处。李设法取回了阿灵顿公馆铺过的地毯；多亏了布里塔尼亚·彼得·金农（Britanian Peter Kinnon）夫

人出手相助 [19]，这些地毯才得以保留下来，被存放在波托马克河对岸乔治敦高地的都铎广场。金农夫人是乔治·华盛顿的后人，算是李家的远房亲戚。就"学院山上的院长官邸"中的房间来说 [20]，这些地毯尺寸太大，把边折起来才能铺下，但它们至少可以给人一种奢华的感觉，并让人隐约想起阿灵顿公馆的生活。科克夫人赞助了一些家具，一位仰慕者送了一架钢琴。当年李家的银器有如神助般被运送到列克星敦保管并被埋藏了起来，如今终于重见天日，费了很多功夫才清理干净。12 月 2 日，玛丽·李在罗布和米尔德丽德（阿格尼丝当时在里士满）的陪伴下，赶来与丈夫团聚。她从奥克兰出发乘坐运河客船来到列克星敦。至此，她只能坐在"安乐椅"上，但从各方面的记述判断，她一抵达就立刻开始行使女主人的权威，家里的一切，包括她丈夫的事都由她说了算。

685　　　他在华盛顿学院的任务是艰巨的。当时这所学院"大约有 100 名学生"，但它的图书馆和科研设备被洗劫一空。李虽很不情愿在公共场合抛头露面，但迫于学院的惨况，他不得不在隆冬时节前往里士满，当面向"弗吉尼亚州议会的一个委员会"陈情，希望州政府重新开始支付教育机构贷款的利息。他短暂的露面受到"各方欢呼"致意。[21] 不久之后，李收到参众两院联合小组委员会的传唤，要他出席针对弗吉尼亚和南北卡罗来纳州政治形势的调查会。与弗吉尼亚州议会不同的是，这里是敌对区域，而李又是出席这个会议的最引人注目的联盟国要员。他在 1866 年 2 月底启程前往华盛顿，这是他在 1861 年 4 月后头一次来访，当时他骑马回家去写辞职信，从此离开了美国陆军。现在，他成名了，也许是因为他太有名了，小组委员会的问题都显得那么平淡和无关痛痒。在被问及假如英国或法国向美国宣战，弗吉尼亚会不会加入攻击者的行列时，李的回应无懈可击，他认为这种可能性极其渺茫而且实在很牵强。

后来他重申了自己的观点，即"此时此刻"给予黑人"选举权"是个错误。在冗长的提问过程中，他的回答礼貌、谨慎，不会引起争议。如果小组委员会成员希望他出错的话，他们失败了。

他对华盛顿学院的管理堪称兢兢业业，细致入微。他平常需要写大量信件，这是一项他一直觉得不胜其烦的工作，但他还是毫无怨言地去做，而且办理速度惊人，不放过任何细节。他在华盛顿的经历以及他的天性，都促使他尽可能地远离聚光灯。1866年春天，当他得知一个偷马贼将要被愤怒的民众用私刑处死时，他破例去管了闲事[22]，径直赶到镇上的监狱，说服暴民散去，让这件事通过司法渠道解决。人们认出他就是钱斯勒斯维尔战役的胜利者，这足以让居民们冷静下来（或许还感到羞愧），交由那个上年纪的监狱看守行使职权。

李在华盛顿学院的学生中毫不费力地维护着自己的权威。他毕竟在西点军校管理过学员。在列克星敦与在西点军校一样，他表现出了足够的耐心，立场坚定并深受众人的尊敬。他没有试图实行任何形式的军事化管理措施。这里不是弗吉尼亚军事学院（离此地不远），他也不是要将这里的年轻人培养成军官。尽管如此，他那如炬的目光以及他熟知每一个学生的长处和短处的事实，曾使他在西点军校备受师生们爱戴，在这里也不例外。与其说他是一个厉行铁律的人，不如说他是一个明智而开明的人，但是一旦决心已定，便再无商量的余地；此外，他期待学生们付出持久而不懈的努力，表现出绝对的诚实和绅士的风度，以及令人印象深刻的自我控制能力。在他出任院长一年内，学生总数就从大约 100 人剧增至将近 400 人*，课

686

---

* 在此补充一些背景资料，这是 19 世纪晚期西点军校在读学员的数量，相当于同一时期耶鲁或哈佛本科生数量的一半。弗里曼：《罗伯特·E. 李》第 3 卷，第 299 页。

程设置也进行了大刀阔斧的更新和拓展，学院的财务状况也趋于稳定。

当然，李无法使他的学生与随战败而来的负面影响相隔绝，也无法让他们避开重建浪潮的影响，因此，有些"事件"势必会发生，不可避免。导致南北分裂的激烈情绪持续存在，"他的年轻人"（实际上其中有不少都是联盟军老兵）时常会与联邦当局发生冲突，即使是李对此也无能为力，他无法将自行实施的那种"服从"强加于他们。当街头巷尾冒出他要竞选州长的传言时，他立刻出面予以澄清，平常也尽一切努力阻止他身边的人甚至自己的家人发表可能激怒北方人的言论。李的目标与格兰特一样，就是维护和平和重建联邦。

这做起来并不容易。李的学生就像他本人一样，接受了战败的事实，但他们并不认为联邦政府有权根除古老的南方秩序和有关种族的设想。李毫不犹豫地握了一个黑人的手，而在另一个场合，当一个黑人走进里士满的圣保罗教堂，当着一群无比惊诧、怒容满面、一声不响的白人会众的面走向圣坛围栏处接受圣餐时，李从靠背长凳上站起来，走到那人身边，与他一同跪下。[23] 李决心以同样的尊严和礼貌对待黑人，但这并不意味着他接受黑人享有完全平等的地位。他曾宣誓作证说，他并不认为他们"能够明智地投票"，而且"如果弗吉尼亚能彻底摆脱他们会更好"，当然他也补充说，他一向信奉"逐步解放"的观点。[24] 此处的关键词是"逐步"。李和他的学生一样，并没有完全接受南方的战败将导致南方传统社会制度随之毁灭，开启在政治上偏袒黑人的重建进程，并消除种族间的社会障碍，而且他的学生们对这一政策具有更强烈的抵触心理。另一方面，"逐步解放"并不是北方重建主义者想要的，他们也不愿意像李一样，等待上帝按部就班、循序渐进地带来这些变化。

在这种情况下，他在华盛顿学院的任期内至少发生了四起种族冲突就不足为奇了，这些事件在北方引起了不少关注。第一起涉及 4 个学生[25]，其中一人被指控在一次激烈的争吵中用手枪殴打了一名被解放的奴隶——并不完全是一次恶作剧。第二起也是更严重的"约翰斯顿事件"则涉及一群学生和一个带枪的北方人，后者表示了对黑人的强烈同情。第三起是一名教黑人孩子的北方女性投诉称遭到学生的侮辱和骚扰，骂她是"该死的教黑鬼的北方佬老师"。最后一起涉及刑事指控，一些大学生抓住了开枪打伤布罗肯布罗夫法官一个儿子的"黑人青年"，并把绞索套在他脖子上，押送到法院所在地，看样子是要用私刑处死他。

李仔细调查了每个事件——事实证明所有这些都被夸大了——并开除了他认为有罪的当事人（学校教师指控侮辱她的是华盛顿学院的学生，这一指控无法得到证实）。但北方报刊连篇累牍的报道都会提及他，这让他心烦意乱。他被指控经营"一所叛乱者的学校"[26]，称他不配管理一所高等学府，指控他的不是别人，正是大名鼎鼎的废奴主义者威廉·劳埃德·加里森。他气势汹汹地质疑"被打败的叛军首领"教导学生忠于合众国的能力，并指出"他最近就在试图针对合众国搞破坏"！[27]要不是格兰特将军的干预，李或许会跟杰斐逊·戴维斯一起被关押在门罗堡，他不愿再生事端，既不作答也不为自己辩解。不管怎样，这些问题也揭示出南北双方积怨之深，以及为了保证学院正常运转，李要付出多么大的努力谨言慎行，战战兢兢地保持平衡。李不在乎自己的名声，但他"作为一个绅士和基督徒"[28]的品行保护了这所学院，甚至赢得了废奴主义者亨利·沃德·比彻（Henry Ward Beecher，《汤姆叔叔的小屋》作者哈丽特·比彻·斯托的弟弟）的称赞。比彻在纽约的一次讲演中说，李"有权获得一切荣誉"，并赞扬他"献身于神圣的教育事业"。

李不顾各方施加的压力，专程前往里士满在杰斐逊·戴维斯的庭审中作证。他甚至接受了格兰特的邀请，去白宫做客。除这些事情外，李似乎已经放下心来，开始平静地享受天伦之乐。虽说李夫人已经虚弱到了不拄拐杖就不能从房间的一头走到另一头的地步，家里倒是不乏能帮忙的人。他的女儿们也经常回家陪他；每当米尔德丽德回到家，他都会与她骑马出去，米尔德丽德会骑着露西·朗，就是杰布·斯图亚特送给他的那匹母马。那匹马一度丢了，据说在1864年春被联邦军捕获，在1866年还给了李。李家女孩们还总爱在池塘上冻后在上面滑冰玩。登门拜访的男士也不少，让女孩们很开心，但还没出现认真的追求者，暂时还不用她们的父亲为此操心。天生就喜欢动物的米尔德丽德收养了一些猫，其中一只叫钳子汤姆（Tom the Nipper），在"旅行者"单间马厩边上的马厩里养了一段时间后被带进家里。钳子汤姆后来成为122年后面世的小说《旅行者》中的主要角色，作者是创作了《兔子共和国》（Watership Down）的理查德·亚当斯。

李经常带李夫人去列克星敦周边的一个水疗中心泡温泉，这是缓解她持续病痛的唯一方式。他们夫妻俩都喜欢社交活动。李总是乐在其中，从这个角度看，他一生中最好的时光在军旅中度过真有些可惜。尽管灾祸随战败而来且给他深爱的弗吉尼亚带来了严重后果，但1866~1870年的这几年似乎是他一生中最快乐的时期之一，在此期间，这位令人敬畏的英雄逐渐还原为一个不那么威严、不那么遥不可及的人物。他依旧是一个慈父和情意绵绵的丈夫，对农业怀有浓厚的兴趣，还是那么爱开玩笑，并有极强的幽默感，大体上还是玛丽当初嫁的那个人。当时见过他的人都说他聪明、开朗，尽管人们对他心怀敬畏，但在他健康状况尚佳的情况下，他似乎度过了一段美好时光。但毫无疑问，他的健康状况正在恶化，他的左胳膊和胸口疼被认为是风湿病，实际上是心绞痛，这是在预警，表明动脉阻塞和心脏衰竭。他的病情明显恶化，董事会和华盛顿学院的教授们都注意到了，并不厌其烦地劝他休假，但他总是予以婉拒。即便如此，李还是会感到持续疼痛，走路也越来越困难。他的工作量还是如往常一样大得惊人——他同时要做许多事，加紧完成父亲所著《南部战区的战争回忆录》（*Memoirs of the War in the Sonthern Department*）的修订工作，这与其说是他心甘情愿要做的事，不如说是出于一种责任感；管理现在正快速成长的一所大学，以及断断续续地记述他的征战史，同时继续亲自处理他学生热衷的道德战，并处理数量惊人的信件往来，而且所有的信都是他自己写的。

在众人催促了很长时间之后，李终于同意休假，这是一个重要的决定。他决定由女儿阿格尼丝陪同，去探望女儿安妮位于白硫磺泉镇的墓地。他早就有此心愿，这次终于成行；虽然路途并不遥远，但对他病弱的身体而言也是一个考验。他乘坐运河客船再转火车，用了两天时间赶到了里士满。这趟旅行若是放在以往会很轻松，但如今却变得困难重重，一路上还有不少人认出了他，更增添了不少麻烦。在列克星敦，人们已经见惯了他，但当他接近里士满时，他的旅程就变得类似于罗马的凯旋或者中世纪时的征程，由此引发的广泛关注令他更感困扰。弗吉尼亚州参议院"一致同意授予他发表演说的权利"但被他婉言谢绝 [29]，人群聚集在他住的酒店外面，各种邀请纷至沓来。他接待了来访的陆军上校约翰·S. 莫斯比 [30]，这位曾引起争议的联盟军骑兵指挥官*率部破坏联邦军补给线的行为一

---

*　联邦军指控"莫斯比的掠夺者"（或"游骑兵"）的行为越过了穿军装的骑兵与游击队之间的界限。

度激怒了格兰特，他命令谢里登"不经审判"绞死莫斯比手下未着可识别军服的任何人。莫斯比还带来了明显不情愿的皮克特。李自然很高兴见到莫斯比，但据说在向皮克特打招呼时显得很冷淡。[31] 至于皮克特，他刚走到李所住房间门外就转向莫斯比说："那位老人家让我的整个师在葛底斯堡遭屠杀。"莫斯比早已与格兰特达成和解，而他对那次会面的描述是否准确还存在一些争议。然而，李好像早就听说过皮克特对他的指控；实际上，当进攻失利后，皮克特就当着李的面说出了类似的话，因此，李很有可能不太想见到他。

接下来，李和阿格尼丝前往沃伦顿，李在那里头一次见到了安妮墓地上被截掉了尖头的方尖碑；阿格尼丝在墓碑下放了一束"白色风信子和灰藓"。[32] 他们从那里出发，继续余下的旅程。[33] 随着他们越来越接近李的最终目的地——他父亲在坎伯兰岛上的坟墓，他们前行的步伐越来越慢，也感到越来越累，而且还要应付越来越多的人。李写信给玛丽说，墓地状况看起来还好，但"房子被烧了，整个岛被毁了"。在他行经佐治亚州奥古斯塔（Augusta）、萨凡纳和佛罗里达州杰克逊维尔（Jacksonville）时，他受到演奏《迪克西》和《美丽的蓝旗》（*Bonnie Blue Flag*）*的铜管乐队以及众多老部下的欢迎，人们举行各种活动迎接他，有欢呼雀跃的，有发表演说的，有结队游行的，还有发出反叛呐喊的。无论李是否愿意这样，反正他这趟向女儿安妮和父亲的告别之旅不经意间转变成了一场盛大、旷日持久的南方人的庆祝活动。他既无法避免，也不能阻止。然而，在李本人看来，此行的目的一直都很清晰：他在

---

* 美国南北战争时期一首广受联盟军官兵喜爱的民歌。"美丽的蓝旗"指的是那面白色独星蓝底旗帜，早期被联盟国当作国旗。这首歌的曲调来自民歌《爱尔兰的双轮马车》（*The Irish Jaunting Car*），由哈里·麦卡锡（Harry Macarthy）填新词后于 1861 年首次公演，歌词唱出了脱离合众国并组成联盟国的 11 个州的名称。

向父亲告别——他对父亲知之不多，而且一直在设法避免重蹈他父亲飘忽不定的政治生涯和不负责任的个人行为的覆辙，并向他原本希望自己步入老年后能给予他慰藉的女儿说再见。

阿格尼丝本人也因旅途劳顿病倒了，李觉得该往回走了。他们沿着海岸往回走，途经查尔斯顿时又受到人们狂热的欢迎。接着他们赶到了雪莉府第，他母亲曾在这个大宅中长大成人，并与他父亲在此结婚。在进行了又一次精神上的告别后，他们去了白屋，这么多年一直讨李欢心的信友玛丽和玛吉·威廉斯已经来到这里与鲁尼同住。1862 年，玛丽·李曾在这栋房子的大门上贴了一张纸条，写了讥讽联邦军队的话，后被烧毁。如今，鲁尼住在以前的看守人那个粗糙、简陋的房子里。

过了 10 天，李返回里士满，尽管他不喜欢摆姿势让人拍照，但他还是逗留了足够长的时间，让年轻的艺术家爱德华·V. 瓦伦丁（Edward V.Valentine）量尺寸，为制作自己的半身雕像画草图。这或许是个前瞻性的例子，因为瓦伦丁会被选中雕刻一尊罗伯特·E.李的白色大理石仰卧雕像，这件作品完成于 1875 年，在经过一番辗转后，最终于 1883 年被安置在李教堂内的中心处。

在里士满，李再次去看了医生，但他们跟以前一样对他的病情无能为力。李可能已经从他呼吸急促中猜到他的心脏问题比他们知道的要严重，或者他们知道但不愿意告诉他。这可能就是他决定进行这次漫长且劳累旅行的原因，因为他知道以后恐怕再也没机会了。

他返回列克星敦继续工作。前一年，他和玛丽住进了新居，这栋房子在供暖和下水道方面进行了各种可能的革新，在当时来说算是很超前的设计，学院为建造这栋房子耗费了 1.5 万多美元，这在 19 世纪中期是一笔相当大的数目。李满怀疑虑并再三考虑后才接受了这所房子，最终同意的原因只是他认为玛丽住在那里会更舒适。它附带一个很大的阳台，天气好的时候，她可以坐在她的"安乐椅"上晒太阳。学院的受托人一致同意，如果李在她之前去世，她可以终身使用"新院长住宅"并获得一笔丰厚的终身年金，他们有着难得的先见之明。

692

1870 年 9 月 28 日，李做了些日常工作，吃罢午餐，便披上那件蓝色的旧军用斗篷，冒雨走去教堂参加一个聚会。当他晚了半小时回家吃晚饭时，李夫人注意到他的表情有些异样，就问他是不是觉得冷。她给他倒了一杯热茶，他动了动嘴唇做感恩祷告，但没有说出声。很显然，李出现了严重中风的症状，或者脑子里长了动脉瘤，导致他说不出话也动不了。

有人出去叫来了医生，他被抬到餐厅的长沙发上，餐厅的其他家具随即被清空，给他辟出了一间病房。在随后的两周，他一直躺在那里，来访的亲友偶尔会听到他说出一个模糊不清的词或看到他做一个手势，表明他的心智还在活动。他显出一副听天由命的样子，不理会任何他会恢复健康或者重新骑上"旅行者"的说法。

10 月 9~10 日午夜，他的状况似乎急剧恶化——也许出现了另一次中风，或者患了肺炎，因为他的呼吸紊乱、浑身"发冷"。守候在他身边的人——此时李夫人一直守在边上——声称，他鼓足力气说了一句："希尔必须上来！"他可能神志不清了。然后，在停顿了很长一段时间后，于 10 月 10 日黎明时分，他好像在做战前准备一样，语气坚定且清晰地下令："收起帐篷。"不久后他便告别了人世。

李去世的消息通过电报发给了《里士满快报》（*Richmond Dispatch*），并从那里传遍了全世界。

弗吉尼亚列克星敦

1870 年 10 月 12 日上午 10 点

李将军于今日上午9点半去世。他的病情自周一开始持续恶化，直至今日上午停止了呼吸。他去世时与其生前一样，平静而安详，满怀对主耶稣基督的信仰。所有营业场所关闭了，钟声敲响了，整个社区陷入了深深的哀痛之中。

他去世时依旧保有坚韧的尊严 34，这种尊严毕其一生定义着他的性格。他在历史上的地位是独一无二的："无野心的恺撒、不行暴政的腓特烈、不存私心的拿破仑，以及不曾得奖的华盛顿。"他的性格在斯蒂芬·文森特·贝尼特的叙事长诗《约翰·布朗的遗体》（*John Brown's Body*）中得到了最准确、全面的概括——

693

> 不过——再看看那张脸——好好看看——
> 这个人不是在安歇，这个人就是在行动。
> 这个人曾喃喃自语，"幸好战争
> 真的很可怕，不然
> 我们会越来越迷恋它——"这一次，
> 他完全彰显出自己在身体力行
> 一语中的的平衡；
> 这个人可以论理，但他是个斗士，
> 擅长各式各样的防御武器
> 只要能进攻就决不防守，
> 一次又一次承担巨大的风险，
> 只要还能攻击就决不后退，
> 险象环生时弱军不惧分兵出击
> 有机可乘时则合兵一处痛打强敌，

蔑视战争中的运气和一切概率

看似间不容发的鲁莽之举

——我们不能称之为鲁莽，因为他胜利了。

我们看不出他的鲁莽，因为在看似鲁莽之下

隐藏着冷静的算计——

但高超的攻击水准清晰可辨。

他没有对生命表现出温情脉脉，也没有被泛滥的正义

感淹没，

他像斗牛士一样紧抓住生命，

动作激烈。而他站在那有名的云里等候时，

它并没有冲向他

他主动出击，扭住它的两个犄角

把它扔了下去。

/ 致　谢

首先，我要感谢我的两位编辑，哈珀柯林斯出版集团的休·范杜赞（Hugh Van Dusen）和我在西蒙与舒斯特出版集团多年的同事菲莉斯·格兰（Phyllis Grann），感谢他们宝贵的帮助、支持和忍耐力。我还要特别感谢我的经纪人，也是我多年的挚友林恩·内斯比特（Lynn Nesbit），如果不是他坚信我能够写这本书，我都不可能开始写作。

特别感谢我的挚友迈克·希尔（Mike Hill），他多年来孜孜不倦的钻研和乐观精神是我宝贵的财富，我把他视为研究员和合作伙伴。我也要感谢凯文·关（Kevin Kwan），他是我的好朋友，也是无与伦比的艺术研究者，有着敏锐的眼光和完美的品位。与他们两人合作是我写这本书的主要乐趣之一。

我还要感谢维多利亚·威尔逊（Victoria Wilson），她是我的朋友和同事，也是篇幅超过本书的一部传记的作者，感谢她花时间阅读本书的手稿，以及她始终如一的支持和给予这本书的热情；我亲爱的朋友吉普赛·达席尔瓦（Gypsy DaSilva），她的建议对我帮助极大，无论白天还是黑夜都能有求必应；还有我的助手唐·拉弗蒂（Dawn Lafferty），她从容而冷静地应对这部篇幅较长的作品的所有要求，同时还帮助我保持日常生活的平衡。

我非常感谢罗伯特·克里克（Rorbert Krick），他简直就是有关内战主题的百宝箱，指正了我在葛底斯堡战役一章中的错误——当然，百密一疏的责任还在我——更要感谢他以极大的耐心和良好的判断力回答我的一些甚至最愚蠢的问题。

最后，最重要的是我要感谢我心爱的妻子玛格丽特，感谢她的耐心和理解，让无时不在的罗伯特·E.李分享我们的生活。

/ 注 释

序 言

1　Oswald Garrison Villard, *John Brown: 1800– 1859: A Biography Fifty Years After* (New York: Knopf, 1943), 111.

2　Ibid., 334.

3　Franklin Benjamin Sanborn, *Life and Letters of John Brown: Liberator of Kansas and Martyr of Virginia* (London: Sampson, Low, Marston, Searlef and Rivington, 1885), 40.

4　Villard, *John Brown*, 434.

5　Jean H. Baker, *James Buchanan* (New York: New York Times Books, 2004), 75.

6　Douglas Southall Freeman, *Robert E. Lee: A Biography* (New York: Scribner, 1934), Vol. 1, 381.

7　Ibid., 389.

8　Benjamin Harvey Hill, *Senator Benjamin Hill of Georgia: His Life, Speeches and Writings* (Atlanta: T.H.P. Bloodworth, 1893), 406.

9　Freeman, *Robert E. Lee*, Vol. 1, 367.

10　Note of J. B. Floyd, secretary of war, to Colonel Drinkard, October 17, 1859, National Archives.

11　*Select Committee of the U.S. Senate, 36th Congress*, 1st Session, Rep. Com. No. 278, June 15, 1860, 41.

12　Freeman, *Robert E. Lee*, Vol. 1, 397, 398.

13　Ibid., 397.

14　David S. Reynolds, *John Brown, Abolitionist: The Man Who Killed Slavery, Sparked the Civil War, and Seeded Civil Rights* (New York: Knopf, 2005), 320.

15　Ibid., 317–24; Villard, *John Brown*, 443.

16　Allan Keller, *Thunder at Harper's Ferry* (Englewood Cliffs, N.J.: Prentice-Hall, 1958), 113.

17　Villard, *John Brown*, 447.

18　Ibid., 448.

19　Ibid., 451.

20　Ibid., 453.

21　Ibid.

22　Keller, *Thunder at Harper's Ferry*, 149.

23　Villard, *John Brown*, 454.

24　Ibid.

25　Ibid., 455.

26　Susan Cheever, *Louisa May Alcott: A Personal Biography* (New York: Simon and Schuster, 2010), 129.

27　Robert E. Lee Jr., *Recollections and Letters of Robert E. Lee* (New York: Doubleday, Page, 1924), 21–22.

28　Villard, *John Brown*, 555.

29　Ibid., 559; Elizabeth Preston Allen, *Life and Letters of Margaret Junkin Preston* (Boston: Houghton Mifflin, 1903), 111–17.

30　Villard, *John Brown*, 559.

31　Ibid., 496.

32　Ibid., 562.

33　Freeman, *Robert E. Lee*, Vol. 1, 417.

34　Ibid., 421.
35　Ibid., 416.
36　Ibid., 418.
37　Quoted ibid., 420.
38　Ibid., 421.

第一章

1　Richard B. McCaslin, *Lee in the Shadow of Washington* (Baton Rouge: Louisiana State University Press, 2001), 13.

2　Douglas Southall Freeman, *Robert E. Lee: A Biography* (New York: Scribner, 1934), Vol. 1, 2.

3　Ibid.

4　Ibid., 3.

5　Ibid., 66.

6　Ibid., 4.

7　McCaslin, *Lee in the Shadow of Washington*, 17.

8　Paul Nagel, *The Lees of Virginia: Seven Generations of an American Family* (New York: Oxford University Press, 2007), 166.

9　Emory Thomas, *Robert E. Lee* (New York: Norton, 1995), 26.

10　Freeman, *Robert E. Lee*, Vol. 1, 8.

11　Nagel, *The Lees of Virginia*, 175, 195–96.

12　Freeman, Robert E. Lee, Vol. 1, 14.

13　Ibid., 15.

14　Ibid.

15　Nagel, *The Lees of Virginia*, 182.

16　Freeman, *Robert E. Lee*, Vol. 1, 31.

17　Ibid.

18　McCaslin, *Lee in the Shadow of Washington*, 18.

19　Freeman, *Robert E. Lee*, Vol. 1, 37.

20　Thomas L. Connelly, *The Marble Man: Robert E. Lee and His Image in American Society* (New York: Knopf, 1977), 169.

21　Thomas, *Robert E. Lee*, 45.

22　Ibid., 39.

23　Freeman, *Robert E. Lee*, Vol. 1, 34.

24　Ibid., 23.

25　Ibid., 30–31.

26　Ibid., 24.

27　Ibid., 25.

28　Ibid., 25, 28.

29　Ibid., 38.

30　Ibid., 39.

第二章

1　Douglas Southall Freeman, *Robert E. Lee: A Biography* (New York: Scribner, 1934), Vol. 1, 49.

2　Bernhard, Duke of Saxe-Weimar Eisenach, *Travels Through North America During the Years 1825 and 1826* (Philadelphia: Carey, Lea and Carey, 1828), 110.

3　William N. Blane, *An Excursion Through the United States and Canada, 1822–1833 by an English Gentleman* (London: Baldwin, Craddock and Joy, 1824), 352–76.

4　Freeman, *Robert E. Lee*, Vol. 1, 51.

5　Theodore J. Crackel, *West Point: A Centennial History* (Lawrence: University Press of Kansas, 2002), 89.

6　Freeman, *Robert E. Lee*, Vol. 1, 52.

7　*Albany* (New York) *Argus*, July 8, 1825.

8　Freeman, *Robert E. Lee*, Vol. 1, 56–57.

9　Ibid., 52.

10　Ibid., 55.

11　Ibid., 62.

12　Michael Fellman, *The Making of Robert E. Lee* (New York: Random House, 2000), 11.

13　Freeman, *Robert E. Lee*, Vol. 1, 67.

14　Paul Nagel, *The Lees of Virginia: Seven Generations of an American Family* (New York: Oxford University Press, 2007), 232.

15　Ibid., 235.

16　Ibid., 206.

17　Ibid., 207–14.

18　Ibid., 218.

19　Freeman, *Robert E. Lee*, Vol. 1, 76–77.

20　Ibid., 80.

21　Ibid., 81.

22　Ibid., 84.

23　Ibid., 87.

24　A. M. Gambone, *Lee at Gettysburg: Commentary on Defeat—The Death of a Myth* (Baltimore, Md.: Butternut and Blue, 2002), 37.

25　Nagel, *The Lees of Virginia*, 235.

26　Ibid.

27　Ibid., 292.

28　Ibid., 236.

29　Emory Thomas, *Robert E. Lee* (New York: Norton, 1995), 57; Freeman, *Robert E. Lee*, Vol. 1, 94.

30　Freeman, *Robert E. Lee*, Vol. 1, 95.

31　Ibid., 96.

32　Thomas, *Robert E. Lee*, 62.

33　Freeman, *Robert E. Lee*, Vol. 1, 104.

34　Ibid., 105; Thomas, *Robert E. Lee*, 64.

35　Freeman, *Robert E. Lee*, Vol. 1, 108.

36　Ibid., 109.

第三章

1   Emory Thomas, *Robert E. Lee* (New York: Norton, 1995), 65.

2   Douglas Southall Freeman, *Robert E. Lee: A Biography* (New York: Scribner, 1934), Vol. 1, 107.

3   Ibid., 112–13.

4   Thomas, *Robert E. Lee*, 66.

5   Tony Horowitz, *Midnight Rising: John Brown and the Raid That Sparked the Civil War* (New York: Henry Holt, 2011), 20.

6   *William Styron: The Confessions of Nat Turner—A Critical Handbook*, Melvin J. Friedman and Irving Malin, eds. (Belmont, Calif.: Wadsworth, 1970), 43.

7   Freeman, *Robert E. Lee*, Vol. 1, 11–12.

8   Ibid., 111.

9   Ibid.

10 Ibid., 372.

11 Michael Fellman, *The Making of Robert E. Lee* (New York: Random House, 2000), 268.

12 Freeman, *Robert E. Lee*, Vol. 1, 376.

13 Thomas, *Robert E. Lee*, 69.

14 Ibid., 71.

15 Ibid.

16 Ibid.

17 Freeman, *Robert E. Lee*, Vol. 1, 18.

18 Thomas, *Robert E. Lee*, 72.

19 Ibid.

20 Ibid.

21 Ibid.

22 Ibid., 73.

23 Freeman, *Robert E. Lee*, Vol. 1, 118.

24 Ibid., 119.

25 Sir Edward Cust, *Annals of the Wars of the Nineteenth Century* (London: John Murray, 1863), Vol. 3, 260.

26 A. L. Long, *Memoirs of Robert E. Lee* (New York: J. M. Stoddard, 1886), 25.

27 Thomas, *Robert E. Lee*, 82.

28 Ibid., 82–83.

29 Ibid., 83; Freeman, *Robert E. Lee*, Vol. 1, 134.

30 Thomas, *Robert E. Lee*, 83.

31 Freeman, *Robert E. Lee*, Vol. 1, 134.

32 Ibid.

33 Ibid., 136.

34 Ibid., 138.

35 Ibid.

36 Ibid.

37 Ibid., 139.

38 Ibid., 140.

39 Ibid., 141.

40 Wikipedia, "Mississippi River," 10.

41 Thomas, *Robert E. Lee*, 89.

42 Freeman, *Robert E. Lee*, Vol. 1, 143.

43 Elizabeth Pryor, *Reading the Man: A Portrait of Robert E. Lee Through His Private Letters* (New York: Viking, 2007), 114.

44　See Stella M. Drumm, "Robert E. Lee and the Mississippi River," *Missouri Historical Society*, Vol. 6, No. 2, February 1929.

45　Long, *Memoirs of Robert E. Lee*, 28– 29.

46　Drumm, "Robert E. Lee and the Mississippi River," 146.

47　Freeman, *Robert E. Lee*, Vol. 1, 148.

48　Thomas, *Robert E. Lee*, 91–92.

49　Ibid., 93.

50　Ibid.

51　Pryor, *Reading the Man*, 111; Mary P. Coulling, *The Lee Girls* (Winston-Salem, N.C.: Blair, 1987), 11; Harnett T. Kane, *The Lady of Arlington: A Novel Based on the Life of Mrs. Robert E. Lee* (Garden City, N.Y.: Doubleday, 1953), 91.

52　Thomas, *Robert E. Lee*, 94.

53　Coulling, *The Lee Girls*, 10.

54　Drumm, "Robert E. Lee and the Mississippi River," 170.

55　Freeman, *Robert E. Lee*, Vol. 1, 158.

56　Ibid., 157.

57　Drumm, "Robert E. Lee and the Mississippi River."

58　Freeman, *Robert E. Lee*, Vol. 1, 158.

59　Pryor, *Reading the Man*, 116.

60　Freeman, *Robert E. Lee*, Vol. 1, 174.

61　Ibid., 178.

62　Pryor, *Reading the Man*, 122.

63　Freeman, *Robert E. Lee*, Vol. 1, 185.

64　Thomas, *Robert E. Lee*, 102.

65　Ibid., 103.

66　Freeman, *Robert E. Lee*, Vol. 1, 188.

67　Ibid., 191.

68　Ibid., 194.

69　Ibid.

70　Ibid., 197.

71　Ibid., 196.

72　Ibid.

73　Coulling, *The Lee Girls*, 13.

74　Freeman, *Robert E. Lee*, Vol. 1, 196.

75　Ibid.

第四章

1　Christopher Conway and Gustavo Pellon, *The U.S.–Mexican War: Binational Reader* (Indianapolis, Ind.: Hackett, 2010), 153.

2　Joan Waugh, *U.S. Grant: American Hero, American Myth* (Chapel Hill: University of North Carolina Press, 2009), 203.

3　Robert E. Lee to Mary Lee, May 12, 1846, Debutts-Ely Papers, Library of Congress; Elizabeth Pryor, *Reading the Man: A Portrait of Robert E. Lee Through His Private Papers* (New York: Viking, 2007), 158.

4　Wikipedia, "Mexican-American War," 3.

5　Ibid., 14, n12.

6　Pryor, *Reading the Man*, 158.

7   Douglas Southall Freeman, *Robert E. Lee: A Biography* (New York: Scribner, 1934), Vol. 1, 202.

8   Robert E. Lee to Mary Lee, September 21, 1846, Debutts-Ely Letters, Library of Congress.

9   Robert E. Lee Jr., *Recollections and Letters of Robert E. Lee* (New York: Doubleday, Page, 1924), 5.

10   Ibid.; Reverend J. William Jones, *Life and Letters of Robert E. Lee: Soldier and Man* (New York: Neale, 1906), 50.

11   Freeman, *Robert E. Lee*, Vol. 1, 208; Wikipedia, "Mexican-American War," 8.

12   Freeman, *Robert E. Lee*, Vol. 1, 211.

13   Ibid., 53.

14   John Eisenhower, *So Far from God: The U.S. War in Mexico, 1846–1848* (New York: Anchor, 1990), 255.

15   Ibid., 253–54.

16   K. Jack Bauer, *Surfboats and Horse Marines: U.S. Naval Operations in the Mexican War 1846–1848* (Annapolis, Md.: U.S. Naval Institute Press, 1969), 66.

17   Freeman, *Robert E. Lee*, Vol. 1, 214.

18   Ibid., 215.

19   Ibid.

20   Ibid.

21   Ibid., 216.

22   Ibid.

23   Ibid.

24   Winfield Scott, *Memoirs of Lieut.-General Scott, LL.D. Written by Himself* (New York: Sheldon, 1864), Vol. 2, 403.

25   Ibid., 402.

26   Ibid.

27   Ibid., 403.

28   Freeman, *Robert E. Lee*, Vol. 1, 219.

29   Ibid., 220.

30   Scott, *Memoirs*, Vol. 2, 413.

31   Freeman, *Robert E. Lee*, Vol. 1, 221.

32   Bauer, *Surfboats and Horse Marines*, 77.

33   Ibid., 78.

34   Scott, *Memoirs*, Vol. 2, 419.

35   Bauer, *Surfboats and Horse Marines*, 83.

36   Ibid.

37   Allan Peskin, *Winfield Scott and the Profession of Arms* (Kent, Ohio: Kent State University Press, 2003), 155, 156.

38   Ibid., 157.

39   Ibid.

40   Bauer, *Surfboats and Horse Marines*, 92.

41   Freeman, *Robert E. Lee*, Vol. 1, 230.

42   Ibid., 231.

43   Fitzhugh Lee, *General Lee* (New York: Appleton, 1913), 36–37; Freeman, *Robert E. Lee*, Vol. 1, 231.

44   Peskin, *Winfield Scott*, 158.

45   Scott, *Memoirs*, Vol. 2, 427; Eisenhower, So Far from God, 264.

46   Scott, *Memoirs*, Vol. 2, 428.

47   Freeman, *Robert E. Lee*, Vol. 1, 231.

48   Peskin, *Winfield Scott*, 159.

49   Ibid., 162.

50   Ibid.

51   Ibid., 174.

52 Ethan Allen Hitchcock, *Fifty Years in Camp and Field* (New York: Putnam, 1909), 130.

53 Justin H. Smith, *The War with Mexico* (St. Petersburg, Fla.: Red and Black, 2011), 47; Peskin, *Winfield Scott*, 162.

54 Scott, *Memoirs*, Vol. 2, 432.

55 Smith, *The War with Mexico*, 50.

56 Freeman, *Robert E. Lee*, Vol. 1, 239.

57 Peskin, *Winfield Scott*, 163.

58 Freeman, *Robert E. Lee*, Vol. 1, 239.

59 Ibid., 240.

60 Ibid., 241.

61 Peskin, *Winfield Scott*, 149.

62 Ibid.

63 Smith, *The War with Mexico*, 51.

64 Freeman, *Robert E. Lee*, Vol. 1, 242–43.

65 Ibid., 243.

66 Ibid.

67 Peskin, *Winfield Scott*, 148.

68 Freeman, *Robert E. Lee*, 291.

69 Peskin, *Winfield Scott*, 167.

70 Ibid.; Freeman, *Robert E. Lee*, Vol. 1, 246.

71 Freeman, *Robert E. Lee*, Vol. 1, 248.

72 *The Robert E. Lee Reader*, Stanley F. Horn, ed. (Indianapolis, Ind.: Bobbs-Merrill, 1949), 58.

73 Freeman, *Robert E. Lee*, Vol. 1, 250.

74 Ibid.

75 Scott, *Memoirs*, Vol. 2, 460.

76 Ibid., 466–67.

77 Ibid., 469.

78 Freeman, *Robert E. Lee*, Vol. 1, 256.

79 Peskin, *Winfield Scott*, 178.

80 Ibid., 179.

81 Freeman, *Robert E. Lee*, Vol. 1, 260.

82 Shakespeare, *Macbeth*, I, vii, 59.

83 Freeman, *Robert E. Lee*, Vol. 1, 260.

84 Ibid., 261.

85 Ibid., 263.

86 Ibid., 264.

87 Peskin, *Winfield Scott*, 181.

88 Ibid., 180.

89 Freeman, *Robert E. Lee*, Vol. 1, 267.

90 Henry Alexander White, *Robert E. Lee* (New York: Greenwood, 1969), 42; Freeman, *Robert E. Lee*, Vol. 1, 269.

91 Timothy Johnson, *A Gallant Little Army: The Mexico City Campaign* (Lawrence: University Press of Kansas, 2007), 180.

92 Peskin, *Winfield Scott*, 182.

93 Freeman, *Robert E. Lee*, Vol. 1, 273.

94 Ibid., 274.

95 Ibid., 276.

96 Ibid.

97 Ibid., 279.

98 Peskin, *Winfield Scott*, 188.

99　Freeman, *Robert E. Lee*, Vol. 1, 285.

100　Ibid., 292.

101　Johnson, *A Gallant Little Army*, 291.

102　Freeman, *Robert E. Lee*, 294.

第五章

1　Douglas Southall Freeman, *Robert E. Lee: A Biography* (New York: Scribner, 1934), Vol. 1, 301.

2　Robert E. Lee Jr., *Recollections and Letters of Robert E. Lee* (Garden City, N.Y.: Doubleday, Page, 1924), 4.

3　Ibid., 6.

4　Ibid.

5　Ibid.

6　Elizabeth Brown Pryor, *Reading the Man: A Portrait of Robert E. Lee Through His Private Letters* (New York: Viking, 2007), 229.

7　Gamaliel Bradford, *Lee the American* (Boston: Houghton Mifflin, 1927), 225.

8　Ibid., 214; Reverend J. William Jones, *Life and Letters of Robert E. Lee: Soldier and Man* (New York: Neale, 1906), 94.

9　Bradford, *Lee the American*, 212.

10　Ibid.

11　Freeman, *Robert E. Lee*, Vol. 1, 302.

12　Ibid., 306.

13　Ibid.

14　Ibid.

15　Robert E. Lee to Mary Lee, January 2, 1851, quoted in Emory Thomas, *Robert E. Lee* (New York: Norton, 1995), 148.

16　Freeman, *Robert E. Lee*, Vol. 1, 309.

17　Lee, *Recollections and Letters of Robert E. Lee*, 10.

18　Freeman, *Robert E. Lee*, Vol. 1, 309.

19　Ibid.

20　Ibid., 310.

21　Ibid.

22　*New York Times*, April 14, 1918, sec.VII, 5.

23　Robert E. Lee to G.W.C. Lee, December 28, 1851, Jones, *Life and Letters of Robert E. Lee*, 76–77.

24　Freeman, *Robert E. Lee*, Vol. 1, 314.

25　Henry Alexander White, *Robert E. Lee* (New York: Greenwood, 1969), 48.

26　Freeman, *Robert E. Lee*, Vol. 1, 321.

27　Lee, *Recollections and Letters of Robert E. Lee*, 11–12.

28　Ibid.,15.

29　Ibid.,13.

30　Freeman, *Robert E. Lee*, Vol. 1, 333.

31　Ibid., 334.

32　Robert E. Lee to Markie, June 29, 1854, quoted in Thomas, *Robert E. Lee*,158.

33　Allan Peskin, *Winfield Scott and the Profession of Arms* (Kent, Ohio: Kent State University Press, 2003), 140–1.

34　William Montgomery Meigs, *The Life of Thomas Hart Benton* (Philadelphia: Lippincott, 1904), 429.

35　Freeman, *Robert E. Lee*, Vol. 1, 328.

36　Lee, *Life and Letters of Robert E. Lee*,18–19.

37　Paul Nagel, *The Lees of Virginia: Seven Generations of an American Family* (New York: Oxford University Press, 2007), 252.

38　Freeman, *Robert E. Lee*, Vol. 1, 325.

39　Ibid., 341.

40　Ibid., 344, n24.

41　Ibid., 329.

42　Mary P. Coulling, *The Lee Girls* (Winston-Salem, N.C.: Blair, 1987), 40.

43　Ibid., 34.

44　Freeman, *Robert E. Lee*, Vol. 1, 347.

45　Ibid., 348–49.

46　Ibid., 350.

47　Thomas, *Robert E. Lee*, 159.

48　Freeman, *Robert E. Lee*, Vol. 1, 362.

49　Freeman, *Robert E. Lee*, Vol. 1, 364.

50　Ibid.

51　Robert E. Lee to Mary Lee, August 4, 1856, Freeman, *Robert E. Lee*, Vol. 1, 367.

52　Ibid.

53　Nagel, *The Lees of Virginia*, 233.

54　Ibid., 234.

55　Robert E. Lee to Mary Lee, August 11, 1856, Jones, *Life and Letters of Robert E. Lee*, 80.

56　Robert E. Lee to Mary Lee, December 27, 1856, Virginia Historical Society, Richmond.

57　Robert E. Lee to Mary Lee, June 29, 1857, Virginia Historical Society, Richmond.

58　Robert E. Lee to Annie Lee, August 8, 1857, Virginia Historical Society, Richmond.

59　Nagel, *The Lees of Virginia*, 258.

60　Thomas, *Robert E. Lee*, 174, quoting a letter from Robert E. Lee to A. S. Johnston, Howard-Tilton Library, Tulane University, New Orleans, Louisiana.

61　Thomas, *Robert E. Lee*, 164.

62　Ibid., 175.

63　Pryor, *Reading the Man*, 262.

64　Freeman, *Robert E. Lee*, Vol. 1, 384.

65　Lisa Kraus, John Bedell, and Charles LeeDecker, "Joseph Bruin and the Slave Trade," June 2007, 1–5, 17.

66　Pryor, *Reading the Man*, 260.

67　Ibid., 268.

68　Pryor, *Reading the Man*, 260.

69　Robert E. Lee to Custis Lee, July 2, 1859, Jones, *Life and Letters of Robert E. Lee*, 102.

70　Pryor, *Reading the Man*, 272; Robert E. Lee to E. S. Quirk, April 13, 1866, quoted in Michael Fellman, *The Making of Robert E. Lee* (New York: Random House, 2000), 67.

71　Pryor, *Reading the Man*, 273.

72　Ibid., 261.

73　Freeman, *Robert E. Lee: A Biography*, Vol. 1, 393.

74　Ibid., 405.

第六章

1　Job 3g: 25.

2　Douglas Southall Freeman, *Robert E. Lee: A Biography* (New York: Scribner, 1934), Vol. 1, 404.

3　Emory Thomas, *Robert E. Lee* (New York: Norton, 1995), 178.

4　Freeman, *Robert E. Lee*, Vol. 1, 388.

5　Ibid., 405.

6　Ibid., 407.

7　Freeman, *Robert E. Lee*, Vol. 1, 407.

8　Reverend J. William Jones, *Life and Letters of Robert E. Lee: Soldier and Man* (New York: Neale, 1906), 112.

9　Freeman, *Robert E. Lee*, Vol. 1, 411.

10　Robert E. Lee to Annie Lee, August 27, 1860, quoted in Thomas, *Robert E. Lee*, 184.

11　Ibid., 185.

12　Freeman, *Robert E. Lee*, Vol. 1, 412.

13　Ibid., 413.

14　Robert E. Lee to Major Van Dorn, July 3, 1860, Debutts-Ely Collection, Library of Congress.

15　Freeman, *Robert E. Lee*, Vol. 1, 413.

16　Wikipedia, "Sam Houston," 5.

17　Robert E. Lee to Custis Lee, December 14, 1860, Jones, *Life and Letters of Robert E. Lee*, 118–19.

18　Freeman, *Robert E. Lee*, Vol. 1, 417.

19　Ibid., 418.

20　Ibid.

21　Ibid.

22　Robert E. Lee in letter home, January 23, 1861, Freeman, *Robert E. Lee*, Vol. 1, 420.

23　Jones, *Life and Letters of Robert E. Lee*, 120–1.

24　Freeman, *Robert E. Lee*, Vol. 1, 426.

25　Ibid., 425.

26　Robert E. Lee to Agnes Lee, August 4, 1856, Debutts-Ely Collection, Library of Congress.

27　Freeman, *Robert E. Lee*, Vol. 1, 429.

28　Mary P. Coulling, *The Lee Girls* (Winston-Salem, N.C.: Blair, 1987), 76.

29　Ibid.

30　Ibid., 77.

31　Ibid., 78.

32　Ibid., 80.

33　Jones, *Life and Letters of Robert E. Lee*, 119–21.

34　Coulling, *The Lee Girls*, 90.

35　C. Vann Woodward, ed., *Mary Chesnut's Civil War* (New Haven, Conn.: Yale University Press, 1981), 26.

36　Freeman, *Robert E. Lee*, Vol. 1, 434.

37　Woodward, *Mary Chesnut's Civil War*, 45.

38　Freeman, *Robert E. Lee*, Vol. 1, 435.

39　John Nicolay and John Hay, *Abraham Lincoln: A History* (New York: Century, 1980), Vol. 4, 498.

40　Freeman, *Robert E. Lee*, Vol. 1, 436.

41　Ibid.

42　Robert E. Lee to Reverdy Johnson, February 25, 1868, Robert E. Lee Jr., *Recollections and Letters of Robert E. Lee* (Garden City, N.Y.: Doubleday, Page, 1924), 27–28.

43　Freeman, *Robert E. Lee, A Biography*, Vol. 1, 28n.

44　John S. Mosby, *Memoirs of John S. Mosby*, Charles S. Russell, ed. (Boston: Little, Brown, 1917), 379.

45　Frances Scott and Anne C. Webb, *Who Is Markie? The Life of Martha Custis Williams Carter, Cousin and Confidante of Robert E. Lee* (Berwyn Heights, Md.: Heritage, 2007), 132.

46　Freeman, *Robert E. Lee*, Vol. 1, 440.

47　Ibid., 442.

48　Ibid.

49 Lee, *Recollections and Letters of Robert E. Lee*, 25–26.

50 Michael Fellman, *The Making of Robert E. Lee* (New York: Random House, 2000), 90.

51 Freeman, *Robert E. Lee*, Vol. 1, 448.

52 Ibid., 463.

53 *Ordinances Adopted by the Convention of Virginia in Secret Session in April and May, 1861*, 9.

54 Benjamin Quarles, *The Negro in the Civil War* (New York: Da Capo, 1953), 43.

55 Freeman, *Robert E. Lee*, Vol. 1, 70.

56 Thomas, *Robert E. Lee*, 191.

57 Ibid., 464.

58 Mosby, *Memoirs of John S. Mosby*, 379.

59 Freeman, *Robert E. Lee*, Vol. 1, 465.

60 Ibid., 473.

61 Ibid., 474.

62 Thomas, *Robert E. Lee*, 194.

63 Coulling, *The Lee Girls*, 85.

64 Ibid., 86.

65 Ibid.

66 Thomas, *Robert E. Lee*, 61; Edmund Jennings Lee, *Lee of Virginia, 1642–1892* (Philadelphia, 1895), 409–10; Coulling, *The Lee Girls*, 87.

67 Scott and Webb, *Who Is Markie?* 133.

68 Coulling, *The Lee Girls*, 87.

69 Lee, *Recollections and Letters of Robert E. Lee*, 30.

70 Coulling, *The Lee Girls*, 89.

71 Ibid., 88–89.

72 Thomas, *Robert E. Lee*, 195.

73 Lee, *Recollections and Letters of Robert E. Lee*, 32.

74 Coulling, *The Lee Girls*, 89.

75 Robert E. Lee to Mary Lee, April 30, 1861, Fitzhugh Lee, *General Lee* (New York: University Society, 1894), 93.

76 Thomas, *Robert E. Lee*, 196; *Boston Daily Advertiser*, May 4, 1861; *New York Times*, May 4, 1861.

77 Woodward, *Mary Chesnut's Civil War*, 70–71.

78 Thomas, *Robert E. Lee*, 197.

79 Woodward, *Mary Chesnut's Civil War*, 116.

80 Thomas, *Robert E. Lee*, 197, quoting the *Richmond Whig* of June 7, 1861.

81 Walter Herron Taylor, *General Lee: His Campaigns in Virginia, 1861–1865* (Lincoln: University of Nebraska Press, 1994), 21–22.

82 Ibid., 25.

83 Ibid., 6.

84 Freeman, *Robert E. Lee*, Vol. 1, 492.

85 *The War of the Rebellion: A Compilation of the Official Records of the Union and Confederate Armies.* Series I, Vol. LI, Part 2 (Washington, D.C.: U.S. Government Printing Office, 1897), 92.

86 *The War of the Rebellion: A Compilation of the Official Records of the Union and Confederate Armies.* Series I, Vol. II (Washington, D.C.: U.S. Government Printing Office, 1880), 793–94.

87 Freeman, *Robert E. Lee*, Vol. 1, 518.

88 Ibid., 519.

89 Le Comte de Paris, *History of the Civil War in America* (Philadelphia: Porter and Coates, 1886), Vol. 1, 221.

90 Freeman, *Robert E. Lee*, Vol. 1, 522.

91 Robert E. Lee to Mary Lee, June 8, 1861, quoted in Freeman, *Robert E. Lee*, Vol. 1, 527.

92 Ibid., 516.

93 Ibid., 527.

94 *The War of the Rebellion*, Series I , Vol. II , 236.

95 Freeman, *Robert E. Lee*, Vol. 1, 532–33.

96 Ibid., 533.

97 Ibid., 535.

98 Carl Sandburg, *Storm over the Land: A Profile of the Civil War Taken Mainly from Abraham Lincoln: The War Years* (New York: Harcourt Brace, 1942), 62.

99 Robert E. Lee to Mary Lee, Lee, *Recollections and Letters of Robert E. Lee*, 36.

100 Ibid.

101 Coulling, *The Lee Girls*, 89.

102 Lee, *Recollections and Letters of Robert E. Lee*, 36.

103 Coulling, *The Lee Girls*, 90.

104 Scott and Webb, *Who Is Markie?* 134–35.

105 Colonel Vincent J. Esposito, *The West Point Atlas of the American Wars, 1689–1900* (New York: Praeger, 1959), Vol. 1, see text accompanying map 19.

106 Edwin C. Bearss, *Fields of Honor* (Washington, D.C.: National Geographic, 2006), 35.

107 Wikipedia, "Irvin McDowell," 1.

108 Bearss, *Fields of Honor*, 35.

109 Ibid.

110 *Confederate Military History: A Library of Confederate States History*, Clement Anselm Evans, ed. (Atlanta, Ga.: Confederate Publishing, 1899), Vol. 3, 107.

111 Barbara Tuchman, *The Guns of August* (New York: Library of America, 2012), 29.

112 Sarah Nicholas Randolph, *The Life of Stonewall Jackson* (Philadelphia: Lippincott, 1876), 86.

113 Hunter McGuire, M.D., "An Address at the Dedication of Jackson Memorial Hall, Virginia Military Institute, July 9, 1897" (R. E. Lee Camp, No. 1, 1897), 6.

114 David Detzer, *Donnybrook: The Battle of Bull Run* (Orlando, Fla.: Harcourt, 2004), 486.

115 Frank Abial Flower, *Edwin McMasters Stanton: The Autocrat of Rebellion* (Akron, Ohio: Saalfield, 1905), 109.

116 John G. Nicolay and John Hay, "Abraham Lincoln: A History," *Century Illustrated Magazine* (New York: Century, 1888), Vol. 36, 288.

117 George Francis Robert Henderson, *Stonewall Jackson and the American Civil War* (New York: Longmans, Green, 1900), Vol. 1, 154.

118 Coulling, *The Lee Girls*, 91.

119 Ibid.

120 Woodward, *Mary Chesnut's Civil War*, 106–7.

121 Lee, *Recollections and Letters of Robert E. Lee*, 37.

122 R. Lockwood Tower, ed., *Lee's Adjutant: The Wartime Letters of Colonel Walter Herron Taylor, 1862–1865* (Columbia: University of South Carolina Press, 1995), 7.

123 Freeman, *Robert E. Lee*, Vol. 1, 541.

124 Robert E. Lee to Mary Lee, August 4, 1861, Lee, *Recollections and Letters of Robert E. Lee*, 38–39.

125 Freeman, *Robert E. Lee*, Vol. 1, 543–44.

126 Ibid., 544.

127 Ibid., 556, n5.

128 Ibid., 552.

129 Ibid., 565.

130 Ibid., 568.

131 Lee, *Recollections and Letters of Robert E. Lee*, 46–47.

132 Taylor, *General Lee: His Campaigns in Virginia*, 31.

133 James McPherson, *Battle Cry of Freedom: The Civil War Era* (New York: Oxford University Press, 1988), 302.

134 Lee, *Recollections and Letters of Robert E. Lee*, 51.

135 "General Robert E. Lee's War Horses: Traveller and Lucy Long," *Southern Historical Society Papers*, Vol.18, January-December 1890, 388–91.

136 Ibid.

137 Lee, *Recollections and Letters of Robert E. Lee*, 54.

138 Ibid., 53.

139 Freeman, *Robert E. Lee*, Vol. 1, 607.

140 Ibid., 615, 614.

141 Ibid., 614.

142 Ibid., 612.

143 Ibid., 618.

144 Lee, *Recollections and Letters of Robert E. Lee*, 59.

145 Robert E. Lee to Mary Lee, February 8, 1862, Ibid., 64.

146 Freeman, *Robert E. Lee*, Vol. 1, 628.

第七章

1 Job 5:20.

2 Douglas Southall Freeman, *Robert E. Lee: A Biography* (New York: Scribner, 1934), Vol. 1, 2, 6.

3 *The War of the Rebellion: A Compilation of the Official Records of the Union and Confederate Armies*, Series I , Vol. V (Washington, D.C.: U.S. Government Printing Office, 1881), 1099; *National Intelligencer* (Washington, D.C.), April 14, 1861.

4 Freeman, *Robert E. Lee: A Biography*, Vol. 1, 2, 3.

5 Stephen W. Sears, *George B. McClellan: The Young Napoleon* (New York: Ticknor and Fields, 1988), 108–9.

6 Ibid., 180; George B. McClellan to Abraham Lincoln, April 20, 1862, Lincoln Papers, Library of Congress.

7 A. L. Long, *Memoirs of Robert E. Lee* (New York: J. M. Stoddard, 1886), 435.

8 J. F. C.Fuller, *Grant and Lee: A Study in Personality and Generalship* (London: Eyre and Spottiswoode, 1933), 267.

9 Mary P. Coulling, *The Lee Girls* (Winston-Salem, N.C.: Blair, 1987), 98.

10 Ibid., 101.

11 Ibid., 99–101.

12 Colonel Vincent J. Esposito, *The West Point Atlas of the American Wars, 1689–1900* (New York: Praeger, 1959), Vol. 1, text accompanying map 39.

13 Peter Cozzens, *Shenandoah 1862: Stonewall Jackson's Valley Campaign* (Chapel Hill: University of North Carolina Press, 2013), 23–25.

14 Ibid., 22.

15 C. Vann Woodward, ed., *Mary Chesnut's Civil War* (New Haven, Conn.: Yale University Press, 1981), 361.

16 Walter H. Taylor, *Four Years with General Lee* (New York: Appleton, 1878), 38.

17 Sears, *George B. McClellan: The Young Napoleon*, 172.

18 Ibid., 168.

19 Ibid., 180.

20 Douglas Southall Freeman, *Robert E. Lee: A Biography* (New York: Scribner, 1934), Vol. 2, 21.

21 Letter to John Hancock, September 8, 1776, *Papers of George Washington, Revolutionary War Series*, Dorothy Twohig, ed. (Charlottesville: University of Virginia Press, 1994), Vol. 6, 249.

22 Freeman, *Robert E. Lee*, Vol. 2, 17.

23　Ibid., 19.

24　James Robertson, *Stonewall Jackson: The Man, the Soldier, the Legend* (New York: Macmillan, 1997), 364.

25　*The War of the Rebellion: A Compilation of the Official Records of the Union and Confederate Armies*, Series I , Vol. XII , Part 3, 866.

26　*Shenandoah, 1862* (New York: Time-Life Books, 1997), 9.

27　Coulling, *The Lee Girls*, 101.

28　Le Comte de Paris, *History of the Civil War in America* (Philadelphia: Porter and Coates, 1886), Vol. 2, 12.

29　Freeman, *Robert E. Lee: A Biography*, Vol. 2, 46.

30　Ibid., 45.

31　*The War of the Rebellion: A Compilation of the Official Records of the Union and Confederate Armies*, Series I , Vol. XI , Part III (Washington, D.C.: U.S. Government Printing Office, 1884), 500.

32　Coulling, *The Lee Girls*, 102.

33　Freeman, *Robert E. Lee*, Vol. 2, 251–55.

34　Coulling, *The Lee Girls*, 104–7.

35　Freeman, *Robert E. Lee*, Vol. 2, 48.

36　J. H. Reagan, *Memoirs: With Special Reference to Secession and the Civil War* (New York: Neale, 1906), 139.

37　Ibid.

38　Ibid.

39　Freeman, *Robert E. Lee*, Vol. 2, 58.

40　Sears, *George B. McClellan*, 189.

41　Walter Herron Taylor, *General Lee: His Campaigns in Virginia, 1861–1865* (Lincoln: University of Nebraska Press, 1994), 46.

42　Freeman, *Robert E. Lee*, Vol. 2, 66.

43　Ibid., 68.

44　Reagan, *Memoirs*, 141.

45　Ibid.

46　Freeman, *Robert E. Lee*, Vol. 2, 72.

47　Reagan, *Memoirs*, 141.

48　Colonel Vincent J. Esposito, *The West Point Atlas of the American Wars, 1689–1900* (New York: Praeger, 1959), Vol. 1, text accompanying map 43.

49　Charles Dickens, *Bleak House*, in *The Works of Charles Dickens* (New York: Scribner, 1899), Vol. XVI , 1.

50　Freeman, *Robert E. Lee*, Vol. 2, 74.

51　Fuller, *Grant and Lee*, 156.

52　Wikipedia, "Bayonet."

53　Sears, *George B. McClellan*, 196.

54　Le Comte de Paris, *History of the Civil War in America*, Vol. 2, 69.

55　Freeman, *Robert E. Lee*, Vol. 2, 77.

56　Esposito, *The West Point Atlas of the American Wars, 1689–1900*, Vol. 1, text accompanying map 43.

57　Robert E. Lee, *Lee's Dispatches: Unpublished Letters of Robert E. Lee* (New York: Putnam, 1915), 5.

58　*The War of the Rebellion: A Compilation of the Official Records of the Union and Confederate Armies*, Series I , Vol. XII , Part 3 (Washington, D.C.: U.S. Government Printing Office, 1885), 908.

59　Ibid., 910.

60　Ibid., 913.

61　Ibid., 916.

62　Freeman, *Robert E. Lee*, Vol. 2, 96.

63　Jeffrey D. Wert, *Cavalryman of the Lost Cause: A Biography of J. E. B. Stuart* (New York: Simon and

Schuster, 2008), 103.

64   Ibid., 94.

65   Freeman, *Robert E. Lee*, Vol. 2, 102.

66   Sears, *George B. McClellan*, 200–1.

67   Ibid., 201, 204.

68   Robertson, *Stonewall Jackson*, 460–61.

69   Ibid., 461.

70   Freeman, *Robert E. Lee*, Vol. 2, 107.

71   Ibid., 109.

72   Ibid.

73   Ibid.

74   Robertson, *Stonewall Jackson*, 466.

75   Sears, *George B. McClellan*, 204.

76   Emory Thomas, *Robert E. Lee* (New York: Norton, 1995), 226.

77   Sears, *George B. McClellan*, 205.

78   C. Vann Woodward, ed., *Mary Chesnut's Civil War*, 395.

79   Sears, *George B. McClellan*, 205–6.

80   Coulling, *The Lee Girls*, 104.

81   *The War of the Rebellion: A Compilation of the Official Records of the Union and Confederate Armies*, Series I, Vol. XI, Part 2 (Washington, D.C.: U.S. Government Printing Office, 1884), 499.

82   Robertson, *Stonewall Jackson*, 469.

83   Taylor, *General Lee: His Campaigns in Virginia*, 66.

84   Ibid., 65.

85   Richard Taylor, *Destruction and Reconstruction: Personal Experiences of the Late War*, Richard B. Harwell, ed. (New York: Longmans Green, 1955), 107–8.

86   Robertson, *Stonewall Jackson*, 476.

87   Ibid., 467.

88   Ibid., 360.

89   Ibid., 467.

90   Ibid., 469.

91   Ibid., 470.

92   Ibid., 471.

93   Ibid., 470.

94   Douglas Southall Freeman, *Lee's Lieutenants: A Study in Command* (New York: Scribner, 1942), Vol. 1, 513.

95   Freeman, *Robert E. Lee*, Vol. 2, 125.

96   Ibid., 127.

97   Ibid., 129.

98   Ibid., 130.

99   Ibid., 132.

100 Ibid.

101 Sears, *George B. McClellan*, 209.

102 Ibid., 208–10.

103 Ibid., 210.

104 Robertson, *Stonewall Jackson*, 476.

105 Taylor, *Destruction and Reconstruction*, 87.

106 Freeman, *Robert E. Lee*, Vol. 2, 142.

107 Robertson, *Stonewall Jackson*, 476.

108 Freeman, *Robert E. Lee*, Vol. 2, 144.

109 Ibid., 146.

110　Ibid., 148.

111　Ibid., 146–47.

112　Charles A. Page, *Letters of a War Correspondent*, James R. Gilmore, ed. (Boston: L. C. Page, 1899), 5–6.

113　Freeman, *Robert E. Lee*.

114　Robertson, *Stonewall Jackson*, 477.

115　Ibid., 476.

116　Freeman, *Lee's Lieutenants*, Vol. 1, 524.

117　Robert Lewis Dabney, *Life and Campaigns of Lieut. General Thomas J. Jackson* (New York: Blelock, 1866), 443.

118　Ibid., 444.

119　Freeman, *Robert E. Lee*, Vol. 2, 149.

120　Taylor, *Destruction and Reconstruction*, 88.

121　Freeman, *Robert E. Lee*, Vol. 2, 153.

122　Ibid.

123　Dabney, *Life and Campaigns of Lieut. General Thomas J. Jackson*, 163; Robertson, *Stonewall Jackson*, 481 and 875 n62.

124　Page, *Letters of a War Correspondent*, 5.

125　Freeman, *Robert E. Lee*, Vol. 2, 155.

126　Taylor, *General Lee: His Campaigns in Virginia*, 69.

127　Page, *Letters of a War Correspondent*, 7.

128　Ibid.

129　George Francis Robert, Henderson, *Stonewall Jackson and the American Civil War* (New York: Longmans, Green, 1900), Vol. 2, 239; Sears, *George B. McClellan*, 213–14.

130　Walter H. Taylor, *Four Years with General Lee* (New York: Appleton, 1878), 47.

131　"General Estimates of the Rebel Forces in Virginia," ibid., 71.

132　Taylor, *Destruction and Reconstruction*, 89.

133　Freeman, *Robert E. Lee*, Vol. 2, 165.

134　Robertson, *Stonewall Jackson*, 489.

135　Wikipedia, "Battle of Savage's Station."

136　Gary W. Gallagher, *Lee and His Generals in War and Memory* (Baton Rouge: Louisiana State University Press, 1998), 129; Robertson, *Stonewall Jackson*, 490.

137　Taylor, *Destruction and Reconstruction*, 89.

138　Sears, *George B. McClellan*, 218–19, 217.

139　Robertson, *Stonewall Jackson*, 491.

140　Freeman, *Robert E. Lee*, Vol. 2, 180.

141　Dabney, *Life and Campaigns of Stonewall Jackson*, 465–66.

142　Ibid., 466–67.

143　Ibid., 467.

144　Ibid., 466.

145　Freeman, *Robert E. Lee*, Vol. 2, 181.

146　Wikipedia, "Battle of Glendale," 2.

147　Dabney, *Life and Campaigns of Stonewall Jackson*, 473.

148　Ibid.

149　Ibid., 469.

150　Freeman, *Robert E. Lee*, Vol. 2, 204.

151　Ibid., 200.

152　Ibid.

153　James Longstreet, *From Manassas to Appomattox: Memoirs of the Civil War in America* (Bloomington: Indiana University Press, 1960), 143.

154 General D. H. Hill, "McClellan's Change of Base," *Century Magazine*, Vol. 30, 1885, 450.

155 John Goode, *Recollections of a Lifetime* (New York: Neale, 1906), 58.

156 Freeman, *Robert E. Lee*, Vol. 2, 206.

157 Thomas, *Robert E. Lee*, 242.

158 Longstreet, *From Manassas to Appomattox*, xxii.

159 Ibid., 116.

160 William C. Davis, *The Battlefields of the Civil War* (Norman: University of Oklahoma Press, 1996), 69.

161 Freeman, *Robert E. Lee*, Vol. 2, 218.

162 Sears, *George B. McClellan*, 222.

163 Freeman, *Robert E. Lee*, Vol. 2, 218.

164 Longstreet, *From Manassas to Appomattox*, 116.

165 Taylor, *Destruction and Reconstruction*, 92–93.

166 Freeman, *Robert E. Lee*, Vol. 2, 218.

167 Ibid.

168 Ibid., 230.

169 *New York Times*, June 3, 1862.

第八章

1   Douglas Southall Freeman, *Robert E. Lee: A Biography* (New York: Scribner, 1934), Vol. 2, 258.

2   David Herbert Donald, *Lincoln* (New York: Simon and Schuster, 1995), 361.

3   Ibid., 369.

4   Colonel Vincent J. Esposito, *The West Point Atlas of American Wars, 1689–1900* (New York: Praeger, 1959), text accompanying map 55.

5   Walter H. Taylor, *Four Years with General Lee* (New York: Appleton, 1878), 63.

6   Ibid., 59.

7   Esposito, *The West Point Atlas of American Wars*, text accompanying map 56.

8   James Robertson, *Stonewall Jackson: The Man, the Soldier, the Legend* (New York: Macmillan, 1997), 518.

9   *War of the Rebellion: Official Records of the Union and Confederate Armies* (Wilmington, N.C.: National Historical Society, Broadfoot, 1971), 919.

10 Robertson, *Stonewall Jackson*, 519.

11 Jeffrey D. Wert, *Cavalryman of the Lost Cause: A Biography of J. E. B. Stuart* (New York: Simon and Schuster, 2008), 139.

12 Taylor, *Four Years with General Lee*, 91.

13 Ibid., 86.

14 *Papers of the Military Historical Society of Massachusetts* (Boston: Military Historical Society of Massachusetts, 1990), 402.

15 *War of the Rebellion, Official Records of the Union and Confederate Armies*, Series I , Vol. XII , Part III (Washington, D.C.: U.S. Government Printing Office, 1885), 916.

16 Robertson, *Stonewall Jackson*, 519.

17 Gamaliel Bradford, *Lee the American* (Boston: Houghton Mifflin, 1929), 95.

18 Freeman, *Robert E. Lee*, Vol. 2, 269.

19 Ibid., 271.

20 Robertson, *Stonewall Jackson*, 525.

21 Ibid.

22 Ibid., 526.

23　Ibid., 527.

24　Ibid., 531, 528.

25　Robert Lewis Dabney, *Life and Campaigns of Lieut. General Thomas J. Jackson* (New York: Blelock, 1866), 500.

26　Ibid., 501.

27　Ibid.

28　Ibid., 502.

29　Robertson, *Stonewall Jackson*, 538.

30　Emory Thomas, Robert E. Lee (New York: Norton, 1995), 250.

31　Mary P. Coulling, *The Lee Girls* (Winston-Salem, N.C.: Blair, 1987), 105.

32　Robert E. Lee, *Recollections and Letters of Robert E. Lee* (Garden City, N.Y.: Doubleday, Page, 1924), 74.

33　Coulling, *The Lee Girls*, 112, 105.

34　Ibid., 206.

35　Robertson, *Stonewall Jackson*, 540–1.

36　Ibid., 541.

37　*War of the Rebellion, Official Records of the Union and Confederate Armies*, Series I, Vol. XI, Part III (Washington, D.C.: U.S. Government Printing Office, 1884), 676.

38　Freeman, *Robert E. Lee*, Vol. 2, 279.

39　Ibid., 280.

40　Ibid., 284; Wert, *Cavalryman of the Lost Cause*, 123–24.

41　James Longstreet, *From Manassas to Appomattox: Memoirs of the Civil War in America* (Bloomington: Indiana University Press, 1960), 159.

42　Freeman, *Robert E. Lee*, Vol. 2, 284.

43　Longstreet, *From Manassas to Appomattox*, 131; Freeman, *Robert E. Lee*, Vol. 2, 287, n35.

44　Wert, *Cavalryman of the Lost Cause*, 126.

45　Ibid., 127–28.

46　Ibid., 128.

47　Reverend J. William Jones, *Life and Letters of Robert E. Lee: Soldier and Man* (New York: Neale, 1906), 192.

48　Ibid.

49　Wert, *Cavalryman of the Lost Cause*, 128.

50　Robert E. Lee to Jefferson Davis, September 3, 1862, *Papers of Jefferson Davis*, Lynda Lasswell Crist, ed. (Baton Rouge: Louisiana State University Press, 1995), Vol. 8, 373.

51　J. F. C. Fuller, *Grant and Lee: A Study in Personality and Generalship* (New York: Scribner, 1933), 126.

52　Jones, *Life and Letters of Robert E. Lee*, 118; Fuller, *Grant and Lee*, 97.

53　Fuller, *Grant and Lee*, 125.

54　Walter Herron Taylor, *General Lee: His Campaigns in Virginia, 1861–1865* (Lincoln: University of Nebraska Press, 1994), 25.

55　A. L. Long, *Memoirs of Robert E. Lee* (New York: J. M. Stoddard, 1886), 116.

56　Taylor, *General Lee: His Campaigns in Virginia*, 157–58.

57　Ibid., 158.

58　Long, *Memoirs of Robert E. Lee*, 116.

59　Freeman, *Robert E. Lee*, Vol. 2, 309.

60　Long, *Memoirs of Robert E. Lee*, 116.

61　Ibid., 117; Freeman, *Robert E. Lee*, Vol. 2, 309.

62　Robertson, *Stonewall Jackson*, 554.

63　Ibid., 556.

64　Long, *Memoirs of Robert E. Lee*, 507.

65 Emory Upton, *Military Policy of the United States* (Washington, D.C.: U.S. Government Printing Office, 1917), 334.

66 Long, *Memoirs of Robert E. Lee*, 117.

67 Longstreet, *From Manassas to Appomattox*, 141.

68 Long, *Memoirs of Robert E. Lee*, 117.

69 Ibid., 118.

70 Esposito, *The West Point Atlas of American Wars*, text accompanying map 60.

71 Robertson, *Stonewall Jackson*, 559.

72 Ibid., 560.

73 Ibid.

74 Ibid., 561.

75 Wikipedia, "Battle of Groveton," 6.

76 Ibid., 5.

77 Grant to Lee, April 7, 1865, L. T. Remlap, *Grant and His Desscriptive Account of His Tour Around the World* (New York: Hurst, 1885), Vol. 1, 177.

78 Robertson, *Stonewall Jackson*, 563.

79 Stephen W. Sears, *George B. McClellan: The Young Napoleon* (New York: Ticknor and Fields, 1988), 252.

80 Ibid., 253–54.

81 Robertson, *Stonewall Jackson*, 564.

82 Ibid., 565.

83 Freeman, *Robert E. Lee*, Vol. 2, 322.

84 Fuller, *Grant and Lee*, 164.

85 Thomas, *Robert E. Lee*, 253.

86 John J. Hennessey, *Return to Bull Run: The Campaign and Battle of Second Manassas* (Norman: University of Oklahoma Press, 1999), 232.

87 Robertson, *Stonewall Jackson*, 566.

88 Longstreet, *From Manassas to Appomattox*, 147.

89 Taylor, *General Lee: His Campaigns in Virginia*, 107.

90 Ibid.

91 Freeman, *Robert E. Lee*, Vol. 2, 322.

92 Ibid., 347.

93 Ibid., 325.

94 Ibid., 328.

95 Esposito, *The West Point Atlas of American Wars*, text accompanying map 62.

96 Freeman, *Robert E. Lee*, Vol. 2, 330.

97 Robertson, *Stonewall Jackson*, 572.

98 Freeman, *Robert E. Lee*, Vol. 2, 351.

99 Robertson, *Stonewall Jackson*, 890.

100 Freeman, *Robert E. Lee*, Vol. 2, 332.

101 Ibid.

102 Longstreet, *From Manassas to Appomattox*, 152.

103 Freeman, *Robert E. Lee*, Vol. 2, 332.

104 Ibid.

105 Gilbert Moxley Sorrel, *Recollections of a Confederate Staff Officer* (New York: Neale, 1905), 98, quoted in Freeman, *Robert E. Lee*, Vol. 2, 334.

106 Long, *Memoirs of Robert E. Lee*, 510.

107 Longstreet, *From Manassas to Appomattox*, 154.

108 Freeman, *Robert E. Lee*, Vol. 2, 335.

109 Robert E. Lee, *Recollections and Letters of Robert E. Lee*, 76–77.

110 Taylor, *General Lee: His Campaigns in Virginia*, 114.

111 Esposito, *The West Point Atlas of American Wars*, text accompanying map 63.

112 Sears, *George B. McClellan*, 256.

113 Ibid., 257.

114 Robert E. Lee, *Lee's Dispatches: Unpublished Letters of General Robert E. Lee, C.S.A., to Jefferson Davis and the War Department of the Confederate States of America, 1862* (New York: Putnam, 1957), 59–60.

115 Freeman, *Robert E. Lee*, Vol. 2, 338.

116 Ibid.

117 Ibid., 339.

118 Taylor, *General Lee: His Campaigns in Virginia*, 115.

119 Ibid.

120 Freeman, *Robert E. Lee*, Vol. 2, 340.

121 Longstreet, *From Manassas to Appomattox*, 157.

122 Freeman, *Robert E. Lee*, Vol. 2, 341.

123 Longstreet, *From Manassas to Appomattox*, 158.

124 Ibid.

125 Ibid., 159.

126 Freeman, *Robert E. Lee*, Vol. 2, 342.

127 Taylor, *General Lee: His Campaigns in Virginia*, 117.

128 Ibid.

129 Fuller, *Grant and Lee*, 304.

130 Freeman, *Robert E. Lee*, Vol. 2, 349.

131 Fuller, *Grant and Lee*, 166.

132 *War of the Rebellion, A Compilation of the Official Records of the Union and Confederate Armies*, Series I, Vol. XIX, Part II (Washington, D.C.: U.S. Government Printing Office, 1887), 590–1.

133 Ibid., 590.

134 Fuller, *Grant and Lee*, 167.

135 Sears, *George B. McClellan*, 263.

136 Ibid., 268–69.

137 *War of the Rebellion, A Compilation of the Official Records of the Union and Confederate Armies*, Series I, Vol. XIX, Part II, 600.

138 Sears, *George B. McClellan*, 262.

139 Ibid.

140 Le Comte de Paris, *History of the Civil War in America* (Philadelphia: Porter and Coates, 1886), Vol. 2, 317–18.

141 Freeman, *Robert E. Lee*, Vol. 2, 359, n22.

142 Ibid., 359.

143 Ibid.

144 Ibid., 360–61.

145 Ibid.

146 Ibid., 359.

147 Ibid., 361, n46.

148 Ibid.

149 Lt. Col. Arthur James Lyon Fremantle, *Three Months in the Southern States, April–June, 1863* (New York: John Bradburn, 1864), 249.

150 Freeman, *Robert E. Lee*, Vol. 2, 362.

151 Ibid., 363.

152 Fuller, *Grant and Lee*, 168.

153 Ibid., 168.

154 Freeman, *Robert E. Lee*, Vol. 2, 366.

155 Longstreet, *From Manassas to Appomattox*, 179.

156 Freeman, *Robert E. Lee*, Vol. 2, 369.

157 Longstreet, *From Manassas to Appomattox*, 179.

158 Wikipedia, "Battle of Harpers Ferry," 6.

159 Esposito, *The West Point Atlas of American Wars*, text accompanying map 67.

160 Wikipedia, "Battle of Harpers Ferry," 6.

161 Esposito, *The West Point Atlas of American Wars*, text accompanying map 67.

162 Freeman, *Robert E. Lee*, Vol. 2, 381.

163 Ibid.

164 Esposito, *The West Point Atlas of American Wars*, text accompanying map 67.

165 Freeman, *Robert E. Lee*, Vol. 2, 382.

166 Ibid., 387.

167 Ronald H. Bailey, *Antietam: The Bloodiest Day* (New York: Time-Life Books, 1984), 70.

168 Freeman, *Robert E. Lee*, Vol. 2, 391.

169 Ibid., 390.

170 Long, *Memoirs of Robert E. Lee*, 134.

171 Ibid., 131.

172 Rufus Robinson Dawes, *Service with the Sixth Wisconsin Volunteers* (Marietta, Ohio: E. R. Alderman, 1890), 95.

173 Long, *Memoirs of Robert E. Lee*, 132.

174 Freeman, *Robert E. Lee*, Vol. 2, 392.

175 Henry Kyd Douglas, *I Rode with Stonewall* (Chapel Hill: University of North Carolina Press, 1940), 172.

176 Henry Alexander White, *Robert E. Lee* (New York: Greenwood, 1969), 224–25.

177 Longstreet, *From Manassas to Appomattox*, 214.

178 Heros von Borcke, *Memoirs of the Confederate War of Independence* (Edinburgh: William Blackwood, 1866), Vol. 1, 255.

第九章

1 Robert E. Lee Jr., *Recollections and Letters of Robert E. Lee* (Garden City, N.Y.: Doubleday, Page, 1924), 77–98.

2 Mary P. Coulling, *The Lee Girls* (Winston-Salem, N.C.: Blair, 1987), 105.

3 Ibid., 106.

4 Walter H. Taylor, *Four Years with General Lee* (New York: Appleton, 1878), 76.

5 Ibid., 76–77.

6 Lee, *Recollections and Letters of Robert E. Lee*, 79–80.

7 Ibid., 80–81.

8 Douglas Southall Freeman, *Robert E. Lee: A Biography* (New York: Scribner, 1934), Vol. 2, 415.

9 Stephen W. Sears, *George B. McClellan: The Young Napoleon* (New York: Ticknor and Fields, 1988), 334.

10 Ibid., 340.

11 Ibid., 341.

12 J. F. C. Fuller, *Grant and Lee: A Study in Personality and Generalship* (New York: Scribner, 1933), 170.

13 Ibid., 170.

14 Freeman, *Robert E. Lee*, Vol. 2, 433.

15　Ibid., 434.

16　Ibid., 442.

17　Ibid., 446.

18　Ibid., 452.

19　Walter Herron Taylor, *General Lee: His Campaigns in Virginia, 1861–1865* (Lincoln: University of Nebraska Press, 1994), 146.

20　Ibid., 150–51.

21　Gilbert Moxley Sorrel, *Recollections of a Confederate Staff Officer* (New York: Neale, 1905), 128.

22　Freeman, *Robert E. Lee*, Vol. 2, 456.

23　*War of the Rebellion: A Compilation of the Official Records of the Union and Confederate Armies*, Series I , Vol. XXI (Washington, D.C.: U.S. Government Printing Office, 1888), 1061.

24　Freeman, *Robert E. Lee*, Vol. 2, 458.

25　Ibid., 462.

26　Jeffrey Wert, *General James Longstreet: The Confederacy's Most Controversial Soldier* (New York: Simon and Schuster, 1993), 221.

27　James Longstreet, *From Manassas to Appomattox: Memoirs of the Civil War in America* (Bloomington: Indiana University Press, 1960), 265.

28　*War of the Rebellion: Formal Reports, Both Union and Confederate, The First Seizures of United States Property in the Southern States* (Washington, D.C.: U.S. War Department, 1985), Vol. 53, 523.

29　Freeman, *Robert E. Lee*, Vol. 2, 470.

30　J. F. C. Fuller, *Grant and Lee*, 173.

31　Patrick Hook and Steve Smith, *The Stonewall Brigade* (Minneapolis, Minn.: Zenith, 2008), 65.

32　Wikipedia, "Battle of Fredericksburg," 14.

33　Lee, *Recollections and Letters of Robert E. Lee*, 85.

34　*War of the Rebellion: A Compilation of the Official Records of the Union and Confederate Armies*, Series I , Vol. XXV , Part II (Washington, D.C.: Government Printing Office, 1889), 730, quoted in Freeman, *Robert E. Lee*, Vol. 2, 494.

35　Fuller, *Grant and Lee*, 124.

36　Lee, *Recollections and Letters of Robert E. Lee*, 87.

37　Ibid., 89.

38　Ibid., 90.

39　Ibid., 93.

40　Freeman, *Robert E. Lee*, Vol. 2, 503.

41　Edwin C. Bearss, *Fields of Honor* (Washington, D.C.: National Geographic, 2006), 124.

42　Fuller, *Grant and Lee*, 185.

43　Ibid., 186.

44　*The Rebellion Record*, Frank Moore, ed. (New York: Van Nostrand, 1867), Vol. 10, 254.

45　Curt Anders, *Henry Halleck's War: A Fresh Look at Lincoln's Controversial General-in-Chief* (copyright Curt Anders, 1999), 422.

46　Freeman, *Robert E. Lee*, Vol. 2, 520.

47　Fuller, *Grant and Lee*, 187.

48　Sears, *George B. McClellan*, 129.

49　Freeman, *Robert E. Lee*, Vol. 2, 522–23.

50　James Robertson, *Stonewall Jackson: The Man, the Soldier, the Legend* (New York: Macmillan, 1997), 712.

51　Ibid., 913.

52　Freeman, *Robert E. Lee*, Vol. 2, 524.

53　Robertson, *Stonewall Jackson*, 719.

54　Wikipedia, "Battle of Chancellorsville," 13.

55　*War of the Rebellion: A Compilation of the Official Records of the Union and Confederate Armies*,

Series I , Vol. XXV , Part I (Washington, D.C.: U.S. Government Printing Office, 1889), 798.

56 Fuller, *Grant and Lee*, 173.

57 Ibid., 189.

58 Freeman, *Robert E. Lee*, Vol. 2, 531.

59 Ibid., 533.

60 *War of the Rebellion*, Series I , Vol. XXV , Part I , 769.

61 Freeman, *Robert E. Lee*, Vol. 2, 535.

62 Henry Alexander White, *Robert E. Lee* (New York: Greenwood, 1969), 273.

63 Fuller, *Grant and Lee*, 191.

64 Michael Burlingame, *Abraham Lincoln: A Life* (Baltimore: Johns Hopkins University Press, 2008), 498.

第十章

1   James Longstreet, *From Manassas to Appomattox: Memoirs of the Civil War in America* (Bloomington: Indiana University Press, 1960), 277.

2   Ibid., 280.

3   Ibid.

4   Ibid., 280–81.

5   Douglas Southall Freeman, *Robert E. Lee: A Biography* (New York: Scribner, 1935), Vol. 3, 15.

6   Jeffrey Wert, *General James Longstreet: The Confederacy's Most Controversial Soldier* (New York: Simon and Schuster, 1993), 21.

7   Longstreet, *From Manassas to Appomattox*, 282.

8   Colonel Vincent J. Esposito, *The West Point Atlas of American Wars, 1689–1900* (New York: Praeger, 1959), text accompanying map 92.

9   Longstreet, *From Manassas to Appomattox*, 285.

10 Ibid.

11 Walter Herron Taylor, *General Lee: His Campaigns in Virginia, 1861–1865* (Lincoln: University of Nebraska Press, 1994), 180.

12 Charles Marshall, *An Aide-de-Camp of Lee* (Boston: Little Brown, 1927), 182.

13 Jeffrey D. Wert, *A Glorious Army: Robert E. Lee's Triumph, 1862–1863* (New York: Simon and Schuster, 2011), 213.

14 Longstreet, *From Manassas to Appomattox*, 286.

15 Ibid.

16 Esposito, *The West Point Atlas of American Wars*, text accompanying map 93.

17 Taylor, *General Lee: His Campaigns in Virginia*, 182.

18 Esposito, *The West Point Atlas of American Wars*, text accompanying map 93.

19 J. F. C. Fuller, *Grant and Lee: A Study in Personality and Generalship* (New York: Scribner, 1933), 195.

20 Douglas Southall Freeman, *Robert E. Lee: A Biography* (New York: Scribner, 1934), Vol. 2, 178.

21 Lieutenant-Colonel Arthur James Lyon Fremantle, *Three Months in the Southern States, April–June, 1863* (New York: John Bradburn, 1864), 249.

22 Ibid., 236.

23 Fuller, *Grant and Lee*, 195.

24 *The Papers of Jefferson Davis*, Lynda Lasswell Crist, ed. (Baton Rouge: Louisiana State University Press, 1997), Vol. 9, 244.

25 Robert E. Lee to Jefferson Davis, June 23, 1863, ibid, 238.

26 Fitzhugh Lee, *General Lee* (New York: Appleton, 1894), 265.

27　Fuller, *Grant and Lee*, 195.

28　Wert, *A Glorious Army*, 251.

29　Ibid., 271.

30　Ibid.

31　Ibid., 273.

32　Longstreet, *From Manassas to Appomattox*, 294.

33 . Freeman, *Robert E. Lee*, Vol. 3, 105.

34　Ibid., 68.

35　Fremantle, *Three Months in the Southern States*, 249.

36　*Three Days at Gettysburg: Essays on Confederate and Union Leadership*, Gary W. Gallagher, ed. (Kent, Ohio: Kent State University Press, 1999), 18.

37　Fremantle, *Three Months in the Southern States*, 250.

38　Ibid., 247.

39　Freeman, *Robert E. Lee*, Vol. 3, 64.

40　Fremantle, 198.

41　Edwin C. Bearss, *Fields of Honor* (Washington, D.C.: National Geographic, 2006), 158.

42　Longstreet, *From Manassas to Appomattox*, 303.

43　Job 39:25.

44　Freeman, *Robert E. Lee*, Vol. 3, 69–70.

45　Ibid.

46　Robert K. Krick, *Stonewall Jackson at Cedar Mountain* (Chapel Hill: University of North Carolina Press, 1990), 284.

47　Fremantle, *Three Months in the Southern States*, 255.

48　Taylor, *General Lee: His Campaigns in Virginia*, 182.

49　Ibid., 190.

50　Ibid.

51　Gallagher, *Three Days at Gettysburg*, 28.

52　Fremantle, *Three Months in the Southern States*, 254.

53　Longstreet, *From Manassas to Appomattox*, 304.

54　Ibid., 306.

55　Freeman, *Robert E. Lee*, Vol. 3, 76.

56　Ibid., 77.

57　Ibid.

58　Lieutenant-Colonel Arthur James Lyon Fremantle, *The Fremantle Diary*, Walter Lord, ed. (New York: Capricorn, 1960), 292, n3.

59　Freeman, *Robert E. Lee*, Vol. 3, 78.

60　Ibid., 79.

61　Taylor, *General Lee: His Campaigns in Virginia*, 156.

62　Ibid, 80.

63　Fremantle, *Three Months in the Southern States*, 256.

64　Douglas Southall Freeman, Lee's Lieutenants: *A Study in Command, Gettysburg to Appomattox* (New York: Simon and Schuster, 1997), Vol. 3, 110.

65　"The Gettysburg Campaign," in *Southern Historical Society Papers*, Robert Alonzo Brock, ed. (Richmond, Va.: W.M.Ellis Jones Sons, September 1915), New Series, No. 2, Vol. 40, 275.

66　Freeman, *Robert E. Lee*, Vol. 3, 131.

67　Ibid., 89.

68　Longstreet, *From Manassas to Appomattox*, 307.

69　Fremantle, *Three Months in the Southern States*, 257.

70　Freeman, *Robert E. Lee*, Vol. 3, 86.

71　Wert, *General James Longstreet*, 272.

72 Fremantle, *Three Months in the Southern States*, 257.

73 Ibid., 258.

74 Freeman, *Robert E. Lee*, Vol. 3, 87.

75 Ibid., 90.

76 Gallagher, *Three Days at Gettysburg*, 159.

77 Freeman, *Robert E. Lee*, Vol. 3, 94.

78 Fremantle, *Three Months in the Southern States*, 258.

79 Fuller, *Grant and Lee*, 198.

80 Fremantle, *Three Months in the Southern States*, 259.

81 Ibid., 260.

82 Gilbert Moxley Sorrel, *Recollections of a Confederate Staff Officer* (New York: Neale, 1905), 164.

83 Freeman, *Robert E. Lee*, Vol. 3, 89.

84 Noah Trudeau, *The Second Day: A Testing of Courage* (New York: Harper Collins, 2002), 272.

85 Wert, *General James Longstreet*, 282.

86 Fremantle, *Three Months in the Southern States*, 260.

87 Wert, *General James Longstreet*, 282.

88 Freeman, *Robert E. Lee*, Vol. 3, 105.

89 Wert, *General James Longstreet*, 283.

90 Freeman, *Robert E. Lee*, Vol. 3, 109–10.

91 Ibid.

92 Longstreet, *From Manassas to Appomattox*, 325.

93 Fremantle, *Three Months in the Southern States*, 262.

94 Ibid., 263.

95 Freeman, *Robert E. Lee*, Vol. 3, 111.

96 John H. Worsham, *One of Jackson's Foot Cavalry* (New York: Neale, 1912), 129.

97 Freeman, *Robert E. Lee*, Vol. 3, 114.

98 Ibid.

99 Ibid., 115.

100 Edward Porter Alexander, *Military Memoirs of a Confederate: A Critical Narrative* (New York: Scribner, 1914), 421.

101 Freeman, *Robert E. Lee*, Vol. 3, 116.

102 From William Faulkner's *Intruder in the Dust*. See Charles Shelton Aiken, *William Faulkner and the Southern Landscape* (Athens: University of Georgia Press, 2009), 115.

103 Bearss, *Fields of Honor*, 197.

104 Earl J. Hess, *Pickett's Charge: The Last Attack at Gettysburg* (Chapel Hill: University of North Carolina Press, 2001), 149.

105 *War of the Rebellion: A Compilation of the Official Records of the Union and Confederate Armies*, Series I, Vol. 27, Part I (Washington, D.C.: U.S. Government Printing Office, 1889), 706.

106 Jacob Hoke, *Historical Reminiscences of the War* (Chambersburg, Pa.: M.A. Foltz Printer, 1884), 81.

107 Bearss, *Fields of Honor*, 196.

108 Jeffrey D. Wert, *Gettysburg: Day Three* (New York: Touchstone, 2001), 182.

109 "Review of the Gettysburg Campaign," in *Southern Historical Society Papers*, R.A. Brock, ed. (Richmond, Va.: Southern Historical Society, 1909), Vol. 37, 137.

110 Wert, *General James Longstreet*, 290.

111 Freeman, *Robert E. Lee*, Vol. 3, 120.

112 Ibid., 121.

113 Ibid.

114 Longstreet, *From Manassas to Appomattox*, 350.

115 Ibid., 351.

116 Ibid.

117   Ibid., 350.
118   Fremantle, *Three Months in the Southern States*, 264.
119   Longstreet, *From Manassas to Appomattox*, 332.
120   Philip M. Cole, *Civil War Artillery at Gettysburg: Organization, Equipment, Ammunition and Tactics* (New York: Da Capo, 2002), 132.
121   Fremantle, *Three Months in the Southern States*, 265.
122   Ibid., 268.
123   Freeman, *Robert E. Lee*, Vol. 3, 128.
124   Ibid., 133–34.
125   Ibid., 136.

第十一章

1   Robert E. Lee to Jefferson Davis, July 8, 1863, *Papers of Jefferson Davis*, Lynda Lasswell Crist, ed. (Baton Rouge: Louisiana State University Press, 1997), Vol. 9, 266.
2   Robert E. Lee, Jr., *Recollections and Letters of Robert E. Lee* (Garden City, N.Y.: Doubleday, Page, 1924), 100.
3   Frances Scott and Anne C. Webb, *Who Is Markie? The Life of Martha Custis Williams Carter, Cousin and Confidante of Robert E. Lee* (Berwyn Heights, Md.: Heritage, 2007), 41.
4   Ibid., 133.
5   Mary P. Coulling, *The Lee Girls* (Winston-Salem, N.C.: Blair, 1987), 114.
6   Scott and Webb. *Who Is Markie?* 148.
7   Ibid.
8   Ibid., 151.
9   Ibid., 152–53.
10   Douglas Southall Freeman, *Robert E. Lee: A Biography* (New York: Scribner, 1934), Vol. 3, 213.
11   Coulling, *The Lee Girls*, 125.
12   Freeman, *Robert E. Lee*, Vol. 3, 243.
13   Ibid., 242.
14   Ibid., 248.
15   J. F. C. Fuller, *Grant and Lee: A Study in Personality and Generalship* (New York: Scribner, 1933), 125.
16   Freeman, *Robert E. Lee*, Vol. 3, 217.
17   Ibid., 254.
18   Ibid., 253.
19   Fuller, *Grant and Lee*, 210.
20   Ibid., 211.
21   Ibid., 212.
22   Colonel Vincent J. Esposito, *The West Point Atlas of the American Wars, 1689–1900* (New York: Praeger, 1959), Vol. 1, text accompanying map 120.
23   Ibid., map 121.
24   Ibid.
25   Fuller, *Grant and Lee*, 212.
26   Esposito, *The West Point Atlas of the American Wars*, Vol. 1, text accompanying map 121.
27   Freeman, *Robert E. Lee*, Vol. 3, 280–81.
28   Adam Badeau, *Military History of Ulysses S. Grant: From April, 1861 to April, 1865* (New York: Appleton, 1882), Vol. 2, 113.
29   Ulysses Grant, *Personal Memoirs of U. S. Grant* (New York: Charles L. Webster, 1894), 457.

30   Mark Grimsley, *And Keep Moving On: The Virginia Campaign, May–June, 1864* (Lincoln: University of Nebraska Press, 2002), 38.

31   Freeman, *Robert E. Lee*, Vol. 3, 284.

32   Ibid., 287.

33   James Longstreet, *From Manassas to Appomattox: Memoirs of the Civil War in America* (Bloomington: Indiana University Press, 1960), 480.

34   Ibid.

35   Freeman, *Robert E. Lee*, Vol. 3, 288.

36   Ibid., 290.

37   Brooks D. Simpson, *Ulysses S. Grant: Triumph over Adversity* (New York: Houghton Mifflin, 2000), 298.

38   Fuller, *Grant and Lee*, 216.

39   Ibid.; Theodore Lyman, *Meade's Army: The Private Notebooks of Lt. Col. Theodore Lyman*, David W. Lowe, ed. (Kent, Ohio: Kent State University Press, 2007), 99–100.

40   Ibid.

41   Fuller, *Grant and Lee*, 218.

42   Freeman, *Robert E. Lee*, Vol. 3, 327.

43   Lee, *Recollections and Letters of Robert E. Lee*, 125.

44   Freeman, *Robert E. Lee*, Vol. 3, 327.

45   Horace Porter, *Campaigning with Grant* (New York: Century, 1897), 111.

46   Walter Herron Taylor, *General Lee: His Campaigns in Virginia, 1861–1865* (Lincoln: University of Nebraska Press, 1994), 245.

47   Lee, *Recollections and Letters of Robert E. Lee*, 130.

48   Ibid., 127.

49   Grimsley, *And Keep Moving On*, 38.

50   Grant, *Personal Memoirs of U. S. Grant*, 343.

51   Esposito, *The West Point Atlas of the American Wars*, Vol. 1, text accompanying map 137.

52   Fuller, *Grant and Lee*, 224.

53   Freeman, *Robert E. Lee*, Vol. 3, 398.

54   Lee, *Recollections and Letters of Robert E. Lee*, 132.

55   Ibid., 140.

56   Ibid., 138.

57   Fuller, *Grant and Lee*, 222.

58   Ibid., 228.

59   Grant, *Personal Memoirs of U. S. Grant*, 612.

60   Frances H. Kennedy, ed., *The Civil War Battlefield Guide* (Boston: Houghton Mifflin, 1998), 356.

61   Taylor, *General Lee: His Campaigns in Virginia*, 260.

62   Ibid., 261–62.

63   Ibid., 261.

64   Ibid., 262.

65   Ibid.

66   Ibid., 262–63.

67   A. L. Long, *Memoirs of Robert E. Lee* (New York: J. M. Stoddard, 1886), 387–88.

68   Ibid., 388.

69   Fuller, *Grant and Lee*, 228.

70   *War of the Rebellion: A Compilation of the Official Records of the Union and Confederate Armies*, Series 1, Vol. 42, Part 2 (Washington, D.C.: U.S. Government Printing Office, 1893), 1230.

71   Gary W. Gallagher, *The Confederate War* (Cambridge, Mass.: Harvard University Press, 1999), 18.

72   Long, *Memoirs of Robert E. Lee*, 346.

73   Coulling, *The Lee Girls*, 139.

74 Ibid., 140.

75 Ibid.

76 Ibid.

77 Lee, *Recollections and Letters of Robert E. Lee*, 141.

78 Long, *Memoirs of Robert E. Lee*, 345.

79 Albert Burton Moore, *Conscription and Conflict in the Confederacy* (New York: Macmillan, 1924), 345.

80 Ibid., 346.

81 Ibid., 348.

82 Long, *Memoirs of Robert E. Lee*, 351.

83 Ibid., 354.

84 Ibid., 355.

85 Ibid.

86 Ibid., 348.

87 Coulling, *The Lee Girls*, 149.

88 Ibid., 142.

89 Ibid.

90 Long, *Memoirs of Robert E. Lee*, 356.

91 Ibid., 357.

92 Ibid.

93 Ibid., 359.

94 Ibid.

95 Ibid., 360.

96 Ibid., 362.

97 Fuller, *Grant and Lee*, 239.

98 Coulling, *The Lee Girls*, 143.

99 Long, *Memoirs of Robert E. Lee*, 364.

100 Coulling, *The Lee Girls*, 144.

101 Ibid., 145.

102 Long, *Memoirs of Robert E. Lee*, 366.

103 Coulling, *The Lee Girls*, 146.

104 Long, *Memoirs of Robert E. Lee*, 367.

105 Douglas Southall Freeman, *Robert E. Lee: A Biography* (New York: Scribner, 1935), Vol. 4, 84.

106 Keith D. Dickson, *Sustaining Southern Identity: Douglas Southall Freeman and Memory in the Modern South* (Baton Rouge: Louisiana State University Press, 2011), xiv.

107 Freeman, *Robert E. Lee*, Vol. 4, 86.

108 William Garrett Piston, *Marked in Bronze: James Longstreet and Southern History* (New York: De Capo, 1998), 219.

109 Jeffrey Wert, *General James Longstreet: The Confederacy's Most Controversial Soldier* (New York: Simon and Schuster, 1993), 401.

110 Freeman, *Robert E. Lee*, Vol. 4, 109.

111 Charles Marshall, *An Aide-de-Camp of Lee* (Boston: Little Brown, 1927), 258.

112 Freeman, *Robert E. Lee*, Vol. 4, 114.

113 Reverend John William Jones, *Personal Reminiscences of General Robert E. Lee* (New York: D. Appleton, 1874), 147.

114 Freeman, *Robert E. Lee*, Vol. 4, 120.

115 Ibid.

116 Ibid., 121.

117 James Longstreet, *From Manassas to Appomattox: Memoirs of the Civil War in America* (Bloomington: Indiana University Press, 1960), 538.

118 Edward Porter Alexander, *Fighting for the Confederacy: The Personal Recollections of General Edward Porter Alexander*, Gary W. Gallagher, ed., (Chapel Hill: University of North Carolina Press, 1898), 531–33.

119 Freeman, *Robert E. Lee*, Vol. 3, 126.

120 Ibid., 133.

121 Marshall, *An Aide-de-Camp of Lee*, 269.

122 Reverend J. William Jones, *Life and Letters of Robert E. Lee: Soldier and Man* (New York: Neale, 1906), 375.

123 Grant, *Personal Memoirs of U. S. Grant*, 736.

124 This represents a combination of the accounts of Douglas Southall Freeman, Marshall, General Grant, and Brigadier General Horace Porter of Grant's staff. Marshall, Grant, and Porter were close to Lee in the small room during the surrender.

125 Porter, *Campaigning with Grant*, 480.

第十二章

1 Douglas Southall Freeman, *Robert E. Lee: A Biography* (New York: Scribner, 1934), Vol. 3, 145–46.

2 Ulysses Grant, *Personal Memoirs of U. S. Grant* (New York: Charles L. Webster, 1894), 744.

3 Freeman, *Robert E. Lee*, Vol. 3, 161.

4 Ibid., 194.

5 Reverend J. William Jones, *Life and Letters of Robert E. Lee: Soldier and Man* (New York: Neale, 1906), 383.

6 Freeman, *Robert E. Lee*, Vol. 3, 205.

7 Ibid., 206–7.

8 Ibid., 207.

9 Ibid., 209–10.

10 Mary P. Coulling, *The Lee Girls* (Winston-Salem, N.C.: Blair, 1987), 152.

11 Ibid., 153.

12 Freeman, *Robert E. Lee*, Vol. 3, 211.

13 Ibid., 199.

14 *Reports of the Joint Committee on Reconstruction*, 39th Congress, Part 2 (Washington, D.C.: U.S. Government Printing Office, 1866), 7, 121, 126.

15 Coulling, *The Lee Girls*, 154.

16 Ibid., 156.

17 Ibid., 156–57.

18 Freeman, *Robert E. Lee*, Vol. 3, 226.

19 Ibid., 160.

20 Coulling, *The Lee Girls*, 160.

21 Freeman, *Robert E. Lee*, Vol. 3, 246.

22 Ibid., 261.

23 Emory M. Thomas, *Robert E. Lee* (New York: Norton, 1995), 372.

24 Ibid., 382.

25 Ibid., 388.

26 Freeman, *Robert E. Lee*, Vol. 3, 354.

27 *New York Independent*, April 2, 1868, 4, column 5.

28 Freeman, *Robert E. Lee*, Vol. 3, 350–51.

29 Ibid., 444.

30 Mark E. Neely, *The Fate of Liberty; Abraham Lincoln and Civil Liberties* (New York: Oxford

University Press, 1991), 79.

31 John Singleton Mosby, *The Memoirs of John Singleton Mosby* (Boston: Little Brown, 1917), 380–81; Freeman, *Robert E. Lee*, Vol. 3, 445.

32 Coulling, *The Lee Girls*, 173.

33 Robert E. Lee, *Recollections and Letters of Robert E. Lee* (Garden City, N.Y.: Doubleday, Page, 1924), 398.

34 Reverend John William Jones, *Personal Reminiscences of General Robert E. Lee* (New York: D. Appleton, 1874), 158.

/ 图片版权说明

（此部分所示页码为本书页边码）

Pages 352 and 356
Jackson's route and Battle of Gaines's Mill, by permission of Scribner Publishing Group, from *Lee's Lieutenants*, Volumes 1 and 2, by Douglas Southall Freeman, copyright © 1942 by Charles Scribner's Sons; copyright renewed 1970 by Inez Goddin Freeman, copyright © 1943 by Charles Scribner's sons; copyright renewed 1971 by Inez Goddin Freeman. All rights reserved.

Pages 453 and 555
Battle of Second Manassas, or Bull Run, August 30, 1862, and Battle of Gettysburg, July 2–3, 1863, by permission of Simon & Schuster Publishing Group, from *General James Longstreet*, by Jeffrey D. Wert, copyright © 1993 Jeffrey D. Wert.

Page 476
Battle of Antietam (Sharpsburg), Edwin C. Bearss, *Fields of Honor*, courtesy of Edwin C. Bearss.

All remaining maps by permission of Scribner Publishing Group, from *Robert E. Lee*, Volumes 1, 2, and 3, by Douglas Southall Freeman, copyright © 1934, 1935, by Charles Scribner's Sons, copyright renewed 1962, 1963, by Inez Godden Freeman. All rights reserved.

BLACK & WHITE PHOTO INSERT:
Portrait of John Brown—Photo credit: National Portrait Gallery, Smithsonian Institution / Art Resource, NY

Colonel Robert E. Lee—Photo credit: Prints & Photographs Division, Library of Congress, LC-DIG-ds-04730

General Winfield Scott—Photo credit: Culver Pictures / The Art Archive at Art Resource, NY

Stratford—Photo credit: ©G.E. Kidder Smith / Corbis

Arlington—Photo credit: Library of Congress, Prints & Photographs Division, HABS VA,7-ARL,1-2 (CT)

707 East Franklin Street, Richmond—Photo credit: Detroit Publishing Co., Prints & Photographs Division, Library of Congress, LC-DIG-det-4a12504

President's House, Washington College—Photo credit: Dennis Johnson / Getty Images

Mary Custis Lee—Photo credit: Lee Papers, Special Collections, Leyburn Library, Washington and Lee University

Eleanor Agnes Lee—Photo credit: Virginia Historical Society

Mary Anne Custis Lee & Robert E. Lee, Jr.—Photo credit: Virginia Historical Society

Anne Carter Lee—Photo credit: Courtesy of Arlington House, The Robert E. Lee Memorial

Mildred Childe Lee in 1870—Photo credit: Virginia Historical Society

Robert E. Lee Standing with Sword—Photo credit: Getty Images

William Henry Fitzhugh Lee—Photo credit: Lee Papers, Special Collections, Leyburn Library, Washington and Lee University

George Washington Custis Lee—Photo credit: Lee Papers, Special Collections, Leyburn Library, Washington and Lee University

Robert Edward Lee, Jr.—Photo credit: Virginia Historical Society

Three Heroes Sketch—Photo credit: F.C. Buroughs, Prints & Photographs Division, Library of Congress, LC-DIG-ppmsca-22750

Jefferson Davis—Photo credit: Prints & Photographs Division, Library of Congress, LC-DIG-cwpbh-00879

Lee at Fredericksburg—Photo credit: Henry Alexander Ogden, Prints & Photographs Division, Library of Congress, LC-DIG-pga-01927

Lee at Chancellorsville—Photo credit: Prints & Photographs Division, Library of Congress, LC-USZ62–118168

Lee on Horseback at Chancellorsville—Photo credit: Henry Alexander Ogden, copyrighted by F.E. Wright, Prints & Photographs Division, Library of Congress, LC-USZ62–51832

Lt.-Colonel Fremantle—Photo credit: Author's Collection

Henry Thomas Garrison—Photo credit: Author's collection

J.E.B. Stuart—Photo credit: © 2014 Stock Sales WGBH / Scala / Art Resource, NY

James A. Longstreet—Photo credit: SSPL via Getty Images

A.P. Hill—Photo credit: Author's collection

Robert E. Lee—Photo credit: Prints & Photographs Division, Library of Congress, LC-DIG-cwpb-07494

John Bell Hood—Photo credit: SSPL via Getty Images

T.J. Stonewall Jackson—Photo credit: The Art Archive at Art Resource, NY

Richard S. Ewell—Photo credit: © 2014 Stock Sales WGBH / Scala / Art Resource, NY

"Bloody Lane, Confederate Dead, Antietam"—Photo credit: Alexander Gardner, American (1821–1882), "Bloody Lane, Confederate Dead, Antietam," September 19, 1862, Albumen Print, 3⅛ x 3¾ in. Chrysler Museum of Art, Norfolk, VA, Gift of David L. Hack and by exchange Walter P. Chrysler, Jr. 98.32.137

Sherman's March to Atlanta, 1864—Photo credit: Alexander Hay Ritchie, Prints & Photographs Division, Library of Congress, LC-DIG-ppmsca-09326

Lee on Traveller Leaving McLean House—Photo credit: Alfred R. Waud, Morgan collection of Civil War drawings, Prints & Photographs Division, Library of Congress, LC-DIG-ppmsca-21320

Lee, photographed by Matthew Brady—Photo credit: Prints & Photographs Division, Library of Congress, LC-DIG-cwpbh-03115

Lee's mess kit & field glasses—Photo credit: Author's collection

Lee on Traveller—Photo credit: Oversize Collection, Special Collections, Leyburn Library, Washington and Lee University

Mrs. Lee in old age—Photo credit: Christian F. Schwerdt, © Chicago History Museum/The Bridgeman Art Library

Robert E. Lee shortly before his death—Photo credit: Time & Life Pictures / Getty Images

Tomb of Robert E. Lee—Photo credit: Photographs in the Carol M. Highsmith Archive, Prints & Photographs Division, Library of Congress, LC-DIG-highsm-11812

COLOR PHOTO INSERT:
Anne Hill Carter Lee—Photo credit: Washington-Custis-Lee Collection, Washington and Lee University, Lexington, VA

Henry Lee—Photo credit: National Portrait Gallery, Smithsonian Institution / Art Resource, NY

George Washington Custis Family—Photo credit: Christian Schussele, Colored mezzotint c.1864 after painting / Universal History Archive/ UIG / The Bridgeman Art Library

Mrs. Robert E. Lee—Photo credit: William Edward West, "Mary Anna Randolph Custis Lee (Mrs. Robert E. Lee), 1838," Washington-Custis-Lee Collection, Washington and Lee University, Lexington, VA_LC1959.10.2

Robert E. Lee—Photo credit: William Edward West, "Robert E. Lee in the Dress Uniform of a Lt. of Engineers, 1839," Washington-Custis-Lee Collection, Washington and Lee University, Lexington, VA LC1959.10.1

"The Spring of the Confederacy" Hoffbauer Mural—Photo credit: Hoffbauer, Charles, "Four Seasons of the Confederacy," Virginia Historical Society

Eye of the Storm—Photo credit: Painting by Don Troiani, Historical Art Prints

"The Last Meeting of Lee and Jackson"—Photo credit: Everett D. B. Julio (1843–79) (after), Brown University Library / The Bridgeman Art Library

"Decision at Dawn"—Photo credit: Painting by Don Troiani, Historical Art Prints

Little Round Top from Below—Photo credit: Edwin Forbes, Morgan collection of Civil War drawings, Prints & Photographs Division, Library of Congress, LC-DIG-ppmsca-22564

Little Round Top from Above—Photo credit: Edwin Forbes, Morgan collection of Civil War drawings, Prints & Photographs Division, Library of Congress, LC-DIG-ppmsca-22565

Winslow Homer's "Prisoners from the Front"—Photo credit: © The Metropolitan Museum of Art, Image source: Art Resource, NY

General Grant and General Lee in the parlor of McClean House—Jean Leon Gerome Ferris, "Let Us Have Peace"—Photo credit: Virginia Historical Society

Lee's sword—Photo credit: The Museum of the Confederacy, Richmond, Virginia, Photography by Katherine Wetzel

Lee's frock coat—Photo credit: The Museum of the Confederacy, Richmond, Virginia, Photography by Katherine Wetzel

Lee Monument Gettysburg—Photo credit: Images Etc Ltd / Getty Images

Lee Monument, Richmond—Photo credit: © Buddy Mays / Corbis

Stone Mountain Monument—Photo credit: © Walter Bibikow / JAI / Corbis

Adams, Richard. *Traveller.* New York: Dell, 1988.

Alexander, Edward Porter. *Fighting for the Confederacy: The Personal Recollections of Gen. Ed. Porter,* G. W. Gallagher, ed. Chapel Hill: University of North Carolina Press, 1898.

——. *Military Memoirs of a Confederate: A Critical Narrative.* New York: Scribner, 1914.

Allen, Elizabeth Preston. *Life and Letters of Margaret Junkin Preston.* Boston: Houghton Mifflin, 1903.

Ambrose, Stephen E. *Duty, Honor, Country.* Baltimore: Johns Hopkins University Press, 1999.

Anders, Curt. *Henry Halleck's War: A Fresh Look at Lincoln's Controversial General-in-Chief.* Carmel: Guild Press of Indiana, 1999.

Badeau, Adam. *Military History of Ulysses S. Grant: From April, 1861, to April, 1865,* Vol. 2. New York: Appleton, 1882.

Baker, Jean H. *James Buchanan.* New York: Times Books, 2004.

Bailey, Ronald H. *Antietam: The Bloodiest Day.* New York: Time-Life Books, 1984.

Bauer, K. Jack. *Surfboats and Horse Marines: U.S. Naval Operations in the Mexican War, 1846–48.* Annapolis: U.S. Naval Institute Press, 1969.

Bearss, Edwin C. *Fields of Honor.* Washington, D.C.: National Geographic Society, 2006.

Benét, Stephen Vincent. *John Brown's Body.* Chicago: Elephant Paperbacks, 1990.

Bernhard, Duke of Saxe-Weimar-Eisenach. *Travels Through North America During the Years 1825 and 1826.* Philadelphia: Carey, Lea and Carey, 1828.

Blair, Francis P. *Abraham Lincoln: A History,* Vol. 4. New York: Century, 1980.

Blane, William N. *An Excursion Through the United States and Canada, 1822–1833, by an English Gentleman.* London: Baldwin, Craddock and Joy, 1824.

Blotner, Joseph, et al. *Faulkner.* New York: Library of America, 1994.

Bradford, Gamaliel. *Lee the American.* Boston: Houghton Mifflin, 1929.

Bradley, Michael R. *It Happened in the Civil War.* Guilford, Conn.: Morris, 2002.

Brands, H. W. *The Man Who Saved the Union.* New York: Doubleday, 2012.

Burlingame, Michael. *Abraham Lincoln: A Life.* Baltimore: Johns Hopkins University Press, 2008.

Catton, Bruce. *The American Heritage Picture History of the Civil War.* New York: Bonanza Books, 1982.

Cheever, Susan. *American Bloomsbury.* New York: Simon and Schuster, 2006.

——. *Louisa May Alcott: A Personal Biography.* New York: Simon and Schuster, 2010.

Cheney, Captain Charles Cornwallis. *A Military View of Recent Campaigns in Virginia and Maryland.* London: Smith, Edler, 1863–1865.

Cole, Philip M. *Civil War Artillery at Gettysburg: Organization, Equipment, Ammunition and Tactics.* New York: Da Capo, 2002.

Clinton, Catherine. *Fanny Kemble's Civil Wars.* New York: Oxford University Press, 2001.

Comte de Paris. *History of the Civil War in America,* Vol. 1. Philadelphia: Porter and Coates, 1875.

——. *History of the Civil War in America,* Vol. 2. Philadelphia: Porter and Coates, 1876.

——. *History of the Civil War in America,* Vol. 3. Philadelphia: Porter and Coates, 1888.

——. *History of the Civil War in America,* Vol. 4. Philadelphia: Porter and Coates, 1888.

Connelly, Thomas L. *The Marble Man: Robert E. Lee and His Image in American Society.* New York: Knopf, 1977.

Conner, Philip Syng Physick. *The Home Squadron Under Commodore Conner in the War with Mexico.* Kessinger Publishing's Legacy reprints, 2007.

Conway, Christopher, and Gustavo Pellon. *The U.S.-Mexican War: Binational Reader.* Indianapolis, Ind.: Hackett, 2010.

Coulling, Mary P. *The Lee Girls.* Winston-Salem, N.C.: Blair, 1987.

Cozzens, Peter. *Battlefields of the Civil War.* New York: Sterling, 2011.

——. *Shenandoah 1862: Stonewall Jackson's Valley Campaign.* Chapel Hill: University of North Carolina Press, 2013.

Crackel, Theodore J. *West Point: A Centennial History.* Lawrence: University Press of Kansas, 2002.

Crist, Lynda Lasswell, ed. *The Papers of Jefferson Davis,* Vol. 9. Baton Rouge: Louisiana State University Press, 1997.

Cust, Sir Edward. *Annals of the Wars of the Nineteenth Century,* Vol. 3. London: John Murray, 1863.

Dabney, Robert Lewis. *Life and Campaigns of Lieut. Gen. Thomas. J. Jackson.* New York: Blelock, 1866.

Davis, William C. *The Battlefields of the Civil War.* Norman: University of Oklahoma Press, 1996.

Davis, William C., et al., eds. *Civil War Journal—The Battles.* Nashville: Rutledge Hill, 1998.

————. *Civil War Journal—The Leaders*. Nashville: Rutledge Hill, 1997.

————. *Civil War Journal—The Legacies*. Nashville: Rutledge Hill, 1999.

Dawes, Rufus Robinson. *Service with the Sixth Wisconsin Volunteers*. Marietta, Ohio: E. R. Alderman and Sons, 1890.

DeButts, Mary Custis Lee. *Growing Up in the 1850's*. Chapel Hill: University of North Carolina Press, 1984.

Detzer, David. *Donnybrook: The Battle of Bull Run*. Orlando, Fl.: Harcourt, 2004.

Dickens, Charles. *The Works of Charles Dickens*, Vol. 16. New York: Scribner, 1899.

Dickson, Keith D. *Sustaining Southern Identity*. Baton Rouge: Louisiana State University Press, 2011.

DiNardo, R. L., and Albert A. Nofi, eds. *James Longstreet*. New York: Da Capo, 2001.

Donald, David Herbert. *Lincoln*. New York: Simon and Schuster, 1995.

Douglas, Henry Kyd. *I Rode with Stonewall*. Chapel Hill: University of North Carolina Press, 1940.

Drumm, Stella M., "Robert E. Lee and the Mississippi River," *Missouri Historical Society*, Vol. 6, No. 2, February 1929.

East, Charles. *Sarah Morgan: The Civil War Diary of a Southern Woman*. New York: Touchstone, 1992.

Eisenhower, John S. D. *So Far from God: The U.S. War in Mexico, 1846–1848*. New York: Anchor, 1990.

Esposito, Colonel Vincent J. *The West Point Atlas of American Wars, 1689–1900*, Vol. 1. New York: Praeger, 1959.

Faulkner, William. *Sanctuary*. New York: Vintage International, 1993.

————. *Snopes*. New York: Modern Library, 1994.

Fellman, Michael. *The Making of Robert E. Lee*. New York: Random House, 2000.

Flower, Frank Abial. *Edwin McMasters Stanton: The Autocrat of Rebellion*. Akron, Ohio: Saalfield, 1905.

Flood, Charles Bracelen. *Lee—The Last Years*. Boston: Houghton Mifflin, 1981.

Foote, Shelby. *The Civil War*, Vol. 1. New York: Random House, 1958.

————. *The Civil War*, Vol. 2. New York: Random House, 1963.

————. *The Civil War*, Vol. 3. New York: Random House, 1974.

Foreman, Amanda. *A World on Fire*. New York: Random House, 2010.

Fraser, George MacDonald. *Flashman and the Angel of the Lord*. New York: Plume, 1996.

Freeman, Douglas Southall. *Lee's Lieutenants: A Study in Command*, Vol. 1. New York: Scribner, 1942.

————. *Lee's Lieutenants*, Vol. 2. New York: Scribner Macmillan Hudson River Editions, 1943.

————. *Lee's Lieutenants*, Vol. 3. New York: Simon and Schuster, 1997.

————. *Robert E. Lee: A Biography*, Vol. 1. New York: Scribner, 1934.

————. *Robert E. Lee: A Biography*, Vol. 2. New York: Scribner, 1934.

————. *Robert E. Lee: A Biography*, Vol. 3. New York: Scribner, 1935.

————. *Robert E. Lee: A Biography*, Vol. 4. New York: Scribner, 1935.

Fremantle, Lieutenant-Colonel Arthur James Lyon. *Three Months in the Southern States, April-June, 1863*. New York: John Bradburn, 1864.

————. *The Fremantle Diary*. Walter Lord, ed. New York: Capricorn, 1960.

Friedman, Melvin J., and Irving Malin, eds. *William Styron: The Confessions of Nat Turner—A Critical Handbook*. Belmont, Calif.: Wadsworth, 1970.

Fuller, Major-General J. F. C. *Grant and Lee: A Study in Personality and Generalship*. London: Eyre and Spottiswoode, 1933.

Furgurson, Ernest B. *Ashes of Glory*. New York: Knopf, 1996.

Gallagher, Gary W. *The Confederate War*. Cambridge, Mass.: Harvard University Press, 1999.

————. *Lee*. Chapel Hill: University of North Carolina Press, 2001.

————. *Lee and His Generals in War and Memory*. Baton Rouge: Louisiana Sate University Press, 1998.

————. *Marshall: Lee's Aide-de-Camp*. Boston: Little, Brown, 1927.

————. *The Union War*. Cambridge, Mass.: Harvard University Press, 2011.

Gallagher, Gary W., ed. *Three Days at Gettysburg: Essays on Confederate and Union Leadership*. Kent, Ohio: Kent State University Press, 1999.

Gallagher, Gary W., and Alan T. Nolan, eds. *The Myth of the Lost Cause and Civil War History*. Bloomington: Indiana University Press, 2010.

Gambone, A. M. *Lee at Gettysburg: Commentary on Defeat—The Death of a Myth*. Baltimore: Butternut and Blue, 2002.

Gatrell, V. A. C. *The Hanging Tree: Execution and the English People 1770–1868*. Oxford: Oxford University Press, 1994.

Gilman, Priscilla. *The Anti-Romantic Child*. New York: HarperCollins, 2011.

Goode, John. *Recollections of a Lifetime*. New York: Neale, 1906.

Grant, Ulysses S. *Personal Memoirs of U.S. Grant*. New York: Charles L. Webster, 1894.

Grimsley, Mark. *And Keep Moving On: The Virginia Campaign, May-June, 1864*. Lincoln: University of Nebraska Press, 2002.

Harwell, Richard Barksdale, ed. *Cities and Camps of the Confederate States*. Chicago: University of Illinois Press, 1997.

Henderson, George Francis Robert. *Stonewall Jackson and the American Civil War*, Vol. 1. New York: Longmans, Green, 1900.

Hennessey, John J. *Return to Bull Run*. Norman: University of Oklahoma Press, 1999.

Hess, Earl J. *Pickett's Charge: The Last Attack at Gettysburg*. Chapel Hill: University of North Carolina Press, 2001.

Hill, Benjamin Harvey. *Senator Benjamin Hill of Georgia: His Life, Speeches and Writings*. Atlanta: T. H. P. Bloodworth, 1893.

Hitchcock, Ethan Allen. *Fifty Years in Camp and Field*. New York: Putnam, 1909.

Hoke, Jacob. *Historical Reminiscences of the War*. Chambersburg, Pa.: M. A. Foltz Printer, 1884.

Hook, Patrick, and Steve Smith. *The Stonewall Brigade.* Minneapolis: Zenith, 2008.

Horn, Stanley F., ed. *The Robert E. Lee Reader.* Indianapolis: Bobbs-Merrill, 1949.

Horowitz, Tony. *Midnight Rising: John Brown and the Raid That Sparked the Civil War.* New York: Henry Holt, 2011.

Hurst, Jack. *Nathan Bedford Forrest.* New York: Vintage Civil War Library, 1994.

Johnson, Timothy D. *A Gallant Little Army: The Mexico City Campaign.* Lawrence: University Press of Kansas, 2007.

Jones, Charles C. *Reminiscences of the Last Days, Death and Burial of General Henry Lee.* Albany, N.Y.: J. Munsell, 1870.

Jones, Reverend John William. *Life and Letters of Gen. Robert E. Lee: Soldier and Man.* New York: Neale, 1906.

———. *Personal Reminiscences of General Robert E. Lee.* New York: Appleton, 1874.

Kane, Harnett T. *The Lady of Arlington: A Novel Based on the Life of Mrs. Robert E. Lee.* Garden City, N.Y.: Doubleday, 1953.

Keller, Allan. *Thunder at Harper's Ferry.* Englewood Cliffs, N.J.: Prentice-Hall, 1958.

Kemble, Fanny. *Journal of a Residence on a Georgian Plantation 1838–1839.* New York: Harper, 1864.

Kennedy, Frances H., ed. *The Civil War Battlefield Guide.* Boston: Houghton Mifflin, 1998.

Ketchum, Richard M., ed. in charge. *The American Heritage.* New York: American Heritage, 1960.

Korda, Michael. *Ulysses S. Grant.* New York: Harper Perennial, 2009.

Krick, Robert K. *Stonewall Jackson at Cedar Mountain.* Chapel Hill: University of North Carolina Press, 1990.

Kunhardt, Philip B., Jr., et al. *Lincoln.* New York: Knopf, 1992.

Le Comte de Paris. *History of the Civil War in America,* Vol. 1. Philadelphia: Porter and Coates, 1886.

———. *History of the Civil War in America,* Vol. 2. Philadelphia: Porter and Coates, 1886.

Lee, Edmund Jennings. *Lee of Virginia, 1642–1892.* Philadelphia, 1895.

Lee, Fitzhugh. *General Lee.* New York: Appleton, 1913.

———. *General Lee.* New York: University Society, 1894.

Lee, Robert E., Jr. *Lee's Dispatches: Unpublished Letters of Robert E. Lee.* New York: Putnam, 1915.

———. *Recollections and Letters of Robert E. Lee.* New York: Doubleday, Page, 1924.

Livermore, Thomas L. *Numbers and Losses in the Civil War in America 1861–65.* Whitefish, Mo.: Kessinger Publishing-Rare Reprints, 2006.

Long, Armistead Lindsay. *Memoirs of Robert E. Lee.* New York: J. M. Stoddart, 1886.

Long, E. B., with Barbara Long. *The Civil War Day by Day*. New York: Da Capo, 1971.

Longstreet, James. *From Manassas to Appomattox: Memoirs of the Civil War in America*. Bloomington: Indiana University Press, 1960.

Lyman, Theodore. *Meade's Army: The Private Notebooks of Lt. Col. Theodore Lyman*. David W. Lowe, ed. Kent, Ohio: Kent State University Press, 2007.

Marshall, Charles. *An Aide-de-Camp of Lee*. Boston: Little, Brown, 1927.

McCaslin, Richard B. *Lee in the Shadow of Washington*. Baton Rouge: Louisiana State University Press, 2001.

McFeely, Mary Drake, et al. *Grant*, Vol. 1. New York: Library of America, 1990.

McPherson, James M. *Battle Cry of Freedom*. New York: Oxford University Press, 1988.

———. *This Mighty Scourge*. New York: Oxford University Press, 2009.

Meigs, William Montgomery. *The Life of Thomas Hart Benton*. Philadelphia: Lippincott, 1904.

Mensch, Pamela. *The Landmark Arrian*. New York: Pantheon, 2010.

Merry, Robert T. *A Country of Vast Designs*. New York: Simon and Schuster, 2009.

Moore, Albert Burton. *Conscription and Conflict in the Confederacy*. New York: Macmillan, 1924.

Moore, Frank, ed. *The Rebellion Record*, Vol. 10. New York: Van Nostrand, 1867.

Mosby, John S. *Memoirs of John S. Mosby*. Charles Wells Russell, ed. Boston: Little, Brown, 1917.

Nagel, Paul C. *The Lees of Virginia: Seven Generations of an American Family*. New York: Oxford University Press, 2007.

Neely, Mark E. *The Fate of Liberty: Abraham Lincoln and Civil Liberties*. New York: Oxford University Press, 1991.

Nolan, Alan T. *Lee Considered*. Chapel Hill: University of North Carolina Press, 1991.

Oates, Stephen B. *The Approaching Fury*. New York: Harper Perennial, 1997.

———. *To Purge This Land with Blood*. Amherst: University of Massachusetts Press, 1984.

Page, Charles A. *Letters of a War Correspondent*. James R. Gilmore, ed. Boston: L. C. Page, 1899.

Page, Thomas Nelson. *Robert E. Lee, the Southerner*. New York: Scribner, 1908.

Patterson, Benton Rain. *The Great American Steamboat Race*. Jefferson, N.C.: McFarland, 2009.

Peskin, Allan. *Winfield Scott and the Profession of Arms*. Kent, Ohio: Kent State University Press, 2003.

Piston, William Garrett. *From Manassas to Appomattox: Memoirs of the Civil War in America*. Barnes and Noble, 2004.

———. *Marked in Bronze: James Longstreet and Southern History*. New York: Da Capo, 1998.

Porter, Horace. *Campaigning with Grant*. New York: Century, 1897.

Post, Lydia Minturn, ed. *Soldier's Letters, from Camp, Battlefield and Prison*. Michigan: Michigan Historical Reprint Series, 2005.

Powell, Jim. *Greatest Emancipations: How the West Abolished Slavery*. New York: Palgrave Macmillan, 2008.

Preston, Walter Creigh. *Lee, West Point and Lexington*. Whitefish, Mo.: Kessinger Legacy Reprints, 2011.

Pryor, Elizabeth Brown. *Reading the Man: A Portrait of Robert E. Lee Through His Private Letters*. New York: Viking, 2007.

Quarles, Benjamin. *The Negro in the Civil War*. New York: Da Capo, 1953.

Randolph, Sarah Nicholas. *The Life of Stonewall Jackson*. Philadelphia: Lippincott, 1876.

Reagan, J. H. *Memoirs: With Special Reference to Secession and the Civil War*. New York: Neale, 1906.

Reardon, Carol, and Tom Vossler. *A Field Guide to Gettysburg*. Chapel Hill: University of North Carolina Press, 2013.

Remlap, L. T. *Grant and His Descriptive Account of His Tour Around the World*, Vol. 1. New York: Hurst, 1885.

Reynolds, David S. *John Brown, Abolitionist: The Man Who Killed Slavery, Sparked the Civil War, and Seeded Civil Rights*. New York: Knopf, 2005.

———. *Mightier Than the Sword*. New York: Norton, 2011.

Robertson, James I., Jr. *Stonewall Jackson: The Man, the Soldier, the Legend*. New York: Macmillan, 1997.

Royster, Charles. *Sherman*, Vol. 2. New York: Library of America, 1990.

Sanborn, Franklin Benjamin. *The Life and Letters of John Brown: Liberator of Kansas and Martyr of Virginia*. London: Sampson, Low, Marston, Searlef and Rivington, 1885.

Sandburg, Carl. *Storm over the Land: A Profile of the Civil War Taken Mainly from A. Lincoln—The War Years*. New York: Harcourt Brace, 1942.

Scott, Frances, and Anne Cipriani Webb. *Who Is Markie? The Life of Martha Custis Williams Carter, Cousin and Confidante of Robert E. Lee*. Berwyn Heights, Md.: Heritage, 2007.

Scott, Winfield. *Memoirs of Lieut.-Gen. Scott, LL.D., Written by Himself*, Vol. 2. New York: Sheldon, 1864.

Sears, Stephen W. *George B. McClellan—The Young Napoleon*. New York: Ticknor and Fields, 1988.

———. *Landscape Turned Red*. New York: Houghton Mifflin, 1983.

Shaara, Michael. *The Killer Angels*. New York: Ballantine, 1975.

Simpson, Brooks D. *Ulysses S. Grant: Triumph over Adversity*. New York: Houghton Mifflin, 2000.

Simson, Jay W. *Custer and the Front Royal Executions of 1864*. Jefferson, N.C.: McFarland, 2009.

Smith, Justin H. *The War with Mexico*. Saint Petersburg, Fl.: Red and Black, 2011.

Sorrel, Gilbert Moxley. *Recollections of a Confederate Staff Officer.* New York: Neale, 1905.

Stern, Philip Van Doren. *Robert E. Lee: The Man and the Soldier.* New York: Bonanza, 1963.

Stowe, Harriet Beecher. *Three Novels.* New York: Library of America, 1982.

———. *Uncle Tom's Cabin.* New York: Oxford University Press, 2011.

Taylor, Richard. *Destruction and Reconstruction: Personal Experiences of the Late War.* Richard B. Harwell, ed. New York: Longmans, Green, 1955.

Taylor, Walter H. *Four Years with General Lee.* New York: Appleton, 1878.

———. *General Lee: His Campaigns in Virginia, 1861–1865.* Lincoln: University of Nebraska Press, 1994.

Thomas, Emory M. *Robert E. Lee.* New York: Norton, 1995.

Time-Life Books, eds. *Shenandoah, 1862.* New York: Time-Life Books, 1997.

Tower, R. Lockwood, ed. *Lee's Adjutant: The Wartime Letters of Colonel Walter Herron Taylor, 1862–1865.* Columbia: University of South Carolina Press, 1995.

Traas, Adrian George. *From the Golden Gate to Mexico City.* Washington, D.C.: Office of History, Corps of Engineers, 1993.

Trudeau, Noah. *The Second Day: A Testing of Courage.* New York: HarperCollins, 2002.

Twain, Mark. *Mississippi Writings.* New York: Library of America, 1982.

Twohig, Dorothy, ed. *Papers of George Washington, Revolutionary War Series,* Vol. 6. Charlottesville: University of Virginia Press, 1994.

Upton, Emory. *Military Policy of the United States.* Washington, D.C.: U.S. Government Printing Office, 1917.

Vandiver, Frank E. *Civil War Battlefields and Landmarks.* New York: Random House, 1996.

Villard, Oswald Garrison. *John Brown, 1800–1859: A Biography Fifty Years After.* New York: Knopf, 1943.

Von Borcke, Heros. *Memoirs of the Confederate War of Independence,* Vol. 1. Edinburgh: William Blackwood, 1866.

Von Briesen, Martha. *The Letters of Elijah Fletcher.* Charlottesville: University Press of Virginia, 1965.

Ward, Geoffrey C., et al. *The Civil War.* New York: Knopf, 1990.

Warren, Robert Penn. *The Legacy of the Civil War.* Lincoln, Neb.: Bison, 1998.

Waugh, Joan. *U. S. Grant: American Hero, American Myth.* Chapel Hill: University of North Carolina Press, 2009.

Wert, Jeffrey D. *Cavalryman of the Lost Cause: A Biography of J. E. B. Stuart.* New York: Simon and Schuster Paperbacks, 2008.

———. *General James Longstreet.* New York: Simon and Schuster, 1993.

———. *Gettysburg: Day Three.* New York: Touchstone, 2001.

———. *A Glorious Army: Robert E. Lee's Triumph, 1862–1863.* New York: Simon and Schuster, 2011.

Wheeler, Richard. *Witness to Gettysburg.* New York: New American Library, 1987.

White, Henry Alexander. *Robert E. Lee.* New York: Greenwood, 1969.

Wilson, Edmund. *Patriotic Gore.* New York: Oxford University Press, 1962.

Woodhead, Henry. *Echoes of Glory*, Vol. 1. Alexandria, Va.: Time-Life Books, 1991.

Woodward, C. Vann, ed. *Mary Chesnut's Civil War.* New Haven: Yale University Press, 1981.

Worsham, John H. *One of Jackson's Foot Cavalry.* New York: Neale, 1912.

图书在版编目（CIP）数据

叛逆爱国者：罗伯特·李的生平与传奇 / (英) 迈克尔·科达 (Michael Korda) 著；逯东晨译. -- 北京：社会科学文献出版社，2022.6
书名原文: Clouds of Glory: The Life and Legend of Robert E. Lee
ISBN 978-7-5201-9420-4

Ⅰ. ①叛… Ⅱ. ①迈… ②逯… Ⅲ. ①李(Lee, Robert Edward 1807-1870) - 生平事迹 Ⅳ. ①K837.125.2

中国版本图书馆CIP数据核字（2021）第239529号

叛逆爱国者：罗伯特·李的生平与传奇

著　　者 / 〔英〕迈克尔·科达（Michael Korda）
译　　者 / 逯東晨

出 版 人 / 王利民
组稿编辑 / 段其刚
责任编辑 / 周方茹
文稿编辑 / 徐　花
责任印制 / 王京美

出　　版 / 社会科学文献出版社·联合出版中心（010）59367151
　　　　　　地址：北京市北三环中路甲29号院华龙大厦　邮编：100029
　　　　　　网址：www.ssap.com.cn
发　　行 / 社会科学文献出版社（010）59367028
印　　装 / 北京联兴盛业印刷股份有限公司

规　　格 / 开　本：889mm×1194mm 1/32
　　　　　　印　张：27.875　插 页：0.75　字　数：687千字
版　　次 / 2022年6月第1版　2022年6月第1次印刷
书　　号 / ISBN 978-7-5201-9420-4
著作权合同
登 记 号 / 图字01-2019-2613号
定　　价 / 179.00元

读者服务电话：4008918866